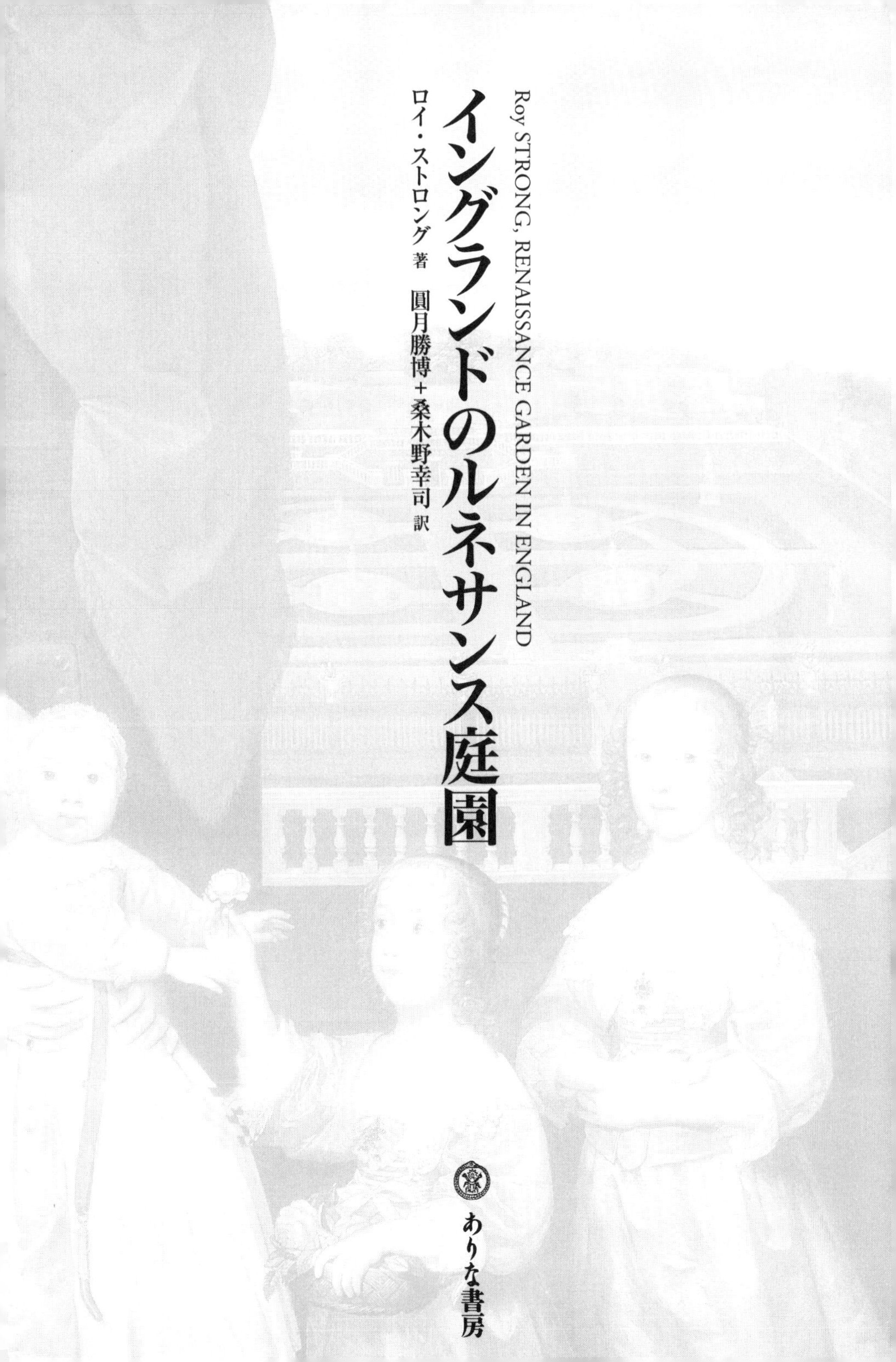

Roy STRONG, RENAISSANCE GARDEN IN ENGLAND

イングランドのルネサンス庭園

ロイ・ストロング 著
圓月勝博＋桑木野幸司 訳

ありな書房

イングランドのルネサンス庭園　目次

THE RENAISSANCE GARDEN IN ENGLAND
Roy STRONG

Japanese translation published by arrangement with
Thames and Hudson Ltd, London
through The SAKAI Agency, Tokyo

Translated by Katsuhiro ENGETSU, Koji KUWAKINO

イングランドのルネサンス庭園

ケイパビリティ・ブラウンとその追随者たちによって根刮ぎにされたこれらすべての庭園の記憶に……

一九九八年版への序

『イングランドのルネサンス庭園』が刊行された一九七九年は、画期的な展覧会『庭園展』がヴィクトリア・アンド・アルバート・ミュージアムにおいて開催された年であった。爾来、庭園史は真摯な学術研究の対象として扱われるようになってきている。そうした状況下にはあるが、なおも本書は、テューダー朝から初期ステュアート朝のイングランドに焦点を当てた庭園研究としては、標準的な入門書であると自負するものである。もちろん本書以降、数多くの新たな研究がおこなわれ、その多くは学術論文の体裁をとって発表されている。けれどもそうした研究のいずれもが、私が本書において描いた見取り図を拡大することはあっても、決して内容の書きかえを迫る論旨のものではない。本書では触れなかったが、近年台頭著しいアプローチのひとつに、庭園考古学というものがある。発掘が進むにつれ、私の言ったこととは反対に、実際のところはルネサンス時代の庭園の多くが現代まで生き延びていることが明らかになりつつある。とはいえ、それは庭園のほんの輪郭部分が現存している、という意味においてである。

本書は一九七九年版をそのまま再版に付したものであり、不注意からまぎれこんだ事実の誤りのみを改訂するにとどめている。途中何度か、この二〇年間に明らかになったさまざまな事柄を総投入して、この主題を一から書き直そうかと思ったこともあったのだが、やはりいまだ時期尚早の気がしてその作業はおこなわなかった。少なくとも、このたび再版の運びと相成ったことで、年々いや増しに増加の一途をたどる庭園史に興味を抱く方々にも本書をご覧いただけることを願ってやまない。

ロイ・ストロング
ザ・ラスケット、
マッチ・バーチ、
ヘレフォードシア
一九九七年九月

序

実際に広大な庭園を設計し自らの手で造園作業にいそしんだことが、庭園の歴史へと目を向けるきっかけとなった。当然といえば当然のことながら、自分がこれまで著述に専念してきた時代、すなわちテューダー朝およびステユアート朝のイングランドについて、信頼できる著述を探してみることから始めてみた。ところがである。そんなものはひとつもなかったのだ。たしかに、幾何学式庭園というカテゴリーで一括りにされたものを扱っている章がいくつかの通史にはあるにはあったが、ルネサンス庭園という新たな芸術様式に対してイングランドがどのような反応を示したのかに関して、視覚資料と文書記録の両面から一次資料にまでさかのぼり、入念に再構成をおこなった研究など皆無であることにほどなく気がついた。本書はまさにこの欠落を補うべく執筆されたものである。

学術研究として見た場合、庭園史は比較的新しい分野である。したがって、ここでは、イタリア・ルネサンス庭園史の領野で先駆的な研究をおこなっている人々、とりわけデイヴィッド・コフィンとエウジェニオ・バッティスティの両名による模範的な研究に、本書が多くを負っていることを腹蔵なく感謝の意を込めて記したい。またイングランドの事情に関しては、文学史家の諸子に満腔の謝意を表する。誰よりも彼らが庭園という主題の扉を開き、真摯な態度で考察を始めたからだ。私は本書で、かつて実在した庭園を可能なかぎり再構成したうえで、それら現実の庭園と、文学史家が明らかにしてくれた事象とを関連づけようと試みた。

本書では、造園に含まれる園芸学的な側面は扱っていない。対象とするのは宮殿ならびに大邸館に付属する庭園群で、ヘンリー八世治世における始まりから筆を起こし、やがては内乱が勃発するにいたるまでの期間を追っていく。私たちイングランド人は、お国自慢のせいで、イングランド式庭園《ジャルダン・アングレ》という形式で自分たちがおこなった世界に対する貢献にあまりにもこだわりすぎて、かつてイングランドには巨大なルネサンス庭園の大結構が存在したのだという事実をすっかり忘れてしまっていたのだ。これらの庭園を甦らせることによって、イングランド庭園史にバランスを回復したいと願っている。これまでのわが国の庭園史では、幾何学式庭園に対する扱いは控えめすぎるきらいがあったといわねばならず、ことテューダー朝庭園に関しては、まったくもって無知蒙昧であったといってもよかろう。

本書の執筆にあたっては、いつものごとく、多くの友人や同僚諸子の協力を得た。とりわけ以下の方々に謝意を表明させていただきたい。ハットフィールド・ハウスにあるアーカイヴの閲覧を許可していただいたロビン・ハーコート・ウィリアムズ氏。テンプル・ニューサムに関する情報の提供をいただいたクリストファー・ギルバート氏。ホイヘンスによるウィルトンの記述を翻訳してくださったA・G・H・バクラック教授。コバム卿ウィリアム・ブルックの造園活動に関する情報を提供してくださったデイヴィッド・マッキーン教授。ハム・ハウスに関する情報を提供くださったピーター・ソーントンとモーリス・トムリンの両氏。フランシス・ベーコンによる水の庭園「構想」をご教示くださったマイケル・アーチャー氏。トマス・トレヴェリヨンの手稿の件でお世話になったジョン・ネヴィンソン氏。作業報告書に関する情報を提供してくださったサー・ジョン・サマーソン。ウィンステイ手稿の件でご協力いただいたウェールズ国立図書館のG・C・G・トマス氏。ヴィクトリア・アンド・アルバート・ミュージアム版画・絵画部門の資料を利用するさいに協力してくださったスティーヴン・キャロウェイ氏。ノイマイアの記述を翻訳してくださったパメラ・シグル嬢。それからコートールド研究所ウィット図書館、ロンドン図書館、ウォーバーグ研究所のスタッフの皆様、そして最後になってしまったが、ひとかたならぬご尽力をたまわったヴィクトリア・アンド・アルバート・ミュージアムの職員の方々に謝意を申しあげたい。
それからとりわけジョン・ハリス氏ならびにスティーヴン・オーゲル氏と交わした会話からは多大の啓発を受け、恩恵をたまわった。またガース・ホール氏は誠実に何百点にものぼる書物や論文を提供してくださった。そしてとりわけ私が恩義を感じているのはシルヴィア・イングランド博士である。博士が大英図書館ならびに公文書館において骨身を惜しまず作業に精を出してくださらなかったら、本書の内容はもっとずっと貧相なものとなっていたことであろう。そしてもちろん、出版社に対して感謝を述べさせていただきたい。執筆中は筆者を優しく見守り、次いで出版というかたちでこの本を育ててくれた方々に感謝するものである。

ロイ・ストロング
ヴィクトリア・アンド・アルバート・ミュージアム
一九七八年九月

第1章　ルネサンス庭園

一六〇四年、イングランド国王に前年即位したばかりのジェイムズ一世は、五月祭を祝うべく王妃アン・オブ・デンマークを伴ってハイゲートの地を訪れた。目指す先は、当地にあるサー・ウィリアム・コーンウォリスの邸館である。[☆1] 一行が玄関門のところまでくると、中から屋敷神《ハウスホールド・ゴッド》たちが出てきて、「この島を統治される君主」である王に挨拶をして、「誉れ高き王妃」に恭しく礼を述べ、邸宅を通り抜けて庭園内に案内した。そこではメルクリウスが一行を待っている。彼こそはベン・ジョンソンが仕掛けたこの日の祭典一切をとりしきる存在であり、お決まりの機知をちりばめた優雅で洗練された歓楽の進行を一手に引き受けていた。そのメルクリウスは、国王夫妻を庭園の中に案内しつつ、ハイゲートについて解説を始める。ロンドンの尖塔の一群は、この部分のセリフにおいて「彼方にあるひときわ立派な建物と塔」と呼ばれているが、それをはるかに見ることができるハイゲートの地こそ、アルカディアのキュレネー山なのであり、ここで自分は生まれたとメルクリウスは言う。そして、彼が指さす彼方には、繚乱と花々の咲き乱れる四阿《あずまや》が建っている。そこには彼の母親であり五月の女神でもあるマイアが座しており、その横には花の女神フローラ、風神ゼフュロス、曙の女神アウロラが控えているのが見える。ここでくりひろげられた歓楽が一体どのようなものであったかは、次に引用する詩歌がよく伝えている。新国王の即位という慶賀すべき出来事を春の到来を喜ぶ自然の心情と分かちがたく結びつけ、暖かな風が吹き花々が咲きこぼれる季節を巧みに謳いあげた一篇である。

雲雀よ、声をあげ、空高く飛べ、
すべての鳥が歌っているぞ、
甘美な駒鳥、胸赤鶸、鶫よ、
すべての茂みからはっきり示せ、
国王への歓迎の意を、
そして女王にも。
これほどお心もお姿も
見事な方など見たことがない。
みずみずしい五月が毎日一組の恋人を
連れてきたとて、敵う者なし。
たとえ連れてきたとて、敵う者なし。☆2

午後、正餐を終えた国王夫妻は再び庭園に降り立った。今回、メルクリウスが紹介するのは、牧神《パン》とサテュロスの一団である。ワインが滔々と流れでる噴水を囲んで踊っている。この場面は、宮廷人や貴婦人たちにとっても、歓楽に参画するまたとない機会であった。かくして、この訪問は大団円を迎えたのである。
　こんな具合にして国王夫妻の野外歓待が執りおこなわれていたとき、イングランドはまさに半世紀にも及ぶ平和の季節の最中であり、かのグロリアーナの黄金の治世の余韻にぬくぬくと浸りきっていた時代であった。国内経済が安定し政治秩序が確立したことで、新たな文化の一端がこのような祝祭気分の舞台となる。すなわち、庭園である。ジョンソンが次々とくりだして見せるイメージの奔流の中に、その事情がよく反映している。邸宅、庭園、花々や果実に満ち溢れた四季の豊穣、神々のごとき王室の人々による統治といったイメージが綯い交ぜになって一続きに展開しているのである。このハイゲートで催された庭園の歓待の中に、本書がとりあげようとする主題が凝縮しているといってよいだろう。一方には、イングランドにルネサンス庭園が登場してくるという経緯がある。また他方には、テューダーおよびステュアート両王朝がもつ王政の「理念」とでも呼ぶべきものがある。本書の課題は、この二つの現象の関連を探ってみることである。

　庭園デザインの歴史に興味を抱く向きには、この「理念」を手がかりに、テューダー朝ならびに初期ステュアート朝時代のイングランドにおける整形庭園の歴史をたどろうとする本書の着想は、かなり奇妙なものに映るかもしれない。しかし、本書をお読みいただければわかることだが、たぶん、この「理念」こそ、イングランドにおけるルネサンス庭園の展開において最も重要な原動力なのである。イングランドに宮殿が建ち、大規模な庭園が造営されるのは、ヘンリー八世によるハンプトン・コート、ホワイトホール、ノンサッチをもって嚆矢とする。そのいずれの事例でも、庭園はある種のシンボルとして造成され、新たな王政がもつ権力と威厳を表象していた。これらの庭園は紋章を意図的に誇示するための恰好の舞台となり、王室の家系を大いに顕彰する場として機能していた。馴致された美しい自然の数々、すなわち、並木道、築山、薔薇、噴水、緑草で覆われた土手、四阿《あずまや》のような中世の庭園から受け継いだ諸々の構成要素に加えて、テューダー朝の平和《テューダー・パックス》を高らかに伝える紋章図匠の動物や家紋などが建築的に統一されていたのである。ところがヘンリー八世の娘エリザベス一世の時代になると、造園事業はむしろ王室所有の宮殿では見られなくなり、かわって国内各所の大邸宅でおこなわれるようになった。そもそもこの種の大邸宅からしてエリザベス治世の平和があっての産物とも言えるのだが、この段階で紋章学は次第にアレゴリーによって飾り立てられ、最終的にはそれにとってかわられることとなる。この時期の庭園は、もっぱら女王統治がもたらす平和を象徴する媒体となり、処女王崇拝の一端が園芸学の語彙を駆使してそこに映しだされていた。たとえば、大庭園の花々の一輪一輪が女王の美徳のそれぞれを映しだしているものと見るのが常であったし、庭園全体の構成は、スペンサーが謳った「最も高貴な女王あるいは女帝」あるいは「最も徳高く美しき女性」としてのエリザベスのさまざまな役割を明示していたのである。要するに、庭園はグロリアーナの鏡となった。

ジェイムズ一世時代も、この王権的庭園を踏襲することになる。デザインのスタイルや使用する神話の基本語彙は異なるが、庭園とは国王がもたらす平和のシンボルであるという基本的な主張は変わらなかった。そもそもジェイムズ一世の統治時代には、造園スタイルにひとつの革命が起こっている。それまで造園術といえば、もっぱらイタリア発の技芸《アート》であり、フランスを経由してはじめてイングランドまで伝わるのが常であった。ところが徐々にではあるが、ルネサンス期イタリアで生まれたさまざまな技術が、直截にイングランドに反映し始めるようになるのが、まさにこの時代なのである。その結果はといえば、単にデザイン上の変化にとどまらず、くさぐさの数寄を凝らした噴水や人工洞窟《グロット》や自動機械装置《オートマータ》などが、まさにこの時点でイングランドの庭園に導入されたのである。ヘンリー八世期の紋章学的庭園、エリザベス一世期のエンブレム庭園を経て、いよいよマニエリスム庭園の時代を迎えることになるのである。この新潮流を導く原動力は、今ではすっかり忘れ去られてしまったが、きわめて重要な人物サロモン・ド・コーによって異国からもたらされた。彼はフランス出身の水力学技師で、サマセット・ハウス、グリニッジ宮殿、リッチモンド宮殿のアン・オブ・デンマークとヘンリー皇太子の王室庭園の造営監督をしたり改造したりしている。ド・コーの訪英は相当な衝撃となったようで、新国王ジェイムズ一世の治世を飾る最初の一〇年ほどの期間、史上稀に見る規模で、新たな庭園が造成されることとなる。どれも難解で象徴的なデザインを採用し、精緻な水力効果をふんだんに利用したものであった。この時期に建設された代表的な庭園としては、ハットフィールド・ハウス、ハム・ハウス、トゥイクナム・パーク、ウスター・ロッジ、チャスルトン、ウェア・パーク、初期のウィルトンなどがある。

一六一五年を過ぎると、私たちの物語の中にイニゴ・ジョーンズが登場し始める。ジョーンズがイタリアから帰国するのと時を同じくして、イングランドの庭園は古代彫刻を展示する空間として機能し始める。この新しい展開を反映した庭園の例としては、アランデル・ハウス、サマセット・ハウス、セント・ジェイムズ宮殿などがある。それと同時にイングランド人は、ルネサンス庭園設計の要諦原理を自家薬籠中のものとすることになる。すなわち、庭園と邸宅とを単体のユニットとして建築的にとりあつかうという原理である。これをはじめて実地に展開したのは、サー・ジョン・ダンヴァーズが一六二〇年代に建設したチェルシー・ハウスである。ここを皮切りに、三〇年代にはリトル・ハダム、テンプル・ニューサム、ライコートなどの庭園も同様の原理に則った造成がおこなわれた。サロモン・ド・コーの弟にあたるイサク・ド・コーが目立った活躍を始めるのは一六二〇年代からのことで、庭園や人工洞窟、自動機械装置などをマニエリスト特有のスタイルで次々と手がけていった。イニゴ・ジョーンズとの直接の共同作業もしばしばおこなわれた。このイサク・ド・コーは当代を代表する著名な庭園も手がけている。すなわち、ベドフォード伯爵夫人ルーシー・ハリントンのために造成したムーア・パークと、ペンブルック伯フィリップ・ハーバートのためのウィルトン庭園の二つである。とくにウィルトン庭園は、ヨーロッパ規模の名声を博した。この両園はチャールズ一世の宮廷文化の折衷主義を体現することになる。

一六四二年、内乱が勃発するころまでには、すでに新たな世代の潮流が勢いを得ていた。すなわちアンドレ・モレの登場である。かの天才ル・ノートル（ヴェルサイユ宮殿の庭園の設計者）に先立って、フランス宮廷で代々活躍していた造園師一族の一員であった。そのモレは、チャールズ一世と王妃ヘンリエッタ・マライアのために、セント・ジェイムズ宮殿とウィンブルドン・ハウスを造成した。彼の作品は、広大で壮麗なバロック的造園計画の到来を告げるものであった。一六六〇年には、内乱中に掃討の憂き目にあった庭園芸術の伝統を回復するべく、チャールズ二世のために仕事をすることになる。

これらすべての事柄は、決して孤立した物語ではなく、イングランドのほかの芸術ジャンルとしっかりと結びついている。この時代の庭園は、仮面劇や屋外の饗宴の会場ともなりえたし、さらには哲学的観照やメランコリックな瞑想にふけるのに恰好の場を提供したりもした。自尊心の象徴として、また、王侯貴族にふさわしい壮麗さの表現として、人々は大地を征服し、そこに鋤の溝を刻み、木を植え、自らの思うがままに自然を改変してきたのである。したがって庭園という主題を通じて、人間が自然界に対して向きあう態度の変化を追うことができるだろう。庭園を見る者は、最初は、そこに美徳と悪徳とは何かを語る一連の寓意を読みとっていたのだが、次第に、園内に植えられた一連の栽培品種に植物学的関心を寄せるようになった。神秘的な力や占星術的影響にすっかり没頭していた後期ルネサンスの魔術的世界は、やがて王立協会と実験の時代へと道を譲ることになる。庭園はまた、ステュアート王朝の幕開けを襲った視覚原理の革新をも如実に物語っている。すなわち、ジョン・ホワイトが言うところの「絵画的空間の発明」が到来したのである。それまで庭園といえば、個々に閉ざされた寓意画が延々と並べられているといった体であったものが、個々の空間が相互に結びついて連なっていくものへと進化していった。強力な空間連結装置として機能したのは、通景線《ヴィスタ》と視点《ポワン・ド・ヴュ》であった。

　では実際のところ、今日、一体どこにいったらこれらの庭園を見ることができるのだろうか。残念ながら、どこにもない、というのがその答えである。一六世紀から一七世紀にかけてのイングランドの幾何学式庭園とは、完全に失われてしまった芸術形態のひとつともいえる。その要因はいくつかある。まず筆頭にあげられる理由として、造園が何にもましてはかない芸術だという点がある。宮殿や大邸宅も変遷をこうむるとしても、周囲を囲む庭園ほどには目まぐるしく変化するわけではない。庭園というものは、手軽に金をかけずに当世風の様式へと改訂することができるのである。お屋敷が化粧直しをするとなれば、真っ先に手を加えられるのが庭園であった。また、庭園とは必然的に成長を重ねていくものであり、やがては造園家が当初意図した外観から必ず逸脱するにいたるのである。さらに顧慮すべき要因は、庭園には仮設的な建築が多数設置されたという点である。木の枝を絡みあわせた小屋、樹檣、四阿《あずまや》、望楼などは、いずれも彩色した木材を組みあげたものであるから、腐敗と廃潰は避けられない。だが、これらの障害のどれよりも、さらなる徹底した破壊を引き起こした原因があった。それはイングランド式庭園《ジャルダン・アングレ》というひとつの庭園様式がイングランドに登場したことによる。ブリッジマン、「ケイパビリティ」・ブラウン、レプトン、ならびに彼らの追随者たちが、一七二〇年を皮切りに、すさまじいかぎりの破壊をくりひろげた。ルネサンス、マニエリスム、バロック、ロココの各様式に従って、この国に営々と築かれてきた幾多の幾何学式庭園が、一挙に掃討され尽くしてしまった。その徹底ぶりは、ほかのヨーロッパ諸国ではちょっと類例がないほどである。もはやこの国には、ティヴォリのヴィッラ・デステや、ザルツブルク郊外のハイルブロン宮殿に匹敵するようなものは、なにひとつ残ってはいない。かくも損失は甚大であった。

　実際のところ、内乱以前に造営されたあらゆる庭園は、みな跡形もなく消失してしまっている。かろうじて生き残った幾何学式庭園にしても、後に風景式庭園が世を席捲する以前に造営されたものが、いくつか断片的に伝わっているにすぎない。リーベン、メルバーン、ウェストベリーなどがそれにあたる。まったく、破壊ぶりもここまでくると悲劇的である。かつてこの国の芸術にあった視覚的な創造営為の一局面が、まるごと抜け落ちてしまっている。そういう状況であるから、テューダー朝やステュアート朝文化の専門家にとって、この時代の庭園をとりあげて論じることはもちろん、言及することさえもむずかしくなっているのである。建築史家にしても、庭園については無視するというのが一般的なようである。けれども庭園は、一七世紀という時代ならばなおさらのこと、全体的な環境創造の場面においては欠くことのできない要素であった。さらに事態を悪化させていることには、幾何学式庭園について記述をおこなっている人々が、およそ二〇〇年にもわたる目もくらまんばかりに錯綜した文化現象を十把一絡げに括ってしまっている。結果、まったく別個で異なるはずの諸局面を峻別して説明できないでいる。これはデザインの問題ばかりでなく、その背後に潜むイデアについてもいえることである。とりわけ、一六四二年以前の局面に思いを馳せるたびに、じれったい気分に苛まれてしまう。かのバーリー卿が所有していたティブルズの庭園は、一体どのような姿をしていたのだろうか。ウォーバン・アビーに見られるたぐいの人工洞窟《グロット》は、どのような経緯でイングランドにもたらされたのだろうか。一六三〇年代にウィルトンの造園事業に携わっていたのはどこの誰で、どんな具合にレイアウトされ、どういう意味がそこに込められていたのだろうか。これらはすべて、当時の人々が賞讃を惜しまなかった庭園であり、当世を代表する著名人とも関係を有していたものばかりである。たとえば、エリザベス一世、チャールズ一世、ルーシー・ハリントン、フランシス・ベーコン、ヘンリー皇太子、ペンブルック兄弟といった面々である（ちなみにペンブルックといえば、「世に並ぶ者なき兄弟なり」と賞されたあの二人のことで、シェイクスピア全集の編者がファースト・フォリオを献呈したことで知られる）。テューダーおよび初期ステュアート朝の庭園を研究することで、失われてしまったかつての芸術形態や美学についての知見はもちろん深まろう。だが、それのみにとどまらないなにがしかを理解することにもなるはずである。人間は自然に対してどういう態度で向きあってきたのだろう。ルネサンス文化の衝撃醒めやらぬなか、人はいかにして技芸の力を駆使して自然を征服し、調伏してきたのだろうか。

　けれども私たちの手許からは、これらすべての材料がとりのぞかれてしまっている。というのも、現存しているテューダー・ステュアート両王朝期の庭園の姿からは、かつて幾何学形状に剪定された《トピアリー》櫟《いちい》の木、飾り結び花壇《ノッツ》、迷路《メイズ》、四阿《あずまや》、風変わりな噴水装置、オベリスクなどがあったらしい、という漠然としたイメージしか得ることができないからである。だがこれらのイメージも、現存するエリザベス女王やジェイムズ一世時代の邸宅を訪れ、そこに再現されている庭園を見て脳裏に否応なく焼きついてしまった結果にすぎない。そうした邸宅の周囲に広がる庭園は、失われて久しい幾何学式庭園を当初の状態に復元したものだ、と一般には信じられている。だが、誤解もはなはだしいとはこのことである。この点に関して、もう少し詳しく述べてみよう。モンタキュートの邸館の事例が恰好の素材だ。イニゴ・H・トリッグズは、『イングランドとスコットランドの幾何学式庭園』（一九〇二年）の中で、この館と庭園のことを「ほぼ当初の姿をとどめている」と記している。[☆3]同様の記述は、エイヴリ・ティッピングの『古今の庭園』（一九〇九年頃？）にも見てとることができる。ティッピングは同書の中で、館を指しては「イングランドの生活様式の歴史に冠絶する事例である」と断言し、庭園を指しては「興味深いもので、造りも精妙であり、おそらくは、造園当初の時代様式をもっともよく伝えているにちがいない」と思いこんでしまっている。[☆4]トリッグズ氏とティッピング氏には誠に申し訳ないのだが、現在見ることのできるこの著名な北面の庭園は、実は一八四〇年代に造園されたものなのである。中央に鎮座する泉水も、実のところ一九世紀に加えられたものにすぎない。ここに見られる土手盛り《バンキング》とテラスの構成、これはエリザベス朝期のものと考えてもいいかもしれないが、庭園中央にあったと思しい築山《マウント》はすっかり壊されて、噴水にすげ替えられている。前庭の部分にも、同じように一九世紀末に設置された噴水があって、まわりを花壇が囲んでいるのだが、この光景などもまるで例のジキル氏の人格変貌のようなもので、以前にあったエリザベス朝の大邸宅がいったいどんな姿の前庭をもっていたかなど露ほども知らせるものではない。[☆5]オックスフォードシアのチャスルトンならびにハートフォードシアのハットフィールドも、これと同様の事例に含めてよい庭園である。ともにロマン主義の影響を受けて後世に手を加えられたにもかかわらず、これぞジェイムズ朝の庭園デザインを今に伝える確固たる事例だとして、くりかえし引用され、またそのように一般にも理解されている。だが、当時の姿をとどめていると主張するこの両園のどこをとってみたところで、フランシス・ベーコンの『庭園について』を読んで判断するかぎりにおいては、彼が親しんでいた庭の面影などないに等しい。われわれが今日目にしているのは、ナッシュのベストセラー『懐かしのイングランド邸宅』が克明に描きだしたような、ノスタルジックに喚起された楽しきイングランド《メリー・イングランド》の夢にほかならない。テューダーならびに初期ステュアート朝時代の庭園が本当はどんな姿であったのかを知ったら愕然とするだろう。もちろん、これらの庭園を計画させ実現へと導いた諸々の「理念」についても、同じことがいえるはずである。

それでもなお、この種のロマン主義的な再‐創造も、古い庭園を再発見し、これを真摯な態度で研究するための必要な前段階であったとみなすこともできる。こうした動きが本格的に始動するのは、一九世紀末、レジナルド・ブルームフィールドとF・イニゴ・トーマスの共著『イングランドの幾何学式庭園』（一八九二年）の登場をもって嚆矢とする。この著作は、もともとウィリアム・ロビンソンの風景式庭園様式に対して議論を挑む意図で書かれたものであったが、この中でブルームフィールドは建築の役割について、こういう定義を下している。「次のような見解には、断固反対の立場を表明したい。家を建てるためのアートというものがあって、それとは別個に、庭をつくるためのアートなるものが存在する、といった意見である。……そんなことはあるまい。建物も庭園もともに、同一の原理に従ってつくられるのであり、両者のめざすところは、同じはずなのである」[☆6]。この論争の帰結としてブルームフィールドは、当該主題ではじめてといっていい真摯な学術的態度で古い庭園の研究にとりくみ、その成果を世に問うた。とはいっても、庭園の歴史的な発展過程を解明しようという意図はなく、『薔薇物語』収載の閉ざされし庭《ホルトゥス・コンクルスス》の図版がバドミントン庭園の壮麗なバロック・スタイルのすぐ隣に掲載されている、といったありさまであった。それから半世紀後、ラルフ・ダットンの『イングランドの庭園』（一九三七年）が世に出るが、とくにこれといった進展のあとも見られず、相変わらず一五〇〇年から一七二〇年までの期間をひとすくいにして、「左右対称の時代」などといって十把一絡げに扱っているのである[☆7]。けれどもこれを建築にあてはめて考えてみたら、とんでもないことになってしまう。ウルジー枢機卿のハンプトン・コートとサー・ヴァンブラのブレナム宮殿が、同一の様式原理に則って企図されたと言っているようなものだからだ。これほどばかげた議論があるだろうか。

ざっとこんな具合であるから、庭園の研究がいかに立ち後れているかがおわかりいただけたと思う。本書では、歴史の中からほんの一区切りの時代をとりあげ、そこを貫いている一本の糸をたどっていくことにしたい。ヘンリー八世の即位（一五〇九年）から説きおこし、やがて内乱が勃発する一六四二年までをたどってみよう。たどるべき主題の糸は、この間に建設された宮殿および大庭園が一体どんな発展過程をたどり、どのようにして設計され、そしてそこにはどんな意味が込められていたのか、という点である。これをたどるだけでも、事はもう十分すぎるぐらいに錯綜している。というのも当時のイングランドは、ルネサンス期のイタリア庭園で生じたデザインの変化に逐一反応していたからである。これから本書で見ようとする庭園の形態にしても、その発展の各局面にしても、そのルーツはイタリアにある。そんなわけだから、まずはイタリアの方角をしっかり見定めて、自分たちの位置をきちんと確認しておく必要があろう。

ルネサンス造園術の三つの局面

イタリア・ルネサンスの庭園デザイン史は相当に錯綜した主題であり、ようやくここ一〇年あまりの間に、真摯な美術史研究に資する領野として確立されたにすぎない。けれどもこうした庭園史は主にフランスとイタリアの庭園を対象として発展してきたものであり、イングランドの事情に関しては留保をつけなくてはならないのが現状である。☆8 ただイタリア・ルネサンスで展開した古代庭園の復興に関しては、その広範な歴史が明快に整理・研究されているから、本書においてもなにかと立ち返って参照することにはなるだろう。イングランドでは、イタリア庭園に関する深く詳しい知識を着実に手に入れることがむずかしかった。ファインズ・モリソンやジョン・イーヴリンといった旅行者が直接イタリアの情報をもたらすことも少なからずあったが、それよりもたとえば『ポリーフィロの夢』などの書物を通じて伝わることの方がずっと多かった。しかし、なにをさしおいても最大の情報源となったのは、やはりフランスや低地地方諸国を経由して伝わってくる間接的な知識であった。さてここで、単純化しすぎであるとの非難をあえて承知のうえで、便宜上、一四五〇年頃から一六〇〇年頃までの庭園の発展過程を三つの段階に分けて整理してみたい。すなわち、人文主義の庭園、盛期ルネサンス庭園、マニエリスム庭園の三段階である。

1 人文主義の庭園――プリニウス、アルベルティ、『ポリーフィロの夢』

もっとも根本的な形式として、イタリア・ルネサンス庭園というものは、人文主義の後押しのもとで古典古代期の庭園を復興することであった。この動向は、中世造園術の豊穣な伝統を培土として花開くと当時に、これを変容させることで展開していった。そもそもこの中世の造園術とは、一三世紀および一四世紀のフランスで頂点に達したもので、水流や噴水を使用するという点では、アラブの影響を大きく受けてもいた。中世の修道院の庭園に関していうなら、それは実用性を徹底的に追求したものだったといえる。むろん、教会堂を飾るべく、象徴性を帯びた花卉類を栽培することはしていた。これに対して、新興の世俗の庭園は、そもそもが純粋に喜悦を追求する目的でつくられたものであった。城館や宮殿に隣接した区画に壁や生け垣を張りめぐらせて囲いこみ、その中で自然を理想化し、管理された姿として表象してみせるといった体のものである。これらの庭園を構成していた諸要素としては、築山《マウント》、並木道、芝、薔薇、腰掛けることができる土手《バンク》、小道、木造の四阿《あずまや》や望楼、簡素な噴水などがあげらる。これらの各要素は、中世後期の手稿写本を飾る挿し絵にもしばしば描かれた[図1]。どれもすべて、あるものは名称を変え、またあるものは形を微妙に変化させながらも、なんらかの形でルネサンス期の庭園に痕跡をとどめ、その構成要素の一部に溶けこむこととなった。また中世庭園の構成は基本的には幾何学形状を旨とするものであったが、これもまたルネサンス期の革命的なコンセプトを予期させるものではある。すなわち、庭園は建築家の領分であるべきだ、という主張である。

一五世紀のイタリアにおいて、中世の庭園をルネサンス庭園へと彫琢するのにもっとも影響力を振るったのは、古代のヴィッラを再-創造しようとする潮流であった。それも小プリニウスが書簡で述べているような理想的なヴィッラの追求である。当の小プリニウスが、自邸と庭園についてどんなことを語っているのか、次に少し引いてみよう。

> 家はほとんど真南を向き、夏には昼になると日差しが十分に入り、冬でもそれより少し時間は遅くなるが日が当たる。広く適度に長い柱廊《コロネード》に面していて、その前にはテラスがあって、その周囲には植えこみとさまざまな形に刈りこまれた低木がある。テラスから緩やかな斜面の先の芝生を見下ろすことができ、斜面の両脇には動物に象られた植えこみが向きあっている。そして、柔らかいアカンサスが植えられた遊歩道がある。ここにはまた装飾刈りこみ《トピアリー》で縁どられた歩道もあり、さらに進むと、植えこまれた生け垣と背丈の低い樹木で囲まれた

図1——中世の庭は閉鎖的な空間をつなぎあわせたものであった。囲いの内側には果樹、薔薇、香草などを簡素に植えていた。囲い壁に沿って芝の土手をつくったり、あるいはこの絵に見られるように、樹木の下を座る場所としてつくっていた。また中心点には簡素な噴水が置かれることがよくあった。『薔薇物語』収載のこの細密画からは、庭園が恋愛遊戯の場としても機能していたことがわかる。

卵型の空間がある。[☆9]

続けてプリニウスは、ヒッポドローム［曲馬場］の記述へと筆を進める。これは片方の端が半円形で終わっている芝地のことで、蔦を這わせたプラタナスの木々が周囲を環状に囲んでいるという。このヒッポドロームを越えたところに、壁を成すように樹木が植えられた箇所があり、さらに糸杉の木々を抜けると、羊腸とうねる逕路が続くのだという。

小さな草地もあれば、植えこみが密集しているところもあり、無数の形態に刈りこまれていて、時には主人の名前や庭師の署名を示す文字の形になっていることもある。一方、あちらこちらに小さなオベリスクと林檎の木が交互に並んでいる。[☆10]

このようにして、整形の幾何学形状を呈する庭園のただ中にも、野生の自然味を残した区画が設けられていた。プリニウスの言葉を借りれば、「自然の飾らない美」に満ちているということになるらしい。ここには大理石のベンチがあって葡萄の樹陰が涼やかであり、また涼気を運ぶ大理石の噴水やら食事をとる場所やらがしつらえられていたのだという。

古代庭園は一体どんな姿をしていたのかを知るうえで、おそらくこの小プリニウスの書簡ほど微に入り細を穿った解説を与えてくれる資料は、ほかにはちょっと見つからないのではないだろうか。いわく、ヴィッラは丘陵地に、南面して建てなくてはならない。庭園は、開廊《ロッジャ》とテラスを介して建物と結びつけること。庭園の平面構成に関しては幾何学を旨とし、小逕路、並木道、オープンスペースなどを設ける。庭園のもつ建築的な特性は、剪定師の鋏さばきによって、さらに強調されることになる。柘植の灌木を思うがままに、ありとあらゆる形状へと刈りこんむのである。これに加えて、ベンチや噴水、さらには食事のとれる四阿などがなくてはならない。とはいえ、庭園の全域が幾何学的であるわけではないという。一種の引き立て役として、いかにも自然風といった箇所もいくつか挿入しなければならないという。現存する古代の庭園が何ひとつなかったわけだから、プリニウスのこの記述は、古代のヴィッラを必死に再現しようと息巻いていた人文主義者たちにとっては、さぞかし重要であったにちがいない。このことは、いくら強調しても足りないぐらいである。ある意味では、プリニウスは非常に具体的にヴィッラの模様を記述していると言えるのだが、別の観点から見ると、この記述をもとにヴィッラを再現しようとする人々には、膨大な自由裁量の余地が残されていたことも事実であった。

　アルベルティは『建築論』（一四五二年）の中で、プリニウスの参照箇所を引くだけでなく、およそ一五世紀中葉の時点で人文主義者が知りえたあらゆる古典籍を渉猟し、該当個所をあまさずかき集めている。☆11古代のヴィッラと庭園は本当のところ、どんな姿をしていたのだろうか。この問いに答えようとする、それは試みであった。まずアルベルティは、ヴィッラの敷地条件から説き起こし、眺望の点で利がある丘陵地を勧めている。庭園については、建物の延長として、建築学的な観点から眺めている。庭園であれ建物であれ、ともにルネサンスの調和と比例の理論に則って考案し、幾何学を通じて表現されることになる。庭園の平面構成は左右対称がいい。樹木や灌木のたぐいを植えて、円形もしくは半円形状の荘重な並木道を形成する。ほかには、パーゴラ、迷宮《ラビリンス》、叢林《グローヴ》も欲しい。開廊《ロッジャ》は、庭園と建物を堅固に結びつける装置として設ける。夏には涼しい陰影が落ち、冬には暖かな日差しを受けることができるだろう。それから各所に噴水を設けるほか、鉢や壺《アンフォラ》も無数に置いて、花でいっぱいにする。彫刻も庭園を飾るのにふさわしい、という具合にアルベルティの記述は続くのだが、人工洞窟《グロット》についても、応分の紙幅を割いている。またプリニウスの顰みに倣って、装飾的剪定術《トピアリー・ワーク》についても触れ、柘植の灌木を刈りこんで、皆をあっといわせるような形状やパターンに仕立てる旨を指示している。ルネサンス期のヴィッラにおける庭園が発展するにさいして、当然のことながらアルベルティは計り知れない影響を及ぼすこととなった。その結果として、単一様式で支配されていた中世の庭園が、一五世紀末葉のイタリアにおいて、いくつもの庭園へと多様化した。それら個々の庭園には、あいかわらず四阿や築山や薔薇といった要素が残ってはいたものの、再構成がおこなわれて、新たな理想の数々を反映させていた。けれどもアルベルティが広めた概念の中でもとくに重要なものといえば、やはり、庭園は建築家の領分なりという例の主張に止めを刺す。この考え方は一六二〇年代を迎えてから、ようやくイングランドまでたどりつくことになる。

こうした人文主義の新たな理想が具体的な表現をとって現われたのは、一五世紀の後半、とくにフィレンツェの地においてであった。ここでは庭園は第二の中庭という扱いを受け、邸宅を貫く軸線上に配置された。装飾刈りこみ《トピアリー》も、大規模に導入されていたようである。たとえば、ヴィッラ・ルチェライの庭園。アルベルティの助言を得てつくられたと思われるのだが、この庭園で見られた刈りこみの形状といえば、「球体、ポルチコ、神殿、花瓶、壺、猿、驢馬、牛、熊、巨人、男、女、兵士、ハルピュイア、哲学者、教皇、枢機卿」といった陣容であった。[☆12] メディチ家の庭園はどうだったかというと、ここにも「象、野生の熊、帆船、羊、耳をぴんと立てた兎、猟犬から逃げる狼、角の枝ぶりも見事な鹿」などの形状に刈りこまれた樹木が見られたという。[☆13] この意味するところは、単に古代の装飾的剪定術《アルス・トピアリア》が復興をとげたということにとどまるものではない。同時にそれは、ある象徴的な機能を予見するものでもあった。ここにきて庭園は、現実から逃れ憩うための夢幻郷へとその姿を変え、柘植の灌木が織りなす彫塑形状が、オウィディウスの変身《メタモルフォーズ》譚を演じ始めることになる。

けれどもヨーロッパの北方から事を眺めるなら、先のヴィジョン、すなわち古代世界の幻想が展開する地としての庭園という見方は、さらなる空想と喚情の度合いを加えたかたちで、フランチェスコ・コロンナの『ポリーフィロの夢』のうちに見いだされることになる。[☆14] 原著はヴェネツィアで一四九九年に上梓され、その後イタリア語で数版を重ねたほか、一五四六年以降にはフランス語版もいくつか登場している。英訳としてはロバート・ダリントンの翻訳になる一五九二年版がある。もっとも重要であったのは、この本には庭園を描いた図版が多数収録されていたことである。どのイラストに登場する庭も、中世庭園の基本的な構成の上に、古代への密やかな参照が重ねられていた［図2］。同書はアルプス以北に相当な影響を与えることになる。古代の造形ディテールがいかに易々と既存の庭園伝統の上に重ねあわせることができるのか、あるいは導入することができるのかを示していたからである。『ポリーフィロの夢』の英訳版が登場したエリザベス朝末期からジェイムズ朝初期にかけて、イングランドの庭園は一挙にその規模を拡大し、その性質も一変し始めたのである。

この書物の内容は、ポリーフィロの見た夢を綴ったもので、恋人ポーリアを探し求める旅の道すがら、人文主義者が思い描く夢の世界を次々と通り抜けていく、といった趣向のものである。途中、ピラミッド、ヒエログリフ、古代の遺跡、碑文、トロフィー、彫刻などがちりばめられている。中でも注目すべきは、装飾的剪定術《トピアリー・ワーク》についての委曲を尽くした説明に応分の紙幅が割かれている点である。柘植の灌木を刈りこんで円形やらマッシュルーム形状やらにされたかと思えば、人間の姿をしたものもあって、両の足を花瓶にのせて立ちあがり、二基の塔からなる装飾を両手で抱えあげたりしている［図3・4］。あるいはまた、祭壇に置かれた花瓶の中から、三羽の孔雀がにょきっと生えでているものもある。この物語の中にはキュテラ島が登場するのだが、これは一種の巨大な円環状の庭園として構想されていて、中心から円周部に向かって、幾何学形状をたどりつつ漸進していく。途中、さまざまな模様に編みあげられた花壇や河や古代風の庭園装飾、水力仕掛けなどの間をくぐり抜けることになる［図5］。全体は、ウェヌスの聖木たる銀梅花（天人花）の花樹が囲む趣向になっている。この平面構成は、象徴的造園術《シンボリック・ガーデニング》が一体どれほどの可能性を秘めているかを、あますところなく示唆してくれている。区々の装飾や花壇の構成については、微に入り細を穿った説明が加えられ、ここはこういう模様にすればいいとか、さらにはどんな木を植え、何色の花卉類を選ぶべきかを教え、また古代風の記念碑をいくつも建設して、それぞれが庭園の焦点を形成する旨の指示がある。こうした事例は、たとえばエリザベス朝やジェイムズ朝の社会にとっては、うってつけだったにちがいない。当時の両王朝の宮廷文化といえば、復活した中世騎士道の儀礼を行動典範として墨守し、身分階層の秩序を重んじる

図2——人文主義者の庭園は中世の庭園を基盤とし、その上に古典的要素を重ねたものであった。そのことが典型的に示されているのが、フランチェスコ・コロンナ『ポリーフィロの夢』（一四九九年）に付された挿し絵である。この絵では、囲われた「愛の庭（ジャルダン・ダモール）」が、噴水ならびに建築的な形態要素やモティーフによって明快に表現されている。こうした要素は古代から着想を得たものであった。

図3・4——樹木を刈りこんで幾何学や装飾的な形状に仕立てた植え込みの姿。『ポリーフィロの夢』収載。これらは古代の装飾的剪定術（アルス・トピアリア）を復興したものであった。

図5——『ポリーフィロの夢』には、飾り結び式花壇の最初期の事例が見られる。その模様、植栽、象徴性は、極度に精緻化することがあった。

と同時に、ロマンティックな感傷にも浸っていた世界であった。古代の様式をとりいれようとはするが、まだ表層的な段階にとどまっていた時期である。そういった社会にとって、この『ポリーフィロの夢』こそ、古代とロマンスとが結びついた、完璧このうえない事例と人々の目には映ったにちがいない。

2　盛期ルネサンス庭園

アルベルティが掲げた件の命題、すなわち庭園は建築家の領分である、という主張であるが、これはさらなる決定的な一歩を一五〇三年に踏みだすことになる。この年ブラマンテは、テラスと階段を組みあわせて、例の有名な一連の構造物をつくりあげた。教皇ユリウス二世の命を受け、ヴァティカン宮殿とベルヴェデーレのヴィッラとを連結するためである[☆15][図6]。このプロジェクトにおいて、ジェイムズ・アッカーマンが述べているように、「古代ローマ帝国以来、絶えて久しかった建築形態のひとつが、突如として生命を付与され、日の目を見ることとなった」のである。そしてここでは同時に、古代庭園をなんとか復興しようというかねてからの試みも、建築的庭園《アーキテクチュラル・ガーデン》の再-発明というかたちをとって、その極点に達することになる。すなわち、敷地の地勢形状に合わせて全体のフォルムを決定し、周囲をとりまく環境全体を刷新するという手法である。当時の人々の驚愕ぶりは想像にかたくない。なにしろ、たった一人の建築家が誰にも手に負えぬと思われた広大な領域を見事に整理してしまったからである。ブラマンテがここで用いた解決法は、プリニウスのヴィッラの記述や、名高いネロ帝の黄金宮殿《ドムス・アウレア》にまつわる伝承から導きだされたものだった。ちなみにこの黄金宮殿というのは、ひとつの谷をまるまる抱えこむほどの規模があり、宮殿の各部分は一マイルにも及ぼうかという長大な柱廊で連結するという大結構であったらしい。さらにブラマンテはこれらの記述資料に加えて、考古学的な発掘成果をも参照したうえでプロジェクトを練ったのだという。一六世紀の前半いっぱい、ブラマンテの企図は、彼自身が当初計画したそのままに理解されていた。すなわち、古代ローマ時代のヴィッラもしくは宮殿付随の庭園を再びこの世に再現してみせることである。そしてこの計画は同時

図6——盛期ルネサンス庭園の典型は、ヴァティカン宮殿とヴィッラ・ベルヴェデーレに挟まれた空間にブラマンテが施した造園事業である。大地を支配すべくテラスを重ねて階段で連結するその構成。そして古代彫像の展示。これらの手法を通じて、造園計画に革命的な影響を及ぼすことになった。

に、教皇の要求をすべて満たすものでもあった。まず、ヴァティカン宮殿とベルヴェデーレのヴィッラとを連結してみせた。次いで、教皇が保有していた古代彫刻コレクションのために、うってつけの展示空間を提供した。さらには、庭園と中庭があって、ここでは静寂と安逸の時間を満喫することもできたし、時には一転して、絢爛たる宮廷祝祭を催すことも可能であった。もっと振るっていたのは、彼方の風景をはるかに見晴るかすことができた点である。風景との連結さえもが図られていたのである。この著名な布置結構を水源として、ヨーロッパ・ルネサンス庭園の全歴史が湧きでてくることになろう。この流れが途絶えるのは、イングランド風景式庭園が登場してくる一八世紀を待たねばならない。擁壁や階段や欄干といった要素を用いて、土地を開削・変形するこの種の手法がイングランドまで伝わるのは、一世紀もたった後、ロバート・セシルのハットフィールドやルーシー・ハリントンのムーア・パークといった庭園においてであった。

一方、ここが教皇の彫刻コレクションを展示するための空間であるという観点から見た場合でも、このベルヴェデーレが依然として最重要例であることにはいささかのかわりもない。もちろんいくばくかの彫刻ならば、一五世紀の人文主義の庭園にも、飾られることがあるにはあった。だがベルヴェデーレに現われた庭園ミュージアムは、それらをさらに一歩進めるものであった。ベルヴェデーレでは、彫刻を個別にそれぞれ孤立した状態で飾るのではなく、新しく建設した建築の中に統合するかたちで展示している。ニッチの中に収まるものもあれば、噴水へとつくりかえられたものもあった。彫像を噴水に転換するというこの根本的なアイデアは長年にわたる古代研究の賜物なのだが、こうすることで彫刻と水とが結びつくことになる。これなどもまた、階段やテラスの使用と並んで、革命的ともいえる結果を引き起こしたといえよう。前世紀までなら、カップ状の形をした噴水が中央に鎮座するというパターンが常であったのだが、ここではかわりに古代の河神ナイルとテヴェレ河の像が水源に仕立てあげられている。アポロとラオコオンの像が収まるアルコーヴには格子垣が描かれ、植物が絡み、鳥が歌っていた。ティグリス河とクレオパトラの彫像は噴水へと仕立てあげられ、人工洞窟の中に置かれた。これは粗面仕上げの岩石と水生植物とで構成されたものだった。これらの構成手法すべてが、やはり初期ステュアート朝のイングランドにも伝わることになる。この伝播には、フランスの水力学技師サロモン・ド・コーの存在があずかって力があった。ただし古代彫刻群がイングランドに実際に出現するのはさらに後の時代のことになる。一六一五年、アランデル伯トマス・ハワードがイニゴ・ジョーンズを伴って帰朝する。このとき、ローマで買い漁った古代彫刻を一緒に携えてきた。これは後に続く彫刻購入の嚆矢となるものであった。これをもとにアランデル伯は、イングランドではじめての事例となるミュージアム庭園をテムズ河のほとりにあるアランデル・ハウスに建設している。それから一〇年後、チャールズ一世は彫刻家のユベール・ル・シュウールをローマへと送りこむことになるのである。かの地にある最も著名な彫像の鋳型を手に入れて、新たに構成配置を刷新したセント・ジェイムズ宮殿の庭園を飾り立てるためである。

ベルヴェデーレの後を受けて、一六世紀劈頭の数十年間、イタリアでは作庭事業が未曾有の隆昌を閲した。指揮をとったのは建築家たちで、再び基礎から組みあげられた造形レパートリーを投入していった。人文主義の庭園では、庭園を戸外の部屋としてとらえていたのだが、これにかわってローマで生まれた概念が主流となっていく。すなわち大地を掘削して成型し、これを建築的フォルムへと鋳直し、そして庭園と主建築とを軸線上に配列するといった考え方である。この主題を追求したのは、たとえばラファエッロ、サン・ガッロ、ジュリオ・ロマーノといった面々で、ヴィッラ・マダーマやパラッツォ・デル・テなどで実地に供された。さらにいうならば、この種の庭園は、実はもうひとつ別の事柄を暗に語ってもいた。科学的透視図法の理論を受け入れ、活用していたのである。庭園デザインは次第に、空間同士の相互連関という面に重きを置くようになるだろう。これは通景線《ヴィスタ》および直線遥路《アヴェニュー》を利用するもので、庭園に生い茂る葉叢や石材などが構成素材として用いられた。

3　マニエリスム庭園――ヴィッラ・デステ

一五四〇年代までに、庭園造形のレパートリーは、すでに確固たる足場をイタリアで固めていた。これに続くいわゆるマニエリスム期の局面を典型的に示す特徴は、寓意的《アレゴリカル》なプログラムを庭園に適用することであった。宮殿やヴィッラの室内装飾ですでに用いられていたものを庭園にまで敷衍しようというわけである。一五四〇年頃までは、貴族や中産階級の人々は庭園を古代彫刻群で飾り立て、自分の人文主義的素養や家系の良さを自慢したりするのが常であった。だがここにきて、状況は一変する。古代彫刻群は、象徴的なプログラムのあれこれを組みあげる役割を帯びて、庭園に配置されるようになった。これの最も早い事例をヴァザーリが記述している。ニッコロ・トリーボロとベネデット・ヴァルキが一五四〇年代に草案した、カステッロにあるヴィッラ・メディチの庭園の平面構成を説明するくだりである。[☆16]それによると、この平面はフィレンツェ市とその周辺領土とを寓意的に表現したものだったという。庭園の頂部には数体の彫像が置かれ、それぞれ山や河を擬人化して表現していた。ここから発した水流は、「ラビュリントス」と呼ばれる区画まで流れ降りる。迷宮《ラビュリントス》の中央には一基の噴水があって、その先端では、フィレンツェを表象するニンフ像が髪の毛を絞って水を迸しらせていた。ヴァルキはここにプログラムを仕掛けたという。季節を表わす彫像を設置し、そこにくさぐさの寓意を盛りこんで、メディチ家の栄光化を図ったのである。こんな具合にメディチ家が最初の事例となって、庭園を媒介として、自然世界と家系讃美という二つの織り糸がよりあわさった。この結果、庭園は次第に象徴的な機能を帯びるようになる。

一六世紀も中葉を迎えるころまでには、庭園の発展過程に、ルネサンスの根幹をなす理想のいくつかが影響を与えるようになっていた。依然として中世以来の伝統も残存し続け、たとえば庭園とは地上の楽園であるとか、宮廷人士が恋の戯れに興じる場であるとかみなされることもままあったのだが、やがてそれだけにはおさまらないものへと変容していった。まずもって古典復興のあおりを受けて、庭園は一人静かに瞑想に耽る場となり、哲学的議論を戦わせる場ともなった。あるいは饗宴や歓楽の舞台も提供したし、さらには古代彫刻を展示する屋外ミュージアムとも化し、園芸学の一大百科全書を展観させるかと思えば、植物学／医学の研究センターとしても機能した。また、道徳的な教訓を垂れるための源泉ともなったし、人間はこんな具合に自然から魔術的な力を引きだして利用できるのだということを衆目に知らしめるための手段にもなった。庭園はまた牧歌のヴィジョンをも引き寄せた。このヴィジョンを表現するにさいしては、黄金時代を賞讃する詩的な言葉が用いられることもあれば、ウェルギリウスが『牧歌（詩選）』（*Eclogues*）で謳いあげた田園生活の理想という見地で語られもした。古代庭園を再‐創造することは、たしかに造園を始めた当初からの構想ではあった。実際、北ヨーロッパから押し寄せる人々の目に映る庭園とは、依然としてそのようなものであった。だがここにきて、庭園はさらにそれ自体の存在様態とでもいうようなものを確立するにいたる。そしてこの存在様態は、時が経つにつれて、次第にルネサンス文学の主題《トポス》とシンボリズムを統括するものとなっていった。庭園はこうして、知性的な面と物質的な面とがこもごも織りなす経験の連続的な集合体へと発展を遂げる。これら知と事物の双方の経験は、それぞれ個別の事象でありながらもたがいに結びつくものだ。庭園に分け入った観者は一緒になって己の精神と肉体を稼働させながら、一歩一歩その歩みを進めなくてはならない。ややもするとわれわれの目には奇異に映るのであるが、この段階にいたると庭園の植物というものは二次的な要素でしかなくなってしまう。注目を浴びることがあるとすれば、なにがしかの象徴的な効果を得るのに植物があずかって力のあるときのみにかぎられたのである。

今述べてきたことを敷衍してみたい。象徴的庭園《シンボリック・ガーデン》というものが、一体どれほどのスピードで一六世紀中葉から末にいたるイタリアを席捲し去ったのかを見てみることとしよう。ひとつだけ具体的な事例をとりあげることにしたい。ティヴォリのヴィッラ・デステは、ヨーロッパ中に名声を轟かせ多大なる影響を与えもしたのだが、近年デイヴィッド・コフィンが真摯な学術研究のテーマとしてとりあげて話題となった庭園でもある[☆17]［図7］。設計者はピッロ・リゴーリオで、人文主義者にして古代研究家でもあった人物である。施主はイッポリート・デステで、こちらはフェッラーラの枢機卿という身分。ベルヴェデーレの顰みに倣って、庭園は丘の斜面に設けられた。丘の上にあるヴィッラから、テラスと欄干付き階段を使って斜面を降り下り、訪問者を邸館から庭園へと導くシステムである。最初に上から庭園を見下ろしたとき、何に一番驚いただろうかといえば、おそらく眩暈がするほどの途方もないスケールであったことは想像にかたくない。眼下に広がる情景を一望《クー・ドイユ》のもとに見渡すとき、観者の脳裏に即座にある感懐を呼び覚ますことがあらかじめ計算されているのだ。すなわち、人は強靱旺盛な自然をかくも完璧に支配できるのか、という思いである。平面の構成へと目を移してみると、これは中央を貫く一本の通景線《ヴィスタ》に、何本もの横軸が交差するといった体のもので、左右対称を遵守していた。この幾何学的な構成の枠組みを賦活する機能を帯びていたのが水という要素である。実に複雑な方法で利用されたらしく、まるで彫刻であるかのようにさまざまな形に仕立てあげられ、勢いよく噴出したり、幕となって流れ落ちたり、重厚な階段状疎水《カスケード》となったり、さらには円蓋状に円弧を描くこともあれば、エンブレムの形象を描くこともあったという。加えて建設当初にあっては、聴覚にも水が襲いかかったものらしい。ドラゴンの噴水からは、大砲もかくやとばかりに水弾が爆音を響かせて吹きあがったし、その一方で水オルガン装置に流れこんだものは一転して楽の音を奏でたという。

ティヴォリのヴィッラ・デステの庭園の特色を織りなすものといえば、彫像、噴水、階段、テラス、格子棚、こんもりと生い茂る植樹林や常緑樹、幾何学模様の花壇などがあげられよう。リゴーリオはここで、古代以来の対比構成を遵守している。すなわち、幾何学的に洗練の度を加えた部分と自然のままに放置され雑然とした部分との対照である。庭園の敷地全体は、直線逕路《アヴェニュー》と通景線《ヴィスタ》が縦横に走り、個々の彫像や噴水が焦点として浮きあがるという結構であるが、逕路と逕路との間には蓬々《ほうほう》たる茂みや常緑樹の葉叢が立ちふさがり、たがいに見通すことはできなくなっている。ヴィッラ・デステで実地に適用されたこの構成原理は、同世紀の暮れ方、さらなる規模の拡大をともなってメディチ家の庭園でも採用されることになるだろう。ボボリ庭園とプラトリーノの庭園がそれである。

けれども全体の要となっていたのは、リゴーリオが仕掛けた象徴的な意匠の方であった。これはギリシアの二柱の英雄神を賞讃することに眼目を置くもので、その一柱はヘラクレス、エステ家の保護者にしてティヴォリの地を守る守護神である。もう一柱はヒッポリュトスで、枢機卿の名前イッポリートは、ここからとられたものという。ちなみに枢機卿個人のドゥヴィースあるいはインプレーサはというと、エステ家を表象する白い鷲が花輪をつかんで

図7——マニエリスム庭園は、前の時代に比べて規模が大きくなったというだけではない。この時代、庭園は君侯の豪奢を示し、王の神格化を顕彰するための媒体となったのである。壮大な水力学を通じて自然を馴致する人為。ここに象徴性に満ちた舞台装置が演出される。そのもっとも著名な事例がティヴォリのヴィッラ・デステの庭園であろう。

いるという図匠であった。花輪に輝くのは黄金の三つの林檎で、かのヘスペリデス（西方楽土）の地に実るものとされ、諸々の徳を象徴していた。さて庭園の全体であるが、これは寓意的に表現されたヘスペリデスの庭とみなされている。この中で英雄ヘラクレスの偉業を称える一連の情景を陸続と描きだすことで、彼を英雄的美徳のエンブレムとして顕彰している。そのヘラクレスはといえば、ヴィッラの傍らにアキレウスの像とともに佇立している。不死の生命を得た姿である。一方アキレウスの方はというと、腱にかかえた例の弱点のゆえに不死を手に入れることがかなわなかった。そして庭園は、さまざまなレヴェルに相わたって、玄妙精緻にそのテーマを展開していく。これは後期ルネサンスお得意のパターンであり、絵画や宮廷祝祭ではもうおなじみであろう。たとえば、ウェヌスの人工洞窟は官能的悦楽を象徴するものであるが、ちょうどこれの真向かいにディアナに捧げられた人工洞窟が置かれている。こちらは高潔な歓びと貞節の象徴である。こんな具合にして、まるで正反対のものが二つながら同時に並んでいると、庭の散策者もそこでハタと考えこみ、さてどちらに進むべきかと、ヘラクレスが経験したのと同じ迷いを追体験することになる。その一方で、庭園に仕掛けられた中心的意匠からは外れて置かれた彫像もいくつかあった。そのひとつが母なる自然《マザー・ネイチャー》の噴水で、これはエフェソスのディアナ女神の姿で表象されている。このほかにも、二柱の園芸神であるポモナとフローラに捧げられた可愛らしい噴水もあった。

ヴィッラ・デステが振るった影響力は相当なものであった。一五七〇年代までには、その名声は北ヨーロッパ中を駆けめぐるほどになっていた。まず一五七三年、同庭を描いた版画がフランスで出現している。一五八一年にはモンテーニュが訪問したのに続きピギウスもここを訪れ、そのときの様子を『引き留められたヘラクレス』（一五八七年）の中に書き記した。すると、今度はこの記述をフランソワ・ショットがそっくり引き写して、自身のイタリア・ガイドブック（一六〇〇年）中に載せるといった按配である。このガイドブックはその後も版を重ね続け、ジョン・イーヴリンが同庭を訪問するさいにもしっかりとその手に握られていた。さらにイングランドよりの視点から見るなら、このティヴォリのヴィッラ・デステはある人物が知悉し、また研究をおこなった庭園でもある。人工洞窟や機械仕掛けで発動するくさぐさの水力効果をひっさげてステュアート朝王室の庭園にやってきたこの男こそ、サロモン・ド・コーであった。かくしてヴィッラ・デステの名声はいっこうに衰えを見せぬまま、延々一六七〇年代まで続くこととなる。

ここではヴィッラ・デステにこだわって、少しばかり詳細に眺めてみた。というのも、マニエリスムの局面にあって、この庭ほどその真諦をあまさずとらえて間然するところがない事例はほかにはどこにもないからである。もちろんこれと時を同じくして、スケールの大小を問わず、さまざまな庭園がイタリア中で造成された。今日でも見られる最も著名なもののひとつに、ボマルツォ奇苑がある。鬼面人を驚かす態の怪物彫刻どもが魔法をかけられた聖森の中からぬっと立ち現われるのが見られよう。あるいはバニャイアのヴィッラ・ランテがある。これも惜しみない賞讃が注がれた庭園で、水の装飾花壇《ウォーター・パルテール》とともに一五五〇年代につくられた作品である。あるいは、プラトリーノの方がアルプス以北へ与えた影響からすると重要であったかもしれぬが、とりこわされてからすでに久しい年月が流れている。メディチ家のトスカーナ大公フランチェスコ一世の命で、一五六八年に建設着工したものであった。一口にルネサンス文化といってもさまざまな側面があって、それぞれがゆっくりとした速度で各領域に拡散していったのと同じように、庭園様式の伝播もその歩みは遅々としたものであった。加えて、政治情勢がゆく手を阻むこともあった。イングランドを例にとってみるなら、少なくとも半世紀はくだらない時間差があたりまえだった。イタリアで誕生した新しいスタイルが、これだけの時の流れの中で、その痕跡をかろうじて保ちながら、ようやくイングランドにまで到達する。ジェイムズ一世からチャールズ一世時代のイングランドで猖獗を極めた造園熱も、実のところ、五〇年遅れでやってきた今見たばかりのイタリア・マニエリスム庭園の局面だったのである。

ここまでのところを一度整理しておこう。イタリアの庭園は、一五世紀を経て一六世紀末葉にいたるまでの期間に、人文主義、盛期ルネサンス、マニエリスムの各局面を経て発展した。雑駁にいってしまえば、アルベルティと『ポリーフィロの夢』が最初の局面を、ブラマンテのベルヴェデーレが第二の局面を、そしてヴィッラ・デステが最後の局面を、それぞれ典型的に要約していることになろう。三つの局面とも、遅かれ早かれイングランドの庭園デザインに影響を与えることとなり、テューダー・ステュアート両王朝時代に、あまたの幾何学式庭園を生みだすのにあずかって力のあった究極の源泉となったのである。だがそう言い切ってしまっては、やや先走りしすぎであろう。一五七〇年代末までに、イタリアは迸る創造力の怒濤の奔流に洗われることになるが、その一方でイングランドの方は、ようやく始動した段階に達したところにすぎない。さらには、一五世紀末の段階で両国の状況を比べてみるなら、お互いの差異ばかりが、かえって際立ってしまうことであろう。当時のイングランドは、まだ北ヨーロッパの端に位置する寒い孤島にすぎなかった。一方でイタリアのルネサンス庭園といえば、燦々と降りそそぐ地中海の陽光にぬくぬくと浸って、魅惑的な世界を満喫していた。これでは、鼻から比較にならない。メディチ家はこのとき、ヴィッラでの生活を楽しんでいた。水を吹きあげる噴水、定規で測ったような園路、葡萄の木が這うパーゴラ、装飾的に刈りこまれた柘植の灌木、そんな世界が広がっていた。それに対してイングランドは、なおも島中に城塞と堀がめぐり、いまだ薔薇戦争の余燼さめやらぬといった体であった。人々が争いに明け暮れている状況では、建築や造園を呑気に語っている場合ではなかったのである。一四八五年のボスワースの戦いで、テューダー王朝による平和の時代が到来してようやく、建築と造園の両芸術が止めていた歩みを再び踏みだし始めることになる。

第2章　紋章学庭園

――ハンプトン・コート、ホワイトホール、ノンサッチ

相互に呼応しながら発展していく造園術と建築術は、平和と繁栄あっての賜物といえる。テューダー朝の平和と呼ばれる時代は、一四八五年、ヘンリー七世が玉座に就いたことをもって嚆矢とし、その後ゆっくりとした歩みで成熟の度を高めていく。新しい国王は、国庫を派手に蕩尽してみせるかわりに財政の倹約を旨とした政策を実施し、自らの王朝支配をまずもって確固たるものにしようと努めた。そんな具合であったから、テューダー朝支配の劈頭を飾る二五年間というものは、とりたてて注目に値するようなルネサンス的現象は、芸術の分野では見られなかった。一五〇九年まで、王権のもっぱらの関心は、いかにして効率の良い支配機構をつくりあげるかという一事にかかっており、ヨーク党員の残党狩りをすることや、ヨーロッパの王族たちと同盟を結んでテューダー王室の国際デビューを果たすことなどにもっぱら集中する毎日であった。

そうした中、ただリッチモンド宮殿のみが、新しい支配一族はこれほどの権力と威信を有しているのだという一種の象徴として、テムズ河のほとりに屹立していた。宮殿＝城郭と呼べるような結構で、いまだにゴシックの様式を色濃く残しており、いくつもの中庭を抱えこんで、その周囲を建物が囲むという構成であった。なんといっても一番目立っていたと思われるのは、おそらくは奔々と生い茂る小尖塔《ピナクル》の群であっただろう。紋章ゆかりの動物を先端部に付けたり、紋章図匠を描いた旗だのが、複雑な屋根の稜線を描きだしていたはずである。その一方で庭園に

関する詳細な記述が現われるのは、一五〇一年まで待たねばならない。この年、ヘンリー七世の長子であるアーサー王子とアラゴン家のカトリーヌとの華燭の典が執りおこなわれた（ヘンリー七世が画策した各国王室間との血縁政策はここに極まることになる）。列席した人々は、「最近手を入れ直したばかりだという見事な庭園を抜け、壁の上に立つ歩廊に通された」という。このほんのわずかばかりの言及から、リッチモンド宮殿には手の込んだ回廊付き庭園があったことが推察できる。ブルゴーニュやフランス宮廷の庭園を真似た造りだ。アントニス・ファン・デン・ヴィンゲルデが半世紀後に同庭園の姿を描いているが、これを見ると、歩廊が歓楽の庭《プレジャー・ガーデン》をとりまいているのがわかる。その詳細を知ることはできないが、このリッチモンド宮殿の庭園こそ、後のソーンベリー・キャッスルやハンプトン・コートの原型となるのである[☆1]。

わずか一八歳のヘンリー八世が国王に即位すると、たちまちのうちに状況は一変し、あけすけな虚飾三昧の日々が開始される。統治の最初の二〇年間、数々の即興的な祝祭儀礼が催される宮廷において、国王は自分が中心となってすべてが進行することを望み、英雄の役を演じ続けた。かくして一五世紀のブルゴーニュ宮廷の伝統をとりいれるかたちで、ヘンリーの宮廷は果てなき祝宴に継ぐ祝宴の舞台となり、饗宴、馬上槍試合、馬上模擬戦闘、仮面舞踏会、パントマイム劇などが、あくことなくくりかえされた。中でも最も有名な祭典といえば、一五二〇年、フィールド・オブ・クロス・オブ・ゴールドで催されたもので、ヘンリーはこれを期にヨーロッパ中をその華美によって驚かせ、とりわけ競争相手でもあったフランソワ一世をその絢爛ぶりで圧倒し始めることになる。しかし、この時期に国王がおこなった芸術庇護は、何か恒常的なかたちとして後々まで残るたぐいのものではなかった。たとえば、建築とか庭園、彫刻とか絵画といったものは、時の宰相であったウルジー枢機卿が庇護をおこない成果を収めていた。このウルジー枢機卿は、アンボワーズ枢機卿ジョルジュと全面的に張りあうかたちで、大規模な建設事業に手を染めていった。建築というからには、造園事業も含まれていることはいうまでもない。

ウルジー枢機卿が手を加えた宮殿であるヨーク・プレイス（後のホワイト・ホール）とハンプトン・コートの二つ

は、やがて到来するものの前奏曲を奏でる。まずヨーク・プレイスであるが、ここには複数の庭園があった。もともとはヨーク大主教の公邸であったものをウルジーが入手して改築し、これをテムズ河のほとりまで拡張している。一方でハンプトン・コートの方はというと、これは一五一五年から建設が開始されたものだが、ここにもやはり庭園がいくつか設けられていた。☆2 ジョージ・キャヴェンディッシュが、これらの庭園についておよそ知りうるかぎりのすべてを以下の詩行で伝えてくれている。偉大な主人のことを書き綴った回想録の中の一節である。

わが甘美なる庭園は、堅牢な壁によって囲われ、
土手の上に腰掛けて休息することができる。
その飾り結び式花壇の巧みさには言葉なし。
心地よくもまた陶然とさせる四阿《あずまや》と小道は、
その芳香によって悪しき気を追い払ってくれる。☆3

この散文を読んでみても、あるのは中世後期の閉ざされし庭《ホルトゥス・コンクルスス》を構成していた要素ばかりで、新しいものは何も見当たらない。庭園は壁で囲われていて、壁沿いには土手が走り、そこを芝生が覆って座れるようになっている。そして内部の構成はといえば、飾り結び式花壇《ノット》が敷かれているというのだが、これも中世後期の庭園に見られた特徴で、まもなく高度な形態へと発展させられていくものである。すなわち、地面から一段高くなった四角形の花壇を四つに分割し、それぞれの内部には幾何学模様を描くように植栽をするといったたぐいの趣向である。そして四阿《あずまや》だが、これは葉叢を編んでつくったものもあれば、彩色木組みで建てたものもあったという。要するに、これはあるひとつの庭園形式を示しているのであって、一五世紀末から一六世紀初頭の写本をめくれば、これと同タイプの庭園を描いた挿し絵にいたるところで出会うはずである。庭園に関しては、ウルジー枢機卿は注目に値するような革新者

ではなかったといえる。そしてこのことは、建築に関しても同様であった。

そのウルジー枢機卿の補佐のもと、ヘンリー八世は戦う君主の役を演じ、戦闘再開した百年戦争を雄々しく戦い抜いていた。まさにその時期に一人の家臣がある庭園をつくりあげる。実はこの庭園が、一五三〇年以降に展開するであろうすべてのことを予示していたのである。その家臣とはエドワード・スタッフォード。第三代バッキンガム公にして、でっちあげの反逆罪のかどで一五二一年に処刑された人物である。スタッフォードはこれより以前、グロスターシアのソーンベリー・キャッスル（現在のエイヴォン）に、王宮を凌ぐような大邸宅を建設している。リッチモンド宮殿で見られた中庭型の平面構成を踏襲したもので、数寄を凝らした細緻な庭園を備えていた。[☆4] 建築の構成がリッチモンド宮殿を参考にしているところを見ると、この庭園もおそらくリッチモンドを模倣し、凌駕せんと意図したものと考えてもまちがいではないだろう。当主のバッキンガム公は、庭園に興味を抱いていたらしいことは明白で、ソーンベリーに着手する以前から「飾り結び式花壇を丹精込めてつくる」庭師を雇っている。ソーンベリーの建設が始まったのが一五一五年だから、公爵が権力の座から失墜した時点でも、まだ建設の途中であった。ここには二つの庭園と果樹園があったという。そのうち、小さい方の庭園についてはこんな記述が見られる。

> 内側の区画の南側には端正な庭園が広がっていて、その周囲を豪壮な二階建ての歩廊がめぐっている。この歩廊は上下二層の中心部から両脇に向かって礼拝堂と教区教会のところまで延びていて、その上部は胸壁を設けた石造であり、内側はスレートを葺いた木材でできている。[☆5]

この庭園の向こうには「胸壁をめぐらせた背の高い壁が囲んでいる大きな庭園があって、入っていくことができる」。さらに「広大で見事な果樹園が広がっていて、一面に広がる若木の群には、果樹がたわわに実っている。薔薇の樹も鬱蒼と生い茂り、その他、心地よいさまざまなものがここにはある。また広々とした園路が幾本も走っていて、気ままに散策することができる。さらにここには果樹園の周囲をぐるりとめぐる園路も一本あって、これはかなり高い場所を走っている。一休みする場所があちこちに設けてあり、山査子やバジルが覆っている」[☆6]。

このソーンベリーの庭園は、ウルジーの庭園に比べたらはるかに進歩していた。まず最初の庭であるが、これは内庭《プリヴィ・ガーデン》である。一種の屋外個室ともいえる造りで、城館内の公爵専用の私室に通じている。他の二つの庭園は、それぞれ囲いが周囲をぐるりとめぐり、通路や歩廊でたがいを連結する構成になっていて、連結部は上階と下階の両方に通っている。こうした造りなども、やはりここが一種の室内空間であるという感懐を催せしめるのに一役買っている。この歩廊にいれば天候に煩わされることもないし、上階部分からは庭園を見下ろして、眼下に広がる飾り結び式花壇の模様を愛でることができるのである。このソーンベリーに比較しうるものがあるとすれば、リッチモンド宮殿の庭園のみであろう。これら両園はともに、そのスケールと構成の点で、やがてつくられる最初の豪奢な王室庭園を細部にいたるまで予告するものであった。その王室庭園とは、すなわちハンプトン・コートである。

ハンプトン・コート

ウルジーの庭園にせよ、バッキンガム公の庭園にせよ、いずれも小規模な予行演習にすぎなかった。本番は一五三〇年代に建設される大規模な王室庭園をもって開幕することになる。国王ヘンリー八世は、騎士道を墨守する戦闘的君主という面が後退し、やがて政治的策略をめぐらす実務家の面が表に出てくるようになると、一種の建築狂いが始まった。一五二五年、ウルジーは、自分のハンプトン・コートを献上することによって、国王を懐柔しようとした。だがこの一事がその後二〇年間にも及ぶ王室の建設熱の烽火となってしまった。今日にいたるまでの王室の歴史において、これほどまでの規模は絶無だといえるスケールであった。そもそもこの建築熱を惹起するのにあずかって力があったのは、同時期に豪壮な城館《シャトー》を陸続と建設していたフランソワ一世に対抗してやろうという意図だけではなかった。もちろんそれもあったのだが、宗教改革という要因も大きい。この宗教改革という事件は、次のことを意味していた。まずこれによって、国庫財政がかつてないほどの規模で潤うこととなり、数々の大規模な計画を実行することが可能となった。これはとりわけ、一五三六年の修道院解散以降に顕著な傾向である。さらに、イングランドの国王がほかのキリスト教諸国を敵に回し、自らを地上の神と宣言すると、いまや王のもとには未曾有の権力が集中し、当然のことながら、これにふさわしい舞台環境というものが要請されるようになった。こうして一五三〇年代、王宮建設の熱狂が沸き起こる。宮廷では各種の典礼や礼式を執りおこなうための機構が次々に発展し、ヘンリー八世の君主政体の素晴らしさを入念に称揚した。そしてこの事態は、建物の内部と外部とを問わず、とにかく舞台の設定を必要とした。年代記作者エドワード・ホールの言葉を借りるなら、つまりは国王ヘンリー八世の「勝ち誇る統治」を祝福するための舞台が求められたのである。

ハンプトン・コートは、国王の手になる最初の庭園であった。一五二五年を皮切りに以降一〇年間、王は宮殿の大規模な増改築を断行する。現在のレンの噴水の中庭のまわりに、大広間の建物や一連の貴顕の間がつくられた。しかし、宮殿の中で最も瞠目すべき革新点はどこかといえば、やはり庭園に止めを刺すだろう。[☆7]その時点まで、およそこの庭園に類するような事例は皆無といってもよく、ここで用いられたデザインや平面構成は、その後イングランドの庭園デザインが発展するにさいして非常に重要な役割を果たすこととなった。その残響は、遠くジェイムズ一世が即位する時代にまで谺することとなる。

ハンプトン・コートの庭園の地に加えられた改変作業のうち、もっとも初期のものは、内庭果樹園《プリヴィ・オーチャード》という名で呼ばれる区画に対するものである。日時計を七基購入したのに続き、一五三一年の一月には、こんな支払い記録が見られる。

> 内庭果樹園《プリヴィ・オーチャード》に立てるための国王の紋章獣。支払先、ロンドンの指物師ジョン・リプリー、七頭の獣、すなわち、ドラゴン二翼、グレイハウンド二匹、ライオン一頭、馬一頭、羚羊一頭、計一八ペソ。[☆8]

この記録こそは、やがては初期テューダー朝の庭園装飾の代表として人口に膾炙することになる特徴、すなわち王朝の紋章学がはじめてお目見えする箇所である。紋章にゆかりの動物たちはみな目も綾な着色を施されたうえに、ごてごてと金箔を塗りたくられて、柱のてっぺんに鎮座している。柱は白一色か、もしくは白と緑の二色塗りで、テューダー朝を表わす色彩となっている。動物たちはそれぞれ小さな羽板か旗をしっかとつかんでいる。旗にも王室の紋章もしくはテューダー・ローズが描きこんである。この図式は、時代が下るにつれてだんだんと複雑化していき、新たに三頭の羚羊、二翼のドラゴン、三頭のライオン、二頭の雄鹿、二匹のグレーハウンド、三頭の雌鹿といった動物が加わった。

こんな具合にして、テューダー朝庭園の中心主題となるべきものが登場したわけだが、そもそもこの主題は一体どこからやってきたものなのだろうか。初期のテューダー朝では、王室が自分たちはこれほどまでに壮麗なのだということを誇示しようと思えば、紋章学がその表現媒体となった。これら紋章にゆかりの動物と紋章図匠とがともに喧伝していたのは、テューダー家は正統な家系であり、統治するにふさわしい権利を有しているのだ、ということであった。これらの記章や動物紋は、そもそもはエドワード三世の宮廷で流行を閲したものであった。やがて一四世紀から一六世紀にかけて、装飾の要素としては、王室の紋章よりも記章のほうが好んで用いられるようになった。記章の使用が絢爛たる活況を呈したのが、薔薇戦争の時代である。軍旗や制服に用いている記章を見れば、どちらの党派に与しているのかがたちどころに旗幟鮮明となった。[☆9]その一方で動物紋の方はというと、これはとりわけ建築に関してよく用いられた。切妻屋根や門柱を飾るかと思えば、屋根の稜線の上にずらりとならんで旗や羽板を支えたりもするといったあんばいで、テューダー朝宮殿の代名詞ともいえる特徴をなしていた。ハンプトン・コート、ホワイトホールの両宮殿でも、屋根が切りとるスカイラインには、これらの動物が点綴するさまが見えたことだろう。動物紋は、仮設パヴィリオンの屋根も飾っている。仮設パヴィリオンといえば、初期テューダー朝の宮廷祝祭を華々しく飾る特徴のひとつである。ハンプトン・コートのフィールド・オブ・クロス・オブ・ゴールドを描いた絵を眺めると、ギズニーズに建てられた仮設宮殿にはちゃんと動物がいて、四隅のところでしっかりと羽板を握っているのが見える[☆10]［図8］。これらの動物紋は、設置された当初は、さぞかし燦然と輝いて見えたことだろう。これを目の当たりにしたときの印象は一体どのようなものであったのだろうか。それを正確に知りたいと思ったら、うってつけの一幅のデザイン図案が残っている。コットン手稿収中の図面のひとつで、そこには緋色と黄金に着色された一棟のパヴィリオンが描かれている。おそらくは、フィールド・オブ・クロス・オブ・ゴールドに関係したものだろう。林立する天幕の柱の上には、一八頭の王室ゆかりの動物が鎮座している。いずれも、ヘンリー八世および先代国王の記章や盾紋に由来する。具体的には、四頭のライオン、三翼のドラゴン、六匹のグレイハウンド、二頭の雄鹿、三頭の羚羊といった陣容で、いずれもが旗を抱えている。この旗には、王室の紋章か固有の記章が描きこまれている[☆11]。続いて、これらの動物紋を先の果樹園の中に移してみて、どのように見えるかを想像してみればよいだろう。

　内庭果樹園《プリヴィ・オーチャード》は、どうやらこの後に続く造園事業にとっては、準備運動のようなものであった。というのも、これ以降、この果樹園に関する記録はぷっつりと途絶えてしまうからである。かくして一五三二年、三つの連続する庭園を新たにつくるための工事が始まる。宮殿の南側から河岸にかけて続く、内庭《プリヴィ・ガーデン》、築山の庭園《マウント・ガーデン》、溜池の庭園《ポンド・ガーデン》の三つである。これらの庭園は、当初はいったいどんな姿をしていたのだろうか。それを伝えてくれる唯一の資料がアントニス・ファン・デン・ヴィンゲルデの手になる一連の地誌デッサンである。作者が一五六〇年頃にイングランドを訪問したさいの作品であるという。ヴィンゲルデはここで宮殿を四方から眺めた図を残してくれていて、一六世紀の宮殿付属庭園が一体いかなる姿をしていたのかをあますところなく語ってくれている。実に貴重な視覚資料である［図1］。

　これら三つの庭園がどれほどの重要性を帯びていたのかについては、いくら重視したところで決して重視しすぎということにはならない。最初の二つは、北から南に向かって展開し、たがいに並列する位置関係になっている。そのうち内庭の方は宮殿に面している。宮殿にはクロイスター・グリーン・コートと呼ばれる中庭があって、そこに面する一方の側が国王に割りあてられた居室群となっているのだが、内庭はこれらの部屋の真下から広がっている。一方で面積が小さく、三角形をした築山の庭園は、この内庭のすぐ南側に位置している。この二つの庭園を合わせた大きさは、一六五三年におこなわれた議会による検地によれば、三エーカーと一ロッドであったという。

　デッサンを眺めると、内庭は大きな二つの四角形からなり、それぞれの内部をさらに四分割した構成であるのがわかる。そして全体を園路が囲み、このうち真ん中の一本は幅も大きく、これが南北に走って庭園全体を二つの大きな四角形に分割している。この二つをさらに四分割している小さな園路に関しては、デッサンを見るかぎりでは、とりたてて目立った特徴は読みとれない。そしてこの庭園区画全体を囲んでは、南側には壁面、北側には宮殿のファサード、そして西側には回廊が走っている。ちなみにこの回廊は途中、小塔を備えた饗宴館を経てさらに進み、そのままテームズ河にまで延びている。そして庭園の東側を囲うのはウォーター・ギャラリーだが、これは巨大な《グレート・》円形四阿《ラウンド・アーバー》を経て、テムズの船着き場まで延びている。この庭園区画は、これより以前に果樹園のところで追求したテーマを再びとりあげ、さらに発展させているようである。一五三四年の初冬に、次のような支払い記録がある。

> 王の新しい庭園用の木製獣のため、先のエッドに再支払い。王の新しい庭園に立つ国王夫妻の一五九体の獣の裁断、作成、彫塑作業に対して追加二〇ペソ。☆12

これに続いて、なにやら見慣れぬ支払いの記録がくる。すなわち、数百ヤードにも及ぶ木製の柵をテューダー家のシンボルカラーである白と緑に塗らせているのである。☆13ここで再び先のデッサンに目を戻すと、たしかに庭園の要所要所に動物像がちりばめられており、これらを結ぶ柵が花壇の周囲を水平に走っているのが見える。

図1———テムズ河方向から眺めたハンプトン・コート宮殿および庭園のパノラマ図。一五六〇年頃。左手［右ページ上］から右手［左ページ下］にかけて溜池の庭園、内庭と広がり、最前景には築山の庭園が見え、右手の大四阿へと続いている。四阿の玉葱型ドームの一部は、水門によって隠れている。

またこれとは別の特徴として、日時計の設置があげられる。これは合計で二〇基、それぞれ四シリング四ペンスという価格でウェストミンスターのブライズ・オーガスティンから購入したものである。[☆14]これら日時計も動物紋と同じように庭園の各所にちりばめられた。今ここで私たちは、その後長きにわたって庭園を支配し続けるある特色が、まさに源泉として湧きでた瞬間を目の当たりにしているのである。ここに置かれた日時計は単純化されているが、ニコラス・オーリアンが一五四〇年に国王のために製作した著名な天文時計のテーマを展開したものである。まだまだ萌芽段階ではあるが、庭園とは科学知識を実証する場であるという考えが芽生えつつあることをここに見ることができるだろう。

次いで、築山の庭園であるが、ここは資料によっては小庭園《リトル・ガーデン》と言及するものもある。形状に関しては、ヴィンゲルデのデッサンに見られるように三角形をしていた。けれども、具体的にどういうレイアウトを施されていたのかまでは、この図から読みとるのはむずかしい。灌木から突きでた一本の柱の上に動物像が一体乗っているのが見えるだけである。一五三三年には、この区画用に六七株の林檎の樹を購入している。[☆15]しかしなんといっても一番人目を引く特徴といえば、やはり南東の隅に位置する築山であろう。この庭園区画の名称もここから由来している。東端の壁のところに聳えており、建設は一五三三年から三四年にかけてという。築山の頂上には、「南の」もしくは「巨大な」円形四阿と呼ばれる施設がある。高さは三階建てで、ほぼ全面ガラス張り構成である。鉛製のクーポラには、当然のごとく、国王の動物紋と巨大な鍍金製の王冠が燦然と輝いていた。山には山査子の木々が奔々と生い茂り、山腹を昇っていく道には、石彫りの国王の動物紋がずらりと立ち並んでいた。二翼のドラゴン、二匹のグレイハウンド、そして大山猫とグリフォンがそれぞれ一頭ずつである。[☆16]頂上の巨大な円形四阿の姿は、ヴィンゲルデのデッサンに見ることができるし、ダンケルツが残した図版でも認めることができる。後者はチャールズ二世の時代に作成したもので、ヴィンゲルデとは異なり、宮殿を東側から見た構図となっている。[☆17]

この築山の庭園は、築山と四阿を備えた小さな囲い地のようなもので、ここに登れば、北側に位置する内庭《プリヴィ・ガーデン》を足下に眺めることができたし、反対側を向けば、テムズ河を往来する船を見やることができたのである。さて内庭の西側には、溜池の庭園《ポンド・ガーデン》が位置している。ヴィンゲルデのデッサンを見ると、三つの四角い養魚池があって、東から西へと並んでいるのがわかる。ここでもやはり王室の動物紋が池を囲んでいた。すなわち、四翼のドラゴン、六頭の虎、五匹のグレイハウンド、五頭の雄鹿である。[☆18]こうした構成の仕方も、やがて来たるべきものへの連想をいや増しにかきたててくれる。水といえば中世には、食料供給のために設けた養魚池であったり、防衛上の観点からめぐらした水堀だったりしたのだが、すでに一五三〇年代という時点で、これら水の要素が歓楽の庭《プレジャー・ガーデン》には欠かせぬものへと発展しているのがわかる。水が単に有用目的のみではない別の役割を担い始めたのである。さて最後になるが、宮殿の北側に目を向けると、そこには広闊な果樹園が茫洋と広がっていた。広壮で数階建てにもおよぶ規模の大四阿《だいあずまや》がここに佇立しているのがヴィンゲルデの図版から確認できる。

ハンプトン・コートはかくして、リッチモンドとソーンベリーの発展形態とみることができる。それも単なる発展ではなく、その規模を大幅に拡大したものであった。ここでは庭園同士が周囲をめぐる回廊を介して結びついている。そして内庭《プリヴィ・ガーデン》は城館から遠く離れているのではなく、アクセスの便を考慮して建物のすぐそばに位置し、周囲には二階以上の高さをもつ回廊だの四阿だのがあるおかげで、この庭園がどんな模様で構成されているのかが容易に見てとることができた。ところが、ここハンプトン・コートには、ソーンベリー・キャッスルの庭園のところであれこれと列挙してみせた特徴の先をいく要素がいくつか見られる。そのひとつが築山である。これだけの規模をもつものとしてはイングランド史上前代未聞のものである。築山自体は中世の庭園にも存在した。城壁を越えて、周囲の田園風景への眺望を得るためのものである。事実、ジョン・リーランドは『旅行記』の中で、ヨークシアのリーズホールの築山の数を記録している。[☆19]だがハンプトン・コートにあったものは、そのサイズがとにかく桁外れなのである。この魁偉な山が庭園のあちこちにちりばめられた数百体にもおよぶ王室ゆかりの動物たちとが相まって、この庭園にひとつの個性を与えている。それはリッチモンドやソーンベリーに見られるたぐいのものとはまったく異なり、この庭園をとびきり豪奢で王者然たらしめている。

では実際問題として、このハンプトン・コートを庭園史の中に位置づけるとしたら、一体どこに置けばよいのであろうか。まず主要な源泉は何かと考えてみるなら、ひとつにはフランスの影響があげられるだろう。ハンプトン・コートから先立つこと四〇年、フランスは、ルネサンス期イタリアで巻き起こった新しい造園術の衝撃に早くも反応を開始している。[☆20] フランス・ルネサンス庭園といえば、シャルル八世が一四九四年から九五年にかけておこなったイタリア遠征をもって、その幕開けとするのが一般に理解されているところである。このとき国王はナポリの庭園の茫然たらしむる美しさに圧倒され、二人のイタリア人を連れ帰ることになる。それがすなわちパチェッロ・デ・メルコリアーノとジェローラモ・ダ・ナポリの二人で、この両名がフランスにルネサンス様式をもちこむことになる。だがこれでは、あまりに事を単純化しすぎてしまうことになるだろう。実は、一六世紀末までは、イタリア・ルネサンス庭園の構成手法のうちのいくつかが断片的にフランスに紹介されていたにすぎない。庭園は建築家の領分であること、敷地を建築的構成を用いて変容させること、そして、庭園は邸宅に対して軸線上に配置することというルネサンス庭園の要諦原理がフランスにまで伝わるには、まだまだ時間がかかった。ルイ一二世とフランソワ一世の統治時代には、たとえば、四阿、回廊、噴水などのイタリア風のいくつかの特徴が、いまだ基本的な構造は中世風のままであった当時の庭園に導入されるにとどまっていた。

ブロワの城館の庭園はメルコリアーノがルイ一二世のために一五〇〇年から一五一〇年にかけて造成したものだが、これがフランス・ルネサンスにおける最初の大規模な庭園複合体《コンプレックス》となった［図2］。庭園全体は三つの部分に分かれていて、そのうち低い位置にある最初の区画は、古くからあった庭園を改修したものである。この区画は内部を四つに分割し、中央にはイタリア風の噴水を一基設け、隅の部分には木を編んでつくった四阿を二つ置いていた。周囲は壁と回廊に囲まれていたが、回廊には二階部分が設けられ、そこに穿たれた窓から足下の庭園を眺め下ろすことができるようになっていた。この回廊を伝っていくと、より重要な二番目の区画に出る。ここは広大な四角形の領域で、内部はいくつもの正方形が格子模様《カロ》をなしている。これらの正方形はすべてが異なる形状をしており、その各々を木製の手摺りかもしくは柵がとりまく。そして正方形と正方形の間には遥路が走っている。この区画全体を囲んでアーケード状の回廊がめぐり、狩猟記念品が掛かっている。遥路の交差する中心部には礼拝堂が建っているのだが、これは眺望を得るための一種の木製パヴィリオンである。形態は八角形で、聖ミカエル像を頂部にいただき、内部には大理石製の噴水が一基しつらえてあった。そしてこの区画のさらに向こう側に、三番目のそれほど精緻な構成ではない区画が広がっていた。

大規模な初期フランス・ルネサンス庭園の二番目の例は、ガイヨンの城館の庭園である［図3］。これはアンボワーズ枢機卿ジョルジュの著名な城館で、ブロワとほぼ同時期に建設および造園がおこなわれている。ブロワと同様、庭園は城館から離れたところに位置し、ブロワと同じレイアウト手法で構成されているのだが、こちらの方がさらに壮麗なスケールをまとっている。敷地の形状はここでもやはり広大な四角形である。四辺を壁が囲んでいるが、うち一辺には通用のパヴィリオンが建ち、残りの三辺には回廊がめぐっている。区画の内部には、ブロワと同様、囲い地がいくつかある。そのうち二つは迷宮《ラビリント》（当時の呼び方ではダイダロス）構成で、ひとつは四角、もうひとつは円形をしており、真ん中には木造のパヴィリオンが建ち、大理石製の噴水を中に抱えこんでいる。デュ・セルソーが描いた版画を見るならば、ここガイヨンにあってブロワには欠けているものが何であるかを理解することができる。すなわち、ガイヨンでは正方形パターン内部が飾り結び《ノッツ》状になっている。つまりは幾何学模様にレイアウトが施されているのだ。この模様は植物、芝、あるいは着色した砂や炭塵のような素材を用いて描いたものであった。

今見たこの二つの庭園が一六世紀前半のフランス庭園の規範となった。だが、ヘンリー八世が一番影響を受けたのは一体何かといえば、それはライヴァルであったフランソワ一世が当時まさに建設の真っ最中であった庭園ということになるだろう。そもそもこのフランソワ一世は、造園術にはさしたる興味を見せない王であった。シャンボール（一五一九年から建造開始）には庭園らしきものがなかったし、マドリード（一五二九年）やサン・ジェルマン・ア

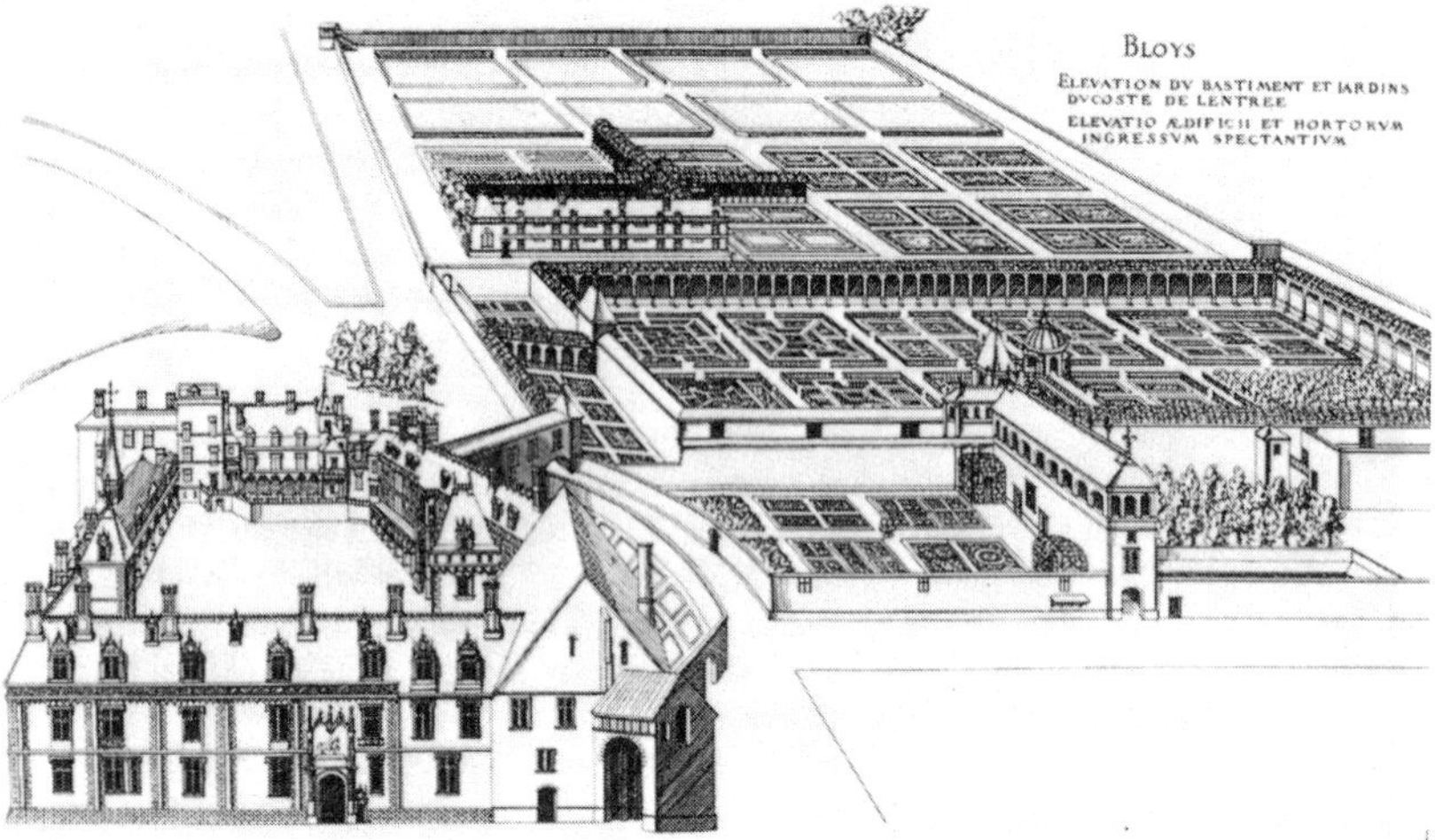

図2——ブロワの城館の庭園は、フランス・ルネサンス期の庭園複合体としては最初期の事例である。庭園は正方形に区切って幾何紋様の飾り結び式花壇を敷き、周囲を屋根付きの開廊で取り囲んでいる。同様の構成手法が、リッチモンド、ハンプトン・コート、ホワイトホールといった庭園を特徴づけている。

図3——ガイヨンの城館の庭園は、ブロワの構成手法をさらに精緻化しつつ反復している。ここに置かれた噴水が、どうやらホワイトホールに影響を与えたようである。また円形の迷路はノンサッチの着想源となった可能性がある。

図4——フランソワ一世のフォンテーヌブロー宮殿は、迎賓用大広間の直下に庭園を置いている。この構成はヘンリー八世の宮殿すべてにくりかえされている。

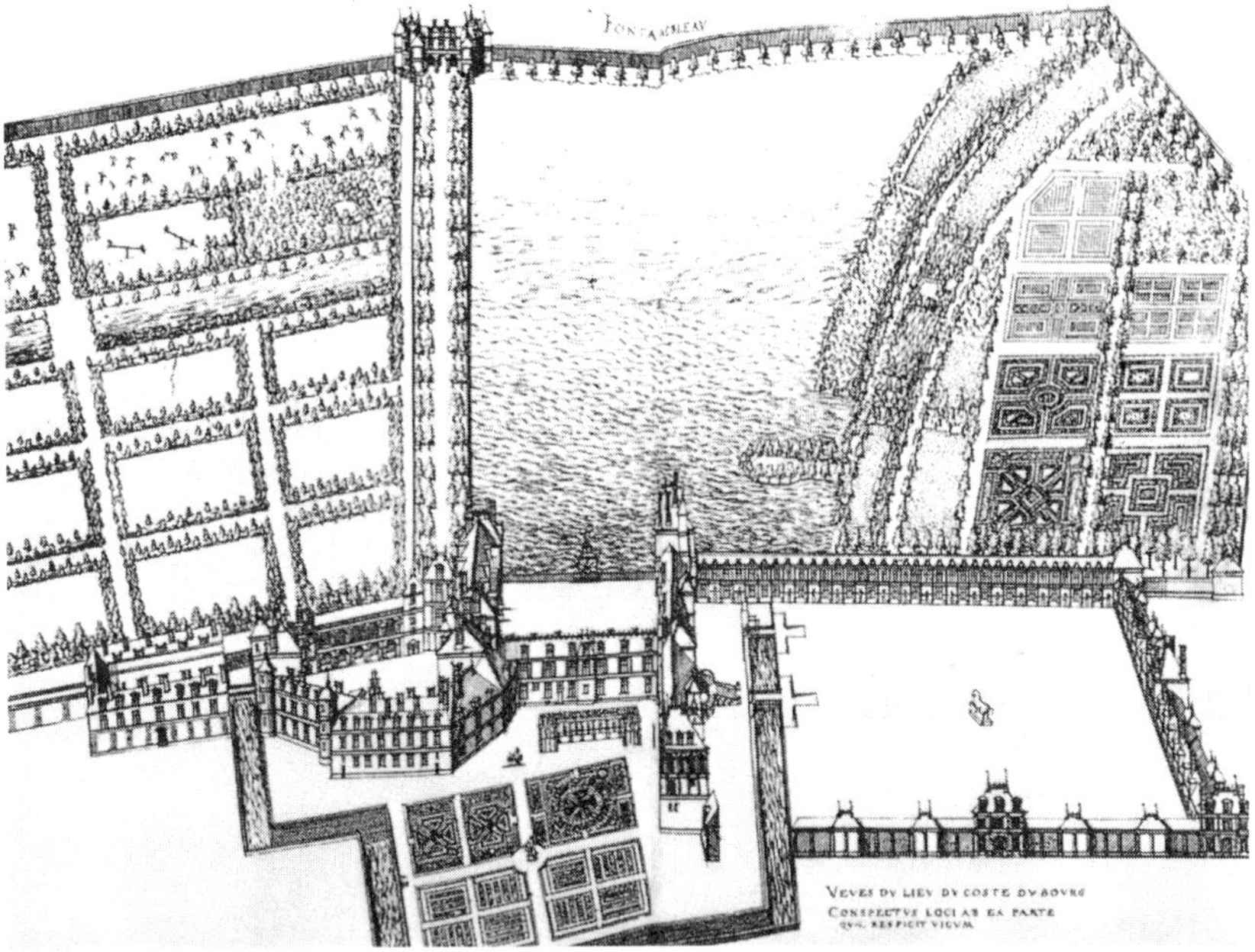

ネーデルラント派
《愛の庭》一五九〇年頃
アムステルダム　国立美術館

ン・レー（一五三九年）にはわずかに単純な形状の囲い地があるのみで、一基の噴水さえも備えていないというありさまであった。庭園がなにがしかの発展といえるものを閲したのは、唯一フォンテーヌブロー宮殿の庭園のみであった。[☆21] ここで活発な造園事業がおこなわれるのは一五二八年以降のことだが、これはヘンリー八世が自らの宮殿計画のうちに庭園を組みこんだのとまさに同時期のことである。デュ・セルソーが描いたフォンテーヌブロー宮殿の図版には、一本の広い並木道が黄金門《ポルト・ドレ》まで延びているのが見える［図4・下が北］。この道の左手には果樹園と牧草地が、また右手には蒼茫たる大池が広がっている。この池を越えたところに松の庭《ジャルダン・デ・パン》があり、ごくありふれた囲い地にレイアウトされている。だが最も重要な庭園はここではなく、むしろ宮殿の北側をとりまく運河の内側に位置しているもののほうである。この庭園区画は宮殿の窓の真下まで迫っており、全体は四つの正方形で構成される。中央にはヴェルサイユ宮殿の庭園のディアナ像が置かれて配置の焦点となっている。

　右に見たような一連の構成は、どのようにハンプトン・コートと比較しうるのだろうか。まずヘンリー八世が噴水に対して見せた興味であるが、これはフランソワ一世の噴水趣味に追随したものと思われる。これは一五四〇年代から見られる現象で、フォンテーヌブロー宮殿にしてもハンプトン・コートにしても、三〇年代の時点ではまだ噴水は設置されていない。もう少し時代が下ってホワイトホールやノンサッチなどになると、噴水の使用は顕著な特徴となる。ハンプトン・コートでは、内庭《プリヴィ・ガーデン》を国王の居室から直接眺め下ろすことのできる位置に配しているが、この点では、どうやらフォンテーヌブロー宮殿の庭園の影響を受けているようである。ただし全体としては、ハンプトン・コートのほうがずっと精緻な空間分節《アーティキュレーション》を施しているといえる。回廊や四阿を用いて庭園どうしを連結する手法に関しては、ブロワの庭園とガイヨンの庭園に負っているのにちがいない。また花壇をとりまいて木製の柵がめぐっているというのは、典型的に中世庭園の光景として普通だが、これをさらに彫琢して、王朝の紋章を展示する媒体へと精錬した点は、新奇なものであった。おそらく、これもガイヨンの影響であろう。というのも、ガイヨンにも木製の動物像が置かれていたからである。庭園を利用して紋章学的な家系讃美を表明しようとすることは、イングランドに特有の着想であるようだ。だが、ハンプトン・コートの内庭自体は、フランスそのものの構成である。ここに見られるような、広大な四角形の敷地をいくつかの正方形に分割する手法は、ブロワの庭園とガイヨンの庭園のものをそのまま反映したものである。

しかし、このブロワとガイヨンという二つの伝統は、さらに遡って別の源泉までたどることができる。一五世紀全般および一六世紀に入ってもなおしばらくの間、北ヨーロッパ世界にあってひとつの規範ともいえる役割を果たした宮廷といえば、それはほかのどこよりも、まずブルゴーニュ公の宮廷を挙げなければならない。☆22 ブルゴーニュ公の宮廷では庭園を丹精することとは生活の一部であったし、それはまた中世後期の城館をシンボリックに綾どる絢爛でもあり、さらには政治権力の象徴そのものでもあった。ここでもまた、中世の閉ざされし庭《ホルトゥス・コンクルスス》、すなわち処女マリアの純潔を表象する囲われた庭園は、数々の発展を経て、現世の幸福をあふれんばかりに象徴する存在へと変貌を遂げていた。フィリップ善良公の夫人であるポルトガルのイザベラは、囲われた庭園を自らのシンボルとして用いた。これによって、自分は純潔である旨を表明していたのだが、同時に宮廷の恋愛遊戯の主題もそこには潜んでいた。すなわち、愛の庭《ジャルダン・ダモール》である。ブルゴーニュ公はエスダンとジェルモールにそれぞれ城館を有していたが、そこにあった庭園はあたかも建物をそのまま外まで延長したかのようであり、城館の敷地内にあって、戸外の部屋であるかのごとき構成となっていた。フランドルの細密画が描きだすブルゴーニュ公宮廷の華麗な生活ぶりを眺めるなら、そこでは城館と庭園とがいかに相互貫入していたのかを理解することができるだろう。ある細密画には、ギルベール・ド・ラノワがシャルル勇胆公に自著『若き君主への教え』を麗々しく献呈している姿が描かれている[図5]。二人は整形庭園の中におり、その庭園は正方形の花壇に分割されており、地面から少し高くなっているこの花壇には、芝や花卉が植えられている。後景には、巨大な避暑用別荘もしくは四阿が建っているのが見える。初期のヘンリー八世の宮廷は、なんとかしてこのブルゴーニュ宮廷の典範を凌ぎたいという意気込みから、馬上槍試合、トーナメント、騎士の品定めといった催しを明けても暮れてもくりかえしていた。少なくともヘンリー八世の統治が始まって最初の二〇年間はそうであった。今しがた絢爛豪華なスペクタクルが終わったばかりと思うと、次は別の催しが始まるといった具合にくりかえしイベントを重ね、新しい国王を完璧な戦士君主へと仕立てあげる努力を怠らなかった。庭園といえば、ブルゴーニュ公爵シャルル勇胆公の華麗な宮廷生活の一部であって、ヘンリー八世の宮廷でもこれをとりいれないわけにはいかなかったのである。

ここまで筆を進めるにあたって、ヴィンゲルデが残した記述とデッサンだけを手がかりとしてきたわけだが、ハンプトン・コートの庭園にはほかにも多くの外国人が訪れて、これを賞讃しつつ、そのときの様子を記録に残している。そうした訪問者の一人に、一五四四年にここを訪れたスペイン人のナヘラ侯爵がいる。公爵は、ロンドンから一リーグほど離れたところにある、ハンプトン・コートと呼ばれる宮殿を訪れたのだという。公爵はここで「端麗きわまりない庭園を見た。背の高い廊下や逕路があたりを縦横にめぐっていて、そこには男性と女性の胸像がさまざまに見られた」。これに続いて、「モンスター」や獣たちが庭園を飾っていたと書き記している。[☆23] この記述はハンプトン・コートができたばかりの時期のものだが、これを読むと、当時のハンプトン・コートはブロワの城館と似たような構成であったという印象を強くする。回廊が縦横に走って庭園同士を連結していた。逕路には胸像があったらしく、さらに興味深い。おそらくウルジーのために、現在のベース・アンド・クロック・コートにジョヴァンニ・ダ・マイアーノによって設置されたテラコッタ製のローマ皇帝頭部像のようなものだったのではないだろうか。

さて続いて見てみたいものは、さらに詳細を極めた記述で、時代としてはエリザベス朝後期にあたる。トマス・プラッターなるドイツ人の手になるもので、彼は一五九九年に、庭師の後について内庭《プリヴィ・ガーデン》を散策したのだが、まずは庭園のレイアウトに関してこんな記述から始めている。

> 入口のところは多数の区画に区切られていて、それぞれ正方形に地面を穿ち、舗装の敷石を並べている。赤い煉瓦の粉末が敷きつめてある場所もあれば、白い砂をまぶした場所もあり、さらには緑の芝が植えてあるとこ

図5——ブルゴーニュ地方の庭園は、フランスとイングランド両国の源泉となった。ここでは中世の庭園形式が高度に発展を閲して、屋外の居室のような空間をつくりだしている。シャルル勇胆公は囲まれた庭園の中で本の献呈を受けているところである。園内には四阿があり、花壇は地面から一段高くなっている。装飾的に刈りこまれた灌木が鉢に植えられている。

ろもあった。まるでチェスボードそっくりの光景である。☆24

要するに、ここで語られているのは、先にヴィンゲルデのデッサンで確認した正方形区画のことで、プラッターによれば、ここが飾り結び式花壇《ノット》のごとくにレイアウトされていた。芝生や煉瓦粉末や砂を材料に用いて模様が描いてあり、これを宮殿の王の居室から眺め下ろせば、まさに特等席でそのデザインを鑑賞することができたわけである。飾り結び式花壇というのは、一五世紀イングランドの庭園を飾る特徴のひとつで、世紀を通じて発展と変化をくりかえしていた。だから三〇年代には、すでにハンプトン・コートの地にあったことはまちがいないだろう。

プラッターは続けて、庭園を囲む灌木についても触れている。

> 生け垣や囲いに用いている植物は、山査子、樅、蔦、薔薇、杜松《ねず》、柊、イギリス楡、柘植、その他の灌木類で、鮮烈な色彩が実に魅惑的である。☆25

これらは、植物購入記録の記載とつきあわせてみれば、すべて一致するものであろう。これに続いては、さらに驚嘆すべき内容の記述がくる。

> ここには、万般に相わたるさまざまな形状が見られる。たとえば男性や女性の姿、半分人間で半分馬の姿をしているもの［すなわちケンタウロス］、セイレーン、籠を抱えたメイド、フランスの百合紋、優雅な狭間パターンなどが、あたり一面に広がっている。これらは乾燥した細枝を寄りあわせてつくったり、あるいは先に述べた灌木用の常緑樹で形づくったりしたもので、中にはローズマリーだけでできているものもある。どれもみな実物大の大きさで、至妙かつ心楽しませる技巧をもって編みあげ、さまざまな種を混ぜあわせて一緒に育ててい

る。刈りこんで形を整え、まるで絵画であるかのごとくにまとめあげているのである。これほど見事な出来映えのものは、ちょっとほかに見つけることができないのではないだろうか。☆26

これがエリザベス女王が逝去する四年前の内庭《プリヴィ・ガーデン》の姿であった。けれども、これら鬼面人を驚かす形姿を見せる装飾刈りこみの数々は、父王ヘンリー八世の庭園に見られた特徴ではなかったのだろうか。そうである可能性は高いと思う。というのも、支払い記録には生け垣用の灌木類に関する記載があふれており、またこれらの植物を束ねるための柳の枝も購入しているからである。☆27 幾何学刈りこみ《トピアリー》は、ルネサンス期はもちろんのこと、中世にも存在した。先ほどの細密画、ギルベール・ド・ラノワがシャルル勇胆公に自著『若き君主への教え』を麗々しく献呈している姿を描いたあの絵にも、鉢植え植物を刈りこんで彫刻まがいに仕立て、庭園の中央に置いてあるのが見える。だが、ハンプトン・コートに見られる幾何学刈りこみは規模が規模だけに、おそらくイタリアからの影響を直接受けたものにちがいないだろう。プラッターの記述を読んでいると、例のあの記述を思いだしてしまう。人間の形姿や動物や怪物などがあふれかえり、古代から復興された幾何学刈りこみ術《アルス・トピアリア》を絢爛と展覧に供していたという前世紀のルチェライやメディチのヴィッラの庭園を活写した例の記述である。そしてこの種の展示にも、やはり象徴的意味合いが込められていたのであろう。それは紋章になじみの動物たちが象徴性を帯びていたのと同じ趣旨である。

ハンプトン・コートは、一六世紀のイングランドの庭園中、最も記録資料が豊富に残っている庭園である。まさに初期テューダー王朝の文化が結晶した典型的作品なわけだが、この時代において、様式が伝わるのは主にフランス経由であった。中でもきわめて明快な点は、イングランドに豪壮な庭園の様式が伝わったとき、庭園が支配家族の城館には欠くことのできない属性《アトリビュート》として理解されていたという点である。その中でも歓楽の庭《プレジャー・ガーデン》は、国王や宮廷に付随するものとみなされ、王はかくも壮麗であるということを外部に向かって喧伝する記号として機能した。イングランドのルネサンス庭園は、最初から象徴的な展示の媒体としての役割を強力に帯びていたことになる。それは初期テューダー朝という時代にあっては、庭園の中に紋章学をもちこむことにほかならなかった。世紀が徐々に進むにつれ、とりわけ一五六〇年以降には、イングランドにおいてもルネサンス・シンボリズムの要諦があますところなくとりあげられるようになった。これにはエンブレムやインプレーサに関する書籍、さらには膨大な神話の各種マニュアル本の輸入といった事情があったのだが、これによって旧套紋章学の語彙は精錬彫琢され、アレゴリーという一層豊かな言語が生まれることとなったのである。

ホワイトホール宮殿とノンサッチ宮殿

ホワイトホール宮殿は、ハンプトン・コートと同様、ウルジー枢機卿が所有していた邸宅のひとつを増改築したものである。[☆28] もともとは一三世紀にヨーク・プレイスとして建設されたものが起源で、これはヨークの大主教がロンドンに住まうための居館であった。トマス・ウルジーは大主教の座に就くやいなや、もとの敷地をはみだしてどんどん増改築を進め、それと平行して近隣の土地も次々と購入していった。このヨーク・プレイスがウルジーの庇護下でどれほどの豪華絢爛ぶりを誇っていたかは、彼に仕えていたジョージ・キャヴェンディッシュが回想録の中で印象深く書き留めている。一五二九年一〇月、ウルジーが教皇尊信罪の咎で失脚すると、ヨーク・プレイスは王室の所領となる。その三カ月後に国王は、ここを王宮へと格上げする意向を表明することになる。

ヨーク・プレイスをホワイトホール宮殿へと改造する作業は、ほどなく衆目の知るところとなったのだが、まさに韋駄天のごときスピードで執りおこなわれた。一五三三年の秋にはすでにあらかたの部分が完成し、アン・ブーリンを王妃として迎えている。さてこのホワイトホールは、ハンプトン・コートと比べてみるとずっと統一性に欠け、断片をつなぎあわせたような構成である。枢機卿ウルジーがすでにもとの建物群を改築し、これをテムズ河のほとりまで拡張していたのだが、国王もこれにならって手を加え続け、広大な土地を主に西側に向かって購入していった。だが、数百軒にものぼる家をとりこわしてきた国王といえども、キング・ストリート経由で南の河に向かったり、あるいは、南から北に向かって進む古代以来の公共通行権だけには、手を触れることができなかった。その結果、宮殿は二つの部分に分断され、その間を有名なキング・ストリートが走ることとなり、両者を通称ホルバイン門が連結するという構成ができあがった。北側には闘鶏場、テニスコート、槍試合場があり、その先には樹林草原が広がっていて、セント・ジェイムズ宮殿にまで通じていた。一方、南側にあるのは宮殿の主屋部分である。迎賓用大広間《ステイト・アパートメント》は宮殿建築の常にもれず、国王の間と王妃の間に分かれ、建物全体には回廊をめぐらせて空間の分節をおこなっていた。

　庭園に関しては、ウルジー枢機卿の時代にまでその存在をさかのぼることができる。一五三〇年のある記録が二つの庭園に言及しているのだが、それらがどこにあったかということまでは、この資料からはうかがい知ることができない。[☆29]そのうちの一方は、やがては内庭《プリヴィ・ガーデン》として整備されるものにちがいなく、のちに説教用の中庭あるいは石敷きの中庭として著名になる区画を占めていたと考えても的外れではないだろう。最初期のこの内庭が実際どのようなものであったのかはいまひとつ判然とせず、曖昧模糊としている。おそらくはあらかたの部分がとりこわされてしまったのだろう。エドワード六世の時代に、戸外での説教をおこなうための中庭を設置したころまでには、その大半が消失していたはずである。ちなみにここが庭園として機能していたという痕跡は、一五八四年の時点までならたどることができる。この年、ルポルド・フォン・ヴェデルなるドイツ人訪問客がこの場所に関して、「周囲を広い逕路が囲んでいる芝の区画」との記述を残しているからである。[☆30]

　幸いにも、大庭園《グレート・ガーデン》に関してはこうした曖昧さに頭を悩ます必要はない。この大庭園は一五四〇年代に建設されたもので、宮殿の西側に位置している。もともとは果樹園があったところである。[☆31]広大な四角形の領域を占め、北と西は煉瓦の壁が囲い、南と東は宮殿のファサードがその境界線となっている。南側には窪地あるいは果樹園の回廊があった。これはもともとはウルジー枢機卿の宮殿の一部であったのだが、いまや手を加えられ、一連の壁画によって飾り立てられることとなった。ヘンリー八世の戴冠式ならびにフィールド・オブ・クロス・オブ・ゴールドを描いたものである。ここの箇所のうち少なくとも一部は開放型開廊《ロッジャ》の形態をとり、庭園の南辺と等しい長さで延びていた。そして上階部分には石造回廊が走っていた。一方で西側の上階部分を占めるのは隠れ回廊《プリヴィ・ギャラリー》で、これはイーシャーにあるウルジーの邸館の回廊を再-組立《リ・エレクション》したもので、秘戯の間《プリヴィ・ロッジングス》へと連結する役割を果たしていた。

この大庭園《グレート・ガーデン》が一五四五年の時点で存在していたことはまちがいないのだが、その模様を記述した文章が現われるのは、それから四〇年も経ってからである。

> 次いで女王の庭園へと足を踏み入れた。ここには総勢三四本に及ぶ背の高い円柱が立ち並び、見事な壁画が彫りこんである。さまざまな木彫りの動物もいて、鍍金を施した角を構え、円柱の最上部に鎮座しているのが見える。その手足には、女王の紋章を描いた旗を抱えている。庭園のただ中には見事な噴水がある。そこには瞠目すべき造りの日時計が設置してあって、これが実にさまざまに三〇とおりもの方法で時の経過を告げている。また植栽の間を縫っては、芝生の逕路がめぐっている。植物は徹底的に技巧を凝らして植えてあり、その周囲をベンチの形に刈りこんだ灌木が囲っているという趣向であった。☆32

ジェイムズ一世の時代になっても、庭園を散策する若きザクセン公［ヨーハン・ゲオルク一世］を先導する案内人が、やはり同じような記述を残している。

> 次いで公爵殿は庭園へと足を踏み入れた。この庭園は王宮にすぐ隣接しているから、建物の主室から眺めれば、はるかに見晴らすことができる。全体は四角形、面積はとりたてていうほどの大きさではなく、内部はさらにいくつかの細かな区画に分割してある。各々、四隅には木製の円柱が幾本も屹立し、その頂部にはさまざまな種類の動物たちが鎮座して、手前に旗を掲げている。すべて木を削ってつくったもので、一面を金箔で塗りこ

められている。

庭園のただ中には、魁偉な四角形の石が座している。中央部は刳り抜いてあって、まるで洗礼用の水盤を彷彿とさせる形姿である。四段の石段を登って上部に上がれるのだが、そこには一面、一一七基もの日時計盤があって、すべてが時を示している。実に素晴らしき技巧の賜物である。この日時計は、もともとはヘンリー八世陛下の御代にジョアン・ピエネート・エピスコーポ・ウィントニエンシが考案したものが最初であったが、銘刻文によれば、今見られるものは、後に現国王［ジェイムズ一世］が修復したものということである。[☆33]

この庭園が完成してからまもない時期に描かれた同地の景観を伝える一対の絵があって、ともにヘンリー八世とその家族の肖像画連作の中に見ることができる[☆34]［図6］。その問題の絵の左右のアーチ廊下越しにほの見える情景こそは、実に貴重な地誌的資料となっており、国王の新たな内庭を活写したものである。花壇は地面から一段高くなっていて、背の低い煉瓦ブロックがぐるりと囲み、その上を走る柵はテューダー朝のシンボルカラーである緑と白の縞模様だ。たしかに文献資料と寸分たがわず、花壇の各要所には大理石文様の木製円柱が佇立していて、その上に紋章にゆかりの獣たちが座っているのが見える。確認できるのは、エドワード三世のグリフォン、ボーフォート公の幻獣ヤーレ、リッチモンド伯の白グレイハウンドおよび白い雌鹿と思しい動物も見える。花壇には背の低いハーブや花卉類を植えている。おそらくこの情景は、南側の果樹園の回廊から眺めたものであろう。遠景には赤煉瓦の境界壁が確認できるし、その奥にはテニス・コートと闘鶏場の屋根がのぞいている。さらにおそらくは饗宴館《バンケティング・ハウス》であろう建物の姿も認めることができる。これは一五四一年に果樹園内に建てられたもので、壁は一面、古代風のグロテスク文様が覆い尽くしていた。すでにノンサッチにも同じ装飾があることが知られているが、ホワイトホールのものも同じ系統に属する事例だろう。

これとは別の視覚資料として、アントニス・ファン・デン・ヴィンゲルデの手になるデッサンがあるのだが、こ

ホワイトホール宮殿の大庭園

図6——一五四五年ごろの大庭園の姿を描いた二枚。宮殿内のギャラリーから眺めた景色。一段高くなった花壇には柵をめぐらせ、テューダー朝を表わす色彩である緑と白で賦彩してある。紋章学になじみの獣たちが斑入り模様の木造円柱の上に乗っている。

図7——テムズ河方向からみた鳥瞰図。巨大な噴水を中心に庭園が構成されているのがわかる。園内には飾り結び式花壇が敷かれ、柱の上には紋章学に由来する獣たちの姿。庭園の二辺をギャラリーが囲んでいる。

図8——王家の紋章獣。初期テューダー朝家系装飾のいたるところに顔を出す。建物に用いられたばかりか、仮設建築の装飾としても利用された。紋章獣を庭園にも導入したことは、大きな革新である。

Whitehall Stairs

れは同じ人物によるハンプトン・コートの細密デッサンとは対照的に、印象を大雑把にスケッチしただけのものである［図7］。このデッサンを見ると、庭園のレイアウトは整然としており、直線路が走る中、一基の巨大な噴水が設置してあるのが見てとれる。実はこれが、噴水が一体どんな形態であったのかを知るための唯一の資料である。この噴水はたいそう巨大であり、なおかつ同庭園における革新要素の代表格でもあったのだという。知りうるかぎり、初期のハンプトン・コートには噴水がいっさい見られなかった。そしてホワイトホール建築の空間分節をするうえで、その焦点としてここに新たに噴水を導入したという点こそが決定的な特徴であった。つまり、ルネサンスの歓楽の庭《プレジャー・ガーデン》といえば、決まって噴水が重要な役割を果たしていたが、それがはじめてイングランドにまで伝わったということをこの噴水の設置が示しているのである。一六世紀初頭の北ヨーロッパでは、中世ロマンスが涵養してきた庭園の一モティーフとしての噴水の伝統があり、ここに人文主義者が抱くような復活した古代の一要素としての噴水が融合することとなった。ヴィンゲルデのデッサン中に見られる噴水のささやかなスケッチを見るならば、これが枝付き燭台のフォルムを変奏した形状で、頂部には彫像をいただき、その下部から順に水盤が重ねられたタイプの噴水であったことがわかる。この種の噴水の起源はイタリアにあるのだが、ホワイトホールに見られるこれは、おそらくはフランスを経由したデザインであろう。こんな雑駁なスケッチであっても、一五一〇年代にガイヨンの城館の庭園に設置された例の名高い噴水を彷彿とさせてはくれる☆35［図3］。ガイヨンの庭園を建設したアンボワーズ枢機卿ジョルジュは、同時にルイ一二世の摂政にして顧問役でもあったのだが、同庭園に精緻な造りの噴水を二基所有していた。一基はジェノヴァからとりよせたもので謁見の中庭にあり、もう一基はこれと比べると若干の遜色はあるものの同じタイプの噴水で、庭園中央部に設置したパヴィリオンの内部に置いてあった。この二つの噴水はともに頂部に彫像をいただき、それぞれ水盤を上下に重ねて古典モティーフの頭部像、たとえばライオンやケルビムの顔などをとりつけて、大きく開いた口から水を落下させていた。また階段数段を噴水の周囲にめぐらせている点でも両者は共通している。不十分な資料といわざるをえないが、それでもこのガイヨンの噴水は、ホワイトホールの噴水に関する手持ちの情報と照合するかぎり、ほぼ同一のものと見てかまわないであろう。

だがもっと時局的な観点から興味を引く事例をということであれば、ちょうどこのころフォンテーヌブロー宮殿の庭園で制作中であった作品がまず筆頭にあげられる。一五四一年、プリマティッチョは、噴水の中庭と呼ばれる場所にヘラクレス像をいただく一基の噴水を完成させる。続く一五四三年から、今度はチェッリーニが記念碑的なマルスの噴水の制作に没頭する。こちらは背丈五四フィートにもなんなんとする魁偉な神像をいただいていた。[36] 一五四〇年代を迎えるころにはヘンリー八世も、噴水を設置することがすなわち君主政体の権力と栄光の表現なのだと考えていたようである。フォンテーヌブロー宮殿の庭園とイングランド式庭園とを結ぶ最も直截な媒介と目されるべきは、ニコラス・モデーナというイタリア人で、フォンテーヌブローで働いたあと、一五三八年からイングランド国王に仕える身分となっている。[37] ノンサッチ宮殿の彫刻装飾を先頭に立ってデザインし、その施工を監督したりもしていたのだが、全力を傾注した仕事となると、一五四〇年代から始まるホワイトホール宮殿の内装工事ということになるだろう。残念ながらホワイトホールに関する作業報告書のたぐいは現在ほとんど残っていないため、ニコラス・モデーナが同地の噴水制作に関与したかどうかに関しては、憶測の域をでるものではない。

ところが、当時のホワイトホールを訪問した外国人客の目には、噴水はさほど気を引くような対象ではなかったらしく、それよりむしろ噴水のすぐ脇にあった日時計のほうがよほど好奇の的であったようだ。この日時計に関して知りうることはごくわずかしかない。一六二一年から二二年にかけて、ニコラス・ストーンという人物が日時計の撤去および再建の作業という名目で、支払いを受けている。そのさい、グレシャム・カレッジの天文学教授エドマンド・ガンターが科学的な知識を要する機構部分を担当し、後のチャールズ一世となる王子のたっての願いを聞き入れるかたちで、その仕組みを解説する一文をものしている。[38] 先に引用したザクセン公の案内人による庭園解説文の中で、日時計の作者は「ジョアン・ピエネート・エピスコーポ・ウィントニエンシ」であるとの記述が見られるのだが、これはウィンチェスター司教ジョン・ポネットのことで、一五三八年には似たような日時計をクイーンズ・カレッジにも制作している。この事実はやや意外な感じがする。ホワイトホールの日時計を制作したのはニコラス・クラッツァーではないことが判明するからである。ミュンヘン出身のクラッツァーは、当時の国王付き天文学者であり、いくつか残っている手稿著作のうちの一巻がまさに『日時計の制作について』なる表題を冠しているのである。☆39

ホワイトホール宮殿の庭園とは、ハンプトン・コートの内庭をロンドンの地まで運んできたものにほかならない。噴水と例の日時計を除いては、ここにはとりたてて騒ぐほどの革新的な要素はなんら見られない。その源流はまたしてもフランスに求めることができる。一五四四年、フランス人造園技師たちが大挙して海峡を越えて渡英し、そのうちの幾人かをヘンリー八世が雇用したことが知られている。☆40 ただハンプトン・コートに関しては、知りうるかぎり終始一貫してイングランド人エドワード・グリフィンが作業監督をおこなっている。ではフランス人技師たちはこの時期どうしていたかといえば、国王の所領中でも群を抜いて巨大であり、その名声が世にあまねく轟き渡ったある風狂《フォリー》建築のために雇われていた。それがすなわちノンサッチ宮殿である。ここにも庭園を建設しようという企図があったのである。

ノンサッチ宮殿は、チームとイーウェルに挟まれた北の高原の麓から立ちあがっているカディントンにあり、宮殿建設のために破壊され尽くし、更地になってしまった村である。☆41 建設作業は一五三八年から四七年までの間に驚異的ともいえる早さで進行した。まったくの無から設計をし、王を最高度に顕彰する記念碑として、さらには王子の豪奢と華麗ぶりを喧伝するために、このノンサッチ宮殿は建設された。ここでもやはり、フランソワ一世への対抗心が宮殿全体を貫いて漲っている。ヘンリー八世が建設したほかの宮殿でもこれは見られたことである。とりわけフォンテーヌブロー宮殿を顔色なからしめんとする意図がここには強烈にあったようだ。一五四五年の段階で、建設費用の総額は二万三〇〇〇ポンドにも達していたのだが、ヘンリー八世が死去した時点でもまだなお建設工事は続いているというありさまだった。これより以前に建てられた宮殿建築の顰みに倣って、ここノンサッチ宮殿の建築構成は中庭が次々連結するタイプを採用している。どこが最も新奇な点かといえば、それら中庭の壁面を飾る装飾の数々であった。これこそフォンテーヌブロー宮殿に対抗せんとの意図が表出したもので、ニコラス・モデーナの監督下に外国の職人たちが手がけ、古典様式の彫刻と浮彫りが施されている。私的な居室は中庭の奥に位置しており、南面して内庭を眼下に見下ろしている。当時この建物がどんな印象に見えたのかは、ジョン・スピードの著作『大英帝国の劇場』（一六一一―一二年）に収められたヨドクス・ホンディウスの版画を手がかりとして知ることができる［図3-14］。この図によれば、堅固な壁面をもつファサードがあり、それが魁偉な八角形の塔に挟まれているのがわかる。塔の頂部には窓を穿ったパヴィリオンが乗っており、先の尖った鉛屋根をかぶっているのが見え、ここに小尖塔《ピナクル》や風向計が林立している。おそらく、フランソワ一世のシャンボールの城館を凌ぐ威光を得ようとする意図からデザインされたものであろう。とはいうものの、基本的な構成においては、サー・ジョン・サマーソンも述べているように、ノンサッチ宮殿はきわめてイングランド的手法でつくられているのであり、その上にフランス風の層《レイヤー》が重ねられているというべきだろう。

　ノンサッチ宮殿の庭園や敷地は、ヘンリー八世の時代には一体どんな姿をしていたのだろうか。この点に関しては、いまだに諸説紛々で一向に決着をみないという状況が続いている。まずメアリー・テューダーがこの宮殿一式を第一二代アランデル伯ヘンリー・フィッツアランに売却した。そして、彼の娘婿にあたるラムリー卿ジョンが、原形をとどめぬほどの大改造を庭園に施したのが一五八〇年代のことである。これによって同庭園は、エリザベス朝の庭園を代表する象徴的作例となった。スピードの著作が採録しているのもこの時代の庭園である。この局面に関しては、後に再び見ることにしよう。ヘンリー八世時代の庭園構成に関しては、右のような現状であるから本当に大まかな構成しか知ることができない。

　ハンプトン・コートの顰みに倣うかたちで、ノンサッチ宮殿の内庭も、宮殿の迎賓用大広間と私的な居室の直下から延び広がっている。これら諸室は、中庭を囲む四つの棟のうちの三棟を占める。そして庭園自体もまた煉瓦壁で囲まれている。数あるエリザベス朝時代の賞讃詩のうちにラムリー卿を讃えて歌った一編がある。アンソニー・ワトソンなる人物による作品だが、その中に庭園の広さに関する記述が見られる。それによると宮殿の南側にある庭園は、境界壁まで実に五〇〇歩の距離があったという。また一六五〇年におこなわれた議会による検地の記録を見ると、庭園に関して見られる記述として、「山査子の生け垣に囲われた四分割や円形の区画」、園路、四阿、天井に覆いのついた逕路、緑・青・薄茶色に塗られた腰掛けといったものがある。さらに、四阿は全部で一二棟あったといわれている。[☆42] ここから推察可能なことは、庭園の構成はいたってありきたりのもので、周囲を壁がぐるりと囲んで灌木の生け垣がめぐり、庭園内部の主立った部分は正方形に分割してあったということである。おそらくは例の木製の柵が走って、国王の紋章にゆかりの動物が展示されていたのであろう。ラムリー卿が庭園を改造するにさいして、除去すべき候補の筆頭としてこれらの動物像があげられたことはまちがいなく、卿は自らの家紋をこれに差し替えさせている。スピードの著作に収録してある先の版画には、中央に噴水が佇立しているのが見えるが、これなどもラムリー卿の命で設置したものであることは明白である。一方でラムリー卿の手が加わる以前からあったと思しい特徴のひとつに、精緻な装飾刈りこみ《トピアリー》の存在がある。ワトソンの賞讃詩が活写するところによれば、「鹿、馬、兎、犬どもが、追いつ追われつ、地に縛られぬその健脚で、緑の壁をやすやす跳梁……」していたという。[☆43] トマス・プラッターによる記述はもっと直截である。「……およそあらゆる種類の動物たちがいる。犬や兎などをはじめとするこれらの動物はすべて、生い茂る植物の葉ごもりからできている。あまりに玄妙精緻につくってあるものだから、少し離れたところから見ると、生きている動物ととりちがえてしまうほどである」[☆44]。これはあたかも、ハンプトン・コートの描写をそのまままくりかえしているかのごとくに聞こえる。ハンプトン・コートでも生け垣が柳の枝で束ねられ、装飾刈りこみの形状へと丹精してあった。だがこれらの刈りこみは、一体エリザベス朝のものなのか、あるいはヘンリー八世時代のものなのかは、いまだによくわかっていない。

ノンサッチ宮殿の東西にはそれぞれ別個に庭園区画が設けてあって、東側には飾り結び式花壇《ノット》を置き、西側には迷宮《ラビリンス》もしくは迷路《メイズ》を設置していた。ふたたびアンソニー・ワトソンの言によると、「……うねうね湾曲する逕路に迷いこみ、果てには迷宮内に仕掛けられた危険な奸計の数々におちいるはめになるだろう」☆45。同じくトマス・プラッターは一五九九年の時点で、生け垣は十分に高くて向こう側に何があるか見ることができない、という感懐をもらしている☆46。両人の語るような特徴は、初期の庭園迷路にあってはきわめて非凡な要素であったにちがいない。というのも、元来の庭園迷路というものは、生け垣の高さはせいぜい地面から少し上ぐらいまでしかなくて、迷路全体の布置結構を一望の下に見渡すことができたし、生け垣自体も軽々とまたいで渡ることができたからである。この種の庭園迷路はヘンリー八世の時代にまでさかのぼって見ることができる。ガイヨンの庭園にあった迷路に競合せんとして、国王がつくらせたものである。続いてノンサッチ宮殿のさらに西側に目を移してみよう。ここには果樹園が広がっていて、そこよりさらに先には築山があり、巧緻を極めた造作の二階建て饗宴館《バンケティング・ハウス》が頂上に建っていた。この館の一階部分にはバルコニーが回り、屋根は国王の紋章ゆかりの動物たちが飾っていた☆47。当時の姿を想像するに、おそらくはハンプトン・コートの築山の庭園《マウント・ガーデン》にあった巨大な円形四阿のごとき形姿であったのにちがいないだろう。手に入りうるかぎりの資料から察するならば、ノンサッチ宮殿は、ハンプトン・コートが踏みだした庭園デザインの革新的歩みをさらに進めるまでには、どうやらいたらなかったようである。この点は、ホワイトホールの事例と同様だといえる。

飾り結び式花壇、迷路、デザイナー

一六世紀につくられた数多くの歓楽用庭園の中でも、そのすべてを通観したうえで一体何が最も根幹となる特徴であったのかといえば、やはり飾り結び式花壇《ノッツ》に止めを刺すであろう。この形式の花壇は、やがてジェイムズ一世の時代になって刺繍花壇《パルテール・ド・ブロドリ》スタイルに駆逐されるまで、延々その命脈を保つことになる。この飾り結び式花壇が庭園デザインに一体どのような効果をもたらしたのかという点については、すでにガイヨンの城館の庭園の版画を

見たさいに確認した。またこの形式の花壇のデザインの中で、はじめて出版されたものは、『ポリーフィロの夢』収中の図版であった。正方形庭園を分割して四つの飾り結び式花壇を設置するという手法は、これ以降、一世紀以上の長きにわたって庭園デザインを圧倒的に支配することになる。この伝統はそれ以降もなお熱き余燼を残して延々くすぶりつづけ、ついにはステュアート朝が終焉を迎えるころまで、小規模な荘園の領主邸《マナー・ハウス》や地方の庭園の中に生き続けていく。[☆48]

けれどもこの飾り結び式花壇について、なにがしかの詳細な文献情報が得られるようになるのは、もはやこの形式の花壇がいくばくか時代遅れになって、錚々たる大庭園からは徐々にその姿を消しつつあった時代になってからである。一六一三年、ジャーヴェイズ・マーカムは自著『イングランドの農夫』をこんな言葉を枕に議論を始めている。いわく、飾り結び式花壇は「蒼古たる歴史を閲した花壇形式で、今日庶民たちの間では抜群の人気を博しているが、貴顕の方々からはほとんど顧みられることがない。上流の人々というものは、常に新奇なものに目がないからである。飾り結び式花壇と迷路の二つが一番最初に賞讃をもって迎えられたものであることは、みなさまもご存じであろう」[☆49]。フランシス・ベーコンといえば、マーカムが言うところの貴顕の一人とみなしてもよい人物であろうが、その彼が飾り結び式花壇をとりあげてこんな具合に駄目を出している。一六二五年の随筆「庭園について」の中の一節である。

色とりどりの土で飾り結び式花壇だの塑像だのをつくって、庭園に面する家の窓の下に置くことについていえば、そうしたことはとるにたらないことである。この程度の楽しい光景なら、果実入りパイの中にもしばしば見られる。[☆50]

けれども一五三〇年代、ヘンリー八世が庭園建設にいそしんでいたころには、巧緻のかぎりを尽くしたパターンの飾り結び式花壇を大々的に敷設していたのであって、実際これこそが当初の庭園デザイン構想における最もスリリングな側面でもあったのだ。もともとこの形式の花壇は一五世紀にも知られていたのだが、初期テューダー朝のもとで造園事業が活発となり、さらにはフランスからの影響も加わった段階にいたってはじめて、潜在的可能性を十全に引きだすことができるようになったといえる。飾り結び式花壇が当時の王室庭園においては、すべて一種の活性剤ともいえる決定的な役割を帯びていたことに関しては、内庭が配置された場所がこれをよく傍証している。この形式の花壇を備えた庭園区画は、宮殿中、国王の居室の真下に設けられていた。つまり、国王が窓から見下ろせば、そこに描かれたパターンを一望のもとにとらえることができたのである。

マーカムの説明するところによれば、飾り結び式花壇には二つのタイプがあった。すなわち、開放形式と閉鎖形式だ。まず開放形式のものから見ていくと、これは模様を描く線の部分を植栽でもってつくりあげる形式で、たとえばローズマリーとか、タイムとか、ヒソップなどといった植物がこれに利用された。線と線との間にできる空隙部分には、色とりどりに着色した土をまぶすか、あるいは逕路を設ける。この逕路の芝が植わっていない箇所には、砂を敷きつめておく。これに対して閉鎖形式といわれるものは、模様の地となる空隙部分に、単色の花を一面に植える形式である。飾り結び式花壇のデザインに関して、初期テューダー朝の時代にまでさかのぼるものは伝わっておらず、トマス・ヒルの『実り多き園芸の技』（一五六八年）およびディディマス・マウンテン著『庭師の迷宮』（一五七一年）に収録されているものあたりが、現存する最古の事例ということになるだろう［図9・10］。これらと似通った形式のデザインがガイヨンの庭園を描いた版画に出てくるし［図3］、あるいはカーペットや刺繍に現われるデザイン・パターンとも密接な関連を有しているといえる。一体いかなる人物がこれらのパターンをデザインしたのであろうか。唯一、この疑問に答えてくれる手稿がひとつ残っている。ジェイムズ一世の統治時代に生きたトマス・トレヴェリヨンは書法の教師であり、ドミニコ会修道士として活動した人物であった。彼の手になるイラストを満載した手稿がいくつか現存しており、そのうちのひとつに一連のデザイン画が収録されている［図11］。これらのデ

Another Maze.

飾り結び式花壇と迷路

図9――飾り結び式花壇のデザイン。ディディマス・マウンテン著『庭師の迷宮』（一五七一年）より。

図10――四角形の迷路デザイン。トマス・ヒル著『実り多き園芸の技』（一五六八）より。

図11――トマス・トレヴェリヨンによる二種の飾り結び式花壇と円形迷路のデザイン。一七世紀初頭。

ザインは「指物師や庭師のための……飾り結び式花壇、建物、池、台座付き胸像」であると述べられている。換言するならば、人々はデザインをしてもらうためにトレヴェリヨンのもとを訪れ、刺繍や象嵌細工はもとより、庭園用の飾り結び式花壇の図案までも考案してもらっていたということになる。[☆51]

庭園デザインの作者に関して、これこれの人物が設計したと特定できる事例はきわめて稀である。したがって、根本的な疑問、すなわちヘンリー八世が建設を命じた幾多の庭園群は一体誰がデザインしたのだろうか、という問いには答えることができない。建築の場合と同様、造園事業も公務上では王室工事監督局の管轄下にあった。ジョン・サマーソンは、次のように述べている。「宮殿の建設を発案し、施工を管理し、そして多くの場合装飾まで手がけたのは、ヘンリー八世の宮廷をうろちょろしていたどこの馬の骨ともつかぬ外国人などではなかった。こうした作業は官吏たちの領分であり、そのために専用の役職が設けてあった。これらの官吏は、あらかたイングランド人が占めていた」[☆52]。各々の庭園がとるべき正確な形状は、おそらくは上級官吏たちが連携して協議を重ねる中で創案していったのであろう。上述の庭園が造営の真っ最中にあった期間に、工事監督局において最も重要な位置を占めていたのが監督官ジョン・ニーダムなる人物で、この役職に就くまえには、大工長の職にあったという経歴の持主である。彼の下には、特許状に基づいて指名された工芸家や職人連が参集していた。石工長、大工長、筆頭指物師、国王付きガラス工、上級水道工などといった特許状もあった。これらに加え、同じく特許状を有するが、王室工事監督局には含まれない部局として、上級画家、漆喰施工長、一等金細工師などといったものがあった。これらの部局に属する人々が国王の建物を設計し、庭園も含めた周辺域全体のデザインをおこなっていたのである。そして、彼らの手になる図面の数々が監督官と国王のもとに提出された。初期テューダー朝の宮殿付属庭園を特徴づけるスタイルやレパートリーを案出したのも同じ人々であったのである。

これらの庭園が全盛であったころには、これがテューダー朝の豪奢だ、と言わんばかりの深甚なる感興を人々の胸にかきたてていたのにちがいない。瞼を閉じて、心の中の目で盛時の庭園情景を思い描いてみよう。まずは宮殿の政務室の光景。室内に重畳するタペストリーと目を射る金銀の鍍金装飾。窓に歩み寄って眼下を見下ろすならば、すぐ足下から広大無辺の大絨毯がどこまでも伸びてゆき、目も綾な百宝色に輝き渡っている。整形の園路が碁盤目状に走り、そうしてできた正方形状の区画には、趣向を凝らした模様が描いてあるのが見える。文目《あやめ》も分かぬほどに錯綜した飾り結び式花壇の編み目、旋回するアラベスク文様の渦巻き、さらにはうねる迷宮文様など、実にさまざまである。こうした模様を描くのは、馥郁たる芳香を放つハーブの葉叢である。これが開放形式のものならば、模様と模様に挟まれた間隙部分には色とりどりに着色された砂や土が敷きつめられているだろうし、閉鎖形式のものならば土のかわりに植物、たとえば撫子、桜草、菫、美女撫子といった花卉類が植えられていることだろう。こうしてできた飾り結び式花壇が、時にはなにがしかの象徴的な役割を帯びることもあったにちがいない。そしてそれが一体何を暗示しているのかは、宮殿上階の窓から見やればやすやすと感知しえただろう。さて庭園に降り立ったならば、整形に走る園路を伝っていかねばなるまい。周壁を伝い茂る花樹菓林の樹檣には、梨だの林檎だの李《すもも》だの林立する小尖塔の束。その頂きには鮮烈な色彩で塗りたくられた紋章ゆかりの動物たちが、燦々と照る太陽に反射してキラキラ光っている。さらに一驚を喫するのは、山査子やローズマリーをさまざまな彫塑形態に刈りこんだ情景を目にしたときであろう。男や女や各種の動物・幻獣のたぐいがあたかも庭園の中に棲みつき暮らしているかのようである。ここには築山もおそらくあって、螺旋状に上昇する登坂路をたどって頂上までいくことができるだろうし、大理石の噴水から水が滴っている情景がうかがえよう。スティーヴン・ホーズが自著『大いなる愛と美しき乙女の物語』（一五〇九年）の中で、これら初期テューダー朝の庭園がそもそもいかなる情景を呈していたのかを実に鮮やかに描きだしている。詩人はおそらく、ヘンリー七世のリッチモンド宮殿を念頭に置いていたのだろう。

そして栄光溢れる庭園に私たちは入っていった。

そこは最も心静まる場所にも喩えられるものであった。

花々で巧妙に描かれ、また、つくりあげられ、
驚異に満ちた偉大さをもつさまざまな飾り結び式花壇には、
左後ろ片脚立ちの獅子が佇立し人目を驚かすが、
すべてが心地よき甘美な草々でつくられていた。
それぞれが驚くほど似た多数の龍もおり、
多種多様な花々を使い、巧みの技でつくられていて、
それらの花々は多くの色で彩られていた。

かくも快く楽しき庭園の真ん中には、
円形を四つに分けた美しき区画があり、
まさに楽園に喩えることこそふさわしく、
芳しい花々で周囲をぐるりと囲われていた。
中央には、まばゆい光を放つがごとく
心地よき噴水と驚異の念を引き起こす泉がある。
すべて黄金でつくられているのもむべなるかな。[☆53]

庭園とは「歓楽に興ずる場」である。この点を、上に引いた詩句ほどにあまさずとらえている行文もほかにはあるまい。

豪壮な結構をもつ庭園が一六世紀のイングランドに現われたとき、すでにそれは王政と密接不可分のものであり、また宗教改革を経た時代にあって王権はかくも絶大にして豪壮無比なり、との強力な主張をともなっていた。実にその後ジェイムズ一世を国王として迎える時代が到来するまで、王室の建設活動においてヘンリー八世に比肩しうる規模のものは、ついに現われなかった。ヘンリー八世の手になる宮殿や狩猟地や庭園は、王政とはこのようなものである、と提示してみせる視覚装置であった。これらの施設はやがて内乱が勃発するときまで、ほぼ完全に手つかずの状態で保存されることとなる。ヘンリー八世はブルゴーニュ公爵シャルル勇胆公の伝統に迫ろうとしていた。いやもっとはっきり言えば初期ヴァロワ朝フランスの鼻をあかしてやろうと汲々としていた。そんな野心を抱いていたからこそ、国王は庭園芸術というジャンルを確立し、これを王権の意志を象徴する媒体として活用したのである。イングランドの庭園に影響を及ぼした様式伝播の経路としては、やはりフランスと低地地方諸国からの流れが二大潮流であり、この点はほかの芸術ジャンルの場合となんら変わらない。ローマとの国交が断絶するにいたって、イタリアとイングランドを結ぶ直接交流の経路は閉じられてしまった。それまでは、彫刻家、画家、建築家といった面々をイタリアから直輸入していたのが、ここにきてそれが跡絶えてしまったのである。一方でフランスはというと、依然としてイタリアとの交流が続いている状況であった。そうした事情により一五四〇年以降、イタリア人芸術家の姿をイングランドで見かけることはなくなったし、やがて世紀が進むにつれて、ルネサンス・イタリアに関する知見というものは、徐々に間接的に伝えられるだけとなっていった。この文化的孤立状態が打ち破られるのは、ようやく一六〇三年を迎えてからのことである。この年、宗教改革を皮切りに勃発した数々の戦乱がようやく終息を迎えつつあったこの国に、再びルネサンス・イタリア文化との直接交流経路が確立されることとなる。この経路を一身に体現した人物こそ、アランデル伯トマス・ハワードと、後に王室工事監督局測量官に就任することになるイニゴ・ジョーンズその人であった。

ジュスト・ウテンス
《カステッロのヴィッラ・メディチ》一五九九年
Firenze, Museo di Firenze com'era

第3章　エンブレム庭園

——ケニルワース、ティブルズ、ウォラトン、ウィンブルドン、ノンサッチ

一六世紀中葉という時代は、建築と庭園の双方にとって不毛な時代であった。特筆すべき建築といったら、せいぜいがサマセット・ハウス一棟を数えるのみである。この邸館は、エドワード六世の摂政が命じて、一五四七年から五二年にかけて建設された。建築史的な観点から見るなら、たしかにテューダー朝中期の作品の中では水際立った影響力を振るったことになるのだが、こと庭園となると、それが一体どんな姿であったのかさえ今では知るすべもない。時代を下り、アン・オブ・デンマークがサマセット・ハウスの庭園の再整備を命じるにいたって、ようやくその姿をとらえることができるようになる。一五六九年に北部の反乱を鎮圧するそのときまで、イングランドは実に厳しい季節を堪え忍ばねばならなかった。政治は不安定に揺れ動き、宗教界はめまぐるしい変転を経験し、経済は未曾有の危機を迎えていた。状況が一転するのは、一五七〇年以降、いやもっと正確を期するならば一五八〇年からということになる。エリザベス朝の平和と呼ばれる長い平穏な時代は、このころから徐々にかたちをなしていく。建築活動は再び熱狂をもって迎えられ、その興奮は上昇カーブを描きつつ次世紀にまで引き継がれることになるだろう。

エリザベス朝という時代に見られる最も重要な発展といえば、歓楽の庭《プレジャー・ガーデン》が大邸宅には必ずといっていいほどつくられるようになったことである。エリザベス一世は、芸術の庇護というものをおこなわなかった。規模の大小を

問わず、とにかく女王が直接に芸術活動を支援することは一度たりとてなかった。父王の統治時代に建設した宮殿と庭園をそのまま手つかずの状態で維持し、これを女王の宮廷の舞台として利用していた。王室に指導力が欠けていたことが、ある種時代遅れともいうべき孤立主義的な状況へとこの国を導いていくことになる。とりわけ女王の統治が暮れ方にさしかかるころにこの傾向が顕著になり、それはヨーロッパ世界において宗教的分断の度合いが加速するのと歩調を合わせている。一五五八年、イングランドがプロテスタントの陣営に与することが決定的となったとき、イタリアとの交流経路は事実上閉ざされてしまう。これが再開の日の目を見るのは、世紀の変わり目まで待たなくてはならない。さらには、ネーデルランドの反乱に端を発する長期にわたる戦乱の末、七〇年代までに低地地方諸国は灰燼の憂き目を見ることとなる。そして八〇年代の中葉を迎えるころには、ヴァロワ朝の宮廷もまた歴史の舞台から退場を余儀なくされた。フランス宗教戦争史上、空前絶後の苛烈さで展開したカトリック同盟戦争の紛乱に、彼らもまた飲みこまれ沈んでいった。つまり、低地地方諸国とフランス王国のどちらも、ルネサンス期イタリア発の最新庭園デザインを伝える媒介者たる役割をもはや果たすことができなくなったのである。こうした諸々の事情があるにもかかわらず、庭園は依然としてこの時代の必須の要素であり続けており、その役割があまりにも強力であったものだから、それから四世紀の年月を経た現在においてさえも、イングランドの伝統的整形式庭園といえば、まずエリザベス朝のスタイルを思い浮かべてしまうほどである。エリザベス朝の庭園だったらもう知悉していると想像しがちなのだが、実際のところはいうほどのことは知りえていないと考えた方がよい。だがこの時代の庭園がかくも鮮烈な印象を残し、いまだに通俗神話の分野では語りぐさとなっているという事情には、ある過去の現実が長い時間を超えて反映している。それがすなわち、庭園においてエリザベス朝の平和を入念に表象してみせることであり、またエリザベス女王を園芸関連用語で顕彰してみせようとする営為であった。まさにこのことから考察を始める必要があるだろう。

エリザベス一世と庭園の世界

一五九一年五月、バーリー卿は女王エリザベス一世をティブルズの地で歓待している。今回も御多分に漏れず、宮廷儀礼に則って女王に敬意を表わすためのお決まりの催しであった。女王をまず出迎えるのは隠者の格好をした男で、この館の主人は夫人とお嬢様が亡くなられた悲しみのあまり庵に隠遁してしまい留守にしていると詫びを述べる。さらに、このあともっとふるった口上を庭師の口から聞くことになる。この口上は、女王が大庭園《グレート・ガーデン》を散策しているさなかに庭師が語ったものだという点を念頭において吟味する必要がある。ここで、庭師は女王に向かってある庭園のことを語るのだが、これは四マイル離れたところにあるピムズの地に目下建設中であるという。

この由緒正しきご老体の一番若いご子息は、庭園をつくるために土地をご用意なさいましたが、歓楽には不似合いな場所でございまして、お宅から非常に離れておりますもので、この地を知る者として申しあげるなら、楽園というより囲いと申したほうがよかろうかという場所でございました。……でこぼこをつぶして土地をならしてから、拙者が四つの区画に分けました。最初の区画には、迷路をつくりましたが、ヒソップやタイムでできたものではなく、当惑しつつ萎びていくものでございます。あらゆる徳とあらゆる美の女神とあらゆる詩神が女王陛下のまわりをとりまき、その花冠を示しながら、われこそはご寵愛をと抗い、すべてがご愛顧を求めることでしょう。これらはすべて香草ではなく、花でできておりまして、しかも、最も美しく甘美な花でございます。と申しますのも、あらゆる浮世の思いや期待など驚倒せしめるこの世のものとも思えぬ迷路には、花こそが一二の徳を表わすにふさわしいからでございます。花にこそ、一〇〇を超える徳があることをわれら庭師は知っておりますから。色とりどりの三色菫の優美さときたら、たった一本の茎でありましても、決して色が乱れることもなく、しかもそれぞれが美しいのでございます。九つの異なった花でつくられた詩神は、さまざまな種類でありながら、すべてが甘美で威厳がございます。

このようなものがひとつとなって迷路になっております。……それから、すべて野薔薇でできた四阿《あずまや》をつくるように拙者は申しつけられました。ご子息は次のようにおっしゃいました。「私は野薔薇を最も愛している。地に深く根を張るほど、その花の香りは甘くなり、葉はいつも緑を保ち、スペインの夏の日差しが当たっても、色を失うことはない、と聞いたことがあるからです☆1」。

庭師が女王に語って聞かせるこの庭園は、バーリー卿の次男サー・ロバート・セシルの手になるもので、当初から女王を讃えるエンブレムとなることを企図して設計されたものであった。宮殿付属庭園の常に似ず、本館からずいぶんと離れた場所にあるが、構成はお決まりの四分割パターンで、それぞれの区画内部を飾り結び式花壇が覆っていた。引用文中では、このうち最初の区画についての記述のみが見られるのだが、それによればこの区画は迷路の形状に植栽してあったようである。これは同時代の造園指南書や、トマス・トレヴェリヨンの手稿本などによく見られる例の迷路図版の系統に従ったものであろう。庭師の説き語るところによれば、この迷路状植栽は慣例になっている香草類を使うかわりに、諸々の象徴性を帯びた花卉類を選んでこれに代用したのだという。すなわち一二体の美徳像には薔薇を用い、三体の美の女神像には三色菫を、九柱の詩神像《ミューズ》には九種類の花を、といった具合である。次いでセシルは庭師に全体が野薔薇でできた一棟の四阿《あずまや》をつくれと命じたという。

女王を歓待するにあたり、その筋書きをまとめあげたのはジョージ・ピールであった。宮廷ではあまり目立たぬ一詩人ではあったが、彼もまた女王をとりまく神話体系の何たるかを十分に知悉していた。ピールが記述しているのは、その当時にはほぼまちがいなく存在していたと思われるある事柄である。もしそのようなものが存在していなかったのだとしても、あるひとつの庭園に盛られた内容をこのように読み解くことこそは、われわれがこれからたどるべき最も重要な方向を示すものである。すなわちエリザベス女王の統治時代に、初期テューダー朝の王党人士たちの紋章学がアレゴリーへと変容することになった。それも処女王《ヴァージン・クイーン》をめぐる複雑な崇拝《カルト》と結びつくたぐいのアレゴリーであった。断わるまでもなく、女王は常にテューダーの薔薇、つまり、かのヨーク家の白薔薇とランカスター家の赤薔薇を統合する大輪の薔薇であった。☆2 女王＝薔薇という、こうしたごく初歩的な同一視の手法だけで、王国内のあらゆる庭園に女王の麗姿が常に顕現することになった。さらに重要なことには、このような花を通じた表象というものは、やがてこの後に展開する事例と比べたらほんの序の口でしかなかったということである。女王の統治が時を経るにつれ、一体どこまで広がるのか検討もつかぬほどに広範な園芸術がらみのイメージが立ち現われてくる。この茫洋たる一大イメージの中では、女王、王国、春、庭園、花々等々の個々のイメージがすべて綯い交ぜになって織りこまれている。たとえば、先のロバート・セシルの庭園においては何が女王を表象していたのかといえば、それは疑いようもなく、五枚の花弁を広げるあの野薔薇であった。エリザベス朝の文学をひもとけば、野薔薇としてのエリザベス女王を暗示した佳句の数々がそこかしこにちりばめられているのがわかる。そうした作品の筆頭としては、サー・アーサー・ジョージが吟じた詩があって、この中でエリザベス女王は野薔薇という楽しき花として讃えられ、古代トロイ王国の王族の血を引く者と謳われている。他方、軽妙な忠告もあって、たとえばジョージ・ピールが女王即位三五周年を祝して捧げた詩などがこれにあたるだろう。

……その日を讃えるためには、
野薔薇を着けて、赤薔薇と白薔薇を
身に着けよ……

この野薔薇は、エリザベス女王の肖像画の中にもちゃんと描きこんである。たとえばブリティッシュ・ミュージアムにある《不死鳥宝玉肖像画》は女王の横顔を描いたものだが、その周囲にテューダーの薔薇と野薔薇を編みこんだ花綱をめぐらせて、これを鍍金仕上げにしている。あるいはウィリアム・ロジャースの作品。ロジャースは女王治世の暮れ方、最後の一〇年間にエリザベス女王の肖像画をものしたのだが、「選ばれし薔薇《ローザ・エレクタ》」としての女王をテューダーの薔薇と野薔薇が広げる葉ごもりで大切に抱くように描いている[☆3]［図1］。このように女王を讃えるさまざまな園芸術的ヴィジョンがあるのだが、その中でも最も重要なものといったら、まずエドマンド・スペンサーに止めを刺すだろう。『羊飼の暦』（一五七九年）中の四月の牧歌において、エリザベスを讃えて「麗しきイライザ、すべての羊飼いの女王」と謳いあげている。スペンサーこそは、ルネサンスの牧歌の伝統を消化吸収し、これをエリザベス神話の一部に同化するのに重要な役割を果たしたのであり、さらにそのイメージに燦然たるプロテスタントの光沢をまとわせるのにもあずかって力があった人物であった。

見よ、彼女が緑の草の上に座っているところを。
　（ああ、なんと麗しい姿か！）
汚れなき女王のように、緋色の服に包まれ、
　アーミンのごとく白く輝く肌。
ダマスク薔薇と喇叭水仙でできた、
真紅の花輪を頭の上にかぶっている。
　はさみこまれた月桂樹と、
　緑の桜草が、
甘美な菫を引きたてる。……
こちらにピンクと紫の苧環を、

図1———〈選ばれし薔薇〉としてのエリザベス一世。テューダーの薔薇と野薔薇が女王を囲む(一五九〇年-一六〇〇年頃)。

撫子と一緒にもってこい。
高貴な方が身に着けるカーネーションと、
ワイン用丁字をもってこい。
私のために地面の上に撒いておくれ、喇叭水仙と
黄花の九輪桜と金鳳花と愛する百合を。
可愛いパンジーと、
騎士の好む例の花は、
美しい百合の花によく似合うことだろう。☆4

七〇年代において、すでにエリザベス女王崇拝の核心とも目すべき点がここには明言されている。女王は春の季節そのものであり、また春先に萌えそめる花々でもある。この類比をさらに進めるなら、それはそのまま女王統治の原理を謳ったものともなるし、また女王の統治が成功裡のうちに進展することをも暗に述べている。言うなれば、庭園はエリザベス女王のもと、王党派たちの奉ずる象徴イメージが織り紡ぐネットワークの中へと引きこまれていったということになろうか。こうした結びつきがようやく断ち切られるのは、内乱の勃発を迎えるときである。またそれは、一六世紀末葉に世上を席捲した専制君主崇拝熱とも分かちがたく結びついた現象でもあった。この種の崇拝は、君主がほとんど魔術じみた権能を自然界に対して振るうさまを詳細に描いたイメージのうちに象徴的に表現された。こうした視点こそ、エリザベス女王をとりまくイメージ群の中心主題であったのであり、そのことは当時の人々が女王こそは女神アストライアなりと言祝いでいたことからも容易に察知しうるであろう。ウェルギリウスの『牧歌（詩選）』第四歌に謳われた正義の女神アストライアが地上に回帰するそのときこそ、黄金時代が再び人類のもとに訪れる時節にほかならない。☆5 ジョン・デイヴィスが一六〇〇年に上梓した二六編から成る『アストライ

ア讃』なるアクロスティック詩集があって、こうした崇拝にまつわるあらゆる側面をそのうちに含んでいる。それらが一層明らかとなるのは、女王統治の最後の二〇年の間における庭園の発展との関係においてこの作品を読み進めたときである。

初めに黄金時代があった。季節は常春で、いつ終わるとも知れず、延々と陽春のときが続く。ここでいう春の季節とは、すなわちテューダー家のエリザベス女王による統治になぞらえられたものであることは言を俟たない。

え　んまんな緑の大地に空青く、
り　りしき春にすべては新た。
ざ　わめく春がやってくる。
べ　つじんのように若い太陽が
す　さんで老いた冬の時代に終わりを告げる。

じ　つに風も穏やかで、海も静まり、
よ　き香がすべての牧場を包んでいる。
お　おきな富を大地が抱く。
う　たう鳥の鳴き声は、
に　くらしいほど耳目を奪う。

さ　あ、甘い春よ、われらが乙女のために、
ち　ることなき花輪をつくり、

あ　やなる花輪をむだにするな。
れ　っきとした国家の春が永遠に、
か　のじょのもとから咲いている、
し　んせいな空がこの世にあるかぎり[☆6]。

五月は春であり女王の月。そして薔薇は女王の花。なぜなら女王は麗しの薔薇でもあるからだ。けれども、造園術を女王崇拝へと結びつけることに最も成功している例といえば、おそらく第九編であろう。

フローラへ

え　いこうの花の女王よ、教えておくれ、
り　っぱな五月、あなたの宮廷はどこにいったのか。
ざ　っとう離れたグリニッジの庭にいったのか。
べ　っせかいの力がそこには溢れ、
す　べての谷の魅力にも優るから。

じ　ょうぜつな詩神が三人三つになって、
よ　にも稀なる美と徳と威厳とともに、
お　おいなる季節の女神と美の女神が、
う　るわしき喜びをこの地で味わっている。
に　んげんにはこれに類する場所は見つからぬ。

さわやかな薔薇と百合が彼女たちを誘いこんだ、
ちかくにアストライアがくるまえに。
あかるい花の喜びを彼女たちは求めてきた。
れいを尽くしてアストライアのために、
かのじょたちは花冠よりもふさわしい贈りものを、
しっかり集めて、天に昇って届けにいく。☆7

ハットフィールドにある《虹の肖像画》が右の詩句をそっくり視覚化してみせてくれる。すなわち、女王をアストライアの姿として描いたうえ、繚乱と咲き乱れる花々で飾り立てているのだ。胴着《ボディス》に散らばる刺繍模様は、春の花卉類で、薔薇に百合に胡蝶菫《パンジー》が見える。手にした虹が告げるのは、うち続いた嵐が過ぎ去ったあと、女王が国土にもたらした平和にほかならない。☆8

この「王党派の庭園」のテーマは、宮廷祝祭や行幸の機会ともなると、一挙に膨張をとげる。そこでも常に変わらず顕彰されるのは、女王が万有万象に対して振るう力である。一五九一年九月、女王一行がハートフォード伯のもとに行幸したさいには、美の女神と季節の女神が出迎えてこれを歓待している。女王を先導して歩く道すがら、足元に花々を撒き散らし、萌えいずる春の季節を歌うが、その歌は女王が涼秋もたけなわの中で導き入れたものだというのである。

今、鳥たちは新たな調和の響きを告げ、
木々は調べを奏でている。

今、自然が育んだすべてのものが
楽しい衣服で身を包む。[☆9]

日を改めて、エリザベス女王の部屋から足下に見下ろす庭園に、今度は妖精の女王《フェアリー・クイーン》とその侍女たちがやってきて群舞をくりひろげる。かと思うと、花々を組みあげてつくった帝国の王冠を女王に向かって差しだす。そしていよいよ女王の御出立となると、今度は夏の到来に見立てて祝い送るのである。

さて今一度、エリザベス女王を描いた肖像画群に目を通してみると、これまたいたるところ花だらけであることに気づく。とりわけ多く見られるのが、平和もしくは処女の象徴であるオリーブを女王が握っているか、あるいはテューダーの薔薇を手にしている姿である。[☆10] 三色菫をもっているものもあって、シェイクスピアの『夏の夜の夢』が女王に捧げた詩句を思い起こさせる。それは女王を「西の空が玉座につけた美しき処女」と讃える。[☆11]

……小さな西の一輪の花。
かつては乳のごとく白く、今は恋の傷で赤くなり、
乙女たちはそれをけだるさの中の愛と呼ぶ。

花をめぐるこれらの主題は、執拗なまでにくりかえされ、広く人口に膾炙した。したがってここでは、この主題の背後に隠された層を探求してみるのがよいだろう。処女マリアをめぐる賞讃はそれこそ無数にあるけれど、最もなじみのものといったら、囲われた庭園の中に聖母を置く中世のイメージであろう。「閉ざされし庭《ホルトゥス・コンクルスス》」といったら、これは「無原罪の御宿り」の象徴のことである。『ソロモンの雅歌』より借用したもので、「わたしの妹、花嫁は、閉ざされた園、閉じこめられた春、封じられた泉」とある。中世の図画や彩飾は、聖母子がこの閉ざされた庭の中に

座している姿を好んで描いた。二人の周囲には、聖母を象徴する園芸術がらみの付属物、たとえば菫、百合、白薔薇、赤薔薇といった花々が配してある。こうした前提のもとで見ると、エリザベス崇拝にまつわるイメージの大半が示唆していたものがわかってくる。すなわち、プロテスタントを奉じるイングランドにあっては、天上の女王たるマリアを崇拝するかわりに、処女王崇拝をこれにすげ替えたのである。実に入念な操作ではあった。だからこれは別段驚くには値しないのだが、これ以後、処女マリアの「閉ざされし庭《ホルトゥス・コンクルスス》」のイメージが復活され、新たな生命力が張っていくさまを目撃することになる。処女の園はエリザベスの統べるイングランドを象徴する庭園となった。

五つのエリザベス朝庭園

庭園計画にまつわる証拠史料のうちでも一五五〇年から一六〇〇年までのものといったら、ほぼ皆無であるといってよい状態にある。実際この欠乏ぶりには驚いてしまうほどである。☆12 それどころか、細部までとりあげて論じることが可能な事例といったら、次にあげる五つしかない。すなわちケニルワース、ティブルズ、ウォラトン、ウィンブルドン、ノンサッチである。そしてこれら五つの事例でさえ、これを研究しようと思えば、いかにも断片的な考察に頼らざるをえない。実測調査の記録と庭園平面図をつきあわせ、さらにこれに加えて、当時そこを訪問した外国人たちが残した文献を勘案してみる、というような作業を強いられるわけである。バーリー卿のティブルズやラムリー卿のノンサッチといった大庭園が一体どれほど人々の肝をつぶすに足る麗姿をまとっていたかということに関して、今では地誌景観図の類が一切残っていないために知ることができないのである。けれども右にあげた五つの庭園を見ることで、六〇年代から九〇年代にかけての庭園計画をある程度詳細にわたって概観しうることもまたたしかである。その結果、当時のイングランド庭園の孤立ぶりが明らかになるだろう。イタリアにおいてすでに生じた事柄、もしくは現在進行形で生じつつある諸々の事柄から、イングランドの庭園は絶縁状態に置かれていたのである。それと同時に、この五つの庭園の事例からは別の点も明らかになる。すなわちこの時代のイングランドの庭園はおそろしいほどに敷地面積が広がったこと、そして大邸宅にはもはや欠かすことのできない付属要素として、いやましにその重要性の度合いを高めていったこと、等々が見てとれるだろう。各地の邸館は宮廷一行が巡行するさいの逗留地とみなされるようになったので、邸館は宮殿設計のさまざまな要求を満たすことを直接の目的としてつくられるか、あるいはそうした要求に応えるように手を加えざるをえなかった。女王は常に一連の居室群を必要として、衛兵室、謁見室、私室、寝室といった部屋部屋をそろえておかなくてはならなかった。これに加えて、初期テューダー朝以来の発展に棹さすかたちで、内　庭《プリヴィ・ガーデン》を用意することもまた望まれていた。ここから確実にわかるのは、庭園デザインにおいてはほぼ例外なく、私的な領域と公的な領域とを截然と区分していたという点である。つまり、庭園中の私的な領域は、邸館の主人や行幸に訪れた君主が歓楽にうち興ずる空間として、そして公的な領域は公衆に向けての誇示をおこなう空間として、ということである。したがって、庭園は居室空間の発展史をそっくりなぞっていたことになる。プライヴァシー尊重の願いと、貴族階級生活におけるますますの形式化という異質な要素が組みあわさった結果、居室空間は複数に分裂し、そこに迎賓用大広間《ステイト・アパートメンツ》と私的な居室群という区分がもちこまれた。この相反する要求は、屋外においても庭園空間の複合／増殖化をもたらすことになる。

1　レスター伯ロバート・ダドリーとケニルワース城

エリザベス朝時代の歓楽の庭《プレジャー・ガーデン》がいかなるものであったかを活写した文献中、時代的に最も早く、分量の面でも申し分のないものといえば、ロバート・レナムの書簡中に現われる記述である。レスター伯ロバート・ダドリーがエリザベス女王を迎え、ウォリックシアはケニルワース城にて、一五七五年七月に催した歓待の模様を物語ったものである。庭園がどれほど度肝を抜くものだったかを、委曲を尽くして縷説する彼の筆致から十分にうかがい知ることができる。あまりにも丁寧に解説してくれるものだから、庭園がどんな平面構成で、どういう具合にレイアウトしてあったのか、簡単な図面をつくることができるほどである。そして、この歓待記録をケニルワース城の平面

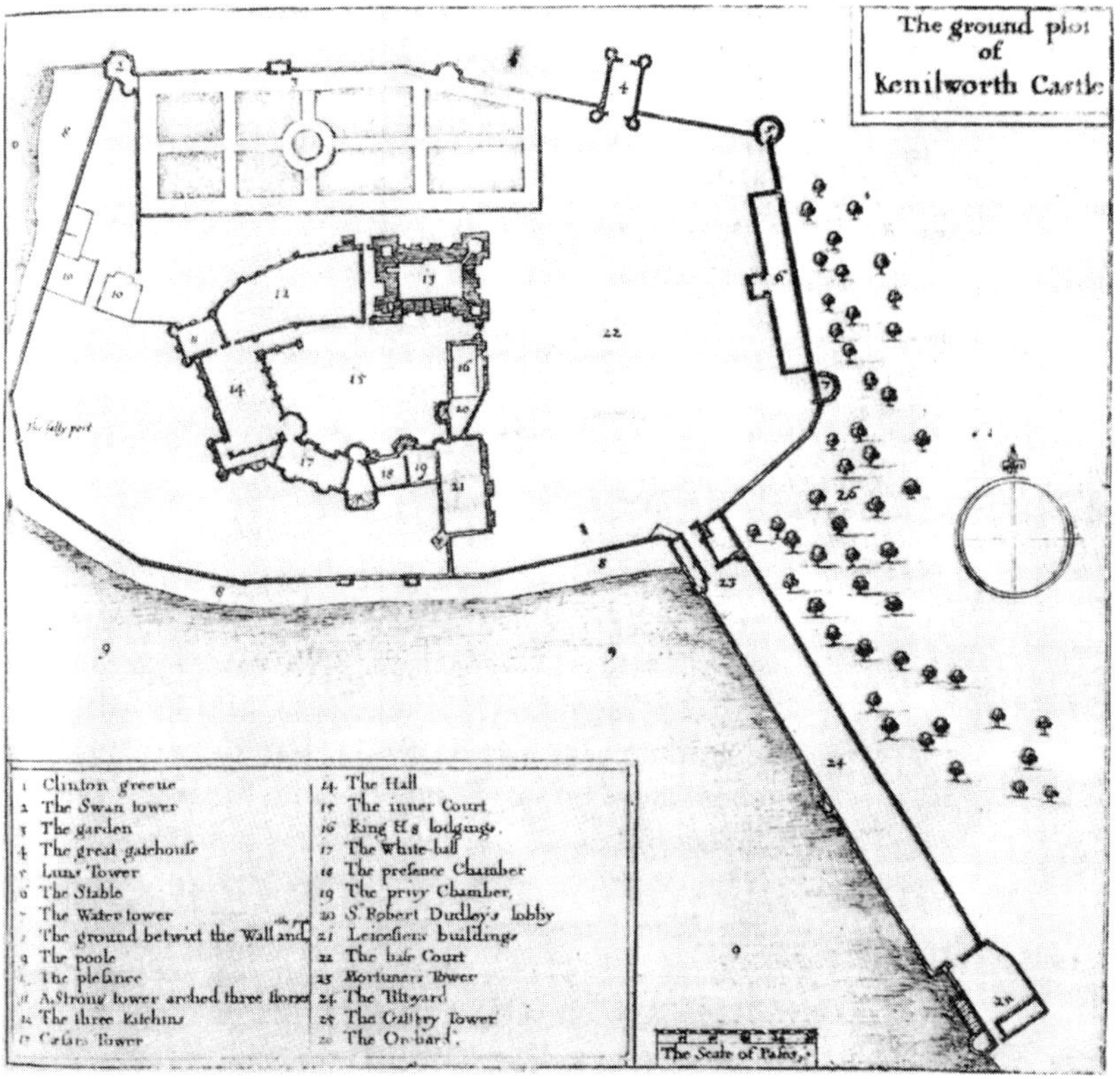

図2——ケニルワース城。一六五六年当時の庭園の平面図

図と照らしあわせて読んでみるのがよいだろう。サー・ウィリアム・ダグデールが『ウォリックシアの古代遺跡』(一六五六年)の中に挿入している一幅がそれである[図2]。ケニルワースは、エリザベス朝の平和の時期につくられた最初の大庭園だったのである。

レスター伯はケニルワース城を一五六三年に譲渡されて以降、女王を迎えて一五六五年と一五七五年の都合二回にわたって歓待している。[☆13]つまり、造園作業がおこなわれたのはその二回の歓待に挟まれた一〇年間ということになる。レナムの記述を見てみると、まずはこの「楽園」の素晴らしさを激賞することから筆を起こしている。この部分は引用に値する箇所だから以下に引いてみる。以降、ずっとこのような調子の恍惚状態で筆を進めて庭園全体を描破していくのだが、冒頭のこの箇所にはその歓喜のさまが躍如としている。

多くの心地よく爽やかな陰でできた四阿と木陰と座席と歩道は、大いなる技と資金と労力によって快適に仕上げられ、美観を高めている。高く芳しい樹木と土壌に恵まれた自然の優美さが実に見事で、ディアナ御自身が憩いを求めて歩き回ったのでは、と思わせるほどである。[☆14]

これほど熱狂をかきたてたのは、この庭園がひとかたならぬ新奇さを有していたからにほかならない。歓楽に興じるためだけにひとつの庭園をつくるという考え方が、それほどまでに目新しいことだったのである。

このケニルワース城の庭園は城館の北側に位置していて、面積は一エーカーあまりで、城壁のすぐ内側を占めていた。眼前には一本の遊路が走っていて、これは高さ一〇フィートに幅一二フィート、道の両側にはオベリスクや球儀が林立し、レスター伯の個人紋章である熊と節くれだった杖も一緒に立ち並んでいた。遊路の両端に立つのは樹木と花を編んでつくった四阿であり、庭園と同じ高さにあるテラス歩道には中央部分に魁偉な禽舎が一棟あり、これが土手の上に佇立していた。この禽舎はまず木造であったとみてまちがいないだろう。というのも、窓のアーチ飾りには彩色と鍍金を施して、ダイアモンドだのルビーだのサファイアだのエメラルドだのといった宝石類を模していたからである。庭園自体の形状はというと、全体は四角形をしており、そこに園路が走って四分割している。園路が交差する地点には噴水が一基設けてあった。高さは八フィート、大理石製である。筋骨たくましい人物像が背中合わせで球を支え、そこから水が滔々と流れ落ちて下にある水盤を満たしていた。ぬかりなく、噴水の頂部に熊と節くれだった杖がしつらえてある。園路には芝生が植わり、端の部分は砂が露出していた。園路によって分割される四つの庭園区画にはそれぞれオベリスクが一本屹立し、頂部には斑岩を土台にして宝玉《オーブ》が輝く。オベリスクの周囲を囲んでは、芳香をふりまく植物や香草《ハーブ》類が咲き、林檎、梨、李などの花樹菓林が生い茂っていた。

一五三〇年から四〇年代の初期テューダー朝の宮殿付属庭園以来、ふたたび細部まで知ることができる庭園としてはこのケニルワース城がはじめての事例となる。初期テューダー朝の先蹤と比べたら規模はずいぶんと小さくなっているが、このケニルワースの庭園はホワイトホールやハンプトン・コートと同じ形式でつくられたものであり、これらの王室所有の大庭園が貴顕の大邸宅に移植されたものと見ることができよう。王室ゆかりの動物にかわり、園内に点綴する熊と節くれだった杖のように、ここでは私的な紋章図匠にゆかりの装飾を用いて館の主人を讃えていた。だがいくつかの点では、ケニルワースは先蹤とは異なる独自な側面を見せてもいた。その筆頭にあげられるのは、これが中世城郭を改築したものだという点である。この事情から推察するに、レスター伯はアンボワーズの城館の庭園の事例から影響を受けていた可能性が高いといえる。一五五一年、レスター伯がまだ若かりしころにアンボワーズの庭園を見たという記録があるからだ。フランス初期ルネサンスの庭園も、これと同じ問題、すなわち、いかにして古い城塞に庭園を付加するか、という点に頭を悩ませていた。ケニルワースは中世の城郭付属庭園を拡大拡張したものにほかならない。この点、アンボワーズやベリーの［大修道院の］例と同様である。庭園は内側にめぐらした城壁よりは外側に位置しているのだが、外縁をめぐる主要城壁や外堀よりは内側にある。アンボワーズやベリーもこれと同種の布置である。しかし、今までにはない新奇な点も、ケニルワースには二点ほど見られる。そのひとつがオベリスクである。それは、かつて庭園が彫刻を展示するための公式な場であったことをかすかに偲ばせるものである。そしてもうひとつの新奇な点がテラスで、こちらの方がさらなる重要な意味合いをもっている。先に見たような敷地条件から庭園を迎賓用大広間《ステイト・アパートメント》の足下に設けることが不可能であったため、飾り結び式花壇《ノッツ》をいくら設けたところで、その模様を窓から愛でることができなかった。そこでテラスという要素を導入して、部屋からではなくここから花壇模様を眺めようということになった。大地をテラス構成にして庭園まで降り下っていくというこの種の作例では、ケニルワースが最も初期の部類に入る。だがテラスを導入した主たる理由は、やむなき必要にかられたうえでのことであったようだ。テラスを庭園構成の主要原理にまで高めて活用するようになるのは、ジェイムズ一世の時代を迎えてからのことだからである。

2　バーリー卿ウィリアム・セシルとティブルズ

サー・ウィリアム・セシルがティブルズの荘園を購入したのは一五六四年のことだが、聡明な次男のロバートが大きくなったあかつきにはきっと必要になるだろうという思惑からであった[☆15]。ティブルズの邸館は、ロンドンとウェアを結ぶ街道から少しばかり脇に入ったところに建っている。街道はウェアから先はスタムフォードを経たのち、最終的にはセシルの最初の大邸館があるバーリーにまで延びていた。敷地の周囲は王室の居館が点綴する郊外地であったが、まずセシルはもともとあった館の改築にのりだし、次いでこれをとりこわして完全に建て直すことを決定した。一五七一年、セシルがバーリー卿という爵位を授けられた時点ですでに巨大といってもいい規模に達していたのだが、その後一〇年のうちに順調に成長し、やがては王宮もかくやといわんばかりの壮麗な邸館に仕上がることになる。ティブルズの成長は、「女王陛下が時折ふらりと行幸されるたびごとに勢いを得て」加速していったという。そんなわけで一五八五年、実務上の判断から建設完了とあいなったころまでには、王宮の代理といっても十分通じるぐらいの規模を備え、事実、それはジェイムズ一世の時代に現実のものとなる。ロバート・セシルがここを王室所領のハットフィールドと交換してしまうからである。

バーリー卿は造園術に深甚なる興味を抱き、その鍾愛ぶりを包み隠さず公言していた。ハットフィールド所蔵の手稿コレクションの中には、バーリー卿自らが引いた庭園図面が多数含まれている。ロンドンの邸宅にもこれまた精緻のかぎりを凝らした庭園をいくつか設けたらしいが、これについては詳細を伝える資料がない。このロンドンの庭園とティブルズの庭園をともども管理していたのが当代の偉大なる本草学者ジョン・ジェラードであった。ジェラードの手になる著名な『本草学』は、一五九七年にバーリー卿に献呈されている。[☆16]

ティブルズは中庭を囲むタイプの建築である。これはハンプトン・コートやノンサッチと同様の構成であり、実際ティブルズはこの両宮殿の末裔でもある。庭園の研究をするにあたって、サー・ジョン・サマーソンがおこなったティブルズの建築に関する研究を参照するにしくはない。邸館の平面図が復元してあるのだが、これは膨大な一次資料をしかるべく読み抜いたうえでの成果である。とくにジョン・ソープが残したドローイング中の平面図に大幅に依拠しているのだが、このソープなる人物が、一六〇六年から一六一〇年にかけてのどこかの時点で、ティブルズに関する調査をおこなったとされている。建物の平面は、中庭が次々と連続する形式のもので、軸線の長さは実に四〇〇メートルにも達するほどである。そして、一番端の中庭空間は中庭《インナー・コート》もしくは噴水の中庭《ファウンティン・コート》と呼び慣わされている場所であって、この区画に国王の居室が設けてあり、庭園とじかに面していた。庭園は大きく二つに分かれていて、そのひとつが内庭《プリヴィ・ガーデン》であり、これは東側の主人の寝室の足下から広がっていた。もう一方の大庭園《グレート・ガーデン》は、北側の迎賓室《ステイト・ルームズ》の真下から延び広がっていた［図5］。

端部の中庭棟を囲んで庭園を配列してある点から推察するに、これらの庭園の設計・造営作業は一五七五年から一五八五年までの一〇年間におこなったものと考えられる。ちなみにこの端部の中庭棟に関しては、一五七二年の日付がある図面が現存している。さて庭園部分を復元するさい、必ずといっていいほど依拠することになる資料が二つある。ひとつは一六五〇年実施の議会検地による詳細報告、そしてもうひとつは一五九〇年代以降に当地を訪

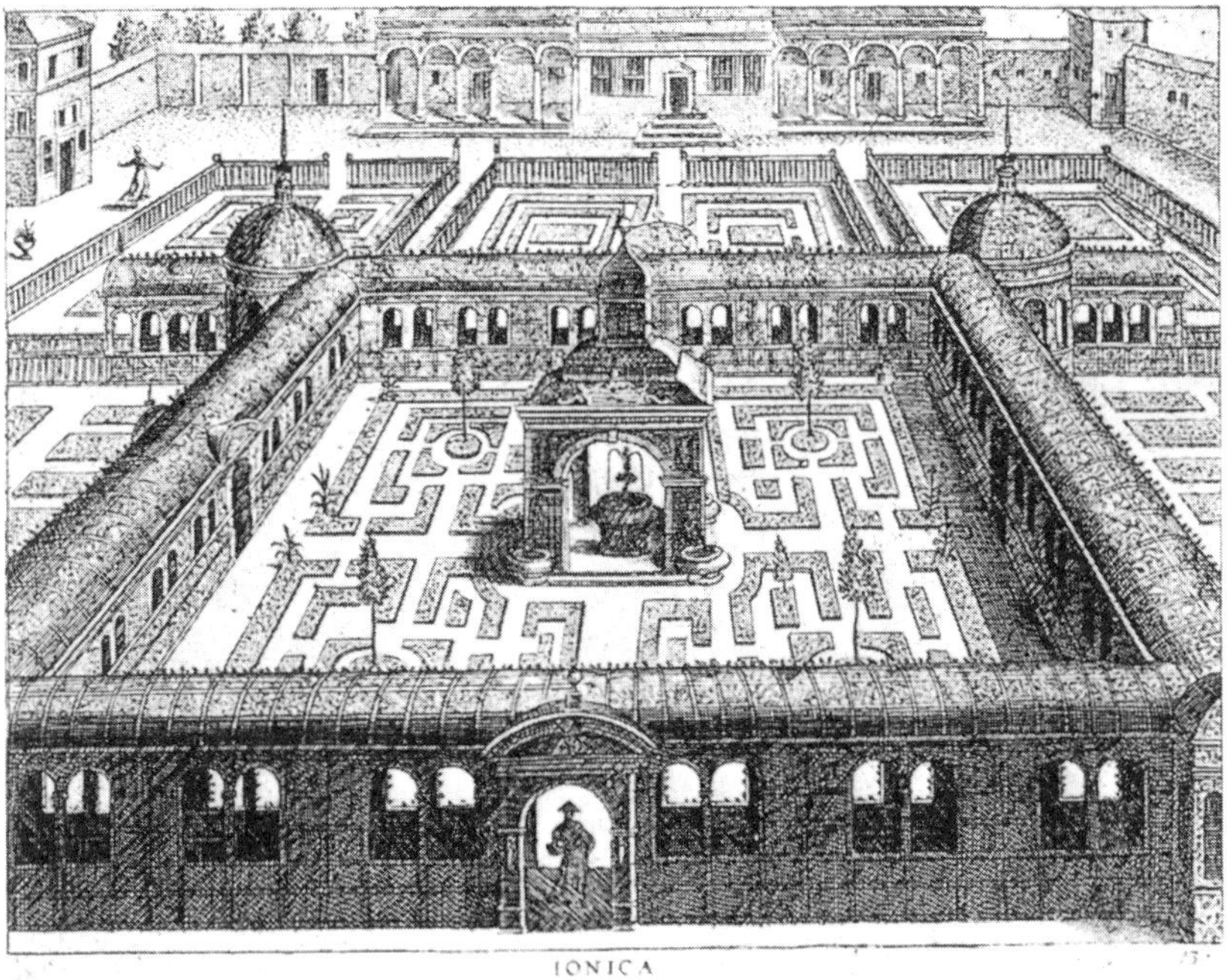

ティブルズ
一五七五年から八五年にかけて計画されたティブルズは、もっとも影響力のあるエリザベス朝時代の庭園であった。けれども、実際にどのような姿をしていたのか、またレイアウトの詳細はどうであったのかという点は、推測するよりほかない。

図3——憂鬱にふさぎこんだ若者の姿。ド・フリース風の庭園を後にし、周壁の外側に広がる緑陰に孤独を求めている。

図4——イオニア式デザインの庭園。周囲を樹檣が囲み、芝で模様を描いて木を植えている。フレーデマン・ド・フリースのデザイン集より。アントワープ・マニエリスム様式をまとったド・フリースの作品は、エリザベス朝イングランドに多大な影響を及ぼした。

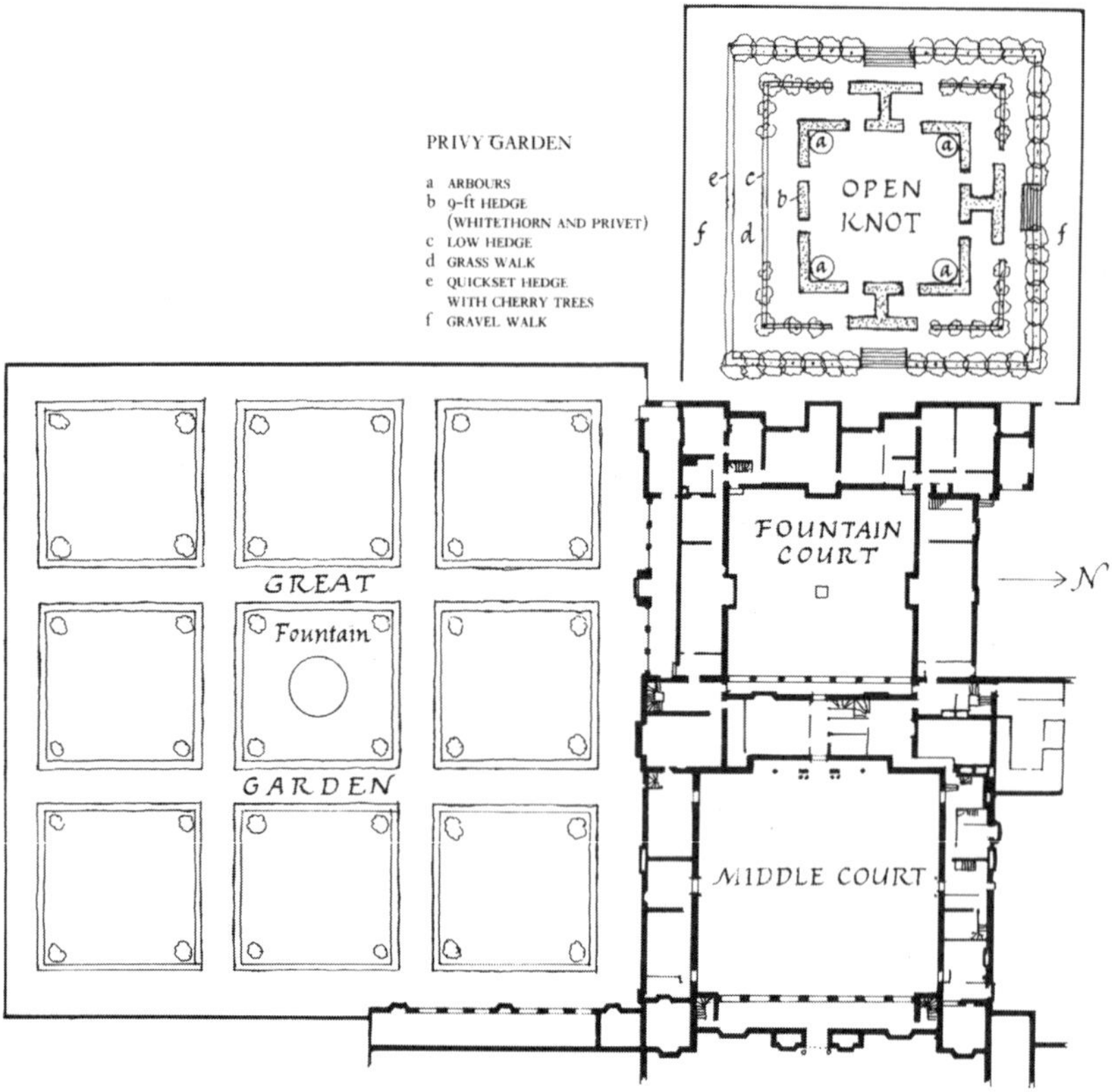
PRIVY GARDEN
a ARBOURS
b 9-ft HEDGE (WHITETHORN AND PRIVET)
c LOW HEDGE
d GRASS WALK
e QUICKSET HEDGE WITH CHERRY TREES
f GRAVEL WALK
OPEN KNOT
FOUNTAIN COURT
N
GREAT GARDEN
Fountain
MIDDLE COURT

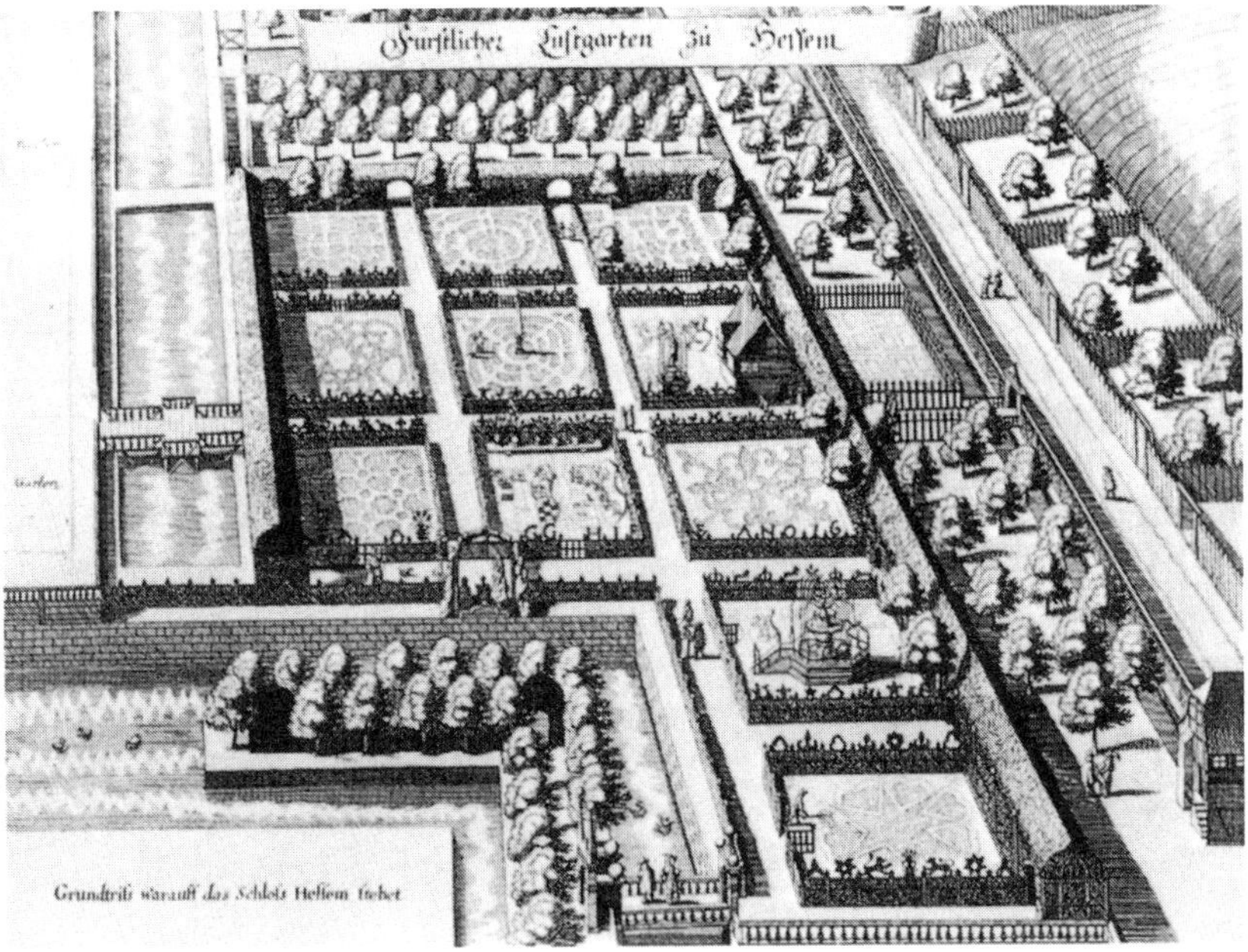

図5——庭園の推測平面図。内庭と大庭園との区分を示したもの。大庭園の方は九つの巨大な囲い地、もしくは飾り結び式花壇に分割し、中央部分には噴水を置いていた。

図6——ティブルズも含めたイングランド庭園の実状を知るのに最も役立つ資料は、ドイツ人が残した訪庭記録である。またヘッセンにあるブラウンシュバイク公の古風な庭園は、一六三〇年代の造営になるものだが、ティブルズとはこんな姿をしていたのではないだろうかと私たちに想像させるものが多くある。

問した人々が残した記述類である。☆17

まず内庭《プリヴィ・ガーデン》のほうはといえば、これは訪問者の記述にはいっさい登場しない。大庭園《グレート・ガーデン》のみを散策するのが当時の常であったからである。☆18 したがって、ここでは一六五〇年の検地のみを頼りにしなくてはならない。それによると、内庭は一七ポール（一ポール＝五・五ヤード）の広さを占め、全体を壁がぐるりと囲んでいたという。壁のすぐ内側には砂利を敷きつめた散策路が一周めぐっていて、さらにその内側には、北・東・西の三辺に「端正な山査子の生け垣があってさまざまな形状に刈りこまれて」いた。この生け垣に混じって、二八本の桜が植わっていた。この三辺からは数段の階段が降りていて、これを通らないと、その内側の芝生を植えた道にいくことができない。この芝の道の内側には、二番目の生け垣がめぐる。そのさらに奥には、九フィートの高さをもつ三番目の生け垣があって、これに囲まれるかたちで飾り結び式花壇の四角形が庭園中心部にあった。三番目の九フィート高の生け垣のうち、三辺はT字型にとびだした控え壁《バットレス》状の形態をしていて、これが三方向から降りてくる階段をそれぞれ受け止める感じになっていた。そして四辺すべてには、それぞれ二つずつ入り口が設けてあって、これを抜けると「現われるのが飾り結び式花壇である。……完璧なる方法でもって非の打ちどころのない形態へとつくりこんである。花壇は地上から三段のステップを昇った高さに設けられ、チューリップ、百合、芍薬をはじめ、さまざまな種類の花卉類が植わり、あるいは縁取っていた」。また三番目の生け垣の四隅には円形の四阿があったというのだが、一体それはどんな風に見えたのだろうか。記述資料を読んでまず思い浮かべるものといえば、例のフレーデマン・ド・フリースが『庭園と植込みの形態』で示したようなタイプの庭園である。ド・フリースの著作はイングランドで広く読まれ、建設業に携わる人々はデザイン集としてこれを利用していたという。ウィトルウィウスをよく研究してこれに倣い、庭園の様式を柱の様式に則った三種類、すなわちドリス式、イオニア式、コリント式に分類してあるのだが、実質上はどれもみな同じ構成原理を採用したものであった［図3・4］。彼のデザインを見るに、巨大な庭園に生け垣とパーゴラをめぐらせるのが常で、四隅には四阿が建つことが多い。形状は四角形で、芝生の内側は幾何学パターンが覆い、句読点を打つかのように樹木が屹立している。中央にパヴィリオンや噴水を設置するものは数多く見られるが、彫像の使用はほとんど見られないのが特徴である。

　これとは対照的に、ティブルズの大庭園《グレート・ガーデン》の方は広闊であり、七エーカーを越える面積をもっている。これはヘンリー八世のハンプトン・コート庭園の二倍にもなんなんとする規模である。内庭と同様に、敷地全体を壁がぐるりと囲んでいて、内部は九つの飾り結び式花壇もしくは正方形区画に分割している。バーリー卿の署名入りのある平面図では、これら九つの正方形はそれぞれ一辺七〇フィート、その間を走る逕路は二二フィート幅となっている。各飾り結び式花壇は周辺部に山査子《さんざし》と水蠟樹《いぼたのき》をめぐらせ、これを「端正な方法で刈りこみ、隅の部分には桜の木を植えている」。九つのうちの中央の花壇には白大理石の噴水が一基設置してあり、次いで二番目の花壇は「柘植の生け垣がぐるりと囲んでいて、王室の紋章に似せて刈りこんである。まさに入神の技巧で、惚れ惚れするほどの仕上がりである」（この二番目の花壇というのは、おそらく中庭棟のファサード直下にある花壇のことであろう。年代はやや下ると思われるが、依然として紋章図匠を表象するタイプの飾り結び式花壇の伝統を守っている）。三番目の花壇には「精選した花々が植えられていた」という。残りの花壇は「みな緑が覆っており、模様の間隙の部分や、あるいは小逕路の間にもきっちりと芝が植わっている」。そのうち二つには、「羽目板を見事に彫りこんでつくった像」があったという。もう少し後の時代の記録では、それは未開人の姿であったとされている。[☆19]

　これに加えて当時の訪問者たちが残した記述も吟味してみるなら、私たちの思い描く庭園像はさらにふくらむことになろう。庭園へ入るには開廊《ロッジャ》を抜けていったのだそうだが、そこには家系図が描いてあったという。さらに驚くべきことがある。というのも、一六五〇年の検地には一切の言及がないからなのだが、なんと庭園の周囲をとりまいて運河もしくは濠が走っていたというのである。次に引くのはパウル・ヘンツナーが一五九八年に、その問題の箇所を述べているくだりである。

この場所から庭園に入っていくのであるが、水をなみなみと湛えた濠が周囲を囲んでいる。あまりにも広いものだから、ボートにのって灌木の間を漕いで周遊することができるほどである。

このような構成の着想の源といえば、まずひとつしか考えられないだろう。フランス以外に考えられない。この国ではヴァロワ朝のもと、堀が進化してやがて装飾的運河《カナル》へと発展していく経緯が庭園デザインにおける際立った特徴であるといってもよいからである。バーリー卿はかつてフランスを訪れたことがあるし、これと類似の構成をもつ庭園デザインにはデュ・セルソーの版画を通じて通暁していたと見てまちがいない。ヘンツナーはさらに筆を進めて、大庭園《グレート・ガーデン》のレイアウトについても言及している。「迷宮《ラビリンス》」があったと、そう彼は言うのだが、おそらくは飾り結び《ノ》式花壇《ッツ》のことを指しているのだろう。木製の円柱とオベリスクが林立して飾っていたそうだが、これなど再びド・フリースの版画を思い起こさせてくれる。そしてとりわけ注目に値するのが、避暑用四阿に関するヘンツナーの記述で、一六五〇年の検地によると、これは庭園の南側、逕路のちょうど中央部に位置していたことになっている。

地上部分は半円形になっていて、一二体のローマ皇帝の白大理石像と、黒色石英《タッチストーン》でできた一脚のテーブルがある。上階部分は円形で鉛製の水槽が設けてあり、パイプを伝って水が流れこんでいる。魚を放しておけるようにしてあるのだが、夏ともなるとこれがまた水浴にもってこいなのである。このすぐ近くにもうひとつ別の部屋があって、饗宴などに使われている。小さな橋を渡っていくことができ、そこには赤大理石でできた楕円形テーブルがある。☆20

こうした記述からも、やはり庭園のどこかしらの部分を区切る形で運河が通っていたのにちがいないという思いを強くする。
これより後に同地を訪れた二人の客が別の特徴について言及している。一六一三年の記述はこんな具合に語っている。

近くには木立もあって、そこを抜けると小ぶりの円形の築山が現われる。土を固めてつくったもので、周囲には迷宮《ラビリンス》が広がっている。この築山、ウェヌスの丘《ウェヌスベルク》と呼ばれているそうである。☆21

はたしてこの山が大庭園《グレート・ガーデン》の一部であったのかどうか判然とはしないのだが、九つある正方形区画のどれかひとつに築山があったとしても、不自然ということはまったくないだろう。どこにあったのかはひとまず措くとしても、一種の呼びものとして築山を設けることは、明らかに一五三〇年代のハンプトン・コートの事例に端を発している。初期テューダー朝の時代には紋章を絢爛と丹精するための舞台として築山を設けていたのだが、ここティブルズではうってかわって象徴的な機能を果たしており、迷路《メイズ》をくぐり抜けてウェヌス女神のもとまで達する構成をとっていた。この迷路をいつ造成したのか、またそれを命じたのがバーリー卿なのか、はたまた息子のロバート・セシルなのかは、今では知る由もない。だが、これが重要な要素であることには変わりがない。というのも、この事例から庭園を寓意的な見地からとらえる態度が台頭しつつあったことがうかがい知れるからである。つまりここでは、紋章学にとってかわってルネサンスのシンボリズムが前面に出てきたのである。この築山は、はたしてエリザベス女王を愛の女神として讃える目的で築いたものなのであろうか。一見したかぎりにおいては、この愛の女神の役割を処女王が帯びるというのは奇異とも思われるのだが、前例がないわけではなかった。女王の肖像画の中にはエリザベスが宝石を掲げ、その中に海泡から生まれた処女ウェヌスの図像が描いてあるものがある。これも女王崇拝の一種で、『アエネイス』に登場するウェヌス女神、すなわちディアナ女神のニンフと偽って登場する愛の女神から直接に由来するものである。女王の治世も最後の一〇年間ともなると、この手の崇拝はあからさまにおこなわれるようになり、女王《グロリアーナ》を指しては、「愛の女王」とか「美の女王」と呼んで、いつ終わるとも知れぬ礼讃が続いた。☆22 したがって、ここティブルズの庭園の象徴プログラムにおいて誰かを賞讃するとして、それがエリザベス女王以外の人物であるということは考えにくいのである。

さて庭園の外観がどのようなものであったのか、正確に描くことは容易ではない。ここを訪れた人々すべてに与えた最も重要な印象は、まずその大きさであった。歩けばざっと二マイルもの長きにわたって、途中で植物のからまった四阿《あずまや》を抜け、覆いのついた逕路をくぐり、延々と進んでいくことができたと言われている。その敷地の広闊なことといったら、初期テューダー朝の宮殿付属庭園のたぐいなどの比ではなく、実に一六三〇年代にウィルトンが造営されるまでは、ここが最も広大無辺を誇ったのである。ティブルズは造成当初から、壮麗・豪奢・王室讃美という観点のもとで着想されていた。その構成は飾り結び式花壇が連綿と連なるというもので、これらの花壇群がひとつずつ独自のテーマを奏でつつ、焦点となる要素を配している。これは世紀初頭から発展を続ける造園術の伝統に棹さしたものと認めることはできるが、ここではその伝統に加えて、さらにアントワープ・マニエリスムの層《レイヤー》が上に重ねられている。ティブルズがもっていた雰囲気を最もよく喚起する庭園をひとつだけあげてみろと乞われたならば、ティブルズからははるか後につくられた庭園をあげることになる。すなわち、ヘッセンにあるブラウンシュバイク公の庭園がそれで、一六三〇年代の造営になるものである☆23［図6］。スタイルの点では、造営の時点ですら、ずいぶんと古風このうえない庭園であった。ティブルズの場合と同じで、ここでも水路が庭園の三辺を走るというレイアウトである。飾り結び式花壇を設置し、木をからませた逕路が庭園をぐるりと回り、小さな木橋が架かっていた。内部は飾り結び式花壇のそれぞれには生け垣がめぐり、これがまた見事にティブルズのそれとぴったり重なる特徴をなしている。ティブルズの内庭について、議会検地の報告は「さまざまな形態に刈りこまれた」生け垣だと述べているが、ヘッセンの庭園の生け垣もまた多様な形状に丹精して、猟師、人魚、さまざまな動物、文字、数字などの姿を見せていた。四角く囲ったそれぞれの区画ごとにすべて異なる形状の飾り結び式花壇を配していて、その中にはたとえば紋章を象ったもの、オベリスクを中心に据えるもの、噴水を設置するものなど実にさまざまであった。ドイツ人プロテスタントの面々がさまざまにイングランドの訪問記を書き残していて、これらをもとにエリザベス朝末期からステュアート朝黎明期にかけての宮殿や庭園の模様をうかがい知ることができる。したがって、ブラウンシュバイク公の庭園にティブルズが大きく反響しているとみることは、あながち突飛な連想だともいえない。実際、それはイングランドからの影響を直接に反映していたのではないだろうか。

3　サー・フランシス・ウィロビーとウォラトン・ホール

ノッティンガムシアにあるウォラトン・ホールはロバート・スミッソンの設計になるもので、施主は州長官サー・フランシス・ウィロビーであった。[☆24] サー・ウィロビーはかつて、旧邸にエリザベス女王を迎えて歓待したことがあるのだが、今後もきっと女王陛下の行幸があるだろうとの思惑から、一五八〇年にこの建物の建設に着手した。王宮としか形容のしようのない建築だった。このウィロビーという人物は、どこかしら奇矯な側面を多分に有していて、たとえば邸宅の設計にもそれがよく表われている。病的なまでの自己優越感を誇示すべく、これでもかといった感じで華麗華美につくりこんでいる。まず彼の家は二つの大貴族の家系に通じる血統を有している。すなわちシーモア家とダドリー家で、ともに新興のプロテスタント体制における支柱的役割を担う一族であった。またサー・ウィロビーの抱える財産は、テューダー家が登場する以前にまでさかのぼるという蒼古たるものであった。これらの事柄すべてが新邸宅の建築に反映している。この建物を指して、マーク・ジルアードは「自由奔放にして放逸三昧、落ち着きがなく不安定で、狂気すれすれ」と評している。[☆25]

邸館は今でも建っているが、庭園はすでに消えて久しい。この庭園について知ろうと思えば三つの基本的な資料が残っていて、主要な情報はここから得ることができる。まず最初が平面図で、これはジョン・ソーン・ミュージアムが所蔵するジョン・ソープのドローイング集に含まれる一幅である。[☆26] 次の資料も同じく平面図で、こちらには庭園部分も描かれている。邸宅を設計したロバート・スミッソン自身が引いた図面ということであり、彼はイングランド建築家協会の一員でもあった［図8］。そして最後の資料が景観図で、これは庭園側から邸館を眺めた構図となっている。ヤン・ジベレヒツという人物が描いたもので、一六九七年の日付が入っており、今はメロン・コレクションに納められている一幅である［図7］。エリザベス朝後期からジェイムズ朝初期にかけての邸館の例にもれず、ここウォラトンもまた高台の上に聳立して周囲を睥睨すると同時に、周囲からの視線にもさらされていた。一方、同時代の類例と比べて際立っていた点は、その統一感ということになる。主館、付属施設、中庭、庭園といった要素が各々しっかり結びつき、その厳格なまでの左右対称が四方すべてにわたって貫徹している。一六世紀に造営されたほかのどの庭園と比べてみても、ウォラトン・ホールは一等群を抜いて進歩しており、邸館と庭園との間の厳密な対応関係といったものまでも予期させてくれる。この対応関係こそ、次の世紀における要諦原理となるはずのものである。さてソープの手になる平面図を見てわかることといえば、せいぜいが邸館の背後に庭園があったこと、そして邸館の一方の脇に果樹園があったことぐらいである。その一方でスミッソンの引いた図面からはさらにいろいろなことがわかるのだが、ただひとつ難点があって、図面の中で、壁を示す線なのかあるいは生け垣と見るべき線なのかが判然とせず、これを見分けるのがなかなか容易ではないのである。庭園へいたるには数段の階段を下り伝っていくのだが、階段の脇にはテラスが設置してある。いずれも、ジベレヒツの絵でもはっきりと確認することができる。庭園の中央区画の広がりは、正確に建物のファサード幅と一致している。おそらくは全体を壁がぐるりと囲んでいて、その内側には、三辺に生け垣をめぐらせていたらしい。ファサードから最も離れた真向かいの生け垣の背後には、洗濯室と乳搾場が設けてあった。生け垣のさらに内側では、四つの花壇が中央の噴水を囲んでいたが、この噴水は、後に新しいものととりかえられたさいにもまったく同じ場所に置かれたようで、一六九七年の図面でもその様子がうかがえる。中央区画を挟む両側の区画のうち、一方の側には四分割のレイアウトを施してあるが、おそらくは飾り結び式花壇であったと思われる。これとは反対側のもう一方の区画は、大きな四角形がひとつだけある。次いでソープのドローイングから読みとれる別の区画を見てみると、厩舎がある区画は一面の果樹園であったようだ。残りの区画にも、おそらくは菜　園《キッチン・ガーデン》かもしくは別種の庭園的な要素があったのにちがいないが、最初に見た区画のような純粋に歓楽に興ずることを目的としてデザインされた庭園ではなかったようである。

それにしてもウォラトンは奇妙な現象である。その庭園構成の奇矯ぶりといったら、建築の奇抜さに勝るとも劣らない。これはエリザベス朝人士たちを虜にしていた「紋章意匠《ドゥヴィース》」熱を生々しいまでに反映した結果といえる。当時の人々は、幾何学形態をあれこれと組みあわせて新奇なパターンを生みだそうと躍起になり、その形状が何を意味しているかどうかとは別に、とにかく見る者の目に快楽と驚異感覚を励起せんものとして血道をあげていたのだという。ウォラトンを訪れた者が胸打たれたのは、なにもそこにルネサンスの建築理論が具現化しているさまを見たからではなく、むしろこうした視覚効果に惹きつけられたからなのであった。この種の庭園はエリザベス朝のイングランドではウォラトンが唯一知られている事例なのだが、フランスではすでに一六世紀後半にはごくあたりまえに実践されていた。その最初期の事例としてはアンシー・ル・フランがある。一五四六年にセルリオのデザインに基づいて建設され、庭園は軸線上に並んで邸館と連結し、全体を堀がぐるりと囲んでいた。オルムの手になるアネの城館（一五四八―五五年）も同様の手法でレイアウトしてあって、庭園は全体構成をシンメトリーに保って城館の背後に配されている[図9]。そして庭園をぐるりと囲んでは石造りのギャラリーがめぐっているのだが、その頂部はテラスになっていた。シャルル九世のためのヴェルヌーユ（一五六五年）および計画のみに終わったシャルルヴァル（一五六〇年以降）も、これと同じ流れに棹さすものであった。[☆27] これら邸館群の俯瞰図および平面図はすべて、デュ・セルソーの『フランスの最も卓越した建築物』に収録されていたが、同書はイングランドでも広く知られ、また研究もされていたという。[☆28] 一五七六年の上梓になるデュ・セルソーの件の著作は、当時の庭園の姿を伝えてくれる唯一の建築書というだけでも、これはきわめて重要な作品だといえる。同書には、フランスの王室および貴族た

ウォラトン・ホール
ウォラトンのサー・フランシス・ウィロビーの邸館は一五八〇年代に建設された。エリザベス朝にあっては、邸館と庭園とを連結して建築的な単一体として扱った唯一の事例である。

図7——一六九七年当時のウォラトン・ホールを描いたジベレヒツによる景観図。邸館建築は造営当初のままである。また庭園の方には大きな変更が加えられてはいるが、邸館背後には三つの区画が広がり、真ん中のものは噴水を中心とした構成になっていて、造営当初のプランを直接反映したものとなっている。

図8——ロバート・スミッソンによる平面図を見ると、四方全面にわたって対称形が保たれていたことがわかる。邸館の後部入口は、園路と噴水の軸上にくるように置かれている。

図9——アネは、一五四〇年代以降に陸続と建設されるフランスの城館のひとつである。邸館と庭園とを建築的に関連づけるという、ルネサンス期の原理を実行している。これらのフランスの城館群がウォラトン・ホールのモデルとなった。

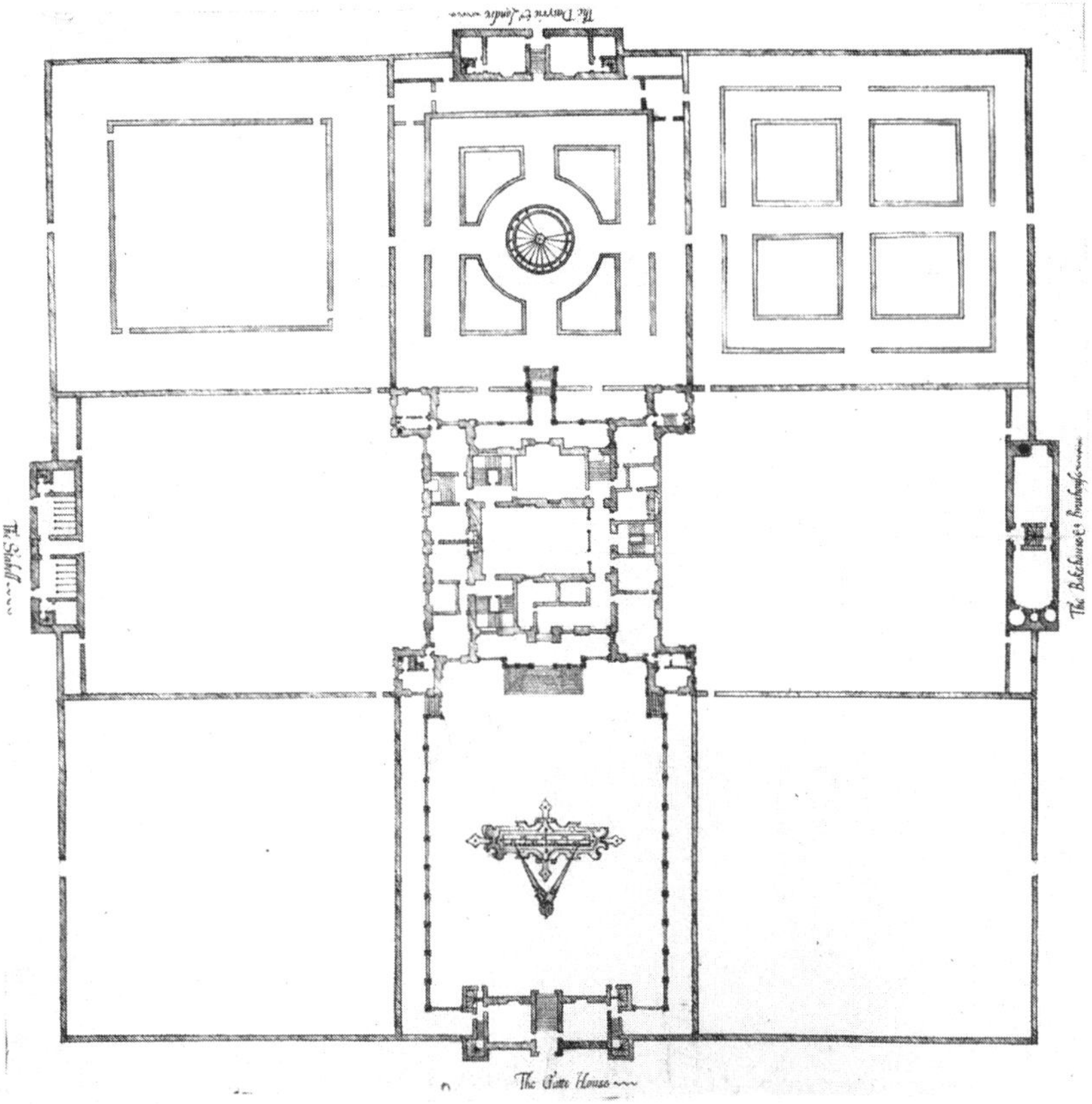
The Gate House

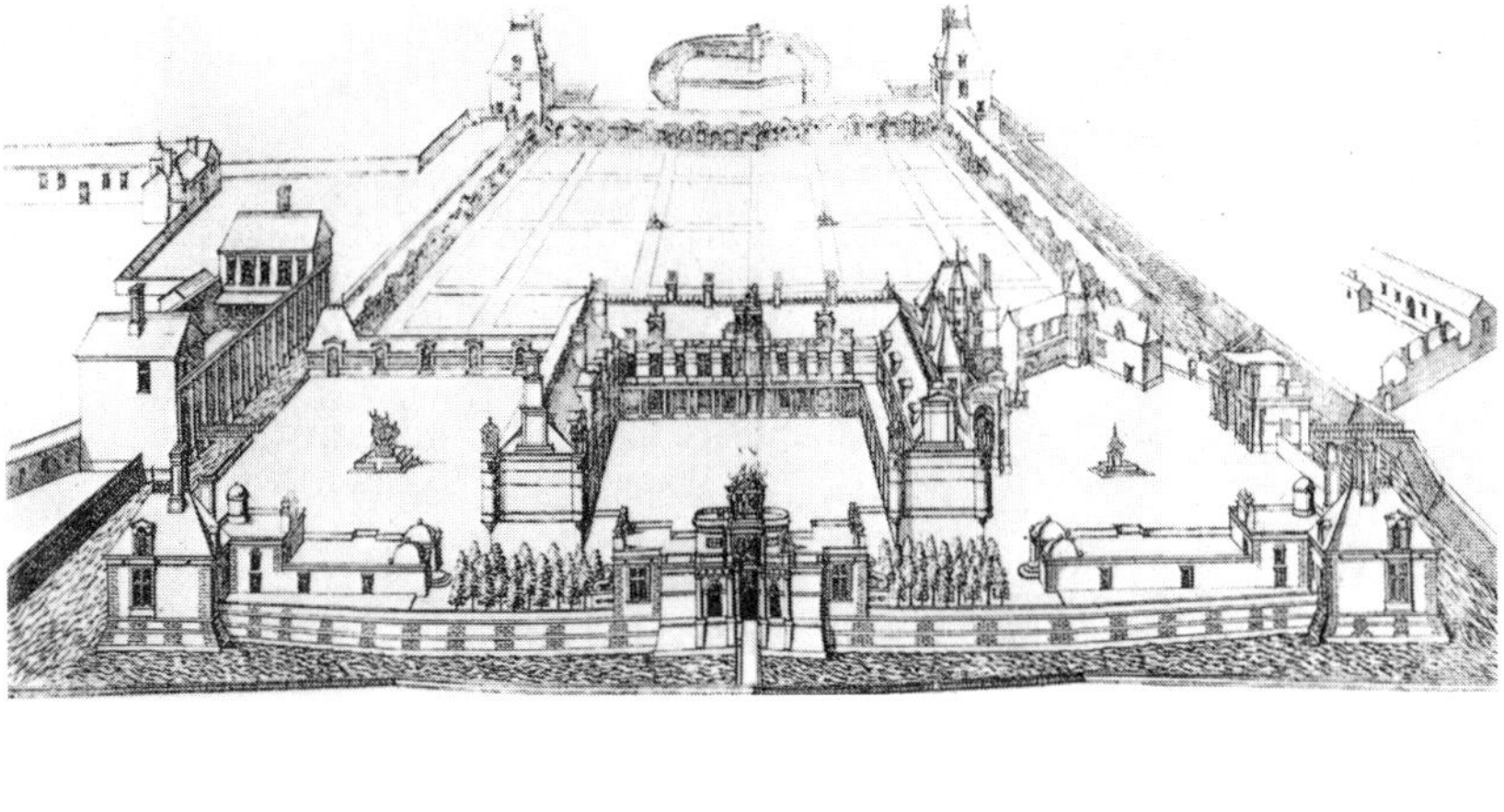

ちの庭園を描いた一連の版画が、ほぼ完全なかたちで揃っているからである。同書がイングランドに及ぼした影響は甚大であり、ウォラトン・ホールはそのインパクトのすさまじさをまざまざと見せてくれる最良の事例といえる。

4　エクセター伯トマス・セシルとウィンブルドン・ハウス

サウス・ロンドンにあるウィンブルドン・ハウスの建設が始まったのは、ウォラトン・ホールが完成した年、すなわち一五八八年であった（ジョン・オーブリーの記録によると、この年数が入り口の上方に刻んであった）。施主はバーリー卿の長男であるトマス・セシル、後にエクセター伯となる人物である。[☆29] トマスは若いころに旅行をしていて、フランスばかりかドイツや低地地方諸国にまで足を伸ばしている。父親のバーリー卿は見抜いていた、こいつは弟のロバートと比べたらできが悪く、セシル家に生まれたという以外の点では歴史に残ることはあるまい、と。その（できの悪い）トマスは七〇年代から八〇年代にかけて、主として議会に出席するか、ブリル総督として低地地方に赴任していた。そして一五九九年になってようやく任官した最初の重要な官職というのが北部評議会議長であった。

ウィンブルドンはもともとセシル家の所領であった。トマスは自らの邸館を建てるべくこの地を選ぶ。やがてここに出現する建物は、エリザベス朝後期のどの邸宅と比べても一等群を抜いてドラマティックで、おまけにとびきりピクチャレスクなものであった。建っている場所はウォラトンと同じく高台の上なのだが、ここでは傾斜する敷地を巧みに利用している。H型の形状をしている邸館は、誰が設計したのかは伝わっていない。そしてこの邸館に続いて次々と中庭を連ねていき、これらを段々状のテラスで連結している。この構成は、サー・ジョン・サマーソンの信ずるところでは、カプラローラのパラッツォ・ファルネーゼから着想を得たものだという［図10］。ここで重要な点がひとつある。このようにテラスを重ねて邸館までのアプローチ路をつくりこむ手法は直截に、ルネサンス庭園が敷地をテラス状に造形するさいの手法そのままであるのだが、ここウィンブルドンではそれが邸館へのアプローチ路どまりで、肝心の庭園本体にはこの手法を適用していないのである。庭園は、邸館の背後から延び広がり、丘を登っていき、全体としては非対称の構成をとり、テラスは一切使用していない。

　ウィンブルドンの庭園については、ロバート・スミッソンが一六〇九年に残した平面図を参照することで、いといろと知ることができる［図11（画面下が北）］。同図面には「逕路をめぐらせた大果樹園は、目下のところ植樹中である」との書きこみがあって、造成の真っ最中であったことがわかる。この作業はジェイムズ一世の治世が始まってからも、なお一〇年間ほど続くことになる。[☆30] 庭園造成作業の大半は、八〇年代後半から九〇年代にかけておこなわれたものであるが、しかしこのスミッソンによる平面図はエリザベス朝時代から現存するもののうちで最も重要、かつ最も完全なものであることにかわりはない。

　ウォラトンとは対照的に、ここウィンブルドンでは左右対称という概念は、庭園設計においてさしたる重要性をもっていなかったようである。もっとも、こちらの方がエリザベス朝という時代の庭園の趨勢からすればむしろ典型的なスタイルであった。庭園の構成は、囲まれた正方形や四角形の空間の連続であり、壁や生け垣に囲われた中で、個別に切り離された視覚体験が展開するというものであった。ハンプトン・コートとノンサッチの顰みに倣って、庭園は南面していた。またティブルズと同じく、「大庭園《グレート・ガーデン》」と対をなすかたちで「内庭《プリヴィ・ガーデン》」が設けてあった。その内庭であったと思しいものが邸館の東側に位置しているのだが、これはウォラトンと同様、邸館と庭園とを緊密に結びつけようとする試みの早い例である。まずはイタリア風を顕著に見せる片面開放型開廊《ロッジャ》から始まるこの区画は、全体を壁が囲んでおり、邸館の東面ファサードの幅と正確に同じだけの広がりをもっている。片面開放型開廊からここに降り立つと、庭園の中央を貫く逕路が延びていて、東西方向に移動することができる。この片面開放型開廊は、ヘンリー・ウィンスタンリーの手になる一六七八年の版画にも確認できる［図10］。一方でこの東西軸と直行して南北に逕路が走っている。北壁に穿たれた避暑用四阿もしくは四阿は、この南北軸を通じて、南辺に設けてある階段と結びついている。そしてこの階段を昇ると、「大庭園《グレート・ガーデン》」へいたる。またこの南辺には生け垣をめぐらせてある。この内庭の構成は、ケニルワースの系列に属するもので、おそらくは噴水を中心に据えていたの

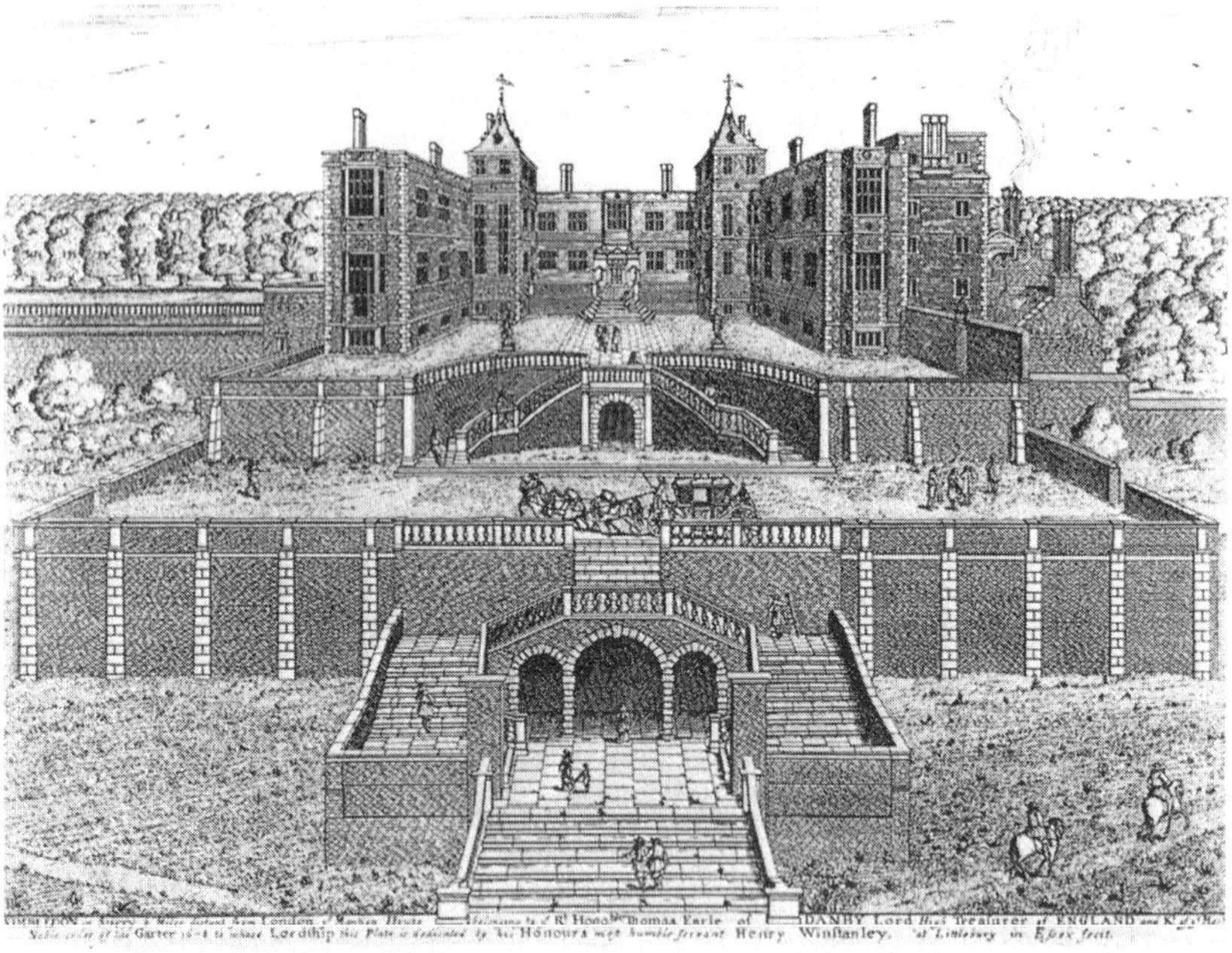

ウィンブルドン・ハウス
トマス・セシルの居館であるウィンブルドン・ハウスは一五八八年以降に建設された。
エリザベス朝庭園の最終局面を典型的に示す作庭例。

図10——一六七八年のウィンブルドン・ハウス。イタリア風のテラス構成を駆使した邸館へのアプローチ。この手法は庭園側では採用されなかった。

図11——ロバート・スミッソンによる一六〇九年の平面図。庭園の発展上に見られる二つの主要な局面を示している。邸館付近に展開する初期に造営された部分は、ティブルズのように囲われた正方形区画が連なる構成であるが、形状は不規則である。後期の造成になるライムの並木道、果樹園、葡萄園の部分は、ジェイムズ一世時代に典型的な広大な規模でつくられている。

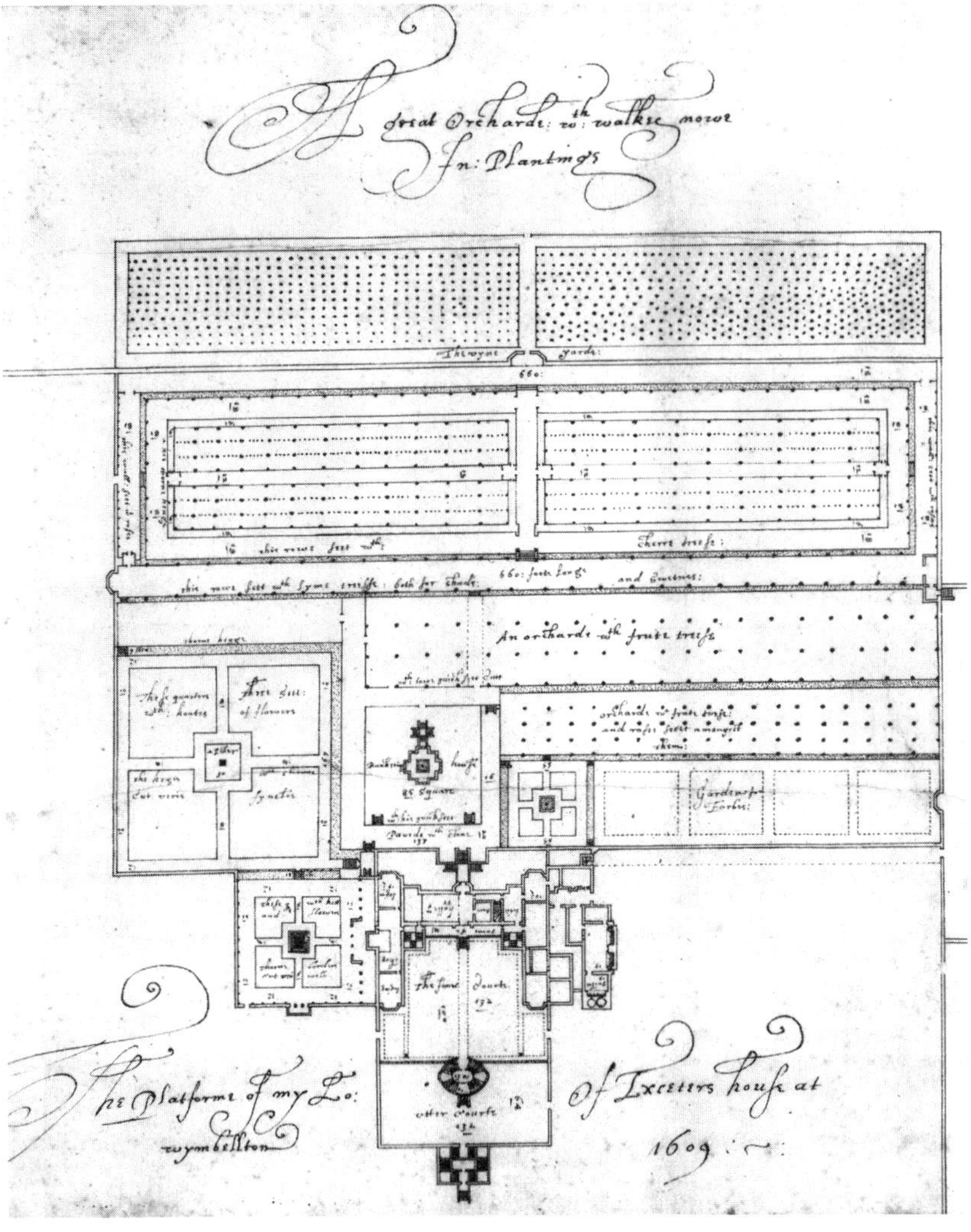
An orcharde wth frute trees
The Platforme of my Lo:
1609

であろう、その周囲には四つの花壇が設けてあり、それぞれ山査子の生け垣を「丹精に刈りこんで」（おそらく装飾刈《トピアリー》りこみと思われる）縁取りしていた。これら花壇には花卉類を植えて、開放形式の飾り結び式花壇をつくっていたという。園内を十字に交差して走る逕路は六フィートの幅であるのに対して、庭園の周壁のすぐ内側を併走する逕路は一五フィート幅で、果樹で囲まれていた。

ここから先ほどの階段を昇れば、そこがすなわち「大庭園《グレート・ガーデン》」というわけで、ここにも同様のレイアウトが施してあり、生け垣が縁取る部分もあれば、仕切り壁が囲う部分もあった。巨大な四つの花壇は、やはり飾り結び式花壇《ノット》としてしつらえ、花々を植えこんで開放形式を採用していた。スミッソンの図面からはおもしろいことがわかる。すなわち、中央部分には「柱《ピラー》」が立っていたのだという。エリザベス一世は、一五九二年から一六〇二年にかけて足繁く実に四度にわたってウィンブルドンの地を行幸し、うち少なくとも一回は、お決まりの豪奢ぶりもよろしき劇仕立ての歓待で迎えられたことがわかっている☆31。柱の中でもとりわけ王冠をいただいた柱となると、これはエリザベス一世の紋章ということになる。ある意味で、これはヘラクレスの柱に「さらに向こうへ（Plus Ultra）」というモットーとともに皇帝カール五世が刻んだインプレーサをグロリアーナに借用したものであり、帝国版図が新大陸へと拡大してゆく様子を表現していたのである。そしてスペインの無敵艦隊《アルマダ》を一五八八年に撃破したあと、柱を象った紋章意匠《ドゥヴィース》が頻繁にエリザベス一世がらみの文脈で登場するようになる。たとえば、一五九〇年の女王即位記念日の折、馬上槍試合が執りおこなわれたときのことである。騎士道の華と謳われたサー・ヘンリー・リーは自らの武具を野薔薇に囲まれて立つ王冠型の飾りをつけた柱の下に置き、女王の戦闘騎士の地位を退く旨を表明した。そんなことがあったあとの一五九二年、サー・リーが女王をオックスフォードシアの自邸に招いて歓待したさいに先の主題を謳ったこんな歌が披露された。

変わらぬ柱と変わらぬ王冠が

年老いた騎士の誉なり。

エリザベス女王を寓意的に描いた肖像画にも、やはり柱が描かれることがあった。柱の数は一本の場合と二本の場合がある。[☆32] 女王統治の最後の一〇年間ほどは、女王崇拝も広く浸透していた。そんな風潮のさなか、女王が宮廷人を引具して行幸するのを歓待する意図をもってわざわざ建てられた大邸宅が庭園を備えていて、しかもその中央に柱が屹立していたとなれば、女王への敬意の表明以外にいったい何が考えられるだろうか。

このウィンブルドンにある柱の庭園《ピラー・ガーデン》から隣接する区画へ移動するには、角の部分にある階段を通っていくしかなかった。この階段を抜けたところには、饗宴館《バンケティング・ハウス》を抱える沈床庭園《サンクン・ガーデン》が広がる。位置的には邸館の南側ファサードの直下ということになる。この饗宴館は、五五平方フィートの広がりのただ中に立ち、背の高い生け垣がその周囲を囲んでいた。この区画の西隣にはもうひとつ別の小庭園がしつらえてあって、先のものとそっくり同じ構成をしていた。おそらくは中央に噴水があったのだろうが、スミッソンの図面からは具体的なレイアウトまでは読みとれない。ここよりさらに西側にはハーブ菜園が広がり、その南側には長方形をした果樹園が二つあった。そのうちの一方には果樹の木立を縫って薔薇が生い茂っていて、世紀初頭の造営になるソーンベリーに見られた植樹法と同じタイプといえる。

ここまでが建設の第一段階でつくられた部分だったと思われるのだが、この時点ですでにケニルワースやウォラトンをはるかに凌ぐ規模に達していた。ところが一六〇九年の図面を見ると、さらにその先まで延び広がっているのがわかる。この年スミッソンはミッドランドからロンドンに着き、邸館設計と庭園デザインの最新モードを勉強し始めたところであったのだが、このウィンブルドン庭園の拡張部分を前にしては、さぞや驚愕して腰を抜かしたことだろう。この部分にはまずライムを植えた広大な散策路があって、「樹陰と甘美なる芳香」を四囲に放ちつつ東西に走っていた。これに続いて広闊な果樹園があり、さらにその向こうには葡萄園が設けてある。これらの拡張部分がもつ風合いは、九〇年代に造成された部分がかもす雰囲気とはがらりと変わったものであった。なにしろ丘の斜面を駆けあがり、たがいを階段と中央の通景線《ヴィスタ》でもって連結しているのだから、全体の統一性という点からみれば遅きに失したといわざるをえないが、ともかくも邸館へのアプローチ路に採用したイタリア風のテラス構成をようやく庭園部分にも適用したことにはなる。後日、ヘンリエッタ・マライアの命を受けてアンドレ・モレが一六四二年にこの庭園を再整備したさい、拡張部分にはまったく手をつけずに残した一方で、邸館の周囲にごてごてとまとわりついていた初期の庭園区画は一掃し去ったのである。

ウィンブルドンはたしかに、紋章学にとってかわってアレゴリーが全面に出た庭園ではあった。平面構成の点では、ティブルズのレイアウトを踏襲したことになる。まず内庭《プリヴィ・ガーデン》がある。内部に正方形の飾り結び式花壇を抱え、噴水もしくはなにかしらのモニュメントを中央に配して焦点となす。この基本構成が大小さまざまなスケールをとって館の周囲をとりまくのであるが、そのちらばりようといったら、ほとんど無秩序に等しいものであったようだ。歓楽の庭《プレジャー・ガーデンズ》の方は邸館の中央ブロックおよび西翼を囲んでいたのだが、建物のこの部分には迎賓用大広間と私用の居室が収まっていた。またハーブ菜園と果樹園は、厨房棟のすぐ脇に位置するという配置であった。ここウィンブルドン・ハウスを建設したのがバーリー卿の長男であったのだから、ティブルズに大きく拠っていたとしても納得がいくというものである。

5　ラムリー卿ジョンとノンサッチ宮殿

ノンサッチ宮殿をとりまいていたくさぐさの庭園群は、エリザベス朝期にラムリー卿ジョンの手によって変容をこうむることとなる。ノンサッチはまずメアリー一世が売却して、ヘンリー・フィッツァランの手に渡った。この人物は第一二代アランデル伯の地位にあったのだが、一五五九年の夏にさっそくここでエリザベス女王を迎えて歓待している。ところがアランデル伯は男子跡継ぎに恵まれず、一五七九年に当主が亡くなると、ノンサッチの宮殿は故人が抱えこんでいた負債もろとも義理の息子にあたるラムリー卿のもとに移譲される運びとなった。このラムリー卿が主導するかたちで、ノンサッチの庭園は著しくその性格を変えることとなったのである。[☆33]

ここに加えられた諸々の改築は、基本的には新たに館の主に収まった人物を鏡のごとくに映しだしたもので、主人の風変わりな性格や、夢中になって没入していた関心事などが反映されているとみてよいだろう。ラムリー卿ジョンはローマ・カトリックの信者であった。エリザベス女王を弑逆してスコットランドのメアリー女王を迎え入れようという例のリドルフィの陰謀が失敗に終わった結果、ラムリーは官職を剝奪され、宮廷のサークルからも追放の憂き目にあった。爾来、ラムリーが人生に見いだした唯一の楽しみといったら、一族の系譜を調べあげることしかなくなってしまった。それ以来、イングランド北部にある一族の拠点ラムリー城に手を加え始め、徐々にこれを彫琢して神殿めかし、家系に連なる先蹤たちへの捧げものとしたのである。この系図熱は、当初、肖像画の膨大なコレクションというかたちをとって現われた。相当な規模の蒐集だったようで、当時のエリザベス朝イングランドでは空前のスケールを誇り、先祖ばかりか同時代人のものまで、実在の人物であろうが架空の人物であろうが、とにかく集めまくった。これに加えて城館の装飾である。外装・内装ともどもに紋章意匠《ドゥヴィース》で飾り立て、彫刻を置き、碑文を刻んでは数世紀になんなんとするラムリー一族の歴史を讃え、太古の先祖たちの業績を謳いあげた。この大仰な道具立てを目の当たりにしたジェイムズ一世は思わずこんな言葉を漏らしたとか。「聖書のアダムの苗字がラムリーとは知らんかったわい」。かくして北にはラムリー城が右に見たような構成で屹立する一方で、南には以下に見るノンサッチの庭園がこれと対をなすかたちで立ち現われてくることになる。

これに加えてラムリー卿は、初期エリザベス朝の貴顕紳士としては珍しく、ルネサンスに沸くイタリアに実際に旅をして数々の驚異を目にしていた。イタリアを訪問したのが一五六六年、中でもフィレンツェに赴いたさいには、トスカーナ大公と負債についての契約をとりかわしている。この旅路がなんらかの影響を当人に及ぼしたことはまちがいない。というのも、その間、一般的関心をはるかに超えた深甚なる興味を抱いて彫刻などに傾注しているし、自ら築きあげた肖像画コレクションにしてからが、メディチ家がパオロ・ジョーヴィオを模して営んだという例の著名人肖像画の蒐集を模倣したものであった。またイタリア滞在中には、ご当地の庭園を見学する機会もあったはずである。夥しい量の樹木、灌木が織りなす茂み木立《ボスケッティ》、彫像や建築的な要素を焦点とする構成、それらの各々が担う象徴的意味や寓意的な暗示など、ラムリー卿がそこで目の当たりにし、自家薬籠中のものとしたのは、いわゆるマニエリスム庭園の要諦をなす諸原理にほかならない。これらのすべてが一体となって、ノンサッチの再整備事業に強烈な影響を与えることになる。

　庭園への介入作業がおこなわれたのは、一五七九年から九一年にかけての期間であるにちがいない。一五九一年はノンサッチ宮殿が再び王室の所領へと戻った年であるが、それでもなおラムリー卿はそこで暮らし続けた。ヨドクス・ホンディウスの手になるノンサッチ宮殿の版画があって、どちらかというと細部まで描きこんだというよりは、どこに何があったのかが大雑把にわかる程度のできではあるのだが、これを参照すれば、ジェイムズ一世時代の初頭、南側の内庭がどんな姿をしていたのかを正確に把握できる［図14］。この図版資料にそのほかのいろいろな資料を加えて吟味できる点は、これまで本書で分析してきた庭園と同じである。使える資料としては、まず、外国からの訪問者が残した文章記録、それからラムリー卿の使用人アンソニー・ワトソンの空想力に富んだ記述、さらには議会調査委員が一六五〇年に作成した報告書がある。加えて一五九〇年の制作になるラムリー家財産目録には、園内に置いてあった彫刻と噴水をほぼ完全に網羅した図面が納められているので、これも利用できる。[☆34]この財産目録は、ほかに類例を見ない特異な資料で、主人の有していたコレクションの数々や家系図の情報を含んでいるばかりか、なお重要なことには、ラムリー卿が発注した家具、墓碑、彫刻のたぐいを描いた水彩画までも見ることができる。

　一番端に位置する中庭の周囲には、建物の壁面をとりまくようにして庭園が広がっているが、この部分はテューダー朝の初期の造成になる庭園であって、ここにはとりたてて言及に値するような変更は加えられていないから仔細に見る必要もないだろう。さてラムリー卿が庭園を改変し、さらに彼方に広がる荒れ地にまで手を加えようともくろんださい、そのすべての企図を貫いていたテーマが二つあった。ひとつは、自分自身の紋章を表象すること。おそらくはヘンリー八世の紋章をとりさり、自らのものに置き換えたにちがいない。そしてもうひとつのテーマは、先の紋章学的主題の上に重ね書きするかたちで、寓意的なプログラムを庭園に仕掛けてエリザベス女王を顕彰することだった。内庭の中枢をなす部分は邸館の南側に位置し、そのまま庭園を囲う壁に達するまで延び広がっていた。この壁は、同宮殿を描いたゲオルク・フーフナーヘルの著名な素描にも見ることができ、そこではエリザベスがこの世離れした馬車に乗って引かれているのが認められる。[☆35]この壁を越えた向こう側には何があったのかということになるが、これに関してはごくかぎられた基本的な情報しか伝わっていない。スピードの手になる版画がそれをおぼろげに教えてくれる資料であるのだが、情報の信頼性という点では申し分ない。これを見ると、壁の向こうには庭園があって、飾り結び式花壇が敷かれていたことがわかる。この花壇はどのような構成であったのだろうか。ワトソンの記述から引いてみよう。「草木や灌木が文目も分かたぬほどに綯い交ぜになって円を描くさまは、まるでセミラミス女王の手になる刺繍のようである」。ワトソンはさらに続けて、「鹿、馬、兎、犬どもが、追いつ追われつ、地に縛られぬその健脚で緑の壁をやすやす跳梁する……[☆36]」と、その様子を活写している。ドイツ人のトマス・プラッターも同じ特徴について述べていて、「……犬だの兎だのおよそあらゆる種類の動物たちがいるが、これらはみな、生い茂る植物の葉ごもりからできていて、あまりに玄妙精緻につくってあるものだから、少し離れたところから見ると、生きている動物ととりちがえてしまうほどである」と語っている。[☆37]本書の第2章でも述べておいたが、これらの装飾刈りこみはヘンリー八世時代にまでさかのぼるもので、庭園造成当初からすでに認められた特徴であろう。しかし図像学的な側面に関しては、各要素を細部にいたるまでラムリー卿自身が指示することができたはずである。この点については、また後ほど見ることにしよう。

さて、これらの飾り結び式花壇がとりまくその中央に佇立していたものこそ、ラムリー卿がノンサッチの庭園に加えたあれこれの要素の中でも、最も人目を引くものであったにちがいない。ここを訪れたあるドイツ人は、こんな風に書き残している。

娯楽に満ち、技巧を凝らしたその庭園の中には、大理石でできた円柱やピラミッドが立ち並んでいる。噴水も二つ据えてあって、一方は円形に水を噴きだし、もう一方はピラミッドの形に水を噴きあげる。噴水の上には小鳥がとまっていて、嘴から水を吹きだしている。[☆38]

今一度ホンディウスの版画に戻ってみよう［図14］。左端にオベリスクの姿が半分ほど見えているのが確認できる。ラムリー家財産目録にも、この同じオベリスクを描いたスケッチが残っている。台座部分に見えるのが、ラムリー卿の紋章である三羽の緑啄木鳥《あおげら》［図12］。一六五〇年の議会報告書にはさらに具体的な記述があって、このオベリスクの近くには「大理石製の巨大な受け皿もしくは水盤が据えてあって、その上に大理石製のペリカンが一羽とまっている。これが鉛製のパイプで運んだ水を噴きだして、下の水盤に注いでいる」と、その様子を伝えている。[☆39]この水盤装置は、財産目録にスケッチが残っているのだが、後にラムリー卿の子孫であるスカバラ伯一家の所有するところとなり、その姿を今なお見ることができる。さて主庭園の中にも二本の大理石円柱が立っていて、中央に噴水を挟みこむかたちで並んでいた。これらの柱について、一六五〇年の報告書は「隼がとまっている」と言っているが、これはラムリー卿の紋章である緑啄木鳥《あおげら》ととりちがえたものだろう［図13］。円柱に挟まれた中央の噴水については、ワトソンがこんなことを書き記している。「燦と輝く一本の円柱、その上に立つ背の高い彫像は雪のごとく白い肌をした乙女。これはウェヌスであろうか。膨よかな両の乳房から水の糸を紡ぎだし、象牙色の大理石に注いでいる。そこに溜まった水は、次いで細い管を通り抜け、大理石水盤へと流れ落ちる」。[☆40]要するにこの噴水は、初期ルネサンスによく見られたタイプであったということである。ワトソンの言うところでは、この噴水は土を盛ってつくった塚の上に据えてあった。またこの塚は、芝生が描く二つの円模様の中心に位置していたのだという。一六五〇年の報告書を見ると、六本のライラックの木が噴水を囲んでいたとされている。ワトソンの記述は正確で、ラムリー家財産目録中のスケッチとも合致するのだが、注意深さの点では、ワトソンよりもスケッチ画家の方に部があったようである。というのも、スケッチには乙女の髪の上に輝く三日月が描きこんであるからである［図15］。つまり、この庭園を統括していた守護神はウェヌスなどではなくて、月と狩猟を司る純潔な女神ディアナなのである。

宮殿の東側には、首を傾げたくなるような装飾がある。なんと馬が円柱の上に載って、後ろ足で跳ねあがっているのである。財産目録中には、この円柱装飾を描いたスケッチは一枚も含まれていない。だからといって、この馬の彫刻がヘンリー八世時代に据えられたと考えるのは、やや無理があるだろう。残念ながらホンディウスの版画は大雑把すぎて、詳細まではわからない。この馬の彫刻を通り過ぎていくと、宮殿東部の庭園にいたる。ここは小さな内庭で、主庭園と同じく、飾り結び式花壇が敷いてあった。一方宮殿の西側はというと、件のオベリスクを越えた先には、迷路《メイズ》もしくは迷宮《ラビリンス》が設けてあった。これも装飾刈りこみ《トピアリー》と同じく、初期テューダー朝時代にまでさかのぼる特徴のひとつといえるだろう。一五九九年の時点で、生け垣の背丈が十分に高いものだから、迷路を進むものの視界が遮られてしまうとプラッターは言っていた。だがこのように視界を遮蔽することは、初期の庭園迷路にはほとんど見られない特徴だから、これは後代につくられたものと考えてよかろう。

ここまでのところ、ノンサッチの庭園にはケニルワースを彷彿とさせるような強い紋章学的要素が見られた。盾形紋章《コート・オブ・アーム》、記章紋《バッジ》、オベリスクを使って、それは語られていた。ところがディアナ女神の噴水とペリカンの装飾となると、これは何か別のものを暗示していると考えられる。というのも、これらはよく知られたイメージで、ともどもエリザベス一世をめぐる複雑な神話体系の中に組みこまれていたからである。ここに重要な鍵がある。おそらくイングランドで試みられたイタリア・マニエリスム様式の最初の大規模な庭園であったにちがいないものが、一体どのような姿をしていたのか。その痕跡へと私たちを導き入れる決定的な鍵がここにある。すなわちペリカン

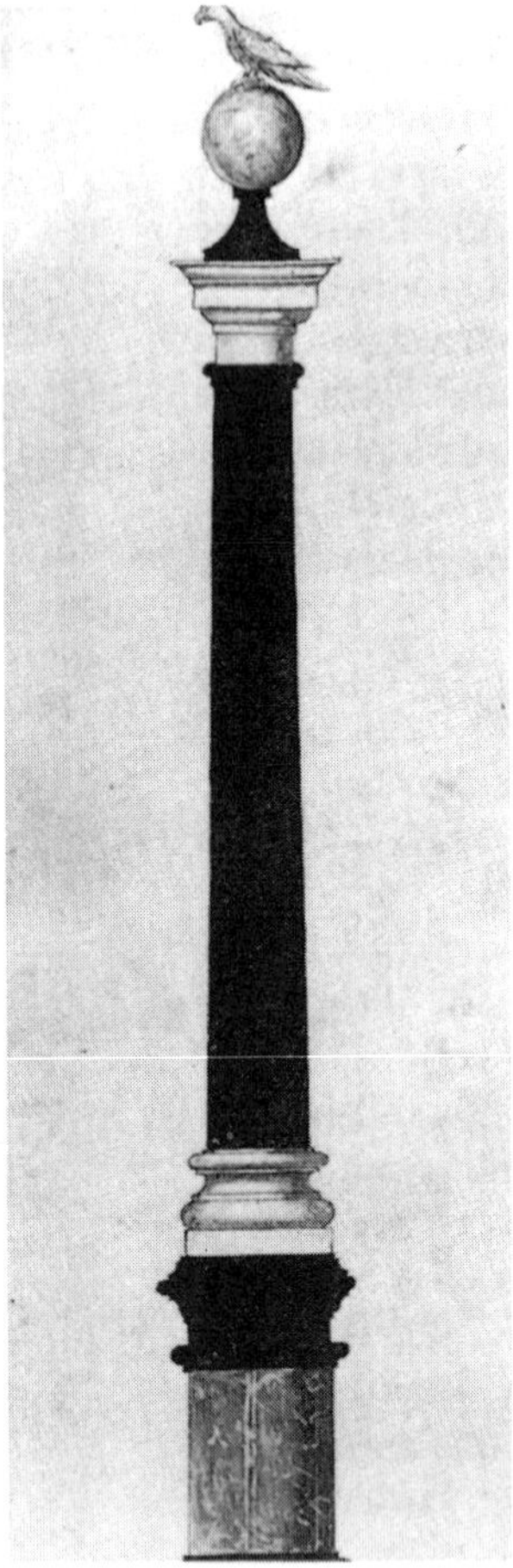

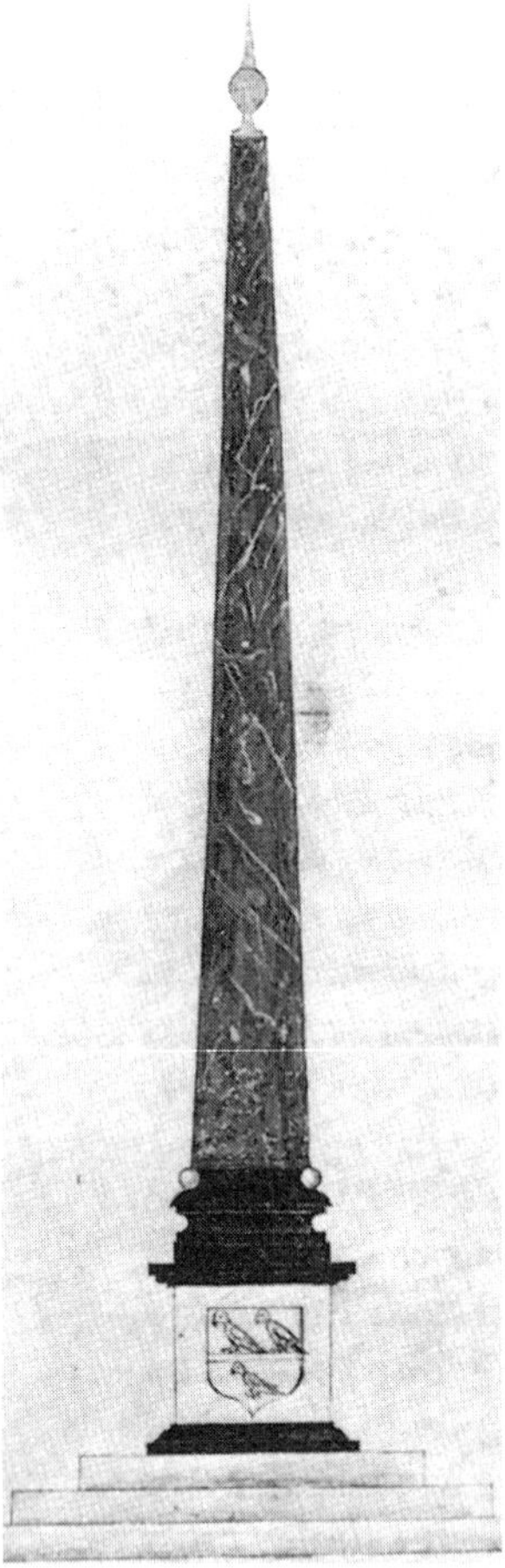

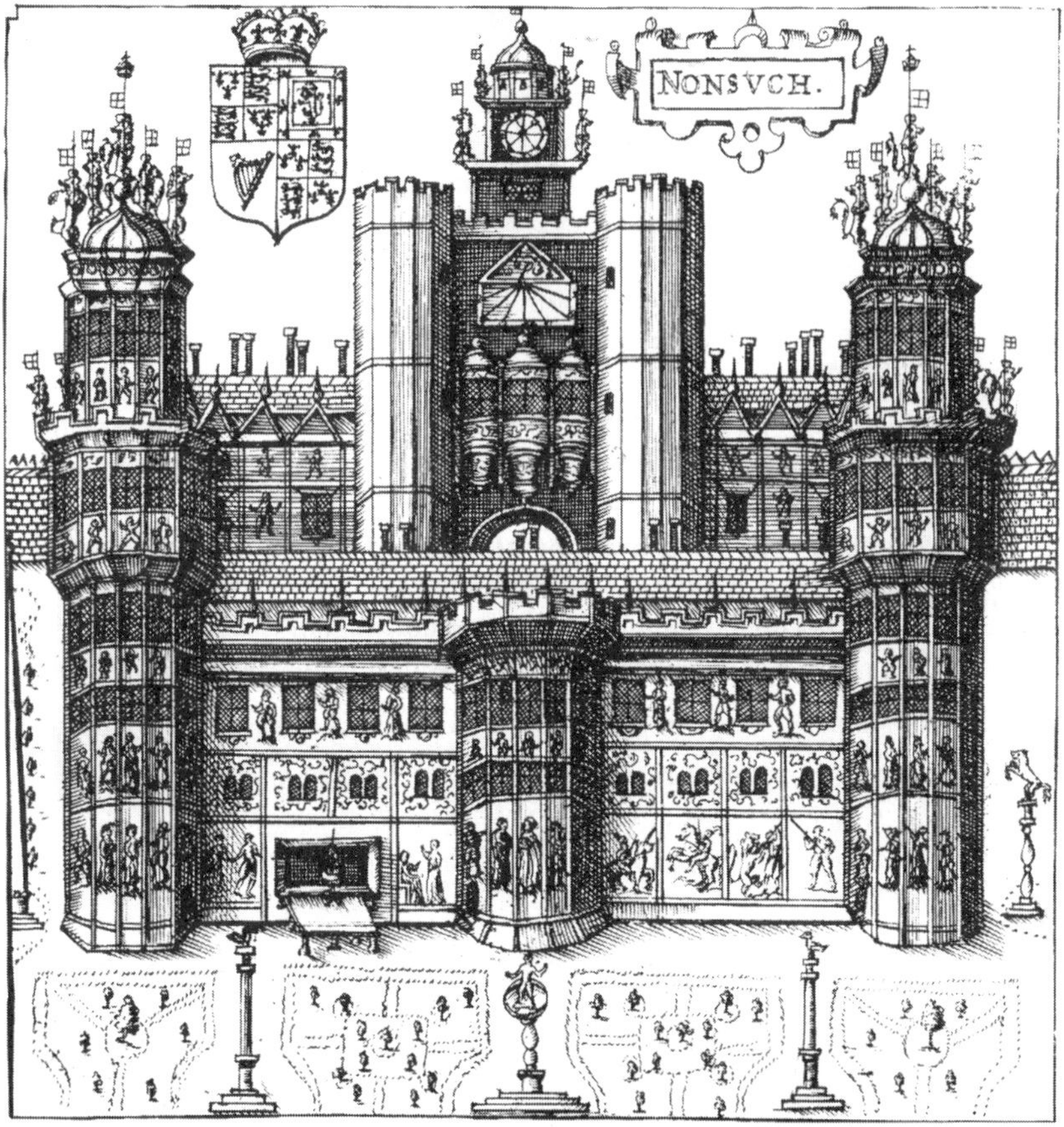

ノンサッチ宮殿
ヘンリー八世の宮殿であるノンサッチの庭園は、一五八〇年代にラムリー卿が造成したものである。イタリア・マニエリスム様式でつくられたものとしては、最初期の作庭例に属する。象徴的なプログラムを組みあげ、ラムリー一族とその主君とを同時に言祝いでいる。

図12――大理石製オベリスクにラムリー家の紋章。

図13――隼の止まり木のひとつ。頂部にはラムリー家の緑啄木鳥。

図14――内庭。左端から右端にかけて、オベリスクの半分、一番目の隼の止まり木、ディアナの噴水、二番目の隼の止まり木、跳ね馬。

は女王を讃えるイメージで、エリザベスこそイングランド教会を守り育てる母なのだと言明しているのである（このペリカンのイメージのそもそもの出所は具合の悪いことにローマ・カトリックなのだが）。これは一般に流布したシンボルで、たとえば女王がペリカンを象った装身具をつけている肖像画が多数描かれている。[☆41] 一方で女王の役どころとして、月の女神であるディアナもしくはキュンティアを選ぶのは、八〇年代に端を発する女王崇拝の一形態である。八〇年代といえばまさにノンサッチの庭園が造成の真っ最中であった時分である。そしてこの崇拝形式は、とりわけサー・ローリーの名と結びついて想起される。一方で女王の肖像画においては、月の形をした髪飾りをそっと添えてあることでもそれとわかる。[☆42] ノンサッチの庭園において、ラムリー卿は、ベン・ジョンソンの著名な抒情詩の中の一節のごとく、たしかに「純潔にして公明な女王にして女狩人」なる存在としてエリザベス女王を讃えていた。生け垣を刈りこんでつくった動物が園内を跳び回っていたのも、なるほどもっともなことではある。ラムリー家の財産目録には、先に見たのとは別の噴水を描いたスケッチが納められていて、関連する記述資料もほかになく、園内のどこにあったのかも定かではないのだが、やはりこれなども今見た女王崇拝に棹さしたものであろう。この噴水も水盤形式のもので、ライオンが口から水を吐いて下段の皿に注いでいる［図16］。その上から乙女の半身像が立ちあがってマッシュルーム形状の飾りを支え、頂部には三日月を頂いた王冠が鎮座しているという構成である。

しかしながら、アレゴリーがもっとも完全な形をとって発露した場所といったら、それは整形庭園の部分ではなくて、その彼方にある非整形もしくは野生風にしつらえられた区画の方であった。この部分はヴィッラ・デステやヴィッラ・ランテと同様に、樹木や灌木が叢林をなすように植えられている。並木道《アヴェニュー》や通景線《ヴィスタ》をオープンスペースに向かって開通させ、あるいは建築的要素や彫刻などを構成の中心にもってくるというイタリア式の手法を直截にとりいれた区画であった。このように野生風に構成した庭園は、記録に残っているかぎりにおいて、エリザベス朝イングランドではここノンサッチが唯一の事例である。そのノンサッチの庭園において最も重要なコンプレックスをなすのが、ディアナ女神の叢林で、宮殿の西側にある迷宮《ラビリンス》のさらに向こう側に位置していた。この区画に関して

ノンサッチ宮殿がエリザベス女王に表わした敬意
図15——内庭のディアナの噴水（上）
図16——噴水。頂部には王冠と三日月（下）

はトマス・プラッターが一五九九年に、おそらく現存資料の中で最も委曲を尽くした記述を残している。それによると、庭園の件の場所は次のようであった。

……ディアナ女神にちなんで名づけられた叢林があって、その中に分け入ると、岩の塊にいきあたる。岩からは自然水があふれだし、水盤を満たしている一方で、その上の方では神話物語の情景が展開しているのが見える。入神の技芸でもって、まるで生きているかのごとくにつくられた彫像群が演じるのは、三人の女神たちが一糸もまとわず行水にうち興じている場面である。そのシーンを見てしまったアクタイオンは、水をかけられて頭に鹿の枝角が生え、自らが連れていた猟犬によってずたずたに引き裂かれてしまうのである。[☆43]

ほかの記述をあたれば、さらに完璧なイメージをつくることができるだろう。けれどもこの箇所を描いたスケッチは残っていなくて、報告書には噴水がひとつあったと言及されているにすぎない。一六一三年に同地を訪れた散策者は、この区画を暗に指すと思われる「人工洞窟《グロット》もしくは洞穴《カヴァーン》」という言葉を残している。その同じ散策者の語るところでは、彫像には多色彩飾を施してあり、ディアナ女神は二人のニンフを引き連れて、洞窟風にしつらえた岩屋にたたずみ、その足下では水が水盤へと流れ落ちていたという。そしてこれらの周囲には柵がめぐっていた。一方でアクタイオンは、「二五歩《ペース》ほど離れた」ところに立ち、すでに頭から枝角が生え始めた状態で、傍らには二匹の猟犬が付き随っていたという。[☆44]森の入り口のところにラテン語の碑文が刻んであって、警句を発していた。曰く、人はアクタイオンのごとき好色漢の末路を反面教師とすべし、情念の燃えさかる炎の勢いを弱めるべし、という戒めである。言い換えれば、イングランドにおいてはじめてエンブレム図像の一種ともいえるものにここで出会ったということになろう。イタリアのマニエリスム庭園では、どこにでも普通に見ることのできた特徴である。この複合体をもっとも単純なレヴェルで読み解くなら、これは一種の道徳律、つまり、美徳への道はこれほどまでにも素晴らしいのだと若者を諭すものと解釈できよう。ここではアクタイオンは、常軌を逸して官能の虜になった状態の典型的イメージとされている。[45] 同時に、これとは別のレヴェルで読み解いてみると、ディアナ女神の森も処女神エリザベスに捧げられたものであることが理解できる。

この後者の解釈をさらに裏づけしてくれる項目が二つほどある。そのひとつがディアナの神殿あるいはディアナの四阿と呼ばれる建物で、これは木造の饗宴館《バンケティング・ハウス》といった感じのものであった。プラッターによると、半円筒屋根が架かっていて、中には大理石製のテーブルが一基あったという。一六一〇年の時点ですでに老朽化による傷みが著しく、補修する必要があったようで、それから一二年後には完全にとりこわされて一から建て直されている。[46] 内部には、三編のラテン語詩句が掛かっていた。最初のものは純潔の女神を讃えるもので、女神が与える貞潔なる助言をもって、放縦なる精神が育む悪果を退けるべしとの内容であった。二つめの文言は、人間の精神を泉になぞらえようというもので、心が不純であれば泉の水もたちまち濁ったものになると説いていた。そして三つめのものは、寂寞として観照的に人生を送る喜びを言祝ぐものであった。さてこの饗宴館一帯をとりまく領域において、見るべき最後の特徴としてはアーチとピラミッドがある。ワトソンはアーチについてこんなことを述べている。「聳立するアーチの高みには鷲が一羽とまっていた。一方の小尖塔にはペリカンがいて、もう一方の小尖塔にはフェニックスが羽を休めていた」。[47] ここを抜けていくと果樹園に導かれ、そこに「端麗なピラミッドが立ちあがり、さまざまな頭部彫像で飾り立てられていて、口は渇いているかのごとく、水を吐きだしている」。[48] この界隈を一六一三年に訪れた人物が語るところによれば、右に見たそれぞれの要素は互いに近接した位置関係にあり、ひとまとまりのグループを形成していたという。

この近く、二〇歩ほど［の距離をおいたところ］には巨大な木造アーチが架かっている。その上には樹木が無数に生い茂り、下には多数の植物が見られる。アーチの中央部は小さな石で飾られていて、これがすなわちピラミ

ッドとなっている。ここからあらゆる方角に向けて水が噴き放たれる。[☆49]

右の引用からわかるのは、ピラミッドが仕掛け噴水になっていたことである。突然水を噴きだして、運の悪い散策者をびしょ濡れにしてしまうのである。こういうことは、先に見たディアナの森とはどのような関連にあるのだろうか。この点を明らかにしてくれる資料がある。これは訪問者が残した記録なのだが、それによると、以下に引用する詩行が「その壁面に読むことができた」という。

怪我をした漁師は、遅ればせながら、注意することを学ぶ。
しかし、不運なアクタイオンはいつでも猛進するのみ。
純潔な乙女が憐れんだのはいうまでもない。
しかし、その力強い女神はまちがいを正すために復讐もおこなった。
アクタイオンを犬に食いちぎらせよ。
若者たちへの見せしめとするのだ。
彼のごときものたちへ辱めを与えるのだ。[☆50]

誰がこの区画を造営したのだろうか。また、そこにはどんな意味が込められていたのだろうか。おそらくまず検証してみるべきなのが、叢林《グローヴ》を飾っていたラテン語の詩句に関して、ワトソンが加えているコメントであろう。ワトソンによれば、これらの文言は「豪儀たるラムリー卿が命じて設置させたもので、女神を祝福し、また若者を諭してアクタイオンの二の轍を踏まぬよう注意するためであった[☆51]」。ディアナとアクタイオンの物語の典拠は、オウィディウス『変身物語』の第三巻である。まるでルネサンスの人工洞窟を想定して書かれた脚本のごとき観がある。

松と、葉の尖った糸杉が生い茂っている谷が、そのあたりにあった。名は、ガルガピエといって、帯を高く締めたディアナ女神に献げられた聖地になっている。そのいちばん奥深いところに、木々に囲まれた洞窟があって、人手はいっさい加えられていない。むしろ、自然が、その巧みな技によって、人工を真似している。出来たままの軽石と、軽い凝灰岩とで、天然のアーチをつくっているのだ。右手には、すきとおった泉がせせらいでいて、水量は少ないながら、草に縁どられて、大きく口を開いている。
いつも、ここで、森の神ディアナは狩りに疲れると、ういういしい処女のからだに、きれいな水を浴びるのだった☆52（オウィディウス『変身物語』上、中村善也訳、岩波文庫、一〇四ページ）。

ここノンサッチに現われた女神を当時の人々は誰と重ねあわせていたのだろうか。この点はそんなに穿った見方をせずとも、すぐにわかるはずである。ワトソンの語るところによれば、アーチの上には鷲がとまっていた。そしてこれを挟んで並んでいたのは、エリザベス・テューダーその人の個人紋章である不死鳥《フェニックス》とペリカンであった。一五九六年のある版画には、女王を挟んで並ぶ不死鳥《フェニックス》とペリカンが描いてあり、しかもこの二羽は「帝国《インペリアル》の」柱の上にとまっているのである☆53。これとほぼ同じ構成には、すでにウィンブルドン庭園でお目にかかっている。ここノンサッチでも、実際にこのような構成で配置されていたのにちがいないだろう。ラムリー卿がノンサッチにつくりあげたディアナの森と比較するのに最適なものといったら、ハードウィックのベスがエリザベス女王をディアナ女神として祝福した事例であろう。ハードウィック・ホールにある貴紳用広間では、上座椅子の上方をめぐる漆喰のフリーズに浮彫りが施してあって、ディアナ女神の姿が描いてあった。安座する女神を囲むのは随身のニンフたちで、そのまわりにはさまざまな徳目を表象する象とか椰子などの各種シンボルが飾られていた。その傍らに見えるのはキャヴェンディッシュの鹿で、枝角を振るって獅子や虎を追い払う姿が描かれている☆54。もっとも、造園術的観点からいうなら、ノンサッチに最も近い事例としては、招待主のハートフォード卿が領有する土地を掘削して三日月湖をこしらえて月の女神キュンティアへの讃辞の念を表明したという、一五九一年にエルヴィーサムで催された祝祭における「綿津見の大海の女帝」がある。[☆55] 女王崇拝の熱狂がエンブレム的表現を凝らした庭園空間においても発露しえたということは、いたって道理にかなったことである。ほかのもっとありふれた表現ジャンルにおいて、女王への讃辞が溢れかえっていた事実と軌を一にするものといえる。

ラムリー卿がノンサッチに造成した内庭《プリヴィ・ガーデン》とは、ホワイトホールとハンプトン・コートが採用していた造営原理をさらに拡大敷衍したものであった。すなわち、庭園を表現媒体として用いて紋章や家系図を展覧するもので、これはたとえば羽板を建物の外装にとりつけたり、あるいは内装に漆喰の天上を張るのと同じ手法だといえる。それにたいして、ディアナの叢林《グローヴ》はというと、これは今までとはやや異なった道へと通じるもののように思われる。ここでは自然が技芸によって馴致され、やがては一幅の道徳的絵画を形成するまでに彫琢を受けている。この絵の前に立った散策者は、少なくともそこから二つ以上の意味を読みとることを要求される。これはあたかも、寓意画を目にしたものや、宮廷祝祭における暗示の数々を前にした観客がそこからやはり複数の意味を汲みとることを期待されるのと同じである。ラムリー卿は、オウィディウスが語ったガルガピエの渓谷を再-創造してみせた。アクタイオンの物語を採用することで、道徳とはいったい何だろうかと熟思黙考するための材料を提供したことになるのだが、同時に女王への敬意もまたそこに込めていたのである。女王こそ、このノンサッチの庭園群を統括する女神であり、かつ庭園に仕掛けた象徴的プログラムが焦点に据えた対象でもあった。ノンサッチとともに、われわれはマニエリスム庭園の世界へと足を踏み入れることになる。

失われた二つの庭園——ズーシュ卿のハクニー庭園とコバム卿のコバム庭園

これらの庭園に加えて、造営当時には勇名をはせた庭園が二つあった。すなわち第一一代ズーシュ男爵エドワード・ラ・ズーシュのハクニー庭園と、第七代コバム卿ウィリアム・ブルックが有していたコバム・ホールの庭園である。そのどちらに関しても、今ではほんのわずかなことしか知ることができないのだが、同時代の人々が贈った讃辞は、相当なものであったらしい。そこで本書としても両園に関して、些細ではあるが調べうるかぎりの事柄を一緒にまとめてここに紹介しておかねばならないだろう。ズーシュは偉大な本草学者ジョン・ジェラードと知己の間柄であった。また著名な植物学者のオベールが、ハクニーにあった彼の庭園を管理してもいる。このズーシュという人物は、どう見ても植物にとり憑かれていたとしか思えず、実際のところ園芸に入れこむあまり、ついには全財産を蕩尽してしまったと言われている。一五八六年、「慎ましく暮らすために」イングランドを離れ、そのまま一五九三年まで戻ることはなかった。[☆56]

さらに多くのことがわかるのはコバム卿の庭園の方で、こちらはケント州のコバム・ホールにあった。フランシス・シンは、ホリンシェッドが残した『年代記』を書き継ぐ中で次のように記録している。

……そこには世にも稀なる庭園があり、見慣れぬ花や樹木の多様性に事欠くことはなく、それはセリマミス［原文ママ］の庭園に劣るものではないから、ヨーロッパの果てからも、ほかの見知らぬ国々からも、讃辞と賞讃を得ることであろう。[☆57]

ウィリアム・ハリソンは一五八六年に執筆した文書において、あれこれの庭園を列挙するくだりで、コバム・ホールの名をハンプトン・コート、ティブルズ、ノンサッチとともにあげ、これらを当代に冠絶する壮麗な庭園景観だと賞讃している。時代が下って一六二九年という時点にあっても、ジョン・パーキンソンが自著『日の当たる楽園――地上の楽園』の中で、コバム庭園における最も瞠目すべき特徴のひとつをあげて、「一本の木がこれほど私の目を楽しませてくれたことはない」と記録している。この風変わりな樹木はライムの木で、延び広がる枝を編みこんで四阿風にしてあった。枝がつくる屋根からさらに八フィート分ほど幹を昇ったところで再び枝が曲がっていた。

一面に秩序然とその枝が整うさまは、まるで人の手によるもののごとくに見える。この枝が、幹の途中で第二の四阿をなすべく、周囲をぐるりとめぐっているのである。そしてこの枝から、再び裸の幹がむきだしのままに八フィートから九フィートほど続くのだが（枝の下に大人が少なくとも五〇人は入れるように、この空間にも大人がその程度は入れるだろう）、すると今度はまた別の枝が茂っていて、これが第三の四阿を覆っている。その下にはこちらやあちらにいくための階段があり、枝の上には歩くための板が備えつけてある。[58]

パーキンソンがここで述べているのは、樹木の枝を曲げて、二階建ての饗宴館風に仕立てたものである。コバム・ホールを謳った同時代の頌徳詩などを読めば、この庭園がいかに影響力を振るったのかが見えてくる。

右に見た二つの失われた庭園に加えて、あと何点かの作庭例に触れておこう。同時代の絵画を眺めるおりに、時おりお目にかかる庭園である。まずウェルベック修道院所蔵のエリザベス女王を描いた油彩細密画を見てみよう。画面には庭園の風景が挿入されているのが見え、壁と開廊《ロッジャ》が庭を囲い、生け垣をめぐらせた四角い花壇がのぞいている。[59] これと似たような外見の庭園がローランド・ロッキーの手になる当世風の絵画にも見られる。サー・トマス・モアの家族を描いた一幅（一五九五年頃）で、壁で囲まれた庭園の内部に生け垣がめぐり、さらにその奥には飾り結び式花壇が、生け垣とともにしつらえてあるのが見てとれる。[60] アイザック・オリヴァーが描いたメランコリーに打ち沈む若者の絵（一五九五年頃）は、さらに興味深い[61]［図3］。緑陰の孤独を求める若者の後景には、壁に囲まれた庭園がしつらえてある。壁の奥に見えるのは、ド・フリースの庭園版画に見られるのと同タイプの庭で、周囲をアーケードが囲み、その内側の空間は、錯雑をきわめる幾何学模様の芝とその間を縫うように走る道とで埋められてい

図17――ニコラス・ヒリアード《ヘンリー・パーシー、第九代ノーザンバーランド伯爵》一五九〇―九五年頃　アムステルダム　国立美術館。

る。おそらくバーリー卿のティブルズは、少なくともその一部はおおよそこんな外観であったことがここから明らかになる。さらにミステリアスな情景の絵［図17］があって、寓意めかして囲いこまれた空間に男が横臥している。描かれているのは、第九代ノーサンバーランド伯ヘンリーなのだが、この空間は小高い丘の上にあって、二つの四角い生け垣に挟まれるようにして位置している。そして樹木からは地球儀が吊るされて天秤にかけられており、「たっぷりと」（TINTO）というラテン語のモットーが付された羽根と釣りあいを保っているのである。[☆62]

エリザベス朝の美学

以上見てきたように、エリザベス朝イングランドに造営された大庭園に関して知りうることは、せいぜいのところが断片的情報をかき集めた程度のものでしかない。王室主導による中央からの刺激が欠けていたがゆえに、これらの大庭園がもちえた影響力は半ば孤立し、分散したままに終わってしまった。そこに見られた数々の達成は、今日ほとんどその姿を確認することができないが、しかしながら当時の庭園の特徴を最も直截に体現していたものといえば、それは幾何学模様《パターン》ということになろう。一六世紀の造園術は幾何学模様を要諦原理とし、その模様が生みだす目も綾な視覚効果をこそを旨としていた。飾り結び式花壇は、はてしないほどの形態の多様さをもって丹精されていった。これらの幾何学模様にとりくもうとするなら、最良の方法は同時代の絵画や工芸品を見てみることだろう。その中でも刺繍工芸が極めつけである。[☆63] 時代を席捲していた美学を典型ともいえるかたちで結晶させているのが、宮廷細密画家ニコラス・ヒリアードの手になる作品である。[☆64] 平坦で二次元的な世界に輝かしい光線が均等に降り注いでいる。庭園設計に科学的透視図法が適用された形跡がないのと同じく、絵画の表面をそれ自体の視覚的法則で支配された個別の閉じられた世界とみなすような考え方はまだない。エリザベス朝の絵画はどこを見回しても幾何学模様《パターン》だらけである。肖像画のモデルが立つ絨毯の面に幾何学模様、人物が手を置く椅子だって一面これ幾何学模様、ドレス一式やくさぐさの装身具だって幾何学だらけ、手袋、襞襟、袖口、上着、靴、靴下、頭飾り、胴着、袖、ペティコート、マント、ファージンゲールすべてが幾何学模様で埋め尽くされている。これらの模様を考案するのが刺繡家たちのアートであり、彼らが形態を着想するさいに拠りどころとするのは、果実や花々や葉のもつ形状であった。

前にも一度述べておいたが、飾り結び式花壇の作者として名の伝わっている唯一の人物トマス・トレヴェリヨンは、同時に刺繡模様のデザインも手がけていた。これこそが決定的な鍵ともいえる点で、エリザベス朝の庭園の姿を思い描くさいに必須の手がかりを提供してくれるだろう。このことをよくよく理解したいと思うなら、エリザベス一世の様式化された肖像を見てみるといい。それこそ幾何学模様《パターン》が宝石、レース、織物、刺繡というかたちをとって寄り集まっているのがわかるだろう。こうした事例や出版されたいくつかのデザイン集などから判断するに、エリザベス朝庭園の飾り結び式花壇と迷路は、デザインの観点からみて傑出した発明品であったことはまちがいないのである。

女王の治世も最後の一〇年を迎えるころには、こうした美学もヨーロッパ的レヴェルにおいてはすでに時代遅れのものとなっていた。グロリアーナの鏡としての庭園のイメージは、ほどなくして砕け散ることになる。ジョン・ソープの手になる建築平面や立面図の中に、サン・ジェルマン・アン・レーの城館とその庭園の一部を描いた図面が含まれている。ソープはこの図面をサー・ヘンリー・ネヴィルから入手したのにちがいない。ネヴィルは一六〇〇年、新フランス国王アンリ四世のもとに大使として赴任しているからである。図面には国王が目下建設中の庭園が描かれているが、フランソワ一世のフォンテーヌブロー宮殿やカトリーヌ・ド・メディシスのテュイルリー宮殿などのオールド・ファッションの平坦な構成図式ではなく、ヴィッラ・デステに見られる豪壮なイタリア・マニエリスム庭園のイディオムが駆使されている。大地を掘削して造成したテラスが連続して重なり、それぞれを階段で連結している。ソープの記述によると、これらのテラスの下には、「水からくりで動く、それぞれ鳥と石とオルガンの形をした人工的な三つの岩で見事に盛りあげられた島がある」[☆65]。ここで語られているのは、機械仕掛けで歌う小鳥やからくり仕掛けで音を出すオルガンが備えつけられたミステリアスな人工洞窟《グロット》である。パリより届いたこの庭園革命の知らせは、その後一〇年も経たぬうちに、エリザベス朝のエンブレム庭園をジェイムズ朝のマニエリスム庭園へと変容させることになる。

第4章　マニエリスム庭園Ⅰ
——サロモン・ド・コー

一六〇三年はエリザベス女王が崩御した年だが、このころまでには、イングランドの視覚芸術の流れは確固たる独自の潮流を形成するようになり、ヨーロッパ本土で展開していた芸術の発展からは、ほぼ完全に孤立するかたちとなった。スコットランドのジェイムズ六世が国王に即位するのとほぼ時を同じくして、ヨーロッパ世界には平和が再び確立する。この平穏がやがて破られるのは、大陸では三〇年戦争の火蓋が切って落とされる一六一九年、イングランドでは内乱が勃発する一六四二年のことだ。一五九八年にはスペインとフランスの間でヴェルヴァン条約が締結されて両国の和解が成立し、一六〇四年にはイングランドもこれにならう。そして低地地方諸国の戦乱も、一六〇九年には一二年休戦条約が結ばれて、一時的な小康状態が訪れた。同時に、一七世紀初頭の一〇年間は、約三〇年以上続いた宗教戦争をようやく脱し、再び宮廷生活が花開いた時代でもあった。いずれの事例においても、宮廷生活が復活を見たのは、ルネサンス・イタリアの成果に新たに通暁することを通じてであった。とりわけ内乱やら宗教迫害やらで北方諸国が南方の文化から分断されていた時期に、ルネサンス文化の本家は大きな発展を遂げていた。この絶対主義の時代の中を移動してみるならば、どこにいっても、君主の館に対する崇拝にでくわすことだろう。館を囲んでは、巨大なスケールの上に莫大な金銭を注ぎこんだ精緻な庭園群、幾多の噴水、さまざまな水力機巧が見られるはずである。イングランドの場合、この流れは新王室の宮廷が営む贅沢な蕩尽として具現化する。

それ以前の半世紀間というものは、王室は貧乏で質素倹約を旨としていた。それがヘンリー八世の治世以来はじめてといっていい規模で、宮廷が積極的な役割を担って芸術界の流行を決定するようになった。庭園の分野では、便利なことに上記のすべての流れをたった一人で体現している人物がいる。アルプス以北の庭園史において、国際的な重要性を帯びたこの男とは、サロモン・ド・コーであった［図1］。

サロモン・ド・コー

サロモン・ド・コーは一五七六年、ノルマンディーのコー地方、おそらくディエップに生まれている。[☆1] ユグノーの一家で、宗教戦争の時代には戦乱を避けてイングランドにいくばくか滞在した可能性さえもある。ともかくイングランドとの関係があったことはわかっていて、一六〇〇年までにド・コー家のうちの何人かが、ロンドンのフランス人プロテスタント教会のメンバーとして記載されているのを確認できる。サロモンが一体どんな教育を受けたのかについては、ほとんど知られていないから、彼自身の著作から推察するよりほかにない。おそらく彼が研究したのは、アレクサンドリアのヘロン、ウィトルウィウス、プリニウス、シクルスのディオドロス、ディオゲネス、ラエルティオス、ユークリッドといった人々で、さらにはジャック・ベッソンやラメッリの著作にも親しんでいた。これらの先人を知悉していたということは、後に見るように、サロモンをある特別なルネサンス思想の文脈に置くことになる。この点については後で手短かに検証してみよう。さて、一五九五年から一五九八年にかけてのどこかの時点で、サロモンはイタリアに赴き、トスカーナ大公が造営した著名な庭園であるフィレンツェ郊外のプラトリーノの庭園を訪れている。またヴィッラ・デステやフラスカーティのヴィッラ群にも足を運んでいる。この実地体験は、読書経験と同様に、サロモンが庭園デザインになした貢献を理解するうえで中心的役割を果たすにちがいない。

次いで確認できる事実は、ド・コーが一六〇一年にブリュッセルにいて、アルベルトとイザベラの大公夫妻に仕えていたことだ。ド・コーはほぼ一〇年にわたって、この教養の高い新進の宮廷に雇われている。大公が低地地方

図1――サロモン・ド・コーの肖像画　作者不詳（一六一九年）

諸国に姿を見せるのは一五九九年のことで、さっそく同地に宮廷生活を復興させたのである。それは三〇年もまえに失われてしまった生活様式の復興であった。この復活した宮廷文化の花が完全な開花を迎えるのは、それよりも後の時代で、ヴェンツェル・コーベルガーが一六〇五年に現われ、さらにルーベンスが一六〇八年にイタリアから帰国してからのことになる。マリモンの地にあったマリー・ド・オングリーの宮殿は修復の必要があり、庭園ももう一度つくり直さなくてはならなかった。これと同様の事情をブリュッセルの宮殿も抱えていた。両宮殿とも新しい様式でつくり直す必要があった。ド・コーがイタリアで学んできた精緻な噴水と人工洞窟《グロット》の導入が待望されていたのである。一六〇三年から一六〇四年にかけて、ド・コーの監督下に古い製粉所を水力機械施設へと転換し、ブリュッセルの宮殿の庭園に水が供給されている。次いで翌年には、大公夫妻付きの技師に任命されるのだが、ここでおこなった作業に関しては、今後詳しく解明されるのを待たねばならない。というのも、ド・コーはまず第一にレオナール・デームリなる人物に仕えていたのであり、結果的に彼を介してヴェンツェル・コーベルガーにも仕えていたという事情があるからだ。ブリュッセル宮殿のグレート・ギャラリーにある「人工噴水」は、彼の作品であることがわかっている。おそらくは、庭園群にある数々の人工洞窟や噴水も手がけていたものと思われる。五つの入り口を設けて、中央に文芸の勝利を配した田園風の家もそのひとつであった。ド・コーはこの低地地方諸国にいる時期に結婚し、子供が一人生まれている。そして腹立ちまぎれにイングランドに赴いたと言われているのだが、その原因はコンデ公が人工洞窟を破損してしまい、そのまま「壊れて痛んだ状態で」放置したからだという。

ド・コーがイングランドに滞在したのは、一六〇七年もしくは一六〇八年から一六一三年にかけての間である。はじめは新王妃アン・オブ・デンマークのもとに仕えていたのだが、この王妃を中心にして視覚芸術の活動が再び活性化することとなり、ド・コーもサマセット・ハウスとグリニッジの二つの庭園を設計している。アン・オブ・デンマークの長男ヘンリーが一六一〇年にプリンス・オブ・ウェールズに列せられ、自らの家名を与えられると、ド・コーは「皇太子殿下の技師」に任命された。一六一二年にロンドンで出版した著作『透視図法および影と鏡の原理』の献辞の中で、彼自身がそのいきさつを書き記している。献辞に付された実際の日付は一六一一年の一〇月一日とされており、ヘンリー皇太子のリッチモンド宮殿から書き送ったことになっている。[☆2]その記述によれば、彼は若い皇太子に二年か三年ほど透視図法についての講義をおこなったという。この時期ド・コーが専心していたのは、リッチモンド宮殿に数寄を凝らした庭園と水力機巧装置の数々を設置する作業であった。協同で作業にあたったのはイニゴ・ジョーンズとフィレンツェ出身の建築家コンスタンティーノ・デ・セルヴィであったが、このプロジェクトは一六一二年に皇太子が没すると同時に突然の終焉を迎えてしまった。ド・コーは翌年の七月の時点でもまだイングランドに滞在していたが、自ら願いでて「母国へと帰還する」こととなり、[☆3]フランスに戻ったが、そこから急遽進路を転じてハイデルベルク宮廷へと赴いた。同地では、かの著名なホルトゥス・パラティヌスの造園作業を監督している。この庭園はヘンリー皇太子の妹エリザベス王女とその夫プファルツ選帝侯フリードリヒ五世に捧げたもので、作業は一六一九年まで続いた。同年、この伝説のカップルがボヘミアの国王夫妻に選ばれたのを端緒に、時代は三〇年戦争の勃発まで一気に雪崩をうって突き進んでいくことになる。

ここでは、これ以上ド・コーの個人史を追っていく必要はない。かわりに知的背景の方に立ち返って、これを再構成してみなくてはならないであろう。なぜなら、まさにそこから初期ジェイムズ一世時代の庭園革命が展開していったからである。加えて、ド・コーが知悉していたフランスおよびイタリアの造園術についても調べておく必要があるだろう。これらの庭園伝統を構成するすべての要素からマニエリスム庭園が発展し、ジェイムズ一世統治の劈頭を飾る一〇年間を賑わせたからである。

ルネサンスのエンジニアと庭園

サロモン・ド・コーという正体をつかみづらい人物が一身に体現している革命的事象は、ヨーロッパ的なパースペクティヴの中に置いてみる必要があるだろう。まさにこの人物を通じて、イングランドの地にルネサンスのエンジニアが到来したことが告げられているからである。かつてイングランドの庭園デザイン史をものした人々は数多くいたけれども、そのうちの誰一人として理解していなかったことは、庭園デザインの発展過程でエンジニアが一体どれほどの大きな役割を果たしてきたのかということである。庭園史は、ほかの多くのテーマと同様、誤った理解のもとで不当な扱いを受けてきたのである。ルネサンス精神の本質とはおよそかけ離れた狭隘な専門分化の刃によって、バラバラに切り刻まれてきたのである。ド・コーが当時の多識多才をもって鳴る一群の人々のうちに数えあげられる人物であることはたしかである。彼らの関心事の中には水力学も含まれていた。このグループを代表する最も著名な典範的人物といえば、レオナルド・ダ・ヴィンチに止めを刺すだろう。

　ルネサンスのエンジニアといえば、芸術家にして職工、また軍事専門家でもあり、宮廷祝祭の企画演出の役もこなした。その精神は複雑かつ才気煥発で、起こりうる効果のすべてを掌握できるような種類の人々である[☆4]。このいかにもルネサンス的といえる現象は、中世から引き継いだ機械・技術の伝統ばかりに依拠していたわけではなかった。いやむしろ、人文主義者たちが古代の工学技術関連の文献を「再発見」し、これを研究したことのほうがこの現象を引き起こすのにあずかって力があった。すなわち、アルキメデス、クテシビオス、アレクサンドリアのヘロン、ウィトルウィウスといった面々の著作である。これらの文献から得られた知識は、二次資料からの間接的情報であることもあったのだが、あるひとまとまりの活動領域を生みだすこととなった。そこに含まれる活動とはすなわち、測量および地表面に関する学問（測地学）、自ら動く機械に関する学問（自動機械装置《オートマータ》）、重い荷物を牽引するための学問（ヘロンの著作にちなんだ運搬学）、錘と秤に関する学問、測量機器に関する学問（計測学）、レンズと鏡に関する学問などであった。ひるがえってド・コーの一連の著作をつぶさに見てみるならば、これらの学問をまさに主題として扱っていることがわかる。そしてわれわれは卒然として気づくのである。分類を逸脱してしまったこの人物を一体どの伝統のもとに属させたらいいのかがまるでわからないのである。この類型のプロトタイプと目すべき先蹤は、すでに一五世紀のイタリアに認めることができる。たとえば、ブルネッレスキは建築家であったが機械装置や光学機器の発明家でもあったし、祝祭のための舞台装置をデザインしたりもした。あるいはレオナルド・ダ・ヴィンチは、画家としての腕を振るったのはほんの付随的な活動でしかなく、主たる領分といえば軍事技術者、建築家、水力学の専門家であり、また幾何学者として新たな科学的透視図法の技術に没頭するかと思えば、スフォルツァ宮廷のために自動機械装置のデザインも手がけた。このように科学と人文主義とが結合することによって、エンジニアは実践的な人間として数々の発明をなし、さまざまな機械による特別な効果を易々と生みだした。だが、それだけではなかった。そんなことだけにはおさまりきらない別の意味合いがそこにはあった。技師は自らの発明を通じて世界を探索する。その探索は、世界を構成する事物の秩序体系を解明し、これをたしかなものとすることに捧げられていた。だが、目下のところ本章でたどるべきなのは、ルネサンスという時代がいかにして古典古代の機械学および工学を復興し研究したのかという点である。

ルネサンスにおける自動機械装置《オートマータ》

サロモン・ド・コーによる魔法のような機械作用が生みだす驚異の数々は、アン・オブ・デンマークと息子のヘンリー皇太子が所有していた庭園を統括する焦点となるべき要素であった。したがって、これらの驚異効果をたどっていくならば、後期ルネサンスの造園術で中心的役割を果たしたひとつの伝統に立ち会うことになる。それがすなわち、自動機械装置《オートマータ》の製作である。[☆5] ド・コーがつくりあげた庭園に特徴的に見られたものといえば、巨人像や人工洞窟、話す彫像や水オルガン、動く彫刻や人を驚かす水からくりといったものであったが、この種の庭園はルネサンス時代にアレクサンドリア学派の力学が再発見されたがゆえの産物であった。

アレクサンドリア学派が全盛を迎えたのは紀元前三世紀のことで、その中心的人物はクテシビウス、ビザンティウムのフィロン、そしてなんといってもアレクサンドリアのヘロンであった。[☆6] クテシビウスはギリシアの医師で、紀元前三世紀の人物である。著作はすべて失われてしまったため、ウィトルウィウスの記述を通じて知ることができるのみである。それによれば、クテシビウスは気圧を利用し、水時計も含めた水力学機械を生みだし、自動機械装置を製作したという。次いでビザンティウムのフィロンだが、彼は紀元前二〇〇年頃に生きた人物で、現在まで伝わっている著作の断片が示しているのも、やはり似たり寄ったりの内容である。基本的には、科学原理を応用してちょっとした効果を生みだす方法として思いつくもの、たとえば、自動点火ランプだとか、手の込んだ水からくりだとか、そうしたたぐいのものがとりあつかわれていた。この種のアプローチは実際のところ、アレクサンドリア学派の体系の根幹をなすものであった。そのことが最も躍如としている著作こそ、ルネサンス時代に巻き起こった自動機械装置カルトにおいて中心的役割を演じた作品、すなわちアレクサンドリアのヘロンの手になる『気学』である。

この著作の本論の部分は、力学および水力学に関する六七の定則群を述べた箇所である。次いで著者はそれらの定則を実演して説明するのだが、そのさい、動く機械の例を必ずといってよいほど用いた。それも人間や動物の形態をしたものをつくって演じてみせたのである。このようにして実に巧妙に科学的側面をまとわせることで、読者の脳裏にイメージを喚起して印象づけ、問題を扱いやすくしているのである。こうして扱われるのは、気体、蒸気、気圧がそれぞれどう作用するのか、あるいは液体がどのように動くのかといった事象であった。具体例をひとつ挙げて検証してみよう。第三七則には、神殿をつくる方法が示してある［図2］。神殿の前には祭壇が設けてあって、そこに火をともすと、神殿のドアが自動的に開く仕掛けになっている。これは空気の膨張・圧縮を動力源として利用したものである。

こうしたアプローチのしかたは二作目の著書でも引き続いて見られる。これもやはりルネサンス時代に知られていて、劇場における自動機械装置の使用法について論じたものであった。この中でヘロンは二種の機械を論じていて、ひとつは動きまわる三次元的な自動機械装置（宮廷が催す屋外での祝祭に使われるタイプ）であり、もうひとつは観衆をある特定の視点に固定しておいて見せるタイプのものである。本書が論じている項目のうちには、バッコス

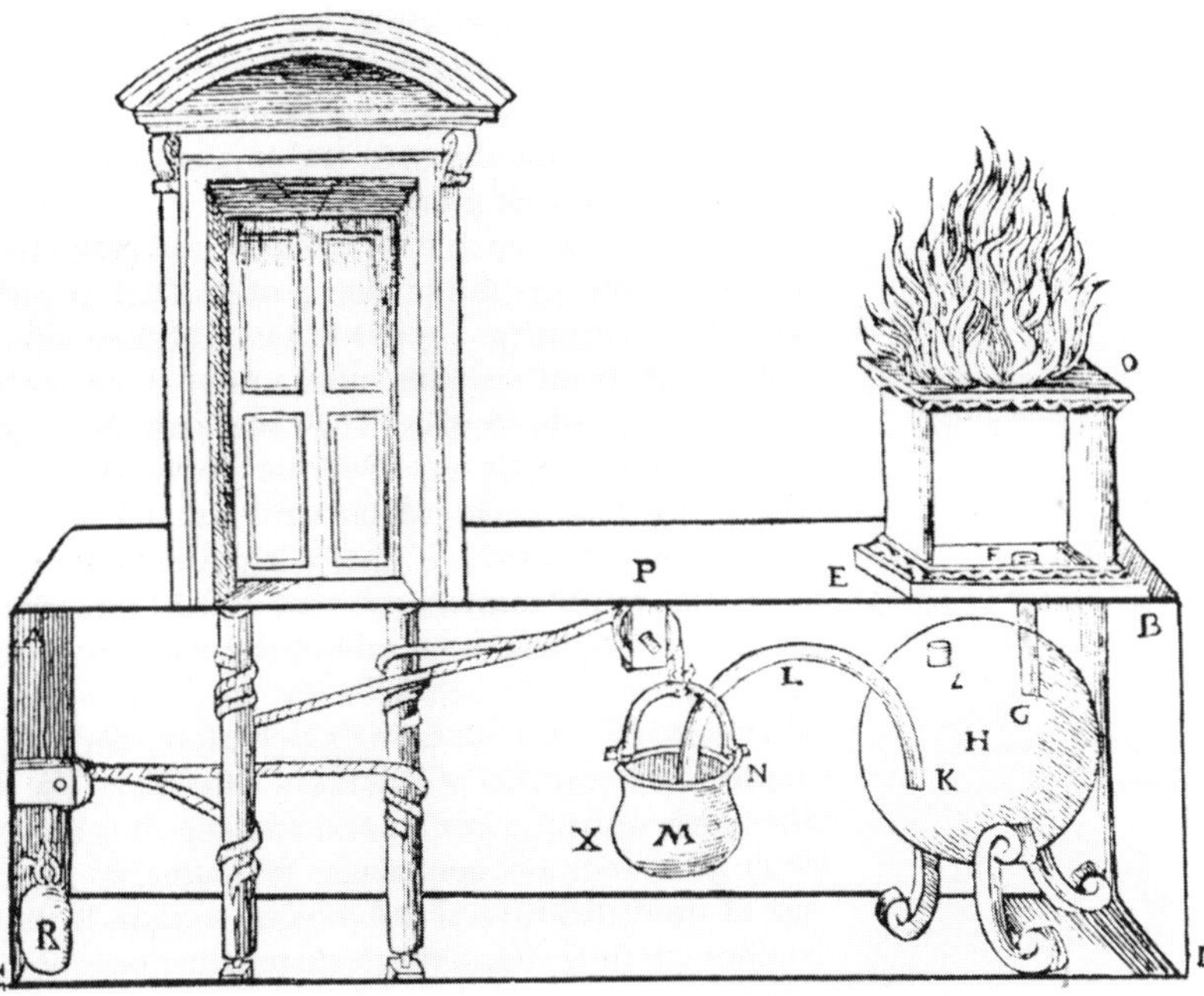

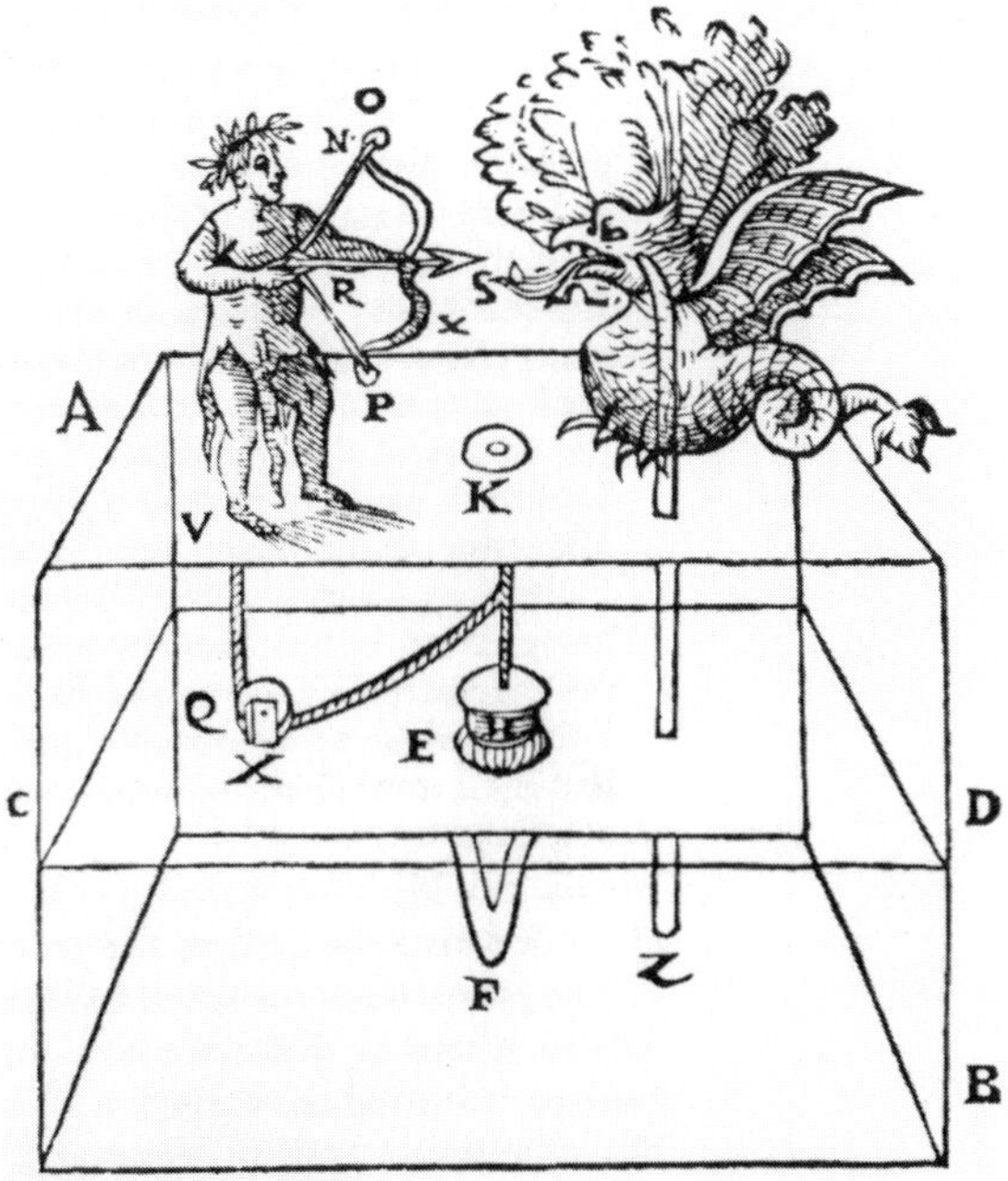

アレクサンドリアのヘロン『気学』収載の二つの定理。アレオッティによるイタリア語版（一五八九年）より。
図2――第三七則。神殿前の祭壇で燃えさかる炎によって扉が開く。
図3――第四〇則。ヘスペリデスの黄金の林檎（K）をもちあげると、ヘラクレスとヒュドラのからくり舞台が稼働を始め、英雄は弓を引き絞り、怪獣はうなり声をあげる。

の神格化シーンをどのようにして機械でつくるかだとか、自動機械装置を用いた五幕劇に必要となる舞台転換装置のつくり方などがある。

これらの著作はやがて深甚なる影響を及ぼすことになるのだが、その範囲はルネサンスの科学と劇場の発展ばかりではなく、庭園と人工洞窟の展開にも及ぶこととなった。ヘロンの著作は、一五世紀にはラテン語やアラビア語の翻訳を通じて知られていたのだが、一五〇一年には、それまでに知られていた原典の断片集をはじめて（当然ながらラテン語で）ロレンツォ・ヴァッラが出版している。これに続いていくつかの版が登場したが、まちがいなく最も重要なものはといえば、アレオッティの手になるイタリア語版に止めを刺すだろう。一五八九年に出版されている。また同年、バルディが劇場用の自動機械装置《オートマータ》に関する著作を翻訳刊行している。アレオッティの版には図版が付いており、またこの版を直截の祖型とするかたちでド・コーの最重要著作『動力の原理』（*Les Raisons des Forces Mouvantes*）が生まれている。アレオッティ版に収録されている定理を一つ二つざっと眺めてみただけでも、十分に納得できることがある。すなわち、ルネサンスの人工洞窟を彩った機械仕掛けの驚異の数々とは、ある面においては、ルネサンスの建築家＝技師がアレクサンドリアのヘロンの科学原理を再‐創造してみせたものにほかならないということである。

第三七則はドアが機械的に開く仕掛けで、前に置かれた祭壇に火をともすと作動するという例の装置である。祭壇はチューブ（G）で球形水槽（H）とつながっている。火がともると熱くなった水が膨張を始め、水位が上昇して宙吊りの大釜（M）へと流れこむ。するとこれが水の重さで下がって、その動きが滑車で蝶番のところに伝わってドアが開くというわけである。次いで第四〇則が扱う場面は、ヘラクレスがドラゴン《ヒュドラ》を退治して、その前に落ちているヘスペリデスの黄金の林檎をつかむシーンである［図3］。まず台座部分（AB）をつくって、これを仕切って上下に分け（CD）、そのうちの上半分を水で一杯に満たしておく。劇的な仕掛けが稼働するのは黄金の林檎（K）をもちあげたときである。上部区画にある円錐弁（E）もこれにつられてもちあがり、その動きが滑車で伝わってヘラクレスに弓（R）を引かせることになる。その間、上部区画の水が円錐弁（E）を通じて台座の下の区画に流れ落ち、圧縮された空気がヒューッという音を出す。これがチューブ（Z）を通じてドラゴンの口から漏れでる。原理さえわかってしまえばなんということもなく、あとは吸引装置、空気圧、水圧、巻揚機、滑車、錘などを、くりかえし使用し、展開させていくだけなのである。そしてこの再発見された技術に執拗なまでにこだわり、これを劇的なしかたで用いたのは、古典古代と同様に、宮廷での祝祭と人工洞窟内の自動機械装置の情景においてであった。

後期ルネサンス思想の広い文脈の中で見てみるならば、この人工洞窟流行は、やがて来たる一七世紀科学に属すべき現象ではあった。いや、疑似科学に棹さしていたというべきか。これらの機械人形は、単に物理学の定理を解き明かしているばかりでなく、同時に神話をも図解していた。教養のある人士が見れば、そこから寓意的意味合いを読みとることができたのである。ここに進歩への兆候を見るのはたやすいことで、やがてそこから経験的科学が生まれてくることになるだろうが、それはもう少し先の話である。ともかく自動機械装置の世界とは、後期ルネサンスのオカルト主義の世界であった。そしてこの世界が、溢れんばかりの活力を帯びてイングランドに到来し、ジェイムズ一世およびチャールズ一世の時代の庭園を満たすこととなる。

こうした点に着目するのは、庭園史の研究態度としてはいくぶん奇態なアプローチと映るかもしれない。けれどもこれから見るある庭園の事例を吟味してみるなら、しかるべき位置づけが可能な視点なのである。その庭園とは、ド・コーがイタリアに赴いたさいに徹底的に研究をした対象であり、また北方に対しては新しい理想の数々を体現して見せた作品、すなわちプラトリーノの庭園のことである。北方諸国の宮廷が模倣し、さらには凌駕せんと躍起になったのは、ブラマンテのベルヴェデーレでなければリゴーリオのヴィッラ・デステでもなく、パッラーディオがブレンタ河沿いに建設したヴィッラ群の庭園構成でもなかった。そうではなくて、プラトリーノの幻想的世界にこそ、人々は惹きつけられたのである。不可思議でスリル満点の噴水に満ち、何体もの彫像が怪しげに動き回り、自然の音を擬態したり音楽を奏でたりするかと思えば、驚くばかりの変化も盛られ、鬼面人を驚かす体のさまざまな効果が不意に襲いかかってくるプラトリーノの世界こそが、北方の人々を情熱的な模倣へとかきたてたのである。プラトリーノこそは、まちがいなくマニエリスム庭園の極北であった。

プラトリーノのヴィッラ・メディチとマニエリスム庭園

プラトリーノの庭園はたいへんに重要な事例であり［図4］、それゆえここではまず、そのプラトリーノのことを述べたある文章を引用することから始めよう。エリザベス朝の旅行家ファインズ・モリソンが残した一節で、書かれたのは一五九〇年代中葉であり、イタリアが再び外国の訪問者に対して門戸を開き始めた時代のことである。

朝まだき、私たちは［フィレンツェの］西側に広がる草原を抜け、やがてプラトリーノの地にいたった。大公の所有になる著名な庭園で、市からは七マイル離れた場所に位置している。内部は二つに分割してあって、周囲を石の壁が囲んでいる。そのうちの上半分の区画には巨人像が屹立している。髭は渦巻いてうねり、まるで怪物ともみまごうほどのその背丈は、およそ四六エル［約五〇メートル］にも達する。巨大な腹は一度に何人もの人間を飲みこむことができるほどで、中にはニンフの像がたくさんあって、そのすべてが水を滔々と噴きだしている。この巨人像のそばには素晴らしい養魚池がたくさんある。また地下には洞窟が設けてあるのだが、貯水池からこの地まで三マイルもかけて引いてきた水を多数の導管を通じて分配し、園内各所でさまざまな動力として用いている。近くには噴水があって、「ラビュリントス」という名前がつけられている。さらにはユピテルとイリスの噴水もあって水を滴らせているし、熊の噴水やアーチ状噴水なども控えている。今これらのことを噴水と呼んだのだが、これは一般にはフォンターナといわれることもあり、要するに石でできた構築物の謂で、多数の像を刻みこんで飾り立て、そこから水が滴り落ちている。イタリアでは市場に置かれることが多く、その場合はむきだしで、なんの覆いもなく設置されている。けれども、ここのような庭園では、こうした噴水は小さな小屋の中につくってあって、この小屋のことを俗にグロッタというのだが、要するにこれは洞窟《ケイヴ》（もしくは洞穴《デン》）の謂である。地下に穿つのではなく、地表に建てられるのだが、それでも洞窟状の構成でつくってある。☆7

このようにモリソンは、読者にルネサンス庭園の本質的な特徴のひとつを紹介する。それこそグロット、すなわち人工洞窟である。

人工洞窟《グロット》は古代にあった形式を復興したものだが、細部の構成に関して、アルベルティは、古代の人々が洞窟を自分の庭園につくるにあたって、「小さな軽石や海綿のような石や温泉沈殿石を置きながら、表面をごつごつした石でいかにして覆ったかを」具体的に説明している。☆8 最初はイタリア・ルネサンス庭園の一要素にすぎなかったものが、後にはマニエリスム庭園の要諦原理を体現するにいたる。ボボリ庭園の「グロットチーナ」（Grottocina）と呼ばれる小人工洞窟（一五五三 - 五四年）がその最も初期の例としてあげられるのだが、人工洞窟をこれ見よがしに自然なものにして建築的解決を図るというしかたである。牧歌的な要素の数々に混じって鍾乳石や「海綿《スポンジ》」や階段状疎水《カスケード》などを組みあわせ、幻想をかきたてる光景を生みだしているのである。人工洞窟の中では、素材《マテリアル》がもつ自然形態がことさらに強調されたり、互いに蝟集させられたりして、なにやら偏倚《ビザール》で、エキゾティックで、身の毛もよだつような恐ろしげな形態の数々が生まれている。こうした人工洞窟のうちに反映しているものとは、要するに、後期ルネサンス人が夢中になっていた事柄であった。すなわち、自然界の現象を探求し、その背後にある隠れた意味《オカルト》を解明しようとする営為がそこに映しだされていた。

モリソンは先の引用箇所に続いて、今度は庭園の下半分の区画および邸館《ヴィッラ》の描写へと筆を進める。建物の地下には著名な人工洞窟群が控えていて、そこには自動機械装置がしつらえてあった。

PRATOLINO

プラトリーノのヴィッラ・メディチの庭園
並みいるイタリア庭園の中にあっても、もっとも強い影響力を振るった庭園。一七世紀の劈頭、北ヨーロッパのマニエリスム宮廷に深甚な影響を与えた。

図4——一五九九年のプラトリーノの庭園の情景。著名な人工洞窟群は、ヴィッラ建築の地下にあった。庭園はルネサンス様式に従って幾何学状に構成され、ヴィッラ建築と軸線上に連結している。園内には建築的な諸要素、彫像、自動機械人形、水が配され、これらが結びついて極度に韜晦趣味の人工的環境をつくりだしていた。

図5——ステーファノ・デッラ・ベッラによる彫版図。もっとも著名な人工洞窟のひとつを描いたもの。メディチ家を称揚する「名声」像がトランペットを吹き鳴らし、天に向かって上昇していく（下）。

……洞窟がひとつあって、これはぞんざいに「グロッタ・マッジョーレ」（grotta Maggiore［大人工洞窟］）と呼ばれている。……この洞窟の中では、大理石でできた頭像が水を滴らせている。それから樹木が二本あって、栓をひねると水がそこから大量に溢れでる仕掛けになっている。さらに小さな球体をクピドが転がしているかと思えば、その傍らには家鴨の像が水浴びをしながら、周囲を見回す仕草をしている。大理石テーブルの中央には装置が備えつけてあって、素晴らしい技巧を駆使して力強く水を噴きだし、洞窟内のどの場所にも届かせることができるようになっている。[☆9]……

モリソンは、さらにこの種の人工洞窟を一つひとつとりあげて、一連の構成全体を記述する。そのうちのひとつでは、「何体かのニンフ像が水に運ばれて洞窟から出てきては戻り、生きているのではないかと見まごうほどだ」。また別のひとつでは、「隠れて見えないところで水が雷鳴のような爆音を轟かしたかと思うと、ほどなくして雨がざんざん降り注いでくる」。とりわけ彼の心をとらえて離さなかった人工洞窟の中では、「名声を表わす像が高らかにトランペットを吹き鳴らしたかと思うと、農夫が皿を水に浸してすくいあげ、虎の像の前に差しだし、虎は皿から水を飲むと、頭を動かして目をぎょろりとさせて周囲を見渡す……」［図5］。かくしてモリソンは、次のように結論するにいたる。「世界広しといえども、これほどまでたぐいまれなる光景を見せてくれる場所といったら、ここをおいてほかにはあるまい」。

庭園を見るにさいして、たとえば樹木や植栽や花々などといった視点に拠る立場も当然あるだろう。そんな人々にとっては、一連の水力活人画《タブロー・ヴィヴァン》とでもいえそうな光景を前にモリソンが讃辞をくりだす姿は、ともすると突飛なものと感じられるかもしれない。実はこのこと自体が重要な事実をはらんでいる。モリソンにとって、イタリアの後期ルネサンス庭園とは、なによりもまず、瞬間的に奇跡でも見るかのように機械仕掛けによる変容が出現するための舞台だったのであり、実際そのようなものとしてモリソンは後期ルネサンス庭園を体験していたのである。

プラトリーノを建設したのは、建築家＝技師のベルナルド・ブオンタレンティであった。後にド・コーが必死で見習おうと躍起になる人物である。邸館と庭園の両方に腕を振るったのだが、これらの事業は大公フランチェスコ・デ・メディチが一五六九年から一五八四年にかけておこなったものである。☆10 現在の同庭園にはモリソンも述べていた巨人像が残っているだけで、その他の要素は跡形もなく消え去っている。一九世紀初頭、イングランド式庭園《ジャルダン・アングレ》をつくる目的で壊されてしまったのである。このプラトリーノは、水を劇的な仕方で操って見せる点では、かのヴィッラ・デステが誇った水からくりの効果を凌駕しようと入念にデザインされたものであった。だがそれと同時に、大公個人が抱いていた科学実験に対する興味が一体どれほどのものであったのかということをも、この庭園は具現していた。ブオンタレンティはこれら水力利用の人工洞窟装置の中に、アレクサンドリア学派の自動機械装置を再-創造してみせた。そして寓意的な意味合いを伝えるためだけに機械装置をつくって神話を演じさせただけではなく、同時に科学定理をも開示して見せていた点では、先蹤の古代学派と同様の手法を採用していたのである。

もちろん、設計の段階では、プラトリーノはルネサンス期になされた古典古代庭園を再-創造しようとする試みのひとつだった。その目的は「人工《アート》と自然とを組みあわせ、これをひとつの構成《コンポジション》として」提示することであり、プリニウスがトゥスクルムのヴィッラについて述べた記述に沿うかたちでおこなわれた。すなわち、整形庭園と草地からなり、「その自然の美しいことといったら、たったいま書きとどめたばかりの人工の美に勝るとも劣らないほどに素晴らしい」という記述である。土地の配置構成はアルベルティの規範に従ったもので、敷地は建築的に処理して「円形や半円形に」に造成し、樹木は直線状に植え、人工洞窟を設けることを旨とした。この最後の人工洞窟《グロット》という要素こそ、何にもまして重要だった。というのも、これはバルディヌッチが書いていることだが、プラトリーノにあった人工洞窟群は「それ以降、ヨーロッパでこれと似たような装置の制作に携わる人々が一人残らず」研究することになったからである。☆11

後期ルネサンスの寓意画や宮廷祝祭にあれこれの意味を読むのと同じ流儀で、プラトリーノも読み解かれることを意図されていた。では一体どんな読み方が正解なのだろうか。この点に関しては、まだまだ今後も議論が続くであろう。けれども一五八六年、フランチェスコ・デ・ヴィエリが出版した著作は、そのような庭園の意味をめぐる寓意的な註釈であると本人が考えたものである。☆12 冒頭の部分はいたって基本に忠実で、同庭園を地上の楽園であると述べている。それは君主の豪奢を表現したものであると同時に、哲学者が宇宙の真理を表現することが可能な媒体であると述べている。ヴィエリは後期ルネサンスのヘルメス主義哲学にどっぷり浸かっていた。この世界には隠れた影響関係と照応の原理が浸透しているとする思潮である。庭園とは、この人物にとって、喩えていうなら著名な幕間劇《インテルメッツォ》のようなものであり(ブォンタレンティはこの方面でもデザインを手がけていて、精緻な機構による早変わり場面の効果を備えた作品をつくっている)、それを通じて幽玄なる事象を表現してみせる方途であった。人間は物質世界を支配するだけの力をもち、その世界の複製を人工的に生みだすことができて、深奥の真実の数々を明るみに出すことができるのだという主張を象徴的なイメージを介して伝える手段であったのである。次いでヴィエリは、いよいよプラトリーノの庭園の「意味」について註釈を加えるべく筆を進める。ここでは二つほど例をあげておけば、彼の手法を説明するには十分であろう。彼によると、あの有名な巨人像はアペニン山だという。ユピテルに反逆して敗れ、天界から追放された巨人族の一人だ。これが象徴しているのは、なにごとも神の助けなくしては、成功はおぼつかないということである。そして巨人像の内部、すなわち、貴重な鉱物に満ちた洞窟は、神はこんなにも気前よく地中の自然資源を人間に与えてくださるというメッセージを伝えるものだとする。巨人像の近くには月桂樹でつくった迷宮があり、中央には神殿が鎮座している。これは人間が徳を求める姿を表わしているのだという。

時には散漫で曖昧な部分もあるが、このように巧緻を極め、包括的理解が可能な寓意性を庭園が帯びるのは、後期ルネサンスにあっては一般的なことであった。ヴィッラ・デステの構成を考案したピッロ・リゴーリオは、同園をギリシャ神話に登場するヘラクレスとヒッポリュトスという二人の英雄に捧げた。後者はこの庭園の創造者であるフェッラーラの枢機卿、イッポリート・デステを暗示するものであり、前者の方はティヴォリ地方とエステ家双方にとっての守護神であるヘラクレスを暗示するものであった。[13] 鬼面人を驚かす怪物の群が棲息するボマルツォ奇苑では、大公を祝すべくマルス‐ヘラクレスとケレス‐プロセルピナという神話が用いられたのだとこれまで論じられてきた。それらの神話が解き明かすのは、死と自然の力との融合である。死してもなお、毎年春が到来するたびに再生の勝利を歌いあげるのである。[14] 一方でイングランドの状況に関しては、本書はこれまでのところ孤立したエンブレム図像のたぐいしか見ていない。たとえば、ノンサッチにつくられたディアナの森がその例ではあった。

ヴィエリがプラトリーノの庭園に加えた解釈を手がかりにして、これらのマニエリスム庭園がどのように読み解かれるべく考案されたのかを推し量ることができる。ヴィエリが見るに、庭園全体が古代の機械仕掛けの驚異に張りあっているのであり、そうした驚異装置がすべて園内のひとところに集めてあった。インテルメッツォのごとく、そうした装置が見物人に与える驚倒ものの効果についてヴィエリは詳述している。これらの驚異と喜悦を通じて開示される深遠なる神秘は寓話や寓意の衣をまとっており、そんな光景を前にした人々の精神はすっかり圧倒され呆然としてしまうことになる。こうした事柄についてヴィエリが筆を走らすとき、ボッカッチョとフィチーノの双方に訴えかけることになったのは、必然の理であった。したがって、プラトリーノは、庭園というものをこれまでとは異なった別のものへと変換してしまったのである。つまり、それは後期ルネサンスを生きた人士が古代の驚異の数々に匹敵するものを生みだすことができる舞台になった。以前ならばそんな驚異などは、せいぜいが読んで知るぐらいが関の山であった。だがいまや庭園において、古代の驚異を実際に体験できるばかりではなく、古代を凌駕しようとする試みさえも可能となった。ド・コーが属していたのはこうした後期ルネサンスの世界であり、まだ魔術と科学が袂を分かって別々の道を歩みだす以前の世界であった。そんな時代であったから、技術の進歩といっても、それは常に合理的機能と直結していたわけではなく、むしろ神話的・象徴的なものの真実を開示していた。ウィトルウィウス以来の建築家＝技師の伝統に属する技術者たちは、エウジェニオ・バッティスティが述べているように、哲学者連に対して挑戦状を叩きつけたのである。技術者にしてみれば、哲学者の無知は許しがたいものであり、自然世界の効果を模倣する人間の能力を最大限にまで引きだしてみせることで、彼らの無知を咎めたのである。後期ルネサンスの世界にあって、この態度がとりわけ典型的な縮図となって現われたのが額縁状の舞台と人工洞窟の空間であった。双方とも、完璧にコントロールされた人工環境である。この中で見物人や観客は、「閉じられた」劇的で孤立した出来事へ否応なく引きこまれていく。本質的に、それらはしばしば激越であり意表を衝くものであった。そうした事情から、イングランドにおいては上述の二つの空間が同時に導入されたのも、とりたてて驚くべきことではなかった。サロモン・ド・コーがいずれも象徴に満ちた噴水、人工洞窟、自動機械装置を紹介するのと時を同じくして、イニゴ・ジョーンズがプロセニアム・アーチと透視図法を駆使した早変わり場面の仕掛けをステュアート朝の宮廷仮面劇に導入したのである。

アンリ四世の庭園

たしかにプラトリーノの庭園は、ジェイムズ朝初期のイングランドにおけるマニエリスム様式の噴水と人工洞窟に対する熱狂的崇拝に対し、最も影響を与えた震源であった。だが影響の波は、ほかの事例と同じく、別の方面からも押し寄せていた。むしろこちらの方がサロモン・ド・コーにとってはなじみが深かったはずである。それがすなわち、アンリ四世とマリー・ド・メディシスのつくった庭園の数々である。フランスでは、カトリック同盟戦争の余塵さめやらぬ中、アンリ四世が新たなる宮廷生活の創造を開始している。ファインズ・モリソンは一五九五年の時点でフォンテーヌブロー宮殿の庭園を指して、「荒涼としており、開墾してある様子でもない」という言を残しているが、改修工事が始まったのがまさにこの年のことであった。[☆15] この工事を担当した作業チームの一員には、クロード・モレの名がある。モレ家といったら、やがてはフランスの造園界を一手に支配するにいたる一族で、ル・ノートルの台頭までその支配が続くことになる。またクロード自身は、低地地方諸国やスウェーデン、イングランドでも仕事を手がけている。さらに作業チームの一員には、イタリアの水理技師であり同時に噴水や人工洞窟のデザイナーでもあったトンマーゾとアレッサンドロのフランチーニ兄弟の名も確認できる。アンリ四世が一五九八年にトスカーナ大公の宮廷から二人を呼び寄せ、プラトリーノまがいの噴水や人工洞窟をつくらせたのである。☆16

このときおこなわれた改良工事の模様をつぶさに知ろうとするなら、フランチーニ一族の一人が作成した俯瞰図を見るにしくはない［図6］。宮殿と庭園が描かれ、一六一四年の日付がある。最も重要と目すべき革新点は、湖に浮かぶ水上庭園《アイランド・ガーデン》と南東部に設けられたグラン・パルテール（大装飾花壇）と呼ばれる区画だ。後者はキングズ・ガーデン（王の庭園）と呼ばれることもあるのだが、ここの中央には巨大な矩形の噴水があって、そのまわりを欄干がぐるりととりまいている。魁偉なテヴェレ河神の像が横臥し、手に抱えた豊穣の角《コルヌコピア》からは水が宙に噴きあがっている。その下には白鳥が二羽にドラゴンが二翼、それから壺が四つあって、それぞれ水を噴きだしていた。このテヴェレの噴水の名は広く知れ渡り、全区画を統括する焦点ともなっていた。また同区画には、新たに掘削した運河が縦横に走っており、噴水はその交差地点に位置していた。クロード・モレが考案した新しいタイプの花壇デザインは、広大であると同時に細緻を極めた区画分節を施したもので、フォンテーヌブロー宮殿の庭園には一六〇〇年以降のどこかの時点で導入されたようである。フランチーニが俯瞰図を作成した一六一四年までには完成を見ている。花壇は四つのグループにまとめられ、斜めに走る線がそれぞれを分割し、北側の二つは中心部が円形になっている。宮殿からは少し離れすぎているから、建築的な処理を施してこの区画を居住区と結びつけることは少々むずかしいのだが、それでも巨視的なレヴェルに立っての構成であることにちがいはなく、とくにモレが花壇を四つのグループにまとめたことは、堂々たる風格の獲得という点から見た場合、重要な一歩だとみなすことができる。一六〇〇年頃のある図面では、これらの花壇はいまだ幾何学形態をとっているのだが、それも一六一四年までにはとりかえられて、まるで刺繍模様を施したような渦巻き形態が現われている。柘植の生け垣で描いたものである。一方で湖に浮かぶ水上庭園にも、これと似たような優雅な花壇が同様の手法で施してある。私たちは今、ある特徴的な要素が出現する瞬間に立ち会っていることになる。やがては一七世紀の庭園界を席捲することになる刺繍花壇《パルテール・ドゥ・ブロドゥリ》の誕生である。

サン・ジェルマン・アン・レーは、一六世紀中葉、アンリ二世のためにフィリベール・ド・ロルムが建設した[☆17]。アンリ四世はここに、エティエンヌ・デュ・ペラックの助けをかりて、雄渾な構成のテラス式庭園をつくりあげた［図7］。斜路と階段で数珠つなぎになった幾壇ものテラスがセーヌ河にいたるまで連綿と連なる。手法の点では、これは直截にイタリア式であり、とくにバニャイアのヴィッラ・ランテをお手本にしたものであった。最上段テラスの庭園には刺繍模様を施した花壇がある。モレがフォンテーヌブロー宮殿でおこなった手法を踏襲しており、同心円状の逕路が区画の分節をおこなっている。フランチーニの手になる一六一四年の俯瞰図を見ると、アンリ四世の頭文字のアルファベットHをあしらった花壇がいくつか確認できるが、それ以外はすでにLの文字に置き換わって、ルイ一三世を表わしているのがわかる。フォンテーヌブロー宮殿の装飾花壇とは異なり、ここには重要な革新的要素がある。三辺をテラスが囲んでおり、さらに各々の端の部分には四阿が建っているため、そこから花壇の模様を眺めやることができるようになっているのだ。これに続く一段下のテラスには鬱然とした森林が茂っていて、これまたモレお得意のスタイルで円形状の逕路が施してある。そして最後にくるのが水上花壇《ウォーター・パルテール》のあるテラス。これはヴィッラ・ランテをそのまま剽窃したものである。ただこのほかにもいろいろな花壇があって、各々「文字と紋章」の模様で飾りたてられていた。

けれども、サン・ジェルマン・アン・レーがその名を広く知られていたのは、人工洞窟（フランスでは一五四〇年代から建設されていた）と自動機械装置によるところが大きかったといえる。フランチーニ兄弟が手がけ、いずれもプラトリーノの系譜に棹さすものであり、上下テラス間の段差に穿ったアーチの内部に収まっていた[☆18]。その中のひとつでは、ペルセウスがドラゴンを急襲し、打ち負かしている光景が展開しており、倒れた魔獣は水の中に沈んでいく。かと思えば、水オルガンが設置してある箇所もあり、そこではファージンゲール・スカートをはいた令嬢が演奏をしているのだが、これなどヴィッラ・デステにある巨大オルガンを彷彿とさせるものである。このほかにも、ネ

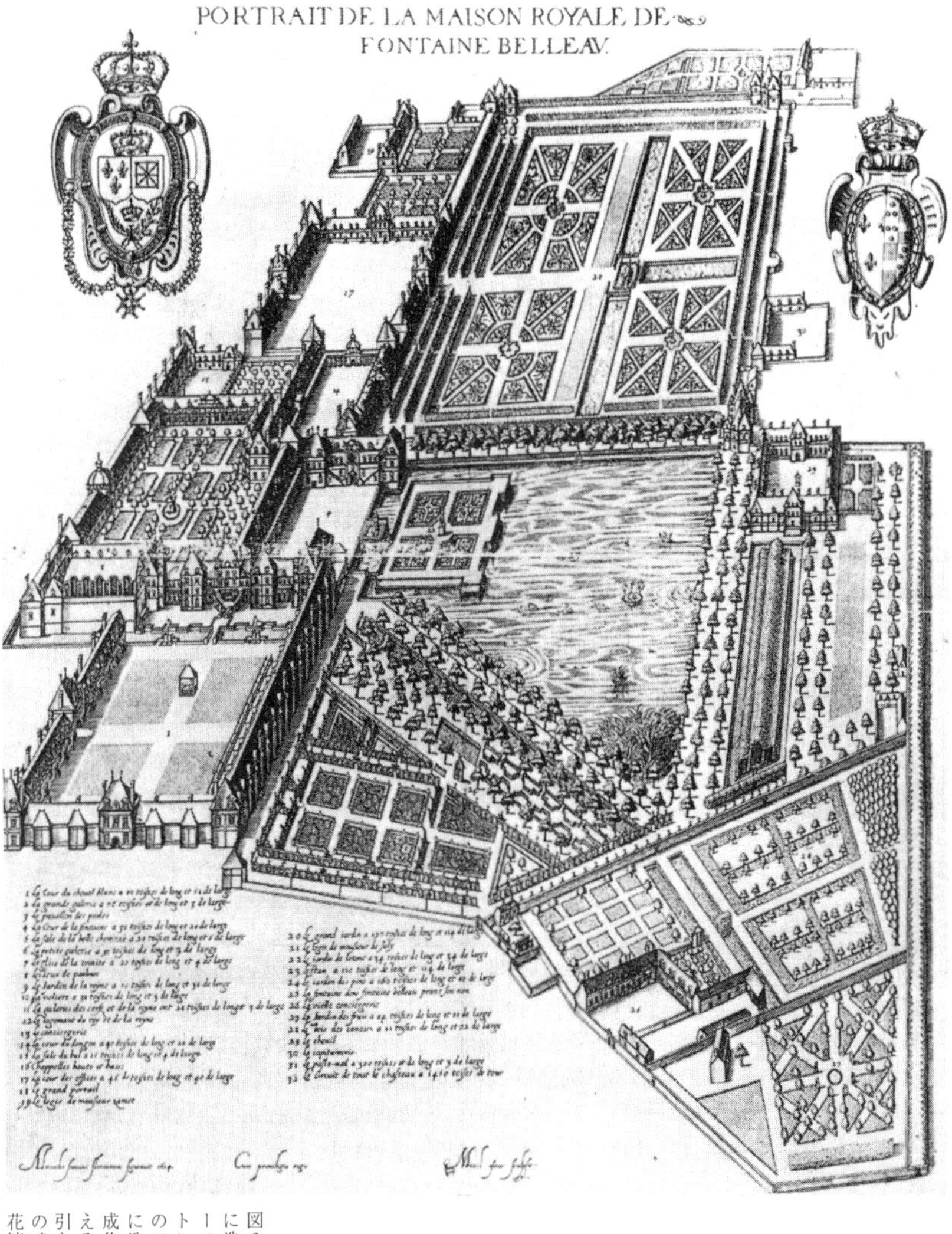

図6――アンリ四世のために造成された当時のフォンテーヌブロー宮殿。水力学技師トンマーゾとアレッサンドロのフランチーニ兄弟、ならびに造園家クロード・モレが造成作業にあたった。上端に見えるのが「王の庭園」。運河を引きこみ、中央にはテヴェレの噴水が置かれ、周囲は刺繍花壇が囲む。

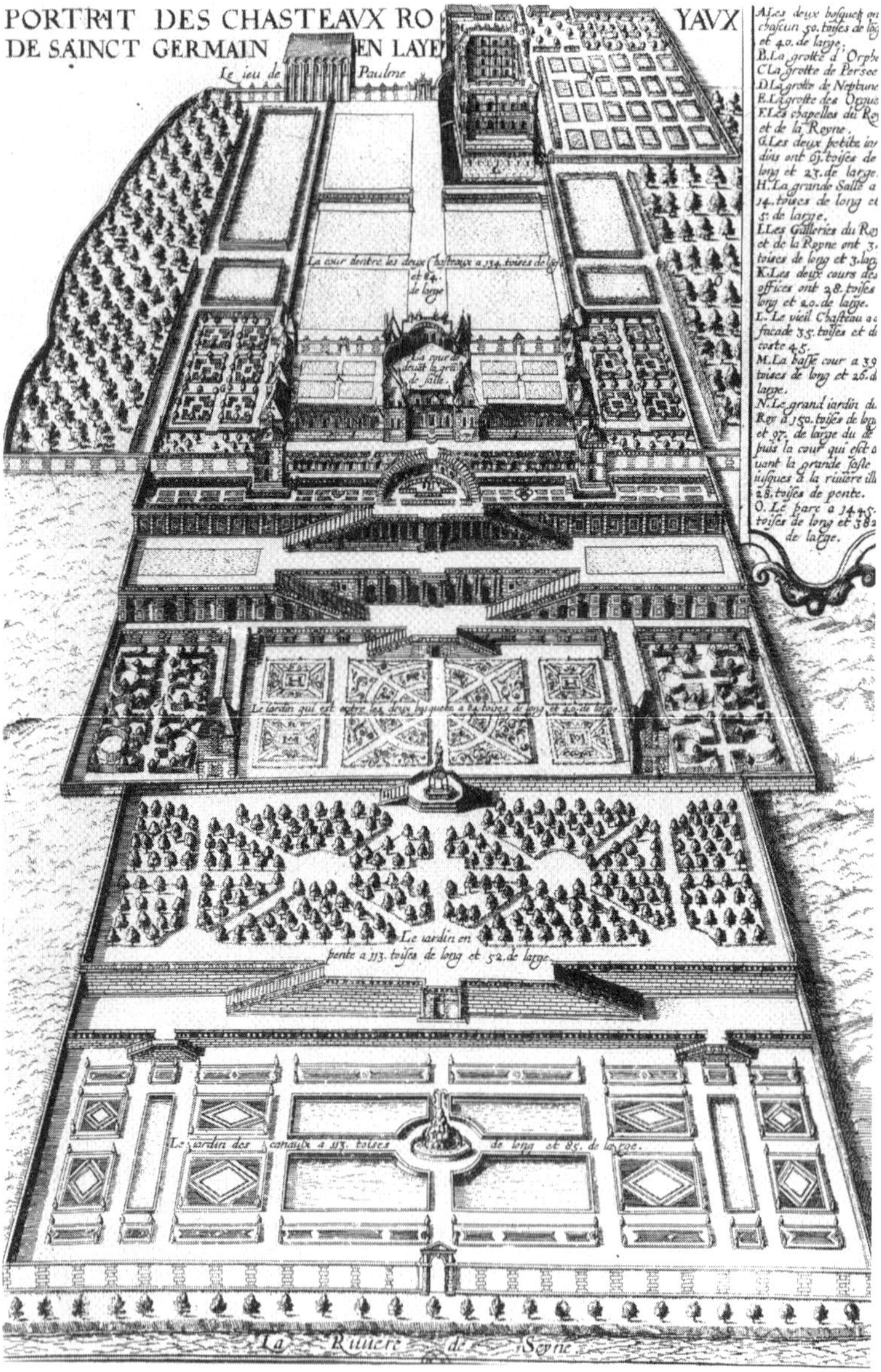

図7——アンリ四世のために造成された当時のサン・ジェルマン・アン・レー。整形の装飾花壇から並木道が走る区画を抜け、水の装飾花壇にいたるまで長方形状のテラスが階段状に降り下る。この構成はイングランドに大きな影響を与えた。有名な人口洞窟は、宮殿のすぐそばにあるアーケイドの中に設置してあった。

図8——サン・ジェルマン・アン・レーのオルフェウスの人工洞窟。
フランチーニによる精緻を極めた象徴的な人工洞窟の一例。水力仕掛けの自動機械人形と音の効果を用いている。

プチューン、オルフェウス［図8］、ドラゴン（どれもみなアンリ四世を讃える寓意ではある）をそれぞれ主題に据えた人工洞窟があるのだが、それらのどれにもまして驚愕するものといえば、やはり松明の洞窟《グロット・デ・フランボー》に止めを刺すだろう。ここを訪れた者は、目の前で展開する一連の場面変容を前に茫然自失の態におちいるはめになる。宮廷バレエにも相通じるシーンの展開だ。まず太陽が昇ってきたかと思うと、次いで嵐が訪れ、やがてそれも静まった後に宮殿の情景が浮かびあがる。前景を逍遙するのは王室の人々で、天空の雲から降り来たる王太子は、天使が支える戦車に乗って登場する。

ド・コーは直接にせよ間接にせよ、これらの仕掛けの多くに慣れ親しんでいたにちがいない。これはまた後ほど触れることになるのだが、ド・コーのデザインは、フランチーニ兄弟が作成した上述の人工洞窟群と関連性を有しているのである。さらに重要なことは、ジェイムズ一世の宮廷がドーヴァー海峡の対岸で展開していた事態に興味を抱いていたという事実である。カトリックに改宗したとはいえ、アンリ四世はいまだにヨーロッパの寛容的プロテスタント勢力の中心的存在であった。そのアンリ四世が一六一〇年に暗殺されると、どうやら今度はイングランドの皇太子がその立場を自ら引き受けんものと画策したふしがある。こうして皇太子は、斃れた王をモデルにすえて、入念に自己形成をしていくこととなる。テラス構成、人工の島、刺繍花壇、人工洞窟、噴水などはすべて、ジェイムズ一世統治の最初の一〇年間に海峡を渡ってイングランドにもたらされた特徴である。そしてこれらを契機に生まれたのが、イングランドにおけるマニエリスム庭園の時代であった。

サロモン・ド・コーとアン・オブ・デンマーク——サマセット・ハウスとグリニッジ宮殿

サロモン・ド・コーがイングランドで最初に手がけた仕事は、アン・オブ・デンマークのためのものであった。アン王妃が芸術に並々ならぬ興味を抱いていていたことは、ベン・ジョンソンやイニゴ・ジョーンズを庇護していたことに端的に現われているし、さらにはアン王妃がステュアート朝の宮廷仮面劇の創出にも深甚なる関心を抱いていたことが知られている。視覚芸術が発展するにさいして彼女が絶大な貢献をなしたことは、疑う余地がないであろう。建築と庭園が芸術活動の表舞台に登場するのは、最初の仮面劇が上演されてから四年後の一六〇九年、アン王妃がロンドンの宮殿を改築しようと思い立ったときであった。すなわちそれがサマセット・ハウスである。[☆19]「壮大にして典麗な邸館」とストウが同宮殿を指して一五九八年に記しているのだが、もともとは摂政サマセット卿が建設した建物であった。テューダー朝中期の古典主義においてひとつの画期をなす作品であり、フランスからの影響を多分に見てとることができる。やがてサマセット卿が権力の座から失脚するに及んで王室の所領となった。

この地に庭園を造成することでアン・オブ・デンマークは、ド・コーが一身に体現する新しいスタイルを実に巧妙に表明してみせた。庭園は河岸に位置し、二手に分かれている。キップによる同宮殿の版画は一八世紀初頭のものであるが、これを考察の足がかりにできる［図11］。画中に認めうるものとして、イニゴ・ジョーンズが一六三八年におこなった南面の改修箇所と一六六一年につくられた河岸に面する部分とがある。西側の庭園をぐるりと囲んでいる一段高くなった道は、ド・コーが手がけた作業の痕跡をとどめている。この部分が当初はどのような状態であったのかは、ロバート・スミッソンのデッサンに見ることができる［図10］。おそらくはロンドンを一六〇九年に訪問したさいに残した自筆の図面で、その当時はまだ工事の真っ最中であったはずである。[☆20]これを見ると、西側の庭園のまわりを一段高くなった道が囲んでいるのがわかり、そこまで降りていくための階段が設けてあるのが確認できる。この階段は邸館のすぐ前のテラスと両脇のテラスから、それぞれ延びている。内部の庭園自体は対象形で、四つ葉状の模様が正方形の中に収まった格好だ。樹木がアクセントを与え、中央を貫いて南北に走る道が河岸の門まで達している。これと平行に走る南北路がもう一本あって、西の庭園と東の庭園とを分断しているのだが、やはり同様に桟橋まで達しているのが見える。一方で東側の庭園には巨大な円形の区画があって、その内部になにやら八角形状のものが収まっている。実はこれこそ、同庭園の中で最も水際立った特徴であったはずのものである。すなわち、魁偉な人工洞窟状の噴水で、パルナッソス山を表わしたものであった。

図9――アン・オブ・デンマークの肖像画。庭園の景観がちらりと見えるが、おそらくはサマセット・ハウス庭園の最終形態を描いたものであろう。庭園の周囲をテラスが囲んでいる。テラスは古典主義様式のアーケイドによって支えられており、ここから足下に広がる花壇を眺めやることができる。花壇には芝を刈りこんで模様を描き、樹木を植えている。

サマセット・ハウス

サロモン・ド・コーがイングランドで手がけた、もっとも完全な記録が残っている事例。一六〇九年開始。

図10——ロバート・スミッソンによる一六〇九年の庭園平面図。まだ造成途上にある。西側の庭園にある装飾花壇の構成は、この図版に見られるものが最終形状ではなかったかもしれない。東側の庭園にある八角形状の区画は、泉水を備えたパルナッソス山。

図11——河から見た姿。一八世紀初頭。ド・コーによる構成を伝える要素が、まだいくつか残っている。西側の庭園を囲むテラス、水門まで延びる並木道、そしてかつてパルナッソス山が聳立していた東側の区画である。

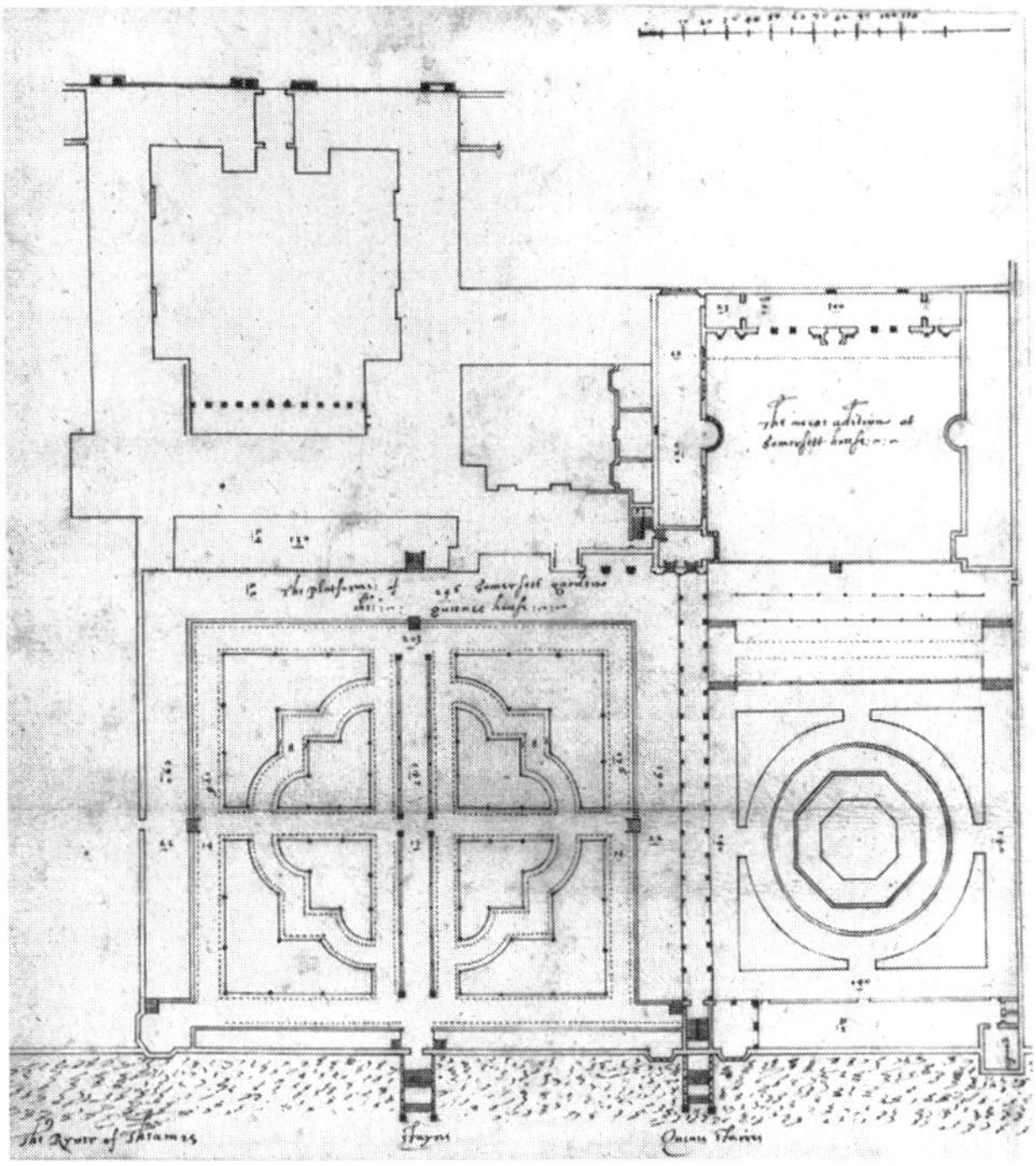

ところが今見た二つの図面よりも、おそらくはずっと重要と目すべき一幅がある。ウォーバーン・アビーにあるアン・オブ・デンマークの肖像画がそれである［図9］。マルクス・ゲーラーツの手になる作品で、とりわけ重要なのが背景に描いてある景色である。この絵はほぼまちがいなく、アン王妃と親しく交わっていたある人物のために描かれたものである。そのアン王妃の親友こそ、新しいスタイルで庭園を次々と造成していったベドフォード伯爵夫人ルーシー・ハリントンであった。この肖像画には別ヴァージョンがあり、そちらには一六一四年の日付が入っているから、ウォーバーン・アビーの方がいつ描かれたのかはここから十分に推測可能である。[☆21] さて、この肖像画の背景にちらりと見える情景はサマセット・ハウスの西側の庭園で、おそらくは最終的に完成した状態を描いていると思われる。一段高くなった道に面して柱とニッチが立ち並んでいて、いずれも古典主義的スタイルをまとっている。花壇の模様はスミッソンがスケッチに残したものとは異なっているが、これはおそらく造成途上で変更があったことを物語っているのであろう。いやしくも庭園風景が王室の主要な肖像画中に背景として描きこまれていたという事実こそ、庭園がいかに重要なものと考えられていたかを示すものであろう。アン・オブ・デンマークは庭園を、王室がもつ権力と豪奢のシンボルととらえていたのである。

さてここで、今見てきた視覚資料に、当時の訪問者たちが残した記述資料を加えて検討していくのであるが、そのまえに当時の作業報告書から得られる情報をまず見ておきたい。毎度のことながらここの記録は少しばかり混乱しているのだが、それによればすでに一六〇九年の五月までには、庭園を囲む壁を建設するための費用が支払われたことになっている。このとき、「柵と石造りの手すりを備えた……新しいテラスの建設」や「庭園に水を供給するためのさまざまな真鍮製器具（およびそのための新しい建物）を備えた装置の制作」に対する支払いもおこなわれている。[☆22] これはつまるところ、ド・コーが揚水施設を設計して、テムズ河から水を汲みあげるようにしたということである。さらに記録からわかることは、ウィリアム・グッドラウズという宮廷外科医職にあった人物が一六〇九年に西側の庭園の造営を請け負っていることである。この作業の俸給として、四〇〇ポンドの支払いを受けている。[☆23]

スミッソンの図面からは、この区画が二〇三フィート×一七六フィートの大きさで、それを囲んで南、東、西側を走る道の幅が二二フィートあったことがうかがい知れる。はたしてこの図面どおりにつくられたのであろうか。そして、その後にゲーラーツの肖像画に見られるような形状に変更されたのだろうか。これらの詳細に関しては、今となっては知る由もない。アン・オブ・デンマークの肖像画に見える庭園区画のレイアウトは、『動力の原理』中の「第一一則」に収録されているデザインとほぼ同一であるから、ド・コーを設計者とみなすことができるだろう。花壇のデザインはどれもみな新しい刺繍状の多様な文様ではなく、『動力の原理』に収められているようなものになっていて、幾何学形態に樅や糸杉の樹木でアクセントをつけている。ただしこの種の花壇は、一五八〇年代中葉にニコラ・ウエルが設計したパリの慈善施設にも見ることができた。[☆24]

したがって、ド・コーがいったいどこまで作業を監督していたのかは、正確にはわからないのが現状である。たしかなことといえば、西側の庭園の最終形状がド・コーの著作中に収録されているデザインと強い関連を示しているということだけである。作業報告書が伝える資料に関するかぎりでは、ド・コーの活動は以下の言葉に要約される。すなわち、「庭園の噴水およびテムズ河に面した建物を建築し、噴水のために築山から池まで岩山をつくる」[☆25]。これは、あの驚異のパルナッソス山のことを述べたものである。また西側の庭園に第二の噴水があったことを示唆するものは、なにひとつ残っていない。小さな「建物」とは、スミッソンが東側の庭園に描きこんだ河岸の建物とみてまちがいないだろう。ド・コーは、この中に「岩山」をつくったものと思われる。また揚水機も開発してテムズ河から水を汲みあげ、パルナッソス山に給水できるようにしていたはずである。『動力の原理』第二巻の「第一則」には、まさに同じ働きをするための機械装置が描いてあるからである。

作業報告書を調べていくと、さらに二つの特徴がサマセット・ハウス庭園にはあったことがわかる。すなわち、ひとつは「オレンジのための建物」、もうひとつは伝統的な特徴である饗宴館《バンケティング・ハウス》である。[☆26]ド・コーがこれらの施設にも関与していたのかどうかは不明である。けれども「第一一則」が描く人工洞窟は上部に貯水部屋を備えており、アプローチ路にはオレンジと檸檬の木が桶に植わって並んでいる。円蓋が架けてあって、その下で果樹が越冬できるようになっている。これらの構成は、サマセット・ハウスの計画を反映したものと考えることもできるだろう。『動力の原理』とは結局のところ、ド・コー自身がヘンリー皇太子への献辞で述べているように、実施設計集とでもいうべきものであって、純然たる綺想の結実でもあれば、煥発する才気の豊かな産物でもあった。この点に関するさらなる証拠が得られるのは、ド・コーがハットフィールドに関与したさいの事例を調べるときになるだろう。

視覚資料と証書記録類が伝える情報に関しては、以上である。けれども、さらにはるかに強くイメージを喚起してくれる資料が残っている。当時の訪問客が残した二つの文章記述がそれで、ひとつは一六一三年に若きザクセン公の付き添いで訪れたドイツ人ノイマイアのもの、もうひとつはフランス人シュー・ド・マンデルスロが一六四〇年に訪れたさいのものである。☆27 とくに前者の記述は委曲を尽くしたもので、示唆に富んでいる。

さらに大公殿下は庭園へと降り立った。敷地は宮殿のすぐ脇に広がっていて、遠く河岸まで延びている。整然としたレイアウトである。全体はさらに細かく分割されて、奇妙な形状をした美しい小区画をいくつもつくっている。☆28

ノイマイアが語っているのは西側の庭園で、開廊《ロッジャ》から庭園のテラスへと入ったところの情景である。ゲーラーツの肖像画にちらりと見える庭園もこの景色である。

ノイマイアはさらに筆を進めて、西側の庭園の「一方に向かっている」というか「一方にある」ものについて語っている。これに続いて、スミッソンの図面にも一種の平面図らしきものが見える東側の庭園を構成するものについて多大の紙幅を費やして描写をおこなっている。

一方の側にはパルナッソス山が聳えている。山肌や岩々は、海岸の石、あらゆる種類の紫貝、巻貝などからできていて、そこに珍しい植物を集めて一緒に植えてある。あらゆる品種の香草類《ハーブ》や花々が岩の透き間から生い茂っていて、眺めていると心地よい気分になる。宮殿に面する側には、洞穴のようなものが斜面に穿たれている。中には詩神《ミューズ》たちが座しており、手にはそれぞれ各種の楽器を抱いている。山の頂上に立ちあがるのはペガサス像、翼を具えた黄金の馬である。山上には小さなアーチが四つ設けてあって、それぞれに大理石の裸像が据えてある。それらの像はともに豊穣の角《コルヌコピア》をもち、脇に抱えた瓶からは水が吹きでて、四歩分の幅は十分にあろうかという水盤に注ぐ。水はさらに流れて山中をめぐっている。おそらくこれらの像は、四大河川を表象しているのだろう。その中のひとつには、この女性像の頭の上に、黒大理石の地に黄金色で刻んだ「タメシス［テムズ河のラテン語古名］」の文字が見える。これはロンドンを流れる河川であり、この庭園のすぐ脇を走ってもいる。次いでその下には、こんな二行連句が刻んである。

支配権をもつ我こそ、古典と技芸の交易の場所、
優れた学問が花咲く牧場に流れを導く。

これと似たような詩句が、別の三つの像のところにも同じように見ることができ、すべて水を噴きだしている。水は岩のてっぺんにまで届く勢いで、腕一本ぶんもの太さで噴きあがったかと思えば、側面でもあちこちの山肌から別の水条が噴きだしている。かくのごとくに美しい作品であり、フィレンツェ近郊のプラトリーノの庭園にあるパルナッソス山をはるかに凌ぐ出来映えだといえよう。☆29

ノイマイアがここで記述しているのは、水盤の上にそびえる巨大な人工洞窟噴水装置である。描写は委細を極め

たもので、まず山があって、その周囲に四体の河神が横臥しているという。これらはグレート・ブリテンを流れる主要河川を表象したもので、テムズ河を筆頭に古代の河神像と同じように壺に寄りかかって横臥している。壺からは水が溢れ、さらに各像が抱える瓶からも水が噴きあがり、その勢いは山の頂上にまで達するものだったという。一方でこの山自体には、サマセット・ハウスに面する側に九柱の詩神《ミューズ》が座し（アポロに関する言及が見られないが、おそらく彼も一緒にいたはずだ）、山頂には黄金のペガサスが立っていた。

庭園のほかの部分と同様に、この部分に関しても『動力の原理』収録の挿し絵をもとに、さらに深くたどることができる。「第二三則」が描きだすのは、まさにこのドイツ人訪問者が目の当たりにしたものにほかならない［図13］。ただし挿し絵の方には、河神の横臥像は添えられていない。ド・コーの解説によると、この魁偉なパルナッソス山の噴水装置は、少なく見積もっても対角で八〇フィートの大きさがあり、「王室の庭園を飾るべく」設計したのだという。スミッソンによるサマセット・ハウス庭園の図面では、東側の庭園は一四〇フィート四方の正方形に描いてあるから、中央に位置する噴水の水盤部分は、対角の長さがおよそ一〇〇フィートほどになったにちがいない。もし河神像をこの挿し絵に加えてみたいということであれば、なにがしかの近似的イメージをド・コーの同著作から得ることができる。第一巻の「第三七則」に付された挿し絵には男性の河神像が描いてあって、似たような感じの山のふもとに座しているのが見られるからである。

構成のモデルとなったのは、先のドイツ人訪問者も述べていたように、プラトリーノである。ノイマイア以外にも、もう一人別のドイツ人旅行者がおおざっぱなスケッチを残してくれていて、この人物が一六〇〇年にプラトリーノを訪問した当時、実際この山がどんな具合に見えたのかを知ることができる☆30［図12］。これを見るといよいよたしかなものと思えてくるのだが、ド・コーが制作したこの作品は、オリジナルのプラトリーノ版をはるかに凌ぐ規模とスペクタクル性とを兼ね具えていたのにちがいあるまい。ド・コーがここにプラトリーノと同様の水オルガン装置を設置したのかどうかまではわからない。けれども、そうしようと思えば簡単に実現できたことだけはまちが

図12——ドイツ人訪問者が残したスケッチ。プラトリーノの庭園のパルナッソス山。

図13——ド・コーがデザインしたパルナッソス山。『動力の原理』より。この図版の基部に、グレート・ブリテンを流れる四大河の像を付加すれば、ド・コーがサマセット・ハウスにつくったパルナッソス山の姿に近いものができあがるだろう。

いないだろう。さらに興味をそそるのは、パルナッソス山が帯びている意味合いである。フランチェスコ・デ・ヴィエリがプラトリーノにあるパルナッソス山の意味についての記述を残しており、それによれば、この山はあるタイプの人々を讃えているのだという。いわく、詩神《ミューズ》たちに仕えることにより、生活のすべてを徳の追求に捧げているような人たちがここで祝されているというのである。そしてペガサスが具現しているのは、「人々が善をなそうとする意志」であり、その翼が喚起するのは「美徳がもつ完全なる知性ならびに美徳に対する熱烈な愛」だという。☆31

サマセット・ハウスの方角に向かって聳えるこのパルナッソス山は、宮廷仮面劇の世界と通底する部分があるように思われる。実際この点が、この山がもつ象徴的機能を解読するための鍵となってくれるだろう。というのも、ここにはアン・オブ・デンマークにまつわる典型的な図像学的プログラムが、いつでも恒常的に見られる形で表現してあるからだ。その図像学的プログラムとは、アン・オブ・デンマークを讃えて「ニンフと河の女王たるテテュス女神」とみなすことであった。これと同じ主題がサミュエル・ダニエルの手になる仮面劇でも採用されている。それは女王の命で上演した劇で、一六一〇年に息子をプリンス・オブ・ウェールズに叙した祭典での一幕であった。一六一〇年といえば、サマセット・ハウスでは造園工事の真っ最中の時期である。劇の主題は、アン王妃をテテュス女神になぞらえ、海洋の女王ならびにネプトゥヌス（ジェイムズ一世）の妻として讃えることであった。群れをなして付き従う貴婦人たち、彼女たちは河川を表わしており、新たに創造されたグレート・ブリテン帝国を流れる幾本もの水流が、国王に敬意を表わしにやってきたという設定である。劇の中で王妃に随行していたのは王女エリザベスで、テムズ河のニンフの役で登場する。衣裳と舞台背景はイニゴ・ジョーンズが担当し、アン・オブ・デンマークのためにデザインした頭飾衣裳は、貝殻と珊瑚に浮遊するヴェールがからみあうというものであった。☆32やがて貴婦人たちは人工洞窟の中で玉座の上に現われるのだが、その方法がまたいかにもド・コーを彷彿とさせる。

ここの中央部分には三角形状の基壇があって、渦巻きと葉叢の飾りが施してある。……フリーズ部分には魚が泳いだり、トリトン族が戦っている光景が見られ、各々が口から水を吐きだしては下にある水盤に注いでいる。てっぺんの部分には無数の穴を穿った球がひとつ置いてあって、その穴から噴きでた大量の水は、下の受け皿に流れ落ちたり、海豚が支える楕円形の水盤に注いだりしている。実際のところ、この秀麗な水の玉座にあって、これら二条のいかにも自然の水流かと見まごう噴水があたり一面をあますところなく濡らしている。……中ほどには、水盤とも泉とも見える皿があるのだが、これは巨大な四つの帆立貝でつくってある……上の方には大きなケルビムの頭部像が三つあって、水を水盤に吐きだしている。……残りの装飾は仮面をかぶった頭部像で、それぞれの口から水を吐きだしている。☆33

ステュアート朝の宮廷仮面劇といえば、視覚的に無秩序から秩序へと向かう過程を表現してみせるのが定番である。いま見た人工洞窟にしても、これは第二場の情景なのだが、自然を支配下においた技芸を混淆してみせ、やがて来たる最後のタブローへの道を用意している。その最終場面では、王妃アンと仮面をかぶった役者たちが現われ、いかにも自然な身なりで、「技巧を尽くしてつくった最も楽しい森のただ中に」とどまることになる。宮廷仮面劇では毎度のことなのだが、庭園は荒々しい自然を飼い慣らす営為の象徴となっている。さらに推測をたくましくすれば、平和と調和がもたらす美徳によってこそ猛る自然は調伏しうるのであるし、そうした美徳をもたらしたものは何かといえば、神から授かった権利としての専制君主支配であるということになるのである。

ド・コーの手になるパルナッソス山と、「テテュス女神の饗宴」が展開する岩だらけの人工洞窟。これら双方の背後には、ド・コーがきっと知悉していたにちがいない確固たる伝統の流れが横たわっている。そうした伝統のひとつとして、ヴァロワ朝の宮廷で催された数々の祝祭を考えてみてもいいだろう。一五七三年、カトリーヌ・ド・メディシスはテュイルリー宮殿の著名な庭園で、ポーランド大使をもてなすための祝宴を催している。「フランス諸地方の舞踏」といえば、宮廷バレエ発展史のなかでも、分水嶺を画すものである。一六名の宮廷貴婦人が、それぞれに地方の土地を表わした姿で岩山の上に現われ、楽士たちがこれに付き従う。そんな光景がアントワーヌ・カロンの素描中に見てとれる。みなアポロやミューズ（詩神）の装いで、後景に見える整形式庭園の装飾花壇を背にシルエット状に浮かびあがっている[☆34]［図14］。おそらくド・コーにとってこれよりもさらになじみの深かった事例は、「師匠」と仰ぐブオンタレンティが制作した山の舞台機巧であろう。フィレンツェで催されたインテルメッツォ用にいくつかつくられたものである。一五八九年に上演されたカトリーヌの姪とトスカーナ大公フェルディナンド・デ・メディチとの華燭の典を言祝ぐ祝婚劇では、舞台の下方からヘリコン山が迫りあがってきて、オレンジと檸檬が生い茂る庭園のただ中に現われるという仕掛けが用意された[☆35]。また一六〇〇年上演のカッチーニ作『チェーファロの強奪』は、マリー・ド・メディシスとアンリ四世との婚姻を祝したものであるが、劇中に現われるヘリコン山は高さ二〇エル［二三メートル］あまり、頂上にはペガサスがとまっていて、蹄から湧きでた水流が山肌を流れ落ちるという趣向であった。山腹に腰をかけているのはアポロと詩神《ミューズ》で、月桂樹と銀梅花の樹陰に憩う姿が見られた[☆36]。こうした伝統は、エリザベス朝の宮廷歓楽のうちにも存在していたことを忘れてはならないだろう。一五九五年一月、グレイズ・イン法学院の関係者が宮廷で上演した仮面劇は、女王の魔法の力が堅固な岩の魔力を打ち消してこれを二つに割り、中に囚われていた騎士たちを解放するというものであった[☆37]。

　ではサマセット・ハウスの庭園は、一体どのようにとらえるべきなのだろうか。知りうるかぎりの情報を総合するに、この庭園がもっとも瞠目すべき作例のひとつであることはまずまちがいなく、初期ジェイムズ一世時代のイングランドにおいて、新たな手法を駆使して生みだされたものであった。もちろん、ヘンリー皇太子がリッチモンドの地で進めていた造園事業のほうがこれをはるかに凌ぐ規模であったことは明白なのだが、残念ながらこちらは完成を見なかった。サマセット・ハウスにもともと建っていた建物の性状から、東西二つの庭園を全体構成のうえで結びつけることは最初から不可能であったのだが、それでもなお、双方を統合しようとする相当な努力が払われてはいた。南側正面にある開廊《ロッジャ》がそれ自体れっきとしたプロセニアム・アーチの役割を果たしていて、ここを抜け

図14――ド・コーのパルナッソス山の源泉となった祝宴。一五七三年の「フランス諸地方の舞踏」における楽士たち。アポロとミューズ（詩神）たちの姿をまとって岩山に腰掛けている。背後には、カトリーヌ・ド・メディシスのテュイルリー宮殿の庭園が広がる。

て訪問者はテラスへと降り立つことになる。するとそこには、装飾花壇がばらばらに散り敷かれているのではなく、西側の庭園全体がひとつのまとまりとして視界にとびこんでくる。四つに分割してある花壇は、微塵もちがわずまったくの相同形をなしている。このことはもちろん、庭園の平面構成における長足の進歩であり、やがて現われる一層豪胆な構成を予示するものといえよう。これは後のバロック庭園の要諦原理となるものだ。ここにはまた、地面より一段高くなった歩道がめぐらせてあって、装飾花壇の模様を眺めることができるようにもなっていた。そして極めつけは、手の込んだ水力仕掛けの導入であろう。広大なパルナッソス山では、アポロと詩神《ミューズ》たちがグレート・ブリテンの河神をともなって歌唱し、この地の女主人を永遠に言祝ぎ続ける。このほかにも効果的に導入された真新しい要素としては、象徴的なプログラムの構成という点があげられるだろう。

サマセット・ハウスで主要工事が進行しているさなか、ド・コーは同時にグリニッジ宮殿の庭園を再構成する仕事をも請け負った。グリニッジはテムズ河のほとりに建つ宮殿で、ジェイムズ一世が王妃アン・オブ・デンマークに譲与したものである。テューダー朝時代の古い館がどのような姿をしていたのかはほとんどわかっていない。ヴィンゲルデが一五五五年頃に描いたスケッチに見られる館は、ばらばらで統一感のない赤煉瓦の建物である［図15］。ホワイトホールやハンプトン・コートと同じ形式で建てられてはいるものの、規模はずっと小さい。馬上槍試合場が右手に見える一方で、左手に見えるのは、簡素な装飾花壇とそれらの間を走る歩道とで構成されたと思われる区画で、これが第一庭園ということになる。そのさらに左手にある壁面が、西側の第二庭園との区切りになっている。両庭園とも、特筆すべき特徴はなかった。[☆38]

ド・コーが請け負った仕事は、この区画を再構成することであった。二つに分かれていた庭園を融合してひとつにまとめ、内部にサマセット・ハウスと同じようなレイアウトを施すというわけである。そしておそらく園路と幾何学模様の花壇をしつらえ、中央には噴水を設置したのだろう。[☆39] 先ほどから登場している一六一三年にドイツから訪れたノイマイアは、当園についてこんな記述を残している。

この後、大公殿下は案内されて庭園を散策なさった。中央に鎮座する巨大な噴水には女性像が一体あって豊穣の角から水を噴きだしており、全身に鍍金が施してある。周囲を愛らしい庭園区画がとりまいている。[☆40]

およそ四〇年の後、シュー・デ・マンデルスロがほぼ同じ内容の記述を残しており、さらにこの噴水が大きな水盤から立ちあがっていたことを新たにつけくわえている。[☆41] 作業報告書によれば、この噴水には莫大な費用がかかっていて、その額は五四二ポンド一五シリング一〇ペンスにも及んだという。[☆42]

この噴水が『動力の原理』中の「第五則」すなわち「像によって河川を表わすための噴水の設計」と同じものだと判断するのに、さしたる困難はおぼえないだろう［図17］。古代エジプト、ギリシア、ローマの人々は、河神の姿を現わすのに横臥の姿勢を選び、抱えた壺からは水が流れ落ちるようにしていた。ド・コーはそうした古代の人々の事例に訴えかける一方で、続けてこんな忠告を与えてもいる。すなわち、このような特殊な噴水を置くにさいしては、風が吹きつけて優美な水の噴射が乱されてしまわないように、場所を注意して選ばなくてはならないというのである。水盤は、周囲を欄干が囲んでいて、二〇フィート四方の大きさがあった。ド・コーの着想源となったのは、フォンテーヌブロー宮殿にあるテヴェレの噴水であることはほぼ確実だ。こちらは欄干がぐるりと囲んだ水盤があり、中央から岩を立ちあげてその上に古代彫像を置くという構成で、国王の新たな庭園の中心に位置する噴水であった［図18］。体を長く引き伸ばしてマニエリスム様式でつくってあるド・コーの河川女神像は、直截にフォンテーヌブロー派の伝統を彷彿とさせる。鍍金が燦爛と輝き、噴きだした水条が周囲の水面に落ちて音を立てる噴水である。グリニッジ宮殿の庭園の中央に据えられたこの装置は、さぞかし鮮烈な印象を与えたことであろう。

ド・コーがグリニッジ宮殿の庭園で手がけたもうひとつのものは、人工洞窟状の鳥舎施設である。マンデルスロはこれを指して、「今まで目にした中で、もっとも素晴らしいもののひとつである」と書き残している。けれども

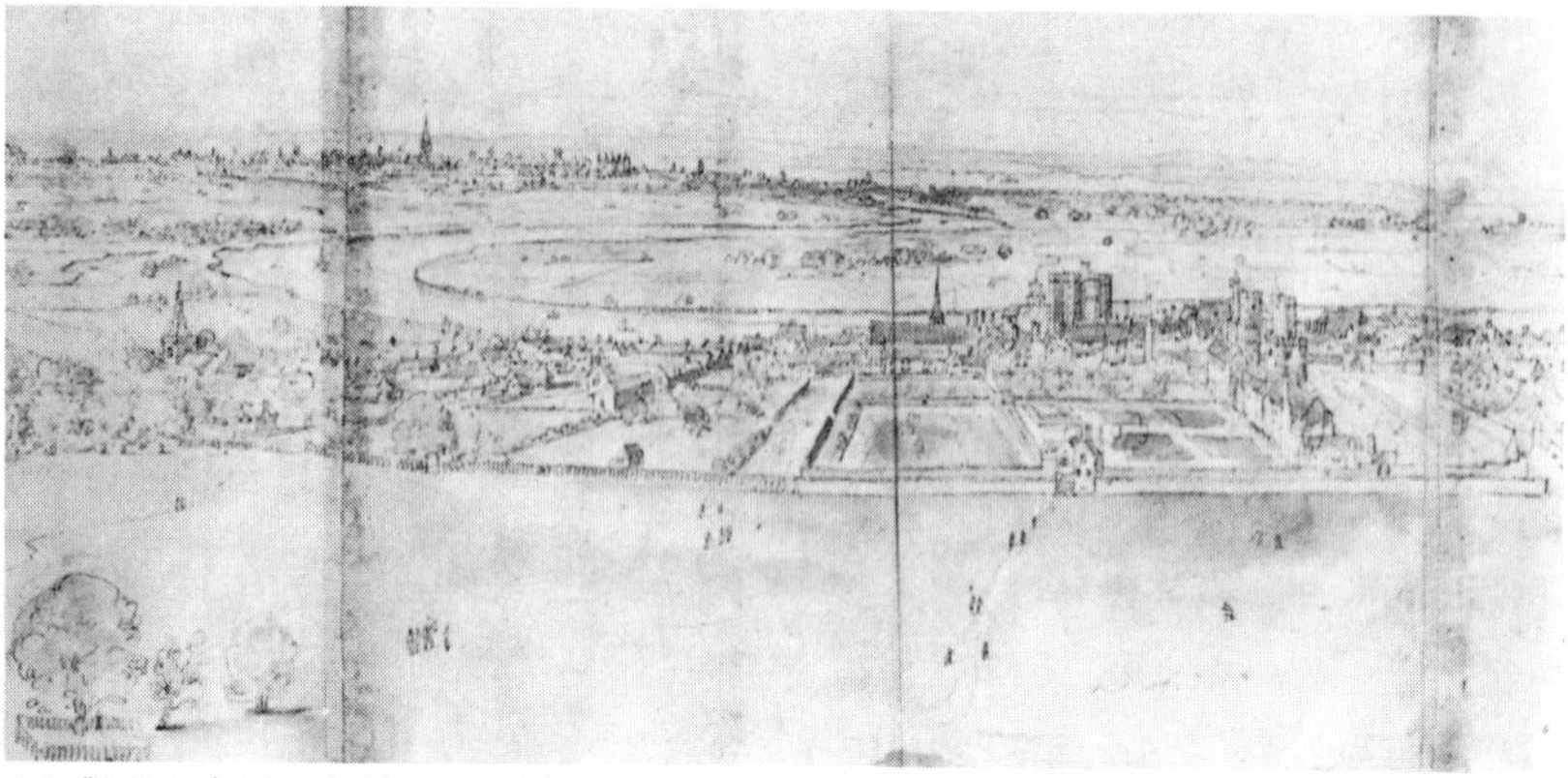

グリニッジ宮殿
サロモン・ド・コーがアン・オブ・デンマークのためにつくった二番目の庭園

図15――全景。一五六〇年頃。宮殿とテューダー朝時代の古い庭園が見える。

図16――ド・コーによる人口洞窟状鳥舎のデザイン。『動力の原理』より。グリニッジにあったのはこれと似ていて三連のアーチもあった。けれどもグリニッジ版の内部の水仕掛けは彫像と結びつけられていて、中央アーチには女性のケンタウロス像が置かれていた。

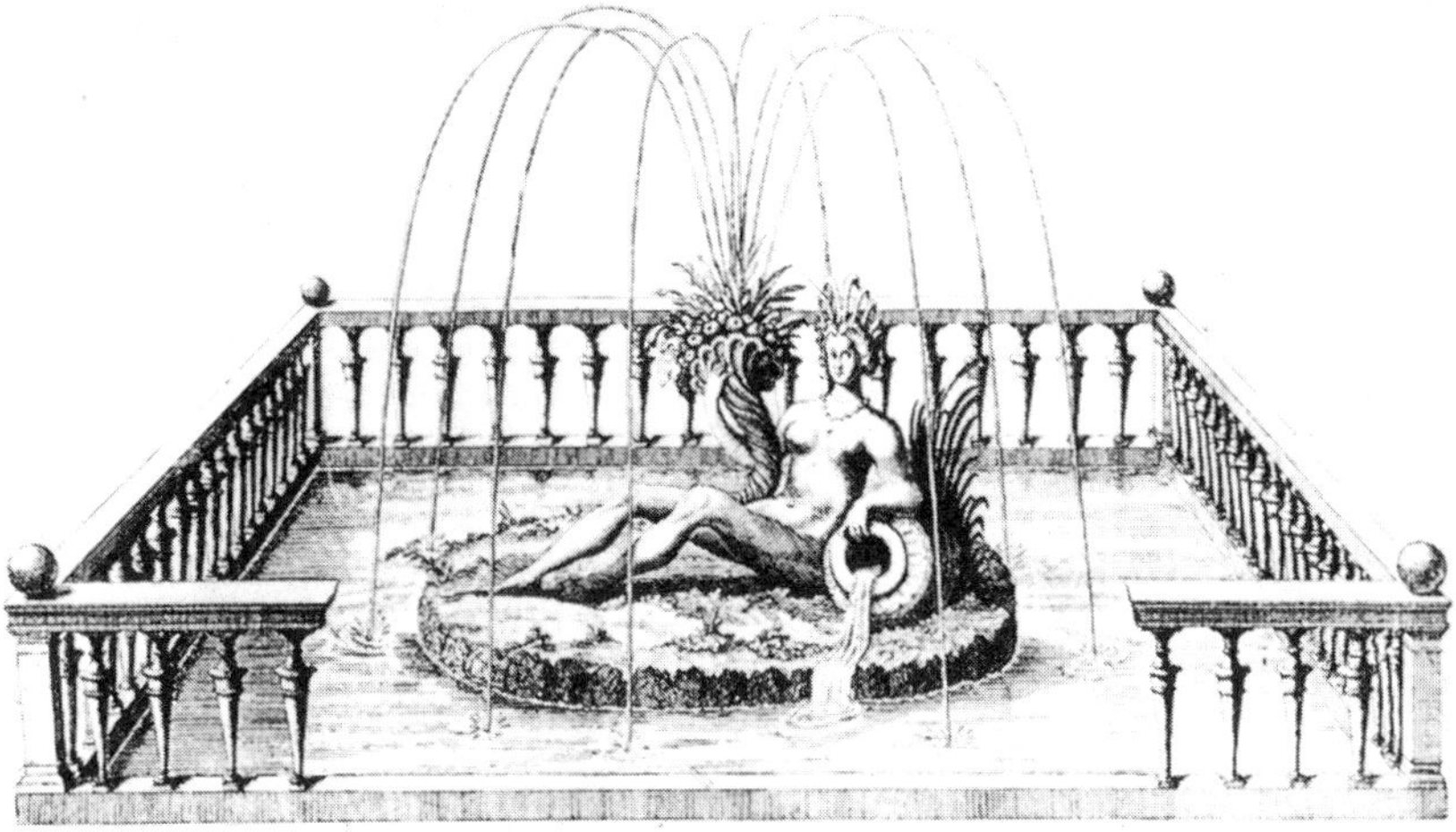

図17——ド・コーがデザインした河の女神像の噴水。『動力の原理』より。グリニッジ宮殿の庭園を当時訪問した人々の記録を読むと、この図とかなり近い噴水があったことがわかる。

図18——フォンテーヌブロー宮殿のテヴェレの噴水。フランチーニが同庭園に付加したもっとも野心的な要素のひとつ。

ノイマイアの記述の方は、さらに委細を極めたものとなっている。

さらに進んでいくと、人工洞窟の前に出た。正面から見ると小さな家のようだが、側面はほぼ全面開け放しになっていて、(その開口部分に)巨大な鉄製の手すりが廻っている。壁面には三つのアーチが穿ってあり、壁の全面にわたって巻貝だの紫貝だの真珠母貝だのが飾りつけてあり、ほかにも万般にわたる種類の珍らかな海草が植えてあった。花々が咲き笑い、草が生い茂る場所もあったし、さまざまな愛らしい香草類たちが萌えそめる箇所も見られた。壁面の中央アーチに立つ彫像は等身大の背丈で半身が女性、半身が馬といういでたちをしているのだが、これまた貝殻や紫貝でつくったものである。像から噴きだした水が床面に流れ落ちている。残り二つのアーチにもそれぞれ別個の彫像がいて、やはり水を噴きだしている。床の部分は海岸の石を寄せ集めて岩石を模したもので、ところどころに花々が咲き、樹々の間から灌木が顔をのぞかせていたり、岩肌の中から草のようなものが生えていたりする。壁には郭公が一羽、枝にとまって鳴いているが、これは庭師が水を利用してつくりだした鳴き声である。この小屋は天井にもところどころ開け放しになっている箇所があるのだが、その部分は針金で編んだ格子が設けてある。屋内に無数に羽ばたいている鳥たちが外に出ていけないようにとの配慮からである。[☆43]

ノイマイアが述べているのは、典型的にド・コーに見られる構造である。「小さな家」のような外観をした建物で、正面と両脇にはアーチが穿たれ、天井には空が見える天窓がつき、そして全体は保護用の格子で覆われているという。内部に入るとそこにも三連のアーチがあって、ファサードの構成をくりかえしている。中央のアーチには女性のケンタウロス像の噴水、その両脇には、名前はわからないがなにがしかの像を備えた噴水が並んでいた。正面奥の壁面は、ごくありふれた貝殻や石類や植物などで一面覆われていた。[☆44]

これと寸分ちがわず同じものを『動力の原理』の中に見つけることはできないが、それでもいくつかの「則」で語られる要素をつなぎあわせてみると、王妃アン・オブ・デンマークの鳥舎を組みあげることができる。「第七則」には「鳥禽舎」のデザインが載っていて、これは大きさが八〇×二〇フィート、五つのアーチが穿たれており、これをくぐって人工洞窟にいたる構成である［図16］。五つの開口それぞれに対応して、天井にも五つの天窓が設けられている。壁面の仕上げは先に引用した記述とぴったり重なるのだが、中央の噴水は異なっている。こちらの方は、噴水の水の上で球がバランスを保って浮かんでいる。

サマセット・ハウスにせよグリニッジ宮殿にせよ、ド・コーがそこでつくりあげた庭園は、イタリア、とりわけフィレンツェのパースペクティヴの中にしっかりと位置づけることができるものであり、その上にフランスの層《レイアー》が重ねられているのであった。アン王妃とヘンリー皇太子のために企図されたさまざまな作業やプロジェクトは、その精神においては、かつてのフランスでおこなわれていた事業にきわめて近いものであった。フランスではこれよりまえ、クロード・モレと水力学技師トンマーゾ・フランチーニのチームが、サン・ジェルマン・アン・レーやフォンテーヌブロー宮殿の庭園をつくりあげていたからである。

サロモン・ド・コーとヘンリー皇太子——リッチモンド宮殿

ヘンリー皇太子はイングランド史の中ですっかり忘却の淵に沈んでしまい、この人物をとりまいていた楽天主義に満ちあふれた興奮を正確に理解するのはなかなかむずかしい。三〇年戦争当時、王位継承権保持者たるプリンス・オブ・ウェールズとして、ヘンリーは自らの宮廷を構えていた。☆45 一六一〇年から一六一二年にかけて、全イングランドの希望の念がこの韜晦趣味をもった若者のうえに注がれていた。この青年ヘンリーこそは、エリザベス一世時代のイングランドの理想と政治形態が再び回帰することを願ってやまない人々の熱望を一身に体現していたのである。彼を支持する人々は、父王ジェイムズ一世がとったスペインに対する宥和政策や宮廷の風紀の乱れに幻滅していたところであった。サー・チャールズ・コーンウォリスは、皇太子のことを次のように描写している。

皇太子はおよそあらゆる方面に喜びを見いだされた。万事を自らの手でおこなうべく奮励し、卓越した技量で衆目から抜きんでようと刻苦精励されていた。ことのほか機械類には目がなく、機械ならばどんなものでも、それが戦争用のものであれ、あるいは海洋や陸地用のものであれ、その用途を問わずに鍾愛された。精悍な馬も数多くそろえて雄壮に乗りこなし、射撃にあっては定められた射的を打ち砕き、軍隊の指揮や統括にも才幹を発揮された。建築や造園にも興味をもち、またあらゆるジャンルの優美な音楽をたしなまれた。とりわけトランペットとドラムがお気に入りであった。そのほか太子の嗜好にかなったものには、装飾、絵画、彫刻などがあり、絵画作品にあっては、卓越した傑作の数々を太子自らがあらゆる国々からとりよせられた。[☆46]

皇太子が展開した芸術施策のために、右の引用が示しているように彫刻家、楽士、画家、建築家、技師、乗馬術の専門家といった人々が参集した。またイタリア・ルネサンス作品のコレクションもおこなわれ、当地の絵画や古代のコイン、メダルなどが蒐集された。また乗馬アカデミーが設立され、騎士道的な武勲が賞讃されたほか、仮面劇でも宮廷的な讃辞がくりかえされていた。建築活動に加え、造園にも力が注がれたことはいうまでもない。

ヴェネツィアの大使はその模様をこんな具合に記している。「皇太子殿下は……ご自身の邸館の構成を自ら指示し、いくつもの庭園や噴水をつくらせ、さらに新しい建物も数棟建設させた」[☆47]。あるいはそうした活動は、後の時代になって次のように追想されてもいる。

造園と建築を太子は大いに楽しまれ、
太子がおられるというだけで廃墟も修復された。

お姿を見ただけで果樹園も庭園も
花開き始め、見事に花を咲き乱れさせた。
聞いておくれ、テムズの河畔に立つリッチモンドに、
あるいはセント・ジェイムズに、これが嘘ではないことを。☆48

ここで問題となっている庭園は、河岸に建つリッチモンドのことである。国王が皇太子に譲与した宮殿である。ヘンリー七世が建設して以来、テューダー朝の歴代の国王や王妃たちが定期的にここを使用してきた。一六〇三年にエリザベス一世が崩御されたのも、実のところこの宮殿であった。けれども建物に関しては、ごくわずかなことしかわかっていない。一五〇一年の完成というから、ウルジー枢機卿のハンプトン・コートが、イングランド風をぐっと強調したスタイルで建つ数年前ということになる。中庭を囲んで建つ宮＝城といったおもむきで、イラストによるならば、遠目にはクロケット飾りを備えた小塔が林立し、てっぺんに鍍金を施した羽板が泳いでいる様子が見えたことだろう。☆49 そしてこの地こそ、ド・コーが主庭園の造成を命じられた場所であった。

残念なことに、ここにつくられたであろう数々の庭園がどのような姿をしていたのかはほとんどわかっておらず、隔靴搔痒の思いを味わわねばならない。皇太子が夭逝した時点ではまだ完成を見ていなかったのだが、それでも息をのむほどの壮観が広がっていたのにちがいないだろう。とにかく広大なスケールのもとに構想されていたらしいからである。一体ド・コーはどれほどまで深くこの事業にかかわっていたのだろうか。これは判断するのがむずかしい問題である。というのも、ロバート・セシルの庭師がこの事業に参画し、図面を引いていたことがわかっているからである。☆50 ちなみにこの庭師はティブルズにおいても、精妙に自然の流れを模した水仕掛けを考案している。加えて、輪をかけてこの問題をむずかしくしている事実がある。すなわち一六一一年、メディチ家お抱えの建築家コンスタンティーノ・デ・セルヴィがフィレンツェから召還され、皇太子のために「噴水、避暑用の四阿、ギ

ヤラリー、そのほか殿下が最も心を砕いておられるこの地に立つ諸施設」を設計するように要請されているからである。[☆51] デ・セルヴィがイングランドに滞在したのは同年の八月からで、俸給の額はド・コーの二倍であった。ここで言及されているのはリッチモンドでの作業にちがいなく、このことから推察するに、もうその時分になるとド・コーは徐々に、件のイタリア人建築家=技師にとってかわられるようになっていたのだろう。デ・セルヴィはトスカーナ大公がかつてアンリ四世のもとに送りこんだのと同じタイプの人物で、彼こそ皇太子の望んだ夢幻郷のごとき庭園を実現するための技能をもちあわせていたのである。デ・セルヴィがイングランドに到着したという事実を勘案すれば、皇太子の夭折と同時に起こった二つの出来事の理由を説明することも可能となるであろう。新たに現われた建築家を前にしたイニゴ・ジョーンズとサロモン・ド・コーの両名は、自分たちの技能は未熟だという念を強くしたはずである。その後ジョーンズはイタリアに向けてアランデル伯とともに旅立っている。これは明らかに、ルネサンス建築の要諦原理を深く学びたいという目的意識に基づいたものであった。一方サロモン・ド・コーの方はドイツに向けて発ち、ヘンリーの妹にあたるプファルツ選帝侯夫人エリザベスのもとで俸禄を得ている。さてそうしたごたごたの顚末はどうなったのかといえば、これは皮肉としかいいようがないのだが、デ・セルヴィが唯一手がけた宮廷仮面劇が大災厄をもたらすことになってしまったのである。この劇はサマセット・ハウスで一六一三年に催された結婚式のさいに上演されたのだが、舞台仕掛けがうまく作動せず大失敗に終わった。仮面劇の作者であるキャンピオンは、デ・セルヴィについて「あいつは自信過剰すぎる」と刺々しい口調で語っている。[☆52] 建築家はその後ほどなくして帰国の途についている。

このフィレンツェ人建築家が到着したのに次いで、リッチモンドでの造成作業について触れた文章の中に、次のような記述が見られる。実に特異な像の建設を述べたもので、それは「魁偉な像で……プラトリーノの庭園にあるものよりも三倍の大きさがある。内部には居室を備えていて、頭部には鳩小屋が、基部には人工洞窟がしつらえてあった」。[☆53] ここで言及されているのはいうまでもなく、かの有名なアペニン山の巨像のことである［図20］。そしてリッチモンドにあった像の方が、大きさにおいてはこれをはるかに凌ぐものであったというのである。これに類するようないかなるものも、かつてイングランドに存在したためしがなかった。はたしてこれはド・コーの所為であろうか、それともデ・セルヴィの手になるものだろうか。

リッチモンドでの作業について述べた作業報告書によれば、みながみなはっきりと、それはド・コーが請け負った仕事だといっている。ここで再び『動力の原理』を繙いてみるならば、「第一四則」で「トモロス山を表象する像のデザイン」が扱われているのが認められる。像の内部には人工洞窟があり、ミダス王の眼前でパンとアポロが競いあっている場面を自動機械人形が演じる仕掛けになっている（「第一五則」）［図21］。同箇所の記述で、ド・コーはプラトリーノの庭園にあるアッペンニーノ像に触れている。また「第一六則」ではこれとは別の巨人像が扱われている。「素朴な巨像で、河を表象して」おり、こちらの方は横臥の姿勢をとっている［図19］。内部には人工洞窟がひとつあって、そこではオルフェウスが音楽の魔力によって野生の動物たちを馴致している姿が展開しているという（「第一七則」）。この第二の巨像は全体が巨大な島のようになっていて、巨人が肘をついている瓶からは莫大な量の水が滔々と流れ落ちるようになっている。

作業報告書の記述はこの点にさらに踏みこんだものとなっていて、そこには、三つの島を造成する作業がおこなわれた旨の言及が見られる。島といえば、これはド・コーの一八番となっている要素で、のちにハットフィールドにおける彼の作業を見るときにもお目にかかることになるだろう。[☆54] おそらくこの三つの島のうちのひとつが魁偉な河神の横臥像だったのであろう。そうであればこそ、記録中に見られる「岩屋」や「リッチモンドの岩石用のガラス素材」といった言及が意味をなしてくるからである。[☆55] だが目下のところは、曖昧さは残るにせよさらに先へと筆を進めた方がいいだろう。次いでとりあげるのは、皇太子の肖像画中の窓から見える景色である。この絵は現在ナショナル・ポートレート・ギャラリーが所蔵しているものだが、以前には妹のエリザベス王女が所有していたことはほぼまちがいない。[☆56] 景色中には左手から道が延びてきているのが見え、そのまま奇妙な二脚の椅子と思われると

リッチモンド宮殿
リッチモンド宮殿の庭園は、一六一〇年から一二年にかけて造成作業がおこなわれていた。今なお、ジェイムズ一世時代の庭園革命におけるひとつの謎でありつづけている。作業は完成にはいたらず、皇太子の死とともに中途で放棄されてしまった。確実に知られている特徴のひとつは、巨人を象った魁偉な像である。

図19――サロモン・ド・コーがデザインした島の形をした巨人像。『動力の原理』より。リッチモンド宮殿の計画では、築島をつくる予定であったことが知られている（右ページ上）。

図20――ジャンボローニャによるプラトリーノの庭園のアッペンニーノ巨人像。リッチモンド宮殿の巨人像計画の源泉であり着想源でもあった。

図21――ド・コーによる巨人像のデザイン。内部に人工洞窟を備えている。『動力の原理』より（右ページ下）。

ころまで達しているのがわかる［図22］。これらの椅子は、煉瓦の壁にとりつけてある天蓋の下に据えてある。ここに描かれているのは、埠頭の光景である。なぜなら、道は天蓋のところから分岐して欄干の方に延びているのだが、ここには階段があって、それが水辺まで降り下っているからである。画面奥に見える遠景には、例の三つあったという島のうちのひとつと思しきものが見える。三方を水で囲まれているから、これは島と考えていいだろう。

これらから判断するに、スケールの大きさや大胆さという点から比べたならば、アン王妃がつくったものをはるかに凌ぐ造成事業がここで展開していたことが予想される。人工のランドスケープを産みだすべく岩を穿ち、土を掘削し、植栽をほどこす。その様子は、かのアルチンボルドが示したマニエリスム的綺想に近いものがあろう。この庭園は一体どんな姿をしていたのだろうか。私たちにできることは、ただ想像のうちにその姿を思い描いてみるよりほかはない。庭園を描写した記述はなにひとつ残っていないのだし、皇太子が夭折した後には、沈黙の帳が降りてこの庭園を包みこんでしまったからである。一六一五年にド・コーは『動力の原理』の第二版をエリザベス王女に献呈している。故人となった王女の兄を偲んでのことであるが、さらにド・コーは続けてこんな言葉を添えている。「ここには、かつて私が殿下にお仕えしていた時分に手がけたいくつかのデザインを収載してある。お住まいであられたリッチモンドの邸館を飾るために考案した作品群です。またそのほかにも、殿下の非常に強い好奇心を満たして差しあげるべく計画したあれこれの作品も載せておきました。殿下は常に、何か新しいものが見たい、知りたい、とおっしゃっていたからです」。これは換言するなら、同書には実際に施工された実現案と皇太子の嗜好を満足させるために練られた計画案とが綯い交ぜになって収められていたということになる。サー・コーンウォリスがかつて評したように、皇太子は「あらゆる種の卓越した発明と芸術」に目がなかったのである。

私たちはすでに、あまたある図版の中から巨人像のためのデザインを見つけだしている。だが、このほかにリッチモンドとの関連があったであろうことを強く連想させるものといえば、あと一幅ぐらいしかない。すなわちそれが「第一九則」で示されている図版である。これは単純な構成の噴水のデザインで、一面テューダーの薔薇に覆われており、噴きだした水が八角形の水盤に流れ落ちるというものであった。これが皇太子と関連があったことは、この噴水がド・コーの別の著書『透視図法および影と鏡の原理』にも収録されていることからも確実である。これは皇太子に献呈された著作で、ロンドンで一六一二年に上梓されたものである。☆57 このほかのデザインはといえば、偏倚なものばかりである。たとえば、八四平方フィートの底面をもち、高さが五五フィートもある魁偉な山［図23］。これは庭園のただ中につくるもので、山腹を縫って登板道が頂上まで走っている。その頂上部分には彫像が立っていて、これはかのアレクサンドリアにあったという喋るメムノン像を復元したものだという。そして山の内部には鳥舎といくつかの人工洞窟が収まっているそうだ。あるいは、ニンフが洞窟の中で水オルガンを奏でている光景があり、残響があたりに鳴り響くのだという。さらには、庭園の中央に据えるための小規模神殿、もしくは噴水を抱えた迷路《ダイダロス》／迷宮、噴きあげる水の上で球がバランスをとる噴水、クピドの噴水といった結構である。

しかし、いずれの図版をも貫いているある共通の要素が見られる。すなわち荒ぶる自然が技芸によって馴致されるという主題がそれで、たとえばオルフェウスの奏でる音楽のハーモニーが動物たちを手なずけたり、アポロの奏するメロディがパンの楽奏をうち負かしたり、あるいは愛の神であるクピドの泉だとか、そういったイメージが展開しているのである。どれも庭園が擁していた雰囲気を喚起するのには十分である。テーマ的には、皇太子のための仮面劇『妖精の王子オベロン』で追求された主題と密接な関連をもっていたのにちがいない。この劇はジョンソンが書いたもので、一六一一年に上演されている。劇中に登場するシレノスとサテュロスの一団は、抑制のきかぬ激情の象徴である。彼らはオベロンとその連れの妖精たちがやってくるのを、峨峨たる岩肌の断崖の前で今か今かと待ちかまえている。すると、その刹那、いきなり岩壁が真っ二つに裂けて「燦然と輝く壮麗な宮殿」が姿を現わす。岩塊から建築へというこの種の視覚上の連鎖は、ド・コーの人工洞窟を彷彿とさせるものではある。ただし展開する順番が逆ではあるのだが。さて現われいでたこの宮殿であるが、造りは中世のもので、銃眼と塔を備えて頂部には小尖塔が林立している［図24］。まるで初期テューダー朝時代のリッチモンド宮殿はこんな感じであったとば

図22——桟橋部分から水辺と島の方角を眺めた景観。リッチモンド宮殿を描いたものと思われる。ヘンリー皇太子の肖像画の一部を拡大した詳細図（下が全体図）。

図23——鳥舎を内部に備えた築山。登攀路を昇っていくと、しゃべるメムノン像を再・創造した彫像が立っている。おそらくはリッチモンドのための計画。『動力の原理』より。
図24——人工洞窟から宮殿へ。イニゴ・ジョーンズがデザインしたオベロンの宮殿。『妖精の王子オベロン』より。ヘンリー皇太子のために一六一一年に上演された。

かりに、入念に再現したかのごとき印象を受けるが、細部においてはセルリオに通じる新しいスタイルが適所に採用されているのがわかる。この光景を目にした粗野で淫らなサテュロスどもは言葉を失い、プリンス・オブ・ウェールズとその一統が体現する武勇と真実とを一転して称揚することになる。そして宮殿の中から出てきた皇太子の一団は、「イングランドの宮廷に敬意を表する」のである。ここではテューダー朝の神話と、スペンサーの妖精の国と、エリザベス女王時代の騎士道とが綯い交ぜになっていて、加えて後期ルネサンスの古典的素養や、視覚芸術における新たなイタリア風スタイルなどが加味されている。『オベロン』はまさに、ヘンリー皇太子をとりまく世界がいかなるものであったのかを推し量るさいの一種の基準ともなる作品なのである。[☆58]また同時に、ド・コーが制作したリッチモンド宮殿の庭園がどのような意味合いをもっていたのかも、この劇は思い起こさせてくれる。

ヘンリー皇太子が一六一二年の一一月六日に急逝すると、彼をとりまく世界もまたあっけなく終焉を迎えてしまった。ただしこの世界に足を踏み入れていた人々の心中には、その強烈な記憶は当分のあいだ揺曳し続けることとなる。そんな人々の思い出の中に、かつての庭園の記憶が顔をのぞかせることもあった。ヘンリーの死から六年の後、イニゴ・ジョーンズはジョンソンの劇『徳と和解した快楽』の舞台背景をデザインしている。新しい皇太子がそのシーンの中で踊りを披露するのだが、それは次のように幕を開けるのだった。

> 情景にはアトラス山がそびえ立っていた。頂上部分は老人の頭になっていて、頭髪と顎髭はみな霜が降ったように白く、肩は雪で覆われたかのごとくに真っ白である。残りの部分は木と岩でできていた。[☆59]

おそらくこの山は、件の巨人像を追想したものではないだろうか。ジョーンズがかつてリッチモンドの地で目にした、ド・コーの手になる魁偉な山の像をここで想起しているのではないだろうか。あるいはこの例と比べると、確証を得るのがさらにむずかしくなるのだが、『テンペスト』の劇についてはどうだろうか。魔法の島、跋扈する怪物たち、次々と起こる不可思議な出来事を描くにさいしてシェイクスピアは、一面ではマニエリスム庭園の数々の驚異を想起していたとも思えるのである。

『テンペスト』と題された劇が一六一一年に宮廷で上演されたという記録が残っているが、これはシェイクスピアの例の作品だと見てまちがいないだろう。さらにこの作品は、エリザベス王女とその婚約者プファルツ選帝侯の御前で一六一二年に上演されたことが確実にわかっている。『テンペスト』の主人公プロスペローは、ルネサンス末期の魔術師である。コルネリウス・アグリッパの『オカルト哲学』の伝統に棹さし、己の権能を通じて高雅なる知識を駆使し、その作用を行使する。フランセス・イェイツが述べているように、それは「高度に知的にして高雅な魔術」なのである。プロスペローは、悪の魔法にとり憑かれた島を一掃して浄化し、魔術＝科学知を駆使して平和と和解をもたらさんとする。☆60 けれども『テンペスト』は同時に、視覚的な面から見ると、マニエリスム的綺想にも溢れている。登場するキャラクターや劇中で起こる現象は、この劇が執筆されていた当時の王室庭園にいけばお目にかかれるものばかりであった。水のニンフ、奇怪なキャリバン（「鰭のような手をもっている人間のようでもあり魚のようなもの」）、「奇妙な生物」、擬人化された雷鳴、消える食卓、犬や猟犬の姿をした霊などが登場する。時として私たちはド・コーがつくった庭園のただ中に迷いこんだかのような錯覚にさえとらわれる。そこでは突然、夢幻のごとき怪物に出くわすことがあるし、荒々しい人工洞窟の中に入っていくと仕掛けの栓が回り、その刹那に彫像が動きだし、魔法の音楽が鳴り響いて驚喜驚倒の体となることもある。それはあたかも、神や女神を象った彫像が生命を得て、インテルメッツォ（幕間劇）を演じているかのごとき光景なのである。

サロモン・ド・コーとハットフィールド・ハウスの庭園

ド・コーがイングランドで手がけた造園の中で、このほかに唯一知られている事例といえば、ソールズベリー伯ロバート・セシルの庭園である。伯爵の無類の庭園好きは父親ゆずりのものであった。まだ若かりしころ、自邸のあったピムズの地に見る者を瞠目せしめるエンブレム庭園をつくって、これをエリザベス女王に捧げたことは先に見たとおりである。父親のバーリー卿の死去をうけてティブルズの地にやってきたセシルは、時を置かずして同地に自然風の水路と清流を引かせている[☆61]（一六〇二年）。この事業を請け負ったのが伯爵の庭師マウンテン・ジェニングズで、この人物はまたハットフィールド庭園の造成作業でも中心的に立ち回っている。国王ジェイムズ一世がこのティブルズをことのほかお気に入りで、国王の宰相の座を得た代償として、セシルは一六〇七年に同邸館を王室へと差しだしている。それと引き替えにセシルはさまざまなものを国王側から得たのだが、その中にはハットフィールドの地にあった古いテューダー朝の宮殿も含まれていた。

ハートフォードシアの地にハットフィールド・ハウスを建設し、庭園を整備する事業がおこなわれたのは、一六〇七年から一六一二年にかけてのことである。その進行の逐一が完璧に近いかたちで記録に残っている事例ということでは、このハットフィールドはまずまちがいなく、ジェイムズ一世時代におこなわれた建設事業の中でも屈指の事例である[☆62]。ただその記録資料の内容はというと、これが錯綜を極めたものとなっている。邸館と庭園の設計に携わった人物の考えがいくたびも複雑に変化を閲したことの現われであろう。ここで私はハットフィールド庭園の計画はおよそこんな具合に発展したのではないか、と思われる歴史的過程を描こうと試みたのだが、同時代の描写記述や視覚情報のたぐいが一切残っていないためにその作業は困難を極めた。邸館はティブルズのごとく壮大なスケールで構想されたわけではなかったが、それでも煉瓦を石の仕上材とともに用いることで、ティブルズの面影を映しだしてはいる。またハットフィールドは当初から、宮廷の一団を迎え入れるのにふさわしい舞台装置としての総合的な役割を想定していた。毎年夏の国王の巡幸を念頭に置いてのことである。邸館の建設作業はロバート・ライミングの指揮下に進んだ。だがローレンス・ストーンも言っているように、誰か一人をもって、この事業の建築家であるなどと想定することはとうてい不可能である。セシル自らも建設事業の監督に乗りだしていて、計画の節目にいたるたびに細部に渡って指示を与えている。セシルはまた王室測量官サイモン・バジルに協力を依頼し、相談役になってもらうことも辞さなかったし、建設の最終局面においてはイニゴ・ジョーンズに頼んで、南側の正面部分と時計塔のデザインの変更をおこなわせてもいる。この事業にイニゴ・ジョーンズの名が登場するのは、時期的にド・コーの出現とほぼ重なる。この事実は、伯爵がいかに時代の流行に敏感であったかをよく示している。ハットフィールド・ハウスの邸館の建設史を追ってみると、まさに中断と再開のくりかえしである。急に計画を変更したかと思えば次の瞬間には縮小され、かと思いきや突如として荒唐無稽ともとれる規模で急速に展開するといった感がある。こうした展開は、庭園の造成史においてもまったく変わることなく見られたのである。

ハットフィールド・ハウスは、セシルが一六〇七年の四月に敷地として選んだ場所に現在も変わることなく立っている[図28]。セシルはこのとき、サフォーク、ウスター、サウサンプトンらの伯爵たちと連れだって、ハットフィールドの地を訪れた。邸館は小高い丘の上に位置し、南向きの豪壮な正面ファサードを構えている。アプローチのために新しく道路を敷設し、これが建物を貫いて内外の中庭まで通じていた。ちなみに現在のアプローチは、北側からとなっている。庭園に関しては、邸館の西側にも区画があり、饗宴館《バンケティング・ハウス》を二棟備えていたのだが、やはり主となる整形式庭園は東側の区画であった。この部分は地面が傾斜し、館から河岸に向かって土地が低くなっていた。邸館の東翼に割りあてられていたのは、私用の居室群である。イーヴリンはその模様について、一六四三年にこんな記述を残している。「邸館（建築の見事さからして、これを凌ぐものは現今のイングランドにはそうざらにあるまい）のほかに、さらに目を瞠る出来映えなのが庭園と葡萄園である。給水がゆき届き、整然と植えつけてある」[☆63]。

では庭園を手がけたのは、一体誰なのだろうか。この点に関しては、建物と同様、個々人がばらばらに携わった経緯があるのだが、中心的役割を果たした人物ということになれば、これははっきりと特定することができる。セシルがティブルズで雇っていた庭師マウンテン・ジェニングズである。ジェニングズは一六〇九年九月、ロンドンで商業を営むロバート・ベルという庭園の専門家と共同で、最初の庭園計画を描きあげている。また「庭師バーソロミュー」なる人物にハットフィールドまでくるよう説得も試みたようである。この庭師は、老齢を理由にこの申し出は辞退したのだが、それでも顧問役に就くことには同意している。こうして作成された三名の手になる計画図が、一一月にセシルのもとに提出された。ベルが述べるところによると、「私たちは平面構成を決め、図面を引き、主君に提出した。満足のいくものに仕上がったと自負している。あとはこれを御主君のお気に召すままに変更し、手を加えていただければよいだろう」[☆64]。この言は、個々ばらばらに展開していく造園作業の模様を要約してくれている。計画の変更は、その後すぐに起こった。セシルがトマス・チャンドラーなる人物に計画への参加を依頼したのである。

　チャンドラーには、庭園図面を何枚か制作したこと対する俸給が支払われているが、これらはもっぱら、壮麗な東側の庭園に関する計画であったことは疑いを入れない[☆65]。一六一〇年一月七日、「東側の庭園の造成作業に対する」俸給として一五ポンドがチャンドラーに支払われており、さらに一六一一年八月まで同地で作業にあたっていたことがわかっている。この東側の部分は全庭園中でも最重要の区画である。おそらくはチャンドラーの統括下でほぼ二年近くにわたって作業がおこなわれたのだろう。平面の構成は、ざっと次のような結構であった。まず邸館の足下にテラスが設けられ、ここから上段の庭園《アッパー・ガーデン》に降りいたることができた。そこからさらに降り下ると、下段の庭園《ロウアー・ガーデン》にいたるという構成である。上下の庭園の中間にはおそらく噴水が設けられ、ここから流れでた水が庭園を縫って走り、最後にはリー河に達したものと思われる。噴水に用いる水は、この河から汲みあげたものである。これらの水流設備を担当したのはオランダ人のシモン・ストゥルテヴァントなる人物であった。一六一一年五月の時点ですでに十分に作業が進んでおり、小さな水流を園内に流すことが可能な状態であった。芝生の植えつけ作業も、このとき始まっている[☆66]。噴水は岩石状の形をしていて、上部には多色賦彩のネプチューン像が立っていた[☆67]。これらの作業はすべて七月に予定されていたジェイムズ一世の巡幸に間に合うように進められていたようで、そのためであろうか、噴水の岩石などは少なくとも二度の変更を見ている[☆68]。

　おそらくは国王によるこの巡幸が契機となって、チャンドラーは任務を解かれることとなったようである。というのも、同年の一一月までにはド・コーが後を引き継いで、東側の庭園を完成させるべく監督の業務にあたっているからである。この交代劇には、かのフランス人がグリニッジ宮殿とサマセット・ハウスにつくった噴水をセシルが目にして、その出来映えに着想を得たことも大きく関係しているであろう。いかなる理由が背景にあったにせよ、ともかくサロモン・ド・コーに対する最初の支払いがなされたのは一一月九日からであり、俸給の授与は翌年の五月中旬まで続くことになる。最後の支払いは、噴水に対するものであった。[☆69] セシルの家僕トマス・ウィルソンが書いた長い手紙の中に、ド・コーの訪問に関する記述が見られる。一一月二五日の日付があるその手紙には、辟易した調子でこんなことが記してある。「くる日もくる日も、新しいデザインがひっきりなしに押し寄せてくる」。欄外に書きなぐった走り書きに、これらの平面計画がどのようなものであったのかが記されている。それによると、新しく貯水池をつくって上段の庭園にある二基の噴水に給水し、さらに下段の庭園には新たに噴水をつくって中央に設置するというものであったらしい。[☆70] これらのうち貯水池の新設と下段の庭園の噴水の設置のみが実地に供され、既存の庭園構成に組みこまれている。チャンドラーがつくったテラスと噴水はそのまま残ることとなった。また高低差のある庭園の各部をつなぐために木製階段が各所に設けてあったのだが、これも引き続き活用されている。この階段には色彩を施した柱と柵がとりつけてあって、頂部には壺とライオンが彫りこんであり、ライオンの手には紋章が握られていた。また庭園端部の両隅には二棟の四阿が立ち、それぞれアーチとニッチを穿ったファサードを備えていたが、ド・コーはこれに手を加えて棟高を相当高く変更している。さらに貯水池にも改変を加えて大幅に拡張し、新しく設置する大噴水に見合うだけの水量の確保に努めたのに加えて、一六一二年の一月には河川工事もおこなっている。これは水深を浅くするための工事で、エクセター卿がバーリー・ハウスに有していた河川に姿を似せるのが目的であった。[☆71]

噴水の建設に要した費用は一一二ポンド一九シリングで、ギャレット・ジョンソンが彫琢した大理石水盤には、当然のごとく岩石の山塊が盛ってあり、頂上に彫像が立っていた。この像はギャレット・クリスマスの作品で、[☆72] これにローランド・バケットが着色を施して銅像に見えるようにしたものである。☆73 支払い記録に見られる「葉、蛇、魚など」とは、この噴水と河川に設置するものである。☆74 またジョン・トラデスキャントは、ここに貝殻のコレクションを収めた大櫃をひとつと小箱を八つ運びこんでいる。いずれもフランスからもち帰ったものであった。☆75 この噴水と同じものを『動力の原理』収載の噴水図版中から探しだすには、まだまだ材料が不足していることはたしかである。けれども、問題の噴水が同書第一巻の「第三七則」収録の図版とどこかしら似ている点があったことはまちがいないだろう［図27］。「第三七則」収録の図版のエレメントは、魁偉な岩山で構成されていて、河神像が横臥し、山の頂上には名声の像が立っている。岩山の内部には水オルガンが収蔵されていて、これは太陽に熱せられて装置が稼働し、名声像がトランペットを吹き鳴らす仕掛けのものである。

　庭園のそのほかの部分のデザインについては、ド・コーはいかほどの影響力を振るったのであろうか。ほとんど関与しなかった、というのが正しい見方のようである。けれども、西側の庭園を造成するにさいして彼の手が一切入らなかったと考えてしまうと、これにはたしかに無理があるだろう。西側の区画とは、邸館の厨房に面する部分のことである。そしてさらに甲論乙駁が予想されるのが、東側の庭園の下方にある二つの要素、すなわち島と木立のある谷をめぐる問題である。まず島の方は、一六一一年五月につくられている。河から水を引いてきて、島を形成するようにしたものだ。この築島作業は、庭園全体の水流設備計画の一部をなすものであった。水廻りを担当していたのはストゥルテヴァントである。水の流れは水路の森と呼ばれる箇所にある滝から発していた。島にある山査子、スイートブライア、コリヤナギといった木々の植樹作業は、一六一一年の春の時点ですでに十分進んでいたというから、島の造成作業に関してはド・コーの関与を考慮する必要はないだろう。そもそもこのプロジェクトは、マウンテン・ジェニングズがティブルズで手がけた河川工事の計画に実によく似ているのである。さてもう一方の木立のある谷の方であるが、こちらは第二の島といった体裁で、造りはいっそう手の込んだものになり、もはや水の装飾花壇《ウォーター・パルテール》の一種といってもよいほどの要素に仕上がっていた。ここへの言及と思しきものがはじめて現われるのは一六一一年の一月のことである。ストゥルテヴァントが作成した見積書が残っていて、そこまで水を引いてきて、マウンテン・ジェニングズの「作品と、噴水用に考案した装置」のために利用する計画が検討されている。[☆76] 政府関係書類の中に、拙いデッサンというかダイアグラムとでもいったほうがよいような一幅の図面が今も保管されているのだが、これこそジェニングズが木立のある谷を描いたものではないだろうか[☆77]［図25］。ジェニングズは、トマス・チャンドラーと同様に、幾度にも渡って計画図案の作成に対する報酬を受けている。問題の図版はそうした計画案のひとつのように思われる。ド・コーが描いたにしては、彼の図面に見られる洗練された表現とはあまりにかけはなれているからである。さてここに描かれた木立のある谷であるが、菱形状の島になっていて、一本の水流が真ん中を貫通して流れている。この水流をまたいで立つ四阿《パヴィリオン》からはまっすぐな逕路が放射状に延び、またその四阿を挟む形で海獣を象った噴水が設置してある。作業の大半は一六一二年の一月の間中続いた。この四阿というのが、記録中に「建物」として言及されているものにちがいないだろう。同年六月にはバケットが彩色をほどこしている。菱形の頂点となる部分には、丹念な装飾をほどこした二つのアーチ門がある。「二つのアーチ門を計画図案にしたがって繊細に装飾すること。というのも、これらは評判が悪いからである」[☆78] という指示は、きっとこれらの門に対するものであったにちがいない。また別の四阿が「水の仕掛け」のところに設置されるはずだったというが、この仕掛けとは水路を泳いでいる怪物のことをいうのだろう。幾何学形状の島を水路が横切り、その上に四阿が浮かぶという、ジェニングズの考案になるこの要素は、ハットフィールド庭園に見られる数ある特徴の中でも、もっとも魅惑的なもののひとつに数えあげられることはまちがいないだろう。

ハットフィールド文書には、庭園と関連があると思しき図面がもう一枚残っている。[☆79] 巨大な整形式庭園を描いたもので、全体を四分割し、そのまわりを精巧な造りの逕路が囲んでいる［図26］。逕路には、数段のレヴェル差があり、欄干が設けてある。おそらく中央には噴水を置き、階段を使ってアプローチする計画であったと思われる。巧緻に編まれた飾り結び式花壇は、トマス・トレヴェリヨンの図案集を彷彿とさせるものである。この図面もまた、チ

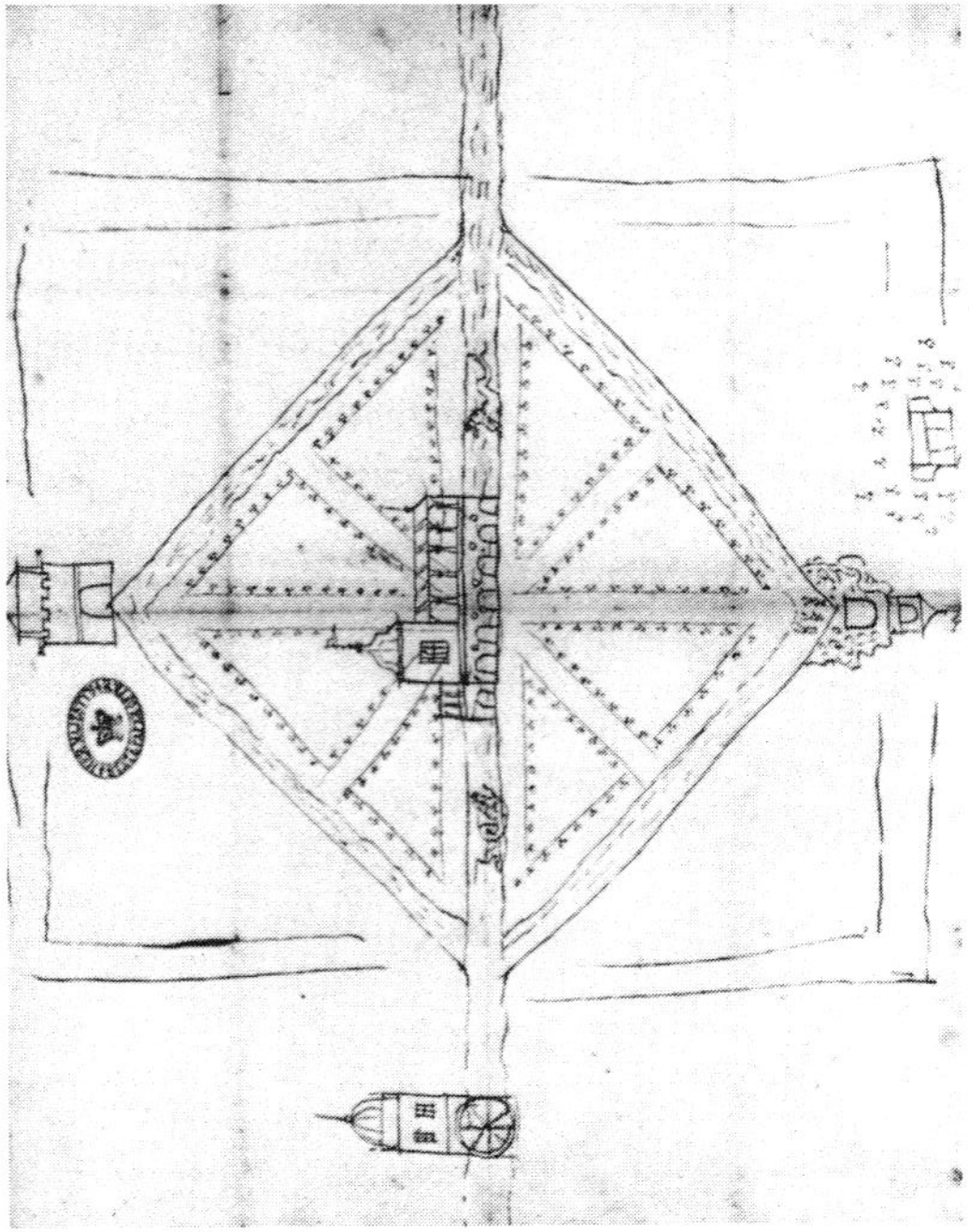

ハットフィールド・ハウス
ロバート・セシルのハットフィールド・ハウスの庭園は、一六〇七年から一六一二年にかけて造成された。ジェイムズ一世時代の庭園の中で、もっとも完全に記録が残された事例。邸館の建築と同じく庭園もまた、さまざまな影響が折り重なった結果できあがったものであった。そうした影響の中には、ド・コーのものも含まれている。

図25——マウンテン・ジェニングズの手になるともの思われる渓谷のデザイン。菱形をした島に並木道が走り、豊かに装飾された木造のアーチが立つ。中央を流れる水流を跨いでパヴィリオンが建っている（右ページ上）。

図26——壁で囲まれた庭園のデザイン。テラスを備え、おそらく中央には噴水を置いたのだろう。ひょっとしたらハットフィールドのための計画かもしれない（右ページ下）。

図27——ド・コーはハットフィールド・ハウスにこんな感じの噴水をつくったのではないだろうか。『動力の原理』に収載されたデザインより（右ページ下）。

図28——空から眺めたハットフィールド・ハウスの現在の姿。邸館の東側に広がる主庭園は、大地をテラス状に開削し、そのまま島と渓谷のある区画まで降りるようになっていた。現在見られるテラス構成は、ジェイムズ一世時代の当初の姿を、ヴィクトリア朝期に模倣してつくったもの（上）。

図29――ハットフィールド・ハウスの手法に従ってつくった庭園。ラナークのマッシーズ・コート、一六六二年。ジェイムズ一世時代の荘園領主の邸館で、テラス状構成の二つの庭園があり、邸館の一方の側から川に向けて降り下っている。装飾的な効果は、ハットフィールド・ハウスと同様の手法で達成している。

図30——ホルトゥス・パラティヌス。ド・コーが手がけた最も著名な庭園。ハイデルベルク城の脇に付設された。造営は一六一三年から一九年。

ャンドラーがいくつも作成したという計画案のひとつではないだろうか。今後のさらなる研究が、いつの日かこの重要な図面の作者を同定してくれることだろう。

ハットフィールドの植栽作業は非常に大がかりなものであった。延べ三年間にもわたったこの作業を請け負ったのは、有名になるまえのジョン・トラデスキャントであった。彼はオランダ、フランドル、フランスを遊歴し、各地で入手した珍しい樹木、果樹、花卉、草類、種子などをあふれんばかりに船載して帰朝した。[☆80] トラデスキャントがここハットフィールドで果たした役割というのは、かつて本草学者のジョン・ジェラードがティブルズにおいて果たしたものと同じであった。ハットフィールド・ハウスの庭園はまた、園芸学的観点からもその名を轟かせることになる。セシルの知遇を得たいと思うものからは、それこそ山のような贈答品が送りつけられてくるのだった。たとえば、マリー・ド・メディシスは五〇〇本の果樹を贈り、これに二人の庭師を同行させて植樹作業を管理させたし、[☆81] あるいはフランス大使の妻ブロデリー夫人は葡萄園用に三〇〇〇本の葡萄の苗を贈呈している。[☆82] またトレシャム夫人は一六〇九年にいじらしい手紙をしたためて、リヴダンからとりよせた五〇本の果樹を贈りたい旨を次のように述べている。「この地よりも素晴らしい木々をたくさん贈ることはどこにもできないと思いますから。といいますのも、生前の夫は庭園を愛し、そのことに関しましては豊富な経験と見識をもっておりましたので」。[☆83]

ハットフィールド・ハウスの庭園は、ド・コーの作品中では決して主要な位置を占めるものではなかったが、同時代の王室庭園で展開していたあらゆる事柄が逐一このハットフィールドに深甚な影響を及ぼしていたことはたしかだといえる。築島がリッチモンドとハットフィールドの両園に見られたという事実は、決して偶然では片づけられまい。ほかの庭園の場合と同様に、ハットフィールドでは新しい要素が古い部分の上に接ぎ木されていった。それはちょうどイニゴ・ジョーンズがセルリオから拝借したイタリア風スタイルでもって、ジェイムズ一世時代の邸館に柱廊玄関を付加したのと同じ仕方だといえる。ネオ・ゴシック風のロマン主義的方法である。ハットフィールドの庭園も、この局面に属するものである。まだこの段階では邸館と庭園との一体化は実現していないが、その方向に向かいつつあったことはうかがうことができる。ここに設けられた庭園群は、どれも邸館からさほど距離を隔てていなかったし、中でも整形式の東西両庭園にかぎっては、それぞれ近接する邸館の翼棟にしっかりと結びつけられていた。さらに東側の庭園に関していうなら、テラスが段々に重なる構成は直截にイタリア風のスタイルを反映したものであった。個々の部分を見るなら、やはりまだ周囲との連関を絶って孤立しているのだが、ここでもそうした各部分を連結しようという意志は見てとることができる。庭園を縫って河を走らせることにより、個々の区画を結びつけようとしているのである。王宮に設けられた数々の庭園とは異なり、ハットフィールド・ハウスの庭園はまったくの更地の上につくりだされたものである。したがってこのハットフィールドは、一七世紀初頭のイングランドの造園計画がいかなるものであったのかを知るうえで、またとない知見を与えてくれるのである。

ロバート・セシルが没したのは一六一二年の五月二四日で、自らが計画した豪奢な邸館と庭園を一度たりとも堪能することなく世を去った。それから四〇年たった後に、ようやくこの庭園の模様を記述した一節の文章が現われる。詳細な描写が見られる唯一の資料でもあり、この驚異の庭園がどのような姿をしていたのかを伝えてくれている。一六六三年、フランス人訪問客のソルビエール氏が庭園と邸館の模様を活写した文章である。

非常に眺望がいい。ここから見晴らすと、茫漠な景色のうちに森や牧草地や丘や谷間ばかりが点々と広がり、近景や遠景を構成しているのが見える。実に心地よい眺めだ。ご主君はこの地に流れる水を実に巧みに利用し、さまざまな装置を駆動させたのであろう。とくに見事なのは小さな水流の使い方で、これがそのまま巨大な装飾花壇《パルテール》の一区画になるかと思えば、園内のいたるところに現われて水音を響かせ、あるいはそっと地下にもぐって伏流水となったりするのだ。水流の両岸はみなまっすぐに区画されるか、あるいは板で囲われている[おそらく島と渓谷《デル》のことを指していっているのであろう]。……大きな並木道を通って庭園の脇までくると、そのときに低いほうの中庭の門が開いていれば、目の前に幾条かの園路が延びているのが見える。この道を伝っていけば、やがて庭園の反対側まで抜けることができるが、視界はここで遮られている。……正餐をとった広間からは芝生が植わった区画を見渡すことができる。そこには［チャンドラーとド・コーの］噴水が二基設けてある。脇の方には樹檣が組んであるが、その手前には欄干がめぐっていて、その上に鉢植えの花々や彫像などが置いてある。この装飾花壇からは対になった階段が二つ降りている。各階段ともおよそ一二段もしくは一五段ほどで、これを伝って第二、第三の花壇まで降りていける［この箇所の記述は、テラスの説明と、上下の庭園の説明とを混乱しているようだ］。このテラスからは、先ほど述べた［島と渓谷の］豪奢な水の装飾花壇《ウォーター・パルテール》をはるかに見渡すことができる。……葡萄園のことにも忘れずに触れておこう。ここの脇には小さな建物が数棟立っていて、そのうちいくつかは鳥の隠れ家になっている。たくさんの種類がいて、みなよくなついている。また四阿というか避暑用《サマー・》四阿《ハウス》というか、トルコのキオスクのような建物もいくつか立っていて、小高い丘の上に顔をのぞかせている。これらには円形のギャラリーが設けてあって、それぞれが最も美しい場所を選んで立っているものだから［たとえば木立のある谷に立っている四阿のように］、ここから眺望を得て、この魅惑的な土地のさまざまな景色を満喫することができる。また庭園の給排水をおこなっている箇所では、装飾花壇を潤すために河から水を引きこむ一方で、園内を流れてきた水を河に排出してもいる。ここには屋根のない小屋状の建物が立っていて、ベンチが円形に設けてある。ここに腰掛けて水面を覗くと、膨大な数の魚が行ったり来たりしているのが見える。水の透明度は抜群である。魚たちも園内の悦楽にあずかりたくて、この浅瀬までやってきたのであろうか。時々水面から飛び跳ねて、水の元素の呪縛から逃れようとする魚もいるが、まるで、今わたしが述べてきた諸々の景色を一目見たくて、空高く跳んでいるかのようである。[☆84]

右の記述を見れば、このフランス人がハットフィールド庭園に敬意を表わしているのがよくわかる。彼にいわせれば、ここは「魔法のかかったお城」なのである。イングランドのルネサンス庭園の中で最も偉大な作品のひとつと目されるハットフィールドに関するこの描写を読み進めていくと、まるで魔法で情景を呼び起こすようにして、かの庭園の印象を心の目に思い描くことができるだろう。ハットフィールドこそは後の内乱を生き延びる数少ない庭園のひとつであり、やがて訪れるバロック時代まで余命を保つことになる。

ハットフィールド庭園は周囲を壁で囲まれ、邸館からテラスが段々に降り下るという構成であったが、一六一二年の時点にあってはまだ人々の目には新しく映るものであった。そしておそらくはこれ以降、ひとつの特殊な庭園類型が発展するのに甚大な影響を及ぼすこととなる。その影響は遠く王政復古時代の後まで続く。この類型の典型は、エリザベス朝もしくはジェイムズ一世時代の広大な邸館に伝統的に見られるように、建物が小高い丘の上にそびえ、自然の形状をそのまま利用してイタリア式の露壇式庭園を構成するというものである。ハットフィールドの影響を反映している事例を見たければ、一六六二年に描かれたマッシーズ・コートの景観図を調べてみるにしくはない［図29］。デンビーシア（現在のクルーイド）のラナークに立っていた邸館である。[☆85]画中に描かれているのはジェイムズ一世時代の典型的な地方屋敷で、丘の上に位置し、邸館からは土地が急傾斜して麓を流れる河まで降り下っている。ハットフィールドとまったく同じ立地だ。庭園の構成も同じである。まずテラスがあって、ここには両端に四阿が立っている。中央にある階段は円を描くように両側から降り下り、その中にメルクリウス像をいただいた人工洞窟を抱えこんでいる。この階段は明らかに、後から付け加えたものであろう。ファルダの『噴水集』に収録された版画に見られる階段と、同じ構成である。この階段を下りると整形式庭園の上段の区画にいたるのだが、ここを囲む壁には果樹の樹檣が組みあげられている。さらにここから降りる二本の階段を伝って進むと、下段の整形式庭園の区画にいたる。隅の部分には木造の四阿が立ち、噴水やジェイムズ朝様式の石造望楼などが設けてある。この先には、さらに別の手の込んだ要素が広がっている。イタリア風の二重階段を降りると、整形に植栽を施した樹林区画があり、奥の方には小ぶりの人工洞窟や階段状疎水《カスケード》が見える。樹林の先には円形劇場風の区画があって、ネプチューンの噴水の周囲を生け垣と糸杉の木々が囲んでいる。この先にもさらに道が河まで続いていて、かわいらしく彩色した橋が架かっている。ここにはチャールズ朝かもしくはそれ以降のディテールが重ねられてはいるが、基本的な構成はジェイムズ一世時代の様式に則ったものである。そしてこの様式の創始者となった偉大な鼻祖たるハットフィールド・ハウスの庭園の姿を正確に小型化してとらえているのである。

ド・コー――ハイデルベルグ城とそれ以降

ド・コーは残りの生涯を大陸に渡ってドイツとフランスの両国で過ごした。一六一四年七月には正式な任命を受けて、プファルツ選帝侯付きの技師・建築家となっている。ド・コーは三〇年戦争が勃発するまでの年月を自分自身の作品中もっとも著名な庭園となるホルトゥス・パラティヌスの造営に費やすこととなった［図30］。

ホルトゥス・パラティヌスはある意味で、イングランドの庭園史に組みこまれうる側面を有している。というのもこの庭園こそ、ド・コーの手になる庭園が実際どんな姿をしていたのかを完全な形で見せてくれるものだからである。いわばこのホルトゥス・パラティヌスは、テムズ河畔にあったリッチモンド宮殿がライン河のほとりに移転してきたものとみなすこともできる。この見方が正鵠を射たものであることは、次の事実からも明らかだ。すなわち、プファルツ選帝侯フリードリヒ五世とその妻でジェイムズ一世の王女であるエリザベスが営んだ宮廷文化は、かつてのヘンリー皇太子のサークルがもっていたエートスをそのままに保ち、同様の知的関心を抱いていたという事実である。[☆86] 庭園デザインの観点から見た場合、ホルトゥス・パラティヌスは、[☆87] ド・コー自身が知悉していたヴィッラ・デステに関する情報に拠って設計したものであった。ハイデルベルグ城に近接する丘陵地を大幅に切り崩して、段状に折り重なるテラスを削りだし、それぞれを階段でつないでいる構成がヴィッラ・デステとそっくりだからである。けれども居城と庭園とを結びつけて完全なイタリア式に仕上げる可能性は、ここではまったく考慮されなかった。これはハットフィールド・ハウスにかぎらず、ド・コーがイングランドで手がけた庭園のすべてについていえる特徴でもあった。庭園のコンセプトは記念碑的な規模を誇り、かつ造営も大規模におこなわれたが、それでもこの庭園の構成は、根本においてはそれぞれ独立した区画を寄せ集めたものにすぎなかった。そしてこの特質は、ド・コーの作品群の全体を貫く通奏低音でもあった。ホルトゥス・パラティヌスには、当時のフランス庭園で一般的であった飾り結び式花壇《ノット》や装飾花壇《パルテール》が見られるほか、新たに流行の兆しを見せていた刺繍花壇もとりいれられている。またここには、河神の噴水や鳥禽舎といったグリニッジ宮殿の庭園に連なる系統の要素のほか、サマセット・ハウスにも見られたオレンジ栽培温室《オランジェリー》、プラトリーノ風の人工洞窟、サン・ジェルマン・アン・レーと同形式の水の装飾花壇《ウォーター・パルテール》、さらにはアレクサンドリアのヘロンから直截に着想を得たヘラクレス＝メムノンの話す彫像などが盛りこまれていた。仔細に調べてみるならば、この庭園が寓意プログラムを伝達するための媒体としても機能していたことが明らかになることであろう。建設当初、このホルトゥス・パラティヌスは文明世界に冠たる驚異のひとつに数えあげられていたという。だがド・コーは、決してこの庭園を完成させることはできなかった。政情が悪化して各所で人々の対立が表面化しだし、やがて勃発した戦争のさなかに、もはや記憶にも残らないほど徹底的に破壊し尽くされてしまう定めにあったのである。その後ド・コーはフランスに向けて発ち、そこで人生の最後の六年間を若きルイ一三世の技師として過ごした。享年五〇歳、亡骸は一六二六年二月二八日にトリニテの教会のプロテスタント共同墓地に埋葬された。

それより二〇年前、ド・コーはブリュッセルのカトリック教会で結婚式をあげている。このことは、なんらかの宗教的曖昧さを示唆するものなのだろうか。おそらくこの事実を手がかりとして、ド・コーを大きな文脈の中において見ることが可能となるだろう。一七世紀初頭の二〇年間に見られる芸術の発展の中に、彼を位置づけることができる。宗教はド・コーの内面生活にとって中心的役割を果たしていたのだが、それが具体的な形態をまとって外部世界に表出するさいには、それほど強い宗教性は見られなかったということであろう。この点に関しては憶測の域を出ないのであるが、しかしド・コーがある傾向をもった碩学の一群に属していたことはまちがいない。彼らは地上世界の自然現象を解き明かし、神聖な知識へといたることに献身していた人々なのである。ド・コーが生きたのは、恐るべき宗教的不寛容の嵐が吹き荒れた時代であった。旧套の世界観はもろくも崩れ去ったが、目の前に広がるこの世界を熱心に研究することで、再び新たな世界秩序を確立することができるかもしれないという希望に満ちた時代でもあった。そして三〇年戦争が勃発するにいたって、もはやかつてのヨーロッパ世界をまとめあげていた古い統一秩序へと回帰する道は、永遠に閉ざされることになった。

ド・コーは多数の出版物を通じて、計り知れない影響力を振るった。最初期の著作としては、すでに本書でもとりあげた『透視図法および影と鏡の原理』（一六一二年）がある。イングランドで上梓されヘンリー皇太子に献呈されたこの著作の中で、ド・コーはルネサンスの建築家＝技師としての自覚をはっきりもって著述をおこなっている。この態度は、以降のすべての作品にも共通して見られる。ド・コーの自認する建築家＝技師の活動領野とは、ひとり建築のみならず（ド・コーはリッチモンドでは絵画ギャラリーをヘンリーのために建て[☆88]、ハイデルベルグ城でも選帝侯フリードリヒ五世のために翼棟を一棟手がけている）、音楽、幾何学、数学、透視図法、絵画、自然科学、力学、水力学といった諸分野にまで及ぶものであった。『透視図法および影と鏡の原理』は透視図法について解き明かした長編論文ということでは、イングランドでも最初期の作品にあたる。同書には庭園を描いた図版が収録されているが、このことはド・コーが庭園をデザインするにさいして、光学の観点から思考を展開していたことを端的に示している。

ド・コーの続いての著作『動力の原理』は一六一五年に初版が上梓され、その後一六二〇年にドイツ語版が、一六二四年にフランス語版が出版されている。ボヘミア王妃でプファルツ選帝侯妃のエリザベスに献呈されたが、後にはルイ一三世にも部分的に献呈されている。開巻劈頭、力学とは何かについて、ウィトルウィウスを下敷きにした議論が展開し、続いて聖書が引かれている。さらにアルキメデス、ディオドロス・シクルス、アレキサンドリアのヘロンといった面々が登場し、空気と水がいかなる力学的作用を及ぼすのかを論じて、機械装置や自動機械人形の動力を解説している。次いでド・コーは自らにいたるまでの連綿たる人的系譜について触れ、自分はデューラー、ミケランジェロ、ラファエッロ、ラムス、ベッソン、ラメッリといった人々の末裔であると主張する。第一巻では、このあと一連の定則群が展開され、水力学の基本原理を解説するといった構成をとっている。これらの中には、蒸気機関の仕組みを解説した最も初期の文章もあって有名である。つまり、ド・コーこそが産業革命の先駆者というわけだ。蒸気機関に続いては、人工洞窟や噴水をとりあげて論じている。

『和声要項』（一六一五年）はアン・オブ・デンマークに献呈された著作で、ツァルリーノ以来のルネサンス時代の音楽観を扱った典型的な作品である。音楽こそは、数字に基礎を置いているがゆえに諸科学の筆頭に位置するという信念がここでは述べられている。同書がとりわけ中心に据えて扱っているのはウィトルウィウスが記述した水オルガンで、それを再現してみせたヴィッラ・デステ、サン・ジェルマン・アン・レーの実作例なども見られる。一六二四年には、日時計を扱った著作『日時計の実践と例証』をものしている。日時計といえば、この時代に大きな関心を集めたもうひとつのテーマである。同時期にド・コーは、ウィトルウィウスの第一巻をフランス語に翻訳する作業にもとりくんでいた。翻訳は手稿のかたちで現在まで伝わっている。

歴史的文脈の中のサロモン・ド・コー

では、ド・コーのような人物が偏倚な存在であったかというと、ジェイムズ一世の宮廷にあっては決してそうではなかった。たとえば、哲学者のロバート・フラッドにも似たり寄ったりのところがある。もっともフラッドの場合は魔術に心酔した書斎‐技術者といった色合いが強いのだが、その彼の著作を見てみると、エリザベス朝の大魔術師ジョン・ディーの著述を引き継ぐかたちで、アレクサンドリア学派が考案した機械類や仕掛け装置のたぐいをもっぱらとりあげて論じているのがわかる。[☆89] それから、もう一人の同類としては、コルネリウス・ドレベルという人物がいる。有名な永久機関装置をジェイムズ一世に献上し、当時の人々の耳目を聳動せしめたというが、このほかにも彼が考案した発明品の中には、潜水艦の原型のようなものや、魔法のランプといった作品があった。[☆90] 総じてマニエリスム時代の宮廷とは、技術的進歩を示すものならば、どんな形態のものであれ深甚なる興味を抱いたものであった。

　こうした背景のすべてを把握したうえでないと、新たな庭園の発展を正しく理解するこはできないであろう。ジェイムズ一世の統治が始まってから一〇年ほどの間に、庭園は錯雑極まる展開を閲したからである。マニエリスム庭園が巻き起こした革命を紡ぐ織り糸は、それこそ無数にある。デザイン面で新たな形態や構成が導入されたということは、そうした織り糸の一本でしかない。最初はイタリアで、次いでフランスで発展した新たな庭園デザインの潮流も、マニエリスム庭園を構成する一部の要素にすぎないということである。ド・コーおよび同世代の人々が考える庭園とは、何かもっと奥深い事柄の表現であり、ルネサンスの建築家＝技師が実演検証をおこなう実験場《デモンストレーション・ラボラトリー》という側面も一部には有していたのである。庭園内に設置された水の仕掛け、人工洞窟、自動機械装置、水路、その他の珍品奇物の数々を制作し稼動させるには、技術力が長尺の進歩を閲し、精緻化する必要があった。そしてこの段階を経ると、局面は第二段階へと移行することになる。この段階にいたると、それまでばらばらに発展してきた諸技術は統合され、抽象的な科学概念や原理といったものへと精錬されていくのである。そのようなわけであるから、ド・コーの庭園を散策したならば、どこか魔術めいた黎明期の自然科学がかもしだす雰囲気を味わうことになるであろう。これらの技術的勝利の数々を手にした今、あらゆることが可能になるのである。ほんの束の間のときではあったが、そう信じることができた瞬間であった。ポトポトと水の滴る噴水、鳥の無数のさえずり、びしっと整列した幾本もの園路、幾何学模様の数々、幾多の異国植物、種々の動物を囲った檻。マニエリスム庭園に見られるこれらの諸要素は、もう一度ヨーロッパに統一をとりもどすという切なる願いへのとりくみを物語っている。この種の庭園がつくられた宮廷というのは、とりわけ中道路線をとって、両極に傾くことのないように配慮していたところばかりであった。すなわち、トスカーナ大公フェルディナンド・デ・メディチ、ルドルフ二世、アンリ四世、ジェイムズ一世といった諸侯の宮廷がその代表である。彼らは各々の奉ずる宗派こそ異なるものの、ともに抱いている信条があった。それがすなわち、オカルト主義というフィルターを介して見た技芸と自然にまつわる神秘であり、あるいは精神世界は必ずや存在するのだという信念であり、さらには機械技術が勝利することへの確信でもあった。こうしたものが、今しも新たな世界秩序を解き明かしてくれるという期待を抱いていたのである。[☆91]宮殿や大邸宅の周囲を囲んで展開した精緻極まる庭園群は、とりもなおさず、実際に手で触れ目で見ることのできる百科全書をこの地上世界につくりだそうという欲望の表明でもあった。そして庭園を構成する個々の部分を見てみると、そこには依然として、時代が抱えるあらゆる緊張が内在していたことがわかる。実用性を重視した科学的・技術的側面があるかと思えば、同時に魔術的・ヘルメス主義的側面も同じだけ有していた。新たな機械技術は、自然に伏在する隠れた特性を利用してあっと驚くような効果を生みだすことができたが、それを人々の前に示すときは、決まって象徴的なイメージをまとわせたのである。こうして古くて新しい機械技術を利用したド・コーは、たしかに後期ルネサンスの魔術師と通底する面をもちあわせていたのである。

ジュスト・ウテンス《ボボリ庭園（パラッツォ・ピッティ）》一五九九年
Firenze, Museo di Firenze com'era

第5章　マニエリスム庭園Ⅱ
――フランシス・ベーコンとその周辺

サマセット・ハウス、グリニッジ宮殿、リッチモンド宮殿、ハットフィールド・ハウス等々の地で造園事業がおこなわれるのと平行して、ジェイムズ一世時代にはそのほかにも無数の新しい庭園が次から次へと未曾有の規模でつくられている。構成はますます精緻の度合いを増し、面積はいやましに拡大の一途をたどる一方であった。当時の熱狂ぶりがいかほどのものであったのかは、逸名作家の手になる『花々の仮面劇』のうちに鮮やかに映しだされている。これは一六一四年の一二夜にグレイズ・イン法学院の中庭で上演された仮面劇で、国王の寵臣サマセット公と例の悪名高いフランセス・ハワードとの結婚を言祝ぐものであった[☆1]。仮面劇役者は花々の役を演じ、舞台には庭園の情景が広がる。庭の周囲は煉瓦壁で囲まれており、垣根仕立ての果樹が植えられている。ハットフィールドを彷彿とさせる欄干には、台座の上に「金色の人物像、黄金の獅子、銀色の一角獣」などが置かれていた。その庭園は次のようなものであった。

十字路が全体を四つの花壇に分割し、逕路が周囲を囲んでいる。十字路の交差部分に立つ噴水は、思わず息をのむような出来映えである。銀の柱が四本で支えている。噴水の頂部には四体の銀の像が立ち、水盤を支えもっている。四体の像がすっぽり収まるほどもあるこの水盤は、大きさが二〇フィート、地上部分からの高さが九フィートにも及ぶ。噴水の中段部分には銀と金の渦巻装飾があしらわれ、その上に球がひとつ乗っている。球には四つのマスクがとりつけてあり、口から水を吐きだして水盤に注ぐ。この球の上に立っているのが、黄金のネプチューン像である。高さは三フィート、手には三叉戟《トライデント》をもち、海豚にまたがっている。実に手の込んだ造りで、海豚が吐きだした水がそのまま河となって流れていくように見える。[☆2]

花壇のまわりを糸杉や杜松《ねず》の生け垣が縁取り、内部は香草類を用いて飾り結び式花壇《ノッツ》に仕立ててあった。客席に近い側の二つの花壇には、ケニルワースを彷彿とさせるオベリスクが屹立する一方で、奥の二つの花壇にはチューリップが咲きこぼれていた。

背景には精巧に築かれた山がそびえている。山頂部分に立つ四阿《あずまや》は忍冬《すいかずら》とスイートブライアで構成されている。建物全体は幅三三フィート、高さ二一フィートほどの大きさで、装飾的な小塔がとりつけられている。この四阿のアーケードから、仮面劇の登場人物たちが刺繍をほどこされた衣裳に身を包んで登場するというわけである。真冬のさなかに、王政の輝かしい威光の力で春が喚起される。これこそ、この仮面劇が伝えたかった象徴的なメッセージである。

名誉の花、そして、美の花は
　あなた自身のもの。私たちがもたらすものは、
親愛の花、そして、義務の花だけ。[☆3]

こんな具合にして庭園は、貴族的生活の新たな理想を示しているばかりか、国王がもたらす平和の象徴としても機能していたのである。

この点に関しては、ジェイムズ一世時代の庭園熱狂が抱えていたほかのさまざまな側面にも目を向け、仔細に調べる必要があるだろう。恰好の資料として、さるヴェネツィア人が一六一四年に残したイングランドに関する報告書があり、イングランド庭園の構成やデザインを最も特徴づけると考えられる要素の数々が書き連ねてある。

実に興味深かったのが庭園平面の多彩な変化であった。果樹園さえもがさまざまな形状でしつらえてある。たとえば、広闊な空き地の中央には、円形の盛り土をして小山が盛られていた。高さ四フィートほどで、中心に円柱を立てて日時計として利用している。この小山から四本の歩道が延びているが、交差した部分が正方形の広場になっている。道は傾斜し、短く刈りこんだ芝生が一面を覆う。一方で端部を走る歩道には美しいレイアウトがほどこしてあり、ここへは木製の階段を使って昇ることができる。欄干部分には、全面にわたってピラミッドや球の装飾が見られる。道に沿って、ところどころ芝生が階段状になっている箇所では、欄干の代用として水蠟樹《いぼたのき》や山査子などの植栽をほどこしてある。またそのほかの道としては、地面から一段高くなっているだけのものもある。これは正方形広場をぐるりと囲んで走っているが、ここもまた今述べたのと同様の手法で装飾がほどこしてある。見晴らしのよいこのテラスを散策すれば、庭園全体の構成が手にとるようにわかり、噴水をはじめとするデザインの数々を鑑賞することができる。[☆4]

右の描写は『花々の仮面劇』中の庭園構成と基本的にはなんらの径庭もない。また、ある異国風の女性を描いた肖像画の中にも庭園風景が見られるのだが、こちらとも通底する側面をもっている［図1］。絵の中の淑女は木製の欄干が回ったテラスに出て、象徴めいた椰子の木がつくる樹陰にたたずんでいる。そして右に見たこれら三つの庭園はどれも、オックスフォードとケンブリッジの両大学にあった庭園とそっくりの構成をしている。大学庭園の姿は、一六七〇年代にロガンが作成した版画のうちに見ることができる。両大学とも技芸に関しては極端に保守的な

図1——ハムデン家のさる婦人。名は伝わっていない。壁で囲まれた庭園のテラスにたたずんでいる。欄干部分は木製であり、また足下の庭園には飾り結び式花壇が敷かれている。

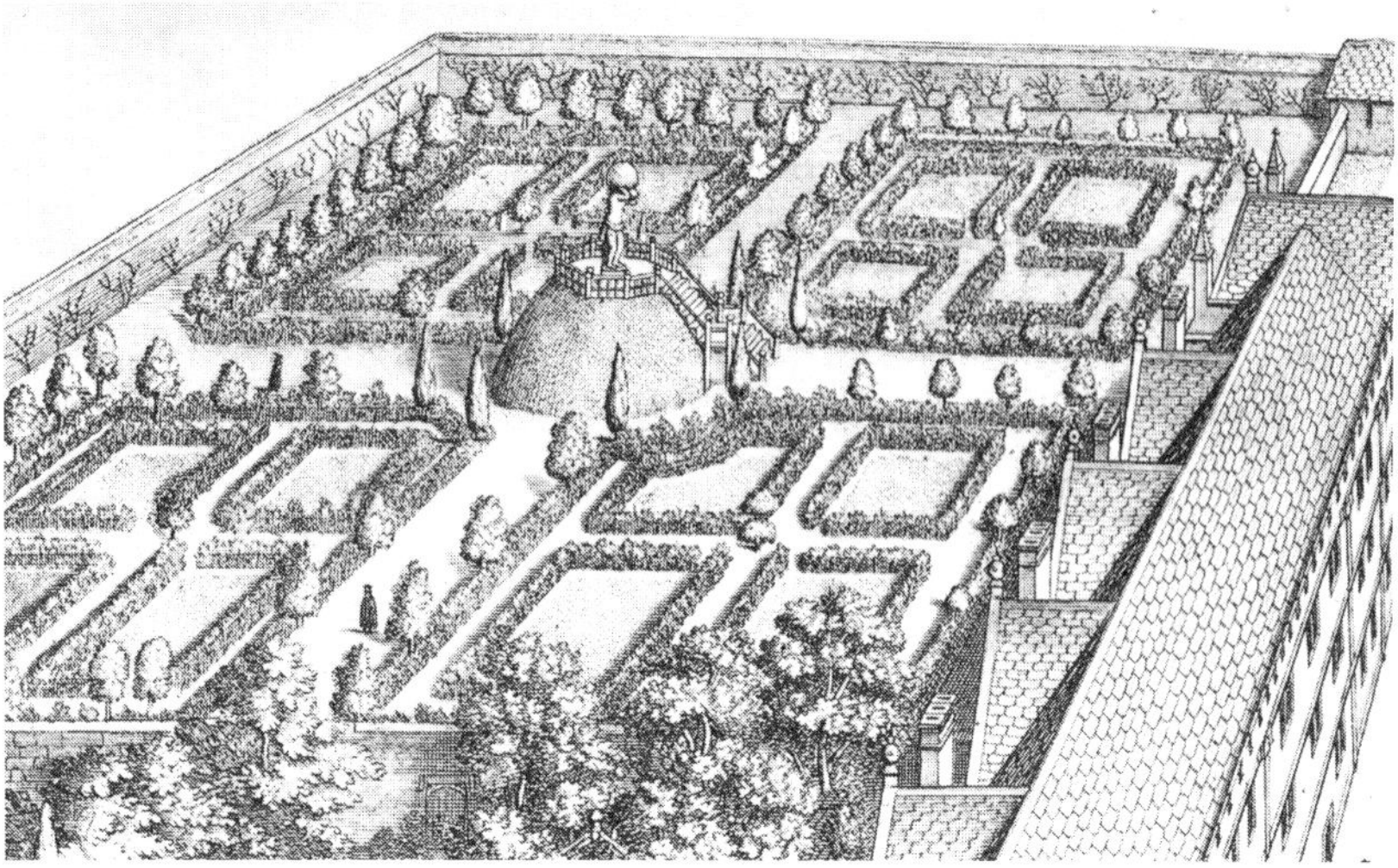

オックスフォード大学の庭園
これらの庭園図版はデイヴィッド・ロガンが一六七〇年代に記録したものだが、スタイルの点ではジェイムズ一世時代に属している。
図2―――ウォダム・カレッジ。庭園は四分割され、中央には築山が置かれている。
図3―――ニュー・カレッジ。庭園は四分割され、飾り結び式花壇に仕立てている。花壇の模様には、王家と大学の紋章や日時計が描かれ、終端部には巨大な築山が置かれている。

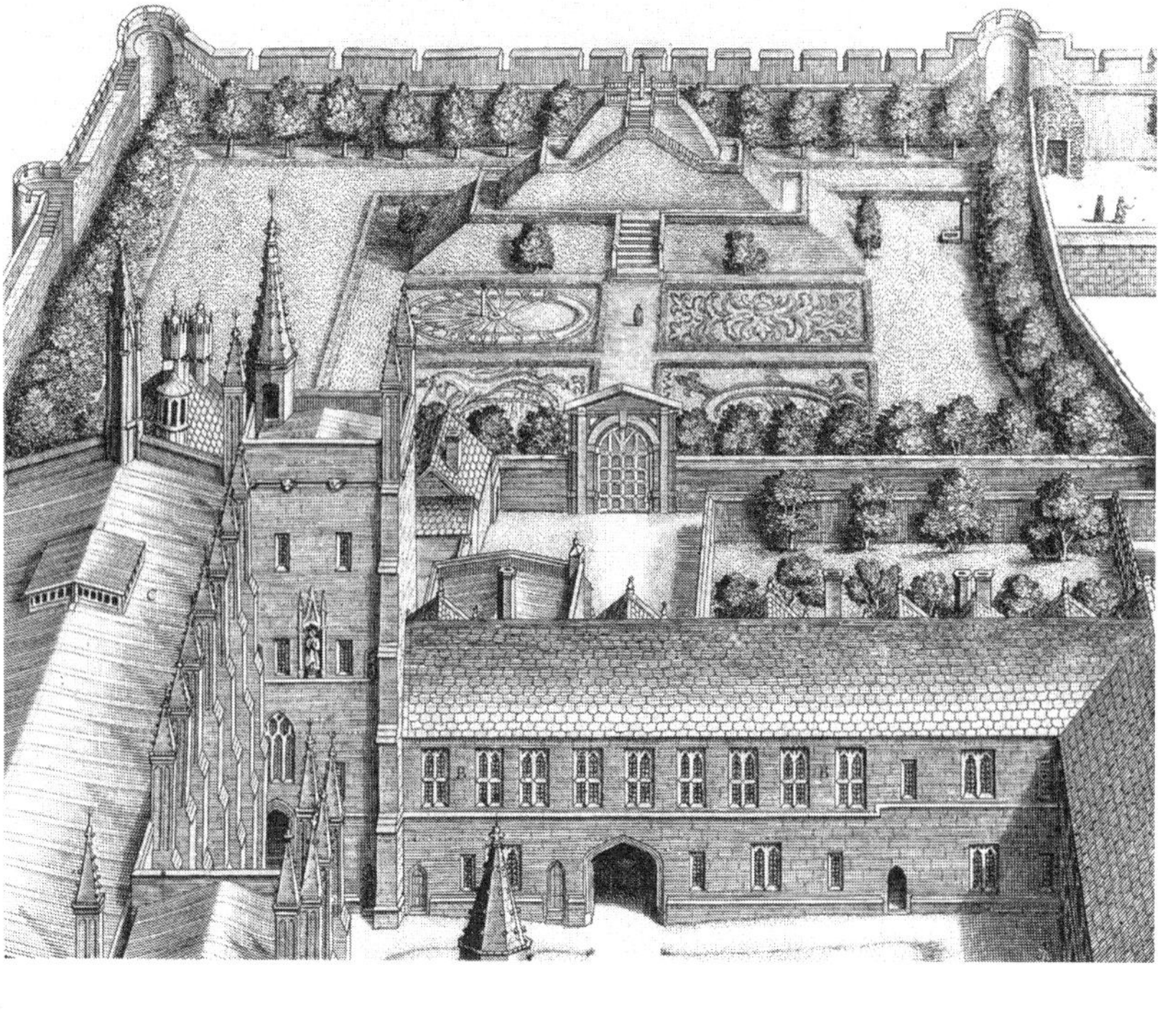

ことで悪名高かったのであるが、ケンブリッジのシドニー・サセックス・カレッジ庭園にせよ、オックスフォードのウォダム・カレッジ庭園にせよ、先に引用したヴェネツィア人の記述と寸分ちがわず一致する構成を見せている[☆5]［図2］。あるいはオックスフォードのニュー・カレッジ庭園の図版を見てみると、小山が完成したのが一六四〇年代であったにせよ、『花々の仮面劇』に出てくる庭園そのままではないか[☆6]［図3］。段差構成《テラシング》こそ、ジェイムズ一世時代に見られた数々の発展要素の中でも最も重要なものであった。段差をつけるというのは、地面から一段高くなった道で庭園の周囲を完全に囲いこんでしまうか、もしくはそれに近い形でまわりに道をめぐらせる手法である。そしてこの特徴と切っても切れない関係をもって発展した特徴がさらに二つあり、いずれも後の時代の庭園構成にとっては最も重要な要因となるのである。ひとつは、邸宅と庭園とを一体化し、単一のユニットとして扱う態度が前面に出てきたことであり、もうひとつは、庭園の全体構成をもっと大胆にし、さらに人目を惹くものにしようという動きが強まったことである。

これらに加えて、まだほかにも研究を要する大きな発展がいくつかある。幾何学的な構成がはらむ象徴性と、水の使用に関する問題がそれである。どちらも、韜晦趣味をもって鳴るマニエリスム的精神を典型的に表わす表現といえる。マニエリストにとって、庭園とは寓意を解き明かすための媒体であった。彼らはまた水を完全に掌握し、鬼面人を驚かす体の効果をあげることに血道をあげていたのである。このようなわけで、本章では、引き続きマニエリスム庭園に見られる要素の数々を調べていくことにしたい。サロモン・ド・コーの庭園をとりあげたときにすでに見たものばかりであるが、これらの要素を宮廷のほかの人たちがどのようにとりあげ採用していったのかを探ってみることにしよう。

スミッソンの図版集に見られる庭園プラン

スミッソンの図版集には、サマセット・ハウスの庭園の初期プランを描いた図版が含まれているのだが、そのほかにも右に述べたような発展の数々を直截に反映した庭園の平面も多数収録されている。そのうちの最初のものは、第四代ウスター伯エドワード・サマセットの邸館に関する図面である［図4］。これは伯爵が大狩猟場管理官という立場でノンサッチの地に所有していたもので、図面はおそらくロバート・スミッソンが一六〇九年にロンドンを訪れたさいに作成したものと考えられている。[☆7] ウスター伯は、エリザベス女王の寵臣であったエセックス伯を継いで主馬頭になった人物で、ジェイムズ一世の時代になるとさらに出世を重ねている。典礼を司る役職である紋章院総裁に任命された回数も多く、たとえば戴冠式をはじめ、一六〇四年にジェイムズ一世がロンドンに入ったさいの入城行進、一六〇五年のメアリー王女の洗礼式、一六一〇年のヘンリー王子の皇太子任命式といった数々の儀礼が彼の手によって執りしきられている。宮廷儀礼の知識に関しては、ウスター伯の右に出るものはいないかった。また私的な立場においては、ウェールズ辺境にあったラグラン・キャッスルの改築にのりだし、これを当世風につくりかえた。この改築作業のひとつに含まれていたのが、ローマ皇帝の胸像が立ち並ぶ壁面の下に歩廊を建設することであった。[☆8] そういうわけでウスター・ロッジは最新流行に則ったスタイルを採用し、サマセット・ハウスの庭園をそっくりなぞったものとなった。全体は一八〇フィート四方の正方形広場の周囲を壁面が囲む構成となっている。その三辺に、地面から一段高くなった幅二〇フィートの歩道が走り、そのうち邸館に近い側の一辺は低くなっていた。けれども庭園の立地に関しては、邸館建築との関連は一切考慮されていない。園路に沿っては果樹の並木が走り、ここから階段を数段降りると、低い部分を走る歩道にいくことができる。この歩道に囲まれて、大胆に四つ葉模様をあしらった花壇が並んでいる。

続いてとりあげる図面は、サー・トマス・ヴァヴァサウアがリッチモンド近郊のピーターシャムに所有していたハム・ハウスのものである[☆9]［図5］。ヴァヴァサウアは軍人であると同時に宮廷人でもあり、「女王陛下のおぼえが大変よろしい」人物であった。エリザベス女王治下に儀杖の衛士を勤め、即位記念日に女王を祝しておこなわれる馬上槍試合には毎年参加している。ジェイムズ一世のもとでは宮内司法官という典礼役職に就き、そして一六一〇

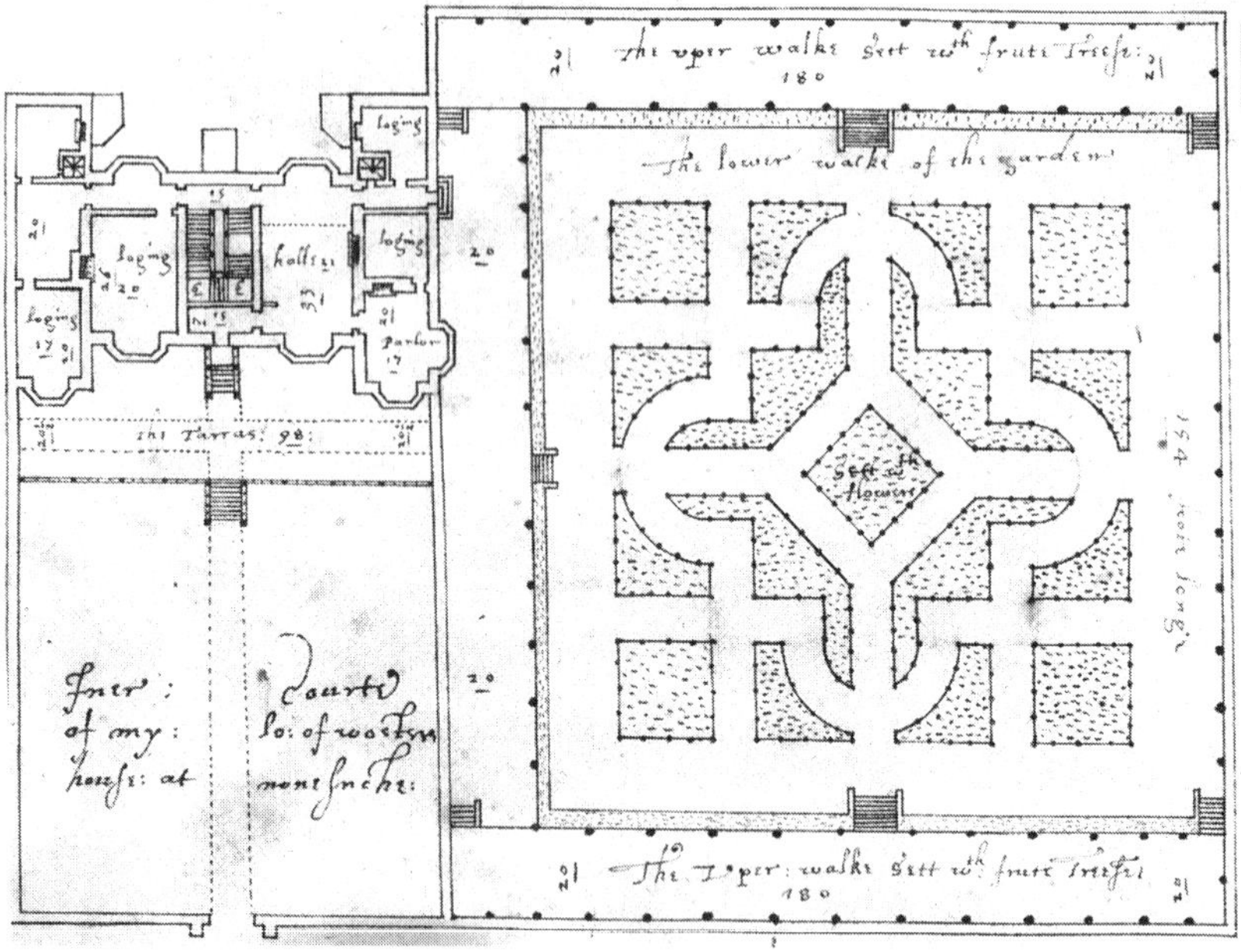

ジェイムズ一世時代の四つの庭園平面図
四つの図面のいずれもが、一七世紀劈頭の一〇年間に庭園の規模が膨大なスケールへと発展したことを伝えている。
図4———ノンサッチのウースター・ロッジ（一六〇九年頃）。
図5———ピーターシャムのハム・ハウス（一六〇九年頃）。

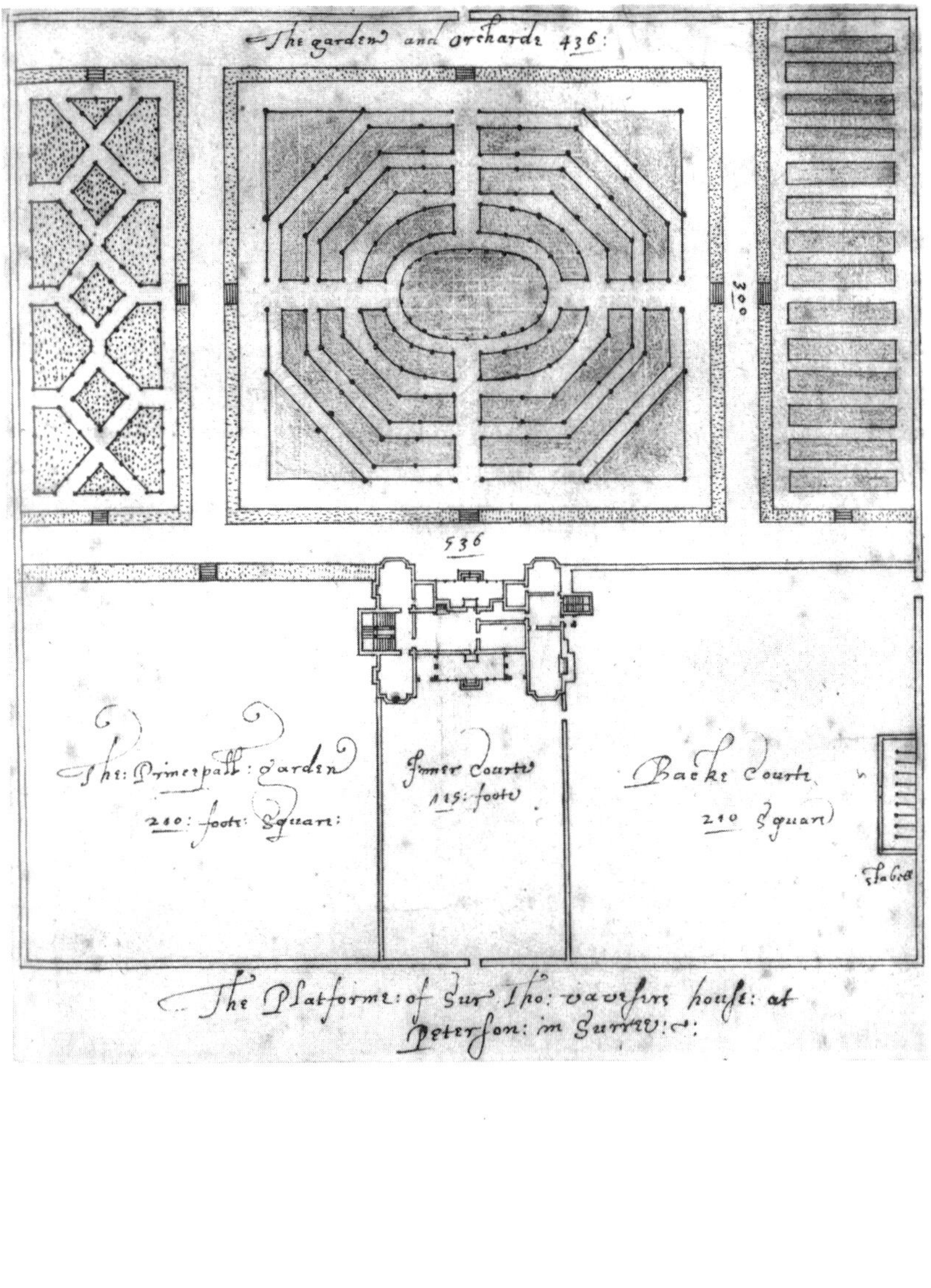
The garden and orcharde 436:
300
536
The: Primerpall: garden
210: foote: Square:
Inner courte
115: foote
Backe courte
210 Square
Peterson: in Surrey:

年にハム・ハウスを建設するにいたっている。[☆10] 中庭左側の主庭園に関してスミッソンはなにも図面を残していないが、邸館の背後に位置する果樹園と庭園については驚くべき情報を伝えてくれている。ここにも一段高くなったテラスが設けられている。中でも中央のテラスは邸館のファサードをいっぱいに横切って四三六フィートもの幅がある。これらのテラスで敷地の全体を三分割し、中央の果樹園と両脇の庭園とを形成している。とりわけ果樹園のデザインは興味津々たるものがあって、中央軸をもち、邸館のスケールに基づいた歩道がめぐる構成になっている。二重の楕円が中央部を形成し、その外側に二重の六角形がきて、隅部《スパンドレル》には三角形の区画が嵌めこんである。この平面構成をもう一度整理してみると、まず中央に広大な幾何学花壇もしくは草地や果樹園を設け、楕円か円の形状に植栽をほどこし、これを貫いて歩道が走る。そして両脇には小ぶりの四角い庭園が並ぶということになるが、このような構成が可能となったのは、クロード・モレが手がけたサン・ジェルマン・アン・レーの事例を知っていたからにちがいない。

サマセット・ハウスには、すでに建物と庭園とを結びつけようとする試みの萌芽が見られたのだが、ここハム・ハウスではその試みがさらに進められている。邸館と庭園との結びつきが、実際の平面構成ばかりか、視覚効果のうえでも強調されている。これは目新しい点である。庭から邸館の背面ファサードを見ることもできるし、あるいは逆に邸館から庭を眺めることもできる。そのさいに視線が貫通する果樹の並木道は、透視図法の効果を強調するためだけにつくられたものなのである。花壇群は片側へと追いやられてしまい、従来の定位置であった窓の下という特等席はもはや占めていない。スミッソンが残したこのハム・ハウスの平面は、邸館と庭園が幾何学的に一体化した最初の事例である。どうしてこんなことが可能であったかというと、サマセット・ハウスとは異なり、ハム・ハウスが邸館も庭園もともに新築造営であったからだと思われる。

ハム・ハウスの庭園構成と強い関連を見せるものとして、ロンドンのストランド街に位置するノーサンプトン・ハウスがある［図7］。ノーサンプトン伯ヘンリー・ハワードが一六〇五年から一六〇九年にかけて建設した邸館で

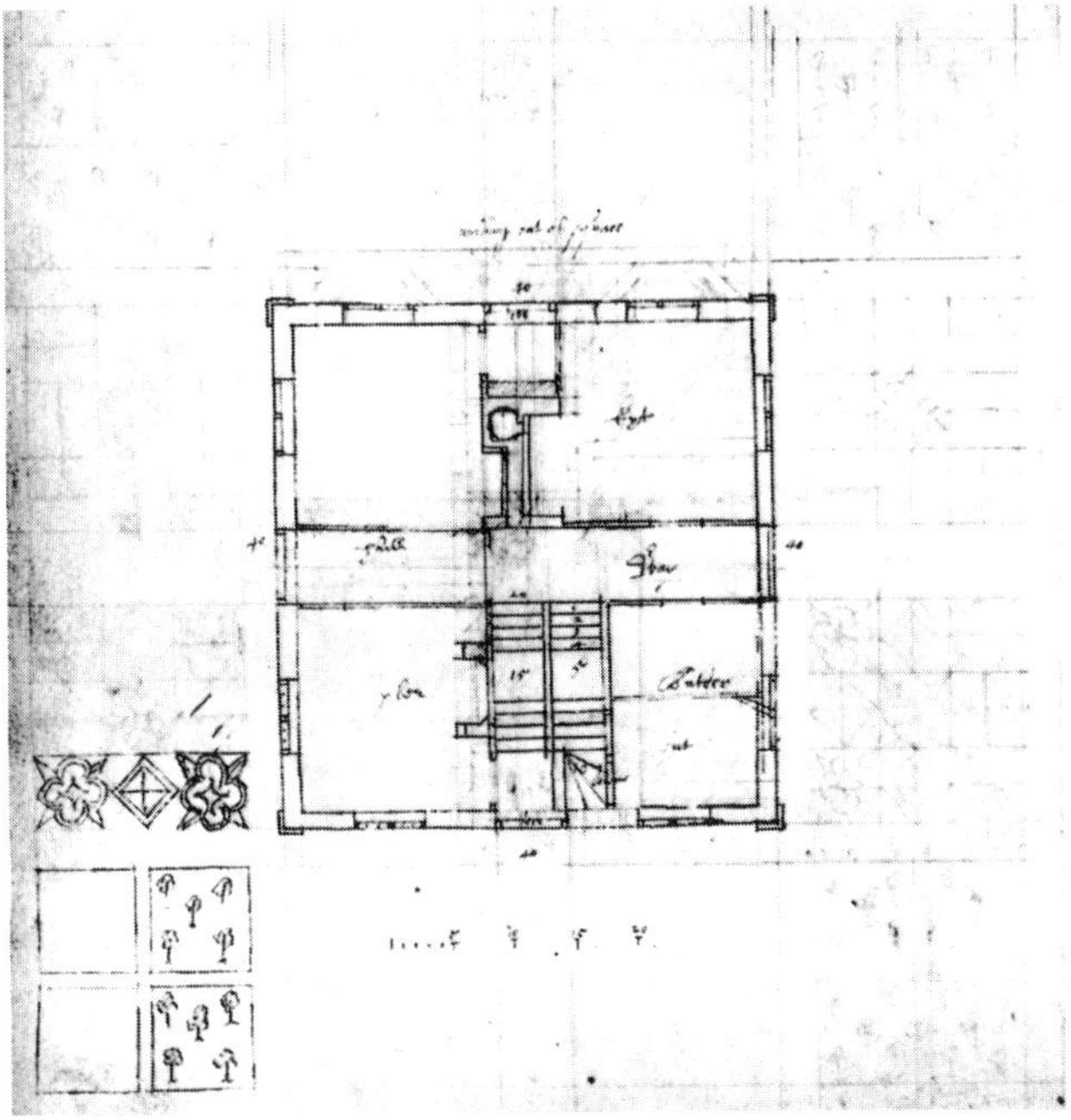

図6——リンカーンシアのダウズビー・ハウス（一六〇三年頃・一六一〇年）。

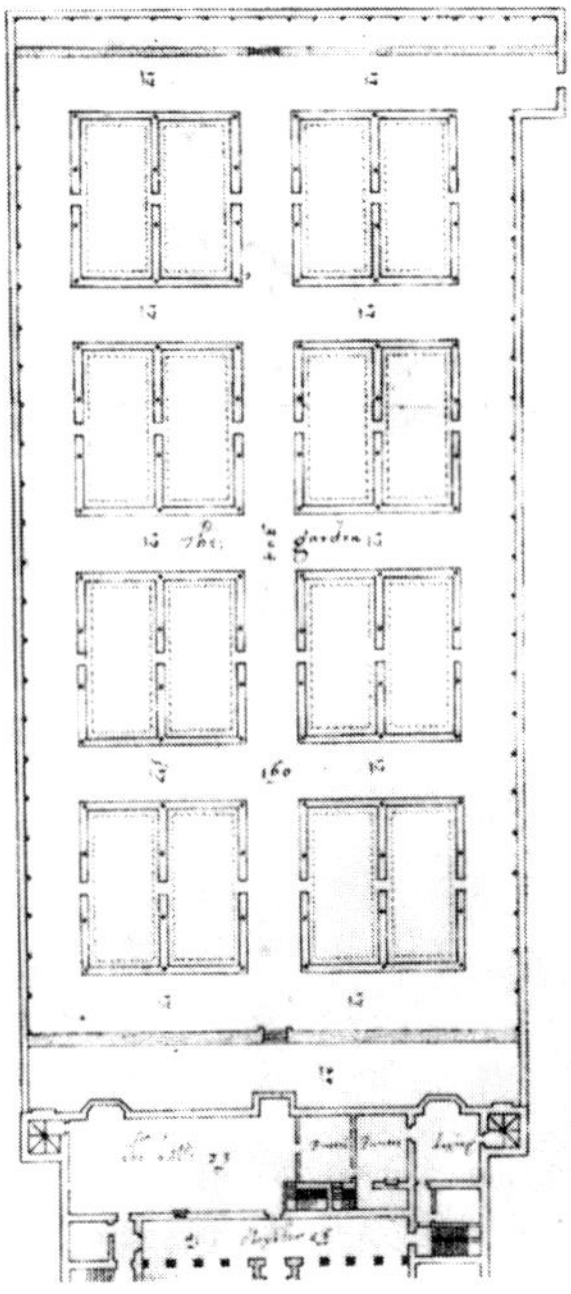

図7——ロンドンのノーサンプトン・ハウス（一六〇九年頃）。

ある。[☆11] 長く引き延ばされた長方形の庭園をもっており、この種の配列構成に関しては、ここより一〇年前に建ったサー・ジョン・ダンヴァーズのチェルシー・ハウスの庭園にすでに先例を見ることができる。ちなみに、ジョン・オーブリーはこのチェルシー庭園をイタリア式でつくられた最初期の事例として引いている。ノーサンプトン伯は、八〇年代にイタリアを旅行したものと考えられている。庭園の幅は、邸館のファサードの幅とぴったり重なる。邸館に面してテラスが設けてあり、階段を降りて庭園に立つと中央を貫く広い園路がまっすぐに延び、突き当たりにもうひとつ階段がとりつけてある。ここを昇ると、河に面したテラスに出ることができる。園路に沿って整列する正方形区画は、あたかも典型的なエリザベス女王時代の飾り結び式花壇《ノッツ》であるかのようにも見える。彫像や噴水こそ置いてないが、全体構成は一六三〇年代に展開する一連のイタリア式庭園を予見させるものがある。透視図法の効果を駆使した軸線の扱いという点では、やはりハム・ハウスと同時代のものであることを感じさせる。どちらの事例でも、邸館と庭園とを建築的に関連づける企図が見られるからである。これは、一世代ほどまえに、ウォラトン・ホールで最後に試みられて以来のデザイン手法である。

　これらの庭園群に属する邸館をもうひとつ続けて紹介しよう。邸宅と庭園の統合という点に多大の関心をはらった事例である。この平面図はジョン・ソープが描いており、リンカーンシアのダウズビーのサー・ウィリアム・リグドンのために作成したものであった[☆12]［図6］。全体の構成を見ると、ノーサンプトン・ハウスというよりは、むしろウォラトン・ホールの方をより強く彷彿とさせる。敷地は完全な左右対称形状をとり、合計一六の正方形ユニットがつくる升目上に、邸宅と庭園とが完全な正方形として構想されている。図面上にはただ一言「正方形区画をはみださないこと」とのみ記してある。飾り結び式花壇の模様や果樹園の植樹パターンに関して、設計者が残した唯一の指示がこの一句なのである。植栽方法は、ここでもまた旧習墨守といった感じである。サー・ウィリアムは一六〇三年にナイトに叙せられ、一六一〇年に亡くなっているから、この図面が描かれたのもダウズビー・ホールが実際に建設されたのも、おそらくその間ということになろう。ハム・ハウス、ノーサンプトン・ハウス、ダウズビー・ハウスの図面をこれまで見てきたわけだが、いずれも一七世紀初頭の一〇年間にあって、邸館と庭園を全体構成において結合しようとする欲求が徐々に高まりつつあったことをよく示している。

最後にとりあげる図面は年代的にはやや下って、ロバート・スミッソンの息子のジョンが作成したものである。ウォラトンにある果樹園の平面を描いたものであるが、これはサー・パーシヴァル・ウィロビーが一六一八年に新たに造園したものである。[☆13] 図面中には邸館の平面が描かれていないから、はたして果樹園と邸館とが構成の上で密接な関連性をもっていたかどうかはわからない。造園にともなって、幅四五〇フィートもの広闊なテラスがつくられている。テラスの両端に階段を設けて歩道に降りることができるという構成は、広義においてウスター・ロッジやハム・ハウスと同じものとみなすことができるだろう。ただしサー・ウィロビーの庭園には、中央に噴水もしくは築山がある点が異なってはいる。

これらの庭園はいずれも、王宮の庭園群から大きな影響を受けていたことは確実である。とりわけ一六〇九年から一二年にかけての期間は、ド・コーの指揮下で旺盛な造営活動が進行していたからである。テラス状の歩道をつくって足下の整形花壇を眺められるようにした点など、明らかに王宮の庭園を模倣したものであるし、雄渾な規模の植栽も同様であろう。かつての庭園といえば、孤立した区画がばらばらにちらばり、それぞれの区画の周囲には柵がめぐらされていたのだが、いまやすっかり装いを新たにした庭園が現われたのである。平面構成はいや増しに大胆となり、さらなる威厳を加え、さらに人目を惹くようになった。けれども、継ぎ接ぎ的な側面がまだなきにしもあらずという点もあった。邸館と庭園とを統合してひとつのユニットとして構成しようという願望が決定的となった時点で、やがて革命的な造園観を形成することになるいくつかの種子がはらまれることになった。中でも重要なのは、透視図法《パースペクティヴ》の法則を知悉するにいたった点である。

ジェイムズ一世時代の庭園は、一種の技術的産物ともいえる側面をもっている。さまざまな法則に従って自然を彫琢し、その結果できあがったものだからである。なかんずく、一世を風靡する光学原理に則った造園が数多く見られた。放射状園路や通景線《ヴィスタ》といった造園上の要素が現われたのと同時期に、イングランド演劇界においても一点透視図法を駆使した舞台装置が登場していることは、決して偶然ではない。イニゴ・ジョーンズは一六〇五年、『黒の仮面劇』の舞台背景のために、はじめてルネサンスの科学的透視図法を利用した。海の情景を描きだすそのシーンは、「さまよう美によって」はるか遠方から観客の視線をとらえるものであったという。これ以降、ジョーンズが手がけていくことになる舞台装置の数々は、同時代の視覚芸術を推し量るための基準点として利用することができる。ジョーンズの舞台芸術と平行して、初期ジェイムズ一世時代のあらゆる視覚芸術を席捲するかたちで、ある現象がイングランドで展開していたからである。それがすなわち、ルネサンス的な言葉の意味での絵画空間《ピクトリアル・スペース》なるものが、ここに誕生したということであった。ド・コー自身の最初の著作が『透視図法および影と鏡の原理』であったこと自体、この流れの事情を傍証するものである。庭園の分野にまで透視図法の波が押し寄せたのと同様、やはり宮廷仮面劇の世界にもこの視法がとりいれられ、間歇的に影響を振るうこととなった。ジョーンズがはじめにとりくんでいたのは、エンブレム的な劇的場面に動きをもちこむことであった。イタリア訪問以前のこの段階では、透視図法は単に劇中の神話や寓話の世界を強化するために用いただけの話であって、透視図法という視法自体の光学原理に注目していたわけではなかった。透視図法が使われるのは、舞台上で展開しているアレゴリーを補強する効果をねらった場合であった。観客の視線を注意深くコントロールし、人々が新プラトン主義的神秘を観照するように誘導するのがその役目というわけである。とりわけそうした観念が投影されていたのは、女王、王子、大物宮廷人といった面々が演じる役柄であって、彼らは星、季節、黄道十二宮星座などと連想されるなんらかの典型的な英雄像として舞台に登場するのが常であった。これとまったく同じ状況だったのが、透視図法を庭園デザインに利用する場合であった。こちらの分野でも、この視法はややためらいがちに導入されたからである。[☆14] 透視図法は造園デザインを律する要諦原理として働いたわけではなく、単なる「装置」とみなされて、園内のところどころで視覚上の効果をあげたり、邸館の壮麗さを際立たせるというレヴェルで使われていたにすぎなかった。ハム・ハウスなどがそのよい例である。しかし、この時代の庭園に見られる広大な構成、平面上での邸館と庭園との統合、ルネサンスの一点透視図法に基づく光学原理の導入といった要素が組みあわさり、最終的には同世紀後半にいたってバロック庭園へと発展し、チャッツワース、ブレットビー、バドミントンといった作品の数々を産むことになる。

象徴的な四つの庭園——トゥイクナム・パーク、チャスルトン、ウィルトン、ウェア・パーク

サロモン・ド・コーの人工洞窟《グロット》を彷彿とさせるイニゴ・ジョーンズの劇中場面には、数多くの貴婦人たちが登場するが、見当たらない人物が一人いる。ベドフォード伯爵夫人ルーシー・ハリントンである。ベドフォード伯爵夫人といえば、「テテュス女神の饗宴」に先立つあらゆる女王の宮廷仮面劇に登場していた人物である。アン・クリフォード夫人は、伯爵夫人のことを「女王のお側におられる偉大な貴婦人で、誰もが敬意をはらっている」と述べている。[☆15] ベドフォード伯爵夫人は、庭園にもなみなみならぬ情熱を注いだ。ド・コーがグリニッジやサマセットでの造園事業に没頭していたその同じころに、伯爵夫人もまた自身の庭づくりに余念がなかった。それがハンプトン・コートの真北に位置するトゥイクナム・パークの庭園である。夫人は後の世に語り継がれることになる庭園を生涯に二つ残しているが、そのうち最初に造営されたのがこのトゥイクナム・パークの庭園である。

ルーシー・ハリントンは、溢れる教養とともに贅沢な面ももちあわせた女性であった。エクストンのサー・ジョン・ハリントンの事実上唯一の遺産相続者として、豊潤な資産を意のままに使うことができたのに加え、一五九四年には第三代ベドフォード伯エドワード・ラッセルとの婚姻によって、伯爵夫人の称号をも手に入れた。この伯爵の性格は、夫人とは際立った対照をなしていたからおもしろい。公的活動には一切興味がないといった風情で、あるとき落馬をして重傷を負ってからは、なにもかも引き払って宮廷をあとにし、世間から引き籠って独居を決めこんでしまう。ところが、ベドフォード伯爵夫人は、ますます意気盛んにして野心に満ちあふれた生活を送り、詩人や文人たちのサークルの中心となって活躍した。とりまきの文人連には、サミュエル・ダニエル、ジョン・ダン、マ

イケル・ドレイトン、トマス・メイ、ベン・ジョンソンらが名を連ねている。ダンは、伯爵夫人に宛てた詩をトゥイクナム・パークの庭園の中で詠んだという記録を残しているが、実際に『唄とソネット』の中には、その名も「トゥイクナム庭園」と題された一篇が収録されている。恋に悩み、胸ふさぐ想いに打ちひしがれた若き詩人が安らぎを求めて夫人の庭園へとやってくる。

溜息に吹かれ、涙に溺れそうになりながら、
私は春を求めてこの美しい庭にやってきた。
そして、私の目と耳で、ほかのものすべてを
癒やしてくれる花の香を受けとめた。[☆16]

ルーシー・ハリントンは視覚芸術に対する審美眼においても、同様に前衛的感覚の持ち主であった。そのことはサー・トマス・ロウの手紙からうかがい知ることができる。その手紙には、伯爵夫人が古代メダルに関する並々ならぬ知識をもっていたことが記してあるからである。[☆17] 夫人はまた、絵画の蒐集にも熱狂的な執心ぶりを示した。一六一七年には、自身を評して次のように述べている。「(私は)ホルバインの手になる作品か、もしくは彼以外にも優れた才能をもった名匠の作品ならば、可能なかぎりのものを手に入れたく思っております[☆18]」。

トゥイクナム・パークは、一五九四年に二一年の借地契約でフランシス・ベーコンが賃貸していた。ベーコンはこの地を「私のとりくんでいる哲学研究を完成させるためには、大変快適な環境が整っている」と、大層気に入った様子であった。[☆19] 一二年後、ベーコンは借地権をルーシー・ハリントンに半ば強制的に売り渡さねばならなくなる。伯爵夫人はここに一六一八年まで居を構え、造園にいそしんだ。このトゥイクナム庭園の模様をロバート・スミッソンが記録している[図8]。おそらくロンドンを一六〇九年に訪れたさいに見聞したのだろう。庭園は三二一フィ

ート四方の正方形で、周囲を壁がぐるりと囲んでいる。壁の内部には四重の生け垣がめぐっていて、一番外側に山査子、次に「動物の形に刈りこんだ灌木」、三番目にローズマリー、そして一番内側に果樹が植えられていた。生け垣の輪を抜けると、そこには一見したところ迷宮とも見える構成が広がっている。これと同じような平面類を印刷したものには、たびたびお目にかかる。トマス・ヒルの諸著作にくりかえし現われる図案である。けれどもヒルの構想した迷宮《ダイダロス》は、これほど大がかりな規模で実地に供されることはなかった。ヒルの迷宮はタイムやヒソップといったハーブ類でつくることを想定したものであったが、ベドフォード伯爵夫人が造成した迷宮ときたら、樹木と歩道で構成される大規模なもので、スパンドレルには築山まで備えていたからである。内部構成を見ると、迷路状に錯綜しているわけではなく、四方向から出入りすることができるようになっていた。中央部分には円形の区画が設けてある。（スミッソンの図面には植栽に関する記載はとくにないが）ここにはおそらく草が一面に生い茂っていたのだろう。その外側には同心円の輪が幾重にも連なり、うち三つの円は椛《かば》、二つがライム、一番外周の円には果樹がそれぞれ植栽してある。四隅に置かれた階段を昇っていけば、庭園の眺望を得られる地点にたつことができたはずである。ここにも植栽がほどこしてあった。そして図面中には記載こそないが、頂上には四阿が建っていたと考えてもおかしくないだろう。庭園の訪問者はここから、眼下に広がるこの瞠目すべき平面を見下ろし、観照することができた。なぜ瞠目に値するのかといえば、ルーシー・ハリントンが産みだしたこのトゥイクナム・パークの庭園には、いかにも象徴的なデザインがほどこしてあったからである。それはコペルニクス以前の世界観にとってはおなじみの平面構成であった［図9］。円の中央部分にまず地球がきて、次いで月、水星、金星と続き（ここまでが椛《かば》の植栽）、さらに太陽、火星が配され（この二つがライム）、木星（果樹の円）、さらには土星（果樹よりも外側の部分）と連なっていく。トゥイクナムの庭園にこうした天動説的モデルを読みこむことは、実はそれほど突飛な解釈ではない。たとえば、これと似たような天界構造のモデルがプラハのルドルフ二世の庭園でも目にすることができたと、ファインズ・モリソンが書き残している。

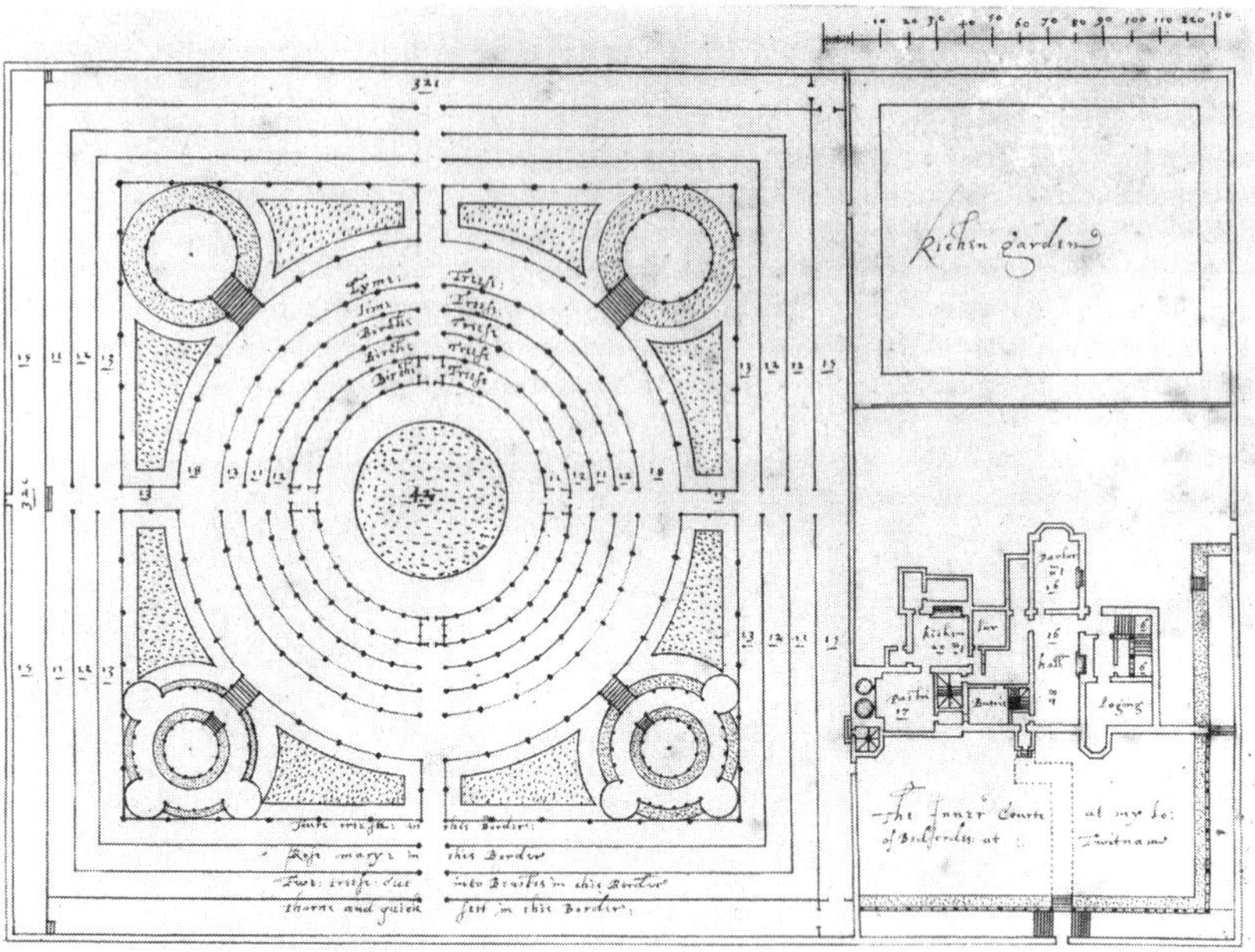

二つの幾何学的庭園

図8――トゥイクナム・パークにあったベドフォード伯爵夫人の庭園の平面図（一六〇九年頃）。邸館が小さく見えてしまうほどの規模をもつ庭園で、コペルニクス以前の宇宙像に基づく円形状の構成が正方形を重ねた領域の中に挿入されている。四隅の部分には階段が設けてあり、築山を登ることができた。頂上にはたぶん饗宴館か四阿が建っていたのだろう。

図9――コペルニクス以前の宇宙像。地球を中心に置き、その周囲を諸惑星の天球が囲んでいる。

図10――チャスルトン・ハウスの庭園。もともとは一六〇二年頃から一六一四年にかけて造成されたものを一八二八年に復元したものだが、それでも造成当初のマニエリスム的幾何学の要素をよく伝えているように見える。

木々は星の姿に植えられており、その中に六つの角のある星の形をした小さな美しい家が同じく建っている。[☆20]

このようにして、トゥイクナム庭園は創造主の姿を実に見事に反映することになった。かつてジョンソンは、ベドフォード伯夫人を讃えて「われらの天球を照らす光明」と形容したが、文字どおり夫人は、庭園に現出した天界モデルを統べる存在でもあったわけである。[☆21]

マーク・ジルアードは、トゥイクナム・パークの庭園を見ていると、ある別の庭園のことが想起されると述べている。今日でもなお造園当初の配置構成を保っているその庭園とは、オックスフォードシアにあるチャスルトン・ハウスのことである。ウォルター・ジョーンズというウィットニーからやってきた裕福な羊毛商人の手で造営され、敷地は火薬陰謀事件の共謀者の一人から一六〇二年に買い入れたものであった。[☆22]邸館の建設が終了したのが一六一四年で、庭園は周囲を柵で囲まれ、ほぼ正方形に近い形状（一七〇フィート×一四〇フィート）であった。邸館の片方の側に面して位置するその配置は、トゥイクナムやウスター・ロッジとまったく同じ立地である。今日目にすることのできるチャスルトン・ハウスの庭園は、中央に置いた日時計の周囲を薔薇の花壇がとりまき、その外側には珍妙な形に刈りこんだ二四本の柘植が円環状に並んでいる［図10］。これを囲う櫟《いちい》の生け垣もまた円を描き、十字の四方向に入り口が設けてあって、このさらに外側には花壇が広がっている。この一家は極端なまでに保守的で、王党派の一族は名誉革命後もステュアート王家を支持し続けたほどだから、この形状は造営当初のものを遠く反映している可能性がある。今見られるこの庭園デザインがいつの時代のものかは、正確にはわかっていない。だがイニゴ・トリッグズによれば、一八二八年に庭園の大改装がおこなわれたらしく、そのさいには古い時代のデザインが踏襲されたというのだが、これは大いにありうることだ。しかし、この庭園もロマン主義の時代に一世を風靡した整形式庭園復興運動を色濃く反映したものであるし、「懐かしのイングランド邸宅」崇拝の残滓ともいえることはたしかである。この庭園を訪れた者が最も驚くものは何かといえば、それは植栽の奇妙な形姿などではなく、まさしくその幾何学にほかならない。ここチャスルトンで私たちが目にすることができるのは、望みうるかぎり最高の状態でジェイムズ一世時代から生き延びた幾何学式マニエリスム庭園の姿なのである。

トゥイクナム・パークの庭園には、これとはまた別の庭園との関連も認められる。とうの昔に忘れ去られてしまい、その存在についてほとんど知ることすらかなわなくなってしまったある庭のことだが、これを造営したのは第三代ペンブルック伯ウィリアム・ハーバートであった。ウィルトシアのソールズベリーの地に造営された庭園で、一六二三年に「水上詩人」ジョン・テイラーがここを訪れ、次のような描写を残している。

世の人士たちの中にあっても、老齢の貴顕アドリアン・ギルバート氏が支払った労苦と孜々たる努力こそ、忘れられるべきではない。なぜなら氏は（主君の多大の費用と氏自身の労苦を費やして）かくも錯綜を極める自然環境を巧みにさばいて見せたからである。接ぎ木、植栽、植樹にいそしみ、柵や生け垣をめぐらせ、水をほとばしらせたかと思えば、道筋の向きを変えてうねりを産みだし、一方で、そこかしこに円、三角、四角、球、楕円をつくったり、このほかにもおよそ考えつくかぎりの偏倚と綺想を盛りこんだ労苦が察せられる。最も優美な果樹を用いて並木道や生け垣や四阿をつくり、これらを技巧的に配して技芸の粋を見せつけもした。神聖かつ道徳的な追憶に訴えかけるその配置は、三棟の四阿が三角形を成し、それぞれが中央に聳立する巨大な四阿に向かって立つという結構で、それはあたかも三位一体の秘義を示しているかのごとくであった。また別の並木道と四阿は果樹だけを選んでつくってあってまことに麗しく、感覚を楽しませ魅了してやむことなく、氏はかの地を指して「楽園《パラダイス》」と称し、真の意味でのアダム主義者たるべく当地で日々骨折って働き、大地を耕し続けたのである。

加えて、氏は園路をつくるにあたって、尋常ならざることだが、これを丸く広々として、園路の外側にまた園路を重ねる感じにした（ちょうど玉葱の皮が、外側ほど大きく、中心に向かうにつれて小さくなっていくのと似ている）。そのうえ、園路と園路とを仕切る生け垣の幅がめっぽう厚いものだから、隣の道を一体誰が歩いているのかまったく見当さえつかないありさまである。結論を申すならば、この作品には終わりがないのだということになろう。思うに、これはイングランドにおいてほかの追従を許さぬものだが、おそらくみながこれに勝るものをつくろうと躍起になって追いかけ続けることになるだろう。[☆23]

テイラーがここで伝えているのは、ウィルトンの地に有名なジェイムズ一世時代の庭園があったということである。それも、伯爵の兄弟が一六三〇年代に同地に造営することになるあの著名な庭園に先立って造園され、その庭がまた、厳格な幾何学と強い象徴性を有していたというのである。

ペンブルック伯ウィリアム・ハーバートはウィルトンの所領を一六〇一年に相続して、その三年後、第七代シュローズベリー伯の令嬢メアリー・タルボットと結婚している。ジョン・オーブリーがペンブルック伯を評して言うには、「伯爵は学問をこよなく愛するお方で、当代随一、いや今日まで並ぶ者がないほどの学芸庇護者」だったという。このペンブルック伯とともに、われわれは再び学芸庇護の世界をかいま見ることとなる。ジョージ・ハーバート、サミュエル・ダニエル（伯爵の家庭教師を務めた）、フィリップ・マッシンジャー、ベン・ジョンソン等の錚々たる面々が集う世界である。ジェイムズ一世の覚えもたいそうよかったらしく、国王はウィルトンの地に一六二〇年と一六二三年の二回にわたって行幸している。ペンブルック伯はルーシー・ハリントンと同じく、学識豊かで文学の素養があった。それに庭園についての描写を読んでいると（というのも庭園の平面図が残っていないからなのだが）、まるでトゥイクナム・パークのことを語っているかのように聞こえてしまう。テーラーの記述からはっきりとわかることは、この庭園が幾何学で構成され、象徴性を帯びていたということである。円、三角、四角、球、楕円などの配列の中に、「神聖かつ道徳的な記憶」を読みとることができたという。具体的な事例をテーラーは二つあげている。ひとつは四阿の配置方法で、これは三位一体を象徴するものである。似たような図形的構成を庭園に採用した事例には、ラシュトンの三角邸やロングフォード・キャッスルなどがある。どちらの建物にも、三位一体に基づいた象徴的な配置構成が見られる。[☆24] もうひとつの例は巨大な円環状園路もしくは迷宮の構成である。高い生け垣に囲まれ、徐々に中心に近づくのだそうだが、その中心に何があったのかに関しては書かれていない。

それでは造営された当時、この強い象徴性を帯びたペンブルック伯の庭園はどんな姿をしていたのだろう。この点を解明するための格好の手がかりがある。宮廷仮面劇およびフランスの宮廷バレエに見られる幾何学的なダンス・パターンがその鍵である。たとえば、著名な『王妃のバレエ・コミック』はフランス宮廷で一五八一年に上演されたものだが、クライマックスの場面で本格バレエが導入され、四〇名は下らない人々が象徴的な幾何学図形を身にまとって演舞するという趣向であった。あるいは一六一〇年の舞踏会で催された「古代ドルイド僧のアルファベット」なるダンスでは、四角形に内接する四角形が「ウィトルウィウスのデザイン」を意味したり、互いに接する三つの円が「既知の真理」を表わしたり、といった演出がおこなわれた。[☆25] ウィルトンの庭園の場合は象徴的な幾何学に基づいて、伯爵個人を讃える図像学的プログラムを仕掛けたのかもしれない。

同じく強い象徴性を有する庭園が同時期にもうひとつ造営されている。サー・ヘンリー・ファンショーが有するハートフォードシアのウェア・パークである。サー・ヘンリーは「ヘンリー皇太子の寵臣」だった人物で、およそ初期ステュアート朝の学芸愛好家紳士《ヴァーチュオーソ》ならばもちあわせているべきとされる特質をすべて兼ね具えた蒐集家であった。コレクションの対象となった品目は、絵画、版画、素描を皮切りに、メダル、彫刻のほどこされた石、書籍、楽器にまで及び、加えてイタリア語が堪能で、乗馬もそつなくこなしたという。「イングランド史上、もっとも華麗で洗練された紳士」との評価もあるほどだ。[☆26] ファンショーがウェア・パークの地にやってきたのは、一六〇一年に父親が亡くなった折であった。それから五年の月日が流れ、いよいよ庭園の造成作業が始まる。ジョン・チェンバレンが書簡の中で、一六〇六年一〇月当時の造園作業の模様を鮮やかに描写している。

……新しく庭園をつくるために、一切のものを一からつくりかえることになった。土地はあらためて水平に均し、植栽に関しても、移植といってもよい規模の作業をおこなった。最初に植えたものが、地中深く埋めすぎたためにみな枯れてしまったからである。そうしたうえで、庭園の中央部分に飾り結び式花壇を置くかわりに、一基の要塞の建設が始まった。完璧なプロポーションをもち、城壁、堡塁、傾斜外壁をはじめ、防衛に必要な諸設備を残さず備えているというから、完成の暁には、難攻不落の砦となることであろう。☆27

要塞の形状に基づいた庭園平面というのは、決して珍しいものではなかった。アンドルー・マーヴェルは詩行の中に、サー・トマス・フェアファクス（一五九九年死去）が造営したアプルトン・ハウスの庭園を歌いあげているが、これなどを読むと、その庭園も同じモティーフに基づいていたことがうかがわれる。

彼はこの地に平和に隠棲しても
軍事の研究をやめようとせず、
たわむれにこの庭を
正確な要塞の形状につくった。
五つの稜堡でこれを囲み、
五感の一つひとつをねらうしくみである。☆28

一体どんな意味がサー・ヘンリー・ファンショーの庭園には込められていたのだろう。一見したところでは、サー・トマス・フェアファクスの要塞庭園と同様に、これは五つ感覚を象徴するものととれなくもない。だがやはり、ルーシー・ハリントンの庭園がそうであったように、庭園構成の中に宇宙誌を象徴的に織りこんだものと解釈することも可能ではないだろうか。ちなみに最も人気を博したルネサンス時代の要塞形状といえば、それは五芒星の形であった。ある学者は、コルネリウス・アグリッパの『オカルト哲学』を引きながら、この形状が好まれた理由を次のように説明している。「この形態の採用にあたっては、魔術がらみの理由があったか、もしくは神秘的象徴を帯びた図形に対する顧慮、あるいはピュタゴラス学派へ敬意を払う意味合いがあったのだろう。例の五芒星形が形づくる『完全性』の賞讃というわけである」[☆29]。この理由で、一六世紀の要塞や城郭が猫も杓子もみな五芒星形状をとるにいたったなどということはまずありえないだろうが、こと庭園の領野に問題を移して考えてみるならば、五芒星形の花壇が象徴的な役割を帯びていたものと考えても、差し支えないのではないだろうか。ここには、単なる綺想としてかたづけてしまうことができない何かがあるのだ。サー・ヘンリー・ファンショーの庭園には、たしかになんらかの意味が込められていた。ただそれが何であったのかは、景観図も平面図も残っていないので、永久に解き明かすことはできないだろう。

さて造園から七年が経過した時点で、計画の変更がおこなわれることになった。怒りっぽいチェンバレンがここでも情報を提供してくれる。一六一三年八月、次のような手紙をウェア・パークから書き送っているからである。

私は、いってみればウェア・パークにこの休暇の間、滞在しているわけである。ここで私たちは新しい仕掛けと庭に水を引くことに夢中になっているのだが、これが見事に成功し、貯水池を備えた美しい噴水を一基つくることができた。これは、要塞がある下の庭園(この場所を覚えておいでだろうか)に据えてある。(池から引いた)流水のほうは上の庭園を流れていて、飾り結び式花壇の間を縫い、広い並木道に奔々と生い茂る木々をかすめて走っている。水の中には、養殖した鱒がたくさん増えてくれればよいと思っている。これらの作業には莫大な労苦と費用がかかったのだが、すべてほぼ完璧に近いかたちに仕上がった。万事ぬかりなく上々の出来映えとなったなら、そこでやめてもいいのではないかと思っている。新しい発明にはきりがないからである。ところが昨日、お見えになったのだ。あのファブリチオ殿がここへ……この御仁ときたらまったく知らないことはなにひとつないというありさまで、いろいろ新しい装置を試そうとする。しかも誰も頼んでもいないのに、勇んで采配を振るおうと意気込んでいるのである。☆30

右の引用に登場するお邪魔虫のファブリチオ殿とは、サー・ヘンリー・ウォットンのことだ。ヴェネツィア特使を二度勤め、芸術にも精通した人物であった。著書『建築要諦』の中でもファンショーの庭園をとりあげ、花壇の花々がどのような色調であったのかを論じているのだが、それによれば、最も暗い色合いの花を常に花壇の中央にくるようにし、外側にいくにつれて徐々に明るい色彩に変化させていったのだという。☆31 端的にいえば、一六一三年の段階までに、庭園全体に改変の手が加わったのである。かつての庭園要塞という綺想を払拭し、水を基調とした庭園へとつくりかえられたのである。この変化は、ド・コーが手がけていた王宮庭園の影響を直接反映したものであることは疑いを入れない。だが一方で、近隣のハットフィールドにつくられた数々の噴水や流水からも、同じく影響を受けていたとも考えられよう。ウェア・パークは、その黄金時代こそ短かったが、造営当初は人々の噂にのぼる庭園であった。カムデンはこんな言葉で激賞している。「花々が笑い、香草の緑が萌え、果樹がたわわに実る地。ここを凌ぐほどの見事な庭園などあろうはずがない」☆32。それから三年後にファンショーは亡くなっている。享年四八歳。それ以降、この庭園に関する情報ははたと途絶えてしまうのである。

これまでジェイムズ一世時代の庭園をいくつかとりあげてきたのだが、そのいずれにも共通して見られるのは、規模へのこだわりである。一六〇〇年頃から一六二〇年頃にかけて、人々は熱狂的に大規模な幾何学式庭園を追い求めていたことがわかる。そして時流に乗ったこれらの庭園には、凝りに凝った象徴的な意味が織りこんであるのが常であった。けれどもウェア・パークは、少しばかり趣が異なる。巨大なスケールを追い求めるかわりに、小ぶりではあるが、それだけ技巧の枠を凝集した水仕掛けを採用している。水の用い方がいや増しに精緻化してゆく過程は、一六四二年にいたるまでの造園芸術を特徴づける最も端的な指標ではあった。私たちが次に解明しなければならないのは、この過程である。

泉水、流水、築島――フランシス・ベーコンのゴランベリー庭園

ファンショーのウェア・パーク、セシルのハットフィールド、ヘンリー皇太子のリッチモンドはいずれも、水の使用法が次第に発展していくという当時の造園傾向を体現する作例であった。三つの庭園に共通しているのは、水を大々的に導入して自然味溢れる効果をかもしだす手法である。たとえば、人工的に河川を通し、流水《やりみず》を引き、湖を穿って、築島を浮かべる、といった結構である。こうした水を用いた要素がひときわ目を引いていたのがジェイムズ一世時代の最初の一〇年間に一世を風靡した庭園風景であった。水を膨大なスケールで処理してみせる造園技法に関して、もう少し立ち入った分析をおこなうには、時代をややさかのぼってふりかえる必要があるだろう。

庭園に水を用いて「歓楽の庭《ジャルダン・ド・プレジール》」の一部とする手法は、噴水を別とするなら、その起源をたどると、必然的に濠もしくは養魚池にいきつくことになるだろう。あるいは、濠と池の両用途に用いた設備も考えられる。いずれも中世時代からの遺産で、邸館の防衛施設として設けられたり、食用の魚を供給する装置として機能していたものだ。とくに四旬節に節食をおこなうさいには、養殖魚は貴重な栄養源にもなった。本書では先にフランス庭園で運河が用いられた例に触れたし、バーリーがティブルズにつくった整形庭園にも濠が設けられ、全体の平面を特徴づけていたことも見てきた。けれども水を大規模に活用する手法には、これとは少しばかり異なる歴史があった。まずはエリザベス朝の宮廷祝祭の文脈において、水がどのように使われたのかを探ってみることから始めよう。この時期、濠を舞台とした大規模なスペクタクルや劇が催されるようになるのだが、これはとりもなおさず、濠が単なる実用本意の機能から脱却しつつあったことを示唆するものにほかならない。おそらくこうした用途に濠が用いられた最

も初期の事例は、「ケニルワースの王君の悦楽」であろう。一五七五年にレスター伯がエリザベス女王と宮廷の一行を歓待したイベントで、絢爛豪華な余興がくりひろげられたという。このイベントでは、城を囲む濠を見立てて湖の貴婦人の住まいとし、ざっと以下のような筋立てで余興が始まった。それは、狩りから戻ったエリザベス女王が城門に架かる橋を渡ろうとしたときであった。トリトンが水面に顔を出し、喇叭を吹き鳴らしながら語り始める。魔法使いマーリンを捕らえて巨大な岩石の下に閉じこめることに成功したがゆえに、邪悪な慈しみなきサー・ブルーズの執拗なまでの迫害をこうむるはめになった湖の貴婦人のことについて、女王に向かって滔々と語り始めるのである。そして、海神ネプチューンの慈悲深きとりはからいによって、貴婦人は波に包まれ守られているのだが、「彼女自身よりも優れた乙女」によって救いだされるまでは、波の中から出ることはできないというマーリンの予言が成就されるまで、そこに閉じこめられたままであると述べ立てる。ここまでトリトンが語り終えた刹那、当然のごとく、貴婦人とお付きのニンフたちが濠を渡って近づいてきて女王に敬意を表わし、その傍らでは海豚にまたがったアリオンが現われて吟唱するのであった。[☆33]

こうした目を瞠るような効果で水が用いられる催しは、それから一六年後に再び訪れた。今回は、既存の濠や養魚池を舞台に見立てて劇を上演するといったスタイルではなく、劇のためにわざわざ大地を穿ち、専用の湖をまるごとひとつつくりだしてしまうというものであった。世に語り継がれるエルヴィーサムの歓待である。ハートフォード伯が一五九一年に催したこの祝典は、娯楽庭園の展開をたどるうえでも考慮すべき事例である。単に宮廷仮面劇の発展史に属する祝祭劇ととらえるだけではすまないのである。[☆34] さてその著名な歓待の中身はというと、まず祝祭第二日目のために広大な三日月形の湖が園内に掘られ、水面には築島が浮かべられた。当時の模様を描いた一幅の図版が残っているのだが、この情景がイングランドの風景式庭園の源泉であり、ケイパビリティ・ブラウンの着想が生まれることになると考えてみるのもおもしろいだろう［図11］。この人工湖は、エリザベス朝のエンブレム庭園を支えていた思想圏域の中で産み落とされたものであった。今回のエリザベス女王の役どころは、月の女神キュンティア、ディアナ、ベルフィービであり、この地に出現した水の帝国を統治する存在であった。それは次のように造形されていた。

……優しきイライザが大切にするものすべてが
豊かに増え続けるさまを体現する。

無敵艦隊撃沈後のエリザベス女王を讃えるのに、これはまさに象徴的な表象であった。当時といえば、占師や予言者たちがこぞって女王に讃辞の雨を浴びせ、まるで救世主の出現を目の当たりにしたかのような狂騒ぶりで、女王を世界に君臨すべき運命に定められた人物と崇め讃えていた時分である。この湖の水面には島が三つ浮かんでいた。うちひとつには木柱が林立し、ちょうど船のマストのような姿を見せていた。またもうひとつの島には要塞が据えてあった。これはイングランドを守るために海神ネプチューンがこしらえたのだという。そして最後の島には巨大な築山が聳えていた。直径四〇フィート、高さ二〇フィートにも及び、水蠟樹《いぼたのき》が螺旋状に頂上まで植わっていたというが、この山の形は次のようであった。

この祝福されしアルビオンの地を略奪しにきた
南からにじりよる醜き怪物……。

換言すれば、この怪物というのは、カトリック教国スペインおよびローマ教皇庁の邪悪な力なのである。こうした演出のお膳立てが整ったうえで、湖を舞台に技巧を凝らした寸劇を上演するという運びである。劇中では、エリザベス艦隊がスペイン海軍を撃破する様子が予言された。翌晩の劇でもこのテーマが継続し、湖上を華やかに飾る

NORTH
WEST
A
B
C
D
E
F
H
I
K
L
M

泉水と流水

図11――ハートフォード伯が命じて掘らせた象徴的な湖。エルヴィーサムの地で一五九一年に催したエリザベス女王の歓待祝典に用いるためであった。三日月形状をしたこの湖は、女王を月の女神キュンティアとして表象している。湖に浮かぶ島には、ネプチューンの要塞（中央下）や螺旋状の築島（右）が設けられていた（右ページ上）。

図12――バヨンヌにおける水を駆使した祭典（一五六五年）。既存の河と島を宮廷祝祭の舞台に仕立て、寓意的な意味をまとわせた事例（上）。

図13――フォンテーヌブロー宮殿の庭園における水上祝典（一五七〇年頃）。人工湖を象徴に満ちた舞台に仕立て、蛮人どもが防衛する人造の島に人々が攻撃を仕掛けている（右ページ下）。

花火のもと、ネプチューンの要塞がとうとう邪悪な怪物に見立てた築山を破砕するという筋立てになっていた。

エルヴィーサムは緻密な計算のもとに生まれた人工湖であり、そこには象徴性が織りこんであった。この象徴性という主題がどのように発展していったのかを追う必要があるだろう。だが、先を急がず、むしろその起源を概観しておきたい。起源というのは、エルヴィーサムの着想源になったと考えてほぼまちがいない事例のことであるが、当然のことながらそれは、海峡を挟んだ対岸のヨーロッパ本土で展開していたものである。時は一五六四年、舞台はフォンテーヌブロー宮殿の庭園である。フランス庭園をフランス庭園たらしめている最たる特徴といえば、運河であるが、このときはじめてその運河が劇のために利用されている。ロンサールによる小劇の舞台に選ばれたのである。まず、庭を訪れたシャルル九世をセイレーンたちが歌いながら出迎える。戦乱に荒れ果てた国土に国王がもたらさんとしていた黄金時代の讃歌である。次いで海神ネプチューンが現われる。四頭の海馬が引く戦車にまたがり、運河に沿って駆けてくる。そのかたわらにはニンフが一人、岩の上にたたずんでいるのが見えたりもする。[☆35] ケニルワースに先立つこと一〇年前に、フォンテーヌブロー宮殿では同じように既存の水施設をスペクタクルの舞台として利用し、象徴的な意味を表象していた。

翌年、フランス‐スペイン国境に近いバヨンヌでは、水を駆使した祝祭が催された［図12］。ここにいたって、水の使用法は精緻化の極みに達することになる。このバヨンヌの祝祭で見られたのは、運河を通って島に渡るという趣向だ。幻想的な艀に乗りこんだ宮廷人士たちが島を目指して航海するのだが、その道すがら、さまざまなイベントが一行の目の前で次から次へと巻き起こる。鯨へ攻撃をしかけたり、トリトンの衣裳に身を包んだ楽士が海亀の甲羅に乗っていたり、あるいはフォンテーヌブロー宮殿のスペクタクルと同様に海神ネプチューンが敬意を表わしに現われたり、さらにはアリオンがいつものようにお供のセイレーンを引き具して登場する情景がくりひろげられる。そして島に上陸した一行を踊り子たちが出迎える。みな羊飼いの格好をして、フランスの田舎地方で見られる衣裳をまとっている。このあと歓迎の宴が始まり、バレエが催されるといった経緯で祝祭は続いた。[☆36] この事例では自然の水辺をそのままに利用していたのだが、これがたとえば城館内に人為的に引かれた水路の上でくりひろげられたとしても、一向に不思議ではない。

実際それが可能であったということは、フォンテーヌブロー宮殿の庭園の湖で開催された、ある水上トーナメントの情景を描いた図版からもうかがい知ることができる［図13］。具体的にどの祝典を描いたものなのかはわかっていないが、アンリ三世の治世のどこかの時期、おそらく七〇年代におこなわれたものであろう。画中では、さまざまな衣裳に身を包んだ戦士たちが舟にぎっしりと乗りこみ、湖の中央に浮かぶ島に攻撃をしかけている。島には蛮人たちがいて、攻撃を防いでいるのが見える。[☆37] 要するに、フォンテーヌブロー宮殿の庭園の湖は、魚の飼育以外の用途にも使われていたのである。つまり、庭園の湖には装飾的な効果を期待することができただけではなく、宮廷の仮面舞踏会を催すのにもってこいの舞台としても利用可能であったのである。おそらくこうした用途に運河を転用し、そのまま変わることなく演劇の舞台として活用し続けた事例としては、シャルル・ド・ブルボンがつくったものがつとに名高い。すでに巧緻の極みを十分見せていたガイヨンの城館の庭園に、一五五〇年代になってから、彼は見る者を瞠目せしめる運河と湖を付け加えた［図14］。運河の一方の端には白い館《メゾン・ブランシュ》が立ち、橋が架けられ陸地と結ばれていた。そしてもう一方の端には礼拝堂があり、傍らの四角い泉水の中には巨魁な岩石が据えられ、その上にに庵が立っていたという。[☆38]

象徴性に満ち満ちたエルヴィーサム湖での歓待劇を見るにつけ、ヴァロワ王朝末期の水上祝宴のイメージが鮮やかに浮かんでくる。だがこのエルヴィーサムの事例を別とすれば、泉水や流水が庭園の一要素として発展を閲するのは、一六一〇年代の前半に入ってからである。この時期になってようやく、大量の水を効果的に用いて、大規模な演出がおこなわれるようになった。実際ヘンリー皇太子のリッチモンド宮殿やロバート・セシルのハットフィールド・ハウスでは、この種の水の大規模活用が造園計画上の中心的目的となっていた。これら両園に加えて、もうひとつ水の演出を要諦原理としてつくられた庭園があった。その第三の庭園こそ、時を同じくしてフランシス・ベーコンの手で造園作業が進んでいたゴランベリーである。

一六〇八年七月、ベーコンは湖に浮かぶ島に関する「草案」を作成している。それはエルヴィーサムを回顧したものであるばかりか、リッチモンド宮殿やハットフィールド・ハウスをも彷彿とさせる計画であった。これらの作庭事業は、すべて同時期に進展していたプロジェクトだったからである。ベーコンは日記の中に「この計画についてソールズベリー伯にご報告申しあげること」という記述を残しているが、これは庭園をデザインするにさいしてセシルの意見が考慮されていたことを示すものである。[☆39] ベーコンの計画した湖は正方形の中にすっぽりと収まっていて、外周をとりまく壁に沿っては、樺とライムの並木が植わっていた[図16]。外周壁の内側には、幅二五フィートの歩道がぐるりと一周していて、これのさらに内側には自然の水流を模した水路がめぐっている。次いで土手が水路沿いに走り、その内側にやはり二五フィート幅の歩道が設けてあったが、こちらの方には道沿いに百合を植えるのだという。そしてこの歩道の内側にあるのが、正方形状の湖である。鍍金をほどこした欄干が湖を一周囲んでいて、その足下には花々や苺が咲き誇っているのだという。湖に架かっている橋を渡ると、湖上に浮かぶ中央の島にいくことができる。島の大きさは幅一〇〇フィートあまりで、その上に建つ館には、ギャラリー、晩餐室、寝室、小部屋、音楽室、庭園などが備えられていた。湖上には、さらに六つの小さな島が浮かんでいて、それぞれ「美しい椣《して》の樹が茂って」いたり、岩だけの島であったり、人工洞窟を備えていたり、斜面を花が覆っていたり、「マスクローズでつくった四阿が建ち、周囲に菫の花が生い茂って、秋には芳香が漂う」島などであった。しかも個々の島には、その特徴に見合ったニンフやトリトンの彫像が置かれていた。

ジョン・オーブリーがこのベーコンの庭を一六五六年に訪れている。オーブリーは「歩道のデザインはことのほか独創的」だと誉めている一方で、古代ローマ風の古典主義様式でつくった優雅な避暑用四阿の方は、「まだそこに建っていたが、表面がボロボロと剝がれ落ちていた」と報告している。宮廷仮面劇では、かなり早い時期から書き割りの一部に古典主義スタイルの建築が描かれることがあったが、このベーコンの庭園に建っていた四阿は、それ

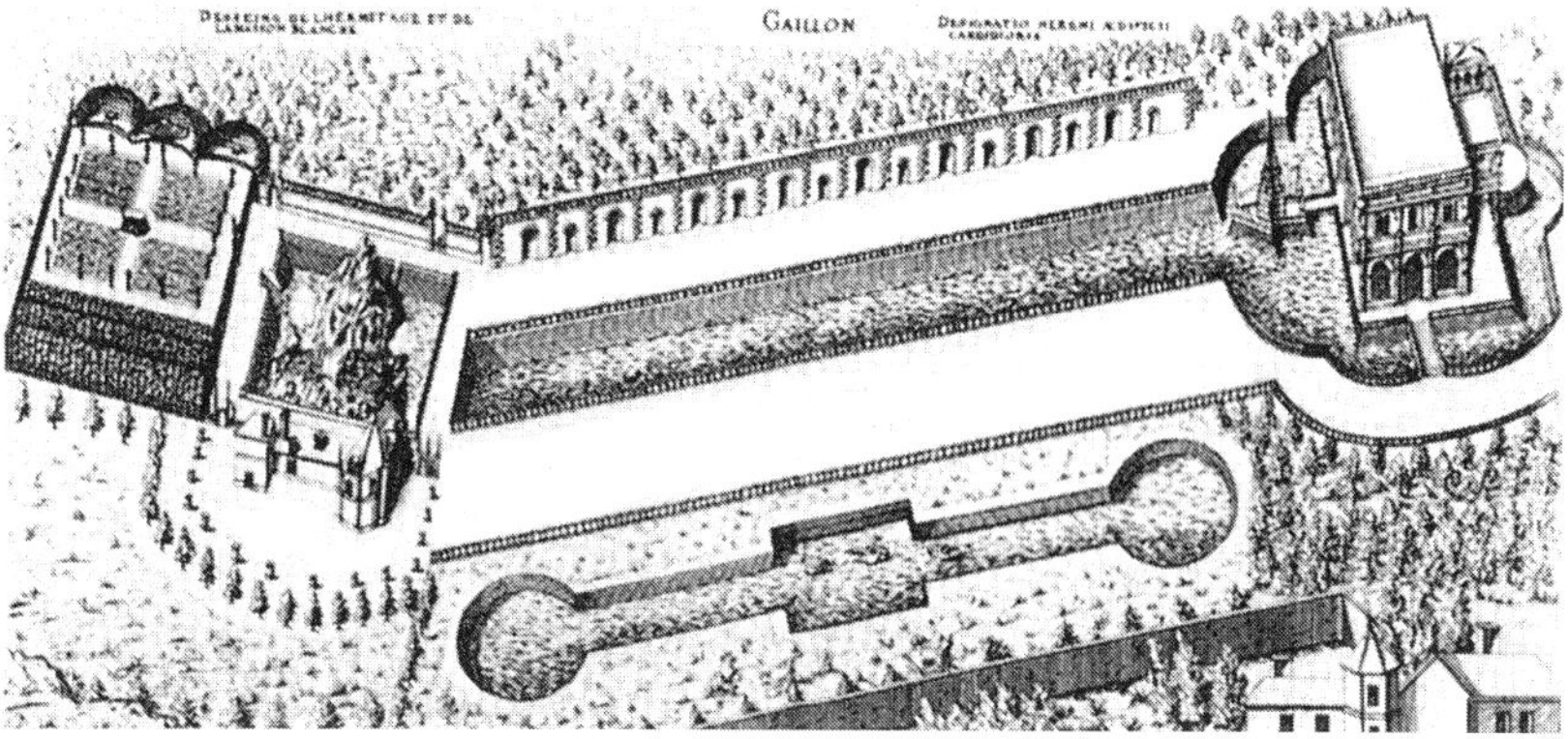

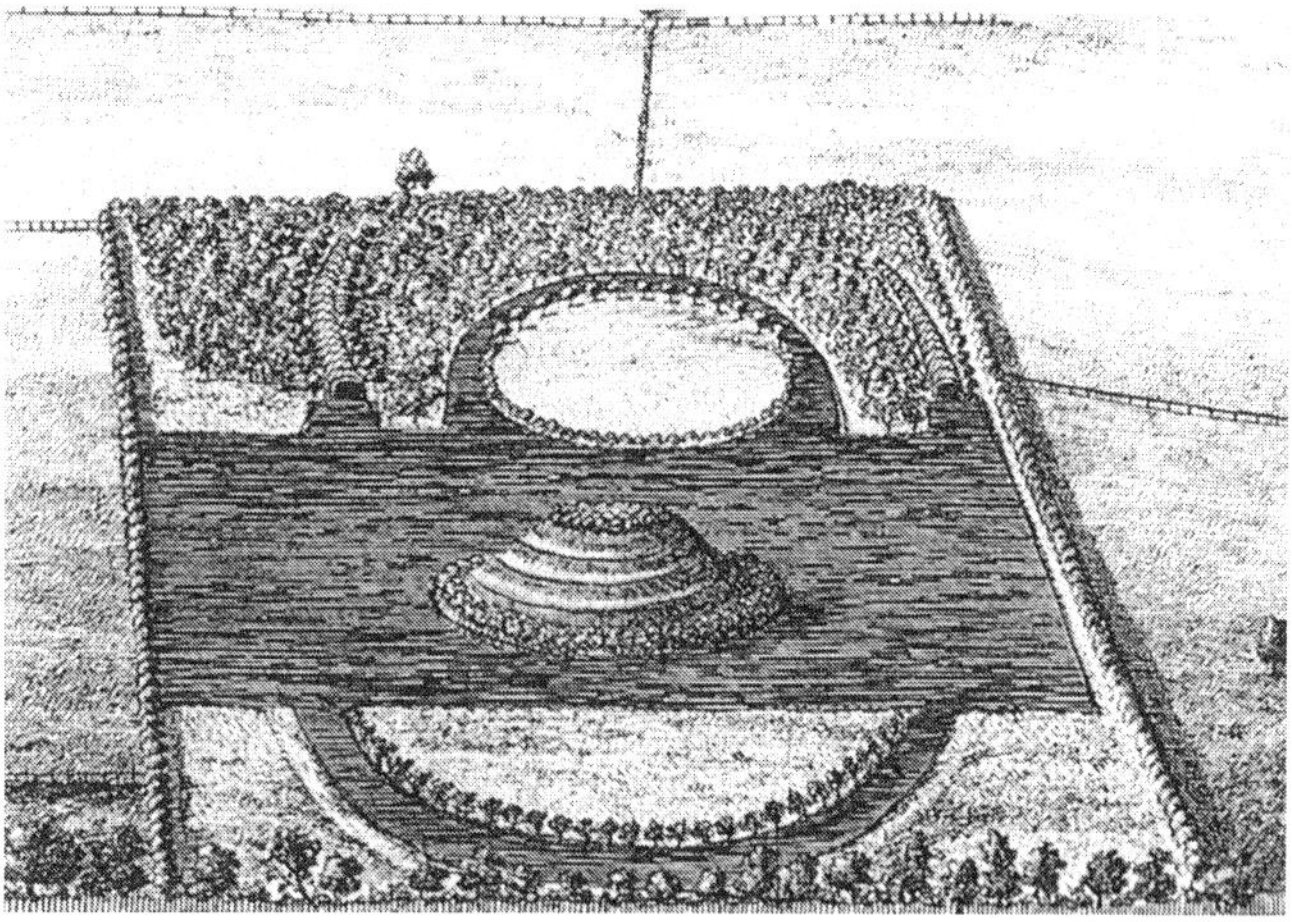

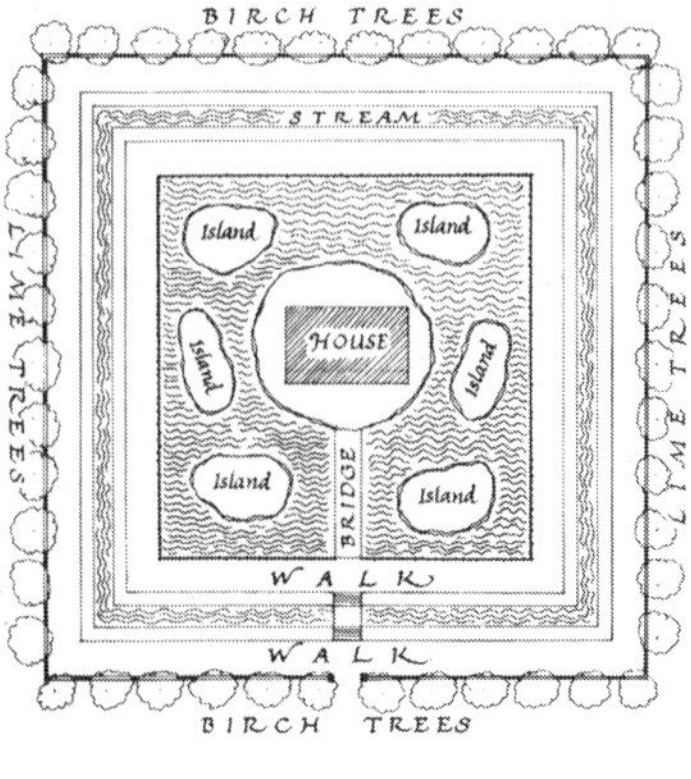

図14——ガイヨンの泉水と築島（一五五〇年頃）。画面右手には「白い館」が泉水の中に浮かび、これが運河となって左手方向に延びて正方形の湖に達する。湖の中からは岩山が立ちあがり隠遁の館がある。

図15——ノッティンガムシアはホートンにあった鴨を捕獲するためのおとり施設。幾何学形態の池や築島や築山から構成されている。

図16——フランシス・ベーコンが語った記述に基づくダイアグラム。ゴランベリーのベーコン邸にあった築島の浮かぶ泉水（一六〇八年）。

に次ぐイングランドにおける純古典主義建築の早い事例だといえる。だが、オーブリーの目を捕らえて離さなかったのは、むしろ湖の方であった。彼の見聞によれば、広さは四エーカーを下らず、湖底にはハットフィールドにも見られたように、色石が一面に敷き詰めてあった。これらの石は、ベーコン自身が入念に選別したものだという。そして「中央湖のただ中に浮かぶ島には、思わず興味をそそられてしまう古代ローマ風の饗宴館が建っている。床面には黒と白の大理石が敷き詰めてあり、コーンウォール産粘板岩で覆われた壁面には小ぎれいに腰羽目が張って」あったという。☆40 ベーコンがまだかけだしの若者であったころ、一五七〇年代にフランスに赴き、パリのイングランド大使館に滞在したことがあった。ゴランベリーの湖と島は、ガイヨンの邸館やフォンテーヌブロー宮殿の庭園を彷彿とさせるものであった。

ベーコンが亡くなったのは一六二六年のことだ。まさにその同じ時期に、ジェイムズ一世がティブルズの地にベーコンの庭園をコピーしている真っ最中であったというのは、なんとも皮肉な話である。この種の庭園なら、すでにロバート・セシルが一六〇二年から一六〇三年にかけて試みてはいる。整形式庭園の外側に自然風の水流を引いたものだが、これはおそらく、古代のヴィッラの庭園構成を模倣するのに必要な特徴から直接的な着想を得たものであろう。プリニウスが述べているように、古代ローマにおけるヴィッラの庭園では、整形の部分と非整形の部分とが、鋭い対比をなしていたからである。この構成がさらに深化を見せるのは一六二五年から二六年にかけて、新しく二つの池がつくられたときのことである。うちひとつは島を浮かべられるほど大きく、もうひとつには端部に築山がこしらえてあった。ゴランベリーと同様、大きい方の池には周囲を囲む柵がめぐっていたというが、ここから推察するに、おそらくこの柵は幾何学形態をしていて、足下には苺、桜草、菫といった花々が咲き笑っていたのにちがいない。植えこみには、桜やプラムをはじめとする花樹果林が生い茂っていたという。また流水が園内を走り、おそらくは池と池とを結んでいたと思われる。木製の橋がところどころに架かって、水の流れをまたげるようになっていた。土地が低くなっているほうの小さい池には、「木の傍らに新たな小屋」があって、そこかしこに装飾をほどこされた金字塔《ピラミッド》が立てられていたという。またここには一六二六年から二七年にかけて、孵用の小屋が付設されている。☆41

泉水、築島、流水という三つの庭園要素に関する話をしてきたが、最後にもう二例だけとりあげて、このテーマに区切りをつけることとしよう。W・キップが作成した俯瞰図シリーズの中に、今まで議論をしてきたものと同タイプの湖と島が描かれている一幅がある［図15］。一番目を引く特徴となっているのは、螺旋形状の山をいただいた築島で、これと同種のものはエルヴィーサムでも見られた。対岸に広がる森林には、木の枝を編んでつくったトンネルが走っている。これは野生の鴨を捕獲するための施設で、このトンネルに追いこんで網にからめとる仕組みになっていた。この俯瞰図はサー・ジョン・ホリスの所有するホートンの邸館にあった施設を描いたものである。ホリスはヘンリー皇太子の信任がたいそう厚かった人物で、皇太子自らがこの地に行幸したことさえあった。このホートンは、サロモン・ド・コーがリッチモンドに採用した構成手法を地方において反響させているとは考えられないだろうか。一方でステュークリー（一七二四年）は、リンカーンシアにあった同種の鴨猟用おとり施設を描いている。こちらの方は、五葉飾りのような形態が見られる。狩猟施設の事例においてさえ、水を用いる場合には幾何学形態や象徴的な模様を描くようにデザインされ、特徴的な姿を見せていたことがわかる。

トマス・ブッシェルとエンストンの驚異

ステュアート朝のイングランドでは、このように水への執着が見られたのだが、このこだわりが常軌を逸したかたちで表現されたところがあった。フランシス・ベーコンの使用人であったトマス・ブッシェルが手がけた作品がそれで、一六二〇年代も暮れ方にオックスフォードシアの地につくられている。☆42 エンストンの驚異、と当時の人々は呼び慣わしたという。この作例もまた、庭園と科学とが互いに手を携えていたことを浮き彫りにするという点で、重要な意味合いをもつ。すなわち一七世紀のイングランドにあっては、庭園での楽しみが増すことと科学が進歩することとの間には、確固たる関係があったのである。

ブッシェルはとびきり数奇な生涯を送った人物である。一五九四年に生を受け、長じてフランシス・ベーコンに仕える身分となる。ベーコンはこの使用人とともに「実験研究の数々」にいそしみ、とりわけ冶金学の分野で二人は協働したという。ベーコンが失脚したとき、ブッシェルはロンドンから身を引くことになり、それから二年あまりの間、貧しい漁夫に身をやつしてワイト島で暮らした。その後、伯爵に仕える身分に返り咲くのだが、ベーコンは一六二六年に亡くなってしまう。さてここから始まるのが、この男の生涯のうちでも最も奇矯な期間である。隠者のように暮らしたいといってランディ島に引き籠もると、それから三年の間「今は亡きご主人から賜わった哲学的なご助言に従って」暮らし始めたという。居住に使った小屋は鄙びた丘の上に立っていて、その姿は一九世紀末にはまだ目にすることができた。ここに引き籠もったブッシェルは、ベーコンの教えに従って、「あたかも大洪水以前の祖先たちが尋常ならざる長寿を享受していたのと同じように」長命を得るため、自らの身に「完璧な実験」をおこなった。独居を決めこんで瞑想の高みに昇りつめるとか、実験に没入するとか、自然現象の解明に明け暮れるとか、そうしたブッシェルにまつわる伝記的事柄のすべてを見るにつけ実感するのは、いま私たちは後期ルネサンスの魔術師《マグス》たちの圏域にいるということである。一六二八年、再びイングランドの土を踏むと、プロスペロー然としたこの男は、体得した自然界の秘匿知識を駆使して、人々の度肝を抜くようなものをこしらえ始める。その舞台となったのがエンストンの地に相続した地所であった。

この作業にブッシェルは七カ年の歳月を投入した。そして完成の暁には、チャールズ一世とヘンリエッタ・マライアの行幸が実現している。一六三六年八月二三日のことであるが、このエンストンの隠者は国王夫妻を歓迎する祝祭を催し、それにサイモン・アイヴズの音楽が彩りを添えた。宴のさなか、ブッシェルは岩屋《ロック》という名で当時は知られていたものを王妃に捧げ、王妃はこの贈りものに自らの名前をつけた[☆43]。これは自然の湧水を利用し、パイプとダクトを駆使して人工洞窟の形へとブッシェルが仕立てあげたものであった。内部には、ド・コーが『動力の原理』で述べた仕掛け効果の大半が盛りこまれていた。一六三六年までに、この複合構築物のことは広く知られるようになっていた。チャールズ一世が内々に行幸した一六三五年、当地を訪ねたある人物が詳細な記述を残していて、ここで見られた水の驚異がいかほどのものであったのかを伝えている。

小高い丘の片側には岩屋が立ちあがり、高さはざっと一一から一二フィートあまりある。（コックをひねると）足下からは、九フィートになんなんとする水柱が噴きだし、そのてっぺんには銀球が浮かんでいる。水柱の高さが自在に変化するにつれて、それに合わせて球も上下をくりかえす。軽妙に飛び跳ねながらも、転がり落ちずに巧みに水の上で回転を続けている。

これはサロモン・ド・コーが図解しているおなじみの噴水のことである。噴きだす水柱の上に球が乗り、これが上下をくりかえすという例の装置である。これに続いて現われるのは、水流が壁となって立ちあがるという仕掛けであった。地面から突然水が噴きだすようになっていたというから、ちょうどウィルトンの庭園の人工洞窟へのアプローチ部分に仕掛けてあったものと同工のからくりであろう。

……これは水で編んだ囲い柵のようなもので、時折、これを横切ろうとした美しき貴婦人が、突然、噴きあげる水柵の中に閉じこめられ、全身に水を浴びて、すべすべして柔らかな腿や膝をしっとりと濡らすはめになる。

この著名な岩屋は、建物の中にしつらえてあった。その姿はロバート・プロットの『オックスフォードシアの自然史』（一六七七年）に収載された図版に見ることができるが、建物は伝統工芸風ゴシックとでも呼ぶしかないような妙な様式で建てられている［図17・18］。図版に見られるのは一六七〇年代におこなわれた修復後の姿であり、そこには破風付きの屋根が描かれているのだが、一六二五年の時点ではどうなっていたかというと、「狭間胸壁《バトルメント》を一面にめぐらせた陸屋根で……すぐ脇に精緻な庭園が設けてあった」という。そして岩屋と人工洞窟はこの建物の地下部分を占めていた。彫版図には、そこに仕掛けられた水からくりの数々がもらさず描きこんである。入口上部ではカーテン状に水幕が垂れ落ち、奥には岩屋があって、中央に大噴水を抱えている。チャールズ一世が一六三五年にここを訪れたさいには、精緻を極めた噴水機巧を目にすることができたという。

……あれこれの奇天烈な形姿をまとった獣、魚類、家禽類がむくむくと現われいでる。鳴き声はあぶくを立てる水の音である。ここには清らな水がせせらぎ、流れ落ち、さまざまな効果を演じている。ドラムを連打するような轟音がするかと思えば、ナイチンゲールの甘美なさえずりが聞こえてきたりもする。奇妙で、意表を衝き、思わず聞き入ってしまうような、数多くの音声やさまざまな効果音などの音が人知の想像力のかぎりを尽くして展開される。……

これもド・コーが記述しているからくりと同種のものだ。自動人形機械装置が欠けているというだけのことである。この人目を惹かずにはおかない人工洞窟を足下に抱えて、隠者然とした館の主は上階の三室からなる居室に暮らしていた。中でも中心となる部屋には、聖書からとった水にまつわる物語を題材とする装飾がほどこしてあった。すなわち、サマリアの女がイエスと井戸で会う物語、ハガルとイシュマエルと天使が織りなす物語、そしてスザンナの水浴である。またこの部屋自体にも、数寄を凝らした仕掛けが施されていた。

……この部屋には自然の岩石が置かれていて、獣の頭部のような形状をしている。頂部からは水が噴きだして、岩石に降り注ぐようになっている……部屋の中ほどには水よけの天蓋があり、この中にいれば濡れずにすむようになっている。午後の日盛りどきを迎えると、陽光に反射した水霧が見事な虹の橋をかけ、あるいは雷光のように燦然と輝きわたる。

これは要するに、光の反射を利用して人工的に虹をつくりだす装置だったのだろう。これと同じ手法を用いて、後にイサク・ド・コーがウィルトンで虹をつくりだし、その模様をオーブリーが伝えることとなる。

この部屋の両隣りには、それぞれ居室が設けてあった。そのうち一方は隠者の庵となっており、黒い幕が壁を覆って「陰鬱な隠遁生活」を表象していたという。また他方は寝室に充てられていて、壁掛けにはキリストの生涯が描かれていた。この小さな館は丘陵地に建っていたため、入口へは段状に重なるテラスを通って、階段で昇っていくことができた。各々のテラスには果樹が植わっていたという。また館のもう一方の側にはいくつもの花壇が広がっていた。丘のふもとには小さな池がいくつか設けてあったものと思われ、ここにはまた「趣向を凝らした歩道が走り、精妙につくりこんだ四阿がいくつか設けてあった」ということである。一六三五年の訪問記録にそってこれまで見てきたわけだが、その記録の最後で、哀れにもブッシェルは「とても正気の沙汰とも思えず、例のヘルメス哲学かぶれの下心丸見えの香具師の末裔」であろうと評されている。

エンストンの地で建設作業が始まったのが一六二八年というから、これはベーコンの『ニュー・アトランティス』が出版された年のちょうど翌年ということになる。ベーコンのこの著作には、ある館の記述が現われる。館の内部では、ある種の自然現象が次のように人工的に模倣再演されるのだという。

大きく広々とした建物があり、その中で、流星、雪、霰、雨、ただし水ではなく他の物質からつくった人工的な雨、雷光、雷鳴などを私たちは模倣し実演してみせる。[☆44]

エンストンの驚異
一六二八年から三五年にかけてトマス・ブッシェルが作成した隠遁の館と人工洞窟。
図17———人工洞窟の内観図。技巧を凝らした水仕掛けの効果を示している。右手には、入口の頭上から流れ落ちる水のカーテンが見える。
図18———一六七七年当時の隠遁の館へのアプローチならびに外観の様子。人工洞窟は地下室に設けられ、ブッシェルは上階部分で暮らしていた。

ジョン・ベイト『自然と人工の秘匿』（一六三四年）に収載の水力自動機械人形。

図19——「台の上の一羽の小鳥が、さえずりながらコップの水を飲むために、嘴に挟んで皿をもちあげる仕掛けをどのようにしてつくるか」。

図20——「台の上に男が立ち、トランペットを吹き鳴らす仕掛け」。

この後、ブッシェルはほどなくして国王の愛顧を賜わることになる。王室ウェールズ鉱物採掘師の役職を得ると、カーディガンシア（現在はディフェードの一部）の銀鉱山を整備して採掘を再開させたほか、アベリストウィスの地に王立鋳貨局を再び設立し、その経営を手がけたりもした。後の内乱の時代には王党派に与して戦い抜き、王政復古時代まで生き長らえたという。

ブッシェルという人物は、なるほどイングランド庭園史においては突飛な存在かもしれない。けれどもこの男が見せた水への異様な執着は、やはりどうしても無視することのできない基準点として歴史の中に屹立している。目くるめく驚異に溢れたエンストンの地は、たしかにルネサンス期に深化したヘルメス哲学の世界に属していたのである。その地を支配する魔術師たるブッシェルは、四元素のひとつである水を利用し、その魔術的能力を最大限に引きだしながら、ひとり隠遁をきめこんで宗教的瞑想に耽る生活を送ったのである。この点からすれば、ブッシェルと一層近い関係にあるのは、エリザベス女王の占星術師ジョン・ディー博士がおこなった数々の研究ということになるだろう。ベーコンが試みたような、物理世界を実践的に探求する姿勢とはおのずと方向が異なっていたのである。そのような実践的探求はブッシェルの後半世に旺盛になり、やがてそれが王立協会創立へとつながっていくのである。

このブッシェルの活動に傍注を与えてくれる存在として、ジョン・ベイトの『自然と技芸の秘匿』という著作がある。一六三四年上梓された本書は、多岐にわたる分野から好奇をそそられずにはおかない数々の項目を集めたもので、たとえば花火術、素描、絵画、透視図法、それから初歩的な科学実験などが題材とされていた。☆45 ここで論じられている項目はいかにもブッシェルを彷彿とさせるものであるが、この本は英語で書かれた読みものであり、いかにも大衆受けをねらったものであった。「水仕掛けについて」と題された項目で本書が幕を開けるのは、これまた意義深い。ここではまず、ド・コーの系譜に連なる水力学の原理が扱われている。さらにページをめくると、続いてどのようにして幾多の機械装置をつくればよいのかが解説してある。こちらはアレクサンドリアのヘロンが記述したたぐいの装置である［図19・20］。「台の上の一羽の小鳥が、さえずりながらコップの水を飲むために、嘴に挟んで皿をもちあげる仕掛けをどのようにしてつくるか」とか、「台の上に男が立ち、トランペットを吹き鳴らす仕掛け」といったものである。そして最後に登場するのは、「大小の水仕掛け装置をどのようにつくるか」という記述である。これは奇想天外なからくりで、ドラゴン、鯨、白鳥、海神といった面々が総出で複雑にくりひろげる仕掛けとなっている。一六三〇年代に英語で出版された本書こそ、今からは想像もつかぬほどの重要性をもった作品ではあった。と同時に、エリザベス朝後期から始まり、ジェイムズ一世時代のイングランドで一世を風靡したある運動の一端を担う作品でもあったのである。この運動に先鞭をつけ、また推進をしたのはジョン・ディーである。すなわち、機械学の分野における実用的な知識を俗語を用いて伝達しようとする潮流であった。[☆46] ベイトの知己にジョン・バビントンがいる。数学者にして軍の砲撃手でもあった人物で、一六三五年に『幾何学に関する小論文』という著作を発表し、これに対数表を載せている。[☆47] 右に見たすべての事柄が次のことを理解するうえで重要である。すなわち、庭園術における水力学は、一七世紀初頭のこのような実験に対する関心の高まりと連動するものであり、やがては魔術を脱し科学へと向かうのである。

二人の庭園理論家——ウォットンとベーコン

ジェイムズ一世時代に、歓楽の庭がいかなる発展を遂げたのかをこれまでたどってきたわけだが、その締めくくりとして、よく知られた二つの著述作品を最後に見ておこう。一年ちがいで相次いで発表されたものである。ひとつはサー・ヘンリー・ウォットンによる『建築要諦』（一六二四年）、もうひとつはサー・フランシス・ベーコンの随筆中の一編「庭園について」で、こちらは一六二五年に出版されている。

ウォットンは大使としてヴェネツィアに赴き、一六〇二年から一六一二年までと、一六二一年から一六二四年までの二度にわたって同市に滞在している。先に見たように、庭園に対する並々ならぬ関心を抱いた人物であった。

当時のヴェネツィアといえば、政治的にも安定を誇り、また教皇勢力に対しては断固とした独立不羈の姿勢を貫き通していたから、イングランドにとってはまことに魅力的な外交相手と映ったのである。またヴェネツィア絵画ならびにパッラーディオの建築は、新古典主義の理想にかなった趣味の規範とみなされてもいた。☆48 しかし、ウォットンが庭園に対して見せた態度は、一風変わったものであった。こんな書きだしで自著の論述を始めている。

まずはじめに、建物と庭園とが有するある種の相反する性格のことを示しておかねばならない。というのも、建築物は秩序正しくあってしかるべきだが、それに対して庭園は不規則を旨とするからだ。不規則といっていいすぎなら、少なくとも秩序の中に溢れる野趣が望まれるのである。☆49

ブレンタ河沿いに点綴する典型的なヴィッラにおいては、建物と庭園との間に直接的かつ緊密な関係が築かれていた。とするなら、右に引用した態度は、これとはかなり異質なものである。ウォットンがこうした趣向を導きだしたのは、パッラーディオのヴィッラ建築からではないことは明らかであって、むしろ通景線が幾本も走り驚異を喚起すべく練りあげられたプラトリーノやヴィッラ・デステといったマニエリスム庭園の幻想に着想を得たものなのである。実際、このあとに続く記述は、プラトリーノかヴィッラ・デステのどちらかを訪れたものが遭遇するであろう体験をごく一般化して語ったものとしても読める。ヴィッラに近接するテラスの上に出て、足下に広がる庭園に赴こうと、今まさに階段を降りようとしている瞬間を想定したものである。

……私の抱いている構想を披露してみよう。かつてその様子ときたら比べるものもない「庭園」を見たことがある。その庭園は、入口に通じる最初の部分が高架状の歩道になっていて、あたかも「テラス」のようであった。ここから眼下を眺めると、うち広がる庭園のおおまかな「構成」を把握することができる。といっても、視界にとびこんでくる光景はというと、それは喜ばしき混沌とでもいった体をなしており、厳格な区画分節をほどこした平明な眺めとはおよそ無縁のものである。さて、ここから見物者は何段もの階段を降り、いくつもの「山」や「谷」を抜け、嗅覚と視覚をさまざまに楽しませ……園内でさまざまな愉悦に出くわすたびに、あたかも「魔法にかけられて」別の「庭園」まで運び去られてしまったかのような感懐を抱くことになる。☆50

官能的歓楽が次々と襲いかかる驚異事象の連鎖というかたちで展開する庭園は、それまでイングランドに伝わっていたイタリア式庭園と比べるならば、さらに野性味を増幅させたものであったことはたしかである。イタリア式では、邸館のテラスから庭園の全貌を「一望のもとに」管掌することをなによりも必須の要項としていたからである。これに続くウォットンの記述はごくかぎられているが、十分に個性的なものである。曰く、水によるアーケードは素晴らしいと賞讃し、アレクサンドリアのヘロンが『気学』の中であげた作例をあらゆる点で上回るものを設置すべしとしている。また、人工洞窟などは設けるべきではないが、地下に洞穴を掘削するのは望ましいとしている。ここに降りて、日中でも星辰の動きを観測するのだという。加えて巨大な鳥禽舎も欠かせないと称揚している。

一方のベーコンが唱える「王侯にふさわしい」庭園とは、新旧の要素が混淆したものであった。そこにもまた野性の庭園へと向かう強固な流れを認めることもできるが、それはウォットンの場合とは異なった方向性を有したものであった。ベーコンは王侯の庭園をつくるための指示をあれこれと書き綴っているが、彼自身がゴランベリーに庭園を所有したあとだけに、それは奇妙でもあり驚くべきことでもある。☆51 またウォットンの場合と同様に、邸館と庭園とを建築的構成によって一体化しようとする意図は、ここでは一切語られていない。それどころか庭園を論じたこのエッセイは、ベーコンの別の一編「建築について」とは完全に独立した内容となっている。ベーコンの構想によれば、庭園は三〇エーカーを下らない広さを有し、うち四エーカーを緑地に、中央部分の主庭園には一二エーカーを、そして周囲を囲むヒース地帯には一八エーカーを割りあてるのだという。緑地部分には短く刈りこんだ芝生を植え、樹檣で編んだ覆いつきの小道を敷く。主庭園は正方形をなしている。四方を生け垣が囲んでいるのだが、この生け垣というのは花で一面覆われた六フィートばかりの土手の上に設け、大工につくらせたアーチで支えるという。この生け垣の上には小さな鳥籠と塔を置いたり、「何かほかの小さな像を置き、金箔を張った丸い色ガラスの幅広い板を添えて、太陽がそれを引き立てるようにする」。

生け垣の内側の区画には「さまざまな技巧」を凝らすのがよいという。けれども、色とりどりの土で花壇をつくって、これを邸館の窓から眺めやるような趣向には難色を示している。「この程度の楽しい光景なら、果実入りパイの中にもしばしば見られる」というのである。ベーコンは、装飾刈りこみ《トピアリー》に対する嫌悪も吐露しており、そんなものは「子供だましにすぎない」と難じている。そのかわりに、彼が強く勧めるものといえば、広々とした通路、背の低い生け垣、ピラミッド状の刈りこみ、装飾をほどこした木製円柱などがあり、また庭園の中央に高さ三〇フィートあまりの築山を設け、頂上には饗宴館を建ててみたいという。要するに、この庭園は、過去をふりかえって、ティブルズやケニルワースを範としたものだといえよう。

一方で、新たな潮流に呼応している面もあって、噴水を賞讃する箇所にそれが現われている。曰く、噴水は「このうえなく優美で爽快なものである」。奇妙なことに、ベーコン自身の庭園には池がつくられているにもかかわらず、彼はそれを棄却している。「池があるばかりに、庭園は不健全なものとなり、蚊や蛙が瀰漫し、何もかもだいなしになる」。庭に水を用いるにしても、水流が滞らないようにしておくのが肝要である。よどんだりしようものなら、あらゆる効果が水の泡と消えてしまうのだという。池に対して蔑みの言葉を投げつけるこの行文は、実際のところベーコンがゴランベリーの地に造営した庭園の実状を偲ぶものであったのだろう。噴水の底および側面には、もろもろの像を彫りつけるばかりか、色ガラスやきらびやかなもので飾りつけている。さらに、周囲には欄干を回し、彫像を載せるように指示している。ウォットンとは異なって、ベーコンはアレクサンドリア学派にまで紙幅を割く時間がなかったとみえて、同派に連なるさまざまな喜悦に関しては、「（それらは眺めるぶんにはおもしろいものであるが）健康や優美にはなんの役にも立たない」としている。

けれどもベーコンの庭園論でどこが一番おもしろいかといえば、それは園芸学的に「常春」を現出させようと彼が心を砕いている点に止めを刺すだろう。各季節ごとに、最も適した植物を慎重に選んで植えるのだという。あるいはベーコンが健康に対して関心を払っている点も、同じく目を引く。庭園のある区画は「自然の野趣」に合致するようにし、ここには樹木を植えるかわりに野薔薇や忍冬《すいかずら》や野葡萄からなる茂みをつくる。また土竜塚に似た小さな盛り土を設け、タイム、菫、ローズマリー、苺、黄花の九輪桜などを植える。一方で主庭園の両側を占めるヒース区画には幅の広い舗装路を設け、果樹で樹檣を編み、生け垣をつくる。この両側区画の端部には築山を設け、頂上から「外の野原を眺めやることができるように」する。ベーコンによるこの庭園構想とともに、私たちは象徴的な「閉ざされし庭《ホルトゥス・コンクルスス》」から抜けでて、経験科学と手を結んだ庭園空間へと足を踏み入れつつある。

マニエリスム庭園

庭園史においては、截然と明示することのできる時代区分などない。耐久性という点では、建物と比べると庭園のほうが劣ってはいるが、造園当初の姿がそのまま維持されることもありうるし、あるいは完全にとりこわされて新しい庭園様式でつくりかえられてしまう場合もある。内乱が勃発するまで、ヘンリー八世のハンプトン・コートもホワイトホールもノンサッチも、事実上、手つかずのままで造園当初の姿をとどめていた。これらの庭園は崇敬すべき先代の王や英雄的時代を偲ぶ記念碑とみなされ、その大半は手入れされていた。これと同じことがバーリー卿のティブルズの庭園にも言えるし、その他無数の大邸館に付属する前世紀来の庭園群についても同様である。そんな状況にもかかわらず、ジェイムズ一世の治世は、マニエリスム庭園の時代という区分にうまい具合に分類できるのである。この時代には、比類なき規模の造園活動が展開した。それは歴史上のどの時代よりも活発なものであった。宮廷および裕福な貴顕階層が先頭に立って、この流れを主導していた。その結果できあがった庭園は広闊無

図21——舞台背景装置としての人工洞窟建築。ベン・ジョンソン『幸いなる島々とその統一』（一六二五年）のための、イニゴ・ジョーンズのデザインによるオケアヌスの館。

辺の規模を誇り、それがあまりにも大きいものだから、肝心の邸館自体のほうが小さく見えてしまうほどであった。こうして庭園は今後の新たな方向に向かって重要な第一歩を踏みだし、この方向こそ同世紀全体を通奏する中心的主題となる。すなわち、庭園は徐々に周辺の土地をのみこみ、ついには風景自体をも支配下に従え、大邸館に従属させるようになるのである。これが王政復古以降のバロック庭園が掲げる要諦原理であった。

しかし、ジェイムズ一世時代のマニエリスム庭園はいまだ旧套の「閉ざされし庭《ホルトゥス・コンクルスス》」の圏域にとどまっていた。庭園の周囲は壁が囲み、その内側には自然が詰めこまれていた。自然といってもこれは技芸によって馴致された自然であり、マニエリストが抱く奔放な幻想を満たすべく、利用に供されている。とりわけ好まれたのは、新たな水力学を用いた仕掛けであった。ちょうどエリザベス朝後期からジェイムズ一世時代の邸宅がそうであったように、庭園も最初から一編の「綺想《コンチェット》」として構想されていたのである。それはあたかも、三角形や円や四角形や楕円形を組みあわせた幾何学的な判じ絵を見るようなものであっただろう。これらの庭園は、平面計画と植栽計画の両面において、象徴的に読み解かれるべくデザインされていた。デザインの過程において、新しい視法である透視図法が秘める可能性に気づき、これを利用してやろうという注目すべき傾向がこの時期の庭園に認められることはたしかだが、実際に透視図法の原理が利用される回数はごくかぎられたものであった。ジェイムズ一世時代の庭園がふりかえって参照していたのは庭園史上の孤立したエピソードであり、その根本においてはエリザベス朝の庭園と変わりはなかった。ごくまれに未来を先取りして、後のチャールズ一世時代に全盛を迎えることになる大胆な全体構成の手法をとりいれることもあった。この段階ではまだ、距離と「視点《ポワン・ドゥ・ビュ》」の確立は、庭園を構成するうえでの必須事項とはなっていなかったのである。庭園の土地を宰領する存在といえば彫像であるが、これもまだ主流とはなっていなかった。けれども、イタリアから帰国後のイニゴ・ジョーンズの二五年の活動が生みだす変化の中で、これらすべての特徴が展開することになる［図21］。

第6章　折衷式庭園Ⅰ

——イサク・ド・コー

大陸で三〇年戦争が勃発した翌年の一六一九年、アン・オブ・デンマークがこの世を去った。これが直接のきっかけとなって、政治的野心を燃えあがらせたジェイムズ一世は、息子のチャールズ皇太子とスペイン皇女との縁談をまとめあげた。それを受けて、宮廷の芸術政策にも変化が生じてくる。うら若き皇太子がジェイムズ晩年の寵臣バッキンガム公ジョージ・ヴィリアーズと主導するかたちで、宮廷は活力に満ちた新たな方向へと転じた。こうした局面を一身に体現している一棟の建物がある。それが、イニゴ・ジョーンズの設計になるホワイトホール宮殿のバンケティング・ハウスである。典礼祝祭のためにつくられた施設で、ジェイムズ一世はここで息子に花嫁を迎えようという腹づもりであった。イングランドでは一六一九年まで、フランス人彫刻家ユベール・ル・シュウールが作業をしている。そして一六二〇年には肖像画家ダニエル・ミトゥンズが仕事に着手したのを皮切りに、フランシス・クレインがモートレイク綴織り工房を始動させ、またヴァン・ダイクがイングランドに来朝した。さらに一六二一年にはルーベンスに関する有名な記録が残っていて、新たなバンケティング・ハウスの天井画を作成せよとの皇太子の命を快諾したという。換言すれば、私たちは今まさに視覚芸術が大規模な再生《ルネサンス》を遂げようとしている瞬間を目の当たりにしているのである。甦った視覚芸術はやがて、チャールズが一六二五年に玉座に就くころには、完全なる開花を迎えることになるだろう。それぞれの領域において、最も重要な存在として君臨し、強い影響力を振るう人物が一人はいるものである。造園術においてそのような存在といえば、サロモン・ド・コーの弟であるイサク・ド・コーに止めを刺す。内乱が勃発するそのときまでイングランドの造園界を支配することになる人物である。

イサク・ド・コーとホワイトホール宮殿のバンケティング・ハウス

ド・コー家とは驚くべき一族であったにちがいない。才気に溢れた技師を二人、それも兄弟としてこの世に送りだしているのである。このうちイサクのほうが弟にあたり、一五九〇年に生を受けているが、イサクの専門は兄サロモンのそれとぴったり重なる。[☆1] つまり、水力学技師にして建築家でもあり、さらには人工洞窟や自動機械装置の制作も手がける多才人であった。けれども兄弟のうちどちらがより独創的であったかといえば、それはまちがいなくサロモンの方であって、イサクの立場は、根本的には先例を応用するものであった。イサクに関する最も初期の記録が登場するのは、一六一七年のことである。ルイ一三世がノルマンディーを公式訪問したさいに水力駆動の機械装置を作成し、これを市庁舎の正面ファサード一面にわたって据えつけ、国王を歓迎したという。[☆2] お決まりの機械仕掛けの小鳥たちがさえずり声をあげたりしたが、それればかりでなく、数条の水柱が吹きあがり、その先端で珠と王冠が宙に舞いながら上下動をくりかえしていたという。これは『動力の原理』に収載されているおなじみの仕掛けであり、一六三〇年代の最高傑作と目すべきウィルトンの庭園において、イサクは後にこの仕掛けを再演させている。

作業報告書の一六二三年から二四年の記録の中に、はじめて「ド・コー氏」の名が登場し、「バンケティング・ハウスの地下の丸天井部屋に岩屋を作成した」ことに対して、報酬が支払われている。ここで使われた素材の中には「岩」や「貝殻」などが含まれており、一六二五年にイサクは「貝殻装飾」の外貌にさらなる付加をおこなっている。[☆3] 作業報告書がここで述べているのは、国王専用地下室のことである。これはジェイムズ一世専用の地下貯蔵室としてつくられたもので、気のおけない友人やお気入りの家臣たちを引き具して、酒を酌み交わして歓談を愉しむことのできる空間であった。ベン・ジョンソンの『国王地下室の献呈』では、この人工洞窟とその所有者である国王が言祝がれている。

バッコスよ、おまえはワインの父なのだから、
この地下庫は、むしろおまえにこそ、
捧げようと私たちは思う。
さあ、おまえはここの住人だ。
おまえに任務を任せたぞ。
しかし、条件がひとつだけある。
おまえはここにとどまって、
偉大な主人のために味見をするのだ。☆4

イニゴ・ジョーンズが建設した革新的なパッラーディオ風建築の地下にプラトリーノ風の人工洞窟が望ましいとみなされていたことは、一六二〇年代初頭の宮廷の趣味がいかなるものであったのかを存分に教えてくれる。
ジョンソンの詩句は結びの部分でその地平をぐっと押し広げ、ド・コーの人工洞窟の中で展開していた活動をはるかに超えでて、外の世界にまで通じようとする。それは人工洞窟の上階の部屋で催された数々の行事が象徴する世界であり、とりわけ来たるべき祝典の宴を予示するものであった。

王侯にふさわしい船が出ると、
狭い海は輝きを失い、

チャールズが貴婦人を連れて帰ってくる。[☆5]

ここに謳われている貴婦人は、周知のごとく、結局はやってこなかった。しかし、ジョンソンはチャールズとバッキンガム公の帰還を宮廷仮面劇において言祝いでいる。『アルビオンの帰還のためのネプトゥヌスの凱旋式』ならびに『幸いなる島々とその統一』の二作がそれである。前者は決して上演されることはなかった。いつものごとく、大使の席次をめぐってつまらぬ争いが起こったからである。けれども『幸いなる島々』のほうは、一六二五年一月九日に披露されている。こちらは前者を改訂したもので、舞台背景もそのまま転用していた。かつて「テテュスの饗宴」がそうであったように、『幸いなる島々』も、ある側面においては、イングランド庭園史に属するイベントではあった。イニゴ・ジョーンズはいくつもの象徴的なヴィジョンを描いているが、宮廷の前衛芸術が一体何に関心を抱いていたのかを常に正確に反映していた。そのジョーンズが劇のクライマックスに「綿津見の宮殿あるいはオケアノスの館」[☆6]を召喚している。この鄙びた宮殿は、柱には束縛の奴隷像を、胸土《パラペット》には法螺貝を吹き鳴らすトリトン像を従えたもので、その姿はサロモン・ド・コーがかつてヘンリー皇太子とアン・オブ・デンマークのために建造した人工洞窟の系譜に属していた。この系列の宮殿は、人工洞窟が再び流行したとき、イサクがまもなく別の土地に建設することになる。

イサク・ド・コーとベドフォード伯爵夫人ルーシー・ハリントン――ウォーバーン・アビーとムーア・パーク

イサク・ド・コーがイングランドにやってきたという出来事の裏には、何か別の意味合いがあったとも考えられるのだが、それも今となっては、証拠資料が散逸してしまったために知ることはできない。けれどもなんらかの関連性があると思われる手がかりのひとつに、ベドフォード伯爵夫人ルーシー・ハリントンの存在があげられる。例の才気煥発たる貴婦人で、本書でもトゥイクナム・パークを論じたさいに触れた人物である。一六三〇年代、イサ

図1――イサク・ド・コーがベドフォード伯爵夫人ルーシー・ハリントンのために制作した人工洞窟。ウォーバーン・アビーに一六二七年以前に建設。

クが当時コヴェント・ガーデンの造営にあたっていたベドフォード家のもとで働いていたことがわかっている。[☆7]けれども、本書の問題意識からすれば、もっと重要と目されるべき作例がある。それがイサクの唯一現存している作品である、ベドフォードシアにあるウォーバーン・アビーの地下に設計した人工洞窟である〔図1〕。この部屋は同邸館の中で最も古い時代に属するもので、第三代ベドフォード伯によって居室と定められたのであり、今でも彼の紋章が残されている。ということは、建設されたのは伯爵が死ぬ一六二七年よりも以前ということになる。ホワイトホールのバンケティング・ハウスと同様、こちらもまた建物の地下部分につくられた屋内の部屋であった。

このウォーバーン・アビーに残った人工洞窟は、かつてサロモンがリッチモンドやハイデルベルクの地につくりだした驚異と、イサクが後にウォラトンで生みだした驚異を、なお喚起しうる唯一の作品である。この部屋を見るにつけ、『動力の原理』や『パラティヌスの庭園』に収載された人工洞窟彫版画の現実性がいや増しになる。同時に、プラトリーノの庭園にあった百宝色の人工洞窟群を北方人士がどのような形で咀嚼したのかをも理解することができる。丸天井が架けられたこの部屋は、貝殻を組みあわせたアラベスク文様の絢爛が天井を一面覆い尽くし、壁面は岩石を模したように造形されていて、珊瑚の組みあわせが頂部のフリーズを飾っている。海豚に乗ったプットー、貝殻戦車の手綱を引く海神たちは、ハイデルベル城のホルトゥス・パラティヌスの大規模人工洞窟と直接的に結びつく図案である。壁に穿たれたニッチの中に、かつて彫像が置かれていたことはまちがいない。おそらくは噴水もあったのだろう。ひょっとすると自動機械装置も置かれていたかもしれない。ここウォーバーン・アビーで私たちが目にするものは、ルネサンスも暮れ方の魔術的世界が現代にまで生き延びている驚くべき姿なのである。[☆8]

このウォーバーン・アビーの人工洞窟は、相当重要な手がかりを私たちに提供してくれる。ド・コーは各方面から引く手あまたであったことはまちがいないが、もっとも著名な作品であるウィルトンの人工洞窟に着手するのは一六三二年になってからのことなのである。では一体それまでの期間、この驚倒すべき才人はいったいどこで何をしていたのであろうか。まず、別の人工洞窟をウォーバーンもどきのスタイルで建設していたという可能性がある。

ここにカリストの人工洞窟とよばれる図版がある［図2］。その風変わりな、あるいは「古雅な」とでもいったほうがよりしっくりとくるデザインからして、作者はイサクであると考えてまちがいないだろう。この図版はヴィクトリア・アンド・アルバート・ミュージアムが保有するものだが、長らく作者不詳とされてきた作品である。全体構成はウォーバーン・アビーのものを直截にくりかえしたものとなっている。丸天井のリブがくっきりと線を描き、リブに挟まれた天井面には特徴のあるアラベスク文様の装飾がほどこしてある。壁面はアーチとニッチで分割し、そこに彫像や噴水を置いている。天井の中央では四体のプットーが王冠を掲げているのだが、おそらく水力駆動の装置か何かが作動して上下に動いていたのだろう。この人工洞窟の源泉をたどっていくならば、まちがいなく、サロモンに倣ってイサクもイタリアに滞在して研鑽を積んだのだということを傍証してくれるだろう。それもとりわけプラトリーノの庭園に多くを学んだのにちがいない。図版の中で、ディアナ女神のニンフたちは、カリストが不貞の身であることを発見したところである。この場面は、同主題を扱ったティツィアーノの版画を下敷きにしている。その一方でサテュロスを象った胸像柱が円蓋を支えているのが見えるが、こちらはブオンタレンティに倣ったもので、ミケランジェロ作の奴隷像を用いて、ボボリ庭園のグロッタ・グランデ（大人工洞窟）の四隅を支える柱とした事例を借用している。そして人工洞窟全体を見るなら、これはプラトリーノの庭園にあった同じ主題を扱った人工洞窟を直截に反映したものということができる。

　ディアナとカリストの人工洞窟を描いた図画は、ヴィクトリア・アンド・アルバート・ミュージアムが所蔵する三連の図版の一幅であり、これらはいずれも同じ時期にイサク・ド・コーの手によって描かれたものと見てまちがいあるまい。残る二枚の図版のうち、ひとつはバッコス信女《バッカンテ》を描いたもので、周囲を囲む野生動物たちが岩壁上に群がっている。バッコスが握る葡萄の枝からは水が滴り落ち、足下の水盤を潤している。両脇には別の水盤が設けてあって、それぞれにプットーが舞い降りて水を注いでいるのが見える。一方のプットーは手に婚姻の神ヒュメナイオスの松明をもち、他方は花綱を掲げた姿で描いてある。もう一枚の人工洞窟図版にはメルクリウスの姿が描か

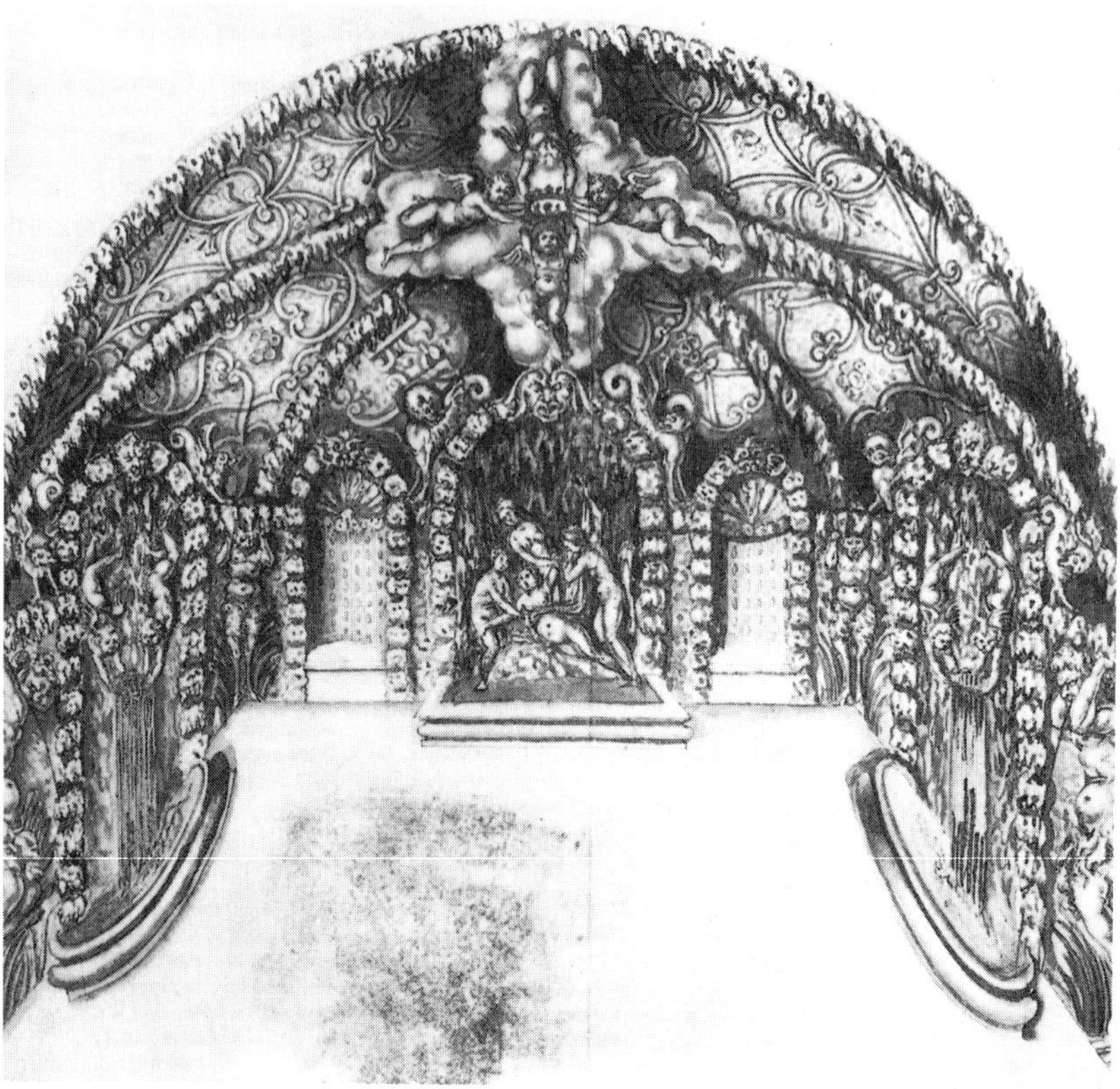

イサク・ド・コーがデザインした二つの人工洞窟

図2———ディアナ女神とカリストを描いた人工洞窟。プラトリーノの庭園にある同種の作例から着想を得たもの。上の方で宝冠を支えているケルビムは水力仕掛けの装置で駆動させることができたのかもしれない。

図3———メルクリウスとエウロパの人工洞窟。メルクリウスの笛は、水力を利用して音を鳴らしたのであろう。またエウロパは、サロモン・ド・コーの『動力の原理』で解説されているような装置によって、アーチ間を移動したことであろう。

れている［図3］。その場を統括する神として、笛を吹き鳴らしているのだが、これはおそらく水力学の原理を用いて実際に音を出す仕掛けだったのだろう。また足下には別の装置があって、エウロパが雄牛にまたがりアーチ通路を駆け抜けていく姿が見られる。また両脇の壁面には田園のパノラマ景観が描きこんである。一六二〇年代にド・コーがほかにもさまざまな人々に仕えて働いていたことは確実であり、ここで見たような奇妙な人工洞窟の存在は、当時は前衛的な性格をもっていたものと評価する必要があろう。粗面仕上げの石構造、貝殻の装飾、不意をついて襲いかかる噴水、象徴性を帯びた自動機械装置などがある。こうした構成が一六二〇年代から三〇年代にかけて、前衛をもって鳴る邸館や庭園を特徴づける要素のひとつになったのである。

イサク・ド・コーの手になるウォーバーンの人工洞窟は、もうひとつ別の手がかりを提供してくれる。ド・コーに庇護を与えていた例の贅沢なルーシー・ハリントンは、先に見たトゥイクナムのほかにもうひとつ別の庭園を所有していたことで名高いからである。そこには「人工洞窟がひとつあって、貝殻でつくった像、噴水、水仕掛けで飾り立てられていた」という。その庭園というのがハートフォードシアにあるムーア・パークであった。一六七〇年代に庭園通サー・ウィリアム・テンプルは、この庭を指して「私が今までに目にした庭園の中でも、最高傑作である」と語っている。ところが、私の知るかぎり、ここをイサク・ド・コーと結びつけて考えているものは誰もいない。しかし、このムーア・パークこそ、ド・コー最初期の傑作であり、後のウィルトンの先駆ともなった作品ではないだろうか。その意味からしても、しばらくこの庭園について詳細に眺めてみる価値はあるだろう。

一六一七年、ルーシー・ハリントンはトゥイクナム・パークを手放している[☆9]。ジェイムズ一世からムーア・パークを下賜されたからである。そして一六一七年から二七年にかけて、この新たな地に、夫人はやがて勇名を馳せることになるひとつの庭園を造営する。その庭は「細心の注意でもって丹精された実に見事な作品」であり、彼女にふさわしいことだが、「たいそうな建設費がかかった」ということである。テンプルの文章を読むかぎり、庭園を造営したのは伯爵夫人であることが明白であるから、次いでこんな文章に出くわすと、当惑してしまう。その文章というのは、一六三一年にムーア・パークの邸館をモンマス伯ロバート・ケアリーへと売却するさいの契約書に出てくる記述で、それによると「大邸館および施設のすべては後代の建設であり、ベドフォード伯ならびに伯爵夫人が住んだ建物である。それから同邸館の東側に付属する新しい庭園のすべてはペンブルック伯ウィリアムが造成したものである……」。二つの資料をつきあわせてみると、完全に齟齬をきたしてしまう。ただし、ベドフォード伯爵夫人もペンブルック伯もともに偉大な造園家であったことはたしかである。そして両人とも、直接あるいは間接というちがいはあったにしても、ド・コーと関連がある人物でもあった。ペンブルック伯がムーア・パークを入手したのはベドフォード伯爵夫人が亡くなった一六二七年のことで、その後伯爵自身が死去する一六三〇年まで同地を保有したということになっているから、庭園の作者をめぐるこの疑問は、今後ムーア・パークをめぐるあらゆる議論に影を落とすことになるだろう。しかし、ひとつだけたしかなことは、この庭が庭園デザイン史において有するその意義である。これだけは疑いようがない。

テンプルが一六八五年に著わした随筆『エピクロスの庭園』は、ジェイムズ一世時代の庭園がいかなる様相を呈していたのかを最も仔細に伝えてくれる文章のひとつである。

私はある庭園をつぶさに見ることができたが、それは私がこれまで見た中で、少なくとも形態と配置に関しては、あらゆる種類の中で最も美しく完璧なものだといえるものなので、そのようなものを造営するにふさわしい場所があり、出費にも糸目をつけないという人のために、ひとつの手本としてそれをここに描いてみようと思う。その庭園は丘陵（ここに邸館が建っている）の傍らに位置しているのだが、丘といってもそんなに険しいものではない。素晴らしい部屋や使い勝手がよくて快適な居室を備えた邸館は、庭園に面して建っている。砂利を敷きつめたテラスの中ほどには巨大な居間が張りだし、ここからも外に出られるようになっている。私の記憶するところでは、テラスの長さはおよそ三〇〇歩ほどの幅があり、全体の割りあいからいうと広大なものであった。テラスの端部には月桂樹の立ち木が植わり、そしてさらに距離をとったところにオレンジの果樹が美しく茂っていて、花や実が見事であった。テラスの中央と両端の三カ所から石造階段が降りていて、下段にある巨大な装飾花壇へと続いている。この花壇は砂利道によって四分割されていて、二基の噴水と八体の彫像で飾ってあった。またテラス歩道の両端にはそれぞれ避暑用四阿《あずまや》が建ち、その下にある装飾花壇の両側にはそれぞれ回廊が設けてあった。この回廊に連なる石造アーチの上からは庭園を眺めることができるのだが、端部には先ほどとは別の二棟の避暑用四阿が回廊と同じ高さに設けてあった。石で舗装されたこの空間は、装飾花壇には日陰がないので、日陰の散策路を得るべく設計されたものである。回廊のさらに向こう側には一部に鉛板の屋根をもつテラスが広がっていて、欄干がめぐらされている。この風通しのよい歩道に出るには、最上段テラスの両端にある四阿を抜けていくことになる。この回廊であるが、南側のものは葡萄の蔦がからまり、オレンジの樹を保管するのに適した空間になっている。一方で向かい側の回廊には銀梅花やあるいはそのほかの常緑樹が植わっているのであった。……

装飾花壇の中心軸からは、真ん中に人工洞窟を抱えこむようにして階段（一部が平らな鉛板で覆われている）がさらに降り下っており、下段の庭園へとつながっている。この区画には果樹が一面に生い茂って樹陰も一層と濃さを増し、野趣あふれる光景が延々と展開している。ここにある歩道は、すべて緑で敷き詰められている。人工洞窟の中には、貝殻と岩石でつくった彫像、噴水、水の仕掛け装置などを見ることができる。もしも丘陵の傾斜がこの部分で終わっていなかったら、そして、もしも柵の向こう側を走る公道が庭園を横切っていなかったとしたら、おそらくはここに続いて緑の生い茂る三番目の区画が設けられていたことであろう。けれどもその埋めあわせをしているのが、ここことは別の方向に面してつくられた邸館脇のもうひとつの庭園である。ここも野趣に溢れ、鬱蒼と緑が生い茂り、岩石を削った彫像や噴水で飾り立てられている。

以上が、私がムーア・パークを訪れたときの状況であった。思うに、私が生涯において目にした中で後にも

先にもなかったような甘美な地であり、国内外を問わずこれに比肩しうるものはないだろう。☆10

実際のところ、テンプルはここで何を語ろうとしているのだろう。まるで絵画描写を思わせるその精緻な筆致は、それを容易に図面化することができるほどである[図4]。いわく、邸館の前面には幅広のテラス歩廊が広がり、その両端には四阿が建っている。この四阿からは、下段にある回廊へと抜けることができるようになっている。この回廊は装飾花壇の両脇に設けられたもので、突きあたりにはさらに別の二棟の四阿が建っているという。言い換えれば、アンリ四世が建設したサン・ジェルマン・アン・レーの構成をそっくりなぞっているのである。このフランス王の庭にも歩道と四阿があって、幾何学模様の整形花壇と組みあわされていたからである。この種の構成形式には、本書でもすでにお目にかかっている。ずっと小規模な形ではあるが、一六〇九年に竣工したサマセット・ハウスもこの構成をとっていた。テンプルの記述では、テラスと歩道があって庭園を見渡すことができたというが、その庭園は、いつものごとく四分割されていた。ここには噴水と彫像が設置されていたというから、ハイデルベルク城のホルトゥス・パラティヌスにあった装飾花壇と同様の造りだったのだろう。ただし、この花壇がその当時発明されたばかりの刺繍花壇形式でつくられていたのかどうかまではうかがい知ることはできない。この整形式の区画は、その模様を邸館からも眺めやることができたはずである。そしてこの花壇区画からは階段が降りていて、ド・コーの人工洞窟の両脇を回って下に降りると、今度はそこが一定の形式で花樹菓林が植えられた樹林区画になっていて、果樹の並木道が走っているという。ここに見られるように、庭園のレヴェル差をつなぐ階段の中央に人工洞窟を設け、これを周回するかたちで降りることができるようにするというのは、おそらくはプラトリーノの構成から着想を得たものであろう。プラトリーノにもムニョーネの噴水の部分に同じような造りが見られるからである。そして歩道が幾何学的に走る果樹園というのは、これはすでに目にしたことのあるもので、スミッソンによるハム・ハウスのスケッチに同様のモティーフが見られる。テンプルが記述したこのムーア・パーク庭園では、テラス状の構成がとりわけ強いイタリア色を放っているといえる。テラス歩道から装飾花壇区画へと降り、さらに果樹林区画へと続く。これと類似のものにはすでにハットフィールドでお目にかかったが、ここムーア・パークのもののほうがはるかにイタリア的だといえる。また平面構成においては、サン・ジェルマン・アン・レーを下敷きにしているように見える。ただし、水の装飾花壇はここには設けられていない。

記述がもっとも不明瞭な箇所は、庭園の三番目の区画について述べている部分で、これは邸館の向こう側に広がっているのだという（本書に掲載した図面中には示されていない）。常緑樹が奔々と生い茂り、岩石を削った造形や噴水が置かれていたというが、ここもやはりイタリア式になっていたにちがいないだろう。このムーア・パークの庭園には築山もなければ迷宮もない。空間を区切って小庭園を設けたりもせず、そこに饗宴館《バンケティング・ハウス》を置いてもいない。しかし、おそらくイングランドにおけるイタリア・ルネサンス式庭園の最初期の事例であることはまちがいなく、またそれが最も壮麗な形で現われた作例と考えていいだろう。テラス状の構成を大々的に導入し、人工洞窟を備え、彫像や噴水が飾っていた。おそらく自動機械人形も設置してあったのだろう。丘陵地を掘削して降りていくという手法は、典型的なイタリア様式である。視覚資料が残っているド・コーの傑作ウィルトンの庭園と比べたならば、このイタリア色は、ムーア・パークのほうがより濃厚である。イサク・ド・コーがイングランドの地でムーア・パークの庭園の造営に腐心していたちょうど同時期、兄のサロモンは弟の作品に匹敵してあまりある大事業であるホルトゥス・パラティヌスの造園にいそしんでいた。けれども現在のムーア・パークの庭園にはなにひとつ残っていない。例のケイパビリティ・ブラウンが綺麗に掃除してしまったのである。

ルーシー・ハリントンは、このほかにもう一棟ロンドンに館を構えている。ベドフォード・ハウスと呼ばれる館で、ストランドの北側に位置していた。夫のベドフォード伯のために一五八六年頃に建設されたものである。この邸館には庭園が付属していたが、これはかつてのコヴェント・ガーデンの敷地の一部につくられたものであった。☆11この庭園についてはほとんどわかっていないのだが、知りうるわずかな情報を勘案してみると、ここにもイサク・

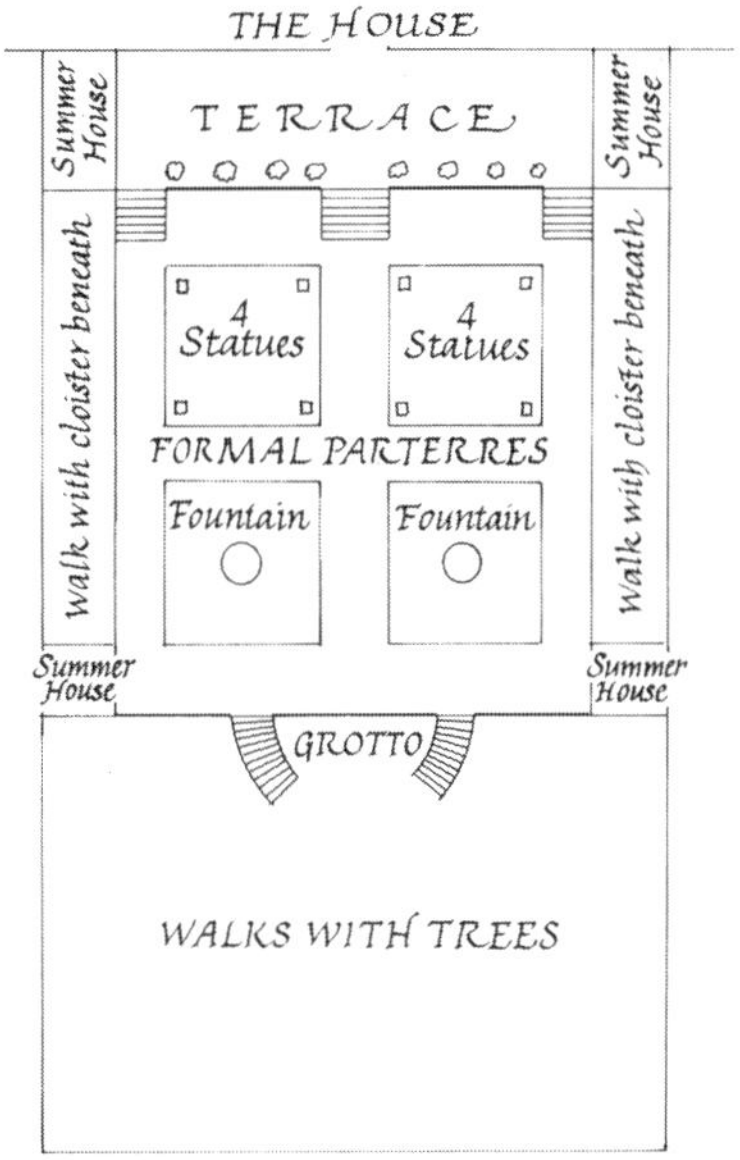

図4——ムーア・パークの構成図面図。

図5——ロンドンのベドフォード・ハウスの庭園をコヴェント・ガーデンの広場から見た情景（一六四九年頃）。壁の向こう側には欄干をめぐらせたテラスが立ちあがっており、終端部には四阿が建っている。

ド・コーの関与があったのではないかと思われる節がある。ウェンセスラウス・ホラーが作成したコヴェント・ガーデンの鳥瞰図を見てみると、北側に大きな庭園が描いてある。この庭園は四分割され、その中央には何かが立っているのを確認できるが、おそらく噴水であろう。庭園の北辺には広場を見下ろすテラスが設けてある。中央の玄関口を両側から挟むようにして階段が降りていて、テラスの両端には四阿が設けてある。もっと正確なイメージを得るには、同広場の姿を描いた図版を参照するとよい［図5］。この絵は一六四九年頃に描かれたもので、それを見れば広場に面した石壁には粗面仕上げがほどこされており、また庭園の構成方法は先のホラーの鳥瞰図にあったものよりも複雑なものであったことがわかる。東側には、ムーア・パークと同様の仕方で、木立あるいは樹林区画が設けてある。さらに意味深長なことに、南側には人工洞窟がしつらえてあったことがわかる。これは一七〇五年になってとりこわされてしまうのだが、当時の記録ではここは「記録保管」室との言及があり、家族や地所経営に関する記録証書類を保管する場所として使われていたらしい。そしてこの人工洞窟の傍らには広大な貯水池が広がっていた。一方でイサク・ド・コーは、一六三〇年代にベドフォード伯に仕えてコヴェント・ガーデンの地所の造営作業に携わっていたという事実を考えあわせるならば、このベドフォード・ハウスの庭園にもド・コーの関与があったことは確実なことと思われる。☆12

イサク・ド・コーと第四代ペンブルック伯フィリップ・ハーバート――ウィルトンの庭園

ウィルトンの庭園の施主は一六三二年当時、すでに四八歳になっていたが、これは一七世紀という時代の基準からすれば、作庭事業にのりだすにしてはやや年をとりすぎていたとも言える。第四代ペンブルック伯フィリップ・ハーバートは、兄のウィリアムが嫡嗣を残さずに亡くなったため、ウィルトンの地を一六三〇年に相続している。☆13ハーバート兄弟といえば、歴史の上ではシェイクスピアのファースト・フォリオが献呈された「世に並ぶものなき兄弟」として記憶されている。フィリップは、第二代ペンブルック伯ヘンリーとメアリー・シドニーとの間に生まれた二番目の息子で、一五八四年一〇月一〇日に生を受けた。洗礼名であるフィリップの名は、有名な伯父フィリップ・シドニーにちなんだものであった。かつて伯父がまとっていたイングランド騎士道の英雄という名のマントが、今また甥の双肩を新たに包むことになったわけである。一六〇〇年にフィリップははじめて宮廷に姿を見せている。その早熟ぶりはたちまち世間の噂の種となったが、「その典雅な美貌」やあらゆる運動技芸に秀でた万能ぶりが注目を浴びて出世階段をかけあがるのは、新たな国王の治世になってからのことである。彼は「国王が一番最初に目を掛け重用した廷臣」ということである。新国王ジェイムズ一世は実に気前よくフィリップに報償を与え続けた。一六〇三年にはバース勲爵士に叙せられ、さらには宮廷私室従者にも任命されている。次いで一六〇五年には国王側近従者の地位を得たほか、モンゴメリー伯にも叙され、国王から莫大な土地を下賜された。そのときまでにフィリップは、オックスフォード伯爵家の娘の一人であるスーザン・ド・ヴェアと結婚している。さらに一六〇八年にはガーター騎士団員に列せられ、一六一五年には大学裁判所判事職、一六一七年にはウェストミンスター宮殿、スプリング・ガーデン、セント・ジェイムズ宮殿の管理官、そして一六二四年には枢密院議員に任命されるなど数々の重職を歴任している。フィリップは年老いた国王の最後の寵臣となったバッキンガム公とも親交を深めることを怠らず、新国王チャールズ一世が統治の座についた後も引き続いて王の厚い信任を得ている。一六二六年には兄の後を継いで宮内長官の座に就き、一六三〇年には伯爵と特別五港知事の地位に昇りつめている。唯一逃した役職といえばオックスフォード総長ぐらいであるが、これはW・ロードの利益を考慮して譲ったものであった。

以上のように、宮廷におけるフィリップの経歴は、まさに絢爛豪華というにふさわしいもので、その結果、莫大な資産を築きあげることになった。このフィリップ・ハーバートという男は、一体どういう人間だったのだろうか。ハーバート家のすべての者がそうであったように、フィリップも豊かな教養を身につけていた。そしてフィリップが属していた知的世界というのがほかならぬヘンリー皇太子の世代なのである。実に三〇年にわたり、モンゴメリー伯およびペンブルック伯として、宮廷仮面劇や騎士道的儀礼の数々において常に輝きを放ち続け、宮廷を主導していった。四七歳のときでさえも、当時は宮内長官補佐であったのだが、ジョンソンの仮面劇『愛のカリポリス凱旋』に登場して舞踏を披露しているほどである。このフィリップがエリザベス一世およびジェイムズ一世時代の伝統にいかに強固に結びついていたかということは、彼に献呈されたフランス語からの数々の翻訳著作を見ればたちどころに了解されるだろう。『ゴールのアマディ』（一六一九年）、『アリアーナ』（一六三六年）、オノレ・デュルフェの『アストレ』（一六二〇年）、ソルニエ・デュ・ヴェルディエの『ロマン・デ・ロマン』（一六四〇年）といったタイトルが名を連ねている。一族のものがすべてそうであったように、フィリップもまた絶え間なく著作の献呈を受け続けることとなった。フィリップ本人は書物とは縁のない粗野な男を気取ろうとしていたのだが、このような著作群を見るにつけ、この人物の実像がそうしたイメージからはかけ離れた存在であったことがよくわかる。著述家たちは口々にその教養を褒め称えている。いわく「高貴な精神に満ちた学問の愛好者」だとか「高邁なる学芸の庇護者」といったものから、「武勇腕比べ」での剛勇ぶりを称揚して、今は亡きヘンリー皇太子の「後継者」との讃辞を贈るものまでさまざまであった。[☆14] もちろんこうした美辞麗句の数々は、宮廷におなじみの誇張表現であることを考慮する必要があるだろう。けれども、これらの讃辞のうちにはいくぶんかの真実も反映していると考えられる。フィリップは宮廷人としてそつなく立ち回っていたのであり、無知を気取って粗野に振る舞う一方で、風雅な趣味人であり、文芸を愛する通人でもあったということなのだろう。

さてウィルトンに話を戻すと、庭園の付設作業に関する唯一の現存資料は、ペンブルック伯が宮内長官の権限で発行した一通の指図書の中に含まれている。その内容は邸館の南側正面をとりこわし、これを新たに建て直すことを命じるものであった。

次いで園丁の小屋と庭球場も同様にとりこわし、新たな菜園の中に園丁が住むのに便利な小屋を建て直すこと。この庭園には、ド・コー師が適当な寸法で歩道を設けて四分割のレイアウトをほどこす予定である。内部には果樹やハーブ類、根菜類などが植えられるだろう。これらの植樹を担当するのは同地の管理を任されることとなるドミニック・パイルであり、陛下が必要とされることに関しては、ド・コー師ならびに官吏から指示を受けて作業にあたる予定である。[☆15]

この指図書に付されている日付は一六三五年（現行暦では三六年）の三月一四日となっており、このときまでに主庭園はほぼ完成に近い状態にあったと考えられる。その前年に主庭園を訪れた人物が書き記した詳細な訪問記録が残っているからである。一方で地所の経理報告書にあたってみると、さらに二編の情報を手に入れることができる。ひとつは一六三二年から三三年にかけて庭園の造成に二〇〇ポンドの費用がかかったこと、もうひとつは一六三四年から三五年にかけて「伯爵の新たな庭園と邸館の建設」にかかった費用の総計が一一九二ポンドだったというものである。これらの情報をもとに、次のように結論づけることができるだろう。すなわち、ド・コーが作業をおこなったのは約三年間であり、その中には邸館の南側正面の全面的な建て替えも含まれていた。この建て替え作業は、ウスター・カレッジ所蔵の図面に沿ったもので、図中には完成した庭園の姿が描きこんである。建築史家は、この計画をド・コーが実施したものであるとみなしている。ただしイニゴ・ジョーンズの監督の下でおこなわれたということのようである。オーブリーによると、この途方もなく豪奢な計画を立ちあげることになったきっかけは、国王にあるという。国王ジェイムズ一世は「どこにもまして、ことのほかウィルトンの地を鍾愛し、毎年夏になると行幸されるのであった[☆16]」。

ウィルトンに関しては、内乱勃発以前の様子を伝える資料が他の庭園よりも数多く残っている。[☆17]まずド・コー自身が同園の平面図および景観図を『ウィルトンの庭園』（一六四五年頃）と題して出版している。[☆18]また訪問者としては、一六三五年のハモンド長官代理、[☆19]一六五二年のローデウェイク・ホイヘンス、[☆20]そして一六八六年以降ではシーリア・ファインズらがいる。[☆21]また後には、コリン・キャンベルが『ブリテンのウィトルウィウス[☆22]』の中で図版入りで記述し、ある逸名画家の手になる絵画にも庭園の姿が描かれている。この絵は今もなおウィルトンの地で目にすることができる。[☆23]

ジョン・オーブリーは、庭園を類別するにあたって、ウィルトンはイングランドの地に造営された三番目のイタリア式庭園であると述べている。ちなみに最初の二つとは、サー・ジョン・ダンヴァーズがチェルシーとラヴィントンの地に造営したものだとされている。[☆24]オーブリーの記述は、事態を単純化しすぎであろう。ウィルトンの何が重要なのかといえば、王政復古期までの庭園発展史において、この庭園が占めることになった位置なのである。実際のところ、ウィルトンにいたるまでの系統図はオーブリーが述べるものよりもずっと複雑でこみいったものである。サマセット・ハウスから始まり、ハム・ハウス、ホルトゥス・パラティヌス、ムーア・パークへと構成要素に類似性が見られる庭園の作例が続いていくのだが、この一連の作品群の掉尾を飾る庭園として、私はウィルトンを位置づけてみたい。けれども、ウィルトンの庭園における最重要のコンセプトは何かといえば、それはこれまで本書がとりあげてきたどの庭園とも異なったものであり、イニゴ・ジョーンズに起源をもつと考えてまちがいのないと思われる。すなわち、庭園構成の核となっているのは、ヴェネツィアに由来する要素なのである。これは庭ばかりでなく邸館のほうについても同様のことがいえる。このヴェネツィア的要素に関しては、ジェイムズ一世時代のカントリー・ハウスがヴェネツィア建築の影響を受けて一斉にヴィッラ化したという事実だけを論拠に述べているのではない。ウィルトンでは実際の地勢までもが類似していて、ブレンタ川流域にあるパッラーディオのヴィッラと同じような平坦な土地に建っていた。ヴェネツィアの庭園は、ローマの事例ともトスカーナの作例とも異なった構成をとる。すなわち、庭園の形状は広大な四角形で周囲に壁をめぐらせ、邸館の正面に建物と同じ幅で広がっている。決定的な特徴は中央軸を貫く道路もしくは通景線《ヴィスタ》の存在で、庭園入口の門から邸館の正面玄関口まで一直線に延びている。こうした構成手法はスカモッツィが文章化して残しているが、ウィルトンの庭園を特徴づける要諦原理としてもあてはまる。[☆25]ド・コーはこの全体コンセプトを設定したうえで、その中にムーア・パークに由来する

図6——刺繍花壇。中央には噴水。
ウィルトンの庭園

庭園の連続体《シークエンス》を嵌めこんだ。ただしテラスを重ねる手法は採用しなかった。

　ウィルトンを訪れたものは、邸館の主二階《ピアノ・ノービレ》から降りる階段を伝って庭園へと向かうことになる。二階の窓からは、四枚の刺繍花壇の姿を見ることができたことだろう〔図6〕。花壇の模様は柘植を刈りこんでつくったもので、各花壇の中央にある噴水には、ニコラス・ストーンの手になる彫像が置かれていた[☆26]。また各花壇の四隅ならびに花壇区画全体の端の部分には、糸杉を植えてアクセントとしている。ここに置かれたストーンの彫像は、彫刻家が手がけた一連の「入魂の作品」の劈頭を飾る作品である。この「入魂」というのは、ストーンの甥が伯父の作品を指していったものだが、その報酬として「たんまりと支払ってもらった」という。花壇に置かれた四体の彫像の主題は、クピドをあやすウェヌス〔図7〕、ディアナ〔図8〕、足に刺さった棘を抜くスザンナ〔図9・10〕、毒蛇とクレオパトラ[☆27]となっており、それぞれ古典古代の神話、旧約聖書、古代史から採ったエピソードによって、愛と純潔を象徴していた。

　花壇区画を後にして、そのまま中央の広闊な道にそって逍遙を続けると、次は樹林区域へといたる。ここには蛇行するナダー川がちょうど真ん中の部分を横切っている。この清流が庭園内の水力仕掛けを作動させる強力な動力源ともなっているが、庭園の全体構想のうえではまったくの孤立した存在であり、ド・コーは川の存在など意にも介せず、そのまま厳格な左右対称構成を続けている。中央道と川が交差する部分には橋を架け、この樹林区画の両脇にある樹檣の回廊にぶつかる箇所にも橋を渡して、水流が通行を妨げないように配慮している。中央道を挟んで厳格なバランスを保って配されたこの樹林区画には、それぞれフローラとバッコスの彫像が中央に据えてある〔図11〕。しかし、庭園全体の構成から見るならば、この箇所はもっとも不満足な部分であったことはまちがいない。この位置に樹林区画を設けざるをえなかったのは、川の流れを隠さなくてはならなかったからだろう。樹陰や木の茂みでもって、川の存在を目立たなくする意図があったものと思われる。これ対して先に見たムーア・パークでは、一連の装飾花壇群を抜け、下段にある果樹林と並木道の整形区画へといたる構成であった。これに三番目の「常緑樹の生い茂る」区画がさらに付されていたが、この三番目の区画は敷地付近を走る公道とのかねあいから、別の場所に設けなくてはならなかった。秩序が厳格に支配する区画から、奔々と生い茂る自然を馴致した区画へといたる連続的構成になっていたわけである。一方、ウィルトンの庭園においては、水流を隠すという目的のために、ムーア・パークの構成でいう最後の二つの区画が入れ替わって逆になっている。

この樹林区画を抜けると、次に散策者の目にとびこんでくるのは、長方形状をした二つの池である。それぞれ中央から粗石積みの円柱が立ちあがり、頂部には珠を据えて、その上にさらに王冠を掲げてあった［図12］。「そばにある栓をひねると、石の最上部から水流が噴きだして、王冠を回転させる」仕掛けであったという。換言するならば、ド・コーが一五年前にルイ一三世のディエップ訪問を祝して作成した仮設の仕掛けが、ウィルトンの地において、永久に作動する装置としてつくりあげられたということになろう。

この池に続いて現われるのは、楕円形広場である。中央に佇立しているのは、ユベール・ル・シュウール作の剣闘士像である。第八代ペンブルック伯トマスがこの像をサー・ロバート・ウォルポールに贈呈し、現在では室内に移されてホートンの邸館にある大階段の下に置かれている。イサク・ド・コーの『ウィルトンの庭園』では、「古代が残したあらゆる彫像の中で最も著名な作品である」という言及がこの「ボルゲーゼの剣闘士」についてなされているが、この像はル・シュウールが一六三一年にイタリアからとりよせて報酬を受けとった「古代彫刻群の鋳型・原型」の中のひとつである。☆28 広大な中央道が古代の戦士像によって絶頂点を迎えるという庭園の構成手法は、伯爵への讃辞として読まれるべく構想されたことはほぼまちがいない。馬上槍試合での剛勇ぶりがここで賞讃されていた。彫像が立つ楕円形広場の周辺には桜の木々が植えられており、このレイアウトは二〇年まえのハム・ハウスを彷彿とさせるもので、ウィルトンもハム・ハウスもクロード・モレが創出した庭園の伝統に属しているといえる。そしてこの楕円形広場区画にも、先ほどの樹林区画と同様、両脇部分には巨大な樹檣の回廊が設けられていた。

庭園の突きあたり部分は、欄干をめぐらせたテラスによって仕切られている。テラスは庭園幅いっぱいに広がっ

刺繍花壇に置かれた四基の噴水には、ニコラス・ストーンによる彫像が飾られていた。そのうち何体かは、今なおウィルトンの地に残っている。イングランドのルネサンス庭園中最も偉大な庭園の往時を伝える唯一の痕跡。

図7――ウェヌスとクピド

図8――ディアナ女神

図9――スザンナ

図10――スザンナの噴水

図11――バッコス像を中心にいただく樹林区画。図中、ド・コーは周到にナダー川の流れを省略して、左右対称構成を崩さないようにしている（次ページ上）。

図12――王冠の噴水のひとつ。王冠は、吹きあがる水柱に浮かんで上下をくりかえすようになっていた（次ページ下）。

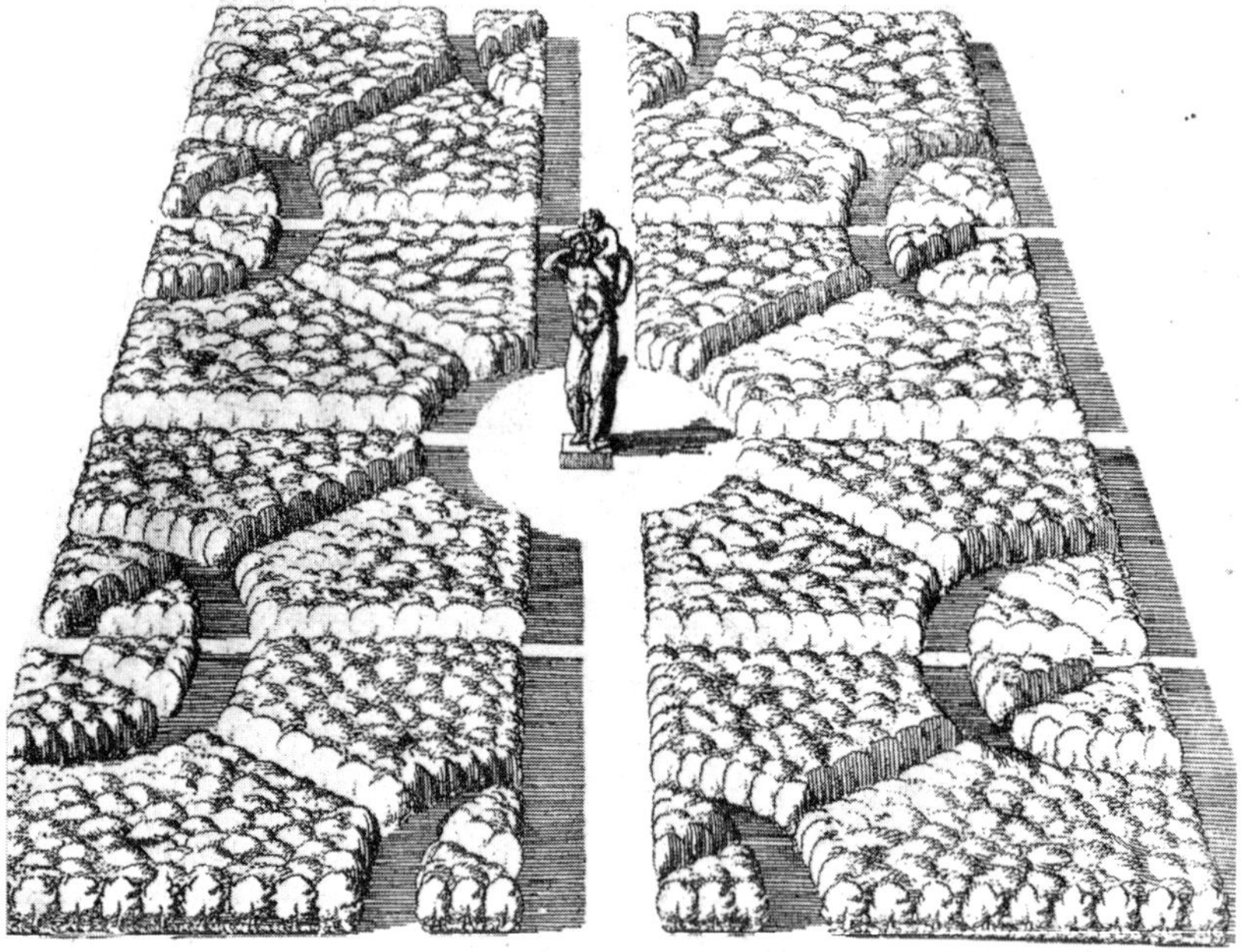

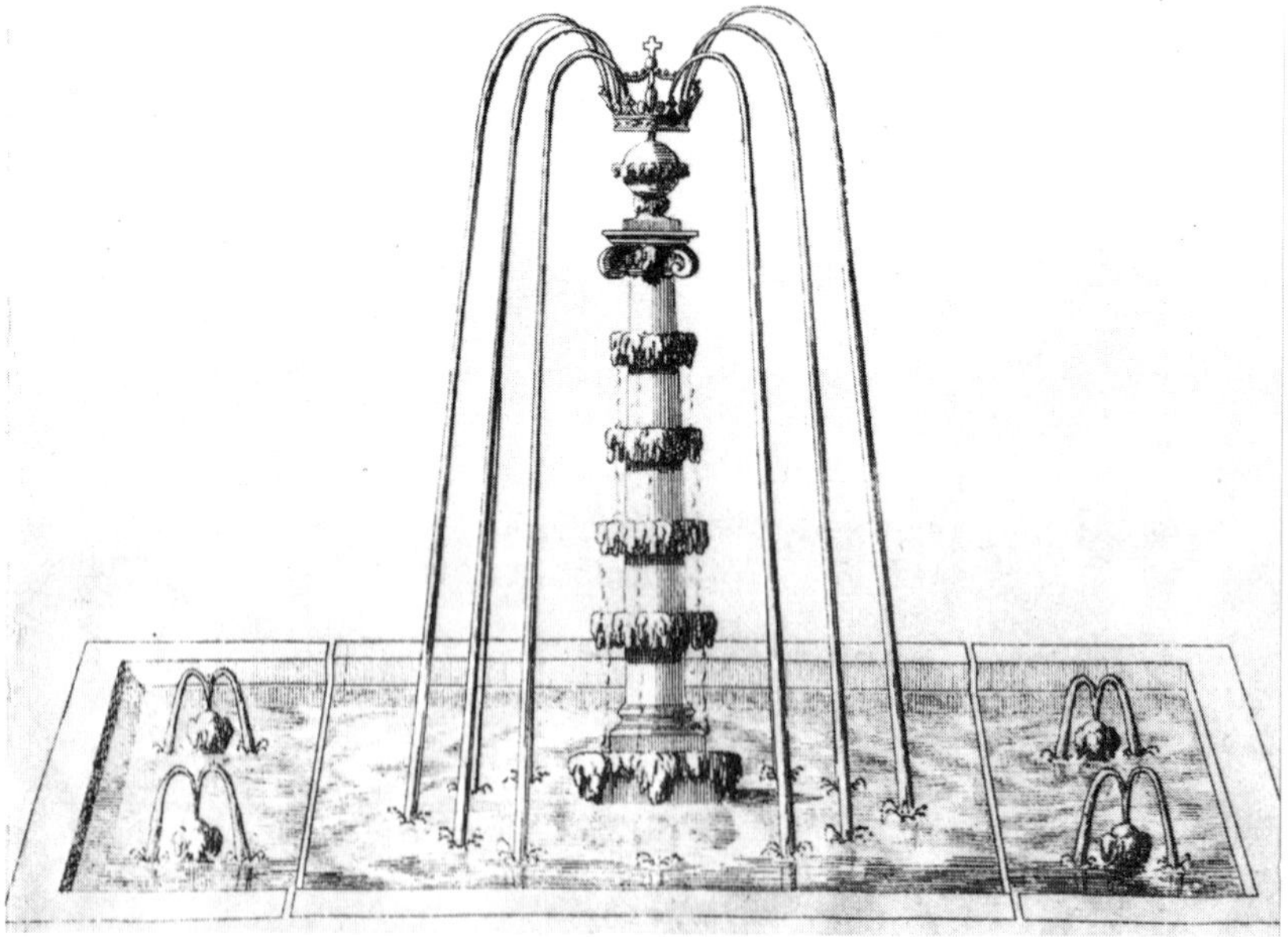

ており、散策者はこの上を歩き回ることができる。ここからは庭園側を見下ろすこともできるし、反対側に広がる樹林草原の眺望を楽しむこともできる。そしてこのテラスの中央部分には、ウィルトンの驚異の掉尾を飾るものが鎮座している。すなわち、初期ステュアート朝の庭園ではもうすっかりおなじみとなった人工洞窟《グロット》である。ここウィルトンにあったものは傑出した出来映えであったようで、半世紀以上も後にシーリア・ファインズがその様子を長々と書きとめたとき、なおもその名は広く知れ渡っていた。またハモンド長官代理はまだこの人工洞窟が建設中であるときに訪れ、その模様を記している。彼は歯に衣着せぬ筆鋒でド・コーを「太ったオランダ人管理者」と呼んでいるが、その太った男がどうやってグロットの作成にとりくんでいたかを次のように語る。

……この珍妙な水からくりは現在作成の途上にあり、この田舎者の技術者がとりくんでいる。鳥たちの歌声やさえずりを再現したり、あるいはほかにもさまざまな奇態な仕掛けを、まさにこの水という元素を用いて駆動させるのである。この技術職人が満足するものを完成させるには、途方もない額の費用がかかるであろう（ともっぱらの噂だ）。

さらにホイヘンスはこの人工洞窟を指して「私がかつて伝え聞いたり実際に目にしたことのある数々の人工洞窟を思い浮かべてみても、これほどまでに華麗で魅惑的な出来映えの作品はほかにはない」と述べている。そして、内乱を間近に控えて、このウィルトンの人工洞窟の中に、私たちはルネサンスの水力学技術者が生みだす魔術的驚異のすべてを最後に目撃することになる。

グロットの外側のファサードは粗面仕上げのアーケードとなっており、水を吐きだす海獣たちが行き来している。訪問者はこのアーケード越しに内部のファサードと対面することになるのだが、この内部ファサードは後世に再構成された姿で、今なお当地に立っている［図13・14］。内部の様子を伝える版画はほとんど伝わっておらず、わずかに人工洞窟第一室の両側壁面を描いた二枚が例外的に存在するのみである。そのいずれもウォーバーン・アビーを直接的に反映した造りとなっている。そのうちの一枚を見てみよう［図15］。アーチ上部の三角小間《スパンドレル》には海神が横臥し、下段部の左手壁面には、ウェヌスとクピドが貝に乗って海から現われいでる情景が描いてある。右手には、法螺貝を吹き鳴らしながら海面を漂うトリトンの姿がある。人工洞窟入口のアーチをくぐると、第一室に入ってすぐのところにテーブルが一基置いてあった。ホルトゥス・パラティヌスの人工洞窟にも、同種のテーブルが見られたし、突きつめれば、プラトリーノの庭園に設置されていたものを嚆矢とするものである。机上面からは水柱が噴きだし、王冠や枝や銃といったものをもちあげたり、空裡に放りあげたりといった芸当を見せてくれる仕掛けになっていた。また部屋の四隅に置かれた彫像からは水霧が噴射されたほか、両脇の部屋へと通じるアーチの部分に隠し噴水装置が仕掛けられていて、不注意な訪問者をずぶ濡れにすることができたという。人工洞窟内の仕掛け効果のうち、現在知ることができるのは両脇の部屋の一方に設置されていたものである。この部屋は「ナイチンゲールのさえずりなどあらゆる種類の鳥が奏でる歌声」で満たされていた。これはド・コーが『水力機巧』の中で「水力と空気圧を用いて小鳥の鳴き声をそっくり擬態する方法」と題して長々と解説しているものである[☆29]。この機械装置を稼働させる水は、人工洞窟の天井部分に設けた養魚池から引いていた。自動機械装置に関する記録はないが、建造中の人工洞窟を訪れたハモンド長官代理が「ほかにもさまざまな奇態な仕掛け」があったと述べている点を考えるならば、建設当初にはそうしたたぐいの装置が備えられていたのではないかと思われる。

　人工洞窟だけでは、まだまだウィルトンの驚異のすべてを汲み尽くしたことにはならない。ド・コーの『ウィルトンの庭園』には、庭園に見られたある特徴を描きだしているさらに二幅の彫版画が収載されている。どちらも重要な史料である。最初のものは水の装飾花壇《ウォーター・パルテール》を描いたものであり、これはイタリア庭園ではバニャイアのヴィッラ・ランテの作例がつとに著名ではあるが、ここウィルトンにあったものは、むしろサン・ジェルマン・アン・レーの事例がホルトゥス・パラティヌス庭園経由で伝わったものと考えられる［図16・17］。次いで別のもう一幅に描かれているのは、さらに驚くべきものであると同時に厳格さも漂わせてもいる。すなわち丘の斜面を削りだして、そこに円形競技場の形状を模して植樹をほどこしたもので、段状構成のテラスを円形に囲んで糸杉が植えられているという趣向である［図18］。二段目と三段目のテラスを連結している階段はセルリオが用いたタイプのもので、イニゴ・ジョーンズがこれを野外劇に使用していた。サロモン・ド・コーも、これと似たタイプの階段をホルトゥス・パラティヌスで使っている。ここから受ける印象があまりにも純粋にイタリア風のスタイルを彷彿とさせるものだから、すべてを考慮したうえで、ジョーンズの影響があったと結論したくなる。この堂々たるテラス構成には、ド・コーが得意とする目障りなマニエリスト特有の装飾が一切見られない。ボボリ庭園の広壮な野外円形劇場の造形を思いださせつつ、イニゴ・ジョーンズ特有の言語が用いられているのである。

この図版に描かれたテラスは園内のどこにあったのだろうか。楕円形をしており、丘の斜面から切りだしたものであるということはわかっている。ド・コー自身が描いた庭園全体の透視図版画、ある逸名画家が一七〇〇年頃に同園を描いた絵画、さらには現在の敷地の地勢データなどを勘案するに、この部分は主庭園のデザインの枠組みをそのまま延長して、庭園の南端に面する丘の斜面に適用したものだと言えそうである［図19］。土地がこの南端部分から上昇を始めていることは、ド・コーの版画中に階段が描いてあることから知ることができる。でも一体なんのためにこのようなものをつくったのであろうか。逸名画家《レナード・ニフ》による絵画［図20］を見てみると、丘の斜面の頂上になにやら凱旋門のようなものが立っていて、そこから放射状に並木道が延びているのが確認できる。さらに驚くべきことは、この凱旋門のてっぺんには騎馬像と見てまちがいない彫像が設置されている点で、おそらくマルクス・アウレリウス帝騎馬像の鋳像だったのだろう。この騎馬像は今もウィルトンの地で目にすることができるが、すでに久しい以前より、設置当初の場所から移されてしまっている。ウィルトンに古くから伝わる言い伝えによると、もともとこの騎馬像はサー・ウィリアム・チェンバーズが現在の位置に移す以前には、丘の頂上に建つ木造アーチの上に置かれていたのだという。この言い伝えの内容の信憑性が問題となるのだが、一六三〇年代のイングランド

人工洞窟と水の装飾花壇
図13――人工洞窟のすぐ前に立つファサード。今日の姿。
図14――かつてのファサードの姿。《ウィルトンの地政学的景観》図20の部分
一七〇〇年頃。
図15――人工洞窟の内観。隣接する部屋の方角を眺める。

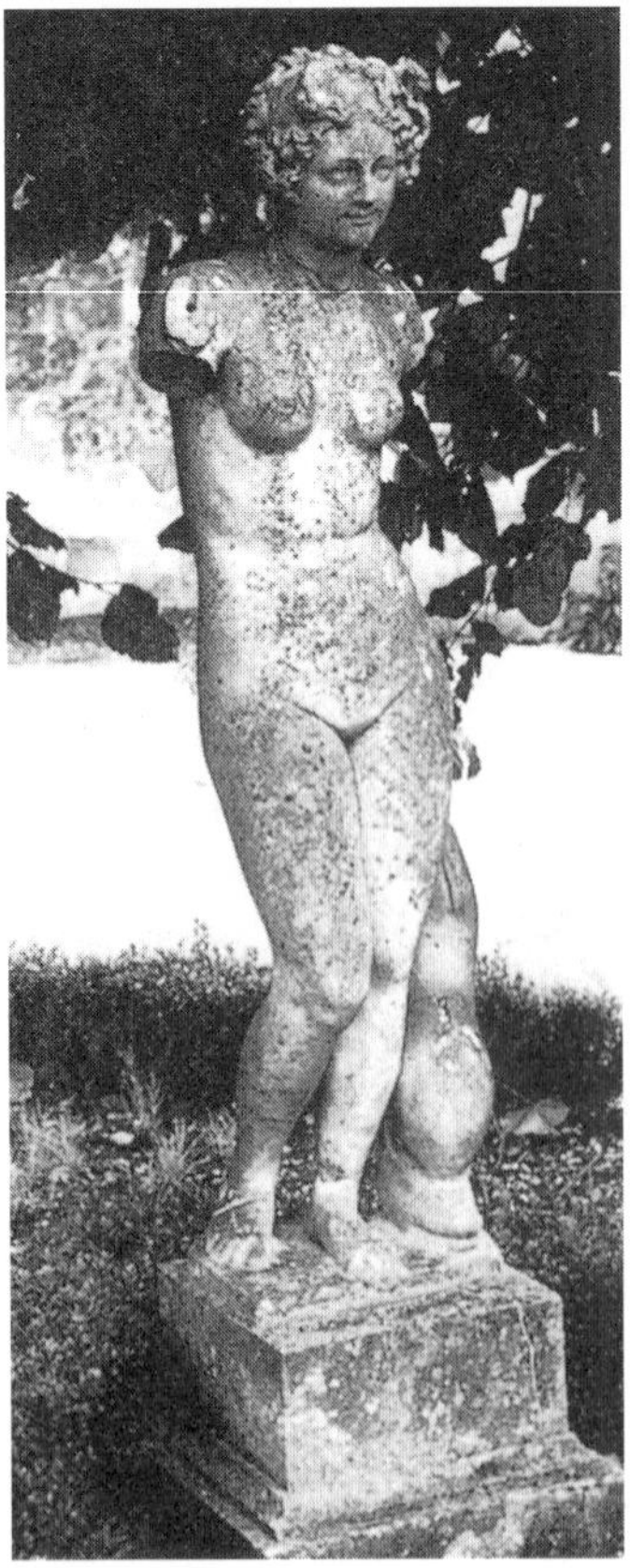

図16――水の装飾花壇。重要な特徴ではあるが、庭園のどこにあったのかは不明。

図17――水の装飾花壇を構成していた彫像（ニコラス・ストーン作）。

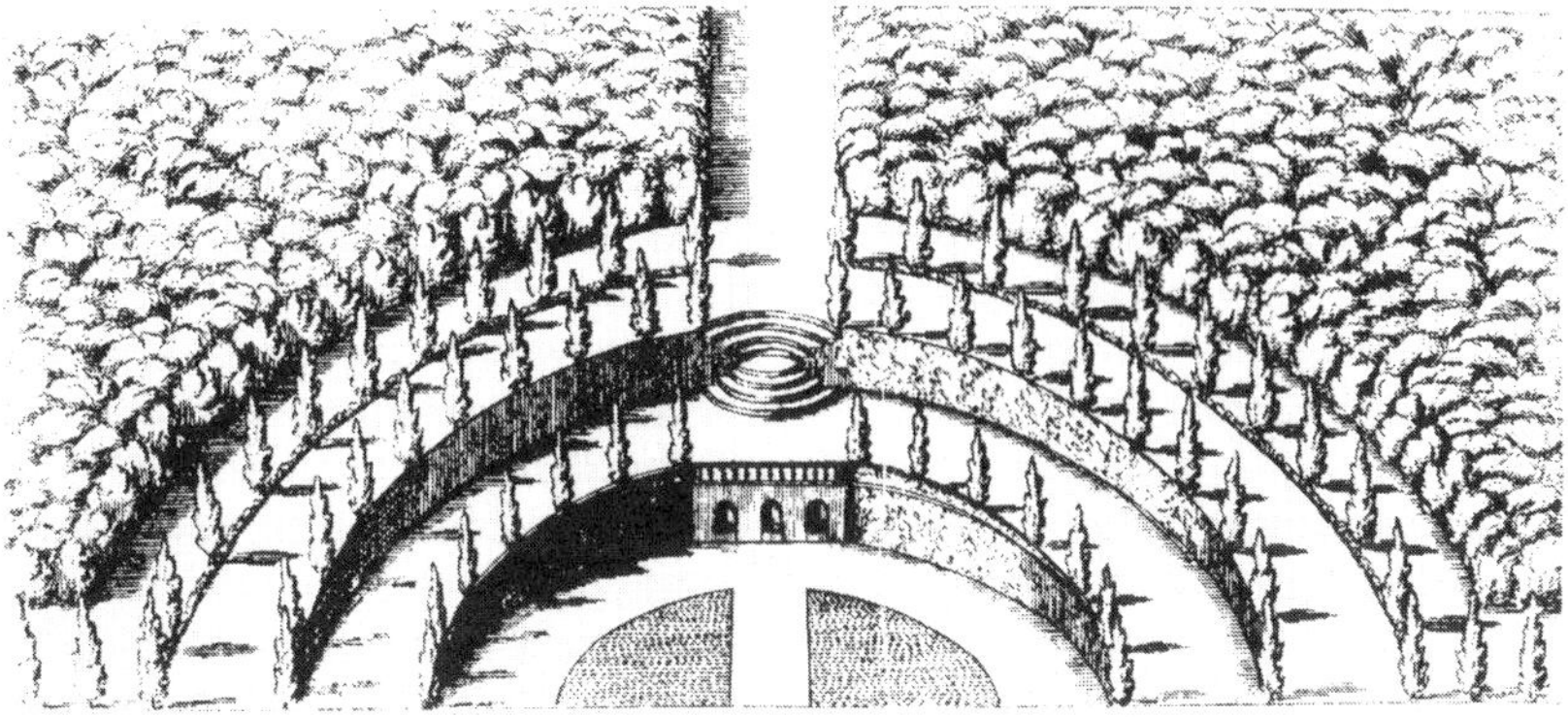

図18――丘の斜面を削りだしてつくった円形劇場。

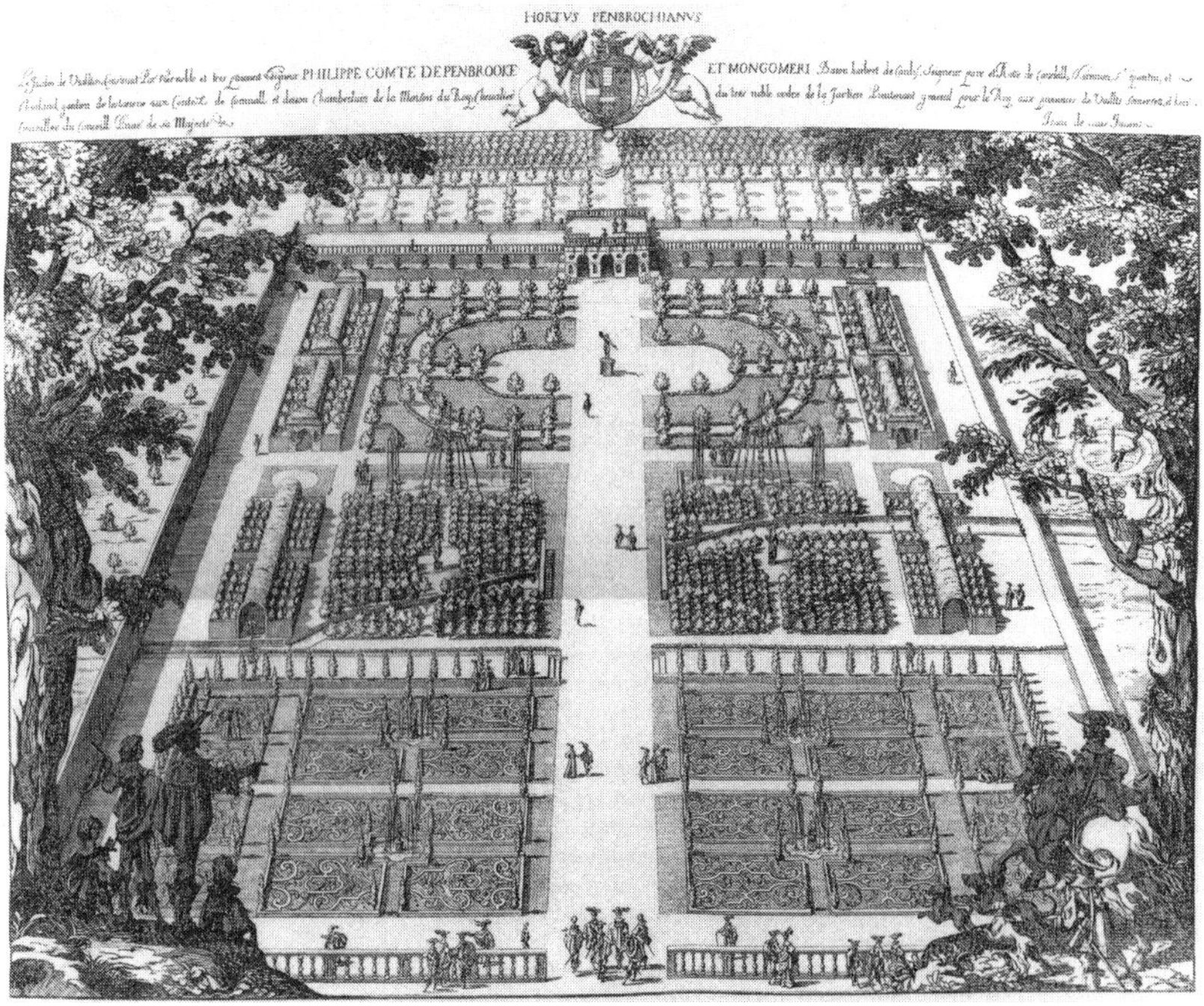

図19――邸館から見た庭園の俯瞰図。人工洞窟の方向を眺めたもの。

においては、私はこれは十分に可能なことであったと考える。一六三三年にル・シュウールは、ローハンプトンにある大蔵卿のウェストンの庭園を飾るためにチャールズ一世の騎馬像を作成してほしいと所有者本人から依頼を受けている。この像は現存しており、チャリング・クロスにある一体がそれである。ローハンプトンの庭園がどのようなものであったのかは一切知られていないのだが、ここからひとつ明らかになることは、庭園という空間がこの種の彫像を設置するのにふさわしい場所と考えられていたということである。一六三六年にはイニゴ・ジョーンズが新たなテンプル・バーについて市議会から諮問を受けている。これを受けて一六三六年から三八年にかけて作成された図案が現存しているのだが、その中には国王の姿を模した騎馬像のデザインも含まれている。[30] 一方、ドーヴァー海峡を隔てた対岸においても、リシュリュー枢機卿が所有するリュエーユの大庭園には展望のための場所が設けられ、そこにはコンスタンティヌス帝の凱旋門が聳え立っていた。[31] もし、このウィルトンに見られる趣向が一六三〇年代のものであるとするなら、それは全体の構成の中で圧倒的な頂点を形成していたにちがいない。

絵画の方にはこのほかにもうひとつ特徴的な要素が記録してある。これは建設当初のものかどうかは定かではないのだが、ペガサス像をいただいた滝があったらしい［図20］。ウィリアム・ストゥークリーの『珍奇旅程』（一七二四年）にも、同じものを描いた彫版画が収載されている。[32] ペガサスがここにあるということは、当地の正方形連室の図像学プログラムと決定的な関連性を有している。同室の天井パネルには、ペルセウスとペガサスの絵がそれぞれ描かれているからである。[33] ただし、この図像学プログラムが関連しているのは、邸館南側の正面部分であり、そこは一六四七年から四八年の大火災でド・コーの建物が焼失した後に再建された部分である。一方でペガサスが滝の頂上部に置かれているのは、いたって自然な配置といえる。これによって、この水流がヘリコン山から流れでたものであることが示唆されるからである。この趣向は、詩神たちが住まうパルナッソス山の頂上にペガサスが舞い降りて蹄の跡を残すと、そこから泉が湧きでたという伝説にちなんでいる。以上を総合的に勘案すると、イングランドの庭園では最初期の

図20——レナード・ニフ
《ウィルトンの地政学的景観》一七〇〇年頃
Collection of the Earl of Pembroke and the Trustees of the Wilton House Trust
上——全図
下——滝にペガサス

ものであることはまちがいないこの滝は、一六四八年以降につくられたもので、ド・コーが手がけた一六三〇年代の庭園構想には含まれていなかったといえるだろう。

しかしながら、庭園の解読作業はさらに推し進めることができる。刺繍花壇に編みこまれた「愛」と「純潔」の主題は、庭園のこの部分が伯爵ではなくむしろ伯爵夫人にふさわしい場所として構想されていたことを示唆している。庭園の反対側の端にあるボルゲーゼの剣闘士像が古代の美徳と騎士道精神を融合してみせ、この部分を伯爵に捧げる空間としているのと対をなしている。したがって、中央の樹林区画を挟んだこの両端の区画は、自然を文明化する感化力を表わしたものであり、また男女のそれぞれにふさわしい活動領分の理想を描きだしたものとみなすことができるのである。このように考えてくると、中央部分に置かれた樹林区画についても、少し別の見方が可能になってくる。つまりナダー川の蛇行を隠匿するためのものではなく、庭園の象徴的な物語の展開を強調するためであったともとれるのである。フローラとバッコスが象徴するのは、自然がもつ豊穣、蕩尽、過剰といった側面である。この二柱の神が対をなす形で、この樹林区画に相対して置かれている。あたかもステュアート朝の宮廷仮面劇において悪徳が登場する幕間道化狂言《アンチ・マスク》として、この中央区画が構想されていたかのようである。ということは、当然、その両側の整形庭園区画が仮面劇の主筋ということになる。いずれの区画も一六三〇年代の宮廷ではおなじみの主題を使っている。すなわち、女性の登場人物が新プラトン主義的な純愛の美徳を言祝ぐ一方で、男性の登場人物は忠義に厚い騎士の英雄的美徳を称揚する。先に見た凱旋門とマルクス・アウレリウス帝の騎馬像が庭園の全体計画のうちに含まれていたのだとすれば、これはいたって論理的な展開とみなすことができる。なぜなら、チャールズ一世はステュアート家による大ブリテン帝国の統治を正当化しようとして、再三にわたって古代ローマ帝国のイメージを喚起していたからである。ここでも庭園の象徴的物語は、宮廷仮面劇に沿った展開となっている。凱旋門のあるこの部分は、仮面劇でいうならば、登場人物や宮廷人たちがくりひろげる祝宴の合間にある休憩に対応するものであろう。ここで人々は、チャールズ一世の統治を言祝ぐイニゴ・ジョーンズが描きだす新奇で驚くべき絵画的場面を観照するのである。

ウィルトン庭園のどの側面を研究するにしても、伯爵夫人の存在は重要な要素である。にもかかわらず、これまで夫人の存在は等閑視されてきた。一六三〇年の六月三日に、ペンブルック伯は再婚をしている。お相手は莫大な遺産相続人であり、また同時代の並みいる女性の中でも一頭とびぬけた存在、すなわち、アン・クリフォードであった。その地位と財産は、まずクリフォード男爵位を有する女性であり、さらにはドーセット伯リチャード・サックヴィルの未亡人でもあり、第三代カンバーランド伯ジョージ・クリフォードが有する広大な地所を相続することが決まっていた。結婚生活のほうは決して幸福なものではなかったようで、一六三七年までにはすでに夫人はペンブルック伯と離れて暮らすようになっており、この別居生活は二年あまり続いた。原因は、伯爵が若い息子の一人をアンの娘イザベラと結婚させようとしたからだという。ずいぶん後になってから、夫人は自分と娘の結婚についてこんな風に書き記している。「ケントのノウルおよびウィルトシアのウィルトンの大理石の柱だけが私にとってはしばしば苦悶を癒やす心楽しい港のようなものでした。といいますのも、この偉大な両家の間にあって、私は隠遁生活にすべて身を委ね、優れた書物と徳高き考えを伴侶としていたからです」[☆34]。しかし、この庭園が造成されているときには、破局はまだ起こっていなかった。伯爵夫人は高い教養を具えた人物であった。その学識の豊かさにはジョン・ダンも敬意を表わしているし、彼女の家庭教師は詩人サミュエル・ダニエルであった。さらに夫人は建築活動に情熱を注いだことでも知られ、北部の地所に有していた六つの城のすべてを修復もしくは完全に建て直させているほどである。ウィルトンでおこなわれた邸館の改築ならびに造園作業においても、おそらくは夫人の絶大な影響が振るわれたものと考えられる。ド・コーがウィルトンでの事業に雇われたのも、まず第一には夫人の意向による可能性さえあって、ド・コーは夫人の母親を通じて、いとこにあたるベドフォード伯爵家に仕えていたという前歴がある。ウィルトンを描いたカロ風の彫版図には、優雅に庭園の逍遥を愉しむ騎士やお相手の貴婦人たちの姿が見える。もしその図版を見ながら、ルーベンスの《愛の庭》〔図21〕が脳裏に思い浮かべば、アン・クリフォードとフィリップ・ハーバートとの短命に終わった結婚生活を表現する意図がわかり始めてくるだろう。

ではウィルトン庭園の形成にあずかって力のあった影響力とは、一体どのようなものであったのだろう。ウィルトンは今まで本書で扱ってきたどの庭園よりも錯綜を極める。「閉ざされし庭《ホルトゥス・コンクルスス》」が変容を遂げ、世俗の象徴に満ちた歓楽の庭へと展開していた。ウィルトンは、その過程の絶頂を極める作例と見ることができる。閉ざされた庭といっても、囲われた敷地内部の実際は、ヴェネツィア様式を導入したジョーンズ風で、広大な中央道が貫通して邸館のファサードと庭園とをしっかりと結びつけている。しかし、そのほかの影響も作用していた。邸館から出て庭園に足を踏み入れると、そこにはとくに刺繍花壇の全貌を見渡すことができるようなテラスがあるわけでもなし、あるいはムーア・パークのように庭園の両脇部分に一段高くなった歩道を設けているというわけでもない。ここからわかることは、花壇の模様は常に邸館の「主二階《ピアノ・ノービレ》」から眺め降ろすことを想定していたという点である。けれどもこうした構成手法は、別方面、すなわちリュクサンブール宮殿の庭園からの影響についても示唆する。

ペンブルック伯がこのフランス庭園を知悉していたことはまちがいない。かつて伯爵は外交使節団を率いてフランスに赴き、ヘンリエッタ・マライアの代理結婚を執りおこない、イングランドまでエスコートをした経験があるからだ。ペンブルック伯といえば名うての親フランス派として聞こえる人物であるから、外交旅行の間に、この豪奢な新宮殿を研究する機会を逸したとはちょっと考えにくい。このリュクサンブール宮殿の庭園群は、一六一一年から二九年にかけて造成されたものであった。[☆35] その配置構成は、王母が若かりしころに親しんだパラッツォ・ピッティのボボリ庭園をモデルとしたものであり、結果としてフランス庭園界に横断軸という要素をもちこむことになった。後にル・ノートルがヴェルサイユ宮殿の庭園を造営するさい、その圧倒的な効果を得るべく採用することになる要素である。横断軸構成にはペンブルック伯は関心をもっていないが、放射状の歩道配置はウィルトン庭園の中央区画に影響を与えたことは十分考えられるし、邸館ファサードの直下に刺繍花壇を置くという配置も同様である。リュクサンブールの場合では、巨大な装飾花壇の三方をテラスが囲む形となっているが、これはボボリ庭園に

図21——ペーテル・パウル・ルーベンス
《愛の庭》一六三八年
マドリード　プラド美術館

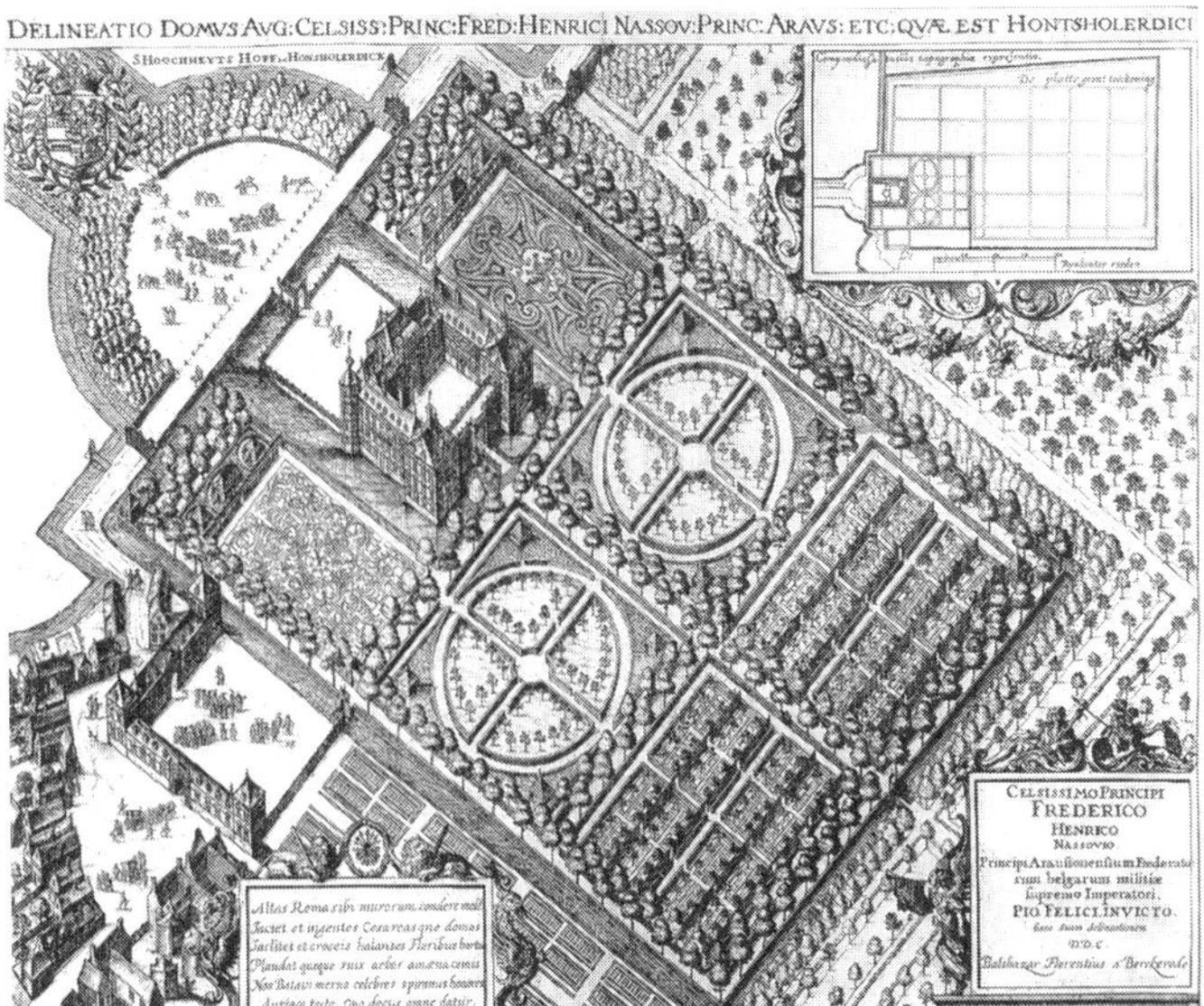

バルタサール・フロリス、ファン・ベルケンローデ
《ホンセラールスディクの宮殿》一六四〇年頃
Haags Gemeente-archief

ある円形劇場に由来する構成である。テラスを降り伝って庭園に出るというおなじみの特徴がウィルトンには欠けているのだが、これはリュクサンブールに見られる特異な構成を参照したからだと思われる。けれども両庭園の類似が見られるのはここまでで、花壇に関しては、リュクサンブールにある広大な装飾花壇のほうがウィルトンよりもはるかに先に進んでいる。リュクサンブールでは区々の花壇がまとまって区画全体としてひとつの巨大な構成体をつくりあげているのに対し、ウィルトンではまだ試みに四つの区画にまとめられているにすぎないからである。

個人的には、ムーア・パークにも刺繍花壇があった可能性は非常に高いと思っているのだが、記録に残っているものということになれば、『ペンブルックの庭』という出版物に記録されたものがイングランドの最初期の事例としてあげられる。これと類似した最も近い事例として、当然、あのフォンテーヌブロー宮殿とサン・ジェルマン・アン・レーを手がけたクロード・モレが創出した初期フランスの造園伝統を考えることができる。これらの作庭例はすべて、中間段階ともいうべきあるひとつの時代に属しているものと考えられる。花壇の形状はいまだ、バロック時代のように大胆で包括的な構成をとるにいたっていないが、区々の花壇が結びついて四つでひとつのまとまりを形成するようになり、それを補完するかたちで中央に噴水なり彫像なりを設けるようになった時期の作例である。このころの花壇模様は、渦巻の紋様に羽毛のモティーフが織り交ぜられたようなパターンをしており、クロード・モレの息子アンドレが出版した『娯しみの庭』（ストックホルム、一六五一年）に収載されている図案などは、そうした手法でデザインしたものであった。またウィルトンの庭園の境界部分に敷かれた道路の構成なども、サン・ジェルマン・アン・レー以来の典型的なモレの特徴である。[☆36]

こうした類似点は、すでにステン・カーリングがモレ一族の研究の中で指摘しており、そこではアンドレ・モレの影響がウィルトンにあったのではないだろうか、という包括的な問題も提起されている。アンドレは『娯しみの庭』の序文において、自分はイングランドの国王に仕えた後、一六三三年になってオラニエ公フレデリク・ヘンドリクのもとで働くことになったと述べている。すると、アンドレはチャールズ一世に仕えていたことになるわけである。おそらくヘンリエッタ・マライアに付き随って一六二五年にイングランドにやってきたのであろうが、一六二九年にフランスとの間に和平が締結されてから渡英したのだと考えたほうがより実状に近いかもしれない。次章で見るようにアンドレは、滞英中、セント・ジェイムズ宮殿に刺繡花壇を敷設しており、これがウィルトンに影響を与えた可能性もある。☆37

ウィルトンは、ペンブルック伯の監督下に、イニゴ・ジョーンズとイサク・ド・コーらが単独で仕上げたものだと私はむしろ考えたい。モレの手が加わった形跡は、ここにはなかった。ド・コーはきっとイングランドにくる以前に、モレ一族が考案したのと同じような刺繡花壇を目にしていたのであろう。けれどもアンドレ・モレは、一六三三年五月までの段階でウィルトンを実際に訪れたか、あるいは少なくとも庭園の設計案について知る機会があったはずである。モレがオランダに到着したのが右の日付であるのだが、このときまでにウィルトンの造成作業はかなりの程度まで進展していたはずである。そしてホンセラールスデイクのオラニエ公フレデリク・ヘンドリクの宮殿に庭園と装飾花壇を敷設するということになったとき、デザイン監督であったモレの脳裏には、ウィルトン庭園が描きだす壮大な光景が浮かんでいたにちがいない。その結果、できあがったものといえば、宮殿の軸線にそろえるように庭園を配し、周囲を運河で囲むという広大な構成は典型的にフランス様式であるが、庭園全体を三つの区画へと分節している点は、驚くほどウィルトンに酷似している。また宮殿の両脇にある刺繡花壇についても、窓の直下に置くというその配置のしかたにウィルトンの反映を見ることができるばかりか、花壇のひとつにいたっては、そっくり同じ模様を引き写している。また庭園の中央部分では、同心円状に広がる歩道に植樹がまばらにほどこされており、これなどもウィルトンとのつながりを示唆するものではないだろうか。さらに宮殿付属庭園の外側には緑の円形劇場が設けられているのだが、やはりこれもウィルトンを彷彿とさせるものである。☆38

ウィルトンの庭園は、ルネサンス期の造園技法を統合してみせた独創的な事例として私たちに残されている。ここにはさまざまなスタイルが組みこまれ、それを一度に経験することができる。ブレンタ川流域のヴィッラがもつレイアウトにプラトリーノの人工洞窟の驚異が混じりあうかと思えば、ここにはアンリ四世のサン・ジェルマン・アン・レーとマリー・ド・メディシスのリュクサンブール宮殿の伝統に連なる配置構成とディテールが見られ、さらに加えてローマ貴族が営んだ彫刻展示庭園の要素も入っているのである。ウィルトンはまた世紀中葉にかけて、庭園レイアウトの発展にも影響を及ぼすことになった。庭園の中央に広大な歩道を設け、これが四角形の庭園区画を次々と貫いて延び、壁で囲まれた庭園の全体は、邸館のファサードの中心軸に合わせて配置される。このような構成をもった邸館は、キップが描く眺望画の中に何度も登場する。ランカシア（現在のグレーター・マンチェスター）のヘイト［図24］、レスターシャーのストーントン・ハロルド［図23］、そしてとりわけ見事な旧ミドルセックス州のドーリー［図22］などといった事例がそれである。けれどもいずれの庭園も、大きさの面でも独創性の面でも、ついにはその原型を凌駕することはできなかった。

さてこのあたりで庭園の発展史を追いかける作業は一休みして、ウィルトンのヴィッラとその驚異の庭園をチャールズ一世時代の文化的文脈の中に位置づけてみることにしよう。「王の平和」と呼ばれる平穏な一時代、すなわち一六二九年から一六四〇年にかけて、王が議会を開催せずに統治した期間を象徴するものとして、ウィルトンを考えてみたい。そのさい、トマス・ケアリーが書きあげた渾身の仮面劇『ブリタニアの天』が格好の資料を提供してくれる。一六三四年の上演であるから、これはちょうどウィルトンの改築作業が進行していたのと同じ頃合いということになる。☆39 天上と地上の両世界から悪徳を追放し、新しい天と新しい地を確立するという、チャールズ一世の統治がもたらした勝利を言祝ぐ劇である。この新世界を象徴するのは、チャールズ一世宮廷の高潔な法制や品行と社会倫理である。ついに新たな時代が、放蕩三昧であったジェイムズ一世の宮廷にとってかわることになる。チャールズ一世とヘンリエッタ・マライアのかもしだす文化的な洗練が世を席捲し、新しい大ブリテン帝国が到来するのである。ステュアート朝の国王が古代ブリテンを英雄的に再＝創造したこの新帝国は、生活の新たな行動規範と理念とを人々にもたらす。劇中では、ウィトルウィウス発案の舞台機巧を操るイニゴ・ジョーンズが巨大な山岳セットを舞台に出現させる。山腹に鎮座するのは、イングランド、スコットランド、アイルランドの三王国である。やがてその間を割って「大ブリテンの剛毅なるヘラクレス」たるチャールズ一世が手下の英雄一統を引き具して示現する。この者たちがローマ人の徳目と中世騎士道精神の美徳とを結びつける役割を（まさにペンブルック伯がそうしたように）果たしている。ホワイト・ホールのバンケティング・ハウスを埋め尽くしていた宮廷の貴顕淑女たちはこのとき、新たな統治原理すなわち国王大権による大ブリテン帝国の統治体制が誕生する瞬間を目の当たりにした。そしてこの途方もない光景に続いて、今度はこの新治世がもたらすであろう理想の数々が宮廷人の前で展開される。人を寄せつけない峨峨たる山岳風景が打ち沈んだ後のことである。

……これまでとはまったく異なる新しい光景である。一番手前には甘美なる庭園が見え、低い木々にまわりを囲まれた遊歩道や花壇を示している。遊歩道に沿った側面には、噴水や庭園洞穴があり、奥には宮殿が立つ。宮殿からアーチの上を走る高い遊歩道。さらにその上には糸杉の植わった見晴らしのよいテラス。そしてこれらすべては王者の別邸にふさわしい装飾で成り立っている。☆40

「古代ローマ人あるいは文明化されたブリトン人の巨大な都市」を表わす廃墟としての古典的建築物というこの仮面劇の冒頭の場面は、これによってその意味が明らかにされる。政治の再生を補完するかたちで、美学の領域においてもまた再生が達成された。それらが典型的に現われでたのが、復興された古代建築であり、庭園の中で馴致された自然であり、あるいはまた噴水、遊歩道、テラス、人工洞窟、装飾花壇、糸杉などを備えたイニゴ・ジョーンズによるヴィッラの理想であった。ジョーンズのデザインはアントーニオ・テンペスタの版画から採ったものであるのだが、当初構想されていたように、ウィルトンの庭園の俯瞰図を舞台に現出させることも易々とできた。したがって、チャールズ一世が毎年夏になるとウィルトンの地へ好んで行幸したと聞いても、別段驚くには値しないだ

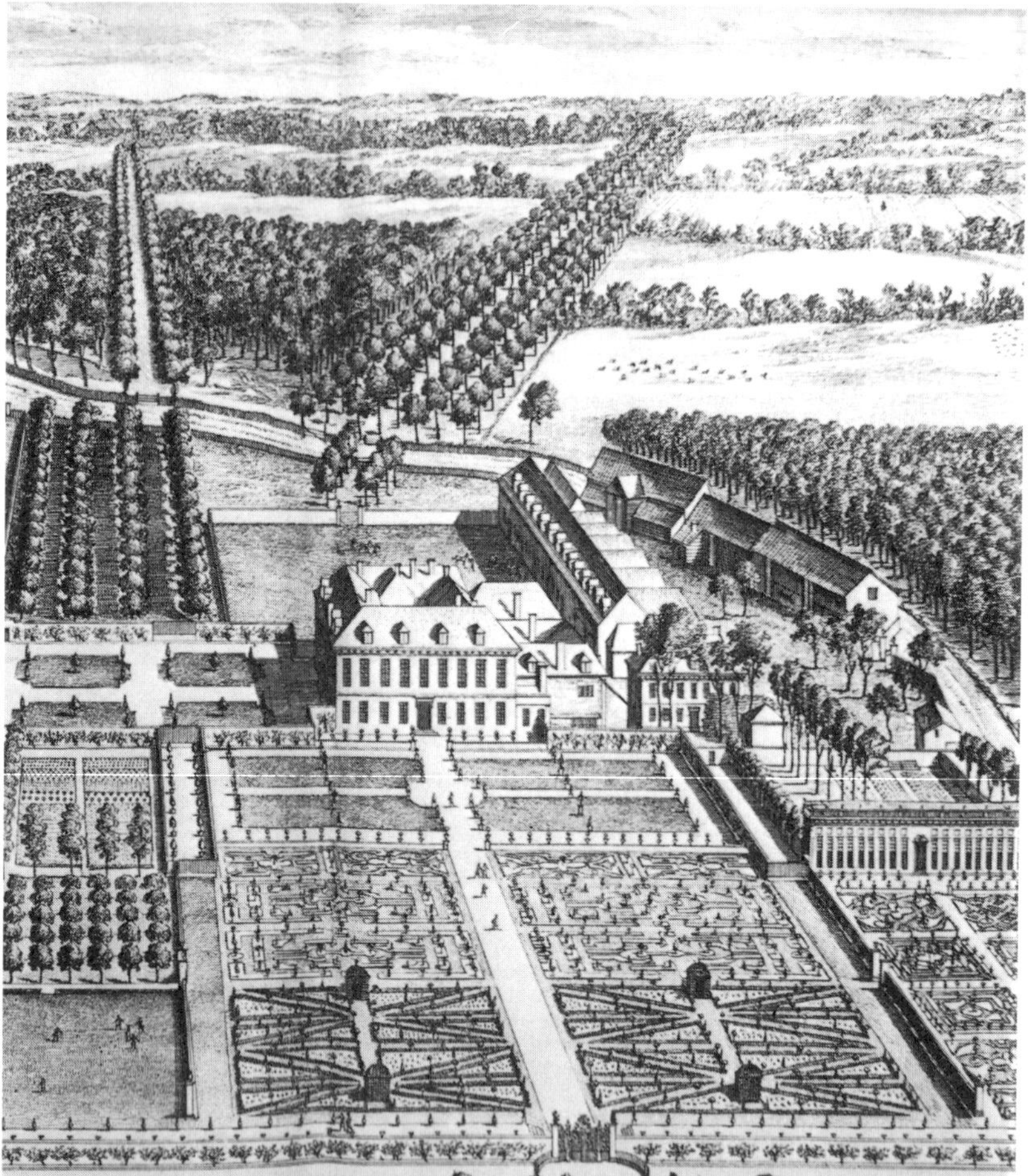

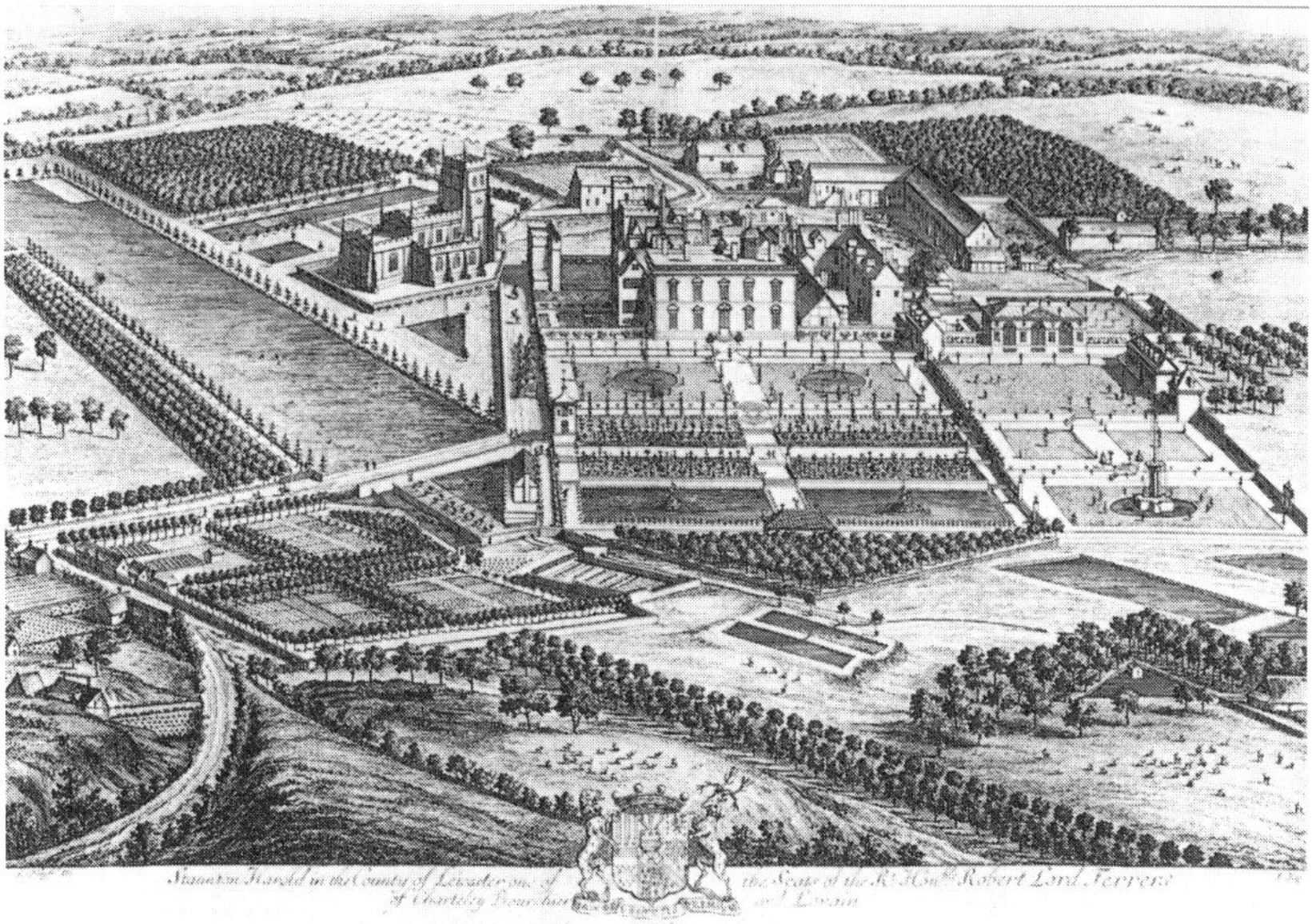

図22 - 24―――ウィルトンの影響。これらの庭園はキップの『ブリテン図絵』(一七〇七年）に記録されている。いずれも、そのレイアウトをウィルトンに負っている。順にドーリー、ストートン·ハロルド、ヘイト。

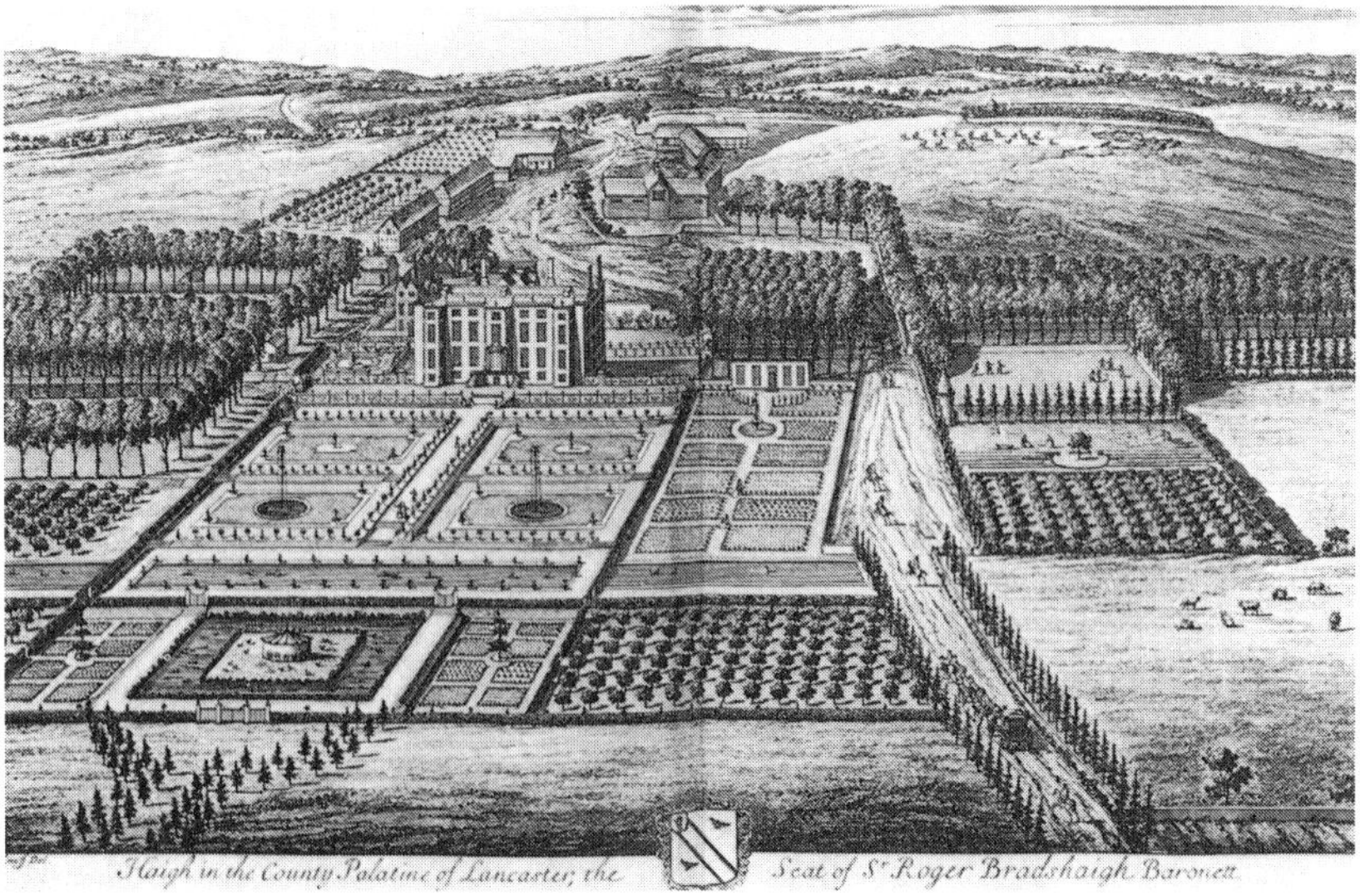

ろう。なぜなら、国王はその地で自分自身の政治的理想が文化的に表現された空間のただ中を逍遥することができたからである。ウィルトンの庭園は、実に国王の理想郷《アルカディア》であった。さて劇の方では場面はさらに転換して、最後の情景へと移る。そこでは宗教、真実、智慧、調和、政治、名声の擬人像が現われ、ウィンザー城の上空を旋回する。これらの徳目はいずれも、国王大権を支える大黒柱として国王が頭の中で思い描いていたものであった。しかしなんとも皮肉な話ではあるが、一六四二年に内乱が勃発したさい、ペンブルック伯は議会側に与して国王派と戦うことになるのである。

イサク・ド・コー時代の終焉

イサク・ド・コーが一六三〇年代に携わっていた仕事は、ウィルトンの庭園ひとつだけではない。一六三八年には、初代コーク伯リチャード・ボイルの邸館として、ドーセットの地にストールブリッジ・パークを設計している。計画には、庭園の一部に関する平面図も含まれていた。しかし、すでにとりこわされて久しいこの邸館については、現在では知るすべがない。[☆41] ド・コーはおそらく私たちが知っている以上にさまざまな活動に携わった人物であったのだろう。たとえば、ウィルトンには「鏡を壁一面に嵌めこんだ美しい四阿」があり、足下には「貝殻などが織りなすグロテスク紋様で飾られた貯水室があった」と、ストゥークリーが記録しているのだが、これなどもド・コーが手がけたものとは考えられないだろうか。[☆42] ド・コーがイニゴ・ジョーンズとどのような関係にあったのかは、今後の解明が待たれる問題である。けれども大筋はこんなところではないだろうか。すなわち、イニゴ・ジョーンズが施主から精緻な水力仕掛けを設置してくれないかと頼まれたとき、もしくはジョーンズが忙しくて邸館と庭園の全体デザインを監督するぐらいしか作業に関与できないようなとき、おそらくはド・コーに協力を依頼したのである。そしてジョーンズの場合もそうだったが、一六四二年に内乱が勃発するやいなや、ド・コーが手がけていた作業はすべて中途で放りだされてしまったにちがいない。イサク・ド・コーはどこかの時点でフランスに帰国し、一六四八年二月二二日、パリにてその生涯を閉じている。その亡骸はシャランタンのプロテスタント墓地に埋葬された。

晩年のこの時期に、イサク・ド・コーは著作を二冊残している。ひとつは出版年不明の『ウィルトンの庭園』(一六四五年頃)であり、もうひとつは『水力仕掛け装置に関する新たな発明』と題したもので、こちらは一六四四年に上梓され、英語にも翻訳されている。英訳版はジョン・リークによって『水力仕掛け装置に関する新奇なる発明』として、一六五九年に出版されており、同書中でド・コーは「近年の著名な技師」として言及されている。『新たな発明』には総計二六枚の挿し絵が付されているが、その大半は兄の著作『動力の原理』から採ったものである。☆43 テクスト部分は『動力の原理』の簡易抄訳版といった体であり、それゆえに王政復古期以降のイングランドにド・コーの庭園伝統の影響を強烈に刻印することになった。一七〇四年には、英訳版の新版が出版されている。

一六六〇年を境として、こうした水力仕掛け装置はジェントリーや中産階級の中の裕福な人々の間に広まった。ジョン・ウールリッジは自著『造園体系論、あるいはガーデニングの技術について』(一六八八年)の中で、噴水や水力仕掛け装置の数々をとりあげて賞讃を浴びせているのだが、その中にはド・コーの発案になるおなじみの仕掛けが含まれている。たとえば、水柱の上でバランスをとる珠や水力で鳴き声を発するナイチンゲールなどの事例である。流水《やりみず》や人工洞窟を褒めそやす箇所では、こんなことを言っている。

この中に秘密の通路と部屋をつくってもよい。外側の部屋にはあらゆる種類の……水力仕掛けを設置して、ご自身やご友人方の愉しみとされればよいだろう。

さらに筆を続けてウィルトンの人工洞窟についても触れている。

わが国にあるこの種のものでもっとも有名なものといったら、それはソールズベリー近郊にあるウィルトンの人工洞窟に止めを刺す。ただし予算の都合で完成にはいたっていないのだが、その内部では水力仕掛け装置の極みを目にすることができるだろう。まだ未完成かもしれないが、いずれ近いうちに目にすることができるようになるはずである。☆44

こんな具合にしてウィルトンは一六五〇年代の時点で回顧的に評されている。ウールリッジはこれを国際的な名声を獲得した特異な現象だと評し、リシュリューのリュエーユの城館にあった数々の仕掛けを凌ぐ出来映えだと賞讃している。『ペンブルック伯の庭園』に収載の版画は大陸にも流布し、また園内の噴水装置は、ゲオルク・アンドレーアス・ベックラーが一六六四年に出版した『運河の悦楽』の中で紹介された。☆45 ド・コー一族の影響はさらに遠く一八世紀にまで及び、スティーヴン・スウィッツァーの『水力工学ならびに流体静力学』（一七二九年）の中にもその反響が見られる。スウィッツァーは、謝意を述べつつ、「著名な（サロモン・）ド・コー」から、コルネリウス・タキトゥスとパウサニアスが記録している例の話すメムノン像を転載し、アレキサンドリアのヘロンからは、梟が近づいてくると鳴き声が止む小鳥の仕掛けと二基の水力オルガン仕掛け装置を転載している。☆46 このようにして、ルネサンス後期の産物である機械の驚異と魔術的科学とは、啓蒙主義の時代まで生き延びることになったのである。

第7章　折衷式庭園Ⅱ

――イニゴ・ジョーンズ、サー・ジョン・ダンヴァーズ、アンドレ・モレ

　ジェイムズ一世の治下、イングランドとイタリアの交流は、徐々に容易なものになり、この傾向はチャールズ一世の治世期にまで引き継がれることになる。イタリアでは、イングランド王の代理人が国王のコレクションのためにルネサンスの芸術作品を求めて半島中を博捜していた。両国間の関係修復にいたる兆しのようなものが現われたのは、ちょうどエリザベス一世の治世も暮れ方にさしかかったころのことであった。この時期に、再び公式な外交関係がヴェネツィア共和国との間に樹立されたのを手初めに、ジェイムズ一世の時代には、この外交政策はさらにサヴォア公国とトスカーナ大公国の宮廷にまで拡大された。両家のうちのどちらかの子女をヘンリー皇太子の婚姻相手に考えていたのである。さらにチャールズ一世の時代になると、宮廷において教皇庁の公使の姿まで見られるようになった。これはすなわちイタリアへのルートが自由に開かれていたということであり、この時期に後のグランド・ツアーのはしりともいえる旅行の慣習が芽生えてもいる。こうした状況は、当然、一七世紀を通じてイングランドの文化に計り知れないほどの影響を及ぼすことになった。ここにいたって、ついにイタリア・ルネサンスおよびバロックの成果をその源泉から直接摂取することが可能となったのである。[☆1]フランス人の王妃（ヘンリエッタ・マライア）が一六二五年にイングランドに嫁いできたことで、庭園デザインにおいてはなおフランスからの影響が強固であったが、それでも次第にイングランド人は、イタリアの大庭園の実状を肌身で体験して知るようになってい

った。こうした状況がもたらすさまざまな影響は、すでに一六二〇年代から三〇年代にかけて実感されるようになっていた。

ジョージ・サンズはすでに一六二〇年代の初頭にこの種のイタリア旅行を敢行しており、その見聞を旅行記としてまとめあげた人々の中では、最も初期の人物である。実際に旅行記の中で褒めそやされている庭園は、わずかに一例のみなのだが、そのひとつとは、南イタリアにあるトレド公爵の庭園だった。

なんとも心地よい場所である。園内にはそれこそ無数の素晴らしい彫像が居並んでいる。すべて古代遺跡から発掘したのだという。四囲を見渡せば、そこかしこに清水をたたえた噴水が置かれ、ニンフやサテュロスの像がこれを飾っている。そしてここには人工的に岩石を真似たものや、貝殻、苔、トゥファ石などがひしめいている。その様子といったら、模倣しようとする当の対象をはるかに凌ぐ出来映えである。☆2

換言するなら、サンズが見たものとはミュージアム庭園であったということになる。園内には真正の古代彫刻が立ち並び、その傍らには噴水や人工洞窟がひしめいていた。これよりもさらに興味深い記録がある。先の引用とほぼ同じころに書かれたものだが、ある逸名旅行者の次のような旅行案内である。「整然とたしかな手法でつくられたイタリアの中では、旅行者は記憶すべきものをどれも決して見逃したり見落としたりするべきではないが、とりわけ最も見るに値するとみなされるべきものについて」☆3。この中で庭園には傑出した地位が充てられており、驚いてしまう。たとえばプラトリーノの庭園には、実にまるまる一章が割かれている。そしてパラッツォ・ピッティには「広大で華麗な庭園」があり、またカプラローラには「心地よい庭園があって、技巧を凝らした実に珍しい水力仕掛け」があったと述べ、さらにフィレンツェの枢機卿が所有する庭園については、次のように語っている。

……庭園には鳥舎があって、あらゆる種類の鳥たちが甘美なる歌声を響かせている。また園内にはさまざまな水力仕掛けが設置してあり、不思議な効果で愉しませてくれる。こんもりと生い茂る糸杉の並木からはこのうえなく甘やかな芳香が漂い、ここに身を置いていると恍惚としてしまう。☆4

この旅行家氏がいうには、フェルディナンド・デ・メディチ枢機卿は、

ちょっとした山をひとつつくらせ、一五〇段の階段を伝って昇れるようにした。頂上には実に心地の良い四阿が建てられた。……この山は麓から山頂にいたるまで、糸杉で一面覆い尽くされていて、その光景といったら、およそ考えうるかぎり最も素晴らしいものがここに現出しているといってよいだろう。園内はこんな具合に技巧を凝らした珍らかな水力仕掛けだの植物だの彫刻だので飾り立てられていて、誰もが讃嘆せずにはいられないだろう。☆5

そしてティヴォリのヴィッラ・デステともなると、庭園の驚異を述べ立てる筆致は次第に熱を帯び、法悦境へといたってしまう。楽の音を奏でる水力オルガンを熱っぽく賞讃したかと思うと、四本の黒い水柱を怒濤のごとくに噴きだすドラゴンの噴水は「恐ろしくて見ていられない」と大騒ぎし、シビュラの人工洞窟を前にしては「東洋産の珊瑚と真珠母で飾られている」とまた讃嘆し、そして鬼面人を驚かす体の「技巧を凝らした水力仕掛け装置」（これはモンテーニュも記述し、またド・コーの『動力の原理』の中にもアレクサンドリアのヘロンをベースにしたものが登場する）については、次のように語る。

鳥たちが、歌うのである。小枝にとまって、しかもとても自然なので、生きている本物の鳥と勘違いしてしま

うほどだ……そして小鳥たちの歌声が絶頂に達したそのときに、梟が一羽飛んでくる。すると小鳥たちは一斉に静まりかえり、じっと動かなくなる。☆6

また園内では水がアーチを空中につくり、虹が架かっているのが見えたともいう。イタリア・マニエリスム庭園が生みだす魔術的驚異を前に、ジェイムズ一世の時代のイングランド人が感じた驚きとはいかほどのものであったのだろうか。この紀行文がその衝撃のうちのいくばくかでも伝ええているとするならば、この旅行家よりもずっと研ぎ澄まされた感受性の持ち主であったイングランドのウィトルウィウスことイニゴ・ジョーンズほどの人物であったら、一体どれほどの衝撃をこれらの驚異から受けたのかは想像にかたくない［図1］。そして私たちが常に念頭に置いておかなくてはならないことは、眼前に広がる風景がかつてプリニウスをはじめとする古典籍中で読み知った事柄を正確に再‐創造したものだと、当時の庭園を訪れた人々はみなしていたということである。

どうやら現在までの評価では、ジェイムズ一世の時代に起こった庭園革命にさいして、イニゴ・ジョーンズが果たした役割は、ほんの脇役程度としか考えられてこなかったようである。ジョーンズが最初にイタリアを訪れたのは、一五九七年から一六〇三年にかけてのどこかの時点とされる。ただこのときは、庭園デザインを研究しようという意図はなかったようである。このときのジョーンズの立場は、「デザイン術」を学ぶ一介の若手画家にすぎなかった。だからサロモン・ド・コーとコンスタンティーノ・デ・セルヴィが設計・監督したあのリッチモンドの壮大な計画の中で、ジョーンズが本当に端役のような地位しか占めていなかったとしても、これは別段驚くには値しない。さらに、ジョーンズは生涯を通じて水力学技師になることはなかった。けれども有名な第二回目のイタリア訪問の結果として、ジョーンズは決定的なインパクトを庭園デザインに与えることになったのだということはできる。一六四二年の内乱勃発に先立つおよそ一五年ほどの間、庭園デザインの発展史にジョーンズの姿が決定的な影響を与えることになる。

図1——イニゴ・ジョーンズの自画像（一六二〇年頃）。

ジョーンズがイングランドを離れたとき、すでに齢四〇を数えていた。二八歳のアランデル伯ならびに伯爵夫人らとともに発つことになった今回は、エリザベス王女とプファルツ選帝侯を護送する随員使節の一員という身分であった。ハイデルベルクまで付き随って公式日程をすべて終えると、ジョーンズと伯爵夫妻は連れだってイタリアへと赴き、その地で二一カ月を過ごした。[☆7]この間、ジョーンズは熱心に古代遺跡の研究やルネサンス芸術の研鑽に努めたばかりではなく、伯爵が購入しようとするコレクション用の美術作品に対して助言もおこなった。イングランドにおける建築の発展という観点から見た場合、これらの購入作品の中で最も重要だったのは、パッラーディオとスカモッツィによる建築ドローイング集を収めた柩箱だった。これらの図面集がジェイムズ一世時代のイングランドに到着したことが、イタリア滞在中にジョーンズがおこなった研究の成果やノート類と相俟って、ひとつの変容をもたらした。それまではルネサンスの形態とエリザベス朝のネオ・ゴシックとを自由気ままに組みあわせていたジェイムズ朝ロマン主義ともいうべき夢想家が、一代のイングランドのウィトルウィウスへと変貌を遂げたのである。ジョーンズとアランデル伯は一六一四年の一月に帰朝している。その八カ月後、老齢の王室工事監督官サイモン・バジルが亡くなると、視覚芸術の世界はジョーンズが一手に掌握するところとなり、その天下は内乱が勃発するまで続くこととなる。

したがって、これは偶然ではありえないのだが、イタリア・ルネサンス庭園の理論家が掲げる例の信条である「庭園とは邸館建築の延長であり、庭と建物は一体のものである」という原理は、ジョーンズがイタリアより帰国した直後から、イングランドにお目見えすることになる。直接的にも間接的にも、この原理はジョーンズがもたらしたものにちがいない。けれども、ジョーンズが決定的にかかわったことが知られている作庭例は、アランデル・ハウスの庭園ただひとつである。古典的なルネサンス庭園類型、すなわちミュージアム庭園というものをイングランドに紹介することとなった作例である。

ミュージアム庭園――アランデル伯トマス・ハワード

一五九〇年代に、ファインズ・モリソンはルネサンス庭園の最もよく知られた特徴である古代彫刻について、教皇ユリウス二世のヴィッラ・ベルヴェデーレの庭園をめぐって、次のように書き残している。

> 相当な数の彫像が置かれていた。すなわち、ナイルやテヴェレの河神像、雌狼の乳首で戯れるロムルスとレムスなどで、これらはみな屋外の庭園に設置してあるのだが、このほかにも最高傑作であるアポロ像、さらには

こちらも見事な出来映えのラオコオンとその息子たち、あるいはかのハドリアヌス帝が寵愛したという少年アンティノオス像だのヘラクレス像だのクピド像だのウェヌス像だのといった傑作があり、また腕枕をして寝ているクレオパトラ像には大蛇が添えられて、美しい彫刻作品を形づくっている。☆8

ルネサンス期に知られていた作品の中で最も有名であり、また影響力も大きかった古代彫刻の幾片かを前にして、エリザベス朝のイングランド人はこんな風に反応したのであった。ベルヴェデーレのアポロ、ラオコオン、横臥するクレオパトラと、いずれも視覚芸術の発展に深甚なる影響を与えた作品ばかりである。このベルヴェデーレの庭園は、古代彫刻を展示するための屋外空間はこうあるべきだという理想を典型的に表現している。

この伝統はこれよりも早い時期に、フィレンツェの人文主義者たちが始めたものであった。ミュージアム庭園の鼻祖は彼らである。一四八三年頃には、ポッジョ・ブラッチョリーニが自分のテッラ・ヌォーヴァのヴィッラの庭園にどのようにして古代彫刻を設置したかを語っている。マンテーニャも同じように庭園に彫刻を設置したし、コジモとロレンツォのメディチ父子も、さらにはベンボ枢機卿も同じことをおこなっている。☆9 こうした先例はたしかに存在するけれども、類例中もっとも著名なものといったら、教皇が造営したベルヴェデーレの庭園にある構成配置であろう。この事例こそ、庭園と彫刻との結びつきをひとつの流行として確立したのであり、これ以降、枢機卿たちがこぞってこれを模倣し、ローマ近郊に所有するヴィッラの庭園に同じようなものをつくりあげていった。

もちろん、ベルヴェデーレの庭園のテラスを重ねる構成手法も、その影響力という面からすれば十分に革命的ではあったのだけれども、さしあたって同園のうち彫刻展示に関する部分のみを考察の対象とすることにしよう。ブラマンテがここでおこなったのは、単に彫刻を屋外に並べたというだけではない。各作品はそれぞれニッチもしくは人工洞窟の中に置かれるか、あるいは大理石の台座上で組みあわされて噴水へと仕立てられるかしていた。あらゆる努力を費やして、古代のヴィッラの庭園を再現しようとしていた。その結果できあがったものは、もちろん、新しいタイプの庭園であり、本質的には盛期ルネサンスに属するものである。皮肉にも、この庭園様式がイングランドに伝わったのは、イタリア本国でこれよりも後に出現した庭園スタイルがイングランドに導入されたさらに後のことであった。すでにマニエリスムの驚異と自動機械人形の世界が先に伝わっていたのである。イングランドに関するかぎり、この彫刻庭園の様式が伝わるのは、たとえば、モリソンの事例に見られるような個人的な見聞経験に大きく拠るか、あるいは古代彫刻の輸入に左右されていた。そのようなわけで、このスタイルが大きな潮流を形成するようなことがあろうはずもなかった。ごく短い期間に存在したこの種の事例についても、王室の庭園で散見された程度で、これらの庭園を飾った彫刻というのは、マントヴァ公爵［ヴィチェンツォ・ゴンザーガ］のコレクションからとりよせたものか、ユベール・ル・シュウールの手によって古代作品の型から鋳造したものであった。これらの事例は、とりわけアランデル・ハウスの庭園に顕著に見られた。アランデル伯トマス・ハワードが一六一四年の決定的に重要なイタリア訪問後に改修をおこなったものである。

それから二〇年たった一六三四年に、ヘンリー・ピーチャムは自著『紳士大全』の増補版を出版しているが、その中でいうには、古典古代の世界に通じ、彫刻や碑文、コインやメダルなどの知識を蓄えることは、ステュアート朝イングランド紳士が具えるべき素養のひとつになったのだという。

> 人物と作法について学ぶことの次に、これらの鋳造品や先人の記憶、過去の出来事に触れることほど喜ばしいものはないし、これらを観察することほど価値のあることもない。そうしたものが目の前にあると、今、自分は二〇〇〇年前の過去を見ているという感懐を人々に抱かせることだろう。☆10

ピーチャムはトスカーナ大公が営んだコレクションについて触れ、また歴代の教皇がベルヴェデーレの庭園やヴィッラ・ファルネジーナに築きあげたコレクションについても言及している。次いで、これらのコレクションがイングランドにもたらされた経緯について、正確極まる見取り図を描きだしているのだが、最初のくだりは、通人にして蒐集家であったアランデル伯トマス・ハワードに充てた敬意の表明となっている。

この御方が気前よく盛大に作品を購入してくださったおかげで、この世界の片隅でもはじめてギリシアとローマの彫刻を拝む機会に恵まれることとなった。伯爵は賞讃を浴びたこれらの作品を展覧に供して、アランデル・ハウスの庭園と展示室に名誉を与えるという仕事にとりかかった。今からおよそ二〇年まえのことだ。それ以来ずっと古代ギリシアの彫刻がイングランドの地に移植され続けている。チャールズ国王陛下も、玉座にお就きになって以来、古代彫刻への変わらぬ愛好ぶりを示し続けておられる。異邦の皇帝、将軍、元老員議員からなる一大彫像軍団を自国の海岸に陸揚げし、御前に進軍させて敬意を表させ、セント・ジェイムズ宮殿とサマセット・ハウスに引き具して従者として仕えさせられた。[☆11]

この行文でピーチャムは、私たちがたどらねばならない庭園の系統図を簡潔に描きだしてくれている。まず始祖たる存在としてアランデル伯の庭園がある。ちなみにピーチャムは一六一四年以降、伯爵の子息の家庭教師を務めている。そして次に登場するのがチャールズ一世で、戴冠した一六二五年以降の活動が注目される。アランデル伯トマス・ハワードは、もちろん、故ヘンリー皇太子を囲むサークルの一員であった。そしてサロモン・ド・コーの作品にも親しんでいたのにちがいない。しかし、伯爵はこれとはまったく性質の異なるルネサンス造園法をイングランドの地にもたらすべく運命づけられていた。すなわち、屋外彫刻ギャラリーとしての整形式庭園がそれであった。[☆12] 伯爵の彫刻コレクションが始まったのはローマであった。伯爵はこの地で古代遺物の発掘作業を監督したほか、ホメロスのものと呼ばれる作品を購入し、またエジディオ・モレッティに注文して「古代風の」彫像を四体彫らせている。イングランドに帰国後の一六一六年には、ロウス卿ウィリアム・セシルが「イタリアからもちこんだ彫刻のすべてを一度にアランデル伯に与えた」のに加えて、サー・ダドリー・カールトンからも「ユピテルの頭部」を贈られている。伯爵はこの頭部像を「庭園の一番端の部分、ギャラリー入口のドアの真向かいに置いた。そうしておくと、ギャラリーのドアを開けて庭園の正面に出るとすぐ、この頭部が視界にとびこんでくるからである」[☆13]。アランデル伯は実に勤勉な蒐集家であった。オスマントルコ政庁の大使に赴任するサー・トマス・ロウに頼んでギリシアとアジアの地を博捜してもらったばかりか、後年には専属の牧師であるウィリアム・ペティを代理特使として当地に派遣してもいる。ペティは波乱に満ちた旅路のすえ、一六二七年にコレクションをイングランドに送り届けているが、後にこのコレクションは、リチャード・ジェイムズの『アランデルの大理石』（一六二八年）の出版によって、永遠にその名を残すことになった。こうして届けられた荷物があまりに重要なものに満ち、また興奮せずにはおれない逸品であったため、法学者にして古物蒐集家でもあったジョン・セルデンは、荷解きに夢中になるあまり夜の更けるのも忘れて作業に没頭した。アランデル・ハウスのギャラリーと庭園は、絶頂期を迎えた一六三〇年代には、彫像三二体、胸像一二八体、二五〇点の碑銘、石棺、祭壇、そのほかの断片という陣容を誇っていた。これはフランシス・ベーコンが理想とする庭園の形とはおよそかけはなれたものであったから、次のようなエピソードを聞いても別段驚きはしない。あるとき、ベーコンが「アランデル伯の庭園にやってきて、そこかしこに裸体の男女の彫像がひしめいているのを目にすると、立ち止まって叫んだ。『最後の審判の大復活でも始まったのか』」[☆14]。

ヨアヒム・ファン・サンドラルトはこの庭園を一六二七年に訪れ、その模様を次のように書き残している。

見るべき価値のあるものの中でも、かの芸術愛好家アランデル伯の美苑こそは、その筆頭にあげられるべき作品である。園内は古代の大理石彫刻でまばゆい輝きを放ち、ギリシアやローマの見事な技量を堪能することができる。ここで最初に見ておくべきものは、あるローマ執政官の姿を彫った塑像である。長くて優美な衣服には襞が折り重なり、身体の形状とプロポーションが衣服越しに手にとるようにわかる。これに続いてはパリスの彫像がある。ほかにもいろいろとあって、全身像のものもあれば、胸から上だけのものもある。それから頭部像やら浮彫りやらはそれこそ無数にあって数え切れないぐらいだが、いずれも大理石製で、希少価値の高いものである。[☆15]

この時分までにはコレクションはほぼ完成状態にあった。ということは、これに先立つ一〇年ほどが彫刻を展覧に供すべく庭園の造営・配置がおこなわれた期間にちがいないだろう。

実際のところ、アランデル・ハウスの詳細についてはごくわずかのことしかわかっていない。もともとはハワード家の町屋敷であって、ジェイムズ一世がその治世の初期に名誉回復措置として伯爵家に返還したものであった。[☆16]イタリアから帰国するにさいしてアランデルが抱いていた大局的な目標は、邸宅と敷地を改築して、イタリアで見てきたヴィッラにできるだけ近づけようというものであった。庭園の構成が当時いくぶんか風変わりなものだとみなされていたということが、ジョン・スミッソンの一連の図版中に暗示されている。これはスミッソンが一六一八年から一九年にかけてロンドンを訪れたさいに作成したものだが、その中には「アランデル・ハウスにある庭園のプラットフォーム」や「その庭園にあるイタリア風の門」といった図が含まれている。[☆17]これらの門のうち最も重要なものについてはジョーンズ自身のデザインが残っており、[☆18]庭園を描いた三枚の景観図も現存している。一枚は、テムズ河の光景を描いた片隅にちらっと見えているといった体で、コルネリウス・ボルの作品である。[☆19]もう一枚は、ミトゥンズが描いた伯爵夫人の肖像画の背景となっているものである［図4］。最後の一枚は、ウェルベック僧院所蔵の伯爵を描いた全身像の肖像画の背景に見えるもので、さらに遠方の区画までが望める鳥瞰図となっている[☆20]［図5］。この最後の一幅からは、庭園のもつ壮麗な印象を感じることができる。この鳥瞰図は、一六二七年の例の壮大な古代遺物コレクションを庭園に設置したのを記念しているようにも見える。

イニゴ・ジョーンズ、アン・オブ・デンマーク、アランデル伯爵
一六一四年から一六三〇年代初頭にかけて、アランデル伯トマス・ハワードはイニゴ・ジョーンズを雇用した。テムズ河畔の自邸と庭園を改築してイタリア式に改め、伯爵のコレクションを収めるにふさわしい空間をつくりだした。

図2——イニゴ・ジョーンズがオートランズにつくったグレート・ゲート（一六一七年）。庭園門は、荒ぶる自然と馴致された自然との境界を画する。イニゴ・ジョーンズが庭園建築になした、最も目覚ましい貢献のひとつ。

図3——イニゴ・ジョーンズによるイタリア風の門。アランデル・ハウスの西側の庭園用。

図4——アランデル・ハウスの絵画ギャラリーから庭園を眺める（一六一八年）［次ページ］。

コルネリウス・ボル
《アランデル・ハウスと西庭の景観》（部分）
一六四〇年頃　個人蔵

図5——アランデル・ハウスの東側の庭園の情景（一六二七年頃）。欄干つきのテラスと古代彫刻を備える。

図6——アランデル伯はサリーのオルベリー・パークにあったカントリー・ハウスを囲む丘陵地に人工洞窟群を造成した。ホラーの手になる《オルベリー河畔》と題された彫版図は古典主義様式の未完成の避暑用四阿を記録したもののように思われる。

そうした経緯を見ると、アランデル・ハウスの庭園は一〇余年の年月をかけて造成されたと考えるべきであろう。伯爵夫妻が一六一四年にイタリアから帰国した直後から、一六三〇年頃に黄金時代を迎えるまでの歳月である。邸館と庭園の改築は、ちょうどスタイル変化の過渡期にさしかかっていたイニゴ・ジョーンズが手掛けた。およそ一六一五年から一九年にかけての期間、ジョーンズはイタリア旅行での研究成果と、パッラーディオとスカモッツィの膨大な建築ドローイング集とを自家薬籠中のものにしようとしているところであった。この時期のジョーンズを特徴づける様式は、既存の建築物の上にイタリア的要素を張りつけるといった手法で、建物、パーゴラ、門、ポーティコ、窓、炉棚などにイタリアン・モティーフの装飾が付加されていった。この手法は庭園にも適用された。ジョーンズは数々の革新をおこなっているが、その中でも後々までくりかえし用いられ、また最も魅力的でもある要素を庭園空間に導入することとなったのが、庭園門《ガーデン・ゲート》である。[☆21]最も初期の作例としては、アン・オブ・デンマークのためにつくった五つの門がある。これは王妃がオートランズに所有していたテューダー朝時代の古い宮殿に設置したもので、ジョーンズのイタリアから帰国直後の作品であった。これら五つのうちで最も重要なのは、葡萄園へと通じる部分に設けられた「グレート・ゲート」である。その姿は、パウル・ファン・ゾーメルが一六一七年に作成した王妃の全身肖像画中に、非常に人目を惹くかたちで描かれている[☆22][図2]。構成の面からみると、ジョーンズがいかにも即興でセルリオを模したという印象を与える。その後長い年月の間、田園や庭園へと通じるこれらの門扉群は、ジョーンズがつくった構築物の中でも最も愛嬌のある作品として親しまれることになった。イングランドの庭園デザイン史との関連からみるならば、これらの庭園門はまったく新奇な要素である。単にそこに立っているというだけで、強いトーンで訴えかけるその古典主義的造形が新たな庭園の理想を生き生きと描きだしている。この門は秩序化された自然と混沌たる自然との境界を画すべく構想されたのである。

ジョン・スミッソンはアランデル・ハウスにあった二つの庭園門を記録している。ひとつは、ありがたいことに一六一八年の日付が付されている[図3]。もうひとつの方には、てっぺんに三つの石珠が乗っていて、その姿はウエルベックにある伯爵の肖像画中に描かれている。スミッソンは庭園平面のひとつを一六一八年の庭園門と同じ図面に載せていて、ここから最初期の庭園計画がいつ作成されたのかも知ることができる。この平面図はおそらく西側の庭園を描いたものであろう。ボルによる絵画にもその姿がちらと覗いているが、長方形状をした囲い地のようになっていて、三方を壁面もしくは建物で囲まれている。ただし、ここには階段が三つ設けてあって、河岸に面するテラスにもいけるようになっていた。アランデル・ハウスはサマセット・ハウスの隣りに建っていたから、この河岸に面したテラスというのは、かつてサロモン・ド・コーがアン・オブ・デンマークのためにつくった庭園の構成をくりかえしたものかもしれない。この箇所を除いてテラスのたぐいは一切なく、囲われた敷地は芝が植わった四つの区画に分割されている。各区画の境栽に立つ樹木が並木道を形成し、そのうち最も長いものの端には、おそらくイタリア風の門が立ちあがってひとつの極点をなしていたのだろう。この庭園にはとりたてて驚くような独創性は見当たらず、例外的に門が人目を惹く点と、これはなかなか断定するのはむずかしいのだが、庭園の平面と邸館建築との関係をなんとか調和させようとした入念な努力の痕跡が見られる点が注目に値する。

とくに騒ぎ立てるほどの独創性が見当たらないという点では、二番目にあげたミトゥンズが一六一八年に制作した伯爵夫人の肖像画中にちらと見える光景についても同様である［図4］。これは絵画ギャラリーから見える庭園の姿を描いたもので、噴水に焦点を当ててはいるが、ありきたりの手法に従って並木道が交差する箇所に噴水を置いてあるだけのように見える。その向こうには緑樹を建築的に編みあげてつくった四阿《あずまや》が建っていて、中央には通路が開き、庭園に面する「窓」も穿たれている。これはいうなれば、ホルトゥス・パラティヌスを見て以来、私たちにはすっかりおなじみとなった種類の庭園である。庭園全体の中で最も驚くべき要素は、もっと後になって、いざ彫像を設置するという段になってつくられたのにちがいなく、その箇所こそが東側の庭園ということになる。ウェルベックにある絵画を見ると、この部分の庭園にはテラスがあり、階段を昇って近づくと、河と平行に走る広大な中央遊歩道にいたる構成になっていたことがわかる［図5］。周囲を囲む壁には、四隅の部分と階段が通じる箇所にそれぞれ彫像が設置されていた。河と平行に走る壁の中間には二体の彫像があるが、おそらく別の階段がこの彫像の間にあって、植樹がほどこされた下方の庭園まで下りることができたのであろう。

このような処理の仕方はブラマンテのベルヴェデーレを反映したものにちがいなく、またイタリア式にテラスを重ねる構成としては、おそらくイングランドの庭園に導入されたものの中でも最初期の事例である。けれども、イタリア式庭園をつくりだそうとするこうした初期の試みのほぼすべてに当てはまるある事柄がこの事例にも見受けられる。すなわち、庭園構成の基本原理を遵守しようとすると、改築されたテューダー朝の建物とテムズ河畔に広がる庭園部分とをどうにかして結合させなくてはならないという問題に執拗に悩まされることとなったのである。しかし、このような敷地条件では、ブレンタ河沿いにパッラーディオが生みだしたヴィッラの構成を再現するなど到底不可能な相談だったのである。そうした状況にもかかわらず、イニゴ・ジョーンズが手がけたこのアランデル・ハウスの改築作業では、庭園の歩道を拡幅して記念碑性を得たのをはじめ、邸館と庭園との連結を試み、テラスを重ね、古代彫刻を並べて衆目の度肝を抜く壮観を生みだすことによって、ジェイムズ一世時代末期のロンドンに冠絶する未曾有の庭園となりえた。

アランデル伯と造園術をめぐる主題に関しては、すこしばかり補足しておく必要がある。伯爵はこのほかにも、セント・ジェイムズ・パークのはずれに建つタート・ホールとサリーにあるオルベリー・パークを所有していた。そのどちらにも庭園があった。ここに《オルベリー河畔》と題された一風変わった彫版画がある［図6］。ウェンセスラウス・ホラーの手になる一幅で、河の風景の向こう側に背の低い古典主義様式の構築物が広がっているのが見える。四角形のテラスが段状に連なって背後の丘をかけのぼっていて、建物はその中に挿入してある。画中には、その建物に向かっているかのように、河岸の散策路を伝って逍遥する人々の姿がある。一体これは何を描いたものだろうか。人工洞窟とも避暑用四阿とも見える巨大な廃墟と化した建物には、ジョーンズの気配が漂っている。アランデル伯もジョーンズも、この種の建築物から連想されるイタリアの広大な庭園の数々を実際に目にしているからである。建設の中途で破棄されてしまったという印象がこの図には拭い去りようもないほど明らかである。数寄を凝らしたテラス状の構成に避暑用四阿を備えた庭園をつくるという大構想がありながら、内乱が勃発したために果たせなかったかのようにも見えるではないか。実際、アランデル伯はオルベリー周辺に広がる砂質の丘陵地を掘削し、人工洞窟をいくつもつくっていた。伯爵はその中で、「心地良げに座してくつろぎ、歓談に打ち興じるのであった」という記録が残っている。この図版に描かれている建築物は、そうした人工洞窟のひとつではないかと思われるのである。☆23

タート・ホールの庭園をめぐっては、これとは別種の問題が生じている。☆24 タート・ホールはセント・ジェイムズ・パークの縁に建ち、邸館の背後には、壁で囲われた巨大な庭園を抱えていた。その姿は、フェイソーンとニューコートの地図に記録されている。この地図は、一六四三年から四七年にかけての同地区の調査をもとに作成されたものだが、出版に供されたのは一六五八年になってからであった。もしここに記録されている庭園の構成が一六三〇年代にまでさかのぼりうるものならば、花壇の配置に関しては、フランスを震源地とする実に首尾一貫した体系に従ったものだと評価できる。すなわち、邸館のすぐ前にテラスを設け、その下方に刺繡花壇を設けるという手法で、これはリュクサンブールの大花壇以来の大胆なフランス式の構成法であり、アンドレ・モレがイングランドにもちこんだものであった。

庭園史の中で、アランデル伯は、その実像がつかみがたい人物であり続けているが、伯爵がジョーンズとの協同作業において基本に据えた原理にかぎっていえば、いたって明快である。それはもっぱらイタリア式に従ったものであり、この方面において、伯爵はおそらくジョン・イーヴリンに深甚なる影響力を振るったらしい。イーヴリンは伯爵を回顧して「ご存命中は私の高貴な友人であらせられた」と述べているし、また後年オルベリー・パークの庭園の改築もイーヴリンが手がけている。その改築作業がおこなわれた一六六七年の時点までには、アランデル・ハウスの彫刻庭園の方は、目も当てられぬ悲惨な状況におちいっていた。記録の伝えるところでは、「これらの貴重なモニュメントは……打ち捨てられ、園内やアランデル・ハウスのそこかしこに散らばり、あるいは倒されて、みじめな姿をさらしている。ロンドンの汚染された空気がこれほどまでに彫像を損壊させてしまったのである」[☆25]。その後、イーヴリンがとりはからい、これらの彫像はオックスフォード大学に移され、現在もそこで目にすることができる。

サー・ジョン・ダンヴァーズとイタリア式庭園

しかし、ジョン・オーブリーが述べるところによると、アランデル伯その人ではなく、従兄弟にあたるサー・ジョン・ダンヴァーズこそ「われわれにイタリア庭園のなんたるかを教えてくださった」という[☆26]。オーブリーによって、ウィルトンの庭園は、内乱以前のイングランドにおいて、イタリア式でつくられた三番目の作庭例という位置づけがなされている。しかも、最初の二つもダンヴァーズによって造営されたとしているのである。「彼はフランスとイタリアの地を十分に旅して回り、見事な観察をおこなった。健全な肉体の持ち主であり、それにふさわしい健全な精神ももちあわせている。……非常に優れた想像力を有し、それを庭園や建築の道に生かしている」[☆27]。ここで問題となっているダンヴァーズの二つの庭園とは、まず最初のものはチェルシーにあった自邸の庭園で、一六二二年から二三年にかけて造営が始まっている。二番目のものは、ウィルトシアのラヴィントンにあった庭園で、これは一六二八年に二度目の結婚によって相続したものであった。

サー・ジョン・ダンヴァーズ（一五八八年?－一六五五年）はドーントシーのサー・ジョン・ダンヴァーズの三番目の息子であり、兄弟の中では一番下であった[☆28]。長兄のチャールズは、エセックス伯の反乱に連なったかどで一六〇一年に処刑されており、後にダンビー伯となる次兄のヘンリーは、軍人ならびに政治家としての輝かしいキャリアを歩み、一六二一年にオックスフォード大学植物園を発足させている。三男ジョンの最初の妻は、マグダレン・ハーバートであり、この婚姻によって彼はチェベリーのハーバート卿と詩人ジョージ・ハーバートの継父となった。

ダンヴァーズ夫人は、ジョン・ダンの親しい友人であった。オーブリーによると、サー・ジョン・ダンヴァーズは「大法官ベーコン卿と知己であるばかりかずいぶんと目をかけてもらっていた。かの優雅なチェルシーの庭園もベーコン卿は大層お気に入りだったという」[☆29]。ベーコンが没したのは一六二六年であるから、彼が目にして気に入ったというのは、まだ初期の段階にある庭園と邸館のことであったにちがいない。

オーブリーはチェルシーの庭園をよほど重要なものとみなしていたようで、一六九一年には同庭園に関する長尺の文章を全体平面図と合わせて編纂している[☆30]［図7］。この時点で、邸館はダンヴァーズの次女の所有地となっていた。オーブリーのものとは若干の差異が見られはするが、透視図による同庭園の景観図も残っていて、これは『ブリテン図絵』に収録の、ニフの手になる一六九九年の素描から採ったキップによるチェルシー地所の鳥瞰図中の一幅である［図8］。なぜこの庭園がそれほどまでに新奇なものと映ったのであろうか。まず第一にあげられる点としては、当初から邸館と庭園とをひとつの統合体として構想したものとしてはこれが最初期の事例だということである。たとえば、サロモン・ド・コーやアランデル伯の庭園というのは、既存の敷地に改造の手を加え、古い邸館建築との統合を企図したものであった。したがってダンヴァーズのチェルシー・ハウスは、邸館と庭園の統一化というこの一種の新発明ゆえに新奇なものと映ったのである。オーブリーは次のように記している。「ホールで晩餐の席に着くと、二方向に広がる絶景を堪能することができる。ひとつは南側の眺望で、テムズ河とサリー地方の光景を望むことができる。もうひとつは北側の眺望で、こちらには粋を凝らした庭園の眺めが広がっている」。庭園に出るには、建物の主二階《ピアノ・ノービレ》にあるホールから降りている二重階段を伝っていくのだが、この階段というのがくせ者で、壁がとりつけられていて「すぐにはお楽しみが得られないように、庭園全景の眺望を隠している」のであった。この点では、ダンヴァーズはサー・ヘンリー・ウォットンが構想した理想的な庭園へのアプローチ方法を見事に満たしていることになる。テラスがあって、「ここから眼下を眺めやると、うち広がる庭園のおおまかな『構成』を把握することができるが、視界にとびこんでくる光景は、喜ばしき混沌とでもいった体をなしており、厳格な区画分節をほどこした平明な眺めとはおよそ無縁のものだ」というのが、ウォットンの理想であった。ウォットンはさらに、庭園に降りていくときの模様もこんなふうに語っていた。「園内でさまざまな愉悦に出くわすたびに、あたかも『魔法にかけられて』別の『庭園』まで運び去られてしまったかのような感懐を抱くことになる」[☆31]。驚異の感覚の創出と通景線《ヴィスタ》がダンヴァーズ・ハウスの二つの基本原則であった。

総体として、庭園は中央の軸線が邸館建築を貫く構成である。全体を三つの区画に分割し、開放的な空間と閉鎖的な空間とが交互にくるように入念な計算がほどこされていた。邸館から延びる階段を降り、その最後の一段を後にしたとき、訪問者は、自分がスイートブライア、ライラック、モックオレンジ、西洋柊、杜松《ねず》といった木々が生い茂る野生林のただ中にいることを突如として発見する。ところどころに林檎や梨といった果樹も混じるこの林は、それでも区画が分割されて歩道が敷かれており、中央部分には、庭師夫妻を象った多彩色の彫像が置いてある。これはニコラス・ストーンの作品である。けれどもこれらはすべて、キップがパノラマ図を作成した時分までにはとりはらわれてしまっていた[☆32]。この樹林区画を抜けた東と西の部分には、それぞれに幅広の砂利道が走っていて、各々邸館に近い側の終端部には彫像が置いてあった。東にはヘラクレスとアンタイオスの像、西にはカインとアベルの像である。この砂利道に沿ってヒソップが植わっていて、その外側には二四種類を越えるさまざまなタイムが茂っていた。

サー・ジョン・ダンヴァーズは、夏の清涼な朝、よくヒソップとタイムの葉を摘んでビーヴァー皮の帽子にこすりつけるのだった。こうすると、自然のエキスが芳香を漂わせるのである。その香は朝の間ずっと漂っていて、ときにはもっと長持ちすることもあった[☆33]。

この砂利道に挟まれた領域に巨大な楕円形状の芝生地があった。これはイングランドの特徴というべきだろう。同

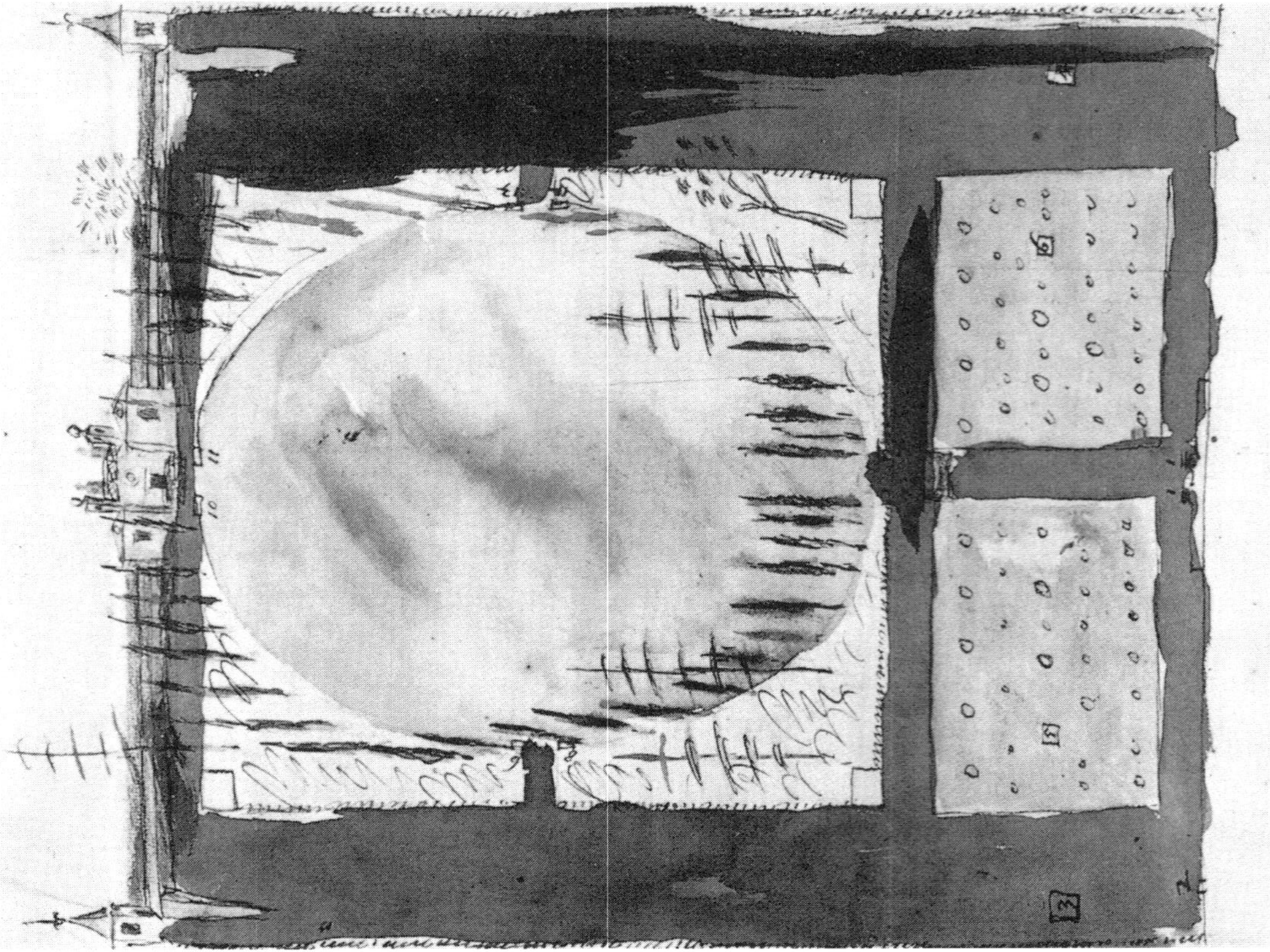

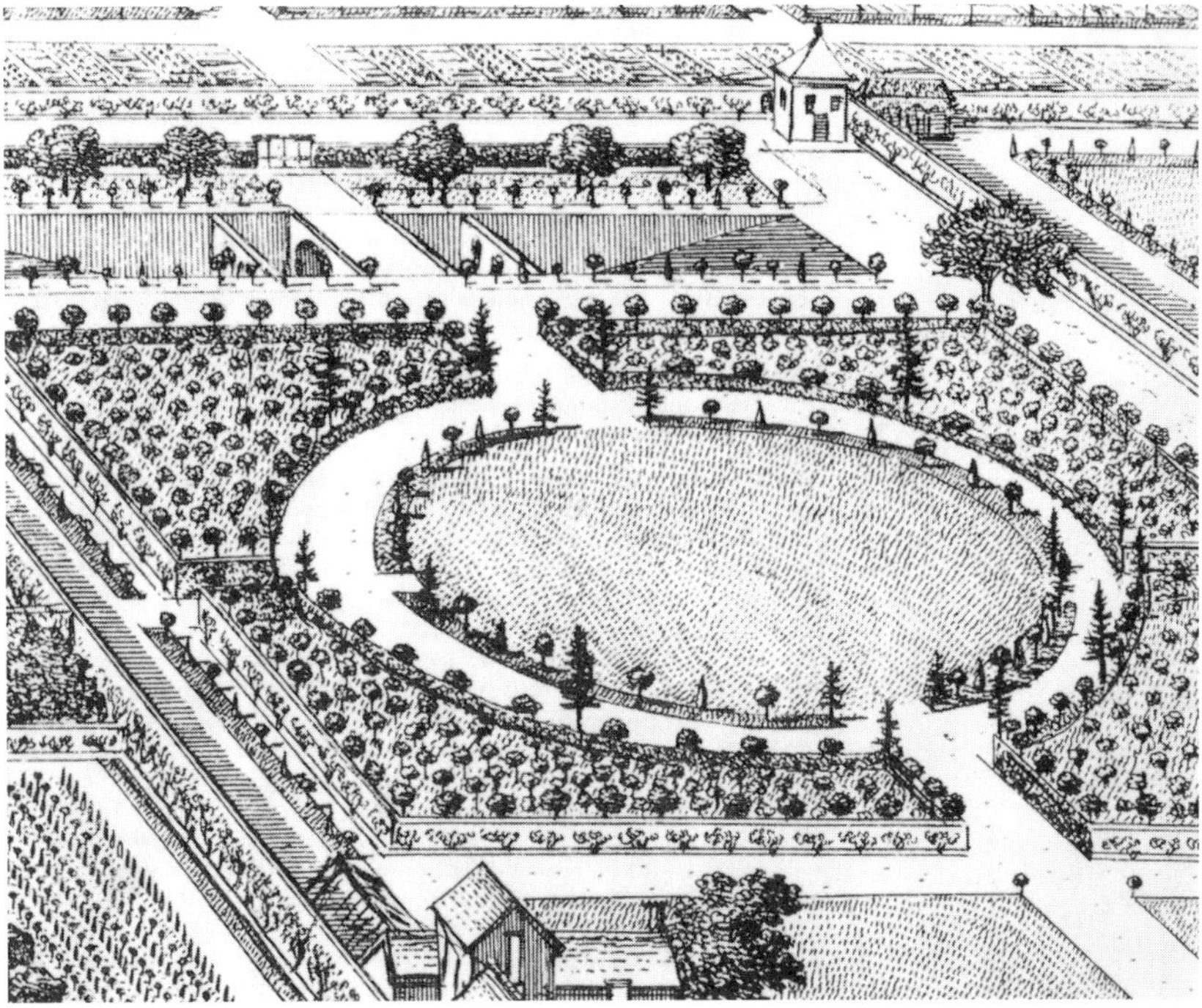

チェルシーのダンヴァーズ・ハウス
サー・ジョン・ダンヴァーズが一六二二年から着手。オーブリーはここをイングランドにおいてイタリア式でつくられた最初の庭園であると喝破した。イニゴ・ジョーンズからの影響も考えられる。
図7――ジョン・オーブリーの手になる一六九一年の庭園平面。
図8――キップの『ブリテン図絵』（一七〇七年）中に見られる同庭園の姿。

じく楕円形の歩道が芝地の縁に沿って走っている。ここに出るには四辺に設けられた通路から入るのだが、そのうち三カ所には羊飼いの男女の彫像が立っている。残る四番目の通路、邸館に一番近い側のものには、スフィンクス像が置いてあった。この芝地を囲って糸杉の植栽が壁のようにほどこされ、四隅の空閾部分《スパンドレル》には、常緑の灌木や木立が密生していた。

オーブリーがいうには、この庭園の問題点は土地が平らすぎることにあって、そのせいでサー・ジョンは、テラス歩道をつくるため庭園の終端部に非常に深い堀を穿たなくてはならなかった。掘削した地面のくぼみには、底の中央部分に「丸い井戸もしくは水盤」があって、ある種の人工洞窟状に仕立てられていた。その上には煉瓦づくりの饗宴館《バンケティング・ハウス》が建ち、ステンドグラスの窓が嵌めこまれていた。屋根に昇ると、そこから庭園を眺め渡すことができたという。噴水仕立ての人工洞窟を地下に抱え、その上部には饗宴館が建つという構成は、制作年代としてはイニゴ・ジョーンズとイサク・ド・コーがホワイト・ホールのバンケティング・ハウスに同様のものをつくったのと正確に同時代である。☆34 またこの庭園北側のテラスには、両端にそれぞれ四阿が建っていた。

この庭園がなんらかの点で革命的な作例とみなされたという事実、また、その評価は少なくとも一六九一年の時点においても変わっていなかったという事実は、少しばかり立ち入って分析してみる必要があるだろう。オーブリーの記述からは、通景線と眺望という二つの要素がこの庭園の新奇な点であったことがよくわかる。ホールからの眺めや、その上の階からの眺望が言祝がれていた。また、訪問者が邸館から庭園へと降りていくさいに、視界が遮られている効果が素晴らしいともいっていた。オーブリーはさらに、広大な遊歩道の突きあたりにそれぞれ置かれた「荘厳な彫刻」も「堪能した」。饗宴館については、「その優雅な塔は見目麗しく下から眺めてもよく」、また「昇って庭園の眺望を愉しんでもよい」と評されている。さらに北側のテラスからは、「庭園を足下に眺めやることができた」。これらに加えオーブリーがさらに示唆するところによれば、この庭園は人間の精神状態を模擬的《シミュレート》に再現するようにつくられていた。饗宴館《バンケティング・ハウス》とその足下にある人工洞窟を語る段になって、彼はこんなことを言っている。

……さていまやこの楽しげな楽園を後にして、薄暗い陰鬱な地下室（先ほど述べた人工洞窟）へと降りていく。そこにあるのは一基の井戸で、訪れるものにある種の宗教的な畏怖の念を呼び起こす。

おそらくここで語られている心理的なアプローチというのは、園内に置かれた六体の羊飼いの彫像を見れば、さらに容易に理解することができるだろう。この種の彫像は続く二世紀の間、庭園装飾としてはごくありふれたものとなるのだが、一六二〇年代の中葉という時代にあっては、周囲を驚嘆させるほどの新奇性を帯びていたのにちがいない。ニコラス・ストーンの工房が制作したこれらの彫像は、一組目が年老いた羊飼いの男女の姿を描いたもので、二組目は若い男女で「寄りかかっており」、三組目は座ってお互いに寄り添い、まぶたはもう今にも閉じかかっている。オーブリーはここでも精神の内情とその外面的表出について語り、彫刻家を賞讃して次のように言っている。「愛の情熱をまさにフリーストーンの中に表現しおおせている。この石の中に、荒削りの素朴な美と古代の無垢な簡素さとが見事に融合しているさまを見ることができるだろう。諸兄はそこで誠実な羊飼いの男女の姿を目にするであろうが、このものたちの表情といえば、およそ想像しうるかぎりもっとも高雅で汚れのない顔をしている」。

ジェイムズ一世時代の末期、ここチェルシーの地でアルカディアが喚起されていた。これは後期ルネサンスの時代が抱いた田園牧歌の理想を造園術を駆使して実現させたものにほかならない。訪問者を当世田園文学の無窮の世界へと拉し去り、その姿を永久に固定してみせている。ダンヴァーズは、たしかに革命的な何かをおこなっていた。彼の庭園は、すなわちアルカディアであった。☆35 ここで、ジェイムズ一世からチャールズ一世時代にかけての田園劇もしくは田園仮面劇に立ち戻ってみると、状況がさらにわかりやすくなるだろう。サミュエル・ダニエルの『女王のアルカディア』（一六〇五年）ならびに『ヒュメナイオスの勝利』（一六一四年）の両作品には、アン・オブ・デンマークのご執心ぶりが反映している。王妃はこの種の理想化された宮廷的遊興のかもしだす夢幻境に夢中になっていた。こうした世界は、ヘンリエッタ・マライアとその女官たちがもたらしたフランス風新プラトン主義的な気取りの中では、さらに強固な形態をとって現われる。『アルテニス』（一六二六年）、『羊飼いの楽園』（一六三三年）、『フロリメーヌ』（一六三五年）といった諸作品は、チャールズ一世時代の宮廷恋愛作法を伝える媒体の役割を果たした。またヴァン・ダイクが描いたウォートン卿の肖像画を見るならば、宮廷人士たちがこの貴族サークルへの入会を認めてもらおうと、羊飼いの葦を身に着けている姿を認めることができるだろう。ここチェルシーではダンヴァーズの監督の下、庭園という理想化された自然が明確にアルカディアの姿として描きだされていたのである。

この庭園の中で最も重要な二組の彫像といえば、それはヘラクレスとアンタイオス、およびカインとアベルの像である。前者はこれもストーン工房の作品であるが、後者はそのころバッキンガム公の庭園に設置されたばかりのジャンボローニャの手になる有名な彫像群をもとに、型どりをして鋳造したものにちがいない。[☆36] これらの彫像作品はともに、視覚的に相互に補完しあっていることは明らかであるが、何か別の意味合いも込められていたのだろうか。おそらく、この問いに対する最初の手がかりを与えてくれるのがスフィンクスの像である。スフィンクスといえば、それは常に古代の智慧を象徴する存在であった。またこの庭園では羊飼いの像が牧歌的な無垢を喚起していたのだが、スフィンクスにはそうした黄金時代への隠喩を補完する意味合いも込められていた。[☆37] 換言するなら、庭園に足を踏み入れるということは、スフィンクスがもつ意味合いを勘案すれば、古代の失われた智慧を探し求める行為に等しいのであり、同時にそれは黄金時代への回帰も意味し、さらにはアダムの堕落以前のエデンへと足を踏み入れる行為でもあったのである。以上の仮説を念頭に置くことによって、主要な二つの遊歩道で展開する彫刻による魂の葛藤劇を解釈することが可能となる。いずれの組の彫像も、スフィンクスと同じく、庭園を守護する役割を帯びていた。一組はその主題を古代神話からとり、もう一組は聖書の物語からとっている。アベルを殺すカインの像は人類の堕罪を意味し、無垢の状態から堕落して、罪深く欺瞞に満ち不誠実な存在になることが語られている。この二人の彫像が置いてある側から庭園に入ることは、失われた無垢の世界を探し求めることを意味する。これと同様の解釈をするならば、アンタイオスを打ち負かすヘラクレスの彫像は、理性を具えた魂によって世俗の欲望を征服する姿とみなすことができる。地上的な情欲がここでは打ち負かされている。[☆38] そしてこの彫像が置いてある側から庭園に入ることも、英雄的美徳の勝利あるいは黄金時代への回帰といった文脈から、やはり失われた無垢の回復という行為とみなすことができる。これらの彫刻が全体のプログラムを構成する一コマとして想定されていたにせよ、あるいは独立したエンブレムであったにせよ、ともかくサー・ジョン・ダンヴァーズの庭園は、美徳を観照するための空間として設計されたものであった。

イニゴ・ジョーンズははたして、この庭園となんらかの関係があったのだろうか。ジョーンズの活動について、一六一五年以前の期間に関しては、作業報告書に記されている王室関係の仕事を除けばほとんど知られていない。それに比べると、一五年以降の活動については比較的よく知ることができるのだが、それも王室関連の仕事にかぎってのことであり、施主が一私人であった事例となると、アランデル伯の場合を除いてはほとんどわかっていないのが実状である。ダンヴァーズ・ハウスのファサードについては、その図面がスミッソンの図版集に収録されているのだが、そこに見られる過渡期的な表現様式から、ジョーンズの手になる可能性がきわめて高いといえる。[☆39] 少なくとも、ジョーンズがダンヴァーズに助言を与えた可能性があるということは、確信をもっていえる。全体構成に見られる邸館と庭園との結合、テラスと人工洞窟の結合、とりわけ彫像の設置といった要素には、ジョーンズの手の跡が見え隠れしているではないか。チェルシーの庭園に見られるこの種の構成というのは、条件さえ整えば、ジョーンズがアランデル・ハウスにおいても実行に移していたものかもしれない。既存の建築を利用しながらそこに庭園を付加して整合性を図るかわりに、もし邸館を一から建て直してもいいということであったのならば、きっとジョーンズはアランデル・ハウスでもチェルシーと同様の構成を採用したのではないだろうか。もちろんこの仮説を実証することは不可能である。けれどもジョーンズはきっとチェルシーの庭園でも辣腕を振るったことであろう。

サージョン・・ダンヴァーズの最初の妻は一六二八年に亡くなっているが、同年、彼は遺産相続の資格を有しているエリザベス・ドーントシーと再婚している。新たな妻は、ラヴィントンにあるウィルトシアの地所を持参した。ここにダンヴァーズは、チェルシーに続く二つ目の著名な庭園を造営する。その模様を、親戚にあたるオーブリーがこんな具合に書き残している。

ラヴィントンにある庭園は、いたるところ不規則性と起伏で満ちあふれている。自然のものもあれば人工的なものもある。庭園の全長にわたって、魚が泳ぐ澄み切った川が流れている。両岸は煉瓦ブロックで突き固め、土手が崩れ落ちるのを防いでいる。この清流の中に、彫像が数体置かれている。庭園の西端は、いかにも人工洞窟を置くのにふさわしい場所になっていて、ここには巨大なアーチが架かり、その上を商用の道が走っている。園内にはいくつもの起伏があるのだが、とりわけ庭園の南側に設けられたものが素晴らしく、歩いていると気づかぬうちにいつのまにか上昇へと転じ、しばらく歩を進めると、目の前に広闊な麦畑の光景が豁然と広がって、イースト・ラヴィントンの方面も見渡せる。そこから道は下り坂となるのだが、ここでもなんの苦もなく軽快に降りることができる。道の両側には月桂樹の並木が連なっている。この庭園のことを文章で表現するなど不可能である。ここはそれほどまでに変化に富み多様なのである。☆40……

オーブリーはここをイングランドに出現した二番目の純イタリア式庭園だと位置づけているのだが、記述にははなはだ曖昧な点が多く、「不規則である」といわれている部分が果たしてどのような構成であったのか、文章から推察することは不可能である。中心的な特徴である清流は古くからここにあったものだが、ここにイタリア式の要素が重ねられて、流れの底からは彫像が立ちあがっていたという。さらに、チェルシーと同様ここにも人工洞窟があった。ラヴィントンの庭園は、おそらくは重要な作庭例ではあったのだろう。庭園の一部には時代がさらにさかのぼる箇所があるが、大半の部分は、かの有名なペンブルック伯の庭園と同時代に建設されたものである。距離も近く、ここから南東にわずか数マイル離れたところに位置していた。最初の結婚を通じてサー・ジョン・ダンヴァーズはハーバート家と親戚関係となり、そしてペンブルック伯と同様、内乱が勃発すると議会の側に立って戦った。オーブリーの記述を読むかぎり、ド・コー兄弟のスタイルとして私たちが知っているようなものは、ここにはほとんど見当たらない。もちろん人工洞窟に関して、イサクはいつでも助言を与えるか、あるいは自らの手でデザインすることはできたであろう。総体として見るなら、このラヴィントンの庭園は、かつてのハットフィールドに見られた自然風のスタイルの伝統に属していたようである。あの島《アイランド》や渓谷《デル》といった要素が特徴的であったスタイルである。けれどもその上から重ねて、さまざまな付加要素ももちこまれていた。「変化に富み多様なのである……」という箇所に関して、サー・ジョン・ダンヴァーズがなんらかのイタリアの原型を念頭に置いていたのだとしたら、それはもちろんプラトリーノかヴィッラ・デステの庭園だったであろう。

イタリア式庭園の拡散

サー・ジョン・ダンヴァーズのチェルシーの自邸がそのまま原型となり、そこからチャールズ一世時代のイタリア式庭園が広まっていったものと見える。この様式は共和政期を経て、やがては王政復古の時代まで受け継がれることになる。これらの庭園のいずれにも共通する顕著な特徴が何点かある。どれも一六二二年から二三年にかけて導入された要素だが、庭園の形状は四角形で、そのまわりを壁が囲み、建築的な構成手法によって庭園と邸館とが直接結びつけられるという様式である。庭園に出るにはテラスを伝い、階段を下りると厳格な幾何学構成を保った花壇区画へと通じる。そこでは噴水や彫像が支配的な要素となっていた。レイアウトは往々にして広闊でシンプル、来たるバロック様式の空間的律動を予示するものであった。そして庭園の終端部、つまり邸館の反対の端にあたる部分には、いつも決まってテラスが設けられた。ここには人工洞窟、饗宴館、階段、アーケイド、そのほかの建築的な特徴をイタリアの古典的な手法で組みこむこともできた。テラスは庭園の一方の側面もしくは両側いっぱいに延び広がる場合もあった。

イニゴ・ジョーンズは、いつでも流行の変化を計るさいの基準となってくれる存在である。現在まで伝わっているジョーンズの作品中、この種の庭園がはじめてその姿をかいま見せるのが、『羊飼いの楽園』のために一六三三年にデザインしたものである☆41［図11］。このデザインはカロの著名な彫版画《ナンシーのグラン・パルテール》をもとにしたものではあったが、ジョーンズは常にチャールズ一世の宮廷のために、そのときどきの理想を舞台の上に現出させた。ジョーンズの図面に描かれているのは庭園の景観で、これは邸館のテラスからの眺めのようでもある。足下に広がる精緻な刺繍花壇はモレ一族やイサク・ド・コーが普及させたのと同種のもので、花壇が十字に交差する部分には噴水が一基置いてある。正面奥の突きあたりには欄干をめぐらせた壁が立ちあがり、そこに噴水や彫像や階段を設置し、背後には糸杉が立ち並んでいる。

ここでは、コーネリアス・ジョンソンの手になる肖像画を一例だけ参照しておけば十分だろう［図9］。初代キャペル男爵アーサーとその家族を描いた一幅（一六三九年頃）がそれだが、この絵を見れば、ジョーンズがいつものしかたで、当時の最も先進的な庭園ですでに実践されていたことを舞台の上にもってきたのだということが諒解できるだろう。☆42ハートフォードシアにあるハダム・ホールは、一五七二年から七八年にかけてヘンリー・キャペルが建て、それを曾孫が一六三二年に相続したものだった。☆43忠烈な王党派として鳴らした人物で、そのため最後は第二次内乱のさいに処刑されることになる。キャペルはそれゆえに宮廷文化を知悉しており、またジョンソンの手になるこの家族の集団肖像は、その形式において、ヴァン・ダイクが描いたチャールズ一世、ヘンリエッタ・マライア、および彼らの子供たちの有名な集団肖像画の向こうをはったものだった。国王一家の肖像画の方でも、イタリア式庭園の造成が言祝がれていた。このキャペル一家の肖像画に描かれている景色は、テラスから眺めた光景であるのだが、現在もハダムに所蔵されているいくぶん稚拙な別の絵画のほうには、逆方向から邸館が描いてあって便利である［図10］。庭園は純粋にイタリア式であり、ダンヴァーズのチェルシーの庭園と同様の手法でつくられている。まず、庭園は可能なかぎり邸館と建築的に連結するようにしているのがわかる。壁で囲まれた内部の空間では、幅広の歩道が交差して全体が四つの区画に分割されている。そこに楕円形の園路が走って空間にメリハリをつけているのは、ウィルトンにならった手法である。四つの区画はそれぞれにふさわしく噴水と彫像が古典的なスタイルで飾られ、また外の狩猟場に通じる門も設置してある。けれども、全体を通して見て何が一番印象的かといえば、最奥部に描かれているテラスである。そこには雄壮な階段がしつらえてあり、人工洞窟と思しきものを囲いこんでいるのが見えるが、ここには敷地の外まで出ていける扉が中央にあったはずである。こうした構成は典型的にイタリア式のもので、これより以前の作例には、ルーシー・ハリントンのムーア・パークですでに一度お目にかかっている。この階段の原形といったら、それはあのブラマンテの著名な二重階段しか考えられないだろう。ヴィッラ・ベルヴェデーレの庭園のテラスを上下に連結するために設けた例の階段である。

では、誰が一体この庭園を設計したのであろうか。ウィルトンの場合と同じように、ド・コーとジョーンズの協同作業だったのだろうか。思うに、この問題を解く決定的な鍵となるのは右手に見える庭園門で、これはジョーンズならではの着想である。加うるに、ここにはド・コーが得意とする凝りに凝ったこまごまとした要素がどこにも見当たらない。またキャペルは私たちが知るかぎりでは一度もイタリアにいってはいない。したがってここに見られるあらゆる証拠が示しているのは、この庭園はジョーンズの着想によってつくられたのだということなのである。王室の邸館を除けば、これほど直接にジョーンズの作品だと断言できる事例はない。ここマッチ・ハダムの地で、宮廷仮面劇に登場する書き割りの庭園がそのままに現実の存在として大地の上に具現化したのである。

ダンヴァーズのチェルシーならびにキャペルのマッチ・ハダムの両庭園を念頭に置いたなら、これらと同種の庭園を同じ世紀の暮れ方のカントリー・ハウスを描いた絵画の中に見つけだすことができる。とりわけニフが描いた絵に多く見られるのだが、このニフの図版は後年キップが著作を出版するさいにさまざまなかたちで利用されている。内乱以前の作庭例であることがはっきりしている事例のひとつに、サー・アーサー・イングラムがリーズはテ

イニゴ・ジョーンズとイタリア式
図9———サー・アーサー・キャペルの庭園は一六三二年頃から三九年にかけて造成された。この庭園では、ジョーンズからの直接的な影響があった可能性がきわめて高い（上）。
図10———ハダム・ホール庭園を外側より見た情景。邸館の方を望む。一七世紀末（下）。
図11———イニゴ・ジョーンズによる庭園シーンのデザイン（左上）。宮廷仮面劇『羊飼いの楽園』（一六三三年）のためのもので、カロの彫版画《ナンシーのグラン・パルテール》（左下）をベースとしている。刺繍花壇を備えた庭園の情景が描かれ、階段を備えた精緻な造りの人工洞窟状噴水、テラス、さらにその向こうには糸杉の列が見える。

ジャック・カロ《ナンシーのグラン・パルテール》、銅版画、一六二五年。

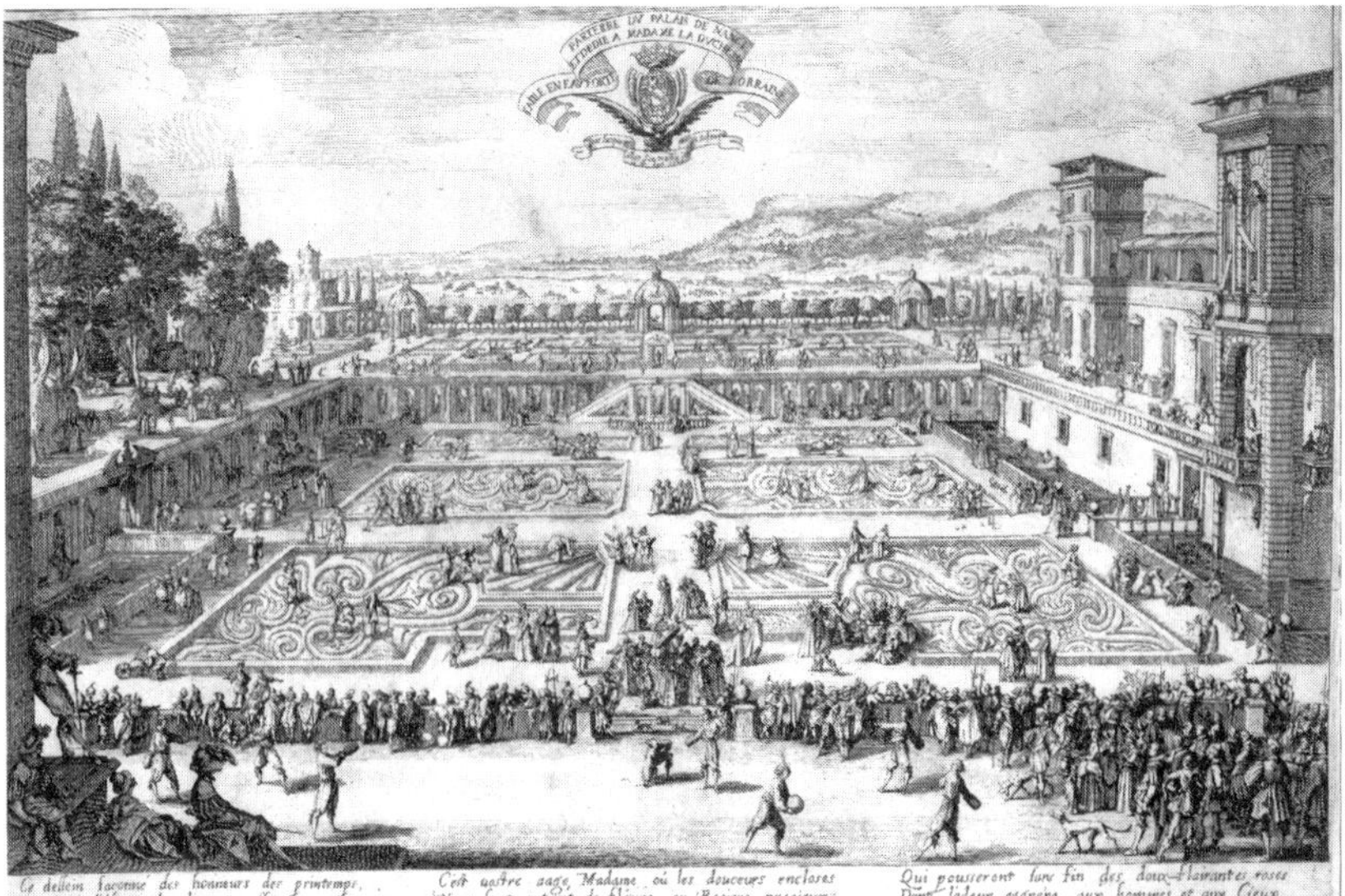

ンプル・ニューザムに造営した庭園がある。[☆44] イングラムはロンドン港の検査官を務めた人物で、一六一三年にはナイトに叙せられている。一六二二年にテンプル・ニューザムを購入して、ブリックリングやハットフィールドに連なる線に沿って改築をおこなった。イングラムが一六三〇年代に造営した庭園の姿は、ニフが一六九九年に作成した景観図に見ることができる。邸館の片側は広大なテラスに面していて、その端部には壮麗な四阿が古典主義様式をまとって佇立している。この四阿は一六三五年から三六年にかけて建設されたことがわかっている。おそろしく凝った造りで、ガラス窓、漆喰装飾、華やかな絵画などで飾られていた。上階の部屋には「水道管として用いる二本の鉛パイプ」が備えてあったというから、地階では人工洞窟状の装置があったのではないかと推測できる。さて階段を伝って庭園に降り立つと、全体を壁がぐるりと囲み、内部は四分割してその中央に噴水を一基設けている。邸館と向かいあう一番端の部分にはテラスが立ちあがり、その両端には小さな四阿を置いて階段で昇ることができるようにしてある。サー・アーサーは自身の庭園に並々ならぬ興味を抱いていたようで、薔薇の木のことやニオイニンドウや忍冬《すいかずら》の栽培についてロンドンから手紙を書いたり、流行遅れの石造の紋章獣を発注して、ヘンリー八世のホワイト・ホールに対抗して花壇を飾りたてたりした。

キップによるライコウトの景観図には、この種の手法でつくられた庭園の中でもさらに注目すべき事例が描かれている[☆45]［図12］。ハダムのときと同じで、これもエリザベス朝の古い邸館に接ぎ木して新たにつくったものであった。堀はまだ残されてはいるが、広大な歩道が庭園の端から端まで貫き、途中にはウィルトンと同じように橋を渡している。しかし、なにより圧巻な光景は、邸館真向かいの最端部に設けられた列柱廊とテラスである。オベリスクに挟まれた階段を昇ってこのテラスに出ると、そこには驚倒ものの魁偉な建造物が聳立していた。悲しいかな、図版の中ではこの建造物があまりに角度をつけて斜交いに描かれてしまっているため、これまでのところ、それがいったい何であったのかは釈然としないままである。門か、人工洞窟か、噴水か。その三つをすべて組みあわせたものであったのかもしれない。ともかくこれが何であったにせよ、参照としているのはベルニーニのもとで発展したローマの噴水であることは、今さら言うまでもないほど明白である。これと似たような建造物を描いたウェッブの手になる図版がウスター・カレッジにも所蔵されているから、ライコウトにあるものが決して特異な存在というわけではなかったようである。[☆46]

では、ライコウトの庭園はいつ造営されたのだろうか。見るものを瞠目せしめる人工洞窟の姿が初期の邸館を描いた彫版図のうちに認めることができる。これはヘンリー・ウィンスタンリーの手になる図版で、ノリス卿に献呈されている。ノリス卿とはほかならぬジェイムズ・バーティーのことで、一六七五年にノリス男爵に叙せられている。さらに一六八二年には初代アビンドン伯に叙せられているが、彫版図に付されているのがこの日付である。これより以前にはたいした地位ではなかったのだから、庭園を造営したのは別の人物であったのにちがいないと思われる。母親のノリス夫人ブリジェット（一六五七年没）か、もしくは同じくノリス夫人と呼ばれる資格のある祖母のエリザベス（一六四五年没）か、そのどちらかであったはずである。そして可能性としては後者の方が高いといえる。というのも、彼女はエドワード・レイと結婚しているのだが、この夫である人物はチャールズ一世の国王奉仕官を務め、一六二五年にライコウトの邸館を使い始めているからである。後に大主教となるロードが指示する最新の様式で、そのときちょうど礼拝堂が改修中であった。ライコウトは、もしこれが一六二〇年代の造営なのだとすると、ジョーンズ風のイタリア式庭園の中では最も精巧につくられた絶品であったといえよう。

このほかにあと二つばかり、ざっと見ておいたほうがよい邸館がある。ひとつはスキプトン・モインで、これもキップの図版中に記録されている。庭園の構成はいたって簡素で、四分割がほどこしてあるだけである。しかし、ごく簡単ではあるが一応テラスとみなしうる要素も見られ、邸館ファサードの真向かいに設けてある。これは、新たなスタイルを慎ましい規模で適用するにはどうすればよいのかを示してくれる事例である。もうひとつの例は、クック家の所有になるサリーのエプソムにあるダーダンズ・ハウスである。[☆47]一六七三年の日付があるニフの景観図には、一六三〇年代にジョーンズ風のスタイルで増築された壮麗な大広間を見ることができるほか、邸館の反対側に

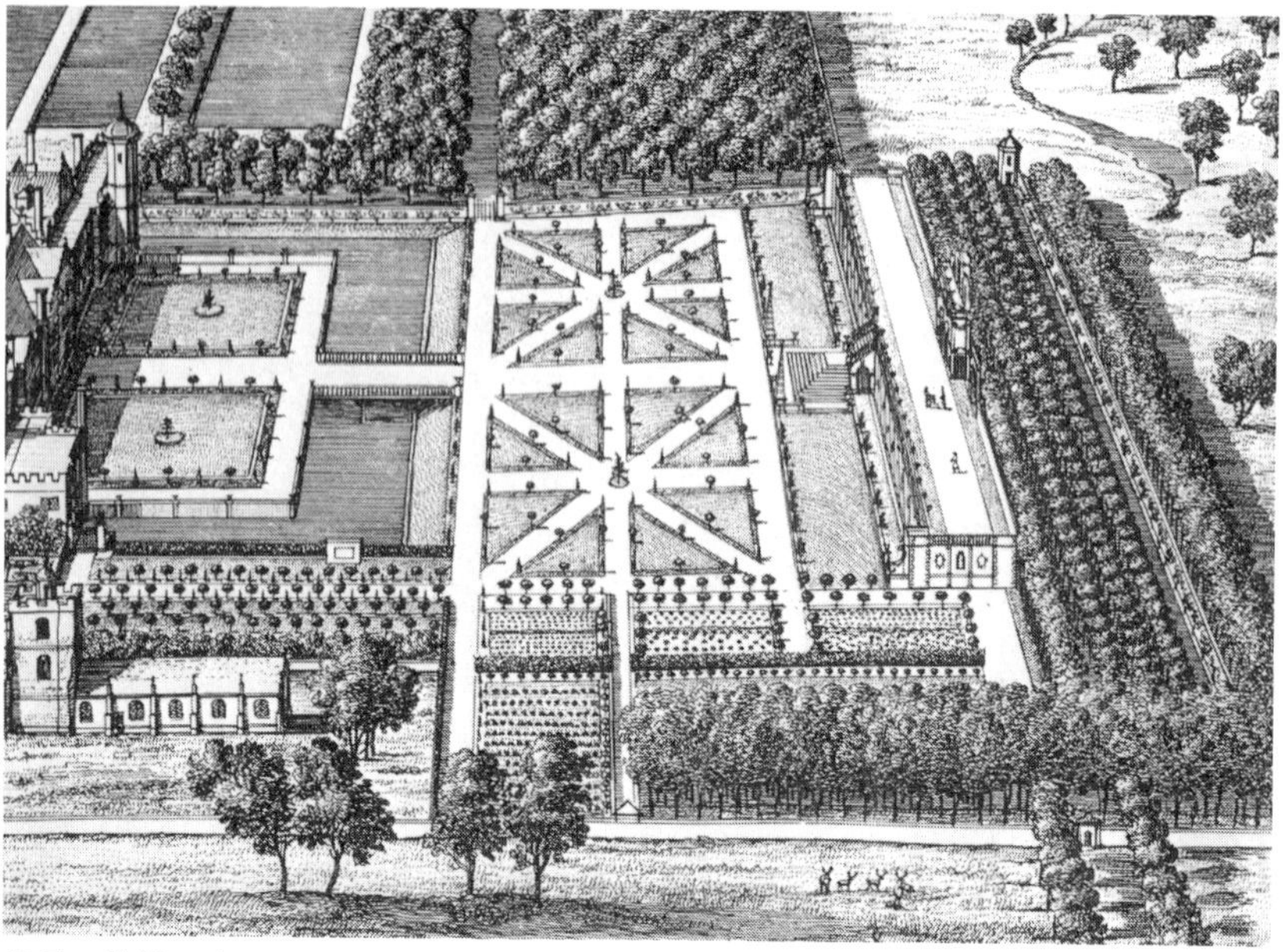

イタリア式の二つの庭園

図12――オックスフォードシアのライコウト。ノリス家の所領屋敷。おそらくはノリス男爵夫人エリザベスのために、一六三〇年代に造営されたもの。

図13――サリーのダーダンズ・ハウス。クック家の所領屋敷。おそらくは一六三〇年代に広間がジョーンズ風のスタイルで増築されたさいに、庭園も造成されたのであろう。

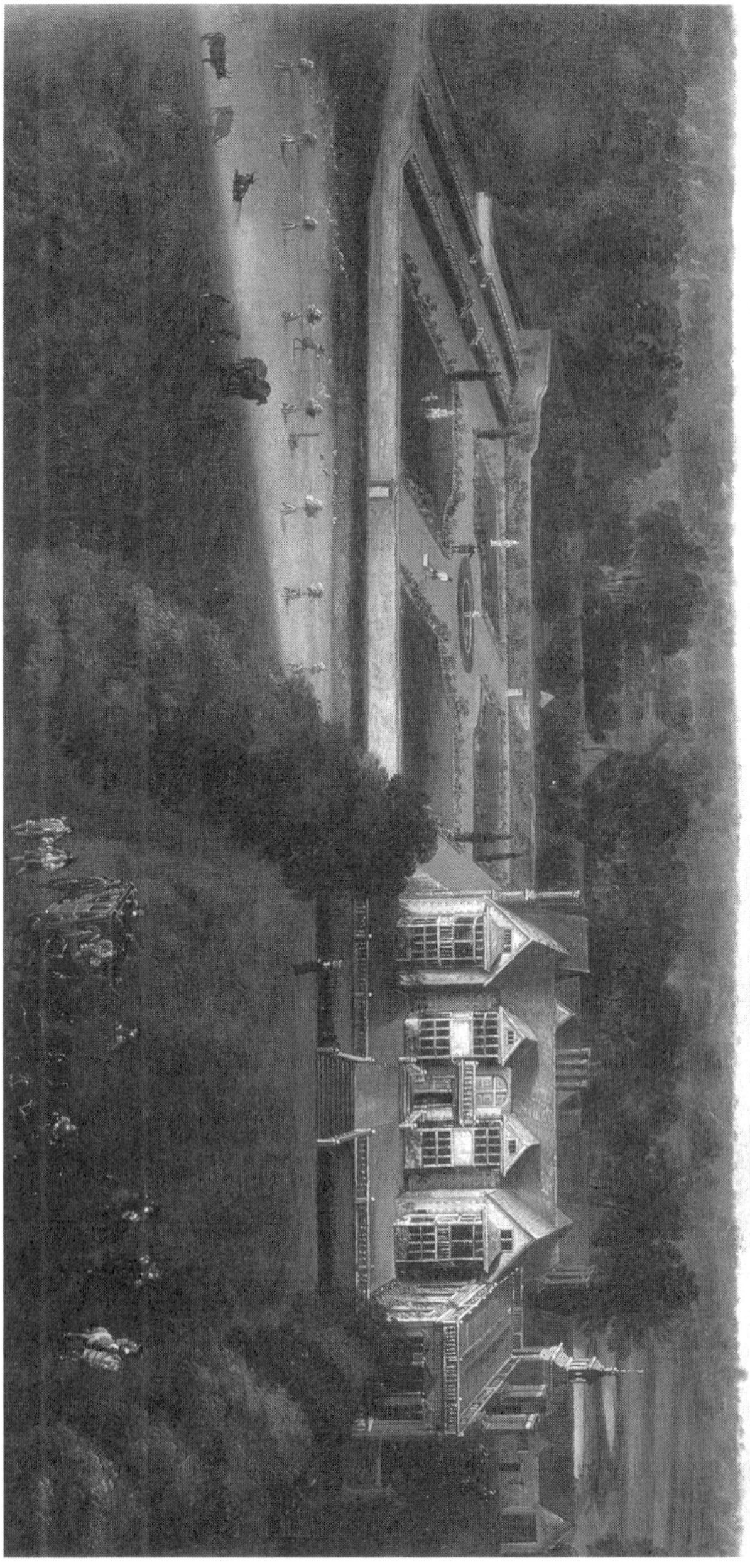

第7章　折衷式庭園II——イニゴ・ジョーンズ、サー・ジョン・ダンヴァーズ、アンドレ・モレ

は新しいスタイルでつくられた庭園も広がっており、テラスの姿も認めることができる［図13］。これらはすべて、邸館を当世風のスタイルにするためのさまざまな改修作業の一環であったと思われる。それらは内乱が勃発するまでの時期におこなわれた作業であった。

王室の庭園――アンドレ・モレとセント・ジェイムズ宮殿

アランデル伯がミュージアム庭園を造営し、それからハダム、テンプル・ニューザム、ライコウトといったイタリア式の庭園が造営されるのと並行して、さらに別方面からの影響が決定的なかたちでもたらされた。後の展開にとっては見逃すことのできないその影響とは、フランスからのものである。チャールズ一世の王妃ヘンリエッタ・マライアは、母親からしっかりと庭園趣味を受け継いでいた。☆48 ジョン・パーキンソンは王妃に、『地上の太陽の楽園たる庭園――イングランドの空気が育てることのできるあらゆる種類の喜ばしい花の園』を一六二九年に献呈している。薔薇（イングランド）と百合（フランス）の王妃ヘンリエッタ・マライアは、あるとき母親宛に手紙をしたため、「果樹と花を手に入れるために」フランスへ旅立とうとしているものを手厚く保護するように頼んでいる。☆49 また宮廷仮面劇においては、王妃はくりかえし舞台に立ち、ほぼ園芸学用語だけで描写し尽くせるのではないかという出で立ちで登場した。演じるのは春の時を司る女神で、嵐の後に平和をもたらす存在である。その周囲にはいつもきまって、花が咲き笑う庭園の情景が展開していた。王妃は庭園を新しく造成したばかりではなく、既存のものにも手を加え、オートランズ、サマセット・ハウス、グリニッジといった庭園を新たに飾りたてたり、つくりかえたりした。とりわけ重要なのは、王妃がある人物を連れてきたことである。イングランドのルネサンス庭園の黄昏とバロック庭園の輝かしい勝利とを橋渡しすることになるその男とは、アンドレ・モレその人であった。

これまでにモレ一族については一度ならず言及してきたが、一体この一族の中では誰が傑出した存在であったのだろうか。アンドレは大クロード・モレの次男として生まれた。この大クロードは、一六世紀中葉にアネの城館で父親のジャックのもと庭師としての修行を積んでいた。[50] 次いでアンリ四世の庭園を設計し、その造営を監督している。サン・ジェルマン・アン・レー、フォンテーヌブロー、モンソー・アン・ブリなどがこの大クロードの手になるものである。加えて、テュイルリーも手がけている。庭園のスタイルとしては、これらの作例はある包括的な設計概念へと向かう傾向を示している。強調されているのは、統合された広大な領域を歩道によって幾何学区画に分割するという様式で、これはバロックの手法を予示したものである。一六一四年までには、これらの花壇では柘植を用いて刺繡模様のような渦巻きパターンが描かれるようになり、古い幾何学模様にとってかわるようになった。

大クロードは四人の息子、小クロード、アンドレ、ジャック、ノエルにも訓練をほどこし、庭師となるべく修業させた。小クロードはテュイルリーにとどまり続け、後にはヴェルサイユ宮殿の庭園の花壇の造成を一六三九年に担当している。ジャックは一族の伝統を引き継ぎ、フォンテーヌブローで活動した。けれどもアンドレこそ、一族の中で一番著名であったことは疑いの余地がない。各地を行脚し、著作『娯しみの庭』を通して、ほぼ北ヨーロッパ全域にモレ一族の造園スタイルを広めることに貢献した。著作の序で、自分はイングランドの国王に仕えていたことがあり、その後にオラニエ公フレデリク・ヘンドリクに一六三三年から仕えることになったと述べている。[51] 実際アンドレ・モレは、内乱以前に二度、イングランドの地を訪れている。そのどちらの場合も、チャールズ一世王妃ヘンリエッタ・マライアの懇願を聞き入れての訪問であった。[52] 最初の訪問の折には、セント・ジェイムズ宮殿の庭園を造成している。おそよ一六二九年から三三年にかけてのことである。そして二度目に来英した一六四二年には、ウィンブルドン・ハウスの庭園を手がけている。

最初の訪問の詳細については、よくわかっていない。セント・ジェイムズ宮殿は、もともと狩猟館としてヘンリー八世がつくったもので、一五三二年から四〇年にかけて建設された。典型的な初期テューダー朝様式で、ハンプトン・コートやホワイトホールと同様の造りであった。[53] これら二棟の宮殿と同じく、ここセント・ジェイムズもまた豪壮な門構えをもっていたが、建物自体は巨大な中庭をひとつだけ囲んで建つという形式になっていた。ともするとまとまりに欠ける赤煉瓦の外装に煙突が林立する屋根といった外観は、これら三つの宮殿に共通する特徴である。ジェイムズ一世の治世に、この宮殿はヘンリー皇太子に下賜され（サロモン・ド・コーは皇太子のために絵画ギャラリーをここに建てている）、次いで当時王子のチャールズ一世に譲渡された。ここはまた、カトリック教徒であるスペイン皇女をチャールズの新婦として迎え入れるための宮殿としても想定され、その準備として、イニゴ・ジョーンズが一六二三年にカトリック礼拝堂の建設を始めている。結局この礼拝堂は、一六二七年にヘンリエッタ・マライアのために完成した。

セント・ジェイムズ宮殿の庭園についての情報は、その大半が次の二つの資料から得られるものだ。ひとつは先にも触れたフェイソーンとニューコートの地図。庭園がどこに位置していたのかがここからわかる。宮殿へのアプローチはペルメル街沿いにあって、豪壮な玄関門をくぐり抜けて中庭に入ると、南側に壁と門が立っていて、そこから林苑へといくことができる。東側と西側は居室が多数設けられ、宮殿構成の規範に従ってそれぞれ国王用、王妃用に割りあてられていた。また東西両側に各々庭園を設けていた。ともに壁で囲われていたのだが、地図から読みとれるのは、庭園が宮殿との関係を保って大小の区画で構成されていたということぐらいである。

一六三七年になると、ようやくこの庭園がもつ重要性を記録した記述に出会うことができる。この年、王妃の母親であるマリー・ド・メディシスはセント・ジェイムズ宮殿に逗留し、シュー・ド・ラ・セールは、居室の詳細な記述とともに、庭園に関する次のような説明も残している。

二つの広大な庭園がある。一方の庭園にはさまざまなる意匠の装飾花壇があり、境栽には柘植の生け垣をめぐらせてあり、腕のいい庭師がこれを丹精こめて育てあげていた。それから庭園を囲む両側の壁を見目麗しくするために、あらゆる種類の花々の種が播かれていた。……もう一方の庭園……も同じだけの広がりをもち、さまざまに歩道が敷かれていた。砂道もあれば、芝を植えたものもあり、いずれも道の両側に無数の果樹が立ち並んでいた。ここを歩くのはたいそう心地よいものだから、疲れを感じることも忘れてしまうほどである。[54]
片方の庭園には、彼がいうには「屋根のかかったギャラリーが一辺を占めるように建っており、そこではめったにお目にかかれぬイタリアの驚異に触れることができる。石やブロンズ製の彫像がふんだんに置かれている」。[55]
絵画類が残っていないので右の記述から判断すると、この二つの庭園というのは、それぞれ先に見たペンブルック伯の庭園にあった最初と最後の区画に対応しているようにも見える。伯爵の庭園では、最初の区画は手の込んだ刺繡花壇を柘植の植栽でつくり、最後の区画は果樹が植えられ歩道が走っていた。またここの装飾花壇というのは、モレが『娯しみの庭』中で世に問うたのと同様のものであったのだろう。バロックの渦巻き紋様で飾られた花壇は、当時としては人々をあっといわせる目新しいスタイルであった[図14]。そしてここにミュージアム庭園が付設してあったのである[図15]。彫刻家のユベール・ル・シュウールは一六三一年、イタリアから「古代彫刻群の鋳型・原型」をとりよせたことに対して、俸給の支払いを受けている。それらの作品の中には「ボルゲーゼの剣闘士」も含まれており、現在はその大半のものをウィンザー城のテラスで見ることができる。[56]加えてチャールズ一世はマントヴァ公のコレクションからも大量の古代彫像と胸像を入手している。[57]そのうちの何点かはグリニッジやサマセット・ハウスに移され、ほとんどの作品はセント・ジェイムズ宮殿にもちこまれた。一六四九年から五一年にかけて作成された王の財産目録・査定表には、結構な数の古代彫像が列挙されていて、たとえば九五点の「全身像」(ほとんどが小さなサイズ)、一五七点の「頭部像」、それから二〇点あまりの大理石製台座が確認できる。たとえばシュウールの剣闘士や足の棘を抜く少年《スピナリオ》などの数点は、ことさらに項目を立てて「庭園に置いてあるもの」として列挙されている。[58]それゆえ庭園の配置構成は、直截にアランデル・ハウスを模倣したものであったにちがいない。
全体として見るなら、セント・ジェイムズ宮殿の庭園には壮麗なる光景というものは期待できなかったし、はっきりいって、同時代に造営が着々と進んでいたウィルトンの庭園の大結構と比較しうるような要素はなにひとつも

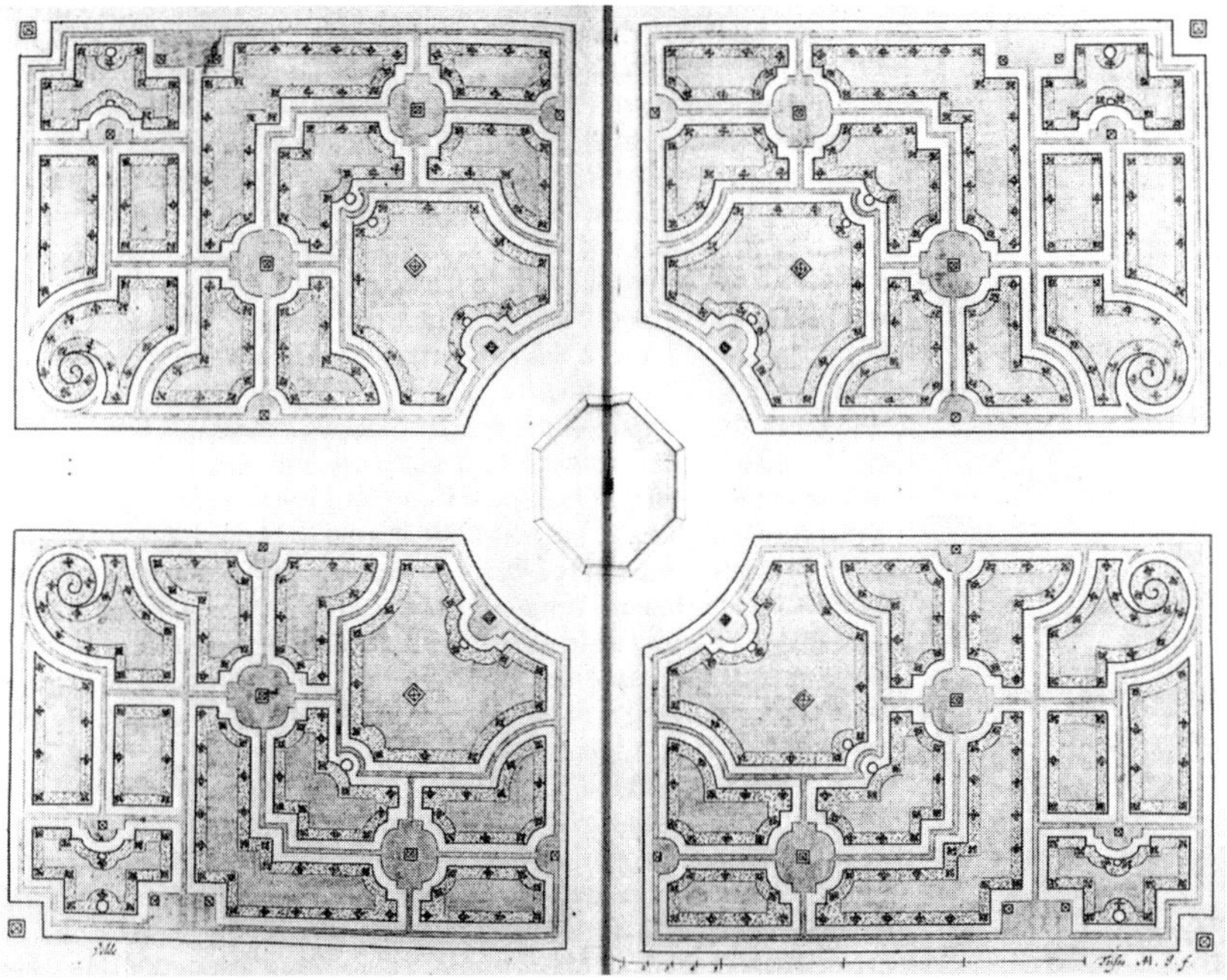

図14——アンドレ・モレによる刺繍花壇のデザイン。同種のものがセント・ジェイムズ宮殿やウィンブルドン・ハウスに設置された。

図15——アンドレ・モレによる芝のコンパートメントのデザイン。モレはこの構成をセント・ジェイムズ宮殿に使用し、彫刻展示のために用いた可能性がある。

ちあわせてはいなかった。王室庭園のうち、完全に新奇な作例といえば唯一ウィンブルドン・ハウスのみで、これは内乱勃発の前夜に造営され、またその作業のために王妃は再度モレを呼び寄せることになる。そしてこの事例を除けば、王室の造園事業といえば、すでにあるものにいくぶんか手を加えたり、あるいは装飾を加えたりといった程度が関の山であったのだが、ウィンブルドンの考察に移るまえに、これらの作例も瞥見しておく必要があろう。

ヘンリエッタ・マライアが主たる居住地とした宮殿は、サマセット・ハウスであった。ここでは常に建設工事の音が鳴り響き、一六二七年から三八年にかけての間、継続して作業が続けられている。[☆59] それらの作業には庭園の改造も含まれており、ユベール・ル・シュウールが二基の噴水をつくっている。ひとつはメルクリウス、[☆60] もうひとつは森の精アレトゥーサをいただくもので、後者には古代の彫像かもしくはそのコピー作品が飾ってあった。[☆61] 重要さという点ではアレトゥーサの噴水の方が群を抜いていて、現在では、一度解体したのちにハンプトン・コートまで運ばれて、運河の頂点をなすように置かれている。位置は宮殿北側のブッシー・パークで、今では名前もディアナの噴水と改められている[☆62]［図16］。王政復古期にはこの噴水は内庭に立っていて、その模様が一六六三年にこんな具合に描写されている。

> 噴水には、ブロンズのセイレーン像が四体、海豚にまたがっており、その下には貝殻が配されている。セイレーン像の脇には小さな子供が四人座っていて、魚を抱きかかえ、山羊脚状の支柱に載っている。この子たちの上に巨大な貴婦人像《アレトゥーサ》がそびえている。彫像はみなブロンズ製で、台座の部分は大理石となっている。[☆63]

これはチャールズ一世の宮廷が発注した数ある噴水の中でも、群を抜いて巧緻を極めた作品ではあった。一六五九年の共和国財産目録を見ると、先の引用にあった「貴婦人」のことを「アレトゥーサと呼ばれている」として記録している。このアレトゥーサというのは、海神ネレウスの五〇人の娘のうちの一人で、ウェルギリウスは彼女をシ

図16――ユベール・ル・シュウールによるアレトゥーサの噴水。現在はブッシー・パークにある。当初の構成では、ヘンリエッタ・マライアの居館サマセット・ハウスの庭園を飾っていた。

チリアのニンフとして語っている。その神性は田園詩の詩情を喚起するとされ、彼女の名を冠した噴水が数多く存在する。[☆64] ヘンリエッタ・マライアのとりまきは洗練の極地を究めた田園文学を鍾愛し、オノレ・デュルフェの『アストレ』などが典型的に描く世界を偏愛していたから、このアレトゥーサにまつわるさまざまな意味合いはすべて正鵠を射たものであったといえるだろう。

一六三六年、グリニッジにある女王の居館の庭園に改変の手が加えられている。作業は同館の建物と庭園の管理官ユーライ・バビントンの支援のもとで進められた。[☆65] このときに、壁面のところに噴水が設置されたのはまちがいなく、日付も一六三七年と刻まれている。この噴水のために逸名フランス人建築家が描いた設計図がウスター・カレッジに所蔵されている。[☆66] またオートランズといえば女王のお気に入りではなかった宮殿なのだが、この地にはジョン・トラデスキャントが庭師として雇われていて、一六三六年には庭園の改変作業に対する俸給の支払いを受けている。そのときオレンジ果樹園が付設された。[☆67] その翌年、イニゴ・ジョーンズはカルトゥーシュ装飾をデザインしているが、これは「外壁用の風景を描いた油絵のため」に作成したものであった。続いて一六三八年から三九年にかけて、作業報告書には絵画制作に対する支払い記録が現われるが、これは「内庭にある戸外の開廊の壁画」のことで、そこには王妃が有する八つの居城が描かれていた。[☆68] これはルネサンス期にはよく見られる古代庭園の特徴を復興しようとする試みで、いわゆる古代の築庭《トピア》の手法を模倣してみたというわけである。[☆69] けれども、これらの事例がすべて断片的なものとしか映らなくなってしまうような巨大な企図が存在した。ウィンブルドン・ハウスの庭園の造成である。

アンドレ・モレとウィンブルドン・ハウス

一六三九年、チャールズ一世はヘンリエッタ・マライアのためにウィンブルドン・ハウスをセシル家から購入し、イニゴ・ジョーンズを雇って館を当世風に仕立て直させた。ジョーンズがおこなったのは新たな王室用の棟の増設、

(フランス風デザインの)マントルピースの設置、内部装飾の改装および絵画の設置である。[☆70] たとえば、南側の庭園から見た建物正面の景観をヘンリー・ウィンスタンリーが一六七〇年代に描いているのだが、これなどを見ると、典型的にジョーンズのスタイルとわかる玄関口の形姿を確認できる。建物の増改築に加え、庭園部分にも改修の手が加わり、こちらはアンドレ・モレが手がけることとなった。モレは一六四二年四月に半年分の雇用賃金として五〇ポンドを受けとっている。[☆71] つまり、ヘンリエッタ・マライアがモレを召喚し、王妃にとっては二番目となる庭園を最新のスタイルでもって造成させたということなのであろう。けれども皮肉なことに、王妃は決してこの庭園の姿を見ることはなかった。というのも、完成に先立つこと二カ月、すでにオランダの地へと逃避し、王政復古まで戻ることはなかったからである。王妃の財務担当官であったサー・リチャード・ウィンが作成した報告書がウェールズ国立図書館に保管されているのだが、その記録によると、庭園はその後フランス人のローレンス・クサンの管理下におかれ、一六四九年八月になって正式に議会派に譲渡された。

このウィンブルドンでは、庭園の現状を記録した箇条書きによる目録が作成されているが、これと同様の記録は三カ月後にティブルズでも作成されている。その目録には微に入り細を穿った入念な記載がなされているものだから、細部にいたるまで克明に庭園の状態を復元し、これを一六〇九年にスミッソンが作成した庭園平面の上に重ねあわせてみることができる[☆72][図17]。植樹を新たにやり直した主たる目的は、かつてのマニエリスム風の不規則性および分割された小庭園が閉鎖的に連なる状態を解消させ、さらには饗宴館をとりこわすことにあった。そしてかわりに完璧な均衡を保ったレイアウトをほどこし、中央に通景線を貫通させ、宮殿南側のホールの玄関口からはるか先の敷地境界壁の門まで一本の軸線を設けようというねらいがあった。ウィンスタンリーの彫版画は、こうして敢行された改修事業がもちえたひとつの印象をよく伝えている[図20]。宮殿正面の入口部分から延びた歩道がそのまま階段のところまで達し、そこを昇ると上方の庭園までいけるようになっている。画面右手には、沈床庭園としてつくられたオレンジ果樹園があるという印象を受ける。そのような印象をもつ理由は、目録が作成されてからウィ

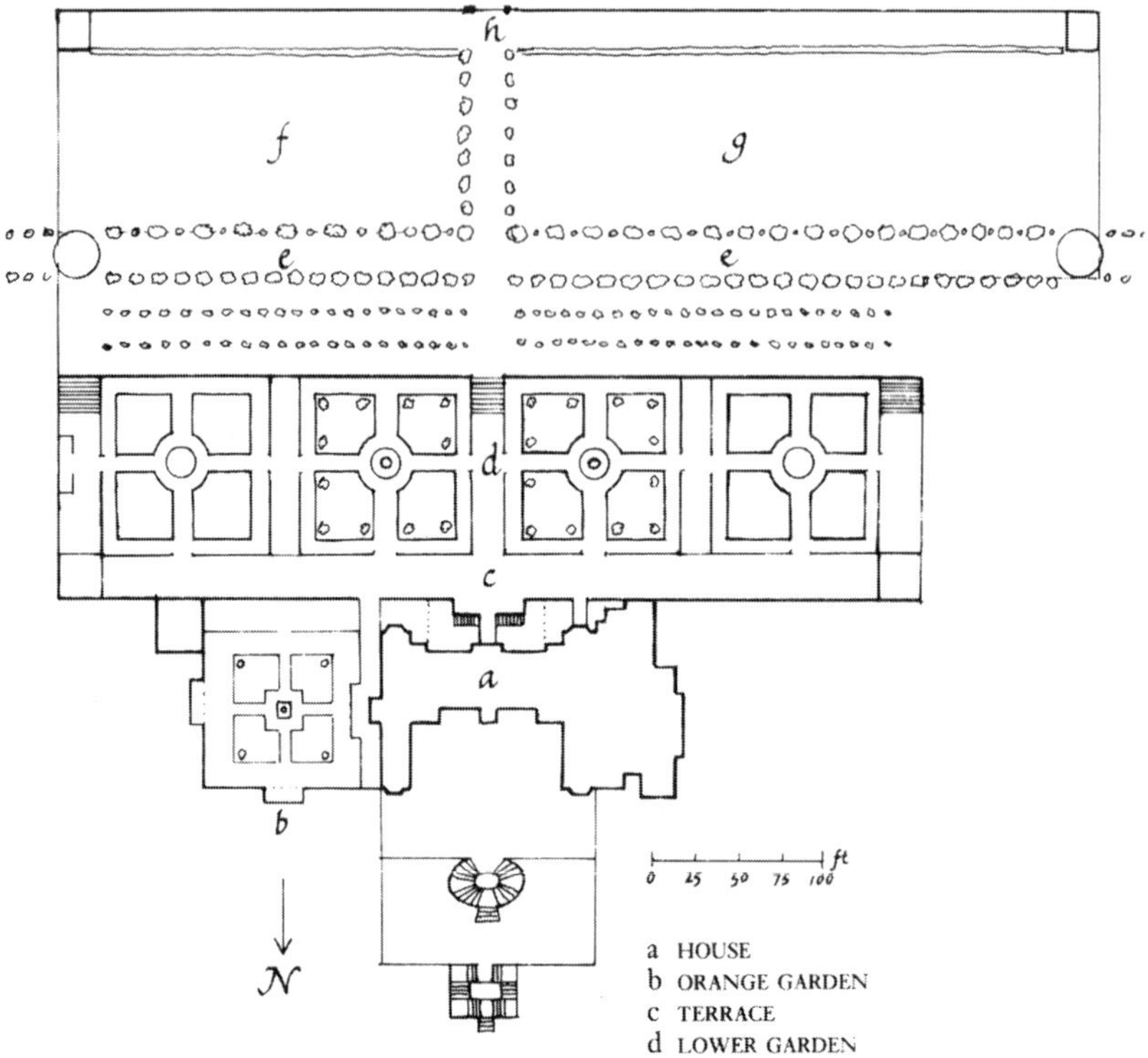

a HOUSE
b ORANGE GARDEN
c TERRACE
d LOWER GARDEN
WITH FOUR SQUARES
e LIME WALK
f MAZE
g WILDERNESS
h PRIVATE WALK

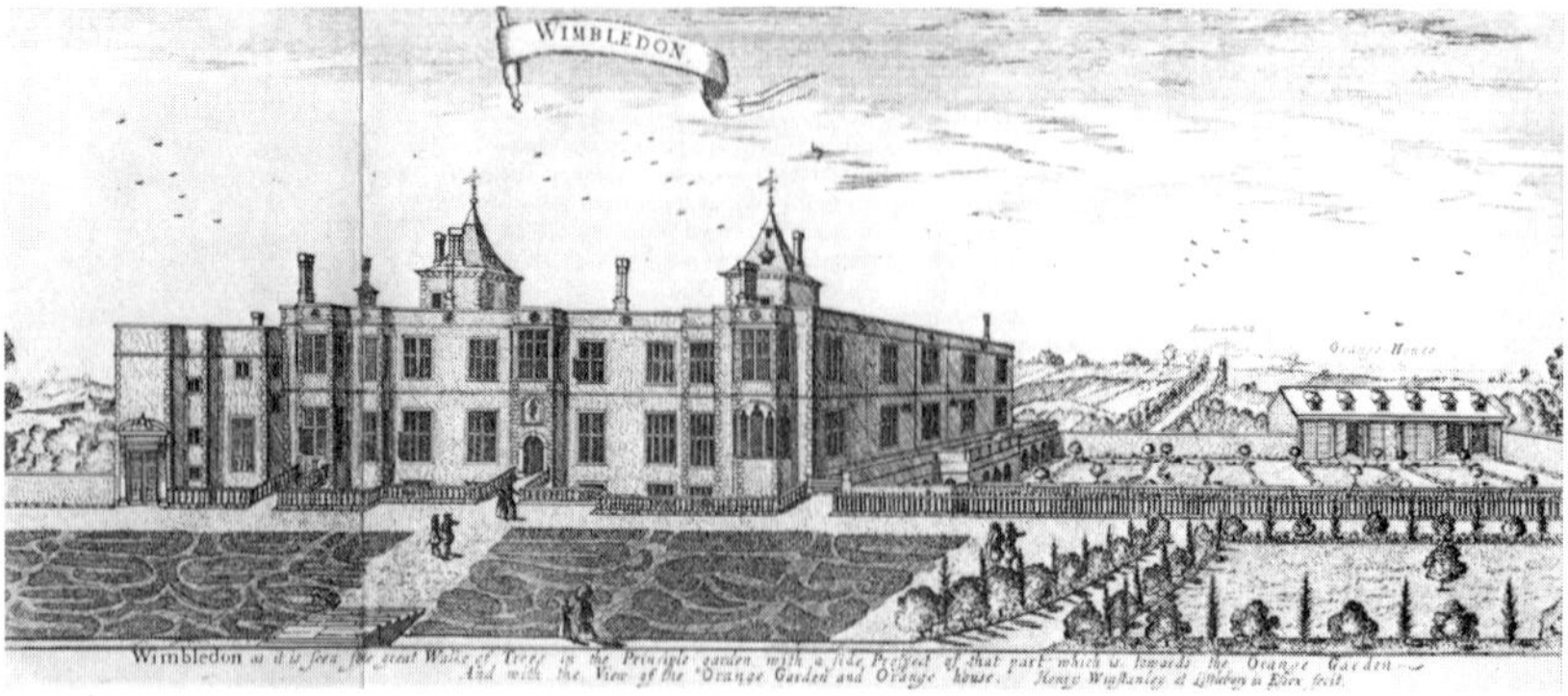

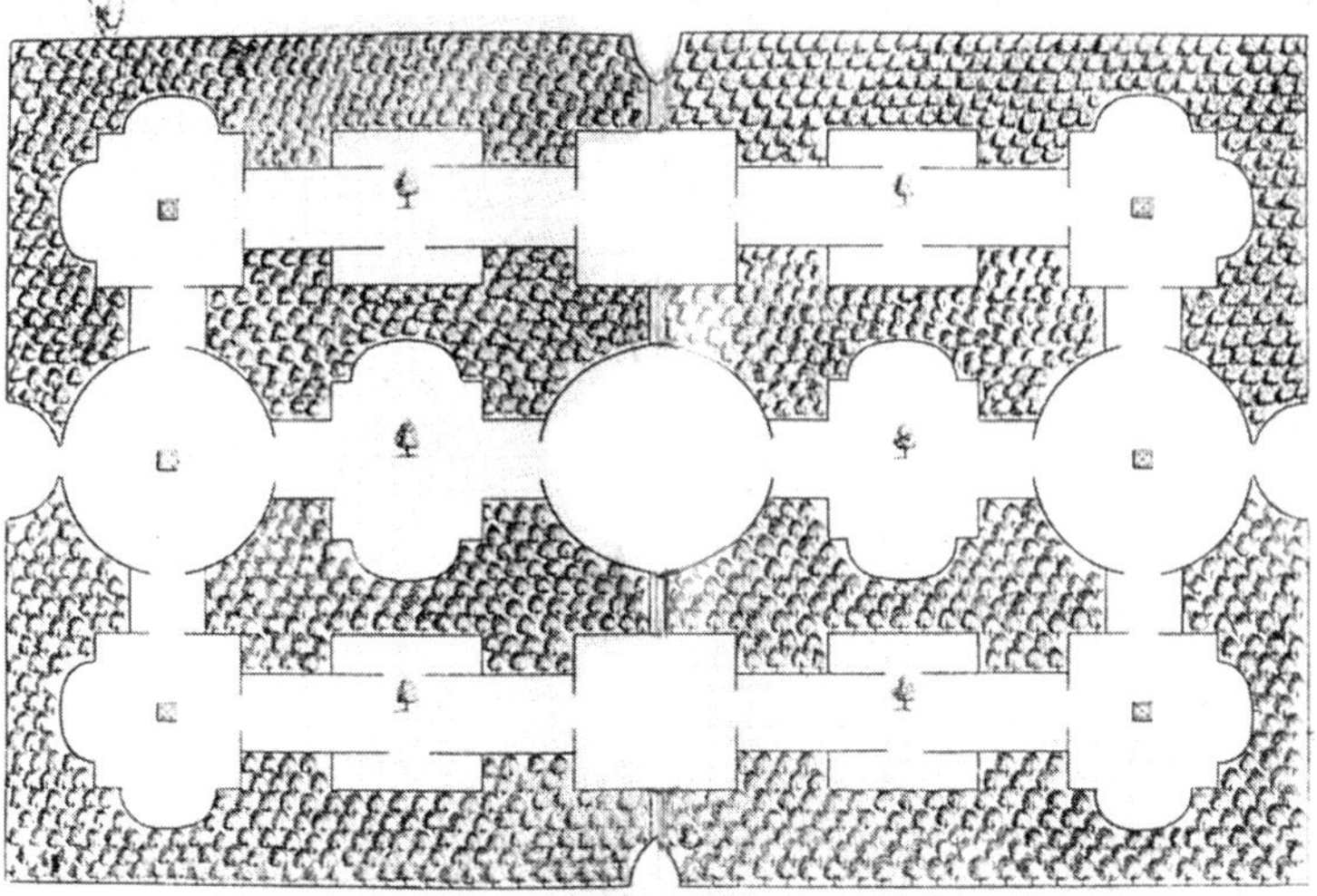

ウィンブルドン・ハウス
ヘンリエッタ・マライアの庭園は、およそ一六四一年から四二年にかけての時期に、アンドレ・モレがデザインし造成した。その後、内乱期を通じて保持され、一六四九年に議会に譲渡された。
図17——アンドレ・モレがおこなった庭園改造を再現した図。図3・11と比較しながら解読していただきたい（右ページ上）。
図18——アンドレ・モレによる樹林区画のデザイン。同種のものがウィンブルドン・ハウスの庭園に敷設された（上）。
図19——アンドレ・モレによる芝による迷路のデザイン。同種のものがウィンブルドン・ハウスの庭園に敷設された（左）。
図20——邸館の南側正面を見た情景。一六七八年。一六四〇年代の庭園の要素がまだ残っているのが見られる。たとえば、右手の沈床式オレンジ庭園の場所や、あるいは邸館の主要玄関から延びる歩道とその先の階段など。この歩道は、装飾花壇の区画からライムの並木のところまで延びている（右ページ下）。

ンスタンリーの彫版図が描かれるまでの三〇年の間に、新たな庭園がひとつつくられて、その庭園には新たな整形式花壇と拡大されたオレンジ果樹園が描かれているからである。

議会検地の記録を参照しながら、まずはオレンジ庭園からたどってみることにしよう。ここは四つの飾り結び式花壇に分割してあって、「選りぬきの花の生育に適していた。境栽に植えられた柘植は、刈りこまれて点やら錐形やら四角形やら円形やらの形状をなし、また地面には適当な間隔を置いて芝が見事に植えられ、園内を走る小径にも芝が茂っていた」。飾り結び式花壇の四隅には荘重な糸杉がそれぞれ佇立し、四本の歩道が交わる地点には「白大理石の壮麗なる噴水が一基あった」という。宮殿の側面から発して園内を横断する歩道は、そのまま小屋に突きあたるまで延びている。ちなみにもう一方の歩道は南側の境壁に突きあたるまで延びている。さてこの小屋というのが非常に大規模なもので、冬にはこの中にオレンジの木をしまって保管するのであった。オレンジは六〇株あってすべて平鉢に植わり、うち四八株には実がなっていたという。これに加えて柘榴が六株、檸檬が一本あったそうだ。これらの果樹が夏の盛りには屋外に出され、モレがつくる例の巨大な刺繡花壇の周囲に点々と置かれている情景を想像する必要がある。

主庭園へ出るには宮殿南側の玄関口から橋を渡るのだが、橋の両側の区域の地階と同じ高さのところには、緑を植えた小さな正方形区画があって、噴水と鳥舎が置かれている。ここの地表部分には無花果の木々が植わり、ちょっとした壁をつくっている。さて南側の玄関口を後にして建物の前まで出ると、目の前には幅二五フィートのテラスが広がっている。両端部には四阿が建っていて、ムーア・パークを彷彿とさせる。

玄関口から延びるのは、広大な中央歩道である。ウィルトンと同じように、これが庭園の各部をすべてつなぎあわせ、彼方まで広がるひとつの大景観を形づくっている。邸館に近い下段の庭園には、中央歩道を挟んで両側に巨大な正方形区画が二つずつ並んでいて、それぞれ内と内、外と外の区画が軸を挟んで対応し、全体として対称形をなしている。内側の二つの正方形区画の中心には噴水が設置してあり、一方はディアナが主題で、もう一方の方は人魚だと記載されている。対して外側の二つには、中央から「美しい糸杉が一本」生えている。内側の噴水のある正方形区画は、飾り結び式花壇に刺繍状の模様が縫いこめられていて、オレンジ果樹園とまったく同じ構成になっていたが、四隅の部分には桜が植わり、花が咲き誇っていたという。外側の糸杉が立つ飾り結び花壇には、山査子の生垣が境栽としてめぐらされ、やはりここにも桜が植えられていた。花壇の区画全体は、その三辺を囲んで「見事な柵が張りめぐらされ、隅部や角をなす部分には渦巻き状の柱が立っていた。この柱には漆剤が塗られて白く輝いており、庭園の景観を引き立たせている」。この柵のすぐ内側に沿って、糸杉の並木が植えられていた。

さて、園内に設けられた一〇段の階段を昇っていくと、目の前には改修以前の庭園の特徴であるライムの並木道が延びている。道幅は二五フィートあり、そこに植わっている樹木は「非常に背が高く、てっぺんから幹にいたるまで伸びやかに育ち、その枝ぶりはどれも均質で規則正しく整えてある。その高さは周囲の田園景観に際立っていて、まるで邸館全体を飾る特別仕立ての装飾品のようだ」。このようにモレは、ジェイムズ一世時代の名残りである植栽区画をうまくデザインの中にとりこんだのである。けれども、そこに改善の手を加え続けることにも余念がなかった。構成は一段と複雑なものとなる。南側にはもとあった糸杉にかえて楡の木を植え、また北側には「柘植の境栽」にかえて同じく楡を植えた。この広大なライムの並木道の両端部には、それぞれ円形をした木製の饗宴館を建ててこれを緑で塗っている。どちらにも二組の扉が設けてあり、一方はライムの並木道へと通じ、もう片方については、西側の饗宴館のものはそのまま教会への小径にいたり、反対の東側のものを開けると「林苑へと通じる美しい道が続いている。あたりには楡の木や菩提樹が植えられており、小径はここを抜けて東の方角にまっすぐ延び、林苑の境界柵まで達している」。

さて庭園の方は、このライムの並木道をまたいでさらに先まで展開している。続いて現われるのは、中央の大歩道を挟んで並ぶ二つの異なる区画である。このうち東側には樹木でつくった迷路がしつらえてあって、「勢いよく芽吹き、背丈も結構な若木の枝葉を刈りこんで、曲線や円や楕円をつくり、あるときは蛇行し、あちこち錯綜しながら向きを変え、道が続いていく。道と道とを隔てる部分には、みな芝が植えてある」［図19］。また西側の同区画にも、やはり同じような植栽を施した樹林が広がっているが、こちらのほうは「刈りこんで楕円や正方形や三角の空間をいくつもつくっていて、みなこれでもか、というぐらいに秩序然としている。角になる部分や楕円形の中央部分にはたいてい菩提樹か楡の木が植えてある」。こちらの区画には砂利を敷きつめた道が走っていた［図18］。

この歓楽の庭《プレジャー・ガーデン》の最後を締めくくっているのは、お忍びの散歩道である。先ほどの楡の並木道と同じく東西を横切って走り、その両端にはやはり四阿を設けている。生垣には山査子が植えられている。宮殿南側の玄関口から発した大歩道は菩提樹、楡、糸杉の樹木で縁取られ、その突きあたりには「壮麗で巨大な二柱の門」が構えてあった。

アンドレ・モレが手がけたこの庭園の意義を理解するには、モレの著作『娯しみの庭』（一六五一年）に立ち返るべきであろう。モレがクリスティーナ女王に仕えていたときにストックホルムで出版された本書は、フランス語、ドイツ語、スウェーデン語の各版を重ねた。モレはフランス、イングランド、オランダ、スウェーデンといった国々で働いたというだけではなく、著作を通じてもその影響を確固たるものとしたという点では、ド・コーの場合と同じである。その影響範囲はヨーロッパ全域にまで広がり、ル・ノートル率いるフランスが庭園芸術の領野において覇権を唱える準備をしたといえる。この著作中には三〇枚の銅版画が収録されているが、どれもモレ自身の下絵をもとに作成したもので、彼の考案になるデザインを示してくれている。モレの代表作として有名な例の刺繍花壇《パルテール・ド・ブロドリ》は、本書では実は意外と片隅に追いやられている。まずは一連の庭園平面図が続いて、基本となる構成原理を説いている。すなわち、庭園は建築的に宮殿もしくは城館と関連づけなくてはならない、というものである。総じて考慮されているのは部分と全体との関係であり、また威風堂々たる構成を組みあげるにはいかにすればよいか、ということである［図21］。そのために用いるのは歓楽の庭に特徴的に見られる数々の要素で、たとえば、装飾花壇、木立、並木道、運河、人口湖、噴水、滝、神殿建築、人工洞窟といったものである。モレは自身の庭園デザインを規定する要諦原理を次のように明記している。

まず第一に言明しておくべきなのは、王の居館はよい条件の土地に立ち、装飾に必要なあらゆる品々を備えているべきだという点である。また広大な歩道を設け、そこに二列または三列にわたって並木を植える。品種は雌性の楡もしくは菩提樹がいい（この二種は、並木として植えるとこのうえない効果が得られる樹木である）。歩道はファサードの直下から、館に対して垂直になるように引くのだが、その最初の部分には半円形もしくは四角い広場を設ける。☆73

これはバロック的な邸館へのアプローチを述べたものだが、セント・ジェイムズ宮殿やウィンブルドン・ハウスにおいて、モレがこの原理を適応したかどうかは定かではない。けれども、モレはさらに続けてこんなことを言っている。ウィンブルドン・ハウスを彷彿とさせる行文ではある。

さらに居館の裏手には刺繡花壇を設けなくてはならない。こうしておけば、窓から容易に花壇の姿を眺め、観賞することができるからだ。樹木や生垣あるいは何かほかの背の高いものなどが障害となって、花壇の広がりを隠してしまわないようにしなくてはならない。☆74

この記述を読んで頭に浮かぶのは、ウィンブルドン・ハウス南側のファサード足下に広がった刺繡花壇の姿である。続く一節では、この種の庭園の残りの部分を構成する要素について述べている。

先に述べた刺繡花壇に続いては装飾花壇を設置し、これを芝の区画に分割する。ほかにも同様にして木立、並木道、生け垣といったものも設け、それぞれの場所に応じて樹木の背丈を調節するようにする。また並木道の大半は、常に彫刻や噴水の中央にいきあたるか、それらが終点にくるように配する。またその終端部には、望むときにはいつでも時の流れに邪魔されることなく眺められるように、キャンヴァスに描いた美しい透視図画を置くこともできる。庭園を完璧に仕上げるために、彫像を台座の上に設置し、また人工洞窟を最もふさわしい場所に設置する。さらには敷地の地勢に応じて並木道をテラスに向かって上げておき、また鳥舎、泉、噴水、運河、そのほかの美しい装飾も忘れずに設置するようにすると、その存在それぞれが置かれたところで完璧な悦楽の庭を実現する。☆75

それにしても哀れなのはヘンリエッタ・マライアで、王妃の庭園は完璧などという言葉からはおよそかけ離れた状態にあった。整形庭園を越えたところにあるライムの並木道は、その両端部に木製の四阿が設けてあった。そして樹林区画も迷路区画もともに、悲しいことに彫像を欠いたままであった。けれども、当初は設置する意図があったのだろう。そのかわりに歩道は円を描いたり縺れたりはしたが、かといってアポロやディアナの像に突きあたるというわけではなかった。これは建築においてもいえることだが、チャールズ一世は、自らが望む規模で造園事業を敢行するだけの資金をついには得ることができなかった。そのため、ほかのあらゆる分野と同様、継ぎ接ぎ的になったり、あるいは規模を縮小するか、スケールを小さくして複製するか、といった手法がとられた。大陸の庭園がもつ壮大な構図を再現しようにも資金不足であったり、せいぜいが宮廷仮面劇の情景を上辺だけ模倣してみせるあたりが関の山だったのである。

そうしたわけでウィンブルドン・ハウスは、いわばイングランドにおける最後のルネサンス庭園であり、また最初のバロック庭園だともいえるだろう。死に瀕した過去の残滓と未来への契機とがここには満ち溢れている。大規模な水の使用は見られない。けれども一世代も後になれば、水は欠くことのできない中心的な特徴として、主要な庭園の計画ではこぞって用いられるようになる。この時期フランスではすでにそうなっていて、壮麗な階段状疎水《カスケード》、

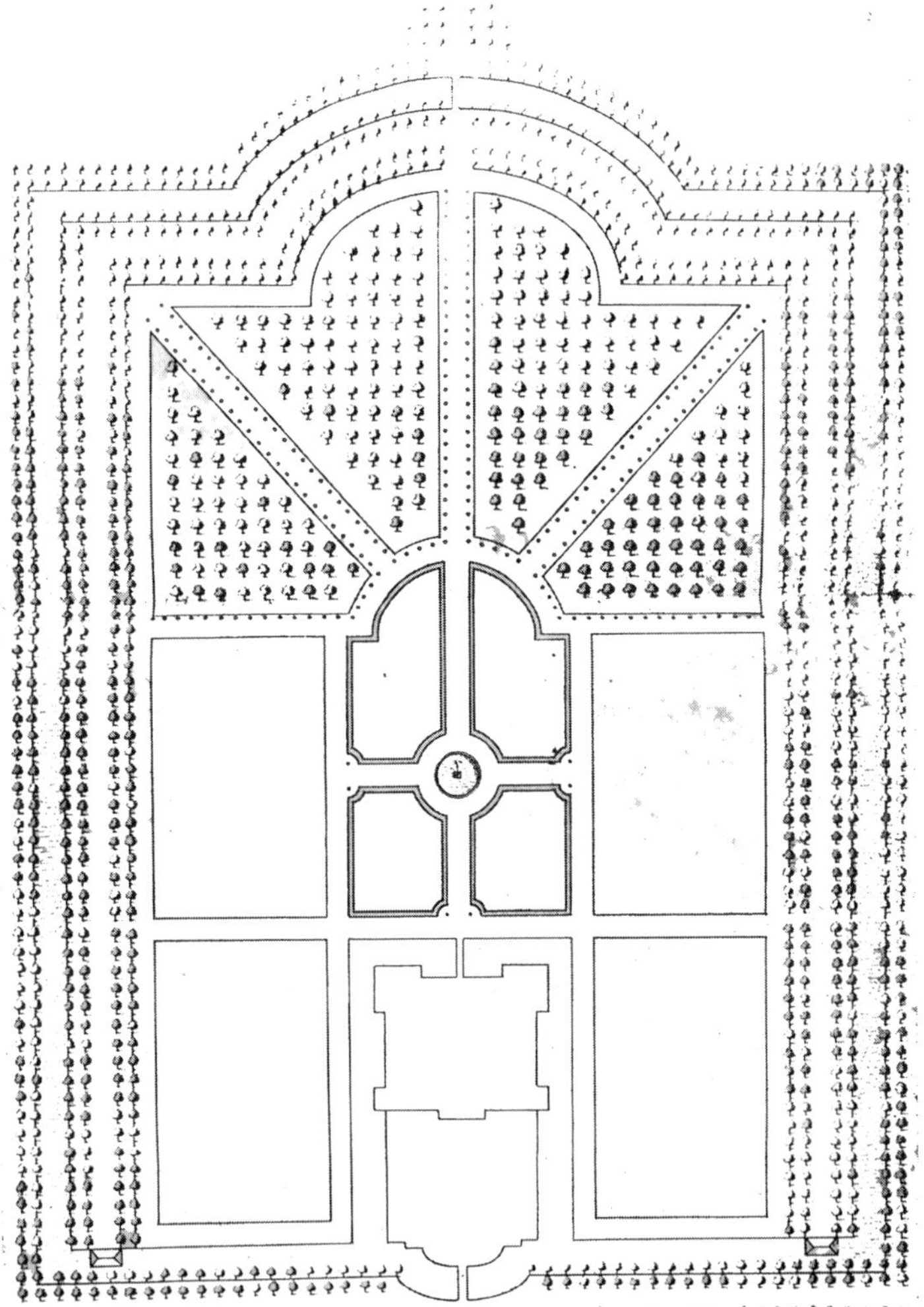

図21——アンドレ・モレによる邸館と庭園のデザイン。『娯しみの庭』（一六五一年）より。
モレはここにおいて、後のル・ノートルによるバロック的平面構成を予期している。

泉、湖、巨大な噴水などがリュエーユの大庭園とリャンクールの庭園に見られる。このようにウィンブルドン・ハウスのスタイルには旧態依然としたところがあって、ちっぽけな噴水を装飾花壇の中心点をなす要素として配置したりしている。しかし、この花壇は新しいスタイルでつくったもので、モレの著作に見られるような巧緻極まる渦巻き紋様を描いてあったのにちがいない。モレがぜひにと推奨している雄大な並木道は、ここではその数もわずか一本に減らされ、ライムの並木道が庭園の一方の端と狩猟場との境界部分まで横切っているにすぎない。樹林区画と迷路区画というのは、リュクサンブール宮殿の庭園にあった歩道と同系列のものであったにちがいなく、幼少のころに見た情景がヘンリエッタ・マライアの脳裏に到来したことだろう。庭園の中央を貫く通景線にしたところで、そもそもこの庭園全体がそうであったように既存のものを再‐創造したにすぎず、モレの『娯しみの庭』に収載された宮殿デザインを随分と切りつめた規模での実施となっている。

要するに、私たちはひとつの終着点にたどりついたともいえるわけで、王政復古が訪れるのを待ってようやく再びこのウィンブルドンのテーマが躍如としだすのを目にすることができるようになる。その時が到来すればウィンブルドンはみるみる発展して、バロック庭園の要諦原理を体現するにいたるであろう。庭園とは、平和の時節にこそ栄える芸術の一形態ではあった。庭園芸術はテューダー朝の平和の時代から生まれでて、内乱によって消滅させられたわけである。一六五〇年代になって、やっと庭園が再び熱い議論の対象となり、建設も盛んとなるのである。けれどもこの復活を迎えるまえには、壮絶なまでの庭園廃棄の嵐を経なくてはならなかった。一六四九年にチャールズ一世が処刑されると、王宮にあった財産は、あるものは離散し、またあるものは売却に付されることとなった。そして庭園にも同様の運命が待ちかまえていた。目を覆いたくなるような蛮行の嵐がひとたび吹き荒れると、彫像や噴水は園内からもち去られ、競売にかけられた。並木道の樹木は切り倒されて建材になり、こうして庭園は打ち捨てられた。これほどまでに戦慄を催させる終幕は、ざらにあるものではない。初期ルネサンスの名苑であるホワイトホール、ハンプトン・コート、ノンサッチの各庭園は、みな灰燼に帰した。エリザベス朝のティブルズも消えた。ジェイムズ一世期のサマセット・ハウスもリッチモンドもグリニッジも壊滅したし、それからチャールズ一世期のセント・ジェイムズ宮殿もウィンブルドンも、すべて無に帰してしまった。チャールズ二世が一六六〇年に帰還したとき、王室の庭園造営は再び最初から始め直さなくてはならなかったのである。

第8章 結 論
——ルネサンスからバロックへ、そして魔術から科学へ

一六三四年七月三〇日、ニューキャッスル伯ウィリアム・キャヴェンディッシュは歓待の祝宴を催して、チャールズ一世と王妃ヘンリエッタ・マライアをボウルズオーヴァー城に迎えている。国王夫妻はスコットランドへの巡幸から華々しく帰還する途中であった。チャールズ一世が王権を神授された国王として議会を開催せずに統治した一六二九年から四〇年までの親政統治が、その絶頂を極めたといってもよい瞬間だった。ボウルズオーヴァーは、ジェームズ一世期に築城され、またお伽噺にでも出てきそうなほどに綺麗な城館で、ネオ・ゴシック様式をまとっていた。チャールズ一世夫妻の行幸にさいし、ギャラリーと庭園が付設されている。[☆1] ギャラリーでは饗宴が催され、その後、国王夫妻は「庭園へおいとまされた」。庭園を囲む周壁に沿って歩道が敷かれており、そこには宮廷人がおしかけていた。ベン・ジョンソンによる最後の王室祝宴用演しもの『ボウルズオーヴァーへの愛の歓待』を一目見ようと、足下の情景を眺めていたのである。[☆2] 劇は勇壮華麗にして機知や優美さに富むものだった。詩人はここにチャールズ一世の宮廷が想定していた諸々の事象を小宇宙的に凝集して提示した。饗宴のさなかにはコーラスが斉唱されたほか、ウィトルウィウス大佐とその従者たちによる喜劇的な演説も披露され(ジョンソンのかつての盟友イニゴ・ジョーンズに対する痛烈な諷刺である)、さらにはエロスとアンテロスとの対話も上演された。そして最後を飾ったのは、新たな饗宴の最後のフィラレシーズなる人物による演説だった。

この度の演しものの主題は、D・J・ゴードンが述べているように、相思相愛とその本質であり、その完璧なる事例を国王夫妻のうちに見いだすことが目的だった。☆3 饗宴の演目が次々と上演される中、新プラトン主義的愛の主題が縷々と説かれていった。宮廷の側近の人々が鍾愛する主題である。「二つの愛……ひとつは国王の愛、もうひとつは王妃の愛」を表わすエロスとアンテロスによる丁々発止のやりとりの中で、ジョンソンはこの主題をさらに展開している。両者は雲の彼方より第二の饗宴を執りおこない、ウェヌスは、最初の息子が成長しそこなった後、いかにして二番目の息子アンテロスを得たのか、という神話的物語を観客に向かって語るのである。

愛のために、愛によって、互いを育むのだから。☆4

愛がともに暮らし繁栄する学院とは、国王の宮廷にほかならない。このことがフィラレシーズの最後の演説で、寓意的に述べられている。

ここに告白いたしますが、貴兄らが（母たるウェヌスの神意によりて）今導き入れられしこの場所こそ、ほかならぬ愛の神聖なる学院……貴兄らが仕える奇蹟の存在、いとも優れたる国王陛下とその並ぶ者なき王妃殿への賞嘆を表わすもの。国王夫妻こそはすべての規範にして教令に等しき存在。愛の神聖なる学院があげて観照し、考究の対象としております。この学院において、みなさまは結婚神ヒュメナイオスを知り、女神のもつ二つの松明は相互に燃えさかり、永久に消えることはないということを学ばれるでしょう。☆5

新たに造営された庭園をそぞろあるく王と王妃は、つまりは「愛の庭」を逍遙していたことになる。伯爵の庭園は、エロスとアンテロス両名の母親たるウェヌスの彫像を中心に構成されていたからである。このウェヌス像は、

図1――チャールズ一世時代の「愛の庭園」。ボウルズオーヴァー城にあるウェヌスの噴水。ベン・ジョンソン『ボウルズオーヴァーへの愛の歓待』（一六三四年）の舞台となった。

中央に置かれた噴水を従えるかたちで設置してあった〔図1〕。このボウルズオーヴァー庭園の往時のイメージを喚起してくれる絵画といえば、ルーベンスの描く《愛の庭》〔図6-21〕であろう。画中には、騎士と貴婦人たちが宮廷流の恋愛遊戯にいそしんでいる姿が永遠に輝く黄金の光彩の中に描かれている。それゆえにジョンソンの演しものは、チャールズ一世時代から唯一生き残ったこの庭園が一体どんな意味合いをもっていたのかを正確に教えてくれる。宮廷の神話のひとつが具体的な形態をまとって表現されたのが、このボウルズオーヴァーの庭園であった。

現実と虚構が入り乱れることこそ、チャールズ一世時代の庭園のより広範な理解に私たちを導いてくれる重要な鍵となるものである。実際この時期の庭園は、一体どこまでが現実で、どこからが想像の世界なのか、はっきりと分けることができない。観念は、観念が縮図のように表わす熱望としばしば相互に入れ替えることができる。そして新たな造園芸術と王権神授説との連携こそ、庭園に託された数あるイメージの中でも最も強力なものだった。造園術というのは、その中心的な主題として、荒ぶる自然を技芸によって馴致するという問題を抱えている。この時代の庭園は、王室の意志を主張するものであった。そして、偶然の一致とかたづけられないのだが、透視図法の科学的原理が庭園に導入され、大々的に活用されるようになるのが、まさに絶対王政の時代だという事実がある。庭園も王権神授説もともに内乱の勃発によって灰燼に帰す運命にあった。そして一六六〇年以降になってようやく、絶対王政の「象徴《アトリビュート》」として、庭園は心許ないながらも一応の復活を遂げる。完全なるバロック宮殿の庭園とは、絶対主義体制を究極的に表現した一形態だった。内乱が勃発し、王権神授説に基づく絶対主義王政が瓦解したことは、ついにイングランドの地ではこの種の様式が本格的に採用されず、力強い表現を帯びて出現するにはいたらなかったということを意味する。けれども一六三〇年代には、あらゆる事象がこの表現様式を目指して邁進していた。このことを理解するには、宮廷仮面劇を見てみるのが最もわかりやすい。劇の中では、舞台道具の薄っぺらな板の上に、チャールズ一世が標榜する美学や政治理念の主題が臆面もなく塗りこめられていたからである。

チャールズ一世時代の宮廷仮面劇に登場する庭園

庭園が王政統治を表象する圧倒的なイメージとして現われる仮面劇が二作ほどあって、いずれもこの時期に上演されている。ひとつはジョンソンの『クロリスの国』で、一六三一年に上演されている。この作品が端緒となって、三〇年代には宮廷仮面劇が陸続と生みだされることになる。それからもうひとつの作品はダヴェナントの『光の国』で、船舶税の課税問題をめぐる訴状に対して、星室庁が宮廷側の勝訴となる判決を下したことを祝うために、一六三八年に大急ぎで書かれた作品である。ともに王妃のための仮面劇であった。

『クロリスの国』の主題は、西風神ゼフュロスの愛を受けてニンフのクロリスが花の女神フローラへと変容を遂げるという内容であった。[☆6] 劇の中では、嫉妬、軽蔑、そして人間による愛の歪曲など、激情的な負の欲望から稲妻や嵐や宇宙秩序の崩壊といった惨劇にいたるものが、一連の宮廷バレエの登場によって表現される。けれども、これらはみなユノ女神の偉力によって馴致されるにいたる。ユノは天界の女王にして、結婚を司る神格でもあった。チャールズが敷く絶対王政の美徳、王が王妃へと注ぐ理想化された愛が庭園のタブローを通じて宮廷人士の前に披露される。庭園のうちでは、クロリスに扮したヘンリエッタ・マライアが星粒と化した花々を演じる女官たちに付き添われている[図2]。王妃が座しているのは、金細工師が編みあげた四阿で、周囲を囲む虹は、嵐の後の平和を象徴するエンブレムである。

走りだせ、洪水はおまえの銀色の足元で喜んでいる。
愛の虜となった春を
急いで迎えにいけ。
そのために、さえずる噴水は
花の物語を歌っている。

季節の女神によって守られて、
ユノの優しい命令とイリスの雨に捧げられた
その物語は嫉妬をなだめ、
愛の反乱兵たちをすべて鎮めてくれる。
その間、クロリスは座して、輝く星となり、
われらが歌に栄光と美を与えてくれる。
続け、歌よ、どこまでも、
われらが調べが
春を喜ばせるように。☆7

そして宮廷仮面劇の常として、地上を変容させるこの天界の光景に続いて終結の場面が到来する。ユノとイリスの二柱の女神が天に顕現し、地上では迫りあがってくる丘の上に、「詩」、「歴史」、「建築」、そして「彫刻」が座している情景が現われる。いずれの芸術も、チャールズ一世が敷く絶対主義治世の新たな理想を表現する媒体となった。そしてこの丘から「名声」が天へ向かって螺旋状に歩みを進める。こうしてチャールズ一世の治世においては最初となる大規模な仮面劇において、庭園の存在が確固たるものとして確立され、国王が抱くアルカディアの理想を集約してみせる媒体とみなされた。

それから七年が経過した段階にあっても、庭園とチャールズ一世の親政統治が掲げる信条との連携はますます緊密なものとなり、政治方針と芸術施策との相互連関の度合いは一層強まっていた。仮面劇『光の国』は、船舶税問題に関して宮廷側の主張が認められ、勝訴したことを言祝ぐべく上演された。その勝利は純粋な新プラトン主義思想の用語で語られ、光が闇を従属させるといった内容になっている。☆8 政治上の勝利と王室による芸術庇護との結び

図2――イニゴ・ジョーンズがヘンリエッタ・マライアのためにデザインした舞台衣装。ベン・ジョンソンの仮面劇『クロリスの国』（一六三一年）においてクロリスに扮する王妃。

つきが一層明らかになるのは、劇が進行して、いかにして詩神たちが隠れ家を見つけたのかを語る場面にいたったときである。その地では「これら光の女神たち」が「ブリテン人たちの庭」を次のように宰領している。

国王と王妃の紛うことなき偉大なる徳が、ブリテン人と預言者の神官たちをこの庭園において復興させ、この島をあらゆる国家の典範へと仕立てられた。ちょうど古代世界においてはギリシアがみなの手本となったように。☆9

庭園がいよいよ登場の運びとなるのは、夜の幻影をかいくぐった末のことである。現われいでた庭園は、新たなイタリア式をまとったものだった。

……甘美なる光景。そこではきちんと並んで植えられた樹々、噴水、彫像、四阿、人工洞窟、遊歩道、そのほかあらゆる楽しいものがあって、ブリテン人の美しい庭を表わしていた。☆10

これより三〇年まえに王妃アン・オブ・デンマークが演じた「テテュス女神の饗宴」のときと同じように、ヘンリエッタ・マライアも自分が抱く理想的な庭園ヴィジョンのうちに女王としてその姿を現わす。けれども一六三八年までには、王室が所有する現実の庭園のイメージは大幅な変遷を経て、もはやかつてのように戦争と混沌を消し去った無害なエンブレムや平和と秩序を現わす象徴などではなくなっていた。むしろ王室の意向が誤謬絶無であることを露骨に表明する場となっていた。王妃が席を王の傍らへと移すと、両人はそろって最後の場面転換の末に現われる庭園の情景へと思いをめぐらす。天界が開き、チャールズとヘンリエッタの統治を公然と言祝ぐ。そのときほんの束の間、天が地に降ってくる。

準備された天上の玉座で久しく待たれておられる方よ！
われらが愛するものがどれほど高貴な意味をもつかを
われらの心が知るまで、この世にとどまっていてください。
かくのごとく神はわれらが頼れるものをいつも与えてくださるのです。☆11

これでは、議会が王室の庭園を片端から破壊したくなるのもむりはない。

イニゴ・ジョーンズは、仮面劇とは「光と動きを付加した絵画」にほかならないと語ったことがある。つまり動くエンブレムだというのである。あたかもある一冊のエンブレム・ブックに収載されたイメージが次から次へと現われてはかき崩れ、別のイメージへと変容するかのようなものである。内乱を挟む前後の期間、庭園は確実にこうしたエンブレム的な世界に属していたのである。マニエリスム庭園には、彫像、秩序然とした遊歩道、噴水、人工洞窟、自動機械人形といった諸々の要素が見られる。これらを古来より受け継いできた「閉ざされし庭《ホルトゥス・コンクルスス》」の構図に適合させるのは簡単なことであったが、いまやその上から、後期ルネサンス時代のアレゴリーが燦然と織りなす層が重ねられたのである。この部分は、宮廷にとって王党派の信念とさえいえるものであった。今となっては大蔵卿ウェストンが有していたローハンプトンの庭園が一体どんな姿をしていたのかについて、知る由もない。けれどもこの庭園は、ユベール・ル・シュウール作のチャールズ一世騎馬像を中心に据えるべく設計されたものであった。この騎馬像は現在チャリングクロス広場に置かれていて、はるかホワイトホールの方角を望んでいる。

宮廷仮面劇と庭園に関してこれまで進めてきた研究から、両者の間の視覚的な関係とはどのようなものであったのだろうか、という疑問が湧き起こってくる。実際、この二つの芸術は並行して発展してきた。ジョーンズの手になるヘルメス学的寓意に満ちた劇場は、「観客の視覚的体験を統御する機構」として創成されたものだった。その中では「遠近法の規則が観客の体験を規定する」。[☆12] けれども一六三六年という時点になっても、まだオックスフォードで上演された劇に関して次のような感想が残されている。その劇というのはウィリアム・ストロード作、舞台装置イニゴ・ジョーンズ担当の作品であったが、それを見たある観客は、自分が実際に目の当たりにしたものは「仕切りが延々と連なる情景で……まるで図書館の中の机か読書のための部屋が連続しているかのようであった」と語っている。[☆13] つまり当時の段階では、大多数の人々は、チャールズ一世の宮廷を支配していた新しい光学原理をまったく理解するにいたっていなかったことを示している。科学的透視図法とは、一点に向かって集中する幾本もの線によって距離を現わすもので、観者から遠くにある物体ほど小さく描かれ、また光や色彩も距離に応じて変化し、画面奥に後退するほどぼんやりと薄くなっていく。こうした視法は、私たちの目にはあたりまえに見えてしまうけれども当時の絵画作品を見ると、そうとばかりはいえないものであった事情がよくわかる。この時代には見るということに二通りの見方があって、どちらが支配的ともいえぬ横並びの状態で共存していたらしい。片方にはヴァン・ダイクが描きだす宮廷的世界が広がっている。額縁がそのままプロセニアム・アーチへと変貌し、その枠越しに観客は、この種の視法が統御する別世界を凝視することになる。一方、これと対峙するかたちで、たとえばギルバート・ジャクソン描く田舎の世界が広がっている。エリザベス朝から時が止まったままのような世界である。ここでは、画中の物体は遠かろうが近かろうが、みな同じ強度の輪郭線で精密に描きこまれ、筆致や画布の平板性をそのままに画面をいくつもの没関係の領域へと分断し、そこにあれこれの対象を配していく。これらの対象は別々に読み解かれるか、あるいは加算的にひとまとまりとして考えられるかして、画中の人物がどんな個性をもつかが組みあげられていく。

この点を押さえておくことが庭園の発展を理解するうえで必要不可欠な下地となる。庭園もゆるやかな発展を重ねたすえに、視覚体験を統御する機構へと発展を遂げたのである。視覚の統御を受けるのは、ここでは散策者ということになる。そして統御のための道具は、やはり透視図法の原理であった。演劇の場合は舞台の上で次から次へと、プラトン主義的な寓意の場面が魔法仕掛けのごとくに変容をくりかえし、それを観客はじっと座って眺めているだけである。けれども庭園の場合、観客自身が散策する存在となって、生け垣だの壁だの灌木だのに導かれて園内を彷徨することになる。目の前に現われては消える植栽、樹檣、刈りこみがすべて散策者の目を操作し、その視界裡に透視図法的な情景を思い描かせる。その消失点の先にくるものは、寓意を凝らした建築であったり彫像であったり、あるいは、実際、象徴性を帯びた樹木や花壇などであった。

象徴的庭園――パックウッド・ハウスとアンドルー・マーヴェル

愛の庭を宰領するウェヌスと花々や季節を司る新プラトン主義の愛の女神にヘンリエッタ・マライアを見立てつつ、計算され尽くしたヴィジョンを見せるボウルズオーヴァーでの歓待祝宴は、当時の庭園をよりよく理解するうえで重要な鍵となる。チャールズ一世の時代の人々がどのように庭園を見ていたのかがここからわかってくる。そしてもうひとつの鍵となってくれるのが、肖像画の世界である［図3・4・5］。一六四〇年代以降、サー・ピーター・リリーが描く肖像画の中心主題となるのは、貴婦人とプットーが海豚《いるか》の噴水を背にたたずむという構図である。これはまた、ヴァン・ダイクとともに始まったモティーフである。[☆14] ルネサンス期に見られる噴水を主題とするこの図像は、実はヘルメス・トリスメギストスの言説と関連があったのではないか、とエウジェニオ・バッティスティは示唆する。彼によれば、正しき者はあまたの魚の中から海豚を選びとって姿を変えたのであり、したがって海豚とは新プラトン主義における魂の上昇を象徴する存在である。[☆15] こうした仮説は、少なくとも肖像画の分析にもっと真剣にとりくむ必要を感じさせてくれる。肖像画の背景に庭園と噴水が描かれるようになったのは、どのような経緯の末であったのだろうか。というのも、このような背景の変化は、ステュアート朝時代の著しい革新といえるものでもあったからである。かつての肖像画といえば、モデルは風がそよとも吹かぬカーテンで覆われた壁龕の中にいて、ぼってりと垂れ下がった掛け布の襞に埋もれて椅子に腰掛けているものばかりだったのだが、いまや人物は

肖像画の中の庭園と噴水

庭園の発展はこんなところにも反映している。ジェイムズ一世時代の末からチャールズ一世時代の初頭にかけて、肖像画の中に庭園が描かれるようになった。けれども、庭園が当初もっていた機能は、いまだ象徴的なものにとどまっていた。

図3――サー・アンソニー・ヴァン・ダイクが描いた逸名の婦人肖像画（一六三五年頃）。海豚の噴水が描いてある（右）。

図4――逸名画家によるワット夫人の肖像画（一六四〇年頃）。噴水が描かれ、頂部には白鳥の紋章が飾られている（上）。

図5――逸名画家によるイルフィールドのホールズ男爵夫人ジェーン・シャーリーの肖像画（一六三〇年）。象徴的な月桂樹の枝を手折る姿で描かれている。

立ちあがり、史上はじめて屋外へと移動することになった。図像学的な主題から見るなら、これら屋外の貴婦人たちは、閉ざされし庭《ホルトゥス・コンクルスス》にたたずむ聖母を連想させる。この時代の婦人の肖像画は象徴的でもあり、また同時にモデルの人物を記念する役割ももっていた。

こうして肖像画にさまざまな象徴が加わったことは、その後の展開を考えると重要である。イングランドの肖像画を特徴づける重要テーマのひとつに、モデルと自然との関係という問題がある。この自然というのは、野趣あふれるものもあれば、馴致されたものもある。そしてこの時代に現われた肖像画こそ、このテーマが広がる方角へためらいつつも一歩を踏みだすにいたった作品群だったのである。これらの肖像画は、所有することの誇りを自讃するものだったが、同時にまた、寓意的な意味合いももちあわせていた。この寓意性こそ、ステュアート朝の庭園がどのような内容をはらんでいたのかを解釈するさいに、常に中心的な役割を果たすものなのである。実際のところ、庭園に見られる自然現象ほどに幾通りにも解釈可能なイメージはほかにはない。そして内乱が勃発するまでは、象徴解釈の伝統はまちがいなく圧倒的な力を保っていたのである。

スタンリー・ステュアートは、ステュアート朝の詩の中でも重要な位置を占めることになる著作の中で、このアプローチに対する決定的な手がかりを与えてくれている。その著作とは「閉ざされし庭《ホルトゥス・コンクルスス》」を主題とする作品なのだが、その中でステュアートはこう記している。「ある人々に対しては、庭園は貧者の聖書や鏡と驚くほど類似した機能を発揮する」[☆16]。宮廷の意向に真っ向から異を唱えるピューリタンたちの怒号の中で、ひときわ大きな声を張りあげていたウィリアム・プリンさえも、信心の丹精を促進してくれる庭園は有益であると主張していたのである。プリンにとって庭園に含まれる自然のイメージとは、カトリック主義が刻印したイメージにとってかわるものだった。

たとえ聖書がなくとも、あらゆる庭園がわれわれに
それ［聖書の真実］を明かしてくれる。その甘美で生き生きとしたさまは、

教皇主義者どもがでっちあげるどんな絵画もとうてい及びえない。[☆17]

庭園はキリストのイメージであり、キリスト自身もまた庭師であった。

キリストはこの地上に来臨されて、庭園にかぎりない恩寵を与えた。幾度となく庭園を訪れ、そこで弟子に裏切られ、埋葬され、そして復活し、その最初の姿をマグダラのマリアの前に示された。そして今日においても、庭園を眺めるたびにキリストはその御姿を現わすことだろう。庭園のうちに盛られた美妙なるものを通じて、私たちの視界、精神、思考のうちになおもキリストが顕現する。[☆18]

イングランド国教会の神学者ヘンリー・ヴォーンも、庭園に対するこのアプローチを共有している。

庭を歩いていて、私はそこに
あの方の苦悩の理念を見る。[☆19]……

いずれの場合も、書き手が言及しているのは現実に存在する庭園のことである。けれども実在の庭園と精神的な庭園との線引きは、いたって恣意的なものとなっている。「閉ざされし庭《ホルトゥス・コンクルスス》」を主題とした精神を表象するヒエログリフの系譜がある。たとえば、ジョージ・ウィザーが自著『エンブレム』(一六三五年)で縷説しているし、ほかにもヘンリー・ホーキンズの『聖処女』(一六三三年)やフランシス・クォールズの『エンブレム』(一六三五年)などにも収録されているのだが、もしこのエンブレムを現実の庭園に適用しようとすれば、実に容易にできたであろう。実際この三冊は、私たちが知っておく必要のある事柄をあますことなく伝えてくれる。内乱前夜、庭園にはどのような意味が盛られていたのかを理解するためには、ぜひともその知識が必要なのである。
まずはエンブレムをひとつとりあげてみよう。これはピューリタンのジョージ・ウィザーの手になるもので、植物に水をやる手が描かれている［図6］。背後には邸館と囲われた庭園の姿が見える。

五月、豪華な庭園を訪れたなら、
最も美しい光景を目にすることだろう。
立派に育った樹木、美しく飾りつけられた四阿、
ハーブが植わり、愛らしい花々が笑う飾り結び式花壇。
あらゆる装飾で満ちあふれ、すばらしい意匠《ディヴァイス》をまとった、
ここはまさに、あの地上の楽園。
だから、たった一日、二日の時間で、
ここにあるものをすべて完成させることができるなどと、
とうてい考えうるものではない。
……このエンブレムによって、いまやあなたは、
納得されたことであろう。
どんなにがんばったところで、これらを仕上げることなど
とうてい不可能であって、
ただ日々の積み重ねによってこそ、
それがかなうのだということを。[☆20]……

Things, to their best perfection come,
Not all at once; but, some and some.
95
ILLVSTR. XLV.
Book. 2
WHen, thou shalt visit, in the Moneth of May,
A costly Garden, in her best array; (Bowers,
And, view the well-grown Trees, the wel-trimm'd
The Beds of Herbs, the knots of pleasant flowers,

Vtriusq; crepundia Merces.

図6―――忍耐のエンブレムとしての庭園。ジョージ・ウィザー『エンブレム』（一六三五年）より。
図7―――忠実な魂をめぐるドラマの舞台としてのローンボウリング用の芝地。クォールズ『エンブレム』（一六三五年）より。

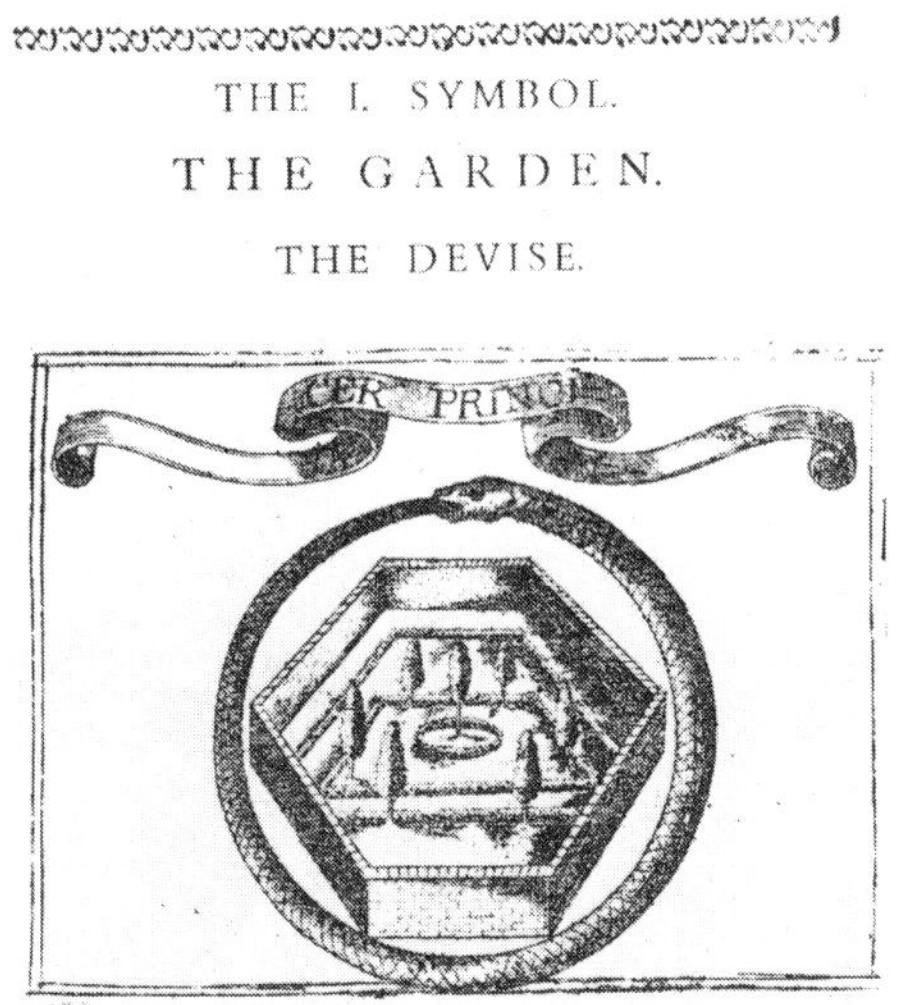

図8――庭園を象ったエンブレム。ヘンリー・ホーキンス『聖処女』（一六三三年）より。

図9――処女マリアを称える中世の「閉ざされし庭」が当世風のルネサンス庭園へと更新される。『聖処女』の口絵。

しっかりと計画を立て、忍耐強く努力すべし。その道徳的寓意は明らかである。ウィザーは当然のごとく、象徴性を帯びた樹木や花々をエンブレム的な手法でとりこんでいる。これは前世紀以来、慣習となっているしかたである。

一方、クォールズは、キリストに忠実な魂を求めて探求を続けるのだが、その道のりもまた庭園の中のさまざまな要素を経めぐる旅路であった。彼のエンブレム集には、ローンボウリング用の芝地を描いたものがある［図7］。そこにはクピド、マモン、サタンの三者が、「罪深き考え」をボウリングのようにころがして戦っている。☆21 また別の一幅では迷宮が表現してあって、その中で巡礼者の装いをした「魂」が信仰の糸をぎゅっと握りしめている。☆22 そしてエンブレム集のクライマックスの場面は、まさに閉ざされし庭《ホルトゥス・コンクルスス》の中で演じられる。この庭の中でキリストと「魂」は手を握り、王冠を交換しあっている。傍らでは羊がその情景に安心しきった様子でじっと見入り、野の花や百合が咲き笑っている。☆23 クォールズの『エンブレム』は、その後何版もの増刷を重ねている。これは、本書に盛られた内容がいかに活力にみなぎり溢れていたかを傍証してくれるひとつの指標であろう。「魂」が精神的な葛藤に苦吟する一幕の寓意劇であり、その場面のいくつかは庭園を構成するあれこれの要素を採用していた。

けれども、おそらく最も庭園に憑かれていた作品といえば、カトリック教徒のヘンリー・ホーキンズの手になる『聖処女――あるいは聖なる処女の神秘にして甘美なる庭園』に止めを刺すだろう。この中で著者は「インプレーサ、モットー、キャラクター、エッセイ、エンブレム、ポエジー」を次々とくりだすのだが、それは「つくられた神々」ではなく処女マリアを称えるためなのだという。☆24 開巻劈頭、「閉ざされし庭《ホルトゥス・コンクルスス》」の概略を描いた一幅の絵が現われる［図9］。この庭に入り築山を登れという命に従うと、象徴の全体像が得られるという。本書に登場するエンブレムをほんの二、三吟味するだけで、沈思黙考を要する寓意が層をなして折り重なるさまを目の当たりにできるだろう。そして、これらの寓意はすべてチャールズ一世時代の庭園から引きだすことができるものなのである。ある図版には六角形の庭園が描かれ、永遠を象徴する蛇がこれをとりまいている［図8］。庭園の周囲を壁が囲み、その内部には整形の遊歩道が引かれて、その中途に糸杉が点々と植えられている。この絵に付されたモットーを読むと、

「聖なる諸原理」とある。次いでホーキンズはその筆を徐々に進め、意味の折り重なる層を一つひとつ剝ぎとっていく。それらの意味を庭園から引きだすことができるのは、ヒエログリフの伝統の中で育った知識なのである。

ホーキンズにいわせれば、庭園とは「およそ地上の愉楽や悦楽というものをすべて占有したもの」であり、「ひとつの法悦境」であるということになる。「キャラクター」と彼が分類するものは、私たちの愉楽や悦楽の庭園であり、その道徳的寓意はモットーに表わされている。すなわち、庭園とは王侯の聖地である。これに続くエッセイの部分でホーキンズは、樹木を刈りこんで造形《トピアリー・ワーク》した獣や四阿や噴水といったものにはとりあわず、ひたすらそこに含まれる象徴的な特質の記述に専念している。この路線はさらに拡大され、並木道を賞讃しては、清らかにして率直であり、それゆえに徳高きものであるとし、謙譲の砂粒で覆われたこの道が庭園を明快に表現するのだという。同じように花にも次のような意味がある。

百合は無垢にして純潔な貞操の徴、薔薇は謙譲にして恥じらいを知る慎ましさ、菫は謙虚、撫子は忍耐、マリーゴールドは慈愛、ヒヤシンスは希望、向日葵は観想、チューリップは美と典麗。[☆25]

ホーキンズは、山を昇るその歩みをさらに続ける。それは精神が昇華する過程でもある。次いで沈鬱なる渓谷へと下っていき、孤独な木立の間を抜け、ついには精神的な歓喜である葡萄の樹にめぐりあい、思慮深き噴水を見つけだす。ほかにもまだまだあるのだが、こうしたものがすべて処女マリアを言祝いでいる。

ここで最後に現われるのがたぐいまれなる出来映えの聖母像である。オベリスク、ピラミッド、凱旋門や水道管、浴場、記念柱といったものが聖母の栄光を称えるべく建てられている。聖母が送った賞嘆すべき天使的な生へと思いを馳せている。[☆26]

右の一節では、新たな造園様式を特徴づける諸々の要素が中世来の閉ざされし庭《ホルトゥス・コンクルスス》のイメージの中に溶けこんでいるのがわかる。別のエンブレムを見ると、今度は象徴的な樹木の群が列をなしている。

　深い瞑想の徴であるヒマラヤ杉、芳香漂う名声と生の聖性を表わす糸杉、節操の月桂樹、栄光に満ちた勝利の棕櫚、忍耐の桑、禁欲の銀梅花、慈悲のオリーブ、豊穣の巴旦杏《アーモンド》、愉悦の無花果、信仰のプラタナス。☆27

つまりはホーキンズには、カトリックのしかたでこの庭園を読み解く能力があるということであり、このことは当時の国教忌避者たちが実際にこの種の読解をおこなっていたことを示唆するものではないだろうか。というのも、この人たちには自らの信条を公然と表白することは禁じられていたからである。ここでサー・トマス・トレシャムのことを思いだす向きもいることだろう。彼は建物を計画するにさいして黙示録に基づいた数字のイメージ群を駆使し、法に触れることなく自らのカトリック信仰を表明する手段としたのである。ホーキンズが用いている徳性に満ちた花々や樹木といったイメージならば、やはりトレシャムの場合と同じように、たとえプリンのような頑迷なピューリタンであっても受け容れることができたのであろう。この人たちを結びつけているのは、その思考方法なのであり、庭園は瞑想の場であるという基本的な前提なのである。また、たとえば十字架の聖ヨハネやサールの聖フランソワに通じる対抗宗教改革期の敬虔な心情は、庭園の中で一人瞑想に耽ることの重要性を盛んに強調しているのだが、これと同じものをイングランド国教会の伝統から捜すならば、ジョージ・ハーバートのうちに躍如としているのがわかるであろう。アンドルー・マーヴェルに優るとも劣らぬほどである。マーヴェルの庭園は「粛とした閑寂境」にして「清浄」の極地である。

あなたの聖なる植物が、もしもこの世にあるならば、
植物の中にこそ芽生えるであろう。
この心地よい寂とした境地に比べたら、
社会なんて騒々しい粗暴なものでしかない。☆28

一七世紀の最初の四〇年間に庭園が猛烈な発展を遂げたという事実は、瞑想的な生活を送りたいというこの種の要求と関連があるのにちがいない。イングランドには修道院がなかったために、とりわけこの流れが強まったのであろう。トマス・ブッシェルがエンストンの地につくりあげた奇態な人工洞窟と庭園は、対抗宗教改革の敬虔主義の敬虔な心情に対するプロテスタント側の対応物になっている。プロテスタントにとっては四阿が修道院のかわりとなり、その中で孤独を求め、現世蔑視の意味を考える。そこでは樹木や草が瞑想の中で高みに登りつめるための階梯の役目を果たすことになる。ある聖職者が一六五二年に『庭園の霊的効用』と題する著作を出版したラルフ・オースティンに宛ててこんなことを書いている。「オースティン殿の庭園を訪れると、必ずといってよいほどキリストや福音についての話を樹木に語らせてくださる☆29」。

けれども庭園が最も力を込めて語ることは、時間についてである。そしてこれらの陰鬱な思索を引き起こした対象といえば、それはいたって単純な装置であった。すなわち日時計である。

時が過ぎ、消え去っていくがごとく
人の生もまた朽ち果てていく。
時を生かすために代価は要らない。
時を上手に使い、寸刻たりともむだにはするな。☆30

フランシス・クォールズは自らの著書『エンブレム』の中に日時計を収録している。クピドと「信仰心厚き魂」とが「閉ざされし庭《ホルトゥス・コンクルスス》」の中にたたずんでおり、日時計を指して次のように言う。「私に残された日々はわずかではないのか。やめてくれ。私がもう少しわが身を嘆くことができるように、一人にしておいてくれ」[☆31]。庭園の中で季節はめぐり、死、衰退、再生がはてしなくくりかえされる。それは変転常なき人生を永久に思い起こさせるのである。

この種の日時計で満ちあふれた庭園がひとつ現存している。ウォリックシアのパックウッド・ハウスにある有名な櫟苑で、それは「山上の訓戒」を表わしたものである[☆32]［図10］。久しく一六六〇年代の造営になる庭園として著名であったのだが、実際にはヴィクトリア朝中期の再-創造になるもので、内乱以前のマニエリスム庭園を再現した事例だった。その象徴性は、抽象化した道徳的な幾何学で語られている。レジナルド・ブルームフィールドとF・イニゴ・トーマスは共著『イングランドの整形庭園』（一八九二年）の中で、この庭園について詳しく述べている。

庭園の端にある「築山」の入口のところに、一〇フィートほどの背の高い櫟《いちい》の樹が四本立っている。これは四人の福音書記者を表わしたものである。その両側にさらに六本ずつが植えられ、一二使徒に見立てている。山の頂上には四阿があり、巨大な櫟の樹を形成している。「神殿の小尖塔《ピナクル》」と呼ばれているが、これもまたキリストを表象することを意図したものであった。キリストは山頂に立ち、足下の福音書記者や使徒やほかの一般信徒を見下ろしているのである[☆33]。……

右の説明は、「神殿の小尖塔を枝で編んでいた老庭師」から聞いたのだという。また築山にいたる道はなだらかな上がり勾配となっており、「一般信徒の道」と呼ばれることもあった。木々の連なりが山上の訓戒を聞こうと集まった会衆を表わしているからである。櫟苑の事例をここで引いてみたのは、一七世紀以来の現存庭園の事例がまったくない中、ヴィクトリア朝期の再‐創造であるこの事例がこの種の宗教的象徴性に満ちた造園術の雰囲気をよくとらえているからである。樹木を抽象形態に刈りこんだ幾何学的剪定術《トピアリー・ワーク》のみを駆使してつくりあげた作庭事例ではあった。

　パックウッドの地で、私たちは初期ステュアート朝の象徴的庭園の中に足を踏み入れることとなる。そしてまた、かつてウィルトンに見られた楕円や三角形や円形や球体にもっとも近いものをここで目にすることになる。これらの形態こそ、第三代ペンブルック伯が一六二〇年代に造営したウィルトン庭園において「神聖かつ精神的な事柄を想起」させていたのである。

　アンドルー・マーヴェルについては、本書で一度ならず触れてきた。庭園を詠んだ作品をいくつか残しているが、とりわけ『アプルトン屋敷――フェアファクス卿に捧げる』こそは、当時の人々の自然観に変化が生じていたことをあますところなく伝えてくれる。一六五〇年代初頭に執筆されており、このときマーヴェルはフェアファクス将軍の令嬢の家庭教師をしていた。一七世紀を生きた人々が自らをとりまく自然界への態度に修正を加えていく様子がこの詩には躍如としている。時あたかも魔術の頸城《くびき》を脱し、科学の領野へと足を踏み入れ始めた時代の趨勢であった。ジョン・ディクソン・ハントが書いているように、マーヴェルが描く庭園は「現実の世界と象徴的世界との双方」を賞讃している。☆34 マーヴェルは庭園を見るにさいし、象徴性を読みこんでみたり、ヒエログリフの読解を試みたりといった旧套の感覚に拠ると同時に、庭園をひとつの領域的なまとまりとしてとらえ、これを園芸学に捧げられた空間と見る視点ももちあわせていた。マーヴェルはイタリアを一六四〇年代に訪れていたから、かの地の園芸学にもなじみが深かった。作品『アプルトン屋敷』では、作者の視点は在郷のマニエリスム庭園を逍遥し、周囲の自然環境を彷徨する。そして、ヴィッラ・デステやチャールズ一世時代のウィルトンといった庭園を訪れる人々が経験するであろう思惟や観念の進行を、この一地方の地所にもそのまま適用するのである。かつてヴィエリがプラトリーノの庭園の象徴をめぐって思索を展開したのとそっくりのしかたで、詩人マーヴェルの目もフェアファク

図10――ウォリックシアはパックウッドの「山上の訓戒」。ロマン主義の衝撃下にマニエリスム庭園を再‐創造した事例。一九世紀中葉に造成されたものだが、内乱以前の庭園に見られた抽象化した道徳的幾何学の雰囲気をよく伝えている。

ス卿の地所をさすらう。整形庭園の部分を抜け、牧草地帯を進みながら、国家や地方や家系の歴史を称え、また関連する事象のあれこれを賞讃する図像学的なシナリオが組みあげられていく。さしずめサー・ヘンリー・ウォットンならば「山岳と渓谷」とでも範疇分けするであろうものを通じて、読者はシナリオの中を移動するように強いられ、各セクションごとに反応をうながされる。

整形庭園の部分は要塞形状をしていて、五感の象徴となっている。花々は軍隊よろしく隊列を組んで咲き笑い、邸館の主人に敬意を表わし、そのあっぱれな武勇を称える。

東の空に朝の太陽が
輝く色彩の軍旗を掲げると、
蜜蜂は起床の小太鼓を打ち鳴らし、
この花の小道を駆けめぐる。
花々は眠そうな目をあげて、
それぞれ絹の軍旗を広げ、
まだ露に湿った雷管装備を乾かし、
火薬筒に新たな芳香を満たす。

この花々は司令官がお通りになると、
芳香の礼砲を一斉に放つ。
そして司令官夫人にも敬意を表わし、
同じ礼砲を再び斉射するのだ。☆35

ダンヴァーズ・ハウスと同様、庭園は楽園を探求する場へと発展する。その楽園とは、とりわけ恐ろしい内乱が勃発するまえのイングランドの姿であった。

ああ、おまえ、愛する幸福の島。
かつては世界の庭であったもの。
四海に囲まれた楽園よ。
天はわれらの喜びのためにおまえをつくったが、
外界を排除するために
焔の剣でなく水の剣で守った。それなのに
われら自身に死をもたらし、おまえを荒廃させるとは
いかなる不幸の林檎を食べた結果だろう。☆36

マーヴェルは、内乱以前の失われたエデンの楽園を庭園の用語を通じて語っているのだが、これは別段驚くには値しない。それほど強固に、国王のアルカディアを紡ぎだす理想の織り糸が庭園の中に編みこまれていたのである。だから詩作の後の部分で、マーヴェルの精神が、なかば自動的に王党派のヘルメス学的寓意を伝えるもう一方の媒体へと移るとしても不思議はない。宮廷仮面劇の舞台情景がそれである。

珍しい機械仕掛けでぐるぐる変わる舞台装置でも、
この庭の草地ほど目まぐるしく変わるものはない。☆37

そしていまだ、マーヴェルという人間の精神は失われた世界への郷愁にとらわれていた。そしてサー・トマス・フェアファクスの地所でのみ、私的な閉ざされた領地という限定のもとで、その世界を回復させていた。にもかかわらず、マーヴェルという人物の中にあってさえも、変化がすぐそこに迫り、未来への契機が含まれていることに気づくのである。マーヴェルという詩人の描く庭園はいまだ王党派的であり、なおも象徴性に満ちてはいる。けれどもその一方で科学的な面ももちあわせている。この詩人の描く庭園はいまだ王党派的であり、さらに重要なことは、主人の思惑が作品中に反映しているという点である。カントリー・ハウスの壁面から周囲の地所へと視点が移動するのは、計算のうえでのことである。整形式庭園にせよ樹林地帯にせよ牧草地にせよ、いずれも同じしかたで読まれなくてはならない。すなわち、地所を有する一族の理想や大望、あるいはなしえた業績を表出したものとして読むのである。ここに、革命的な庭園様式を生みだすことになる理念の数々を見てとることができる。一八世紀に登場するイングランド式庭園《ジャルダン・アングレ》である。

メランコリーの時

このほかにもうひとつ、イングランドで歓楽の庭《プレジャー・ガーデン》が発展するのに深甚なる影響を与えることとなった関連事象がある。それがメランコリーという観念である。エリザベス朝後期からステュアート朝初期にかけての人々がメランコリーに夢中になっていたことには、すでに文学史家の側からは相応の関心が払われてきいるが、私の知るかぎり、造園学の発展にメランコリーが及ぼした影響を指摘している人は皆無である。

メランコリー（黒胆汁）は、四体液のうちのひとつである[☆38]。ルネサンスはこの体液説に関連する二つの伝統を受け継いだ。ひとつはガレノス派医術で、それによるとメランコリーは冷たく乾燥しているため、生命にとっては有害だと説明される。もうひとつはアリストテレス哲学の伝統で、良質のメランコリーは、想像力や知性にとって有益であるとする。一五世紀後半から一六世紀前半のイタリアでは、この後者の観念が再興した。とりわけフィレンツェの人文主義者にして新プラトン主義者でもあったマルシリオ・フィチーノがその立て役者であった。フィチーノの著作『三重の生について』は、このメランコリーの復権を要約する作品である。煌めく知性の持ち主はみなメランコリー気質であるというアリストテレスの言説に従いながら、フィチーノはメランコリックな狂気とプラトン哲学における神的狂気とを融合させる。こうして、中世までは四体液の中で最も有害とされてきたメランコリーを天才の徴へと変容させたのである。次第にメランコリー的な特質や態度といったものは、芸術的才能や知性を自負するルネサンス人にとっては欠くことのできない装飾となっていった。

右のすべての思潮が力強いうねりをともなって後期エリザベス朝のイングランドを襲った。女王の寵臣エセックス伯と同世代の人々がすかさずこれをとりいれる。流行に聡い若者たちを描いた肖像画を見てみると、いかにも無気力然として腕を組んだ黒衣の男がいて、だらりと垂れ下がった大きな帽子を目深にかぶっている姿が見られる。こうした気取りの姿勢を極端までつきつめて考えてみると、ある一般的な真実を反映したものであったことがわかる。この点をもっとも明瞭に語ってくれるのがバートンの『憂鬱の解剖』(一六二一年)であろう。

憂鬱気質の男は、最も機知に富んでおり、聖なる放心と一種の神がかり状態を起こし、それによって卓越した哲学者、詩人、預言者になるのである。☆39

このような男たちが求めるのは緑陰の憩いであって、まちがっても整形庭園の遊歩道を大手を振って闊歩などしない。この対比を美しく典型してみせてくれる作品のひとつに、アイザック・オリヴァーによる一幅の肖像画がある[図3-3]。黒衣に身を包んだ一人の貴紳が大きな帽子をかぶり、緑陰に身をまかせて物憂げに瞑想に耽っている。男の背景にはエリザベス朝の整形庭園が広がっているのが見える。いうなれば、憂鬱気質の男性はまったく異質の環境を求める。一見したところ、それは完全なる自然のただ中であると思われるのだが、実際には、それらしく見せかけただけのものでもよかっただろうし、また実際そうであったのだろう。
サー・トマス・オーヴァベリーが記すように、憂鬱気質の男性は「きまって緑陰に憩い、その足下には清流が走っている」。バートンはこれを受けるかたちでさらにこう語っている。

なにより喜ばしいものは、一人森閑とする木立を逍遥するとき。小川のほとりに立ち、樹木と水に囲まれて、何か楽しいことや気持のよい事柄に思いをめぐらすときである。[40]……

もしくは、最後の例として、もっと著名なミルトンの『沈思の人』を見てみよう。

いかなる俗人の目にも触れない、
小川の近くのところに、
昼間のまぶしい目から私を隠しておくれ。
そのとき、太腿に蜜をつけた蜜蜂は、
花に仕事をしながら歌うのだ。
さらさら流れる川水は、
それが奏でる音楽で
露が降りる眠りを誘うであろう。
そして、見たこともない不思議な夢に、
空気の流れの中で翼を羽ばたかさせておくれ。[41]

ここで今一度、黒衣のチェベリーのハーバート卿を描いたオリヴァーによる肖像画を見ておけば十分であろう［図11］。緑陰に横たわる卿の傍らに、せせらぎが流れる情景である。まさに右の引用を視覚的に表現してみせたものである。

こうした思潮が庭園の発展に深甚なる影響を及ぼしていたであろうことは明白である。この点好都合なことに、ジョン・イーヴリンを議論の出発点としてとりあげることができる。というのもイーヴリンは、そのような場所をつくったと明言しているからだ。メランコリックに打ち沈んで瞑想に耽るための空間をウォットンにある兄の邸館に一六四三年につくったというのである。

……生け簀と溜池を設けて魚を放し、階段状疎水《カスケード》の向こう側にささやかな書斎を設けた。緑陰の麓に憩い、うら寂しい森閑に打ち沈みつつ、メランコリックな時間を過ごすために。☆42……

右の記述からはっきりとわかることは、整形式庭園の外側に自然風の区画が発展してきた背景として、メランコリーと関連する意図があったものと考えてみる必要があるということである。少なくともこうした自然風の造景を入念につくりだした理由のひとつとして、メランコリックな雰囲気へと人を誘う側面があったことはたしかであろう。これらの自然風造景は初期ステュアート朝から際立った特徴を見せ始め、樹陰に翳る歩道、築島、人工的な流水などがつくられるようになった。ここで重要なのは、イーヴリンが右の環境をつくりだしたのがハットフィールドを訪れてからわずか数カ月後であったという事実である。バートンは、庭園が全体として、メランコリー症状を中和する効果があるものとみなしている。

……果樹園のただ中を抜け、庭園や樹陰や築山を逍遥し、四阿を訪れ、人工的につくられた荒々しい情景を眺

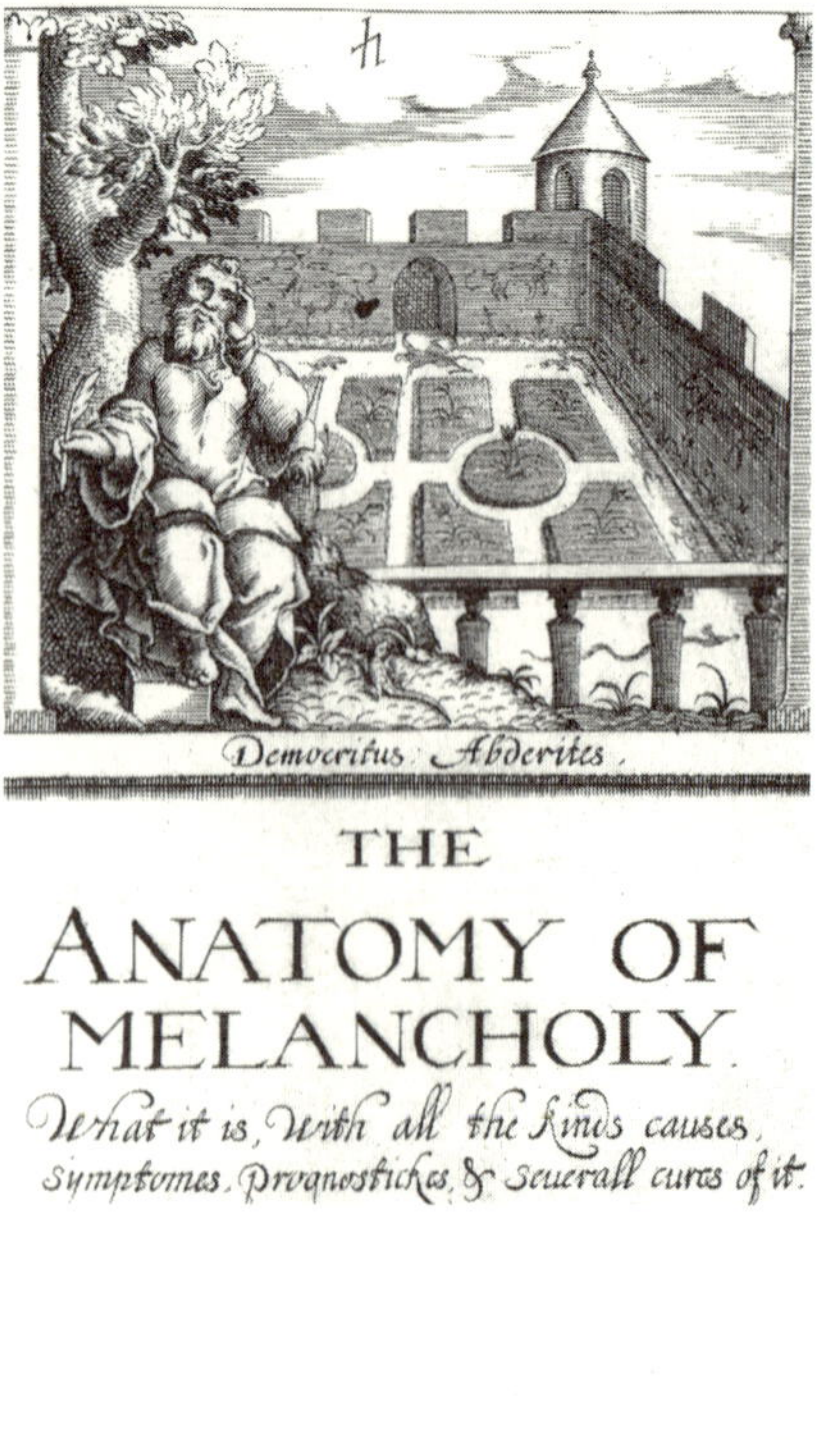

図11——アイザック・オリヴァーによる細密画。陰鬱な騎士としてチェベリーのハーバート卿の姿を描く。メランコリックな雰囲気を鍾愛する思潮が樹陰や清流に富む自然風庭園の発展にどれほど深甚な影響を与えたかをよく伝えている。

図12——庭園はステュアート朝の文人科学者紳士を象徴する存在となった。ラングリーのウィリアム・スタイルの肖像画。一六三六年［左ページ］。

図13——アブデラの人デモクリトス。『憂鬱の解剖』（一六二一年）のタイトルページより。哲学者が憩いを求める緑陰は、欄干の向こう側に広がる整形式庭園と対比されている［右ページ下］。

め、緑濃き叢林や緑門や木立や芝地をそぞろ歩き、細流をまたぎ、噴水を愛でる。あるいはそのほかにも心地よい場所……たとえば小川や溜め池や養魚池を訪れ、木々と水流に挟まれた土地に憩い、河の畔の美しい牧草地を歩いてみる。[☆43]……

バートンは続けて、フェッラーラの宮廷の庭園やベルヴェデーレの庭園の事例を引用し、次いで意味ありげに、「わが国の貴顕紳士たちが自邸に営んでいる多数の庭園」をとりあげている。庭園空間を逍遙体験することだけがメランコリーを治癒するのではなく、造園作業を実践することもまた同様の効果をもつとされた。バートンはおなじみの事例を引き合いに出す。ディオクレティアヌス帝は帝位を辞した後は隠遁して庭師になった。またコンスタンティヌス帝は二〇巻の農業論をものしている。さらにキンキンナトゥス、カトー、キケロ、そのほかの人々が引用され、彼らの愉しみが「枝を刈り、木を植え、芽や枝を接ぐこと」であったと紹介する。

もし観照や思索がそれほどまでに影響を及ぼすのなら、場所や運動それ自体、つまり実践的な事柄というものが及ぼす影響は推して知るべしであろう。……私の体験が役立つなら、自分自身のことを告白したい。実は私も土星のもとで生まれたのである。私ほど泉を愛し、木立や森に喜びを見いだし、歩道や養魚池や河やそのほかのものを愉しむ者もあまりいるまい。[☆44]

造園にまつわるなんらかの実践的作業をおこなうことと庭園空間を実体験することとが、メランコリーの影響を減退させる効能があるというのである。造園術が学芸愛好紳士《ヴァーチュオーゾ・ジェントルマン》のシンボルとなった。[☆45]そしてまさにこの資質ゆえに、精緻な庭園の姿が肖像画の背景に描かれることとなったのである。たとえば、ウィリアム・スタイルの肖像画（一六三六年）では、書物や象徴的な地球儀とならんで庭園が顔を覗かせている［図12］。

右のすべての事情を要約してくれている挿し絵がある。『憂鬱の解剖』の扉を飾る一幅で、アブデラのデモクリトスを描いたものである［図13］。その図版の中で、哲学者は壁で囲われた閉ざされし庭《ホルトゥス・コンクルスス》の外側に座している。イングランドの風景式庭園の未来全体に対して、これほどまで計り知れない潜在的可能性を秘めた図像というのもほかにはあまり見当たらない。☆46 一方では幾何学形態の秩序然とした庭園の姿をこの種の図像に見ることができる。閉ざされし庭より発展したこの庭園は、フランスにおける輝かしいデザインの達成を経て、やがて同世紀の末までには地方のあらゆる土地区域をその造景原理のもとに支配することになるだろう。また他方では緑林の樹陰、小川もしくは清水のせせらぎ、鬱蒼と茂る木立などが、自然か人為かは定かではないが、とにかく無秩序然と配された姿がある。この後者の要素こそ、やがてはロック哲学の信条と溶けあって、テューダー朝ならびにステュアート朝イングランドの整形庭園を駆逐することになる。重要なのは、観念ばかりでなくて、この種の庭園がすでにひとつの伝統として存在していたという事実なのである。

新たなる方向――ジョン・イーヴリン

内乱の勃発は、庭園芸術におけるあらゆる意図や目的が一〇年にわたって停滞を余儀なくされたということを意味する。そしてその後、一六五〇年代からは新たなる局面が始動する。この界隈の事情を一人の人物のもとに集約して簡潔に語ることができる。ジョン・イーヴリンである。一六五二年にイーヴリンは、サリーのウォットンにある兄の庭園を新たにデザインしている。この計画はイーヴリンが海外に滞在中、従兄弟のジョージ・イーヴリン隊長の手によって大々的に実施に供された。ちなみにこの従兄弟は、「自分ではなかなかの建築家だと自負していたが、実際は本人の思っているほどの腕はなかった」と評されている。☆47

一六五一年の元日、ジョンはパリから兄に書簡を送って「ウォットンにある庭園ならびに噴水に関して指示を与え」ている。翌年の二月二二日、イーヴリンはウォットンに足を運んで作業の進捗状況を検分している。庭園を造成するためには山を突き崩さなくてはならず、その土砂で古い堀が埋めたてられた。そこにかわりにつくられたのが、「ポーティコで……噴水を備えた装飾花壇が敷かれた。このうえなく快適な場所であり、イングランド屈指の貴紳連の庭園にあってもこれほどのものにはあまりお目にかかれない」。ジョージ隊長が構築したポーティコは絶讃を浴びたが、列柱の部分には「大きな過ち」があった。☆48

一六五三年に、イーヴリンはこの庭園を描いた二枚のスケッチを残している。一枚は「人工洞窟の屋上から眺めた透視図法による情景」［図14］、もう一枚はその反対方向から描いたものである。そこに見られる庭園の構成には、かつてのマッチ・ハダムから二〇年も経っているにもかかわらず、いまだに同じ手法が用いられている。庭園は囲われた長方形状をしており、その周囲を囲んでテラスが迫りあがっている。中央には欄干をめぐらせた巨大な噴水と整形花壇があり、庭園の端の中央にはハダムやウィルトンと同様に古典様式のポーティコが設けてあって、内部には人工洞窟を抱えこんでいた。庭園の最端部にあるテラスの両側からは階段が門のところまで延びていて、ここを出るとテラスを重ねた丘陵地にいたる。この丘は、庭園を造成するために開削されたものである。頂上部分に沿って糸杉の並木が植えられていて、これはジョーンズが仮面劇『羊飼いの楽園』のために描いた庭園と同じ手法となっている。この種の庭園が一六五三年の時点にあっても、いまだに前衛的だとみなされていたことは明らかである。流行は緩やかな足取りで進み、内乱がその歩みを荒々しく中断した。このウォットンの庭園では、イーヴリンが一六三〇年代から造園に携わっているのを確認することができる。

ウォットンのスケッチを描いたのと同じ年、イーヴリンはもっとずっと革命的な特質を備えた庭園の平面図を一枚作成している。デットフォードにあるセイズ・コートの自邸のためのものである［図15］。敷地は一〇〇エーカーの広さを占めており、イーヴリンがイタリアとフランスで訪れた庭園からの多大な影響が見られるものとなっている。巨大な楕円形の装飾花壇があり、その形態からするとモレ一族のデザインに多くを負っていて、スケールの面ではリュクサンブール宮殿の巨大な装飾花壇を彷彿とさせる。軸上に配された並木道、放射形状の逕路、羊腸とうねる園路などは、直截にボボリ庭園やプラトリーノの庭園を見据え、そしてまたリュクサンブール宮殿の庭園を参照したものである。鴨や鯉を放した池には築島を浮かべ、四阿が設けてあって、そこには跳ね橋を渡らないといけないようになっている。イーヴリンらしさが一層感じられるのは、園芸学と科学に関する明白な特徴である。園内には鳥舎があり、果樹園には選りすぐりの品種をとりそろえ、透明な蜜蜂の巣箱を設置していた。また私庭の部分には珍花奇葉を栽培したほか、イーヴリンが化学実験をおこなうための「実験室」も設けられていた[☆49]。

ジョン・イーヴリンはここで私たちの手を引いて、王立協会の世界へと連れていく。今私たちが目撃しているのは、庭園を読解する手法の変化である。ヒエログリフ的な解釈や類推といった旧套の形式が崩れ去り、かわって経験主義的な探求が好まれるようになってきたのである。魔術と科学は袂を分かち、そのかわり庭園は、人が自然の行程をどこまで理解したのかを示す生きた事例となった。王室の意志を表現し、国王のアルカディアを具現することを庭園は消滅させた。もはや庭園からはクォールズやホーキンズの聖なるエンブレムの影は薄れている。魔法仕掛けの自動機械装置が躍如としたかつての庭園は、その姿を変える。園芸学ならびに自然界の無数の現象がそれ自体として研究の対象となり、もはや隠された意味をそこに探ろうなどとは考えられなくなった。

一六五七年にイーヴリンは友人のサー・トマス・ブラウン宛てに手紙を書き、庭園を新たに革新するための計画のあれこれを添え送っている。その中でイーヴリンは、「厚紙や砂糖菓子でできているみたいで、花や緑の香ではなく、絵の具の臭いがするような庭園」は大嫌いだと書いている。

> 私たちの描く普遍的楽園《ユニヴァーサル・エリュシオン》は、快い庭園が本性上含みうるあらゆる快適さを備えています。……私たちは庭園の空気と精霊がいかにして人間の精神に作用し、人を美徳と尊厳へといたらしめるのかをここに示したいと思います。精神とは縁遠く思える道具を使った準備作業が重要だといいたいのです。庭園洞穴、人工洞窟、築山、そしてそのほかの変化に満ちた庭園装飾は、なんとよく思索的、科学的な熱意に貢献することでしょう。エ

図14——サリーのウォットン庭園の景観。ジョン・イーヴリンが兄のジョージのために一六五二年に設計したもの。人工洞窟の頂部から眺める。平面構成は、ジョーンズが一六三〇年代に生みだしたイタリア式の庭園から直接に由来する。

図15——デットフォードにあるイーヴリン邸の庭園平面図。一六五三年。

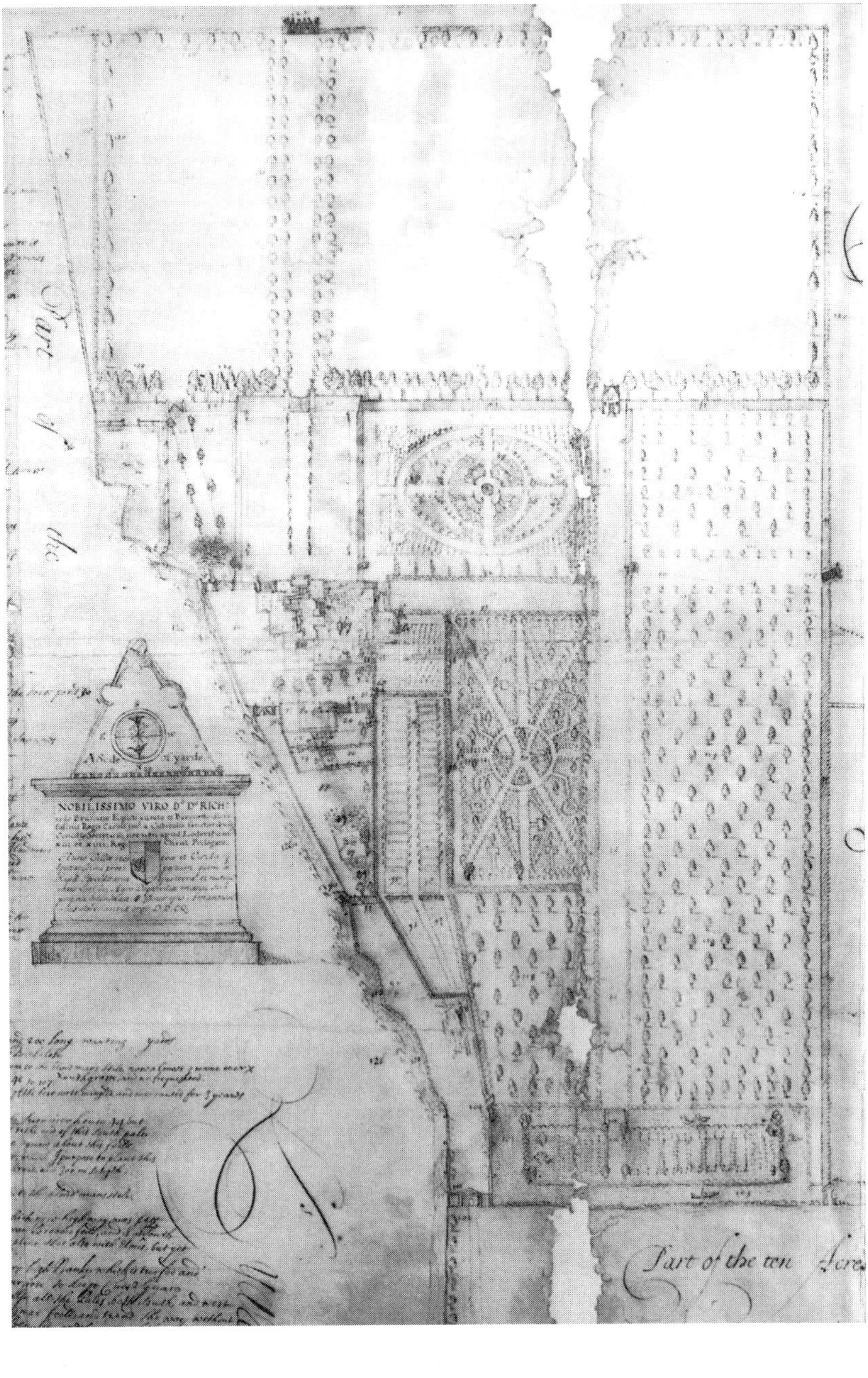
NOBILISSIMO VIRO Dno Dno RICH:
Part of the ten Acre

リュシオン、洞穴、叢林、庭園、庭、森などはすべて、なんと神聖にして尊厳を具えた事物でありましょう。というのも、これらのものが人の魂と精神に作用して、善なる天使と会話をおこなう準備をさせるからです。このほかにも、こうしたものは抽象的ではない愉しみをもたらしてくれるのです。[☆50]……

イーヴリンはしきりに「学識があり巧みな技をもつ人々の集う学会」を形成する必要性を説き、庭園の丹精を奨励しようとする。園芸こそは「汚れのない、純粋にして、有益なる気散じ」であり、「私たちの痛ましくも愛しい国の荒廃」を癒やす薬となってくれるというのである。そうした意図が十全に具現化した姿を王立協会会員たちが営んだ庭園のうちに見いだすことができる。すでに一六五〇年代にイーヴリンは『ブリタニアの楽園、あるいは王の庭園について』の編纂に着手しており、その概要は一六九九年に出版された。現在、最初の二巻の大半が手稿のかたちで伝わっている。[☆51]ここに、イングランド庭園史の新たな章が始まろうとしている。

エピローグ

庭園デザインの分野では、一六六〇年に王政復古の大号令がかかり、アンドレ・モレがイングランドに再び招聘されるに及んで、すべてが再スタートを切ることになる。一六六一年に、アンドレおよび同じくモレ一族の一員であるガブリエルの名が王室付き庭師として登場し、セント・ジェイムズ宮殿の庭園の造成を請け負っているのが確認できる。[☆52]この事業に加え、チャールズ二世はさらにアンドレ・ル・ノートルをイングランドに招聘しており、ここにフランス式庭園の勝利を見ることになる。このスタイルの導入によって、王宮の庭園が再‐創造されていくのである。ためしにキップの『ブリテン図絵』（一七〇七年）収載のカントリー・ハウスの景観図をぱらぱらとめくって見れば、モレが『娯しみの庭』で示した作庭原理に従った事例がそれこそいたるところに見ることができる。荘厳な大直線逕路を開通させて邸館正面へのアプローチ路とし、邸館に面する側の窓の足下には刺繍花壇を敷く。完壁に整序のとれた並木道の終着点には彫像や噴水を設け、樹林を備え、五点式《クインカンクス》や放射状《エトワル》に植栽を施し、自然林、階段状疎水、人工洞窟を設ける。そしてこれらすべての要素が大邸館と関連をもつか、もしくは建物から放射状に広がるように配置された。あのヴェルサイユ宮殿の庭園の人間味を欠いた大工事には比べるべくもないが、みな同様の原理で構成されていた。

イングランドにおけるバロック庭園は、先行様式であるルネサンスとマニエリスムの庭園がそうであったように、ここでもまた継ぎ接ぎ的な性質をもっていた。ほかの芸術領野と同じく、庭園におけるバロック様式がこの国に導入されたのも断続的であり、しかもイングランドの伝統と折りあいをつけながら、決して論理的に首尾一貫した教義を確立したうえでの紹介ではなかった。一六世紀における造園術の発展に見られるように、庭園は常に輸入された技芸であり、その伝搬経路は主としてフランスを経由したものであった。ルネサンス期のイングランドに見られた視覚表現の領野にあって、これほどまでに完全なる忘却のかなたに葬り去られてしまった事例は、庭園をおいてほかはない。ハンプトン・コートやハットフィールド、ウィルトンといった邸館の建築は、たとえ後世の改変を受けたとはいえ、まだ現存している。けれども、それらの邸館を囲んでいた庭園はというと、造営当初は全体構成において欠くことのできない要素をなしていたにもかかわらず、消失してしまっている。ルネサンス期の理想の数々を完璧に具現していた媒体が消え去ってしまった。そして問題の時代のイングランドを研究する現代の学者は誰一人として、庭園をまともにとりあげて論じようとはしない。けれども、この時代の庭園はルネサンス精神を根元的に表現してみせた媒体であった。当時の庭園を訪れ、その見聞録を著わした人々にとっては、庭とは驚愕と憧憬の対象であった。ルネサンス人が自然界から魔術的な力を引きだし、物理世界を征服していくその営為を触知可能な形で提示して見せてくれたものこそ、庭園という存在であった。ジョン・オーブリーは、庭園の発展がどれほど急速なものであったのかを十全に理解していた一人で、こんな記述を残している。「庭園を愉しみ利用することは、われらが祖父の代にはついぞ知られていなかったことである」[☆53]。しごく簡潔な感想ではあるが、オーブリーは庭園界に巻き起こった壮大な革命を認識していたことが、ここからうかがえるのである。本書で用いた現存する歴史資料には、時には不十分であったり、また偏りがあったかもしれぬが、ともかくそれらに拠りつつ、かつての庭園革命の正確な姿を描きだそうと私は努力してきた。同時に、イングランドのルネサンス庭園研究を真摯な歴史研究の主流へ引き戻そうとも努力をしてきた。これらの庭園は、美術史や建築史の領野において重要であるばかりでなく、文学史や劇場史、科学史、そして観念史の分野においても、豊穣な研究素材を提供してくれるものなのである。ルネサンス庭園を逍遙するということは、実のところ、ルネサンス精神の歩道をめぐり歩くことにほかならなかった。かつてフランシス・ベーコンは、庭園を指してそっけないまでの口調で「悦楽の場」と言ったが、この言葉はかつての大庭園が内包していた真の意義に対して誤解を与えかねない。庭園はルネサンス文明がなしえた最も儚くもまた奇跡的な達成だったからである。

原　註

BM = British Museum
CSP = *Calendar of State Papers*
JWCI = *Journal of the Warburg and Courtauld Institutes*
PRO = Public Record Office
DNB = *DIctionary of National Biography*

第1章　ルネサンス庭園

☆1——Ben Jonson, *Works*, ed. P. Simpson and C. H. Herford, Oxford, 1941, VII, pp. 136-44.

☆2——*Ibid*., p. 139.

☆3——H. Inigo Triggs, *Formal Gardens in England and Scotland*, London, 1902, pp. 11-12.

☆4——Avray Tipping, *Gardens Old and New*, London, n.d., III, pp.89-100.

☆5——以下を参照のこと。Mark Girouard, *Montacute House*, National Trust Guide, n.d., pp. 29-30. エリザベス朝期の庭園に関する研究はない。ただし「古風な」庭園に対する崇拝については以下を参照のこと。Mark Girouard, *Sweetness and Light. The 'Queen Anne'Movement 1860-1900*, London, 1977, pp. 152-9.

☆6——Reginald Blomfield and F. Inigo Thomas, *The Formal Garden in England*, London, 1892 ed., Preface, p. xxi.

☆7——Ralph Dutton, *The English Garden*, London, 1937, chapter III. この種のアプローチは今日にいたるまで、ほぼすべてのイングランド庭園デザイン史の研究に典型的に見られるものである。たとえば以下の文献を参照のこと。Miles Hadfield, *Gardening in Britain*, London, 1960.

☆8——これに続く記述は、以下の研究に依拠した。Eugenio Battisti, '*Natura Artificiosa* to *Natura Artificialis*'in *The Italian Garden*, First Dumbarton Oaks Colloquium on the History of Landscape Architecture, ed. David R. Coffin, 1972, pp. 1-36; Derek Clifford, *A History of Garden Design*, New York and Washington, 1967, pp. 17ff; L. Dami, *Giardini d'Italia*, Milan, 1924; A. Bartlett Giametti, *The Earthly Paradise and the Renaissance Epic*, Princeton U.P., 1966; M. L. Gothein, *A History of Garden Art*, London, 1928, I, pp. 207ff; R. W. Kennedy, *The Renaissance Painter's Garden*, New York,1948; Harry Levin, *The Myth of the Golden Age in the Renais-*

sance, London, 1970; Elisabeth Macdougall, '*Ars Hortolorum*: Sixteenth Century Garden Iconography and Literary Theory in Italy' in *The Italian Garden*, op. cit., pp. 39-54; Georgina Masson, *Italian Gardens*, London, 1966 ed.; M. Recchi, 'La Villa e il Giardino nel concetto della Rinascenza', *Critica d'arte*, II, 1937, pp. 131ff; J. C. Shepherd and G. A. Jellicoe, *Italian Gardens of the Renaissance*, London, 1925. 右の文献の大半のものにはさらに広範にわたる文献目録が記載されている。

☆9——以下に引用されている。Clifford, *op. cit.*, p. 30.

☆10——*Ibid., loc. cit.*

☆11——Masson, *op. cit.*, pp. 60-63; Clifford, *op. cit.*, pp. 32ff; Gothein, *op. cit.*, I. pp. 207-8.

☆12——以下に引用されている。Battisti, *op. cit.*, p. 15.

☆13——*Ibid.*, p. 16.

☆14——Masson, *op. cit.*, pp. 66-9; Gothein, *op.cit.*, I. pp. 211-12.

☆15——James S. Ackermann, 'The Belvedere as a Classical Villa', *JWCI*, XIV, 1951, pp. 70-91; Hans Henrik Brummer, *The Statue Court in the Vatican Belvedere*, Stockholm, 1970.

☆16——L. Châtelet-Lange, 'The Grotto of the Unicorn and the Garden of the Villa di Castello', *Art Bulletin*, I., 1968, pp. 51-8; Masson, *op. cit.*, pp. 79-88.

☆17——David. R. Coffin, *The Villa d'Este at Tivoli*, Princeton Monographs on Art and Archaeology, XXXIV, Princeton U.P., 1960.

第2章　紋章学庭園

☆1——ヴィンゲルデが描いたリッチモンドのデッサンと並んで、以下の文献の文献が最も完全な解説をしてくれる。Gordon Kipling, *Triumph of Honour*, Leiden U.P., 1977, pp. 3-10. キプリングはここで、ギャラリーの景観であると彼が信じるブリティッシュ・ミュージアム所蔵の以下の文献の資料を採録している。Royal MS 19 C. VIII f.41 (see p. 43, n. 9 and fig. v).

☆2——ウルジーの庭園については以下を参照のこと。Ernest Law, *The History of Hampton Court*, London, 1885, I, pp. 89-91; Alicia Amherst, *A History of Gardening in England*, London, 1986, p. 91; Mollie Sands, *The Gardens of Hampton Court*, London, 1950, pp. 13ff. 一次資料としては以下を見よ。*Letters and Papers of Henry VIII*, II, p. 2, p. 1427 includes payments for the moat, ponds, ponds and orchard; PRO S.P. 1 / 17, f. 213; E 36 / 235, pp. 685-836 includes payments for the creation of the garden, esp. pp. 690, 692 (including purchases of herbs, strawberries and primroses), 799, 811.

☆3——Samuel Wells Singer, *The Life of Cardinal Wolsey*..., Chiswick, 1825, II, pp. 10-11.

☆4——ソーンベリー・キャッスルについては以下を参照のこと。Amherst, *op. cit.*, p. 84; Miles Hadfield, *Gardening in Britain*, London, 1960, pp. 34-6; J. Gage, *Archaeologia*, XXV, 1834, pp. 311ff; *Letters and Papers of Henry VIII*, 1519-23, p. 506 (186).

☆5——Amherst, *loc. cit.*

☆6——*Ibid*.

☆7——ヘンリー八世の庭園に関する報告は以下に基づく。PRO E 36 / 237(1530-34), E 36 / 238 (1534). Law, *op. cit.*, I, pp. 205-88, pp. 370-72. ここには若干恣意的に選択された報告が収録されている。Amherst, *op. cit.*, pp. 91-2.

☆8——PRO E 36 / 237: p. 374 (2 Jan 1531); p. 413 (April 1534).「柱の上に獣を設置する」。また p. 419 には塗装に関する膨大な記録が載っており、獣や色彩に関する詳細な記述が付されている。p. 441 ならびに p. 469 は、さらなる獣と塗装の指示。

☆9——*Brtish Heraldry from its Origin to c. 1800*, Catalogue by R. Marks and A. Pane, 1978, pp. 30-31; H. Stanford London, *Royal Beasts*, The Heraldry Society, 1956; De Walden Library, *Banners, Standards and Badges from a Tudor Manuscript in the College of Arms*, London, 1904. 庭園においてこの種の装飾がその後も継続的に用いられていた証拠に関しては、以下の文献を参照のこと。C. Gilbert, 'Newly-discovered Carving by Thomas Ventris of York', *Connoisseur*, CLXII, 1966, pp. 257-9.

☆10——Oliver Millar, *Catalogue of Tudor, Stuart and Early Georgian Pictures in the Collection of Her Majesty the Queen*, London, 1963, I, pp. 55-6 (no. 25), pl.II.

☆11——*British Heraldry*, p. 41(no. 67).

☆12——PRO E 36 / 237, p. 301 また E 36 / 238 (Dec. 1534) は「白と緑の柱」を一九四本「塗装した作業」への支払い。P. 164 (April-May 1534) は塗装に関する長大な記録。王妃がかわるたびに紋章獣もつくりなおす必要があった。P. 508 (March 1537).「修正された女王の獣の塗装」。

☆13——PRO E 36/237, p. 306. 支持柵は「両方とも風変わりな装飾をされている」。以下の文献も参照。E 36 / 238, p. 36 (Dec. 1534).

☆14——PRO E 36 / 237, pp. 148, 169, 614, 728 (1 June 1534).

☆15——PRO E 36 / 237, p. 19.

☆16——PRO E 36 / 237: p. 193.「三頭のライオン、二匹のドラゴン、二匹のグレイハウンド、一頭の豹、一頭のグリフィンがフリーストーンの築山のまわりに鎮座している」。p. 195.「築山の頂には王冠を着けた風見が建っている」。

☆17——Millar, *op. cit.*, I, p. 153 (no. 397).

☆18——PRO E 36 / 238, p. 521 (March 1537).「池のまわりにある石でつくられた獣に仕えるように一三本の風見の代価」。

☆19——築山については以下の文献を参照のこと。R. Blomfield and F. Inigo Thomas, *The Formal Garden in England*, London, 1892, pp. 136ff; Amherst, *History*, pp. 76-8.

☆20——フランスの初期ルネサンス庭園に関しては以下の文献を参照のこと。M. L. Gothein, *A History of Garden Art*, London, 1928, I, pp. 391ff; Ernest de Ganay, *Les Jardins de France et leur décor*, Paris, 1949, pp. 25ff; F.Hamilton Hazlehurst, *Jacques Boyceau and the French Formal Garden*, University of Georgia Press, 1966, pp. 12-14.

☆21——Gothein, *op. cit.*, I, p. 400; Ganay, *op. cit.*, pp. 36-8.

☆22——ブルゴーニュ公の庭園については以下の文献を参照のこと。Marguerite Charageat, *L'Art des jardins*, Paris, 1962, pp. 93-6; C. A. J. Armstrong, 'The Golden Age of Burgundy' in *The Courts of Europe, Politics, Patronage and Power, 1400-1800*, London, 1977, p. 74.

☆23——BM Add. MS 8219 f. 133v.

☆24——Clare Williams, *Thomas Platter's Travel in England, 1599*, London, 1937, p. 200.　一六世紀の庭園の慣習にもっと精通した者ならば、この一節をもっと別な風に訳したことだろう。

☆25——*Ibid., loc. cit.*

☆26——*Ibid., loc. cit.*

☆27——たとえば以下を参照。PRO E 36 / 237, p. 61.

☆28——ホワイトホール宮ならびに同庭園に関しては以下の文献を参照のこと。*L. C. C. Survey of London*, ed. Montagu Cox and Philip Norman, The Parish of St. Margaret, Westminster, pt. ii, Neighbourhood of Whitehall, I, London, 1930, pp, 88-96; George S. Dugdale, *Whitehall Through the Centuries*, London, 1950, pp. 15-17.

☆29——ウルジーの庭園に関しては以下の文献を参照のこと。PRO 36 / 236, pp. 19-24, 42 (「ヨーク・プレイスの大庭園」に関する最後の記録).

☆30——以下に引用されている。*L. C. C. Survey, op. cit.*, p. 61.

☆31——いくつかの記録が、損壊は激しいが、以下に残されている。BM, Royal MS 14 B. IV A and B. これらの記録はいずれも内庭と新たな大庭園の両方に触れている。また闘鶏場への言及もあるが、これはホワイトホールにのみあったはずである。一五四一年の八月には、果樹園の中に饗宴館が建設されている（Bodleian MSS Eng. Hist. b.192 / i.f.30）。

☆32——Leopold von Wedel による記録。以下に引用されている。*L. C. C. Survey, op. cit.*, p. 90.

☆33——Johann Wilheml Neumayr von Ramssla, *Des Durchlauchtigen hochgebornen Fürsten...Johann Ernsten des Jüngern, Hertzogen zu*

Sachsen...Reise in Frankreich, Engelland und Neiderland, Leipzig, 1620, p. 180. 関連する章句の翻訳に関しては、Ｐ・シグル女史のご助力に多くを負っている。これらの文言のうちの一部を抜粋したものが以下に収録されている。W. B. Rye, *England as seen by Foreigners in the Days of Queen Elizabeth and James I*, London, 1865.

☆34——Millar, Catalogue, I, pp. 63-4 (no. 43).

☆35——ホワイトホールの噴水は以下にも記録されている。Ralph Agas' s map of London, c. 1570, *L. C. C. Survey, op. cit.*, p. 23. 以下の文献を参照のこと。Naomi Miller, *French Renaissance Fountains*, Garland Dissertation, 1977, pp. 64ff, pl. 47. イタリアの背景に関しては以下の文献を参照のこと。P. H. Wiles, *The Fountains of Florentine Sculptors from Donatello to Bernini*, Harverd U. P., 1933, pp. 22ff.

☆36——Millar, *op. cit.*, pp. 99ff.

☆37——Martin Biddle, 'Nicholas Bellin of Modena', *Journal of the Archaeological Association*, XXIX, 1966, pp. 106-21.

☆38——ホワイトホールおよび日時計については以下の文献を参照のこと。*L. C. C. Survey, op. cit.*, p. 91; Dugdale, *op. cit.*, p. 51.

☆39——クラッツァーに関しては以下の文献を参照のこと。Mrs Alfred Gatty, *The Book of Sun-Dials*, London, 1900 ed., p. 21.

☆40——John Dent, *The Quest for Nonsuch*, London, 1962, p. 51. デントはこの記述に対する情報源を示していない。

☆41——ノンサッチに関しては以下の文献を参照のこと。A. W. Clapham and W. H. Godfrey, *Some Famous Buildings and their Story*, London, 1913, pp. 3-12. もっとも完全な解説に関しては以下の文献を参照のこと。庭園に関する一章も含まれている。Dent, *op. cit.*, pp. 113ff.

☆42——議会検地は以下の文献の文献に収録されている。W. H. Hart, *Survey Archaeological Collections*, V, 1871, pp. 142-4. 四阿については、ジェイムズ一世時代の作業報告書の中で言及されている。PRO E 351 / 3244, 1609-10.「大きな四阿の中の座席」。E 351 / 3256, 1622-3.「庭園の七つの四阿をとりこわし、一部は新規に建設し、他の部分は修復および改築した」。

☆43——以下に引用されている。Dent, *Quest for Nonsuch*, p. 113.

☆44——Williams, *The Travels of Thomas Platter*, p. 197.

☆45——以下に引用されている。Dent, *loc. cit.*

☆46——Williams, *Thomas Platter's Travels*, p. 197.

☆47——以下に収録の記述を参照のこと。*Surrey Archaeological Collections, op. cit.*, p. 146. また以下の文献も参照のこと。Dent, *op. cit.*, pp. 113ff.

☆48——飾り結び式花壇については以下の文献を参照のこと。Sir Frank Crisp, *Medieval Gardens*, London, 1924, I, pp. 58-64, figs.

CLXXXI-CLXXXIX; Eleanour Sinclair Rohde, *The Old English Gardening Books*, Minerva Press, 1972 ed., esp. pp. 63-4, 102-9; Amherst, *History*, pp. 87-8.

☆49――Gervase Markham, *The English Husbandman*, London, 1613, pp. 120ff. 小規模庭園においては、飾り結び式花壇も迷宮も一五六〇年代の段階では、まだ十分に新奇な要素であったことは明らかである。トマス・ヒルは迷宮のデザインを二つ残していて、迷宮とは「庭園の喜びにふさわしい付属物であり、望むものは誰でも、手を入れずにそのままにしておこうと思っていた庭園の空いている場所にひとつ設置するのもよかろう」(Thomas Hill, *The Proffitable Arte of Gardening*..., London, 1568, f.10v)。

☆50――Francis Bacon, 'Of Gardens'in *The Works of Francis Bacon*, ed. Spedding, Ellis and Heath, London 1890, VI, pp. 488-9.

☆51――J. L. Nevinson, *The Embroidery Patterns of Thomas Trevelyon*, Walpole Society, XLI, 1966-8, pp. 1-38.

☆52――John Summerson, *Architecture in Britain 1530-1830*, London, 1963 ed., p. 6.

☆53――Stephen Hawes, *The Pastime of Pleasure*, Percy Society, 1845, p. 79.

第3章　エンブレム庭園

☆1――*The Works of George Peele*, ed. A. H. Bullen, London, 1888, II, pp. 303-20.

☆2――エリザベス一世の神話に関する文献史料を編纂した最も包括的な研究は、以下のものである。E. C. Wilson, *England's Eliza*, Harvard Studies in English, xx, Cass Reprint, 1966, pp. 133ff on the rose.

☆3――Roy Strong, *The Cult of Elizabeth*, London, 1977, pp. 68-71.

☆4――ll. 56-64, 136-44.

☆5――以下の文献を参照のこと。Frances A. Yates, *Astraea. The Imperial Theme in the Sixteen Century*, Londoon, 1975, pp. 29-87, esp. pp. 59ff.

☆6――*The Works in Verse and Prose of Sir John Davies*, ed. A. B. Grosart, The Fuller Worthies Library, 1869, Hymnes to Astraea, no. iii.

☆7――*Ibid*., no. ix.

☆8――とりわけ以下の文献を参照のこと。Storng, *op. cit*., pp. 50-52 and note 64.

☆9――John Nichols, *The Progresses of Queen Elizabeth I*, London, 1823, III, pp. 108-9.

☆10――Roy Strong, *The Portraits of Queen Elizabeth I*, Oxford, 1963. オリーヴが添えられた肖像画は、pp. 80 (no. 85), 82 (no. 86), 111 (no. 17)を見よ。薔薇が添えられた肖像画は、たとえば pp. 60 (no. 24), 89 (no. 3), 109 (no. 15), 114 (no. 29)を見よ。

☆11——*Ibid.*, p. 62 (no. 29).

☆12——エリザベス朝時代の庭園に関する概括は以下の文献を参照のこと。M. L. Gothein, *A History of Garden Art*, London, 1928, I, pp. 435ff; Eleanour Sinclair Rohde, *The Old English Gardening Books*, Minerva Press, 1972 ed.; Reginald Blomfield and D. Inigo Thomas, *The Formal Garden in England*, London, 1892 ed., pp. 35-41; Alicia Amherst, *A History of Gardening in England*, London, 1896, pp. 105ff, 160-73; Henry N. Ellacombe, *The Plant-Lore and Garden Craft of Shakespeare*, Exeter, 1878; R. E. Prothero, 'Agriculture and Gardening' in *Shakespeare's England*, Oxford, 1916, I, pp. 368-80.

☆13——ケニルワース城に関しては以下の文献を参照のこと。M. W. Thompson, *Kenilworth Castle, Warwickshire*, London, 1977. *Victoria County History, Warwickshire*, ed. L. F. Salzman, London, 1904-, VI, pp. 134-9.

☆14——Nichols, *Progresses*, I, pp. 427, 472-7.

☆15——John Summerson, 'The Building of Theobalds 1564-1585', *Archaeologia*, XCVII, 1959, pp. 107-26.

☆16——Francis Peck, *Desiderata curiosa*, London, 1732, p. 34; B. W. Beckingsale, *Burghley, Tudor Statesman*, London, 1967, pp. 262-4.

☆17——議会検地は以下に収録されている。Amherst, *Gardening in England*, pp. 327-30. 庭園を訪れたものの記録については以下の三文献を参照のこと。一五九八年の記録に関しては以下を見よ。*Travels in England during the Reign of Queen Elizabeth by Paul Hentzner...*, London, 1889, ed. pp. 52-53. 一六一三年の記録に関しては以下を見よ。J. W. Neumayr, *Des Durchlauchtigen..., op. cit.*, Leipzig, 1620, pp. 190-91. 一六四〇年の記録に関しては以下を見よ。*Les Voyages du Sieur Albert de Mandelslo*, Leiden, 1719, pp. 737-8.

☆18——議会検地の記述に見られる内庭の造成年代に関しては、再考の余地がある。一六〇七年から〇九年にかけて「新たな内庭」のための作業に対する支払いの記録がある（PRO E 351 / 3243）。おそらくアン・オブ・デンマークのために造成し直したのだろう。

☆19——PRO E 351 / 3245: 1610-11.「庭園にはカーネーション色の油絵の具で野人の頭部と手足が描いてある」。紋章を描いた飾り結び花壇には彫刻装飾があった。E. 351 / 3243: 1607-9.「庭園の飾り結び花壇につくられた女王の紋章を支えるものとして二つの頭部と四本の手足が彫刻されている」。

☆20——Hentzner, *loc. cit.*

☆21——Neumayr, *op. cit.*, p. 191. この箇所についてはMandelsloも記述を残している。

☆22——Venus-Virgoとしてのエリザベス女王に関しては以下の文献を参照のこと。Strong, *Cult of Elizabeth*, pp. 47ff; Strong, *Portraits of Queen Elizabeth*, pp. 63-4 (nos. 35-8).

☆23——Gothein, *History of Garden Art*, II, p. 44.

☆24——ウォラトンに関しては以下の文献を参照のこと。Mark Girouard, *Robert Smythson and the Architecture of the Elizabethan Era*, London, 1966, pp. 77-95; Mark Girouard, *Architectural History*, V, 1962, p. 38 (1/25); Country Life, XLI, 1917, pp. 544-50, 568-75, 592-7; *H. M. C. Middleton MSS.*, pp. 565-6.

☆25——Girouard, *Robert Smythson*, p. 79.

☆26——John Summerson, *The Book of Architecture of John Thorpe*, Walpole Society, XL, 1966, p. 50 (T 49 and 29), pl. 12.

☆27——以下の文献を参照のこと。Gothein, *A History of Garden Art*, I, pp. 409-10; Ernest de Ganay, *Les Jardins de France et leur décor*, Paris, 1949, pp. 40-46; F. Hamilton Hazlehurst, *Jacques Boyceau and the Formal French Garden*, University of Georgia Press, pp. 17-19.

☆28——John Summerson, *Architecture in Britain 1530 to 1830*, London, 1963 ed., p. 23.

☆29——C. S. Higham, *Wimbledon Manor House under the Cecils*, London, 1962, pp. 21ff.

☆30——Girouard, *Architectural History*, V, 1962, p. 37 (1/24).

☆31——E. K. Chambres, *The Elizabethan Stage*, Oxford, 1923, IV, Appendix A. Court Calendar: 1592 April 14-17; 1594 June 3; 1599 July 27-30; 1602 April 9 or 10.

☆32——柱に関しては以下の文献を参照のこと。E. K. Chambers, *Sir Henry Lee*, Oxford, 1936, pp. 139-40, 290; Yates, *Astraea*, pp. 116-17; Wilson, *England's Eliza*, opp. p. 216; Strong, *Portraits of Queen Elizabeth*, pp. 68-9 (nos. 45-6), 84 (no. 99), 100 (no. 5), 113 (no. 23).

☆33——ラムリーに関しては以下の文献を参照のこと。Roy Strong, *The English Icon. Elizabethan and Jacobean Portraiture*, London, 1969, pp. 45-7 and note 3.

☆34——ノンサッチ宮の資料については本書第二章註☆41を参照のこと。訪問者が残した記録に関しては以下の文献を参照のこと。一五九八年の記録に関しては次を見よ。Hentzner, *Travels*, p. 78.　一五九九年の記録に関しては次を見よ。Clare Williams, *Thomas Platter's Travel in England*, 1599, London, 1937, pp. 195-7.　一六一三年の記録に関しては次を見よ。J. W. Neumayr, *Des Durchlauchtigen...*, *op. cit.*, pp. 199-200.

☆35——以下の文献を参照のこと。A. M. Hind, *Engraving in England in the Sixteenth Centuries*, Cambridge, 1952-64, I, p. 72 (8), pl. 35. 彫版画には一五八二年の日付が入っているが、一五六八年のスケッチをもとに作成されたものである。

☆36——Dent, *Quest for Nonsuch*, p. 113.

☆37——Williams, *op. cit.*, p. 197.

☆38——Hentzner, *Travels*, *loc. cit.*

☆39——*Surrey Archaeological Collections*, V, 1871, p. 145.

☆40——噴水は一六一六年から一七年にかけて塗装をやり直している（PRO E 351 / 3251）。

☆41——Strong, *Portraits of Queen Elizabeth*, pp. 22, 60 (no. 23), 113 (no. 23), 114 (no. 30).

☆42——*Ibid.*, e.g. pp. 94-5 (nos. 13, 14, 16, 17).

☆43——Williams, *op. cit.*, pp. 195-6.

☆44——PRO E 351 / 3243: 1607-9.「ディアナ女神の迷路にある壊れた柵を補修する」。E 351 / 3244: 1609-10.「木造のディアナ女神、付き添いのニンフ、アクタイオンと猟犬を新たに塗装するために」。E 351 / 3249: 1614-15.「ディアナ女神と付き添いのニンフ像の修復」。ここには再塗装の指示と、猟犬が三匹いたことも記載されている。E 351-3252: 1617-18.「ディアナ女神を囲う柵の塗装、ディアナ女神、付き添いのニンフ、アクタイオン、猟犬の塗装のために」。

☆45——G. P. V. Bolzani, *Les Hieroglyphes*, trans. I. de Montyard, Lyons, 1615, Garland Reprint, pp. 81, 86-7; Filippo Picinelli, *Mundus symbolicus*, Cologne, 1694, Garland Reprint, I, p. 147.

☆46——PRO E 351 / 3244: 1609-10.「ディアナ女神の噴水の下方を走る歩道に、饗宴館を建設する」。E 351 / 3255: 1621-2.「ディアナの噴水のそばに立つ正方形状の小さな饗宴館は老朽化しており、これをとりこわす。新たに基礎をつくり、同じ場所に別の一棟をつくりなおす」。

☆47——Dent, *op. cit.*, p. 122.

☆48——*Ibid.*, *loc. cit.*

☆49——J. W. Neumayr, *Des Durchlauchtigen*..., *op. cit.*, p. 200. The Works Accounts. 以下にも言及されている。PRO E 351 / 3243: 1607-9.「配水技師が配水管を修理できるように、歩道のところにある木製のピラミッドをとりこわして新しいものを建てる」。

☆50——Neumayr, *op. cit.*, p. 200. また以下にもこの詩が記録されているが、まちがってホワイトホールにあったものとされている。Hentzer, *op. cit*, p. 33.

☆51——Dent, *op. cit.*, p. 122.

☆52——Ovid, *Metamorphoses*, trans. Mary M. Innes, Harmondsworth, 1955, pp. 84-5. この点に関しては以下でも言及されている。Eugenio Battisti, '*Natura Artificiosa* to *Natura Artificialis*' in *The Italian Garden*, First Dumbarton Oaks Colloquium on the History of Landscape Architecture, ed. David R. Coffin, 1972, p. 19 note 38.

☆53——Strong, *Portraits of Queen Elizabeth*, p. 113 (no. 23).

☆54——David N. Durant, *Bess of Hardwick*, London, 1977, pp. 198-9.

☆55——エルヴィーサム湖については、本書の二五一ページから二五六ページを参照。

☆56——ズーシュに関しては以下の文献を参照のこと。DNB; L. Pearsall Smith, *The Life of Sir Henry Wotton*, Oxford, 1907, II, pp. 482-3; Miles Hadfield, *Gardening in Britain*, London, 1960, pp. 59-60.

☆57——Francis Thynne's continuation of Holinshed's *Chronicles*, London, 1587, p. 1512; *Country Life*, XV, 1904, pp. 906-13; Mea Allan, *The Tradescants*, London, 1964, p. 30.

☆58——John Parkinson, *Paradisus in Sole, Paradisium Terrestris*, London, 1629, p. 610.

☆59——Strong, *Portraits of Queen Elizabeth*, p. 80 (no. 85), pl. xl.

☆60——E. Auerbach, *Nicholas Hilliard*, London, 1961, pp. 258-61. pls 227, 331 (no. 262). 現在はヴィクトリア・アンド・アルバート・ミュージアムに所蔵されている。

☆61——*Ibid.*, pp. 240-42, pls 202, 328 (no. 94).

☆62——*Ibid.*, pp. 119-20, pls 94, 303 (no. 237).

☆63——以下の文献を参照のこと。George Wingfield Digby, *Elizabeth Embroidery*, London, 1963, esp. pp. 36ff.

☆64——Strong, *The English Icon*, esp. pp. 14-15.

☆65——Summerson, *The Book of Architecture of John Thorpe*, op. cit., p. 89 (T 167 and 68), pl. 77.

第4章　マニエリスム庭園I

☆1——とりわけ以下を参照のこと。C. S. Maks, *Salomon de Caus*, Paris, 1935. また以下の文献も参照。Eugène and Emile Haag, *La France Protestante*, Paris, 1852, III; *Dictionnaire de biographie française*, ed. M. Prévost and Roman d'Arnat, VII, 1956; Théodre Lebreton, *Biographie normande*, Rouen, 1857, I; Jacques Pannier, *L'Eglise Reformée de Paris sous Louis XIII*, Paris, 1922, pp. 350-56; Horace Walpole, *Anecdotes of Painting in England*, ed. R. N. Wornum, London, 1862, I, pp. 233-4; E. Frère, *Manuel du bibliographie normand*, Rouen, 1858; DNB; *Bulletin de la Commission des Antiquités de la Seine-Inférieure*, Rouen, 1890, VIII, p. 87.

☆2——ド・コーが滞英中にものした手紙の中で、唯一現存するものには日付が付されていないが、リッチモンド宮殿から書かれている（PRO S.P. 14 / 69 no. 13）。

☆3——滞英中のド・コーに対するさまざまな支払い記録によると、九九八ポンド一一シリングがグリニッジとサマセット・ハウスの庭園での作業に対して支払われている。BM Lansdowne MS 164, f. 447. ヘンリー皇太子のための作業に関しては次を見よ。PRO E 101 / 433 / 15 and E 351 / 2793 (1610-11); Extracts from the Accounts of the Revels at the Court of Queen Elizabeth and King James I, ed. Peter Cunningham, London, 1842, p. XV. 最後の支払いに関しては以下の史料を参照のこと（PRO S.P. 39 / 3 no. 56）。一六一三年七月二七日付ド・コー宛支払命令書には、「われらが親愛なるご子息故ヘンリー皇太子にお仕えするため迎えられ、われらが命令によって当地に滞在していたが」、今「一身上の都合による特別の目的のため母国への帰国を」願いでていると記されている。

☆4——当該主題に関しては以下の文献を参照のこと。Bertrand Gille, *The Renaissance Engineer*, London, 1966; Giovanni Canestrini, 'Il quattrocento e le macchine', *Civiltà delle macchine*, May, 1954, pp. 16-18; Paolo Portoghesi, 'I disegni tecnici di Leonardo', *Civiltà delle macchine*, Jan., 1955, pp. 30-48; Paolo Rossi, *Philosophy, Technology and the Arts in the Early Modern Era*, New York, 1970.

☆5——Alfred Chapuis and Edouard Gélis, *Le Monde des automates*, Paris, 1928, pp. 31ff; Alfred Chapuis and Edmond Droz, *Les Automates*, Neuchâtel, 1949, pp. 33ff, 77ff; Eugenio Battisti, *L'Antirinascimento*, Milan, 1962, pp. 220ff. 北ヨーロッパの宮廷においても、水力学を用いた自動機械人形の伝統があった。ブルゴーニュ公のエスダン城のものが典型。以下の文献を参照のこと。Richard Vaughan, *Philip the Good*, London, 1970, pp. 137-9.

☆6——以下の文献を参照のこと。G. E. R. Lloyd, *Greek Science after Aristotle*, London, 1973, pp. 95ff; A. G. Drachmann, *The Mechanical Technology of Greek and Roman Antiquity*, Copenhagen, Munksgaard, 1963, pp. 18ff. 機械仕掛けの劇場に関しては以下を見よ。pp. 197-8.

☆7——Fynes Moryson, *An Itinerary*, Glasgow, 1907, I, pp. 327-8.

☆8——ルネサンス時代の人工洞窟に関しては以下の文献を参照のこと。L. Chatelet-Lange, 'The Grotto of the Unicorn and the Garden of the Villa di Castello', *Art Bulletin*, L, i, 1968, pp. 51-62; Detlef Heikamp, 'La Grotta Grande del Giardino di Boboli', *Antichità viva*, anno IV, no. 4, Guarrieri and Judith Chatfield, *Boboli Gardens*, Florence, 1972, pp. 26ff; Naomi Miller, *French Renaissance Fountains*, Garland Dissertation, 1977, pp. 299ff; B. H. Wiles, *The Fountains of Florentine Sculptors and Their Followers from Donatello to Bernini*, Harvard U.P., 1933, pp. 74-9.

☆9——Moryson, *op. cit.*, pp. 328-30.

☆10——プラトリーノのヴィッラと庭園に関しては以下の文献を参照のこと。C. da Prato, *Firenze ai Demidoff. Pratolino e S. Donato*, Florence, 1886, pp. 242-74; Christian Hülsen, 'Ein deutscher Architekt in Florenz (1600)', *Mitteilungen des Kunsthistorischen Instituts in Florenz*, II, 1912, pp. 152-75; Vera Giovannozzi, 'La vita di Bernardo Buontalenti scritta da Gherardo Silvani', *Rivista d'arte*, XIV, 1932, pp. 304-24; Vera Giovannozzi, 'Ricerche su Bernardo Buontalenti', *Rivista d'arte*, XV, 1933, pp. 299-327; Giulio Lenzi Orlandi, *Le ville di Firenze di qua d'Arno, Florence*, 1954, pp. 119-21; Webster Smith, 'Pratolino', *Journal of the Society of Architectural Historians*, XX, no. 4, 1961, pp. 155-68; Detlef Heikamp, 'Pratolino nei suoi Giorni Splendidi', *Antichità viva*, anno VIII, 1969, argomenti 2, pp. 14-34; Battisti, L'Antirinascimento, pp. 235ff; *Mostra di Disegni di Bernardo Buontalenti* (catalogue by I. M. Botto), Uffizi, Florence, nos. 1-2.

☆11——Webster Smith, *op. cit.*, pp. 166-8.

☆12——Francesco de' Vieri, *Delle maravigliose opere di Pratolino & d'Amore*, Florence, 1586.

☆13——David Coffin, *The Villa d'Este at Tivoli*, Princeton Monographs on Art and Archaeology, XXXIV, Princeton U.P., 1960.

☆14——Jacqueline Theurillat, *Les Mystères de Bomarzo et des jardins symboliques de la Renaissance*, Geneva, 1973; Maurizio Calvesi, 'Il sacro bosco di Bomarzo', *Scritti di storia dell'arte in onore di Lionello Venturi*, I, Rome, 1956, pp. 369-402.

☆15——Moryson, *op. cit.*, p. 419.

☆16——フォンテーヌブローに関しては以下の文献を参照のこと。Gothein, *A History of Garden Art*, I, P. 427; Ernest de Ganay, *Les Jardin de France et leur décor*, Paris, 1949, pp. 55-8; Sten Karling, 'The Importance of André Mollet and his Family for the Development of the French Formal Garden'in *The French Formal Garden*, Dumbarton Oaks Colloquium on the History of Landscape Architecture, III, ed. Elisabeth B. Macdougall and F. Hamilton Hazlehurst, 1974, pp. 10-11.

☆17——サン・ジェルマン・アン・レーに関しては以下の文献を参照のこと。Gothein, *op. cit.*, pp. 424-7; Ganay, *op. cit.*, pp. 52-5; Karling, *op. cit.*, p. 11.

☆18——Albert Mousset, *Les Francine*, Paris, 1930, pp. 31ff; Chapuis and Gélis, *Le monde des automates*, pp. 75ff.

☆19——R. N. Needham and A. Webster, *Somerset House*, London, 1905; Nikolaus Pevsner, 'Old Somerset House', *Architectural Review*, 116, no. 693, Sept. 1954, pp. 163-7; John Summerson, *Architecture in Britain 1530 to 1830*, London, 1963 ed., pp. 16-17; John Summerson, *The Book of Architecture of John Thorpe*, Walpole Society, XL, 1964-6, p. 70.

☆20——Mark Girouard, *Architectural History*, V, 1962, p. 53 (no. 1/13).

☆21——Roy Strong, *The English Icon*, London, 1969, pp. 283 (275), 299(305).

☆22——Works Accounts: 1611-12 (PRO E 351 / 3246).「リチャード・バーンウェルが一基の機械を作成し、設置した。これを用いて、庭園のテラスの端にある井戸から水を汲みあげ、ストランド街を見下ろす巨大な貯水池まで揚水する。これが新しくつくった噴水に水を供給することになる。この機械は木や鉄でできたさまざまな車輪や管で構成されている……」。1623-4 (E 351 / 3257).「庭園の岩の周囲に水を湛えている巨大な貯水池の修繕」。また以下の史料には一六〇九年五月一日の記録が含まれている。S. P. 14/45 no. 5.「庭園に新たなテラスを設け、石造の柵と欄干を設置する」。

☆23——*CSP Domestic*, 1603-10, p. 490.

☆24——以下の文献を参照のこと。Frances A. Yates, *Astraea. The Imperial Theme in the Sixteenth Century*, London, 1975, pls 36-7.

☆25——Works Accounts: 1611-12 (PRO E 351 / 3246).

☆26——Works Accounts: 1611-12 (PRO E 351 / 3246).「饗宴館のところに二枚のテラス擁壁の基礎を築く」。「庭園にオレンジの木のための小屋を建設する」。

☆27——*Les Voyages du Sieur Albert de Mandelslo*, Leiden, 1719, p. 750.

☆28——J. W. Neumayr, *Des Durchlauchtigen..., op. cit.*, p. 184.

☆29——*Ibid.*, pp. 184-5.

☆30——以下の書物に採録されている。Battisti, *L'Antirinascimento*, p. 246.

☆31——Vieri, *Delle meravigliose*, p. 47.

☆32——Stephen Orgel and Roy Strong, *Inigo Jones. The Theatre of the Stuart Court*, University of California Press, 1973, p. 198 (55).

☆33——*Ibid.*, p. 194.

☆34——Francis A. Yates, *The Valois Tapestries*, London, 1959, pp. 67-9, pls 24, IV, X(b); Roy Strong, *Splendour at Court. Renaissance Spectacle and Illusion*, London, 1973, pp. 151-3.

☆35——Strong, *Splendour at Court*, pp. 188-9, pl. 136.

☆36——*Ibid.*, p. 202, pl. 195.

☆37——E. K. Chambers, *The Elizabethan Stage*, Oxford, 1951 ed., I, pp. 168-9.

☆38——グリニッジに関しては以下の文献を参照のこと。George Chettle, *The Queen's House, Greenwich*, London Survey Committee, 1937.

☆39——一六一三年から一四年にかけての作業報告書（PRO E 351 / 3248）に見られる支払い記録には以下の記述がある。「歩道と庭園の飾り結び式花壇のまわりには手すりがある」。内庭にあった一一脚の椅子は大理石製で、さらにもう一一脚の椅子が「小さな庭園」にあったという。

☆40――Neumayr, *op. cit.*, p. 211.

☆41――*Les Voyages du Sieur Albert de Mandelslo*, pp. 755-6.

☆42――参照した作業報告書は一六一一年から一二年にかけてのもの（PRO E 351 / 3246）。一六一四年から一五年にかけての記録には、新たな噴水ならびにその改修に関する記録が記載されている（E 351 / 3249）。ウィリアム・キュアへの支払いは以下の作業に対するもの。「噴水の頭部像四体に対しては銀貨三二枚、玉と槍を飾って白大理石でつくられた右の噴水のピラミッドの上部の新規制作に関しては、同じく二六枚と銅貨六枚」。「内庭にある大理石製の噴水をとりはずし、これを研磨して光沢を出し、再びもとの場所に設置する」。「白大理石製の噴水のためにさまざまな小パイプを敷設する」。ジョン・ド・クリッツへの支払いは「噴水の上に設置された八体の金箔の頭部像に頻繁に塗油し下塗りすること」に対するもの。

☆43――Neumayr, *op. cit.*, pp. 211-12.

☆44――一六一一年から一二年にかけての作業報告書には以下の作業に対する支払い記録がある。「鳥舎に屋根を架け、その屋根の縁に沿って雨樋を円形状に設ける」。「一〇フィート幅の五つのアーチ」、これにはリブ、フリーズ、アーキトレーブ、コーニスがついていたという。一六一四年から一五年にかけての記録（E 351 / 3249）には以下の作業への言及がある。「庭園にある鳥舎のために正方形のパイプを敷設する。鳥舎には給水用の貯水池が設けてある」。

☆45――最良の概説書としては以下の文献がある。E. C. Wilson, *Prince Henry and English Literature*, Cornell U.P., 1946; Frances A. Yates, *Shakespeare's Last Plays; A New Approach*, London, 1975, chapter 1; *CSP Venetian, 1610-13*, introduction.

☆46――Sir Charles Cornwallis, *An Account of the Baptism, Life, Death and Funeral of...Frederick Henry, Prince of Wales*, London, 1751, p. 53.

☆47――*CSP Venetian, 1610-13*, p. 162 (no. 159); J. Nichols, *The Progresses of James I*, London, 1826, II, p. 489, n.

☆48――I. M(axwell), *The Laudable Life And Deplorable Death of our late peerlesse Prince Henry*, London, 1612, sig B2v-B3v.

☆49――Summerson, *Architecture in Britain*, ed. cit., p. 1.

☆50――PRO E 101 / 433 / 15.「マウンテン・ジェニングズ……が任を帯び、皇太子に仕えてリッチモンドでおこなった作業……ならびに果樹用の小屋、フライアー（?）、三つの築島に関するさまざまな計画図面を作成したことに対して」。

☆51――*The King's Arcadia. Inigo Jones and the Stuart Court* (exhibition catalogue by John Harris, Stephen Orgel and Roy Strong), 1972, p. 43. デ・セルヴィに対するはじめての俸給は、一六一一年八月一日に支払われている（PRO E 351 / 2793, 1610-11）。デ・

セルヴィと皇太子によるさまざまな企図にまつわるあらゆる問題は複雑であり、本書のように軽く触れるだけでは不十分である。この問題にはもっと腰を据えてとりくむ必要があるだろう。

☆52——*The Works of Dr. Thomas Campion*, ed. A. H. Bullen, London, 1889, p. 213.

☆53——*The King's Arcadia, loc. cit.*

☆54——PRO S.P. 14 / 63.「リッチモンドにある三つの築島のために、土を運び、板を張り、煉瓦を組む作業にかかる費用の概算」。

☆55——PRO 101 / 433 / 15.

☆56——Strong, *The English Icon*, p. 248 (226).

☆57——Salomon de Caus, *La Perspective, avec la raison dees ombres et miroirs*, London, 1612, pl. 28. リッチモンドは一六一二年以降、事実上「打ち捨てられた」状態にあったものと思われる。一六四九年の議会検地の時点では、ヘンリー皇太子がおこなった作業の跡を見いだすことはできない。*Surrey Archaeological Collections*, V, 1871, pp. 82ff.

☆58——以下の文献を参照のこと。Orgel and Strong, *Inigo Jones*, I, pp. 204-28; Stephen Orgel, *The Jonsonian Masque*, Harvard U.P., 1965, pp. 82-91.

☆59——Orgel and Strong, *Inigo Jones*, I, p. 285.

☆60——Yates, *Shakespeare's Last Plays*, pp. 92ff.

☆61——以下の文献を参照のこと。H. M. C. Hatfield, XI, p. 206, 292, 316-17, 318-19, 380-81, 407-8. とりわけハフトンがセシルに宛てた一六〇二年八月二四日の手紙を参照のこと。「ジェニングズは貴殿の庭園と河川の計画を同時に進めている。彼の申すとおり、この作業は来週の木曜日には終了することであろう」。ごく短期間にセシルはトマス・モア卿のチェルシーの邸宅を増改築している。およそ一五九五年から九七年にかけての期間のことである。平面図に示された庭園はいくつもの閉鎖的な区画に分割されており、ウィンブルドンの系列に連なる構成を見せているが、これはおそらくもとからあった構成を継承した結果のデザインであろう。以下の文献を参照のこと。A. W. Clapham and W. H. Godfrey, *Some Famous Buildings and Their Story*, London, 1913, p. 90.

☆62——ハットフィールドの建物、庭園、林苑に関する史料はすべて翻刻され、一巻にまとめられてハットフィールド・アーカイヴに収められている。ロビン・ハーコート・ウィリアムズ氏の多大なるご厚意により、同アーカイヴで研究し、史料を複写することができた。邸館の建築に関しては以下の文献を参照のこと。H. Avray Tipping, 'Hatfield House', *Country Life*, LXI, 1927, pp. 416-34 and especially Lawrence Stone, 'The Building of Hatfield House', *Archaeological Journal*, CXII,

1955, pp. 100-128. ストーンの研究のほかに、庭園に関して手稿資料を駆使した解説をおこなっている唯一のものは以下のものである。Alicia Amherst, *A History of Gardening in England*, London, 1895, p. 127.

☆63——*The Diary of John Evelyn*, ed. E. S. de Beer, Oxford, 1955: 11 May 1643.

☆64——Robert Bell to Wilson, 26 Sept. 1609, Cecil Papers Box U 72, BHH / 24.

☆65——Cecil Papers Bills 35 / 6, BHH / 34, Wilson to Houghton 6 Jan. 1610. これはチャンドラーへの支払い記録である。「そのことについて計画をした」が、「作業は別の者に委ねられた」のだという。けれどもこの情報は混乱を招くものである。というのも、チャンドラーが引き続いて東側の庭園の作業に関して俸給をもらい続けているからである。Jan. 1611 (BHH / 128), June (BHH / 133), July (BHH / 133), and Aug. (BHH /Å@152).

☆66——作業に対する注記としては、一六一一年五月一七日付の以下の記録がある（Cecil Papers Dom 63 / 88, BHH / 79ff）。「東側の庭園においてテラスが水平に均され完成させられた。そして小さな川を引っこめて、川底には石と貝殻を敷きつめた。そして本日、ここに水が流された」。

☆67——Cecil Papers BHH / 267, Nov. 1611. バケットは以下の作業に対して支払いを受けている。「東側の庭園にある大貯水池にある岩の塗装に対して、およびネプチューンの絵を着彩したことに対して」。

☆68——Cecil Papers BHH / 155, 30 Sept. 1611. 「マウンテン・ジェニングズの請求に応じて。東側の庭園にある岩を二度改修した作業に対して……これは、一六一一年七月の国王陛下によるにハットフィールドへの行幸に備えるためである」。

☆69——Cecil Papers BHH / 164, 9 Nov. 1611. 「庭園の噴水制作に対するフランス人の請求に応じて」。さらに俸給が支払われている日付は、一六一二年一月三一日、一六一二年三月七日、同年四月二五日である。「東側の庭園の噴水制作に対する一〇〇ポンドの契約金をド・コー師に」。

☆70——PRO S.P. 14 / 67 no. 6. 「彼（＝ド・コー）は東側の庭園に四基の噴水をつくるつもりでいる。そのうち最初の一基はすでに着工している。二番目（と）三番目の噴水は二つとも上段の庭園に置き、最後の一基は花壇の庭園の中央の下部に設置して、上からの水を受けられるようにする。総制作費に関しては、彼は見積もりを出していない。川のところには島から水が流れでるように水路をつくり、水流が集まったとき、谷の上の岸の上部にまで水を押しあげ、その水が噴水に流れこむようにするつもりのようである。これらの計画をすべて模型でつくって、来週の土曜に貴兄に提示するとのことである」。

☆71——作業ノート、一六一二年一月（Cecil Papers 142 / 122, BHH / 88ff）。ジェニングズは「庭園全体の計画図を描き、これを御主君に見せたか、あるいはこれから見せるのだという。岩のところから流れてくる小川は、とても浅い流れにつくられていて、エクスター伯の邸宅でみられるものとそっくり似たものとなっている。でもあれは見た目があまり良くないので、別の形状に変更するべきであり、マウンテン・ジェニングズの計画に従ったもののほうが良い仕上がりになるものと思われる」。

☆72——Cecil Papers Bundle 69, BHH / 221, 298.「陛下の技師」への支払い。

☆73——Cecil Papers Bills 77, BHH / 300, May 1612.「銅製に見える彫像に関する項目。東側の庭園の噴水のところに立っている」。

☆74——Cecil Papers Bills 58, BHH / 282, 24 Dec. 1611.

☆75——Cecil Papers Bills 58, BHH / 286. ド・コーもまた貝殻をフランスからとりよせる手配をしている。ド・コーからウィルソンに宛てた文書によると（PRO S.P. 14 / 69 no. 13）、ウィルソンに「貝殻と素描」を送っている。

☆76——Cecil Papers Dom 61 / 37, BHH / 78, 30 Jan. 1611; PRO S.P. 14 / 61, 30 Jan. 1611.

☆77——PRO S.P. 14 / 61, 30 Jan. 1611.

☆78——Cecil Papers 142 / 122, BHH / 91.

☆79——R. A. Skelton and John Summerson, *A Description of Maps and Architectural Drawings...at Hatfield House*, Oxford, 1971, p. 86 (no. 183).

☆80——Cecil Papers BHH / 128, 28 Feb. 1609. 四〇〇本のシカモア樹を低地諸国から輸入したセシル大佐への支払い。フランドルやフランスを巡察し苗木を購入したジョン・トラデスキャントの請求書が多数存在している（BHH / 136, 137, 140, 284）。

☆81——Wilson to Cesil, 25 Nov. 1611, PRO S.P. 14/67.

☆82——Wilson to Cecil, 5 Feb. 1610, Cecil Papers Dom 61 / 50.

☆83——Cecil Papers Dom 48 / 136, 27 Oct. 1609.

☆84——S. Sorbière, *A Voyage to England*, London, 1709, pp. 64-5.

☆85——John Steegman, 'The Artist and the Country House', *Country Life*, (1949), p. 35.

☆86——Frances A. Yates, *The Rosicrusian Enlightenment*, London, 1972, p. 11ff.

☆87——Salomon de Caus, *Hortus Palatinus*, Frankfurt, 1620. 以下の文献を参照のこと。Gothein, A *History of Garden Art*, II, pp. 37-43; Ludwig Schmieder, 'Problem der Gestaltung des Heidelberger Schlossgartens', *Deutschekunst und Denkmalpflege*, 1939-40, pp. 2-17.

☆88——Summerson, *Architecture in Britain*, ed. cit., p. 65.

☆89——フラッドに関しては以下の文献を参照のこと。Frances A. Yates, *The Theatre of the World*, London, 1969, pp. 42ff.

☆90——以下の文献を参照のこと。*DNB*; R. J. W. Evans, *Rudolf II and his World*, Oxford, 1973, pp. 189-90.

☆91——イデオロギー上の背景に関しては以下の文献を参照のこと。Evans, *op. cit.*

第5章　マニエリスム庭園Ⅱ

☆1——以下の文献を参照のこと。*English Masques*, ed. H. A. Evans, London, n.d., pp. 100-113; *A book of Masques*, in honour of Allardyce Nicoll, Cambridge, 1967, pp. 151-71.

☆2——*Book of Masques*, p. 167.

☆3——*Ibid.*, p. 171.

☆4——Report on England, 21 September 1618, CSP *Venetian, 1617-19*, p. 320.

☆5——オクスフォードのウォダム・カレッジ庭園は内乱の期間中に造成され、築山の頂上に佇立するアトラス像は「精緻に鍍金を施した地球を抱えていた」。以下の文献を参照のこと。Eleanour Sinclair Rohde, *Oxford's College Gardens*, London, 1932, pp. 122-3. ケンブリッジのシドニー・サセックス・カレッジ庭園については以下の文献を参照のこと。*Royal Commission on Historical Monuments, City of Cambridge*, pt ii, 1959, pp. 203ff.

☆6——Rohde, *op. cit.*, pp. 41-4.

☆7——Mark Girouard, *Architectural History*, V, 1962, p. 34 (no. 1/17); Mark Girouard, *Robert Smythson and the Architecture of the Elizabethan Era*, London, 1966, p. 136; C. S. Willis, *A Short History of Ewell and Nonsuch*, Epsom, 1948, p. 73; *Surrey Archaeological Collections*, V, 1871, pp. 150-51.

☆8——ウースターに関しては以下の文献を参照のこと。Roy Strong, *The Cult of Elizabeth*, London, 1977, pp. 27-8, 40-41.

☆9——Girouard, *Architectural History*, p. 31 (no. 1/7).

☆10——造成当初のハム・ハウスの要素は現在ではほとんど残っていない。一六一〇年という日付はドアの上に刻印されている。以下の文献を参照のこと。C. Roundell, *Ham House, its History and Art Treasures*, London, 1904, p. 23; J. Britton and E. W. Brayley, *The Beauties of England and Wales*, London, 1813, XIV, Surrey, pp. 191-2; O. Hill and J. Cornforth, *English Country Houses, Caroline, 1625-1685*, London, 1966, pp. 65-74; *Ham House*, Victoria and Albert Museum, 1973, pp. 7, 53. サー・トマス・ヴァヴァサウアに関しては以下の文献を参照のこと。E. K. Chambers, *Sir Henry Lee*, Oxford, 1936, pp. 158-9, 242.

☆11——Girouard, *Architectural History*, V, p. 32 (1 / 12). その後のノーサンバーランド・ハウスに関しては以下の文献を参照のこと。*Survey of London*, XVIII, chapter 2, pls 2-6; A. W. Clapham and W. H. Godfrey, *Some Famous Buildings and Their Story*, London 1913, pp. 184ff; John Summerson, *Architecture in Britain 1530 to 1830*, London, 1963 ed., p. 43. ノーサンプトンに関しては以下の文献を参照のこと。DNB.

☆12——John Summerson, *The Book of Architecture of John Thorpe*, Walpole Society, XL, 1964-6, pp. 49-50 (no. T. 28).

☆13——Girouard, *Architectural History*, p. 58 (no. 111 / 16). ウォラトンに関しては本書第三章の註24を参照のこと。

☆14——Roy Strong, *The English Icon. Elizabethan and Jacobean Portraiture*, London, 1969, p. 55; Stephen Orgel and Roy Strong, *Inigo Jones. The Theatre of Stuart Court*, University of California Press, 1973, I, pp. 7-8, 11-12.

☆15——ルーシー・ハリントンに関しては以下の文献を参照のこと。J. H. Whiffen, *Historical Memoirs of the House of Russel*, London, 1833, II, pp. 63-120. 伯爵夫人に献呈された長大な著作群を研究した以下の文献の研究を見ると、夫人の学芸庇護がいかに広範にわたっておこなわれ、また夫人の興味がいかに多岐にわたっていたかがわかる。Franklin B. Williams, Jr, *Index of Dedications and Commendatory Verses in English Books before 1641*, London, 1962 (Bibliographical Society).

☆16——John Donne. *The Complete English Poems*, ed. J. A. Smith, London, 1971, p. 82.

☆17——Sir Thomas Roe, *Negotiations in his Embassy to the Ottoman Porte*, London, 1740, v, p. 583.

☆18——以下の文献に引用されている。Gladys Scott Thompson, *Life in a Noble Household 1641-1700*, London, 1937, pp. 285-6.

☆19——トゥイクナム・パークに関しては以下の文献を参照のこと。Girouard, *Architectural History*, p. 30 (no. II / 2 [1]) and reference. 邸館は一九世紀にとりこわされている。また以下の文献も参照のこと。*Victoria Country History, Hertfordshire*, ed. W. Page, London, 1908, I, p. 378.

☆20——Fayes Moryson, *An Itinerary, Glasgow*, 1907, I, p. 30. また以下の文献も参照のこと。R. J. W. Evans, *Rudolf II and His World*, Oxford, 1973, p. 121.

☆21——天球に関してはさまざまな解釈が可能である。以下の文献を参照のこと。Filippo Piccinelli, *Mundus symbolicus*, Cologne, 1694, II, pp. 178-82.

☆22——チャスルトンに関しては以下の文献を参照のこと。*A History of Chastleton*, Banbury, 1938; H. Inigo Triggs, *Formal Gardens in England and Scotland*, London, 1902, p. 17; P. Mainwarning Johnston, *Country Life*, XLV, 1919, pp. 90, 116; *Gardens Old and New*, ed. John Leyland, London, n.d, II, pp. 131-4; Alan Clutton-Brock, *A Short Guide to Chastleton House*, n.d. ; I. Whitmore Jones, *Chastleton House*, n.d. ; Girouard, *Robert Smythson*, pp. 147-9.

☆23——John Taylor, *A New Discovery by Sea, with a Wherry from London to Salisbury*, London, 1623. 以下の文献を参照のこと。Avray Tipping, *Gardens Old and New*, London, n.d., I, pp. 41-2.

☆24——Summerson, *Architecture in Britain*, ed. cit., pp. 38-9.

☆25——Frances A. Yates, *The French Academies of the Sixteenth Century*, London, 1947, pp. 248-9, n.3; John C. Meagher, 'The Dance and the Masques of Ben Jonson', *JWCI*, XXV, 1962, pp. 269-70.

☆26——サー・ヘンリー・ファンショーに関しては以下の文献を参照のこと。*DNB; Memoirs of Lady Fanshawe*..., London, 1829.

☆27——*The Letters of John Chamberlain*, ed. N. E. McClure, Philadelphia, 1939, I, p. 235.

☆28——Andrew Marvell, *Upon Appleton House, to my Lord Fairfax* in *The Poems and Letters of Andrew Marvell*, ed. H. M. Margoliouth, Oxford, 1971 ed., I, p. 67.

☆29——J. R. Hale, *Renaissance Fortification. Art or Engineering?,* London, 1977, p. 44.

☆30——*Letters of John Chamberlain*, I, p. 468. 植物や種子に関するさらなる言及は pp. 247, 557 に現われる。

☆31——Sir Henry Wotton, *The Elements of Architecture*, London, 1624, p. 110.

☆32——以下の文献に引用されている。*Memoirs of Lady Fanshawe*, p. 13.

☆33——John Nichols, *The Progress of Queen Elizabeth*, London, 1823, I, pp. 457-9, 498-501.

☆34——*Ibid*., III, pp. 101ff; Harry H. Boyle, 'Elizabeth's Entertainment at Elvetham: War Policy in Pagentry', *Studies in Philology*, 68, 1971, pp. 146-66.

☆35——Yates, *French Academies*, p. 252; Frances A. Yates, *The Valois Tapestries*, London, 1959, pp. 53-4.

☆36——Yates, *The Valois Tapestries*, pp. 56-8.

☆37——*Ibid*., pls I, IX (a).

☆38——M. L. Gothein, *A History of Garden Art*, London, 1928, I, pp. 417-18; Ernest de Ganay, *Les Jardins de France et leur décor*, Paris, 1949, p. 35; Naomi Miller, *French Renaissance Fountains*, Garland Dissertation, 1977, pp. 227-8, 261. テュイルリー庭園の築島と人工洞窟については以下の文献を参照のこと。Derek Clifford, *A History of Garden Design*, New York and Washington, 1967, pp. 78-9.

☆39——BM Add. MS 27278 f.24v-25v. 同僚のマイケル・アーチャー氏からこの点をご教示いただいた。

☆40——*Aubrey's Brief Lives*, ed. Oliver Lawson Dick, London, 1949, pp. 13-15. また p. 56 も参照のこと。Charlotte Grimston, *The History of Gorhambury*, c. 1821. 同書には湖に関する記述がある。また一八〇二年当時、饗宴館の基礎の痕跡が見られ

たという。

☆41——この情報をご教示下さったサー・ジョン・サマーソンに謝意を表わしたい。当時すでに「巨大な湖」があり、管理官がいたという（F. Devon, *Issues*, London, 1836, p. 273）。以下の作業報告書には、新たな水仕掛けの作成が記録されている。1625-6 (PRO E 351 / 3259).「新たに二つ湖をつくり、築山をひとつ盛る。それから低い方の湖の突端に茂る木のまわりに小屋を立てる。建物の中には床を張り、二組の階段を設けて柱、柵、欄干を付す。五人分の座席のある長椅子を先の築山の中に設け、また同じくこの築山にドア枠を設置して二枚のドアをつけ門を置く。さらにピラミッドとアーチを備えた水路を北側の小川に向かってつくり、さまざまに橋を架ける。……それから先の湖の岸辺を芝でぐるりと囲んで……砂を敷きつめ、チェリーや桃やその他の果樹を大きな池の中央にある島にぐるりと植え、また大きな島の池に沿った歩道の縁に苺、桜草、ヴァイオレットを植え、下の池の端にある築山の上にも植える」。さらなる作業が一六二六年から二七年（E 351 / 3260）および一六二七年から二八年（E 351 / 3261）にかけておこなわれている。後者には以下の作業が含まれている。「巨大な島の湖にある艀用の小屋」、「大きな島の池と他の池のところにある二本の長い歩道に、梨とチェリーの木が植わっているが、それらの周囲に盛り土をして芝を植え、岸のまわりと歩道の中にも芝を植えること」、そして「新しい庭園の川に四本の木造橋を架設すること」。

☆42——トマス・ブッシェルに関しては以下の文献を参照のこと。Anthony à Wood, *Athenae Oxonienses*, London, 1817, III, pp. 1007-10; *DNB*; Abraham de la Pryme, 'Memoirs of Thomas Bushell', ed. William Harrison, *Manx Society*, XXX, 1878.

☆43——エンストンの驚異に関しては以下の文献を参照のこと。Robert Plot, *Natural History of Oxfordshire*, Oxford, 1677, pp. 236-9; William Stukeley, *Itinerarium curiosum*, London, 1724, p. 45; *A Relation of a Short Survey of the Western Counties*, ed. L. G. Wickham Legg, *Camden Miscellany*, XVI, 1936, pp. 81-2. 国王夫妻の歓待祝宴に関しては以下の文献を参照のこと。Thomas Bushell, *The Severall Speeche and Songs at the Presentment of Mr. Bushell's Rock. Aug. 23. 1636*, Oxford, 1636; Miles Hadfield, *Gardening in Britain*, London, 1960, pp. 86-8.

☆44——*The Works of Francis Bacon*, ed. Spedding, Ellis and Heath, London, 1857, III, p. 158.

☆45——John Bate, *The Mysteryes of Nature and Art*, London, 1634.

☆46——この点に関しては以下の文献を参照のこと。Christopher Hill, *The Intellectual Origins of English Revolution*, London, 1972, ed.

☆47——バビントンに関しては以下の文献を参照のこと。*DNB*.

☆48——この点およびウォットンに関しては以下の文献を参照のこと。F. A. Yates, 'Paolo Sarpi's' "History of the Council of Trent"',

JWCI, VII, 1944, pp. 123-4.

☆49——Wotton, *The Elements of Architecture*, p. 108.

☆50——*Ibid*., pp. 108-9.

☆51——*The Works of Francis Bacon*, ed, cit., VI, pp. 485-92.

第6章　折衷式庭園I

☆1——イサク・ド・コーに関しては以下の文献を参照のこと。*Dictionnaire de biographie française*, ed. M. Prévost and Roman d'Arnat, VII, 1956, p. 1467; E. Frère, *Manuel du bibliographie normand*, Rouen, 1858. イサクのことは、兄に関する文献の中ではほぼ必ず言及されている。本書第4章を参照のこと。

☆2——David Asseline, *La Antiquitez et chroniques de la ville de Dieppe*, Bibliothèque Dieppoise, Paris and Rouen, 1874, II, pp. 193, 196.

☆3——グロットおよびその記録に関しては以下の文献を参照のこと。Per Palme, *Triumph of Peace*, London, 1957, p. 66, quoting PRO E 351 / 3258 and A.O. 1 / 2424 / 56.

☆4——Ben Jonson, *Works*, ed. C. H. Herford and P. Simpson, Oxford, 1925-6, VIII, pp. 220ff.

☆5——*Ibid., loc. cit.*

☆6——Stephen Orgel and Roy Strong, *Inigo Jones. The Theatre of the Stuart Court*, University of California Press, I, p. 376 (no. 129).

☆7——John Summerson, *Architecture in Britain 1530 to 1830*, London, 1963 ed., pp. 77 and 351. ここでサマーソン氏はベドフォード・アーカイヴに言及している。

☆8——ド・コーがウォーバーンの庭園を造成したという証拠は何も残っていないが、その可能性については真剣に検討してみなくてはならないだろう。ウォーバーンの庭園に関する情報のほとんどすべては、残念ながら一六六〇年以降のものである。Gladys Scott Thomson, *Life in a Noble Household, 1641-1700*, London, 1937, pp. 246ff.

☆9——*Country Life*, XXXI, 1912, pp. 18-27.

☆10——*The Works of Sir William Temple*, London, 1814 ed., III, pp. 235-7.

☆11——ピープスはポウヴェイ氏なる人物をリンカンズイン法学院まで訪ねたさいの記録を残している。ポウヴェイ邸の地下には、ホワイトホールとウォーバーンの系譜に連なる人工洞窟がひとつ設けてあった。したがって、ここもド・コーが手がけたということも考えられる。

「晩餐の後は、彼の邸宅を隅々まで見学した……人工洞窟と地下室にはワインが貯蔵してあり、井戸がひとつあって中でワインを冷やせるようになっていた。……これまでに出会ったことのある人物の中でも、これほどの男にはあまりお目にかかれない」。*Diary of Samuel Pepys*, ed. H. B. Wheatley, IV, 1904, p. 135.

☆12——ベドフォード・ハウスとその庭園に関しては以下の文献を参照のこと。Scott Thomson, *op. cit.*, pp. 239ff; *Survey of London*, XXXVI, *The Parish of St Paul Covent Garden*, London, 1970, pp. 205-7.

☆13——ペンブルックに関しては以下の文献を参照のこと。*DNB*; G.E.C., *The Complete Peerage*, ed. Vycary Gibbs, X, pp. 415ff.

☆14——これはフィリップに献呈された作品群を調べた結果明らかになったものである。献呈された作品のリストは以下の文献に収載されている。Franklin B. Williams, Jr., *Index of Dedications and Commentary Verses...*, London, 1962 (BIbliographical Society). また引用は以下の作品から。Anthony Nixon, *The Wars of Swethland*, London, 1609; Thomas Herbert, *A Relation of Some Years Travaile...*, London 1634, and Thomas Palmer, *Bristolls Military Garden*, 1635.

☆15——A. A. Tait, 'Isaac de Caus and the South Front of Wilton House', *Burlington Magazine*, CVI, 1964, p. 74 from PRO L.C. 5 / 133 f.53. また以下の文献も参照のこと。H. M. Colvin, 'The South Front of Wilton House', *Archaeological Journal*, CXI, 1954, pp. 181-90. ここには出納官による一六三二年から三三年にかけてのウィルトンにおける伯爵に関する説明が引用されている。

☆16——John Aubrey, *The Natural History of Wiltshire*, ed. John Britton, Wiltshire Topographical Society, 1847, p. 83.

☆17——ウィルトン庭園に関する説明をおこなっている先行文献は以下のとおり。Gothein, *A History of Garden Art*, I, pp. 453-6; J. Lees-Milne, *The Age of Inigo Jones*, London, 1953, pp. 96-103; Christopher Hussey, 'Gardens of Wilton House, Wiltshire', *Country Life*, CXXXIV, 1963, pp. 206-9.

☆18——Isaac de Caus, *Le Jardin de Wilton* (c. 1645), reissued London, n.d.

☆19——*A Relation of a Short Survey of the Western Countries*, ed. L. G. Wickham Legg, Camden Miscellany, XVI, 1936, pp. 66-7.

☆20——Journal of Lodewijk Huygens in the Koninklijke Nedelandsche Akademie van Wetenschappen, The Hague. Entry of 11 May 1652. Communicated and translated by Professor A. G. H. Bachrach.

☆21——*The Journeys of Celia Fiennes*, ed. G. C. Morris, n.p., 1947, pp. 9-10.

☆22——Colin Campbell, *Vitruvius Britannicus*, London, 1717-25, II, pp. 62ff.

☆23——Sidney, 16th Earl of Pembroke, *A Catalogue of the Paintings and Drawings in the Collection at Wilton House*, Wiltshire, London, 1968, p. 44 (no. 114). 画面の下半分には重ね塗り以前の形象がいくつも浮かびあがっており、その中に庭園の平面図も見られる。

☆24——Aubrey, *Wiltshire, op. cit.*, p. 93.

☆25——ヴェネト地方の庭園の構成に関しては以下の文献を参照のこと。Georgina Masson, *Italian Gardens*, London, 1966 ed., pp. 221ff; Lionello Puppi, 'The Villa Garden of the Veneto from the Fifteenth to the Eighteenth Century', in *The Italian Garden*, First Dumbarton Oaks Colloquium on the History of Landscape Architecture, ed. David R. Coffin, 1972, pp. 83-114.

☆26——W. L. Spiers, *The Notebook and Account Book of Nicholas Stone*, Walpole Society, VII, 1919, pp. 115-16. 一三七ページには、ニコラスの甥による以下の文献のような記述が見られる。「伯父は御主君ペンブルック伯のために入魂の作品を多数制作した。ソールズベリー近郊のウィルトンにある伯爵の邸館のためのもので、報酬をたんまりと支払ってもらった」。また以下の文献も参照のこと。George Vertue, *Notebooks*, I, p. 91 (Walpole Society, XVIII, 1929-30).

☆27——作品の同定はHammomdによる解説に基づくものである。*Op. cit.*, p. 67.

☆28——本書第7章の原註☆56を参照のこと。

☆29——Isaac de Caus, *New and Rare Inventions of Water-Works...*, trans. John Leak, London, 1659, pp. 20ff. オーブリーは以下の文献のように書いている。「人工洞窟の床は黒と白の大理石で舗装され、天井にはヴォールトが架かっている。トリトンの形姿などが大理石に浅浮彫りで刻まれており、実に見事な出来映えだ。ド・コー師はここに仕掛けを潜ませていて、栓をひねると三本の虹が架けて見せることができた（トマス・ブッシェルに関する本書の二六一ページから二六九ページを参照）。他人にはその仕組みを教えなかったという。また庭師がこの仕掛けを訪問者に披露するのも許さず、操作方法も秘匿していたそうである。そのためド・コーが亡くなると、仕掛けも失われてしまった。人工洞窟と配管の制作費は一万ポンドに及んだという。庭園は一二エーカーの広さをもち、テラスの中に人工洞窟が穿たれていた」。見事な出来映えであったという浅浮彫りは、ストーンの作品をはるかに上回る質である。現在は庭園のロッジャに嵌めこまれている。興味深いことに、ヴァーチューはサロモン・ド・コーの『動力の原理』のコピーがウィルトンにあったことを注記している（*Notebooks*, V, p. 24 [Walpole Society, XXXVI, 1937-8]）。

☆30——Margaret Whinney, *Sculpture in Britain 1530 to 1830*, London, 1964, p. 36; Roy Strong, *Van Dyck, Charles I on Horseback*, London, 1972, pp. 56-7.

☆31——Marcel Fouquier, *De l'art des jardins*, Paris, 1911, p. 23 (repro.); Gothein, *A History of Garden Art*, I, p. 430; Ganay, *Les Jardins de France*, pp. 72-4.

☆32——William Stukeley, *Itinerarium curiosum*, London, 1724, p. 50.

☆33——Edward Croft-Murray, *Decorative Painting in England, 1537-1837*, London, 1962, I, pp. 41-2.

☆34———この時期の伯爵夫人に関しては以下の文献を参照のこと。*DNB*; G. C. Williamson, *Lady Anne Clifford, Countess of Dorset, Pembroke and Montgomery*..., Kendal, 1922, pp. 160ff.

☆35———この点に関しては以下の文献を参照のこと。F. H. Hazlehurst, *Jacques Boyceau and the French Formal Garden*, University of Georgia Press, 1966, pp. 49ff; Ganay, *op. cit.*, pp. 68-70.

☆36———Sten Karling, 'The Importance of André Mollet and His Family for the Development of the French Formal Garden'in *The French Foraml Gardens*, Dumberton Oaks Colloquium on the History of Landscape Architecture, III, ed. Elisabeth B. Macdougall and F. Hamilton Hazlehurst, 1974, pp. 3-25, e.g. figs 10-12.

☆37———本書の三六四ページから三七〇ページを参照のこと。

☆38———Karling, *op. cit.*, pp. 19-21.

☆39———Orgel and Strong, *Inigo Jones*, II, pp. 566ff.

☆40———*Ibid.*, pp. 579, 586-8.

☆41———Colvin, *Archaeological Journal, op. cit*, p. 183.

☆42———Stukeley, *op. cit.*, p. 50.

☆43———C. S. Marks, *Salomon de Caus 1576-1620*, Leiden, 1935, pp. 53-4.

☆44———J. Woolridge, *Systema Horti-Culturae or The Art of Gardening*, London, 1688, pp. 51ff.

☆45———G. A. Boecleri [Böckler], *Amoenitates hydragogicae*, Nuremberg, 1644. この中の収録図版 pls 36-40 がウィルトンのものである。またこの本には、サロモン・ド・コーの『動力の原理』ならびにファネッリの『建築百態』（パリ、一六六一年）から採った図版も収録されている。

☆46———Stephen Switzer, *An Introduction to a General System of Hydrostaticks and Hydraulicks*..., London, 1729, II, pp. 345ff. 「著名なド・コー」への賛辞に関しては第三五章への注記も参照。

第7章　折衷式庭園Ⅱ

☆1———イタリア旅行に関しては以下の文献を参照のこと。A. Lytton Sells, *The Paradise of Travellers*, London, 1914, pt II; Carlo Segré, *Itinerari di Stranieri in Italia*, Milan, 1928; George B. Parks, 'Travel as Education'in R. F. Jones et al., *The Seventeenth Century*, Stanford U.P., 1951.

☆2———George Sandys, *A Relation of a Journey begun An. Dom. 1610*, London, 1615, p. 272.

☆3———*The Harleian Miscellany*, London, 1811, XII, p. 73.
☆4———*Ibid*., p. 93.
☆5———*Ibid*., pp. 109-110.
☆6———*Ibid*., pp. 115-16.
☆7———以下の文献を参照のこと。*The King's Arcadia. Inigo Jones and the Stuart Court* (catalogue by John Harris, Stephen Orgel and Roy Strong), 1972, pp. 55-6.
☆8———Fynes Moryson, *An itinerary*, Glasgow, 1907, I, pp. 280-81.
☆9———ミュージアム庭園に関しては以下の文献を参照のこと。Gothein, *A History of Garden Art*, I, pp. 222ff.
☆10———*Peacham's Compleat Gentleman, 1634*, ed. G. S. Gordon, Oxford, 1906, pp. 104ff.
☆11———*Ibid*., pp. 107-8.
☆12———アランデルの大理石に関しては以下の文献を参照のこと。D. E. L. Haynes, *The Arundel Marbles*, Oxford, 1975; Mary S. Hervey, *The Life, Correspondence and Collections of Thomas Howard, Earl of Arundel*, Cambridge, 1921, pp. 84, 94-5, 97, 100ff, 102-3, 107; W. N. Sainsbury, *Original Unpublished Papers...*, London, 1859, pp. 275-8.
☆13———Hervey, *op. cit*., pp. 101-2.
☆14———Thomas Tenison, *Baconiana*, London, 1679, p. 57.
☆15———Hervey, *op. cit*., p. 255.
☆16———*Ibid*., p. 41.
☆17———Mark Girouard, *Architectural History*,V, 1962, p. 53, nos. 111 / 7 (i - ii), 111 / 7 (2) (i).
☆18———RIBA 1 / 7 (i).
☆19———*The King's Arcadia, op. cit*., p. 101 (no. 179) (repro.).
☆20———Richard W. Goulding and C. K. Adams, *Catalogue of the Pictures Belonging to His Grace the Duke of Portland...*, Cambridge, 1936, p. 208 (no. 520), attributed to Mytens.
☆21———ジョーンズの庭園門に関しては以下の文献を参照のこと。*The King's Arcadia, op. cit*., pp. 197-200.
☆22———*Ibid*., p. 97 (nos. 173-5).
☆23———Hervey, *op. cit*., p. 346.
☆24———タート・ホールの庭園に関しては以下に収録されているファイソーンとニューコートによる地図を参照のこと。*Survey*

of London, ed. F. H. W. Shepherd, XXX, *The Parish of St. James Westminster*, pt i, pl. r.

☆25———Evelyn, *Diary*, ed. E. S. de Beer, Oxford, 1955: 19 September 1667.

☆26———John Aubrey, *The Natural History of Wiltshire*, ed. J. Britton, Wiltshire Topographical Society, 1847, p. 93.

☆27———*Ibid., loc. cit.*

☆28———以下を参照のこと。*DNB*.

☆29———Bodleian Library Aubrey MS 2 f.53.

☆30———チェルシーのダンヴァーズ・ハウスに関しては以下の文献を参照のこと。Bodleian Aubrey MS 2 f. 59, 'Plan of Sir John Danvers Garden at Chelsea'; f. 53-56v, a description. 後者は以下に翻刻されている。A. M. Charles, *A Life of George Herbert*, Cornell U.P., 1977, pp. 61-5. ただし著者は庭園と邸館は一六一七年には存在していたものと仮定している。Miles Hadfield, *Gardening in Britain*, London, 1960, pp. 74-5. 邸館の平面図ならびに庭園側ファサードの図面は以下に収録されている。John Summerson, *The Book of Architecture of John Thorpe*, Walpole Society, XL, 1964-6, p. 48 (T 21 and 22), pl. 8; *The Survey of London*, IV (Parish of Chelsea), pt 2, 1913, pp. 9-14. A. W. Clapham and W. H. Godfrey, *Some Famous Buildings and Their Story*, London, 1913, pp. 92-103.

☆31———Sir Henry Wotton, *The Elements of Architecture*, London, 1624, p. 110.

☆32———ストーンがダンヴァーズのために制作した作品については以下の文献を参照のこと。W. L. Spiers, *The Notebook and Account Book of Nicholas Stone*, Walpole Society, VII, 1919, p. 50.

☆33———Bodleian Aubrey MS 2, f.56.

☆34———本書二七八ページから二八〇ページを参照のこと。

☆35———田園崇拝において、庭園は失われたエデンの園の無垢へと帰還するための媒体として機能した。この主題に関しては以下の文献をみられたい。Renato Poggioli, 'The Pastoral of the Self', *Daedalus*, LXXXVIII, 1959, pp. 686-99; Harry Levin, *The Myth of the Golden Age in the Renaissance*, London, 1970, chapter 2.

☆36———Margaret Whinney, *Sculpture in Britain 1530 to 1830*, London, 1964, p. 28; Sainsbury, *Original Papers*, pp. 65, 70, 71; John Pope-Hennessy, *Samson and a Philistine*, V & A Monographs, VIII, 1949. ヨーク・ハウスの地に彫像が設置されていたということは、バッキンガム公の庭園もまた一六二〇年代にはイタリア式で造成されていたことを意味するのではあるまいか。エセレンスの図面についても同様である。以下の文献を参照のこと。P. M. Hulton in Walpole Society, XXXV, 1954-6, pt i, pp. 32-3, pl. 28(b).

☆37——たとえば、以下の文献を参照のこと。G. P. V. Bolzani, *Les Hieroglyphes*, trans. I. de Montlyard, Garland Reprint, 1976, p. 75.

☆38——以下の文献を参照のこと。Bolzani, *op. cit.*, p. 441.

☆39——*The Book of Architecture ofJohn Thorpe, op. cit.*, pl. 8.

☆40——Aubrey, *Natural History of Wiltshire*, p. 93.

☆41——Stephen Orgel and Roy Storng, *Inigo Jones. The Theatre of the Stuart Court*, University of California Press, 1973, II, pp. 518-19 (no. 252).

☆42——以下の文献を参照のこと。Oliver Milar, *The Age of Charles I. Painting in England, 1620-49* (exhibition catalogue), 1972, p. 34 (no. 38).

☆43——*Victoria Country History: Hertfordshire*, IV, pp. 52-3.

☆44——テンプル・ニューザムの庭園に関する情報を提供してくださったクリストファー・ギルバート氏に謝意を表する。以下の文献を参照のこと。C. Gilbert, 'The Park and Gardens at Temple Newsam', *Leeds Art Calendar*, no. 53, 1964, pp. 4-9; D. G. Wild and C. G. Gilbert, 'Excavation of the Garden Banqueting House', *Leeds Art Calendar*, no. 60, 1967, pp. 4-7; N. Pevsner, *Yorkshire. The West Riding*, London, 1959, p. 348; *Country Life*, LII, 1922, pp. 428-9.

☆45——ライコウトに関しては以下の文献を参照のこと。C. Hussey, 'Rycote', *Country Life*, LXIII, 1928, pp. 16ff; N. Pevsner and J. Sherwood, *Oxfordshire*, London, 1974, pp. 748-9.

☆46——John Harris and A. Tait, *Catalogue of the Drawings by Inigo Jones, John Webb and Isaac de Caus in the Collection of Worcester College*, Oxford (forthcoming).

☆47——J. Britton and E. W. Brayley, *The Beauties of England and Wales*, London, 1813, XIV, Surrey, p. 171; *The Journeys of Celia Fiennes*, ed. G. C. Morris, n.p., 1947, pp. 342-3.

☆48——Carola Oman, *Henrietta Maraia*, London, 1936, pp. 82-3.

☆49——M. A. Everett, *Letters of Queen Henrietta Maraia*, London, 1857, p. 19.

☆50——モレ一族に関する最も重要な研究は以下の文献である。Sten Karling, 'The Importance of André Mollet and his Family for the Development of the French Formal Garden'in *The French Formal Garden*, Dumbarton Oaks Colloquium on the History of Landscape Architecture, III, ed. Elisabeth B. Macdougall and F. Hamilton Hazlehurst, 1974, pp. 3-25. また以下の文献も参照のこと。Ernest de Ganay, *Les Jardins et leur décor*, Paris, 1949, pp. 50-63; Gothein, *A History of Garden Art*, I, pp. 420-21.

☆51——André Mollet, *Le Jardin de plaisir*, Stockholm, 1651, sig A 2. 後段になってモレはイングランドのことを想起し、並木道に

ついて記述するさいに以下のように書いている。「私たちが言ったように、果樹園の背後に鬱蒼とした緑を示す並木道をいきなり通りすぎてしまうまえに、果樹園の後ろにあるその並木道にも注意してみよう。それは、歩道と果樹園をつくるためにイングランドからもたらされた手法であると同時に趣向なのであり、庭園にきわめて美しい装飾を与えてくれる」。

☆52——モレの最初の訪英に関する記録が残っていないことは、王妃に個人的に雇われていたことを意味する。また王妃の私的な歳出記録は、そのすべてが現存しているわけではない。この記録の欠如に関しては、王妃のために作業に従事したほかのフランス人デザイナーについてもあてはまる。以下を見よ。*The King's Arcadia, op. cit.*, p. 156 (nos. 288-9).

☆53——セントジェームズ宮殿に関しては以下の文献を参照のこと。Ernest Sheppard, *Memorials of St. James's Palace*, London, 1894, chapters 1 and 2. 作業報告書には一六二九年および三〇年以降から、庭園への改変作業の記録が現れ始める（PRO E 351 / 3263）。「ポートランド・ストーンの日時計を制作し角度を決定するための数学者ジョン・マレが内庭園で動き回る」、「ゼイカリー・テイラーが内庭園の塔の下に立てる四つの大きなカルトゥーシュを切りだし彫る」、「アンドルー・ダードーントに旅の労をねぎらい、さまざまな像と大理石の無事の陸揚げと運送および財産目録のかたちでそれらの記録を一冊にまとめてくれた配慮に感謝する」。1637-8 (PRO E 351 / 3271).「三体の大理石彫像、アポロ、バッコス、クピドの修復ならびに再塗装のために」。庭園の配置に関してはフェイソーンとニューコートによる地図を参照のこと。この地図は一六四三年から四七年にかけて実測調査をおこない、一六五八年に出版されたものである。*Survey of London*, ed. F. H. W. Sheppard, XXX, *The Parish of St. James Westminister*, pt i, pl. I.

☆54——*Sieur de la Serre, Histoire de l'Entrée de la Royne Mere... dans la Grande Bretagne*, London, 1639, sig K. Mandelslo. この文献による一六四〇年の記述は果樹園の部分のみである。「セントジェイムズ宮殿の庭園は、一一七フィート四方の場所に配置されつくられた大きな装飾庭園の内側だけを見ているかぎり、特別大きいわけではなく、さして目を惹くものもない。特筆すべき点は、それが模様を織りなすように植えられた果樹園で縁どられていて、水の流れに突きだすような大きな樹木があったり小さな木々があったりで、なんとも心地よい歩道となっていることである」(*Les Voyages du Sieur Albert de Mandelslo*, Leiden, 1719, p. 749)。

☆55——一六三三年から三四年にかけての作業報告書がこれについて言及している（PRO E 351 / 3267）。「果樹園に隣接する壁に張りつけて閉じるために、大量の材料を横材へと加工する。ここには大理石の彫像が設置されている」。

☆56——Whinney, *Sculpture in Britain*, p. 36; C. C. Stopes, 'Gardenings from the Records of the Reigns of James I and Charles I', *Burlinghton Magazine*, XXII, 1922, p. 282.

☆57――A. H. Scott-Elliot, 'The Statues from Mantua in the Collection of King Charles I', *Burlington Magazine*, CI, 1959, pp. 218-27.

☆58――*The Inventories and Valuations of the King's Goods 1649-51*, Walpole Society. XLIII, 1970-72, pp. 143ff. 庭園の彫像への支払いに関しては以下の文献を参照のこと。*CSP Domestic, 1636-37*, p. 325 nos. 96 and 97.

☆59――R. Needham and A. Webster, *Somerset House Past and Present*, London, 1905, pp. 89ff; The King's Arcadia, *op. cit*., pp. 149-54.

☆60――1631-2 (PRO E 351 / 3265).「予定された」噴水に対する支払い。1633-4 (E 351 / 3267). 噴水に対する支払い。1637-8 (E 351 / 3271).「王妃の内庭に新たな噴水を作成する」。一六三六年五月にニコラス・ストーンは支払いを受けている。噴水用に黒大理石製の貯水池を制作し、「ユベール・ル・シュウールの作品に適合させた」作業への俸給であった。Spiers, 'Notebook', *op. cit*., pp. 105-6.

☆61――これらの作品は以下にリスト化されている。*Inventories and Valuations, op. cit*., pp. 135-6. 彫像に関する記述は一六二八年から二九年にかけて現われ始める(PRO E 351 / 3262)。「庭園に立つ彫像用の台座に対して」。「池に浮かんでいる二隻の船に何度も降りていき、そこにあるさまざまな人物像を彫像を見て、陛下のためにそれらを運びだすこと」に対して。1631-2 (PRO E 351 / 3265).「腕や頭や足、その他の白大理石彫像が運搬途中で欠落したり破損したりしたものを修繕しつなぎあわせる」。ジョーンズ風の庭園門があったと思われる記述もある。「林苑へと通じる庭園門のための巨大なコーニスを作成する」。精緻な水門もあった(E 351 / 3265 and 3269)。

☆62――Whinney, *Sculptrue in Britain*, pp. 37-8: John Harris, 'The Diana Fountain at Hampton Court', *Burlington Magazine*, CXI, 1969, pp. 444-7. 両者とも、この噴水がもともとはサマセット・ハウスにあり、クロムウェルが護国卿であった時代にハンプトン・コートに移されたということを指摘していない。

☆63――以下の文献に引用されている。Harris, *op. cit., loc. cit.*

☆64――Ernest Law, *The History of Hampton Court Palace*, London, 1888, II, p. 244. また p. 302 には一六五九年のクロムウェルの財産目録が引用してある。Mollie Sands, *The Gardens of Hampton Court*, London,1950, pp. 109ff. アレトゥーサに関しては以下の文献を参照のこと。Ovid, *Metamorphoses*, trans. Mary M. Innes, Harmondsworth, 1955, pp. 142-4.

☆65――ユーライ・バビントンの指揮下におこなわれた改修はすべて一六三六年に実施された。以下の文献を参照のこと。National Library of Wales, Wynnstay MS 181 (1636). G・C・トマス氏がご親切に情報を提供してくださった。

☆66――*The King's Arcadia, op. cit*., p. 157 (nos. 293-4).

☆67――この部分は一六三四年から三五年にかけて建設された(PRO E 351 / 3268)。「煉瓦で新たな壁を庭園に設け……バットレスを付設してオレンジの庭を閉じる……内庭とオレンジの庭との間の壁にドア枠を穿ち、ドアを設置する」。ジョン・

トラデスキャントは庭園の改修作業に対する俸給として、六〇ポンドを一六三六年の一二月に支払われている。Wynnstay MS 181 (1636). 以下の文献を参照のこと。Mea Allan, *The Tradescants*, London, 1964, pp. 141ff. 一六三七年にニコラス・ストーンは噴水を設置している。Spiers, 'Notebook', *op. cit.*, III.

☆68——*The King's Arcadia, op. cit.*, p. 158 (no. 296). 一六三八年から三九年にかけて以下の文献の記録がある(PRO E 351 / 3237)。「画家ジョージ・ポートマンに対して。内庭にあるオープンギャラリーに長さ二四フィート、幅一二フィート、高さ一〇フィートの八つの油絵を作成し、風景を背景にした王妃の八つの居城を油絵で描き、坂の下のところに雲と空の色で大理石と deelinge［天井?］を分割し、約三フィートの高さまで色を塗り、国王陛下の命令によってさまざまなものを運びだし修復する。金貨七三枚、銀貨八枚、銅貨六枚」。

☆69——以下の文献を参照のこと。Vitruvius, VII, ch. V2. 二つの作例がハム・ハウスに現存している。損傷が激しいものの、この時代のものと思われる。

☆70——ウィンブルドン・ハウスに関しては以下の文献を参照のこと。*The King's Arcadia, op. cit.*, pp. 158-9 (nos. 297-8); C. S. Higham, *Wimbledon Manor House under the Cecils*, London, 1962, pp. 30ff.

☆71——Warrant given at The Hague, 10 April 1642, Wynnstay MS.

☆72——議会検地は以下に収録されている。*Surrey Archaeological Collections*, V, 1871, pp. 112ff.

☆73——Mollet, *Le Jardin de plaisir*, chapter XI.

☆74——*Ibid., loc. cit.*

☆75——*Ibid., loc. cit.*

第8章　結　論

☆1——ボルズオーヴァー城に関しては以下の文献を参照のこと。Hayman Rooke, *Sketch of the History of Bolsover and Peak Castle* in Bibliotheca Topographica Britannica, no. XXXII, 1790; R. W. Goulding, *Bolsover Castle*, Oxford, 1928; F. W. C. Gregory, 'Bolsover Castle', *Thoroton Society*, I. I, 1947, pp. 4-49; Mark Girouard, *Robert Smythson and Architecture of the Elizabethan Era*, London, 1966, pp. 159ff.

☆2——Jonson, *Works*, ed. Herford and Simpson, Oxford, 1941, pp. 807-14.

☆3——D. J. Gordon, *The Renaissance Imagination*, University of California Press, 1975, pp. 96-101.

☆4——Jonson, *Works*, ed. cit., p. 812.

☆5——*Ibid*., pp. 812-13.

☆6——『クロリスの国』に関する本書の議論は以下に基づくものである。Stephen Orgel and Roy Strong, *Inigo Jones. The Theatre of the Stuart Court*, University of California Press, 1972, I, pp. 56-7.

☆7——*Ibid*., II, p. 411.

☆8——*Ibid*., I, p. 72.

☆9——*Ibid*., II, p. 706.

☆10——*Ibid*., p. 708.

☆11——*Ibid*., p. 709.

☆12——*Ibid*., I, p. 7.

☆13——*Ibid*., II, p. 827. 仮面劇における透視図法の主題は、第一章と第二章において詳細に論じられている。

☆14——R. B. Beckett, *Lely*, London, 1951, pls 9 (c. 1644), 14 (c. 1647), 29 (c. 1651). もう少し後の時代の作例としては、以下の図版を見よ。pls 51, 52, 76 and 109.

☆15——Eugenio Battisti, 'Natura Atrificiosa to Natura Artificialis'in *The Italian Garden*, First Dumbarton Oaks Colloquium on the History of Landscape Architecture, ed. David R. Coffin, 1972, pp. 19-20 and n. 40.

☆16——Stanley Stewart, *The Enclosed Garden. The Tradition and the Image in Seventeenth Century Poetry*, Wisconsin U.P., 1966, p. 116; John Dixon Hunt, *The Figures in the Landscape. Poetry, Painting, and Gardening during the Eighteenth Century*, Johns Hopskins U.P., pp. 9-12. また以下の文献も参照のこと。Brendan O'Hehir, *Expans'd Hieroglyphicks. A Critical Edition of Sir John Denham's Cooper's Hill*, University of California Press, 1969; Leonard Foster, 'Meditation in a Garden', *German Life and Letters*, Special number for William Witta, 1977, pp. 23-35.

☆17——以下の文献に引用されている。Stewart, *op. cit*., p. 116.

☆18——以下の文献に引用されている。*Ibid., loc. cit.*

☆19——Dixon Hunt, *op. cit*., pp. 9-10.

☆20——George Wither, *A Collection of Emblemes 1635*, English Emblem Books, no. 12, ed. John Horden, Scolar Press, 1968, p. 107. このコレクションは以下に収録の図版を使用している。Gabriel Rollenhagen, *Nucleus Emblematum Selectissimum* (1611-13). 庭園、樹木、花に関するその他のエンブレムは以下のページに収録されている。pp. 35, 46, 102, 140, 159 and 209.

☆21——Francis Quarles, *Emblems, Divine and Moral*, London, 1839 ed., Bk I, emblem X. 以下の文献を参照のこと。Rosemary Freeman, *English Emblem Books*, London, 1948, pp. 114ff.

☆22——Quarles, *op. cit.*, Bk IV, emblem II.

☆23——*Ibid.*, Bk V, emblem III.

☆24——H. A., *Partheneia sacra*, ed. Ian Fletcher, 1950.

☆25——*Ibid.*, p. 11.

☆26——*Ibid.*, p. 12.

☆27——*Ibid.*, p. 14.

☆28——*The Poems and Letters of Andrew Marvell*, ed. H. M. Margoliouth, Oxford, 1963 ed., I, p. 48.

☆29——Stewart, *The Enclosed Garden*, pp. 120-21.

☆30——*Ibid.*, p. 105.

☆31——Quarles, *op. cit.*, Bk III, emblem 13.

☆32——パックウッド・ハウスに関しては以下の文献を参照のこと。 *Packwood House*, Warwickshire, guide, n.d.; *Gardens Old and New*, ed. John Leyland, n.d., pp. 58-62; *Country Life*, LVI, 1924, pp. 218-24 and 250-57.

☆33——Reginald Blomfield and F. Inigo Thomas, *The Formal Garden in England*, London, 1892, pp. 72-4.

☆34——John Dixon Hunt, *Andrew Marvell. His Life and Writings*, London, 1978, pp. 90-109. D. C. Allen, *Image and Meaning. Metamorphoric Traditions in Renaissance Poetry*, Johns Hopkins U.P., 1960, pp. 115-53, esp. p. 124 f

☆35——*The Poems and Letters of Andrew Marvell*, ed. cit., p. 68.

☆36——*Ibid.*, p. 69.

☆37——*Ibid.*, p. 71.

☆38——メランコリーに関しては以下の文献を参照のこと。 Lawrence Babb, *The Elizabethan Malady*, East Lansing, Michigan, 1951 and bibliography, pp. 196-7; Bridget Gellert Lyons, *Voices of Melancholy*, London, 1971 and bibliography, pp. 180-86; Roy Storng, 'The Elizabethan Malady. Melancholy in Elizabethan and Jacobean Portraiture', *Apollo*, LXXIX, 1964, pp. 164-9.

☆39——以下の文献に引用されている。 Strong, 'Elizabethan Malady', p. 265.

☆40——以下の文献に引用されている。 *Ibid.*, p. 266.

☆41——Milton, *Il Penseroso*, ll. 139-48.

☆42——Evelyn, *Diary*, ed. E. S. de Beer, Oxford, 1955: 15-17 May 1643 and *De vita propria*, *ibid.*, I, p. 54.

☆43——Robert Burton, *The Anatomy of Melancholy*, London, 1806 ed., I, p. 407.

☆44——*Ibid*., p. 411.

☆45——この主題については以下の文献を参照のこと。W. E. Houghton, 'The English Virtuoso in the 17th Century', *Journal of the Hisotry of Ideas*, III, 1942, pp. 51-73, 190-219.

☆46——Dixon Hunt, *Figure in the Landscape*, pp. 47ff.

☆47——Evelyn, *Diary, ed. cit*., 15-17 May 1643, 16 Feb. 1649, 1 Jan. 1651 and 22 Feb. 1652, and *De vita propria, ibid*., I, p. 55.

☆48——*De vita propria, loc. cit.*

☆49——Dixon Hunt, *Figure in the Landscape*, pp. 25-6; W. G. Hiscock, *John Evelyn and his Circle*, London, 1955, pp. 28-33; John Evelyn, *Directions to the Gardiner at Sayes Court*, ed. Geoffrey Keynes, 1931; Alicia Amherst, *A History of Gardening in England*, London, 1896, pp. 190-95.

☆50——以下の文献に引用されている。*The Genius of the Place. The English Landscape Garden 1620-1820*, ed. John Dixon Hunt and Peter Willis, London, 1975, pp. 57-8.

☆51——*Ibid*., pp. 67-9.

☆52——*Karling*（本書第7章の原註☆50を参照のこと）; Amherst, *op. cit*., pp. 196ff.

☆53——John Aubrey, *The National History of Wiltshire*, ed. J. Britton, Wiltshire Topographical Society, 1847, p. 92.

図版一覧

第1章　ルネサンス庭園

図1——中世の庭園（愛の庭）。『薔薇物語』収載の細密画より。一五世紀後半。British Library, London, Harl. MS 4425 f. 12v.

図2——人文主義者の庭園。Francesco Colonna, *Hypnerotomachia Poliphili*, Venezia, 1499 収載の木版画より。

図3・4——装飾的刈り込み（トピアリー）。Francesco Colonna, *Hypnerotomachia Poliphili*, Venezia, 1499 収載の木版画より。

図5——飾り結び式花壇の平面。Francesco Colonna, *Hypnerotomachia Poliphili*, Venezia, 1499 収載の木版画より。

図6——ヴァティカン宮殿とヴィッラ・ベルヴェデーレの中庭。逸名画家による一六世紀後半の画。以前はウィーン美術史美術館所蔵。

図7——ヴィッラ・デステの庭園。逸名画家による一七世紀の絵画。Collection of Sir Harold Acton.

第2章　紋章学庭園

図1——テムズ河方向から眺めたハンプトン・コート宮殿および庭園のパノラマ図。アントニス・ファン・ヴィンゲルデによるドローイング、一五六〇年頃。Ashmolean Museam, Oxford.

図2——ブロワの城館の庭園。J. A. du Cerceau, *Les Plus Excellents Bastiments de France*, Paris, 1576 収載の彫版画より。

図3——ガイヨンの城館の庭園。J. A. du Cerceau, *Les Plus Excellents Bastiments de France*, Paris, 1576 収載の彫版画より。

図4——フォンテーヌブロー宮殿の庭園。J. A. du Cerceau, *Les Plus Excellents Bastiments de France*, Paris, 1576 収載の彫版画より。

図5——ギルベール・ド・ラノワがシャルル勇胆公に自著『若き君主への教え』を麗々しく献呈する姿。フランドルの一五世紀の細密画。Bibliothèque de l'Arsenal, Paris, MS 5104, f. 14r.

図6——ヘンリー八世一家の肖像画中の一部、ホワイトホール宮殿の大庭園が描かれている部分。逸名画家による一五四五年ごろの絵画。王室コレクション所蔵。エリザベス二世陛下のご好意により複写の許可を賜った。

図7——大庭園と噴水を含む、ホワイト・ホール宮殿の鳥瞰図。アントニス・ファン・ウィンゲルデによる一五六〇年頃のスケッチ。Ashmolean Museam, Oxford.

図8——王家の紋章獣で飾られたパヴィリオンのデザイン。一五二〇年頃。British Library, London, Cotton MS Augustus iii f. 18.

図9——飾り結び式花壇のデザイン。Didymus Mountain, *The Gardeners Labyrinth*, 1571 より。

図10——四角形の迷路デザイン。Thomas Hill, *The Profitable Art of Gardening*, 1568 より。

図11——飾り結び花壇のデザイン。Thomas Trevelyon, *Miscellany*, 1618 中の図。Boies Penrose MS, Barbados Hill, Devon, Penn.

第3章　エンブレム庭園

図1——〈選ばれし薔薇〉としてのエリザベス一世。テューダー・ローズと野薔薇が女王をとりかこむ。ウィリアム・ロジャーズによる、一五九〇年から一六〇〇年頃の彫版画。British Museum, London.

図2——ケニルワース城の平面図。　William Dugdale, *Antiquities of Warwickshire*, 1656 より。

図3——憂鬱にふさぎこんだ若者の姿。アイザック・オリヴァーによる細密画。一五九〇年から九五年頃。王室コレクション所蔵。エリザベス二世陛下のご好意により複写の許可を賜った。

図4——イオニア式デザインの庭園。J. Vredeman de Vries, *Hortorum viridariorumque elegantes et multiplicis formae*, 1583（フレーデマン・ド・フリース『庭園と植込みの形態』）より。

図5——ティブルズの内庭と大庭園のダイアグラム。一六世紀後半。Ian Mackenzie-Kerr による作図。

図6——ヘッセンにあるブラウンシュバイク公の庭園。一六三〇年代の彫版画。Victoria and Albert Museum, London.

図7——《ウォラトン・ホールと庭園、ノッティンガムシア》。ヤン・ジベレヒツによる一六九七年の景観図。Yale Center for British Art, Paul Mellon Collection.

図8——ウィルトンの邸館と庭園の平面。ロバート・スミッソンによる一五八〇年頃のドローイング。British Architectural Library - RIBA Drawings Collection.

図9——アネの城館。J. A. du Cerceau, *Les Plus Excellents Bastiments de France*, Paris, 1576 収載の彫版画より。

図10——ウィンブルドン・ハウス、サリー（現グレーター・ロンドン）。ヘンリー・ウィンスタンリーによる一六七八年の彫版画。

図11——ウィンブルドン・ハウスと庭園。ロバート・スミッソンによる一六〇九年のドローイング。British Architectural Library - RIBA Drawings Collection.

図12――ノンサッチ宮殿の大理石製オベリスク、サリー（現グレーター・ロンドン）。*Lumley Inventory*, 1590（ラムリー家目録）のドローイングより。Collection the Earl of Scarbrough. Photo National Portrait Gallery, London.
図13――ノンサッチ宮殿の内庭。ヨドクス・ホンディウスの彫版画《サリーの地図（*Map of Surrey*）》の部分。John Speed, *Theatre of the Empire of Great Britaine*, 1611-12 に収録。
図14――ノンサッチ宮殿の、隼の止まり木のひとつ。*Lumley Inventory*, 1590（ラムリー家目録）のドローイングより。Collection the Earl of Scarbrough. Photo National Portrait Gallery, London.
図15――ノンサッチ宮殿内庭のディアナの噴水。*Lumley Inventory*, 1590（ラムリー家目録）のドローイングより。Collection the Earl of Scarbrough. Photo National Portrait Gallery, London.
図16――エリザベス一世をディアナ女神として称揚する噴水。ノンサッチ宮殿。*Lumley Inventory*, 1590（ラムリー家目録）所載の水彩画。Collection the Earl of Scarbrough. Photo National Portrait Gallery, London.
図17――ニコラス・ヒリアード《ヘンリー・パーシー、第九代ノーザンバーランド伯爵》一五九〇―九五年頃、アムステルダム、国立美術館。

第4章　マニエリスム庭園Ｉ

図1――サロモン・ド・コーの肖像画。逸名画家による一六一九年の画。Kurpfalzisches Museum, Heidelberg.
図2――自動機械人形。第三七則。アレクサンドリアのヘロン『気学』（*Pneumatics*）のアレオッティによるイタリア語版（一五八九年）より。
図3――自動機械人形。第四〇則。アレクサンドリアのヘロン『気学』（*Pneumatics*）のアレオッティによるイタリア語版（一五八九年）より。
図4――《プラトリーノのヴィッラ・メディチの庭園》、ジュスト・ウテンス画、一五九九年。Museo Topografico, Firenze. Photo Soprintendenza alle Gallerie, Uffizi, Firenze.
図5――プラトリーノのヴィッラ・メディチの庭園にある自動機械人形の人工洞窟。ステーファノ・デッラ・ベッラによる彫版図、一六五三年。British Museum, London.
図6――フォンテーヌブローの宮殿と庭園の景観。アレッサンドロ・フランチーニによる彫版画、一六一四年。Bibliothèque Nationale, Paris.
図7――サン・ジェルマン・アン・レーの邸館と庭園の景観。彫版画、一六一四年。Bibliothèque Nationale, Paris.

図8——サン・ジェルマン・アン・レーの庭園のオルフェウスの人工洞窟。フランチーニの画をもとにA・ボスが作成した彫版画。Bibliothèque Nationale, Paris.

図9——肖像画《アン・オブ・デンマーク》中の、サマセット・ハウス庭園の情景。マルクス・ゲーラーツ画、一六〇五年から一〇年頃。Woburn Abbey Collection 収蔵。Marquess of Tavistock および Trustees of the Bedford Estates のご厚意により転載。

図10——サマセット・ハウスの庭園の平面図。ロバート・スミッソンによるドローイング、一六〇九年頃。British Architectural Library - RIBA Drawings Collection.

図11——サマセット・ハウス。彫版画。W. Kip, *Britania illustrata*, 1707 より。

図12——ヴィッラ・プラトリーノの庭園のパルナッソス山。H・シックハルトによるドローイング。Württembergische Landesbibliothek, Stuttgart, Cod. Histo. Q. 148, fasc. B-C.

図13——おそらくはサマセット・ハウスのためのパルナッソス山のデザイン。彫版画。Salomon de Caus, *Les Raisons des forces mouvantes*, 1624（サロモン・ド・コー『動力の原理』）より。

図14——《フランス諸地方の舞踏》、アントワーヌ・カロンによるドローイング、一五七三年。Collection Mr and Mrs Winslow Ames, Saunderstown, Rhode Island.

図15——《グリニッジ宮殿の景観》、アントニス・ファン・ウィンゲルデによるドローイング、一五六〇年頃。Ashmolean Museam, Oxford.

図16——鳥舎のデザイン。グリニッジにあった要素が確認できる。彫版画。Salomon de Caus, *Les Raisons des forces mouvantes*, 1624（サロモン・ド・コー『動力の原理』）より。

図17——グリニッジにあったものと類似の噴水デザイン。彫版画。Salomon de Caus, *Les Raisons des forces mouvantes*, 1624（サロモン・ド・コー『動力の原理』）より。

図18——フォンテーヌブロー宮殿のテヴェレの噴水。トンマーゾ・フランチーニの画に基づいて、M・ラスヌが作成した彫版画。Bibliothèque Nationale, Paris.

図19——島の形をした横臥の巨人像。おそらくはリッチモンド宮殿のためのデザイン。彫版画。Salomon de Caus, *Les Raisons des forces mouvantes*, 1624（サロモン・ド・コー『動力の原理』）より。

図20——アペニン山脈の巨人像。ジャンボローニャがフィレンツェ近郊のヴィッラ・プラトリーノの庭園に一五八〇年頃制作。

図21——巨人像の計画。おそらくは、ヘンリー皇太子のためにリッチモンドに計画したもの。一六一〇年頃。彫版画。Salomon de Caus, *Les Raisons des forces mouvantes*, 1624（サロモン・ド・コー『動力の原理』）より。

図22——肖像画《ヘンリー、プリンス・オヴ・ウェールズ》の細部である、湖と築島の情景部分を拡大したもの。おそらくはリッチモンドを描いたもの。ロバート・ピーク画、一六一〇年頃。National Portrait Gallery, London.

図23——鳥舎を内包した築山。おそらくはリッチモンドのための計画。彫版画。Salomon de Caus, *Les Raisons des forces mouvantes*, 1624（サロモン・ド・コー『動力の原理』）より。

図24——ベン・ジョンソン『妖精の王子オベロン』中のオベロンの宮殿。イニゴ・ジョーンズによるドローイング、一六一一年。Reproduced by Devonshire Collection, Chatsworth. Trustees of the Chatsworth Settlement. Photo Courtauld Institude of Art, Univesity of London.

図25——ハットフィールド・ハウスの庭園の渓谷のデザイン。マウンテン・ジェニングズに帰されているドローイング。Public Record Office, London, S.P. 14/67, no. 63 (Crown copyright).

図26——テラスで囲まれた飾り結び式花壇庭園のデザイン。おそらくはハットフィールド・ハウスの庭園のための計画。Courtesy of the Marquess of Salisburry.

図27——ド・コーがハットフィールド庭園につくった噴水を彷彿とさせるデザイン。彫版画。Salomon de Caus, *Les Raisons des forces mouvantes*, 1624（サロモン・ド・コー『動力の原理』）より。

図28——空から眺めたハットフィールド・ハウスおよび庭園の姿。Photo Aerofilms Ltd.

図29——マッシーズ・コート、ラナーク、クルーイド。逸名画家による画、一六六二年。Yale Center fot British Art, Paul Mellon Collection.

図30——《ホルトゥス・パラティヌス》、逸名画家の絵。サロモン・ド・コーが作成した庭園を示す。Kurpfalzisches Museum, Heidelberg.

第5章　マニエリスム庭園Ⅱ

図1——《ハムデン家のあるレディの肖像画》、逸名画家による、一六一〇年から一五年頃。Museum of Art, Rhode Island School of Design, Providence, Rhode Island. Gift of Miss Lucy T. Aldrich.

図2——ウォダム・カレッジの庭園、オックスフォード、彫版画。David Loggan, *Oxonia illustrata*, 1677 より。

図3——ニュー・カレッジの庭園、オックスフォード。彫版画。David Loggan, *Oxonia illustrata*, 1677 より。

図4——ノンサッチのウースター・ロッジ、邸館と庭園の平面図。ロバート・スミッソンによるドローイング、一六〇九年頃。

British Architectural Library - RIBA Drawings Collection.

図5——ピーターシャムのハム・ハウス、邸館と庭園の平面図。ロバート・スミッソンによるドローイング、一六〇九年頃。British Architectural Library - RIBA Drawings Collection.

図6——リンカーンシャーのダウズビー・ホール、邸館と庭園の平面図。ジョン・ソープによるドローイング、一六〇三年から一〇年頃。Trustees of Sir John Soane's Museum, London. Photo Courtauld Institute odf Art, University of London.

図7——ロンドンのノーサンプトン・ハウスおよび庭園。ロバート・スミッソンによるドローイング、一六〇九年頃。British Architectural Library - RIBA Drawings Collection.

図8——トゥイクナムにあったベドフォード伯夫人の庭園の平面図。ロバート・スミッソンによるドローイング、一六〇九年頃。British Architectural Library - RIBA Drawings Collection.

図9——コペルニクス以前の宇宙像。木版画。*Practica compendiosa artis Rraymond Lull*, 1523 より。

図10——チャスルトン・ハウスの庭園。もともとは一六〇二年頃から一六一四年にかけて造成されたもの。Photo Charles LathamÅBH. Inigo Triggs, *Formal Gardens in England and Scotoland*, 1902 より。

図11——エルヴィーサムの庭園での歓待のために掘られた象徴性を帯びた湖。ハンプシア、一五九一年。木版画。John Nichols, *Progresses of Queen Elizabeth*, 1823 より。Photo Courtauld Institute odf Art, University of London.

図12——バヨンヌの城館の庭園における水を駆使した祭典（一五六五年）。ヴァロワ・タペストリーのうちの一枚。ウフィツィ美術館、フィレンツェ。Photo Alinari.

図13——《フォンテーヌブロー宮殿における水上祝典》。アントワーヌ・カロンによるドローイング、一五七〇年頃。National Gallery of Scotland, Edinburgh.

図14——ガイヨンの城館の水上庭園、一五五〇年頃。J. A. du Cerceau, *Les Plus Excellents Bastiments de France*, Paris, 1576 収載の彫版画より。

図15——ノッティンガムシアはホートン・ハウスの鴨を捕獲するためのおとり施設。W. Kip, *Britannia illustrata*, 1707 収載の彫版画より。

図16——フランシス・ベーコンが語った記述に基づくダイアグラム。ゴランベリーのベーコン邸にあった築島の浮かぶ泉水（一六〇八年）。Ian Mackenzie-Kerr による。

図17——トマス・ブッシェルがエンストンの地につくった隠遁の館と人工洞窟。オックスフォードシア、一六二八年から三五年。Robert Plot, *Natural History of Oxfordshire*, 1677 収載の彫版画より。

図18――トマス・ブッシェルがエンストンの地につくった隠遁の館へのアプローチならびに外観の様子。Robert Plot, *Natural History of Oxfordshire*, 1677 収載の彫版画より。

図19――自動機械人形。John Bate, *The Mysteryes of Nature and Art*, 1634 収載の木版画より。

図20――水力駆動の自動機械人形。John Bate, *The Mysteryes of Nature and Art*, 1634 収載の木版画より。

図21――《幸いなる島々とその統一におけるオケアヌスの館》、イニゴ・ジョーンズのドローイング、一六二五年。Devonshire Collection, Chatsworth. Reproduce by permission of the Trustees of the Chatsworth Settlement. Photo Courtauld Institude of Art, Univesity of London.

第6章　折衷式庭園Ⅰ

図1――ウォーバーン・アビー（ベドフォードシア）の人工洞窟。Photo Country Life.

図2――ディアナ女神とカリストーの人工洞窟。イサク・ド・コーによる水彩画、一六二〇年から三〇年頃。Victoria and Albert Museum, London.

図3――メルクリウスとエウロパの人工洞窟。イサク・ド・コーによる水彩画。Victoria and Albert Museum, London.

図4――ムーア・パーク（ハートフォードシア）の構成図。Ian Mackenzie-Kerr による。

図5――《コヴェント・ガーデン広場》、ベドフォード・ハウスの庭園の情景を示す。逸名画家による絵、一六四九年頃。

図6――《刺繡花壇》。Isaac de Caus, *Le Jardin de Wilton*, c. 1645 収載の彫版画より。

図7――ニコラス・ストーンによるウェヌスとクピドの像。ウィルトン庭園。ソールズベリー近郊、ウィルトシア。Photo Julia Trevelyan Oman.

図8――ニコラス・ストーンによるディアナ女神の像。ウィルトン庭園。Photo Julia Trevelyan Oman.

図9――ニコラス・ストーンによるスザンナの像。ウィルトン庭園の噴水用に作成。Photo Julia Trevelyan Oman.

図10――ウィルトン庭園のスザンナの噴水。Isaac de Caus, *Le Jardin de Wilton*, c. 1645 収載の彫版画より。

図11――ウィルトン庭園における、バッカス像を中心にいただく樹林区画。Isaac de Caus, *Le Jardin de Wilton*, c. 1645 収載の彫版画より。

図12――ウィルトン庭園にあった王冠の噴水のひとつ。Isaac de Caus, *Le Jardin de Wilton*, c. 1645 収載の彫版画より。

図13――ウィルトン庭園の人工洞窟のすぐ前に立つファサードの現状。Photo Country Life.

図14――レナード・ニフ《ウィルトンの地勢学的景観》（*Topographical View of Wilton*）、図20の部分、一七〇〇年頃。かつての

ファサードの姿の詳細。Collection of the Earl of Pembroke and the Trustees of the Wilton House Trust. Photo A. C. Cooper.
図15——ウィルトン庭園の人工洞窟の内観。Isaac de Caus, *Le Jardin de Wilton*, c. 1645 収載の彫版画より。
図16——ウィルトン庭園の水の装飾花壇。Isaac de Caus, *Le Jardin de Wilton*, c. 1645 収載の彫版画より。
図17——ウィルトン庭園の水の装飾花壇のためのニコラス・ストーンによる彫像。Photo Julia Trevelyan Oman.
図18——ウィルトン庭園の円形劇場。Isaac de Caus, *Le Jardin de Wilton*, c. 1645 収載の彫版画より。
図19——ウィルトン庭園の邸館から見た庭園の俯瞰図。Isaac de Caus, *Le Jardin de Wilton*, c. 1645 収載の彫版画より。
図20——レナード・ニフ《ウィルトンの地勢学的景観》(*Topographical View of Wilton*)、一七〇〇年頃。Collection of the Earl of Pembroke and the Trustees of the Wilton House Trust. Photo A. C. Cooper. 上は全図、下はペガサスの滝の詳細。
図21——ペーテル・パウル・ルーベンス《愛の庭》一六三八年、マドリード、プラド美術館。
図22——ドーリーの庭園。旧ミドルセックス。W. Kip, *Britannia illustrata*, 1707 収載の彫版画より。
図23——ストートン・ハロルドの庭園、ライセスターシア。W. Kip, *Britannia illustrata*, 1707 収載の彫版画より。
図24——ヘイトの庭園、ランカシア（現グレーター・マンチェスター）。W. Kip, *Britannia illustrata*, 1707 収載の彫版画より。

第7章　折衷式庭園Ⅱ

図1——自画像、イニゴ・ジョーンズによる（一六二〇年頃）。Devonshire Collection, Chatsworth. Reproduced by permission of the Trustees of the Chatsworth Settlement. Photo Courtauld Institude of Art, Univesity of London.
図2——肖像画《アン・オブ・デンマーク》部分。オートランズのグレート・ゲートを示す。パウル・ファン・ゾーメル画、一六一七年。王室コレクション所蔵。エリザベス二世陛下のご好意により複写の許可を賜った。
図3——イニゴ・ジョーンズによるイタリア風の門。ロンドンのアランデル・ハウスにおける西側の庭園用。ジョン・スミッソンによるドローイング、一六一八年。British Architectural Library - RIBA Drawings Collection.
図4——《アランデル伯爵夫人アレセイア・タルボット》に描かれた、アランデル・ハウスの庭園の情景詳細。ダニエル・ミトゥンズ画、一六一八年。National Portrait Gallery, London. Photo Courtauld Institude of Art, Univesity of London.
図5——《アランデル伯爵トマス・ハワード》に描かれた、アランデル・ハウス東側の庭園の情景詳細。逸名画家による一六二七年頃の画。Collection the Duke of Portland, Welbeck Abbey. Photo National Portrait Gallery, London.
図6——オルベリー・パーク（サリー）の未完の人工洞窟の情景。ウェンセスラウス・ホラーによる彫版図。Victoria and Albert Museum, London.

図7——ダンヴァーズ・ハウス（チェルシー）の庭園平面。ジョン・オーブリーによる一六九一年のドローイング。Bodleian Library, Oxford, MS Aubrey 2, f. 59r.

図8——ダンヴァーズ・ハウス（チェルシー）。W. Kip, *Britannia illustrata*, 1707 収載の彫版画より。

図9——《初代男爵アーサー・キャペルとその家族》に描かれた、リトル・ハダムの庭園の情景詳細。コーネリアス・ジョンソン画、一六三九年頃。Ntional Portrait Gallery, London.

図10——《ハートフォードシアのハダム・ホールの東正面の情景》。逸名画家による一七世紀末の画。Collection Hadam Hall. Photo National Portrait Gallery, London.

図11——《『羊飼いの楽園』における庭園の情景》。イニゴ・ジョーンズによるドローイング（一六三三年）。Devonshire Collection, Chatsworth. Reproduced by permission of the Trustees of the Chatsworth Settlement. Photo Courtauld Institude of Art, Univesity of London.

図12——ライコウトの庭園、オックスフォードシア。W. Kip, *Britannia illustrata*, 1707 収載の彫版画より。

図13——《サリーのダーダンズ・ハウス》に描かれた、邸館ならびに庭園の詳細。L・ニフ画、一六七三年。Trustees of Berkery Castle. Photo Courtauld Institude of Art, Univesity of London.

図14——〈刺繍花壇〉のデザイン。André Mollet, *Le Jardin de plaisir*, 1651 収載の彫版画より。

図15——〈芝のコンパートメント〉のデザイン。André Mollet, *Le Jardin de plaisir*, 1651 収載の彫版画より。

図16——ユベール・ル・シュウールによるアレトゥーサの噴水。現在はリッチモンドのブッシー・パークにある。Phoyo National Monuments Record.

図17——アンドレ・モレがおこなった庭園改造を再現した図。*Ian Mackenzie-Kerr* による。

図18——ウィンブルドン・ハウスに敷設されたのと同種の樹林区画のデザイン。André Mollet, *Le Jardin de plaisir*, 1651 収載の彫版画より。

図19——ウィンブルドン・ハウスに敷設されたのと同種の迷路のデザイン。André Mollet, *Le Jardin de plaisir*, 1651 収載の彫版画より。

図20——ウィンブルドン・ハウスの庭園側正面、一六七八年。ヘンリー・ウィンスタンリーによる彫版画、一六七八年。British Museum, London.

図21——邸館と庭園のデザイン。André Mollet, *Le Jardin de plaisir*, 1651 収載の彫版画より。

第8章　結論

図1——ダービーシアのボールズオーヴァー城にあるウェヌスの噴水。一六三〇年から三三年頃。Photo *Country Life*.

図2——《『クローリスの国』中のクローリスとしてのヘンリエッタ・マライア》。イニゴ・ジョーンズによるドローイング。Devonshire Collection, Chatsworth. Reproduced by permission of the Trustees of the Chatsworth Settlement. Photo Courtauld Institude of Art, Univesity of London.

図3——サー・アンソニー・ヴァン・ダイクが描いた《ある婦人の肖像画》(一六三五年頃)。王室コレクション所蔵。エリザベス二世陛下のご好意により複写の許可を賜った。

図4——逸名画家による《ワット夫人》の肖像画(一六四〇年頃)。Formerly collection of Lord Clinton. Photo National Portrait Gallery, London.

図5——逸名画家による《イルフィールドのホールズ男爵夫人ジェーン・シャーリー》の肖像画(一六三〇年)。Collection the Marquess of Bath, Longleat. Photo Courtauld Institude of Art, Univesity of London.

図6——忍耐のエンブレムとしての庭園。George Wither, *Emblemes*, 1635 より。

図7——忠実な魂をめぐるドラマの舞台としてのローンボウリング用の芝地。Francis Quarles, *Emblemes*, 1635 より。

図8——庭園を象ったエンブレム。Henry Hawkins, *Partheneia Sacra*, 1633 より。

図9——処女マリアを称える〈ホルトゥス・コンクルスス(閉ざされし庭)〉。Henry Hawkins, *Partheneia Sacra*, 1633 より。

図10——ウォリックシアはパックウッドの「山上の訓戒」。Photo National Trust.

図11——《エドワード・ハーバート、チェベリーの初代男爵ハーバート》。アイザック・オリヴァーによる細密画、一六一〇年から一五年頃。Collection the Earl of Powis.

図12——《ラングリーのウィリアム・スタイル》の肖像画。逸名画家による絵、一六三六年。Tate Gallery, London. Photo A. C. Cooper.

図13——アブデラの人デモクリトス。クリスティアン・ル・ブロンによる彫版画。R. Burton, *Anatomy of Melancholy*, 1628 のタイトル・ページより。

図14——サリーのウォットンの庭園。ジョン・イーヴリンによるデザイン、一六五二年。ジョン・イーヴリンによるドローイング、一六五三年。Evelyn MSS, Evelyn Trustees, Christ Church, Oxford.

図15——デットフォードにあるセイズ・コートの庭園平面図。ジョン・イーヴリンによるドローイング、一六五三年。Evelyn MSS, Evelyn Trustees, Christ Church, Oxford.

観念を盛る幾何の器

――初期近代インテレクチュアル・ヒストリーとしてのルネサンス庭園史研究

どんな観念論的な哲学体系にも、それに対応する具体的な庭の形というものがありそうです。……

（澁澤龍彦「マジョーレ湖の姉妹」『ヨーロッパの乳房』、河出文庫、七三ページ）

ロイ・ストロングが切り開いたルネサンス庭園史研究の沃土

かつてイングランドの大地を一面おおっていた無慮無数の整形式庭園への振るった追悼文で幕を開ける本書『イングランドのルネサンス庭園』（Roy Strong, *Renaissance Garden in England*, Thames and Hudson, 1998）は、英国の美術史家ロイ・ストロング（1935 - ）の著作としては、本邦で二冊目の邦訳紹介となる作品である。開巻劈頭、イギリスが世界に誇る英国風景式庭園の英雄「ケイパビリティ」ブラウンとその一統を平気でなで斬りにしてみせるあたり、ユーモア溢れる英国紳士に特有の、どことなくエキセントリックな雰囲気を漂わせるストロングの面目躍如といった観があるが、本書は実にその内容面においても、イングランドのルネサンス庭園史研究に一新時代を劃した名著として、十分な刺激と魅力を具えたものになっている。

序文以下で述べられているとおり、ストロングが本書の初版を上木した七〇年代末葉当時、西欧の庭園史研究はまだ緒についたばかりであり、確たる方法論とてあるわけでもなかった。ストロングはそうした状況の中を手探りで進み、膨大な資料を博捜渉猟のうえ、絶対王政の「理念」という導きの糸を手がかりに、イングランドへのルネサンス式整形庭園の導入とその展開という錯雑極まる主題を、一貫したパースペクティヴのもと見事に織り紡いでみせた。こうして本書が一五〇葉にもなんなんとする図版とともに提示した丹精な歴史的見取り図は、その時代・様式区分のたしかな鑑識眼、分析対象とする作品・人物選択の剴切さ、さらにはその明快なストーリー展開によって、いまだにこれを完全に凌駕するものは提出されていない。現在でもイングランドのルネサンス庭園史研究は、基本的にはストロングが描いたパースペクティヴに沿っておこなわれているといってもよいだろう。

本書の登場以降、とくに八〇年代に入ってからは、*Journal of Garden History* (Taylor & Francis, London & Philadelphia, 1981-97, *Studies in the History of Gardens & Designed Landscapes*, 1998 -) の発刊に象徴されるように、庭園史研究は美術・建築史からは独立した一学術領野としての地位を確立するにいたったが、その方法論は庭園デザインへの様式史的アプローチか、園内の諸要素に込められたイコノロジー・プログラムの読解が中心であった。しかしながら九〇年代を迎えると、さまざまな人文諸学からの積極的な参入により、庭園史研究はかつてない視野の広がりと方法論の深化を経たばかりか、横断領域的な知性が縦横に既成カテゴリー間の壁を突破してみせる知の煮沸状態とでもいうべきものが、まさに庭園史研究を舞台に出来する。いや、諸分野を通航する感性の持ち主でなければ、そもそも庭園などという「複合的な観念体系」(a complex conceptual system [E. Battisti]) を読み解けるはずがない、というストロングがすでに七〇年代末の時点で主張していた視点に、ようやく斯界が追いついたのだともいえる。[☆1] 学問の範疇文化が未確定であった「初期近代」(early modern) という時代の庭園を扱った研究に、とりわけそういった分野通航的な態度が見受けられるのも、だから当然といえば当然のことなのだ。ストロングが本書で実践してみせた、祝祭・演劇、文学、哲学、宗教、科学技術といった主題の融合は当然のこととして、近年ではさらに記憶術、蒐集文化論、博物学といった未聞の異ジャンルから切りこんだ清新な庭園史研究が、文・理の壁を超えた第三の新境域を産みだしつつある。以下に、ストロングの慧眼に敬意を表わしつつ、そうした最新の研究動向を紹介するとともに、ルネサンス庭園史研究がはらむさらなる射程についても述べてみることにしたい。

ストロング以降のイングランド庭園史研究

まずは、本書の主題をめぐる狭い意味での「その後」を整理しておこう。ストロングの衣鉢を継ぐ英国庭園史研究の雄といえば、なんといってもジョン・ディクスン・ハントに止めを刺す。先述の庭園史紀要の編集主幹も務めるハントは、主に英国風形式庭園の研究から出発し、その起源を探るべく整形庭園史に後ろ向きに切りこむ、というアプローチをとるのが特徴的だ。ストロングの著作と同一の主題を扱った決定的作品としては、John Dixon Hunt, *Garden and Grove: The Italian Renaissance Garden in the English Imagination 1600-1750* (J. M. Dent & Sons Ltd, London, 1986, pap. University of Pennsylvania Press, Philadelphia, 1996) がある。英国の文人貴族たちがイタリアを訪れたさいに目にしたルネサンス式整形庭園の衝撃を、オウィディウス『変身譚』、劇場、珍品蒐集、といった魅惑的なテーマで説き去り（第一部）、さらには英国風形式庭園の誕生に、イタリア・ルネサンス発の整形式庭園が強い影響力を及ぼしていたことを明らかにした（第二部）。ストロングの本訳書を読み終えた向きが、次に手にするべき一冊である。またストロングは終章で、メランコリーが庭園様式の展開に大きな影響をふるったことを指摘して幕切れとなるのだが、ではその後の庭園史はどうなったのかを知りたい向きには、デイヴィッド・コフィンによる、David R. Coffin, *The English Garden: Meditation and Memorial* (Princeton University Press, New Jersey, 1994) をお勧めする。まさにストロングが擱筆した時点から説き起こし、庭園におけるメランコリーや瞑想のテーマを引き継いで、英国風形式庭園の消長史を通観してみせた。

イングランド庭園史における整形式から風景式への移行期にあって斯界に決定的な影響力を及ぼした人物として、ヴァーチュオーゾにして文筆家のジョン・イーヴリン（John Evelyn, 1620-1706）と、珍品奇物の蒐集家にして庭師でもあったジョン・トラデスキャント父子（John Tradescant, c. 1570-1638, 1608-1662）らの存在を無視することはできない。イーヴリンについては本書でもなじみの顔だ。彼は未刊の手稿、*Elysium Britannicum*（『ブリタニカの楽園』）を執筆し、王立協会（ロイヤル・ソサエティ）との提携のもと、園芸・造園学を新科学の支柱のひとつに据えようとした。近年ワシントンのダンバートン・オークス研究所で開催されたイーヴリンの国際シンポジウムに関連して編まれた論集、Therese O'Malley & Joachim Wolschke-Bulmahn (eds.), *John Evelyn's "Elysium Britannicum" and European Gardening* (Dumbarton Oaks, Washington D. C.) を繙けば、この人物に対する国際的かつ分野を超えた関心の高さがうかがえる。D・ハントもしっかり寄稿している点、見逃せない。またトラデスキャントは、アシュモリアン・ミュージアムの基礎となった英国初の公共ミュージアムを造営した蒐集＝造園家として知られ、植物学的な側面から、庭園学の発展に大きく寄与している (Prudence Leith Ross, *The John Tradescants: Gardeners to the Rose and Lily Queen*, Peter Owen, London, 1984)。庭園と蒐集をめぐる問題には、のちほど詳しく立ち返ってみることにしよう。

さて、ロイ・ストロング自身も、本書を上梓したあとにいくつか重要な論考を発表している。とりわけ第二版の序で予告されていた本書の全面改訂版とも思しき著作が、目も綾な美麗カラー図版を大量投入のうえ、満を持して刊行された。題して、Roy Strong, *The Artist and the Garden* (Yale University Press, New Heaven, 2000) という。なにやらグリーナウェイを彷彿とさせるタイトルのこの著作は、本書の編年体の記述を、テーマごとに編みなおした体裁をとる。ストロングの庭園論のファンになった読者は、ぜひ手にとって見るとよいだろう。またストロングは園芸実践家としてもなかなかの腕前をもっているようで、次のような愛らしい園芸指南書もいくつか執筆している。Roy Strong, *Successful Small Gardens: New Designs for Time-Conscious Gardeners* (Conran Octopus, London, 1994); Id., *Small Traditional Gardens: A Practical Guide to Desing and Planting* (Conran Octopus, London, 1995)。現在ではさすがに歴史研究の最前線からは一歩後退した観があるが、それでも好好爺サー・ストロングは自らの趣味たる園芸に泰然自若と興じるかたわら、かつて自分がしかけた知の爆弾が大炸裂するさまを、幾何学刈り込み《トピアリー》の影から目を細めて眺めているにちがいない。

ルネサンス庭園史研究の深化と拡散

以下に、近年の庭園史研究の汗牛充棟ぶりを概観してみよう。やはり研究者層が一番厚く、かつ刺激的なのが、ほとばしる創造力を造園の分野でも縦横に発揮したイタリア・ルネサンス期の庭園をめぐる研究である。のちにフランス・バロック式庭園にとってかわられるまで、全ヨーロッパの規範として君臨した庭園様式だ。まずはワシントンのダンバートン・オークス研究所に拠るD・コフィンやE・マクドゥーガルといった米国人研究者たちが、庭園史研究の基本的な方法論を深化させたといっていい。両者の古典的研究は以下のとおりである。David. R Coffin, *op. cit.*, Washington D. C., 1972; Id, *The Villa in the Life of Renaissance Roma* (Princeton University Press, New Jersey, 1979); Id, *Gardens and Gardening in Papal Roma* (Princeton University Press, New Jersey, 1991); Elisabeth B. MacDougall, *Fountains, Statues and Flowers: Studies in Italian Gardens of the Sixteenth Centuries*, Dumbarton Oaks, Washington D. C., 1994). これらの研究により、ルネサンス期ローマの庭園における彫刻の蒐集展示、珍花奇葉の蒐集栽培、錯雑なイコノロジー・プログラムの展開、といった側面が浮き彫りにされた。早くもここに、庭園における蒐集というテーマが萌芽的に現れている点は示唆的である。

一方で庭園史研究の方法論の彫琢洗練にこだわりつづけているのが、同じくダンバートン・オークスに拠る、あの英国風形式庭園史の泰斗D・ハントだ。九〇年代に入って、まさに庭園史研究の方法論自体をめぐるメタな論集、John Dixon Hunt, *Garden History: Issues, Approaches, Methods* (Dumbarton Oaks, Washington D. C., 1992) を同研究所で編んでもいる。さらには論集、Id, *The Italian Garden: Art, design and culture* (Cambridge University Press, London, 1996) では、イコノロジー・プログラムの読解に終始する旧套の庭園史研究からの脱却を標榜する気鋭の論考を編纂し、斯界に一石を投じた。

また個々の庭園に関する決定的なモノグラフ研究も充実してきている。一例を挙げるなら、ストロングが本書で、まさにこれぞマニエリスム庭園の極致であると満腔の賛嘆を捧げたプラトリーノ庭園については、フィレンツェ大学のルイージ・ザンゲリが関連一次資料を完璧に網羅・収載した雄篇、Luigi Zangheri, *Pratolino: il giardino delle meraviglie* (Gonnelli Firenze, 1979) を、本文・資料編と図版編の二巻組みで堂々刊行、さらに一九八七年にはこれを大幅に増補改訂した版を世に問い、ここにマニエリスム庭園史研究は一新紀元を劃することになる。トスカーナ大公フランチェスコ・メディチ（1541-87）が愛妃ビアンカ・カペッロのために国庫を蕩尽してつくりあげた、綺想異風の風狂奇苑。大公の要請を受け、噴水機巧や自動機械人形の仕掛けをあれこれと考案し、美と科学が渾然一体となる夢幻郷をつくりあげた博学技師ベルナルド・ブオンタレンティ（c.1523-1608）は、のちにサロモン・ド・コーの熱烈な鑽仰を受ける大天才だ。この庭が全ヨーロッパの庭園芸術に与えた影響は計り知れないものがあり、そのインパクト自体を探る国際シンポジウムも開催され、論集 Alessandro Vezzosi (ed.), *Il Giardino d'Europa: Pratolino come modello nella cultura europea* (Mazzotta, Milano, 1986) が編まれた。

さて、九〇年代以降に一挙爆発・拡散する庭園史研究の怒涛の新潮流を決定付けた雄渾の一篇といえば、まずもってM・モセールとG・テイソが編纂した、Monique Mosser & Georges Teyssot (eds.), *The History of Garden Design: The Western Tradition from the Renaissance to the Present Day*, Thames & Hudson, London, 1991）に止めを刺す。誇張ではなく、これは庭園史におけるひとつの革命的・記念碑的作品であったといってもよく、その後に展開するすべてのテーマがここになんらかのかたちで萌芽的に内包されているのだ。D・ハントの風景式庭園論はもちろんのこと、マニエリスム庭園の驚異・珍奇鍾愛を説くL・ザンゲリ、ルネサンス庭園の観念史を語るT・コミト、植物園史のL・トンジョルジ・トマーズィ、一六世紀庭園における自然とアートの角逐を分析するL・プッピなどなど、とにかく現時点における庭園史の最良の執筆人が、それぞれ人を惹きつけずにはおかない瑞々しい主題を縦横に説き去り、くりひろげる知の大饗宴。ここに、旧套の学術区分や文・理を隔てる壁は、みるみると溶け崩れた。もはやこの論集自体が、ひとつの驚異と化している。二〇〇〇年には待望のペーパー版が出来したことからも、この論集の衝撃が世紀を超えていまなお揺曳していることがよくわかる。ここで試験的に分析の俎上に載せられた珍品奇物蒐集、植物園、サード・ネイチャー論（庭園美学）といったテーマ群が、次にわれわれがたどり、丹精に織りあげてゆくべき導きの織り糸なのである。

自然を調伏する魔術的幾何学——植物園、占星術、記憶術

初期近代の庭が複雑な一個の観念体系であるならば、それらの入り組んだ諸概念の区々を当時のしかるべき知的

文脈において読み解き、庭園という幾何学の器に盛られた時代特有の観念や思潮を剔抉する「精神史」(intellectual history)的な研究が、豊穣な成果をもたらすであろうことは想像にかたくない。それはまた、庭の形態や様式ばかりではなく、そこに込められた絶対王政や自然調伏の「理念」をも解析対象としたストロングの方法論が、すでに早々と先鞭をつけていたものでもあった。観念を盛る幾何学の器。初期近代の精神史研究にとって、整調の美を誇る幾何学庭園という空間が、いかに豊穣な可能性を秘めた媒体であるのかが、ここ数年ようやくおぼろげに見えてきたところである。

　そもそも初期近代の庭園が、みな一様に精緻な幾何学形態をまとっていたという事実の意味を、もう少しわれわれは深く考えてみるべきなのだ。知の激変期たる初期近代にあって、幾何学・ダイアグラム・樹形図といった抽象的な図形が、記憶術、メソッド論、科学的分類学などに格好の思考モデルを提供してきたことが近年明らかにされつつある。[☆2]となれば、同じく幾何学形状の花壇を備え、珍花奇葉・珍品奇物を展示・蒐集・栽培していた庭園空間にも、同様の知的テンションを認めないわけにはいかない。ここで注目したいのが、初期近代のイタリアに叢生した植物園という新奇な庭園類型だ。一五四三年にメディチ家の支援で開設されたピサ植物園を嚆矢とし、以降、またたくまにイタリア全土に類似の施設が陸続とつくられた。植物園の傍らには自然史ミュージアムが必ず付設されて、動・植・鉱物の自然三界が集中管理されていたという。元来、近代植物学の発展にともなう必然的結果として、もっぱら科学史の領域においてのみ評価されてきたこの植物園の誕生という現象が、実は同時代に猖獗を極めた珍品奇物・珍花奇葉・珍獣奇鳥の大蒐集熱にしっかりと棹差すものであり、その精緻な放射幾何学形状の分類花壇にさまざまな寓意・象徴・コスモロジーがたたみこまれていたことを、ピサ大学美術史教授L・トンジョルジ・トマーズィの一連の先駆的研究が明らかにしつつある。[☆3]栽培植物のより精緻な分類体系の発展と呼応するかたちで、花壇形状も精密・緻密の度合いをますます加えてゆき、果てには実用性を大幅に逸脱した雪の結晶のごとき形態をまとうにいたる。ここに、合理をつきつめた究極の果てにいつしか非合理へと反転してしまう、危うい累卵の世界を見ることはたやすいであろう。

ヨーロッパの伝統的世界観によれば、すべての自然物の中には、天界の物質たる第五元素に比類する精髄、すなわち「第五精髄」(quinta essentia)と呼ばれる天界の痕跡が含まれており、これが地上界と天界を結ぶ絆とされた。いわば植物とは、天空から地上に落ちてきた星のかけらなのだ。珍らかな草木金石蟲魚鳥獣の標本を求め、深山幽谷を跋渉してあらゆる天産品を集めてまわった初期近代の博物学者とは、だから星屑拾いといえる。[☆4] そうやって集められた天地自然の珍品・奇品万般が一堂に会する植物園とは、したがって天空を地上に写しとった特権的空間となるのは必然であろう。植物園に見られる放射幾何学花壇の造形原理を解明する手がかりの一斑は、ここにあるのだ。星澄める夜。渾天に散布された星々を仰観し、あるいは世界中から集めた奇果異草の繁茂を眼下に俯察する植物学者とは、巨大な幾何学の護符を前に星辰の影響を植物に封入しようとする、偉大なるルネサンス期の占星術師でもあったのである。

注目すべきなのは、天地の咬合ばかりではない。当時の敬虔な植物学者たちは、個々の植物種のうちに「神」が断片的に顕現していると信じていた。世界中の植物悉皆を残らず蒐集し、完璧な分類体系を構築することは、エデン神苑の再創造に等しい営為なのである。失寵を回復したその御苑の緑陰で、植物学者は神の総合認識へといたるのである。[☆5] 旧約聖書に語られるアダムの命名行為を遠くかすかに反映させながら、分類花壇の幾何形状を自在に切り分け、世界を分節＝再創造する。そこに、初期近代の知的世界を席捲した情報編集＝分類技術たる記憶術が、影響を与えなかったと考えるほうがむしろむずかしい。[☆6] 実際、花壇を「記憶術的ロクス(場)」ととらえ、栽培植物を「記憶イメージ」とみなす記憶術が、一部の植物園でおこなわれていたのではないか、という仮説も提唱されている。旧来の科学史、庭園史的な視点からでは決して近づくことのできない沃野が、われわれの眼前に開けているのである。

宇宙の洞穴《コズミック・ケイヴ》——第三の自然、グロット、オートマータ

初期近代の自然科学の展開に、なにも植物園だけが貢献したわけではない。王侯豪商が営んだ一般の装飾庭園や歓楽の庭《プレジャー・ガーデン》でも事情は同じだ。いやむしろ、平板な敷地に幾何学花壇を截然と並べただけの植物園などよりも、丘陵地を開削して露段《テラス》を軸線上に重ね、噴水・機械技術を駆使して強靭旺盛な自然をなんとか平準化しようと苦闘する造園事業のうちにこそ、混沌調伏の人類の狡知がはっきりと看取されうるのだ。それは自然《ナトゥーラ》対人工《アルテ》という、古代以来の思弁を通じてくりかえされる万古不易の相克劇でもあった。

中世伝来の自然観として、生む自然《ナトゥーラ・ナトゥランス》と生みだされた自然《ナトゥーラ・ナトゥラータ》という、二つの観念がある。いわば、自然の産出力と、その結果生みだされた自然の産品とを区分しようというわけだが、ルネサンス期からマニエリスム期にかけての芸術家たちはここに人工《アート》という第三の極をもちこみ、議論をいっそうややこしくしている。神来の感興を得た天才芸術家たちが自然の産出能力に介入し、これを増幅させることによって、自然と人工がブレンドした第三の自然《テルツァ・ナトゥーラ》なるものが生まれるのだという。では第三の自然とは具体的に何か。それこそが大地の産出力を人工的に模倣したグロット（人工洞窟）であり、生命の原理を真似たオートマータ（自動機械）であり、生木を編みあげてつくった四阿であり、つまりはそういったものが詰めこまれた庭園という空間そのものであったのだ。庭園における第三の自然、すなわち自然と人工の角逐の問題は、これまたD・ハントがライフワークともいえる深甚なる関心を抱いているテーマであり、その界隈に議論をしぼった力作、John Dixon Hunt, *Greater Perfections: The Practice of Garden Theory* (Thames & Hudson, London, 2000) を発表して同テーマの総決算をおこなった。☆7

第三の自然という奇態な観念を最も十全に体現するものといえば、やはりグロットをおいてほかにあるまい。化石や鉱物を生みだす大地の子宮としての、まさに自然の産出力そのものである洞窟を人工的に再現創造してしまおうというのだから、これは衒飾趣味のマニエリストたちにとって格好の腕試しの場となったはずだ。事実、プラトリーノ庭園でブオンタレンティの綺想が一番激しく発露したのは、邸館の地下に設置された無数のグロット群にお

いてであった。近年のグロット研究の中では、古代以来の鉱物学理論を精査し、グロットの構成に同時代の鉱物生成理論の反映を見るP・モレルの Philippe Morel, *Les grottes maniéristes en Italie au XVIe siècle* (Macula, Paris, 1998) が秀抜である。鉱物学者G・アグリーコラの石化汁理論も視野に入れるなど、科学史的にもなかなかレヴェルの高い論考だ。またグロットをめぐる決定的なシンポジウムがジェノヴァとフィレンツェで八〇年代と九〇年代にそれぞれ開かれており、とくに後者が庭園史研究にあたえた影響は計り知れないものがある。☆8 ここではP・モレルをはじめとする従来のグロット解釈が、あまりにネオ・プラトニズム的なデミウルゴス思想を重視しすぎていることへの警鐘が鳴らされ、とくにグロッタ内に設置されることの多かったオートマータについては、アリストテレス自然哲学からの解釈も同様に有効であることが示された点、大変刺激的なものであった。今後もオートマータをめぐっては議論が沸騰することはまちがいない。

またグロットを建築学的視点から見るなら、石筍や軽石などの自然主義的装飾で構造軀体を覆い隠し、書割的な構成をつくっている点が興味深い。建築とはそもそも、自然界にはなんらの模倣対象をもたぬ芸術であると規定されてきたのだが、グロットはこれに真っ向から反対するかたちで、自然から直接模倣する可能性を提示したことになる。ルネサンス建築を厳格に縛りつけてきた幾何学や数比理論からの解放、あるいは無関心を表明する場であると同時に、自然のマテリアルを加工する実験室にもなったわけだ。鉱物やガラスや水や光といったマテリアルの混淆が生みだす眩暈効果と、建築構造体の否定。もし建築様式にロマン主義なるものがありうるとしたら、それは一八世紀の廃墟崇拝などよりもはるか以前に、マニエリストたちのグロットにこそ、その真の萌芽を認めるべきであろう。

ともあれ、一六世紀の科学・芸術文化のなかで、庭園はミュージアムとならんで最高度の知的密度を誇る空間であり、その頂点ともいうべきエレメントがグロットであった。オートマータ技術や水理工学の展示場として、鉱物標本や彫刻作品の展覧場として、あるいは記憶の収蔵庫として、人工と自然が文目もわかぬほどに混淆したグロットこそは、純理・数学よりも自然主義、合理・有用よりもメラヴィリアを鍾愛した一六世紀人士たちが愛してやまなかった、綺想の空間ではあったのだ。

樹陰の安逸《レントゥス・ウンブラ》を求めて

植物園を別とすれば、ルネサンス期の庭園には、幾何学的構成の部分と対を成すかたちで必ず自然の野趣を残した区画がつくられたという。人工対自然、などとことさらむずかしい議論を展開せずとも、要するに幾何学の整序空間ばかりでは、気が滅入ってしまうということなのであろう。蓬々たる茂みが鬱然と蔽う森を抜け、美味な熟果で満ちた緑の蔭濃き果樹園を逍遥し、時には葉ずれの音を楽しみ、あるいは繚乱と咲き誇る花々を愛で、香草の清香が漂う緑陰に憩う。ストロングは終章でR・バートンの考証随筆を引きながら、メランコリーの治癒としての庭園逍遥の効用を説いている。思えば、マニエリスム期の典型的なメランコリー君主として名高いあのフランチェスコ・メディチもまた、プラトリーノなどの庭園を逍遥する道すがら、道端に自生する花々を手にとっては、その花弁の一枚一枚を愛でたのだという。

この世界における現象の生成滅失に参与せんものと願い、天地万物が織りなす徴の広大な貯蔵庫を博捜のうえ、煩瑣な記号の操作に明け暮れた彼らマニエリストたちが終局的にいきついたのは、自然そのものの懐であったのかもしれない。緑陰緑想――庭園はいつの時代も、人々に癒やしを与え続けてきたのである。

最後に、翻訳について。一九七九年の初版に細部の修正を加えて一九九八年に再版されたペーパー版を底本として、建築・庭園学を専門とする桑木野が、初期近代英文学を専門とする圓月勝博氏の協力を要請して、ありな書房の完璧主義のもとに翻訳にあたった。理想的な翻訳作業の環境を生みだすことができたと思う。よく、翻訳は建築に喩えられる。まず、どちらもさまざまな制約をもつ特定の環境における原著者あるいは施工依頼者に始まる関係者全員の共同作業である。そして、どちらも作品を引き渡すとき、言い訳をしてはいけないのである。あらゆる点において誰もが満足する完璧な作品などというものがなく、補修や改良を要する部分があとから次々に見つかる点においても、翻訳と建築はきわめてよく似ているが、訳者としてはこの作品を現時点における最善の共同作業の成果として自信をもって読者に引き渡したい。思わぬ誤解についてご叱正を賜れば、今後とも優れた海外出版物を良質の日本語で提供するための励みにする覚悟である。

ありな書房編集部の松村豊氏には、突然の編集部訪問のうえにもちこみ企画でもあった本書の翻訳を任せてくださり、また翻訳中はさまざまに叱咤激励もしていただき感謝いたします。また訳者を暖かく見守ってくださった東京大学建築史研究室の鈴木博之先生、千葉大学のモリス・マーティン・ノーマン先生、その他にも訳者を励ましてくださった先輩諸兄の方々に、この場を借りて深く感謝いたします。

二〇〇二年八月

桑木野幸司　識

註

☆1——Eugenio Battisti, "*Natura artificiosa*" to "*Natura artificialis*", in *The Italian Garden*, D. R. Coffin (ed.), Dumbarton Oaks, Washington D.C., 1972, pp. 5-6.

☆2——Lina Bolzoni, *La stanza della memoria: Modelli letterari e iconografici nell'età della stampa*, Torino, 1995; Mary J. Carruthers, *The Craft of Thought: Meditation, rhetoric, and the making of images, 400-1200*, London, 1998.〔どちらもありな書房近刊〕

☆3——Lucia Tongiorgi Tomasi, "Projecrs for Botanical and Other Gardens: A 16th - Century Manual" *Journal of Garden History*, vol 3 no. 1, 1983, pp. 1-34; "Arte e natura: il Giardino dei Semplici dalle origini alle fine dell'età medicea" in Fabio Garbari, Lucia Tongiorgi Tomasi, Alessandro Tosi (eds.), *Giardino dei Semplici: l'orto botanico di Pisa dal XVI al XX secolo*, Pacini Editori, Pisa, 1991, pp. 115-212.

☆4——cf. Paula Findlen, *Possesing Nature: Museums, Collecting, and Scientific Culture in Early Modern Italy*, University of California

Press, Berkeley, Los Angeles, London, 1994.［ありな書房近刊］

☆5――J・プレスト『エデンの園・楽園の再現と植物園』（八坂書房一九九七年）を参照。

☆6――初期近代の記憶術に関しては近年、文学、美術史、歴史学、大脳生理学など、さまざまな学術領域において研究が展開している。註☆2で挙げた以外の代表的な研究は以下を参照。Lina Bolzoni et al. (eds.), *La fabbrica del pensiero. Dall'arte della memoria alle neuroscienze*, Electa, Milano 1989; W. Melion & S. Kuchler (eds.), *Images of Memory: On Remembering and Representation*, Smithsonian Institution Press, Washington, 1991; Lina Bolzoni & Pietro Corsi (eds.), *La cultura delle memoria*, Il Mulino, Bologna, 1992; Jorg J. Berns & Wolfgang Neuber (eds.), *Ars memorativa: zur kulturgeschichtlichen Bedeutung der Gedachtniskunst 1400-1750*, Niemeyer, Tübingen, 1993.

☆7――また庭園史紀要に掲載された以下の最新論考も参照。Thomas E. Beck, "Gardens as a 'Third nature': The Ancient Roots of a Renaissance Idea" *Studies in the History of Gardens & Designed Landscapes*, vol 22 no. 4, 2002, pp. 1-34.

☆8――Lauro Magnani (ed.), *Tra magia, scienza, e "meraviglia": le grotte artificiali dei giardini genovesi nei secoli XVI e XVII*, SAEGEP, Genova, 1984; C. Acidini Luchinat, Lauro Magnani, Mariachiara Pozzana (eds.), *Arte delle grotte: per la conoscienza e la conservazione delle grotte artificiali*, SAEGEP, Genova, 1987; Isabella L. Ballerini & Litta M. Medri (eds.), *Artifici d'acque e giardini: la culture delle grotte e dei ninfei in Italia e in Europa. Atti del V Convegno Internazionale sui Parchi e Giardini Storici*, Centro Di, Firenze, 1999.

花道を飾るデザイナー

——庭園はルネサンスの爛熟を記号化する

本書『イングランドのルネサンス庭園』を嚆矢とする庭園史研究の最前線で展開されている瞠目すべき脱領域的活況に関しては、建築・庭園学の若手のホープ桑木野氏による入魂の一文が既に寄せられているので、翻訳作業が終了した今、英文学研究の末席を汚すにすぎない私にできる最大の貢献といえば、にわか仕込みの薀蓄で屋上屋を架す愚を慎んで、翻訳の語学的ミスの責任を楽屋裏で黙って引き受けることだけだろう。しかし、本書の著者サー・ロイ・ストロングについては、語るべき過去も未来もない中年の私にも、表舞台に登場して後口上を述べてみたくなるような心弾む話題がまったくないわけではない。

一九六七年から七三年までナショナル・ポートレート・ギャラリーの館長、一九七四年から八七年までヴィクトリア・アンド・アルバート美術館の館長を務めたストロングは、その後は何の未練もなく公職から身を引き、フリーランスの作家として筆力衰えることなく旺盛な著作活動を今も続けている。現代イングランドのアート・シーンの仕掛け人として辣腕を振るったこの稀代の美術史家は、芸術と現実世界が相互作用をくりひろげる超一流美術館を拠点として、文化と歴史を図像と言語によって融通無碍に再構成するという贅沢極まりない知の冒険を思う存分くりひろげたあと、その間に蓄積した知見を一般読者に向かってなんの気兼ねもなく語り続けているわけである。瑣末な縄張り争いの中で知の営みを一部のエリートの占有物として囲いこんでしまう大学という制度から意識的に距離をとるストロングの膨大な著作には、自己保身に鬱々とする自称専門家が断念を余儀なくされた貪欲な知的好奇心が躍動している。彼の脱領域的な想像力が凝縮された画期的庭園論である本書『イングランドのルネサンス庭園』が、初版出版から二〇年以上経過した今、日本とイタリアをまたにかけて知の青春を満喫する桑木野氏のような次代を担う俊英の熱い視線をあらためて浴びるのも当然であろう。

一九八七年以降、フリーランスの著述家となってからは、多文化主義の流行など何処吹く風とばかりに、イングランドの国民的伝統の歴史を大河小説風に悠々と描きだすことによって、教養主義を華麗に擁護する軽妙洒脱な反骨の書、*The Story of Britain: A People's History* (Pimlico, c1997) を初めとする一般読者向け啓蒙書を次々に世に送り続けて、学問的動向に迎合して右顧左眄する学界から完全に自らを解き放った感のあるストロング爺だが、彼がかつて学界を意識して放った学問的著作は、現在でも初期近代英文学研究にも大きな痕跡を残している。たとえば、エリザベス一世没後のイングランドの希望を一身に背負ったまま夭折したヘンリー皇太子が本書『イングランドのルネサンス庭園』にもひとかたならぬ思い入れを込めて描かれているが、この幻の皇太子の周辺に咲き誇ったルネサンス文化の失われた記憶を見事に再構成してみせた研究書、*Henry Prince of Wales and England's Lost Renaissance* (Thames and Hudson, 1986) は、現在においても類書のない必読文献である。本書『イングランドのルネサンス庭園』やすでに邦訳のある『ルネサンスの祝祭――王権と芸術』(星和彦訳、平凡社、一九八七年) に興味をもたれた読者にも、王権・肖像・祝祭・スペクタクルなどをキーワードに輻輳するストロング・ワールドの真骨頂をさらによく理解するために、是非とも一読をお薦めしたい好著である。

しかし、彼の学問的著作の中で、代表作を強いて一冊挙げるとするならば、ベン・ジョンソンの宮廷仮面劇研究の新境地を切り拓いた初期近代英文学研究の鬼才スティーヴン・オーゲルと共著で完成した大冊二巻本、*Inigo Jones: The Theatre of the Stuart Court* (Sotherby Parke Bernet / University of California Press, 1973) に指を屈するだろう。イニゴ・ジョーンズが宮廷仮面劇のために描き残した膨大な「デザイン」を手間も費用も惜しむことなく集大成し、一冊ごとに番号を手書きで記した限定二千部豪華本として出版されたため（ちなみに私の愛蔵書は九二四番である）、古書市場で早くも〈幻の名著〉の名を獲得しつつあるこの魔書は、ジョーンズというイングランド宮廷芸術の知られざる巨魁の異貌を白日のもとに示す卓越した人物研究であるだけではなく、ステュアート朝王党派文化全般の理解をも一変させた超弩級の第一次史料でもある。本書『イングランドのルネサンス庭園』のいたるところにもジョーンズという人物が大きな影を落としているところから見て、超一流美術館を統轄することを可能にした揺るぎない学識に裏打ちされた博覧強記に加えて、イングランド紳士特有の反骨精神が紡ぎだす個人的夢想を絵巻物のようにくりひろげたストロングの庭園研究が内蔵する起爆力を窺い知るためには、学者ストロングの膂力が炸裂したジョーンズ論にもう一度目を向けてみる必要があるだろう。一七世紀内乱のヴァンダリズムと一八世紀風景式庭園の軽佻浮薄な流行が跡形もなく抹殺した〈イングランドのルネサンス庭園〉に対するストロングの憧憬は、内乱以降の小市民文化が歴史から抹殺した豪華絢爛たるヘンリー皇太子宮廷文化に対する愛惜の念と表裏一体なのであり、ひいては、凡俗な近代専門主義の理解が及ばぬ一七世紀イングランドのアート・シーンの仕掛け人ジョーンズに対する熱い共感にほかならないからである。イングランド宮廷文化の爛熟を演出した最後のルネサンス万能人ジョーンズの姿は、ナショナル・ポートレート・ギャラリーとヴィクトリア・アンド・アルバート美術館の企画展示を演出した反時代的教養主義者ストロング自身を映しだす鏡でもある。

「デザイナー」と称されたジョーンズは、現代の細分化された学問体系の中では、躓きの石となる分類不能の面妖な人物である。英文学史においては、シェイクスピアと並ぶ偉大な劇作家ベン・ジョンソンとの演劇理念をめぐる確執が有名で、仰々しい舞台装置と衣裳で宮廷仮面劇を飾り立てることによって、ジョンソンの見事な言語芸術を陳腐なスペクタクルに堕落させた胡散臭い山師として片付けられるのが常であった。しかし、ジョンソンの宮廷仮面劇の定本を一九六九年にイェール大学から出版したストロングの盟友オーゲルが要を得て簡潔な名著、*The Illusion of Power: Political Theater In the English Renaissance* (University of California Press, 1975) の中で縷縷として戒めたように、内乱以前の宮廷仮面劇は、舞台・衣裳・音楽などの力を借りて、登場人物と観客が一体となりながら、森羅万象を統括する王権という摩訶不思議な力を再表象するために計算され尽くした総合芸術だったのであり、文学研究者が文学可愛さのあまり台本の自律的な審美性のみを擁護しようとすることは、当時の宮廷仮面劇の魅力を永遠に封殺してしまうことになる。ジョンソンの台本が主でジョーンズの「デザイン」が従という文学研究の常識となっていた階層性を転倒させて、ジョーンズの「デザイン」が主でジョンソンの台本が従と考えてみれば、ステュアート朝宮廷文化の筆舌に尽くしがたい巨大な全体像がその圧倒的な姿を現わすという仕掛けである。

それにしても、本書『イングランドのルネサンス庭園』において、動詞あるいは名詞として頻出する「デザイン」という単語は、訳者泣かせの厄介な言葉であった。「デザイン」という原語に一貫した訳語を与えることができなかったことは、建築・庭園学の俊才の訳業に語学的協力を申し出た私の非力非才ゆえの痛恨事である。本書の巻頭に触れられているように、自らガーデニングを人生の最上の喜びとして、チャールズ皇太子（王位に就けば一七世紀以来久々ぶりの国王チャールズとなるはず）や王党派的ポップ歌手サー・エルトン・ジョン（「さようならイングランドの薔薇よ」という庭園的歌詞で始まる追悼歌「キャンドル・イン・ザ・ウィンド」を友人ダイアナ妃の葬儀で歌った）に造園を指導したことでも知られるカリスマ造園家ストロングの近作には、当然のことながら、ガーデニングの実践指南書も多数あるが、たとえば、*Successful Small Gardens: New Designs for Time-Conscious Gardeners* (St Martins Press, 1995) とか、*Roy Strong on Garden Design* (Conran Octopus, 2000) などの書名を見ただけでも、「デザイン」という概念がストロングの造園術の核心にあることは一目瞭然なだけに、翻訳を終えた今、「言い訳をしてはいけない」という若き桑木野氏の悔恨を知らぬ言葉があるにもかかわらず、失われた過去に対するストロング爺の断腸の思いが少し見え始めた中年英文学者の悔しさは一層募るばかりである。日本語にぴったりと対応する訳語がないだけに、訳文の文脈の要求に合わせて、「計画（する）」、「設計（する）」、「図案」、「意匠」、「着想」などと場当たり的に訳さざるをえなかった罪滅ぼしの意も込めつつ、人生の花道を飾るかのように老骨に鞭打って今なお庭園の草花の手入れに余念のない現代の「デザイナー」ストロング爺になりかわって、この概念の重要性を日本の読者に少しばかり補足説明しておきたい。

「デザイナー」と言えば、現代社会においては、「服飾デザイナー」を一般には指すが、言うまでもなく、それは皮相な近代俗物文化がもたらす言葉の矮小化の一例にすぎないのであって、服飾にかぎらず何かを「デザイン」すれば、その人物はすべからく「デザイナー」である。王党派文学の領袖ジョンソンを蹴散らしながら、衣裳だけではなく舞台装置から建築や庭園にいたるまで片っ端から「デザイン」して、内乱直前の宮廷文化の爛熟期を駆け抜けた「デザイナー」ジョーンズの越境精神は、「デザイン」することに生涯を賭けるルネサンス精神の狂おしいまでの情熱にほかならない。古色蒼然たる語学教師の常套手段として言葉の語源に蘊蓄を傾けることを許していただけるならば、「デザイン」(design)という単語は、deとsignという二つの要素からできた言葉で、「(何かを)取りだし記号化する」の意なのである。「デザイン」という概念は、一七世紀後半にイングランド・ルネサンスを総括する「イギリス批評の父」ジョン・ドライデンの著作などを少しでも熟読したことのある者ならすぐにわかるように、神学・修辞学・文学・演劇・祝祭・絵画・衣裳・建築・庭園などのルネサンス文化全領域を横断するジョーカーのごとき知の切り札である。すなわち、それ自身は表現することができない自然の深奥に潜む真理を「取りだし記号化する」ことによって、いかにして読解可能なものにするかという問題にさまざまな領域において格闘したルネサンス精神の精髄が「デザイン」という一語に凝縮されているのである。久しく楽屋裏に追いやられていた一七世紀イングランド最大の「デザイナー」ジョーンズをイングランド・ルネサンス研究の花道にひっぱりだした点にこそ、ストロングのルネサンス研究者としての並ぶ者なき慧眼がある。

「デザイン」という忘れられたルネサンス的叡智の〈再発見〉が、失われた〈イングランドのルネサンス庭園〉の花咲く道の遊歩にストロングを誘ったのである。本書『イングランドのルネサンス庭園』の中で、跡形もなく消え去った庭園の全体像を決して伝えることのない種種雑多な断片的史料を渉猟しながら、卓抜な推理を加えつつ執拗に詳述される各庭園の「デザイン」復元箇所は、建築・庭園学の俊英である桑木野氏の専門的知識がなければ、凡庸な英文学者である私一人ではとても日本語にすることができなかった部分のひとつだが、ともすると門外漢にはあまりに煩雑とも思える各庭園の「デザイン」復元箇所こそ、学者ストロングの真骨頂が発揮されていることをくれぐれも忘れてはなるまい。「神は細部に宿る」というアビ・ヴァールブルクの有名な言葉は、失われたルネサンス庭園を幻視する美術史家ストロングの仕事にもそのまま当てはまるのである。

英文学史において、ルネサンス庭園詩と言えば、ドライデンのルネサンス総括作業の直前、緑陰緑想の絶唱を残したイングランド最後のマニエリスト詩人アンドルー・マーヴェルの『庭』を挙げることに異論を唱える者はいないだろう。しかし、ここでは少し趣向を変えて、定番の『庭』ではなく、彼のカントリー・ハウス詩の傑作『アプルトン屋敷に寄せて』に目を向けてみる方が、庭園と建築が融合した自然空間における「デザイン」の意味を考えるうえで、*A Country Life* (Boxtree, 1996) という著書を著わしたストロング爺の意にも添うことであろう。九七連から成るマーヴェルの中篇詩『アプルトン屋敷に寄せて』の第一連は次のように始まる。

この飾り気のない敷地の内側には
外国の建築家の仕事を期待なさいませんように。
彼らは石切場を掘って洞窟にしてしまい、
森を切り倒して牧場にしてしまうのです。
壮大な意匠《デザイン》を表わすのに頭を痛めて、
彼らは自分の脳を規範に丸天井を建てて、
円柱を高く立てたりするものですから、
眉をアーチ状にして見上げなくてはなりません。

カントリー・ハウスのガイドのような口振りを真似ながら、狷介なアイロニーで知られるマーヴェルは、当世流行の「外国の建築家の仕事」に軽く触れておいて、返す刀でばっさりとそれらを切り捨てる。本書『イングランドのルネサンス庭園』に登場する人物で言えば、ド・コー親子の仕事のことでも念頭に置いているのだろうか。「建築家の仕事」として、「丸天井」や「円柱」を建造することとともに、「洞窟」を穿ったり「森」を伐採して「牧場」に整地したりする造園作業が挙げられている点に注意しよう。ルネサンス精神の中で、造園と建築の間に境界線はない。八行連の後半になって、「デザイン」というキーワードが当然のように登場する。庭園を含む建築の「意匠」は、どうやら「建築家」の「脳」の中にあって、マーヴェルが揶揄する「外国の建築家」は、それを自分の「脳」から「取りだし記号化する」ことに「頭を痛めて」いるらしい。苦し紛れの「外国の建築家」は、「意匠」が「脳」の中にあるのだから、それを「取りだし記号化する」ためには、「脳」を覆っている頭蓋と同じ「設計」にしてしまおうと乱暴なことを考えて、高々と「丸天井」を「円柱」によって立ちあげたりするわけである。彼の建築の「設計」は、いつのまにやら人体という神が創った自然を模倣し始めている。それに釣られて、それを見上げる人間の「眉」も、いつのまにやら「アーチ状」になって、今度は人体が建築を模倣し始めている。建築と人体がモンタージュのごとく重なりあうのだ。ルネサンスが再解釈したウィトルウィウス建築論の極上のパロディだが、建築も庭園もすべてが自然の模倣であるという本書『イングランドのルネサンス庭園』の通奏低音がここからも聞こえてくる。事実、右に引用した一節に続く第二連においては、野獣の巣窟、鳥の巣、蝸牛の殻が博物学的に次々に列挙されて、建築物の規範は自然の中に遍在していることが例示される。森羅万象の中に不可視の普遍原理を求めて止まぬルネサンス精神の極北が建築と庭園の中にある。

森羅万象に普遍原理を求めて越境する精神を最も鮮やかに体現した二〇世紀芸術家と言えば、西洋と日本の狭間を浮遊しつづけたイサム・ノグチであろう。モダニズム彫刻から出発した彼は、その後半生、とり憑かれたかのように庭園にのめりこみ、空間デザイナーとしか名付けようがない分類不能な脱領域性を獲得する。彼の華麗な経歴の大きな転回点となった一九五九年完成のパリのユネスコ庭園に、彼は「花道」という空間を設定した。「花道」とは、言うまでもなく、花咲く道のことであると同時に、歌舞伎用語に由来する演劇空間のことでもある。一七世紀のジョーンズと二〇世紀のノグチという二人の傑出した「デザイナー」も、ストロング爺と同じく、花咲く庭園の中に演劇空間を見ていたのである。いつの時代にも、越境する精神が舞い戻る故郷は、森羅万象が演出する演劇空間としての庭園なのだろうか。完成当初は評判が芳しくなかったユネスコ庭園だが、一九八八年、最晩年のノグチがパリを再訪したとき、造園時に植えた植物が根付いて環境の中にしっくりとなじみ、作者自身が想像もしていなかった「デザイン」が見事に現実化していた。庭園が演じる人智を超えた自然の神秘を目の当たりにして、死を目前に控えた老ノグチは感極まって涙を浮かべたという。自然の模倣としての庭園理念を懇切に描きだした本書『イングランドのルネサンス庭園』が植えた苗が、ユネスコ庭園の植物のように、いつの日か読者の精神の中に深く根付き、訳者はおろか原著者でさえ想像もしていなかった豊穣な「デザイン」を現実化することを心から祈らずにはいられない。

庭園の中には、これから咲き始める花もあれば、これから散り始める花もある。前者のエンブレムである桑木野氏と後者のエンブレムである私を接木することによって、言葉の庭園を創るというマニエリスト的綺想に酔いしれながら、道草を食い続ける訳者を叱咤激励し、二人の草稿を見事な書物に記号化してみせたありな書房という書林の主である松村豊氏に対する謝意を最後に記して、本拙文の花道を飾りたい。

二〇〇三年八月

圓月勝博　識

人名／庭園名索引

ア行

アイヴズ，サイモン（Ives, Simon） 262
愛の庭［《愛の庭》］（Jardin d'Amour） 25, 30, 61, 313, 315, 384-85, 393
アグリッパ，コルネリウス（Agrippa, Cornelius） 203, 249
アネの城館（Anet, Château d'） 117-18, 362
アビンドン伯爵（Earl of Abingdon）→ノリス卿（Norris, James Bertie, Lord）を見よ。
アプルトン・ハウスの庭園，ヨークシア（Appleton House, Yorkshire, garden） 248, 336, 338
アランデル・ハウスの庭園（Arundel House, gardens） 17, 35, 330, 332-35, 339-43, 351, 362, 365
アランデル伯爵夫人，アルセイア・タルボット（Aletheia Talbot, Countess of） 329
アランデル伯爵，トマス・ハワード（Arundel, Thomas Howard, Earl of） 35, 85, 194, 329-30, 332-36, 338, 340-44, 351, 362
アランデル伯爵（第12代），ヘンリー・フィッツァラン（Arundel, Henry FitzAlan, 12th Earl of） 75, 126
アルチンボルド，ジュゼッペ（Arcimbordo, giuseppe） 198
アルベルティ，レオン・バッティスタ（Alberti, Leon Battista） 23, 27-28, 32, 41, 159, 163
アレオッティ，G・B（Aleotti, G. B.） 155-56
アン・オブ・デンマーク，グレートブリテン王妃（Anne of Denmark, Queen of Great Britain） 13, 26, 87, 150, 153, 172-74, 182-83, 188, 191, 198, 221, 277, 280, 336, 339, 349, 390
アンシー・ル・フラン［の庭園］（Ancy-le-Franc [jardin]） 117
アンボワーズの城館［の庭園］（Amboise Château d' [jardin]） 103
アンボワーズ，ジョルジュ，枢機卿（Amboise, Georges, Cardinal de） 44, 57, 72
アンリⅡ世，フランス国王（Henry II, King of France） 168
アンリⅢ世，フランス国王（Henry III, King of France） 257
アンリⅣ世，フランス国王（Henry IV, King of France） 145, 166-70, 172, 184, 194, 222, 289, 318, 363

イーヴリン，キャプテン・ジョージ（Evelyn, Captain George） 415, 419-20, 422
イーヴリン，ジョン（Evelyn, John） 23, 40, 205, 342-43, 415, 419-22, 424
イエイツ，フランセス（Yates, Frances） 203
イザベラ［ポルトガルの］，ブルゴーニュ公爵夫人（Isabella of Portugal, Duchess of Bourgogne） 61
イザベラ，ブリュッセル大公夫人，ネーデルランド摂政（Isabella Clara Eugenia, Brussels Archduchessa, Regent of the Netherlands） 148

イングラム，サー・アーサー（Ingram, Sir Arthur） 355, 358

ヴァヴァサウア，サー・トマス（Vavasour, Sir Thomas） 231
ヴァザーリ，ジョルジョ（Vasari, Georgio） 36
ヴァッラ，ロレンツォ（Valla, Lorenzo） 156
ヴァルキ，ベネデット（Varchi, Benedetto） 36
ヴァン・ダイク，サー・アンソニー（Van Dyck, Sir Anthony） 277, 350, 354, 392-93, 395
ヴァンブラ，サー・ジョン（Vanbrugh, Sir John） 22
ヴィエリ，フランチェスコ・デ（Vieri, Francesco de） 164-65, 182, 407
ウィザー，ジョージ（Wither, George） 398-400, 402
ウィトルウィウス（Vitruvius） 110, 148, 152-53, 165, 220-21, 247, 318, 328, 330, 355, 383
ヴィッラ・デステの庭園［ティヴォリの庭園］（Villa d'Este [Tivoli], giardino）
19, 35, 37-41, 134, 145, 148, 157, 163-64, 168, 218, 221, 270, 327, 353, 407
ヴィッラ・ベルヴェデーレの庭園（Villa Belvedere, giardino）
32-34, 37, 41, 157, 330-32, 341, 355, 418
ヴィッラ・マダーマ［の庭園］（Villa Madama [giardino]） 35
ヴィッラ・ランテ［の庭園］，バニャイア（Lante, Villa, Bagnaia [giardino]） 41, 134, 168, 304
ヴィッラ・ルチェライの庭園（Villa Rucellai, giardino） 28, 65
ウィルソン，トマス（Wilson, Thomas） 207
ウィルトンの庭園，ウィルトシア（Wilton, Wiltshire, garden） 10, 16-17, 19, 114, 239, 246-47, 263, 265, 278, 282, 286, 209, 292, 294-99, 303-05, 310-16, 318-19, 321-24, 343, 358, 365, 374, 407, 420, 425
ウィロビー，サー・パーシヴァル（Willoughby, Sir Percival） 237
ウィロビー，サー・フランシス（Willoughby, Sir Francis） 115, 118
ウィン，サー・リチャード（Wyn, Sir Richard） 371
ヴィンゲルデ，アントニス・ファン・デン（Wyngaerde, Anthonis van den）
44, 50, 54-55, 62, 64, 69, 72, 186
ウィンスタンリー，ヘンリー（Winstanley, Henry） 121, 359, 371
ウィントニエンシ，ジョアン・ピエネート・エピスコーポ
（Wintoniensi, Joan Pieneto Episcopo）→ポネット（Ponet, John）を見よ。
ウィンブルドン・ハウスの庭園（Wimbledon House, garden）
17, 87, 99, 120-22, 124-26, 139, 363, 367-68, 370-71, 373, 377-78, 380-81
ウェア・パークの庭園，ハートフォードシア（Ware Park, Hertfordshire, garden）
16, 239, 247-51

ウェストン，リチャード（Weston, Richard）
→ポートランド伯爵（Portland, Richard Weston, Earl of）を見よ。
ウェッブ，ジョン（Webb, John） 359
ヴェデル，ルポルド・フォン（Wedel, Lupold von） 67
ウエル，ニコラ（Houel, Nicholas） 177

ウェルギリウス（Vergilius） 37, 94, 368
ヴェルサイユ宮殿［の庭園］（Versailles, Château de [jardin]） 60, 314, 363, 425
ヴェルディエ，ソルニエ・デュ（Verdier, Saulnier du） 294
ヴェルヌーユの城館（Verneuil, Château de） 117
ウォーバン・アビー［の庭園］（Woburn Abbey [garden]） 19, 176, 280-82, 286, 304
ウォダム・カレッジの庭園，オックスフォード（Wadham College, Oxford, gardens） 227, 229-30, 343
ウォットン，サー・ヘンリー（Wotton, Sir Henry） 250, 269-71, 344-45, 410
ウォットンの庭園，サリー（Wotton, Surrey, garden） 269, 272, 415, 419-20, 422
ウォラトン・ホールの庭園，ノッティンガムシア（Wollaton Hall, Nottinghamshire, gardens） 87, 99, 115-18, 120-21, 125, 236-37, 282
ウォルポール，サー・ロバート（Walpole, Sir Robert） 299
ヴォーン，ヘンリー（Vaughan, Henry） 398
ウスター伯爵（第4代），エドワード・サマセット（Worcester, Edward Somerset, 4th Earl of） 205, 231
ウスター・ロッジの庭園，ノンサッチ（Worcester Lodge, Nonsuch, garden） 16, 231-32, 237, 244, 370
ウルジー，トマス，枢機卿（Wolsey, Thomas, Cardinal） 22, 44-47, 62, 66-68, 193
ウールリッジ，ジョン（Woolridge, John） 323-24

エクセター伯（初代）トマス・セシル（Exeter, Thomas Cecil, 1st Earl） 120, 122, 126, 207
エスダンの城館の庭園（Hesdin, Château d', jardin） 61
エステ，イッポリート・デ，フェッラーラの枢機卿（Este, Ippolito d', Cardinal of Ferrara） 37-38, 164
エドワードⅢ世，イングランド国王（Edward III, King of England） 69
エドワードⅣ世，イングランド国王（Edward IV, King of England） 67, 87
エームリ，レオナール・ド（Aymery, Leonard d'） 150
エリザベス［王女］，ボヘミア王妃ならびにプファルツ選帝侯妃（Elizabeth, Queen of Bohemia and Pfalz gräfin） 151, 182, 194-95, 198, 203, 218, 220, 329
エリザベスⅠ世，イングランド女王（Elizabeth I, Queen of England） 15-16, 20, 65, 87-96, 98-100, 102, 104, 113-15, 124-27, 129, 131, 134-35, 137, 142, 145, 147, 191, 193, 202, 204, 231, 236, 252-53, 255, 268, 194, 325
エルヴィーサム［の庭園］（Elvetham [garden]） 140, 252, 255-58
エンストンの「驚異」，オックスフォードシア（Enston, Oxfordsire, 'Marvels'） 261-62, 265-66, 268, 404

オウィディウス（Ovidius） 28, 138-40
オーヴァベリー，サー・トマス（Overbury, Sir Thomas） 414
オーガスティン，ブライズ（Augustyn, Brise） 54

オースティン，ラルフ（Austen, Ralph） 405
オートランズ宮殿の庭園（Oatlands Palace, garden） 336, 339, 362, 370
オーブリー，ジョン（Aubrey, John）
236, 246, 258, 260, 265, 295-96, 343-44, 34749, 352-53, 425
オベール，マテュー・ド・ラ（Obel, Matthieu de La） 141
オーリアン，ニコラス（Ourlian, Nicholas） 54
オリヴァー，アイザック（Oliver, Isaac） 142, 413, 415-16
オルベリー・パークの庭園，サリー（Albury Park, Surrey, garden） 338, 341-42
オルム，フィリベール・ド・ラ（Orme, Philibert de la） 117, 168

カ行

ガイヨンの［城館の］庭園（Gaillon [Château de], jardin） 57-58, 60-61, 72, 77, 257, 259-60
カステッロの［ヴィッラ・メディチの］庭園（Castello [Villa Medici], giardino） 28, 36, 65
カッチーニ，ジュリオ（Caccini, Giulio） 184
カトー（Cato, Marcus Porcius） 418
カトリーヌ・ド・メディシス，フランス王妃
（Catherine de Medicis, Queen of France） 145, 183-85
カプラローラの［ヴィッラ・ファルネーゼの］庭園
（Caprarola, Villa Farnese, garden） 120, 326, 332
カール五世，神聖ローマ皇帝（Carl V, Holy Roman Emperor） 124
カールトン，サー・ダドリー（Carlton, Sir Dudley） 334
カロ，ジャック（Callot, Jacques） 313, 354, 357
カロン，アントワーヌ（Caron, Antoine） 184
ガンター，エドマンド（Gunter, Edmund） 73
カンバーランド伯爵（第3代），ジョージ・クリフォード
（Cumberland, George Clifford, 3rd Earl of） 313
歓楽の庭（jardin de plaisir, pleasure garden） 44, 55, 65, 72, 87,100, 126,251,314,376, 412

キケロ（Cicero） 418
キップ，ウィリアム（Kip, William） 173, 261, 318, 344-45, 347, 355, 358-59, 424
キャヴェンディッシュ，ジョージ（Cavendish, George） 45, 66, 139
キャペル男爵（初代），アーサー・キャペル（Capel, Arthur Capel, 1st Baron） 354-55, 357
キャペル，ヘンリー（Capel, Henry） 354
キャンピオン，トマス（Campion, Thomas） 194
キャンベル，コリン（Campbell, Colin） 295
キンキンナトゥス，ティトゥス（Cincinnatus, Titus Quinctius） 418

クォールズ，フランシス（Quarles, Francis） 398, 400, 402, 406, 421
クサン，ローレンス（Coussin, Laurence） 371

クテシビウス（Ctesibius） 152-54
グッドラウズ，ウィリアム（Goodrowse, William） 176
クラッツァー，ニコラス（Kratzer, Nicholas） 74
クリスマス，ギャレット（Christmas, Garrett） 207
グリニッジ宮殿の庭園（Greenwich Palace, garden）
16, 150, 172, 186-89, 191, 207, 219, 225, 239, 362, 365, 370, 381
グリフィン，エドワード（Gryffyn, Edward） 74
クリフォード，レディ・アン（Clifford, Lady Anne）
→ペンブルック伯爵夫人，アン・クリフォード
（Pembroke, Anne Clifford, Countess of）を見よ。
クレイン，フランシス（Cleyn, Francis） 277
クレオパトラ（Cleopatra） 34, 298
クロイスター・グリーン・コート（Cloister green Court） 51

ケアリー，トマス（Carew, Thomas） 318
ケニルワース城の庭園，ウォリックシア（Kenilworth Castle, Warwickshire, garden）
87, 99-104, 121, 125, 131, 226, 252, 256, 272
ゲーラーツ，マルクス（Gheeraerts, Marcus） 176-78

コー，イサク・ド（Caus, Isaac de） 17, 265, 277-84, 286-87, 290, 292, 294-96, 298-99, 301, 303-05, 310-11, 313, 317, 322-24, 348, 353-54
コー，サロモン・ド（Caus, Salomon de） 16-17, 35, 147-53, 156-57, 163, 166, 172-73, 175-78, 180-91, 193-95, 197-99, 202-03, 205, 207-09, 211, 213-14, 216, 218-23, 230, 237-39, 250, 26164, 268, 278, 280, 282-84, 290, 305, 323-24, 327-28, 333, 340, 344, 353, 355, 364, 376
コーク伯爵（初代），リチャード・ボイル（Cork, Richard Boyle, 1st Earl of） 322
コバム卿（第７代），ウィリアム・ブルック
（Cobham, William Brooke, 7th Lord） 10, 140-41
コバム・ホールの庭園，ケント（Cobham Hall, Kent, garden） 140-42
コーベルガー，ヴェンツェル（Cobergher, Wencel） 150
ゴランベリーの庭園，ハートフォードシア
（Gorhambury, Hertfordshire, garden） 251, 258-60, 271-72
コロンナ，フランチェスコ（Colonna, Francesco） 28, 30
コーンウォリス，サー・ウィリアム（Cornwallis, Sir William） 13
コーンウォリス，サー・チャールズ（Cornwallis, Sir Charles） 192, 198
コンデ公（Condé, Prince de） 150

サ行

ザクセン公［ヨーハン・ゲオルク１世］（Duke of Sachsen [Johann Georg I]） 68, 73, 178

サマセット公爵，エドワード・シーモア（Somerset, Edward Seymour, Duke of） 173, 225
サマセット公爵夫人，フランセス・ハワード（Somerset, Frances Howard, Countess of） 225
サマセット・ハウスの庭園（Somerset House, London, garden） 16-17, 87, 150, 172-78, 180-82, 184, 186, 191, 194, 207, 219, 225, 230-31, 234, 239, 289, 296, 333, 340, 362, 365, 368-69, 381
サマーソン，サー・ジョン（Summerson, Sir John） 75, 105, 120
サン・ジェルマン・アン・レーの庭園（St German-en-Laye, jardin） 57, 60, 145, 168, 170-71, 191, 219, 221, 234, 289-90, 304, 316, 318, 363
サン・ガッロ，アントニオ（San Gallo, Antonio） 35
サンズ，ジョージ（Sandys, George） 326
サンドラルト，ヨアヒム・ファン（Sandrart, Joachim van） 334

シェイクスピア，ウィリアム（Shakespeare, William） 20, 98, 203, 292
ジェイムズ，リチャード（James, Richard） 334
ジェイムズⅠ世，イングランド国王ならびにスコットランド国王ジェイムズⅥ世（James I, King of England, and VI of Scotland） 13, 16, 20, 41, 48, 68-69, 77, 79, 85, 104, 121-22, 127-28, 147, 151, 157, 172, 182, 184, 186, 191, 193, 197, 204, 206, 211, 214, 217-18, 221-22, 225-27, 229-32, 238, 245-46, 250-51, 260, 269, 275, 277-78, 286-87, 293-96, 318, 325, 328, 330, 335, 341, 349, 364, 375, 381, 383, 395
ジェニングズ，マウンテン（Jennings, Mountain） 204-05, 208-09, 211
ジェラード，ジョン（Gerard, John） 105, 141, 214
ジェルモールの城館の庭園（Germolles, Château de, jardin） 61
シドニー・サセックス・カレッジの庭園，ケンブリッジ（Sidney Sussex College, Cambridge, garden） 227, 230
シドニー，フィリップ（Sidney, Philip） 293
ジベレヒツ，ヤン（Siberechts, Jan） 116, 118
ジャクソン，ギルバート（Jackson, Gilbert） 392
シャルルⅧ世，フランス国王（Charles VIII） 56
シャルルⅨ世，フランス国王（Charles IX） 117, 256
シャルルヴァルの城館（Charleval, Château de） 117
シャルル勇胆公，ブルゴーニュ公爵（Charles the Bold, Duke of Bourgogne） 61-63, 65, 85
ジャンボローニャ（Giambologna [Giovanni da Bologna]） 197, 350
シュウール，ユベール・ル（Sueur, Hubert le） 35, 277, 299, 310, 332, 365, 368-69, 391
ジョーヴィオ，パオロ（Giovio, Paolo） 128
ショット，フランソワ（Shott, François） 40
ジョーンズ，イニゴ（Jones, Inigo） 16-17, 35, 85, 151, 166, 172-73, 182, 194, 200, 202, 205, 214, 238-39, 274-75, 277, 279-80, 295-96, 305, 310-11, 314, 318-19, 322, 325, 328-30, 335-36, 339, 341-42, 347-48, 351, 354-55, 357, 359-60, 364, 370-71, 383, 389, 391-92, 422

ジョーンズ，ウォルター（Jones, Walter） 244
ジョンソン，ギャレット（Johnson, Garrett） 207
ジョンソン，ベン（Johnson, Ben）
13, 15, 134, 172, 199, 202, 240, 244, 246, 274, 279-80, 294, 383-87, 389
シン，フランシス（Thynne, Francis） 141

スウィッツァー，スティーヴン（Switzer, Stephen） 323-24
スカモッツィ，ヴィンチェンツォ（Scamozzi, VIncenzo） 296, 330, 339
スキプトン・モインの庭園，ヨークシア（Skipton Moyne, Yorkshire, garden） 359
ズーシュ男爵（第11代），エドワード・ラ・ズーシュ
（Zouche, Edward la Zouche, 11th Baron） 140-41
スタイル，ウィリアム（Style, William） 416, 418
ストゥークリー，ウィリアム（Stukeley, William） 310, 322
ストゥルテヴァント，シモン（Sturtevant, Simon） 206, 208-09
ストーントン・ハロルドの庭園，レスターシア
（Staunton Harold, Leicestershire, garden） 317, 319
ストールブリッジ・パークの庭園，ドーセット（Stalbridge Park, Dorset, garden） 322
ストロード，ウィリアム（Strode, William） 392
ストーン，ニコラス（Stone, Nicolas） 73, 298, 301, 308, 345, 349-50
ストーン，ローレンス（Stone, Lawrence） 204
スピード，ジョン（Speed, John） 75-76
スペンサー，エドマンド（Spenser, Edmund） 16, 92, 202
スミッソン，ジョン（Smythson, John） 237, 335, 339-40, 351
スミッソン，ロバート（Smythson, Robert）
115-16, 118, 121-22, 124-25, 173, 175-78, 180, 230-31, 234, 237, 240-41, 289, 371

セイズ・コートの庭園，ケント州デットフォート（Sayes Court, Deptford, Kent, garden） 420
セシル，ロバート（Cecil, Robert）
→ソールズベリー伯爵（Salisbury, Robert Cecil, Earl of）を見よ。
セール，シュー・ド・ラ（Serre, Sieur de la） 364
セルヴィ，コンスタンティーノ・デ（Servi, Constantino de） 151, 193-95, 328
セルデン，ジョン（Selden, John） 334
セルリオ，セバスティアーノ（Serlio, Sebastiano） 117, 202, 214, 305, 339
セント・ジェイムズ宮殿の庭園（St James's Palace, garden）
17, 67, 193, 293, 317, 333, 341-42, 362-65, 367, 377, 381, 424

ソープ，ジョン（Thorpe, John） 105, 116-17, 145, 236
ゾーメル，パウル・ファン（Somer, Paul van） 339
ソールズベリー伯爵，ロバート・セシル（Salisbury, Robert Cecil, Earl of）

34, 90-91, 104, 113, 120, 193, 203-06, 211, 214-15, 251, 258, 260
ソルビエール，ムッシュー・ド（Sorbière, Monsier de） 215
ソーン，ジョン（Soane, John） 115
ソーンベリー・キャッスルの庭園，グロスターシア
（Thornbury Castle, Gloucestershire, garden） 44, 46-47, 55, 125

タ行

ダヴェナント，サー・ウィリアム（Davenant, Sir William） 387
ダウズビー・ホール［の庭園］，リンカーンシア
（Dowsby Hall, Lincornshire, [garden]） 235-37
ダグデール，サー・ウィリアム（Dugdale, Sir William） 102
ダーダンズ・ハウスの庭園，サリー州エプソム
（Durdans Hause, Epsom, Surrey, garden） 359-60
ダットン，ラルフ（Dutton, Ralph） 22
タート・ホールの庭園（Tart Hall, garden） 341-42
ダニエル，サミュエル（Daniel, Samuel） 182, 239, 246, 313, 349
ダリントン，ロバート（Dallington, Robert） 28
ダン，ジョン（Donne, John） 239-40, 313, 344
ダンヴァーズ，サー・ジョン（Danvers, Sir John） 17, 236, 296, 325, 343-45, 347-55, 411
ダンヴァーズ，チャールズ（Danvers, Charles） 343
ダンヴァーズ夫人，エリザベス・ドーントシー（Danevers, Elizabeth Dauntsey） 352
ダンヴァーズ夫人，マグダレン・ハーバート（Danvers, Magdalen Herbert, Lady） 343-44, 351
ダンケルツ，ヘンドリク（Danckerts, Hendrik） 54
ダンビー伯爵，ヘンリー・ダンヴァーズ（Danby, Henry Danvers, Earl of） 343

チェッリーニ，ベンヴェヌート（Cellini, Benvenuto） 73
チェルシー・ハウス（Chelsea House） 17, 236, 296, 343-44, 347, 349-55
チェンバーズ，サー・ウィリアム（Chaimbers, Sir William） 305
チェンバレン，ジョン（Chaimberlain, John） 247, 249
チャスルトンの庭園，オクスフォードシア（Chastleton, Oxfordshire, garden）
16, 21, 239, 242, 244-45
チャールズ，皇太子（Charles, Prince） 277, 328
チャールズⅠ世，イングランド国王（Charles I, King of England） 17, 20, 35, 41, 73, 157, 262-64, 275, 293, 310-11, 316, 318-19, 325, 333, 349-50, 354, 359, 362-65, 368, 370, 380-81, 383-88, 390, 392-93, 395, 402, 407, 424
チャールズⅡ世，イングランド国王（Charles II, King of England） 17, 54, 381
チャンドラー，トマス（Chaundler, Thomas） 206-07, 209, 214-15

ツァルリーノ，ジョルジョ（Zarlino, Giorgio） 221

ディー，ジョン（Dee, John） 221, 268-69
デイヴィス，ジョン（Davies, John） 94
ディオクレティアヌス帝（Diocletianus, Emperor） 418
ティツィアーノ・ヴェチェッリオ（Titiano Vecellio） 283
ティッピング，エイヴリ（Tipping, Avray） 20-21
ティブルズの庭園（Theobalds, garden） 19, 87, 89, 99, 104-05, 107, 109, 111, 113-15, 121-22, 126, 141, 144, 193, 204-05, 208, 218, 251, 260, 272-73, 371, 380
ティヴォリの庭園［ヴィッラ・デステの庭園］（Tivoli [Villa d'Este], garden） 19, 37-38, 327
テイラー，ジョン（Taylor, John） 245-46
デッラ・ベッラ，ステーファノ（Della Bella, Stefano） 161
デモクリトス，アブデラの（Democritus of Abdera） 416, 419
テュイルリー［宮殿］の庭園（Tuilerie [Palais du], garden） 145, 183, 185, 363
テューダー，エリザベス（Tudor, Elizabeth） 139
テューダー，メアリー（Tudor, Mary） 75
デューラー，アルブレヒト（Dürer, Albrecht） 220
デュ・セルソー，ジャック・アンドルーエ（Du Cerceau, Jacques Androuet） 57, 60, 112, 117
デュ・ペラック，エティエンヌ（Du Pérac, Etienne） 168
テンプル，サー・ウィリアム（Temple, Sir William） 286-87, 289
テンプル・ニューサムの庭園，ヨークシア（Temple Newsam, Yorkshire, garden） 10, 17, 355, 358, 362
テンペスタ，アントーニオ（Tempesta, Antonio） 319

トゥイクナム・パーク［の庭園］（Twicknham Park, [garden]） 16, 239-42, 244-46, 280, 286
ドーセット伯爵，リチャード・サックヴィル（Dorset, Richard Sackville, Earl of） 313
トマス，F・イニゴ（Thomas, F. Inigo） 21, 406
トラデスキャント，ジョン（Tradescant, John） 208, 214, 370
トリッグズ，イニゴ・J（Triggs, Inigo J.） 20-21, 244
ドーリーの庭園，ミドルセックス（Dawley, Middlesex, garden） 317, 321
トリーボロ，ニッコロ（Tribolo, Niccolò） 36
ドレイトン，マイケル（Drayton, Michael） 240
トレヴェリヨン，トマス（Trevelyon, Thomas） 10, 79, 81-82, 90, 145, 209
トレシャム，サー・トマス（Tresham, Sir Thomas） 404
トレシャム夫人（Tresham, Lady） 214
トレド公爵の庭園（Toledo, Duke of, garden） 326
ドレベル，コルネリウス（Drebbel Cornelius） 221
ドーントシー，エリザベス（Dauntsey, Elizabeth）
→ダンヴァーズ夫人，エリザベス・ドーントシー（Danevers, Elizabeth Dauntsey）を見よ。

ナ行

ナッシュ，ジョセフ（Nash, Joseph） 21
ナヘラ公爵（Najera, Duke de） 62
ナポリ，ジェローラモ・ダ（Napoli, Gerolamo da） 56

ニーダム，ジョン（Nedeham, John） 82
ニフ，レオナード（Knyff, Leonard） 305, 311, 344, 355, 358-59
ニュー・カレッジの庭園，オックスフォード（New College, Oxford, gardens） 227, 229-30, 343
ニューキャッスル伯爵，ウィリアム・キャベンディッシュ（Newcastle, William Cavendish, Earl of） 383-84
ニューコート，R（Newcourt, R.） 364

ネヴィル，サー・ヘンリー（Neville, Sir Henry） 145
ネロ，ローマ皇帝（Nero, Claudius Caesar, Emperor） 32

ノイマイア，J・W（Neumayr von Ramssla, J. W.） 10, 178-80, 186, 189-90
ノーサンバーランド伯爵（第9代），ヘンリー・パーシー（Northumberland, Henry Percy, 9th Earl of） 143-44
ノーサンプトン・ハウスの庭園，ロンドン（Northampton House, London, garden） 234-36
ノーサンプトン伯爵，ヘンリー・ハワード（Northampton, Henry Howard, Earl of） 234, 236
ノリス男爵夫人，エリザベス・ノリス（Norris, Elizabeth Norris, Baroness） 359-60
ノリス男爵夫人，ブリジェット・レイ（Norris, Bridget Wray, Baroness） 359
ノリス卿［後にアビンドン伯爵］，ジェイムズ・バーティー（Norris, James Bertie, Lord [later Earl of Abingdon]） 359
ノンサッチ宮殿の庭園，サリー（Nonsuch Palace, Surrey, garden） 15, 43, 58, 60, 66, 69, 73-77, 87, 99, 105, 121, 126-29, 131, 133-35, 139-41, 165, 231, 273, 308

ハ行

ハイルブロン宮殿の庭園（Heilbronn, Salzburg, garten） 19
パーキンソン，ジョン（Parkinson, John） 141-42, 362
ハクニーの庭園（Hackney, garden） 140-41
バケット，ローランド（Buckett, Rowland） 208
バジル，サイモン（Basil, Simon） 204, 330
ハダム・ホールの庭園，ハートフォードシア（Hadam Hall, Hertfordshire, garden） 17, 354-55, 35758, 362, 420
バッキンガム公爵（第3代），エドワード・スタッフォード（Buckingham, Edward Stafford, 3rd Duke of） 46-47, 293
バッキンガム公爵，ジョージ・ヴィリアーズ

(Buckingham, George Villiers, Duke of) 277, 280, 350
パックウッド・ハウスの庭園，ウォリックシア
(Packwood House, Warwickshire, garden) 393, 406-07, 409
バッティスティ，エウジェニオ（Battisti, Eugenio） 9, 165, 393
ハットフィールド・ハウスの庭園，ハートフォードシア
(Hatfield House, Hertfordshire, garden) 10, 16, 21, 34, 97, 105, 178, 195, 203-05, 209, 211, 214-18, 225, 250-51, 255, 257-58, 260, 290, 353, 358, 415, 425
ハードウィック，エリザベス（Hardwick, Elizabeth） 139
ハードウィック・ホール[の庭園]，ダービーシア(Hardwick Hall, Derbyshire, [garden]) 139
ハートフォード伯爵，エドワード・セイモア（Hertford, Edward Seymour, Earl of） 97, 140, 252
バートン，ロバート（Burton, Robert） 413-15, 418
ハーバート，ジョージ（Herbert, George） 246, 343, 404
ハーバート，マグダレン（Herbert, Magdalen）
→ダンヴァーズ夫人（Danvers, Magdalen Herbert, Lady）を見よ。
ハーバート・オブ・チェベリー卿，エドワード・ハーバート
(Herbert of Cherbury, Edward Herbert, Lord) 343, 415-16
ハム・ハウスの庭園，サリー州ピーターシャム（Ham House, Petersham, Surrey, garden） 10, 16, 231-32, 234, 236-38, 289, 296, 299
ハモンド，長官代理（Hammond, Lieutenant） 295, 303-04
パッラーディオ，アンドレア（Palladio, Andrea） 157, 270, 279, 296, 329, 339, 341
パラッツォ・デル・テ［の庭園］（Palazzo del Tè [giardino]） 35
パラッツォ・ピッティの［ボボリ］庭園（Palazzo Pitti [Boboli], giardino]） 314
バーリー卿，ウィリアム・セシル（Burghley, William Cecil, Lord） 19, 89-90, 99, 104-05, 111-13, 120, 126, 144, 204, 251, 257, 273
ハリソン，ウィリアム（Harrison, William） 141
ハリントン・オブ・エクストン，サー・ジョン（Harington of Exton, Sir John） 239
バルディ，ベルナルディーノ（Baldi, Bernardino） 156
バルディヌッチ，フィリッポ（Baldinucci, Filippo） 163
ハワード，フランセス（Howard, Frances） 225
ハンプトン・コート宮殿の庭園（Hampton Court Palace, garden） 15, 22, 43-45, 47-51, 53, 55-56, 58, 60-62, 64-66,. 72, 74-77, 103, 105, 111, 113, 121, 140-41, 186, 193, 239, 273, 363, 368, 380, 425

ピギウス，ステファヌス・ウィナンドゥス（Pighius, Stephanus Vinandus） 40
ピーチャム，ヘンリー（Peacham, Henry） 332-33
ヒリアード，ニコラス（Hilliard, Nicholas） 143-44
ヒル，トマス（Hill, Thomas） 79, 81, 241
ピール，ジョージ（Peele, George） 90-91

ファインズ，シーリア（Fiennes, Ceilia） 295, 303
ファンショー，サー・ヘンリー（Fanshawe, Sir Henry） 247-51
フィチーノ，マルシリオ（Ficino, Marsilio） 165, 413
フィリップ善良公，ブルゴーニュ公爵（Philip the Good, Duke of Bourgogne） 61
フィロン，ビザンティウムの（Philon of Byzantium） 153-54
フェアファクス，サー・トマス，（Fairfax, Sir Thomas） 248, 407, 412
フェイソーン，ウィリアム（Faithorne, William） 364
ブオンタレンティ，ベルナルド（Buontalenti, Bernardo） 163-64, 184, 283
フォンテーヌブロー宮殿の庭園（Fontainebleau, Château de, jardin）
58, 60, 73-75, 145, 166-69, 187, 189, 191, 255-57, 260, 316, 363
ブッシー・パーク（Bushy Park） 368-69
ブッシェル，トマス（Bushell, Thomas） 261-62, 265-66, 268, 405
フーフナーヘル，ゲオルク（Hoefnagel, Georg） 129
ブラウン，「ケイパビリティ」（Brown, 'Capability'） 19, 252, 290
ブラウン，サー・トマス（Brown, Sir Thomas） 421
ブラウンシュヴァイク公爵（Braunschweig, Duke of） 109, 114
プラッター，トマス（Platter, Thomas） 62, 64-65, 76-77, 129, 131, 136-37
ブラッチョリーニ，ポッジョ（Bracciolini, Poggio） 331
フラッド，ロバート（Fludd, Robert） 221
プラトリーノの［ヴィッラ・メディチの］庭園（Pratolino, Villa Medici, giardino）
38, 41, 148, 157-58, 160-61, 163-68, 179-82, 194-95, 197, 219, 270, 279, 282-84, 289, 304, 318, 326, 353, 407, 421
ブラマンテ，ドナート（Bramante, Donato） 32-33, 41, 157, 331, 341
フランソワⅠ世，フランス国王（François I, King of France） 44, 47, 56-58, 60, 74-75, 145
フランチーニ兄弟，トンマーゾならびにアレッサンドロ
（Francini, Tommaso and Alessandro） 166-69, 171-72, 189, 191
フリース，フレーデマン・ド（Vries, Vredeman de） 107, 110, 142
フリードリヒⅤ世，ボヘミア国王ならびにプファルツ選帝侯
（Friedrich V, King of Bohemia and Pfalz graf） 151, 203, 218, 220, 329
プリニウス（Plinius） 23-24, 26-27, 32, 148, 163, 260, 328
プリマティッチョ，フランチェスコ（Primaticcio, Francesco） 73
ブリュッセル大公，アルベルトⅦ世（Brussels Archduke Albert VII） 148
プリン，ウィリアム（Prynne, William） 397, 404
ブーリン，王妃アン（Boleyn, Queen Anne） 66
ブルネッレスキ，フィリッポ（Brunelleschi, Filippo） 152
ブルボン，シャルル・ド（Bourbon, Charles de） 257
ブルームフィールド，レジナルド（Bloomfield, Reginald） 21-22, 406
フレデリク・ヘンドリク，オラニエ公（Frederik Hendrik, Prins van Oranje） 316-17, 363

ブレナム宮殿（Blenheim Palace） 22
プロット，ロバート（Plot, Robert） 263
ブロデリー夫人（Broderie, Madame de la） 214
ブロワの城館の庭園（Blois, Chateau de, jardin） 56-58, 60-62

ヘイトの庭園，ランカシア（Haigh, Lancashire, garden） 317, 319
ベイト，ジョン（Bate, John） 267-68
ベーコン，フランシス［ヴェルラム卿ならびにセント・アルバンス子爵（初代）］
(Bacon, Francis [Lord Verulam and 1st Viscount St Albans])
10, 20-21, 78, 225, 240, 251, 257-62, 265, 268-69, 271-73, 334, 344
ベックラー，ゲオルク・アンドレーアス（Böckler, Georg Andreas） 324
ヘッセンの［ブラウンシュヴァイク公爵の］庭園
(Hessen [Duke of Braunschweig], garten) 109, 114-15
ベッソン，ジャック（Besson, Jacques） 148, 220
ペティ，ウィリアム（Petty, William） 334
ベドフォード伯爵（第3代），エドワード・ラッセル
(Bedford, Edward Russell, 3rd Earl of) 239, 282, 287, 290, 292
ベドフォード伯爵夫人，ルーシー・ハリントン（Bedford, Lucy Harington, Countess of）
17, 34, 20, 176, 239-42, 244, 248, 280-81, 286-87, 290, 355
ベドフォード・ハウスの庭園（Bedford House, garden） 290-92
ベリー［の修道院の庭園］（Bury [garden]） 103
ベル，ロバート（Bell, Robert） 205-06
ベルニーニ，ロレンツォ（Bernini, Lorenzo） 358
ヘルメス・トリスメギストス（Hermes Trismegistos） 393
ヘロン，アレクサンドリアの（Heron of Alexandria） 148, 152-56, 219-20, 268, 271, 324, 327
ヘンツナー，パウル（Hentzner, Paul） 111-12
ペンブルック伯爵（第2代），ヘンリー・ハーバート
(Pembroke, Henry Herbert, 2nd Earl of) 292
ペンブルック伯爵（第3代），ウィリアム・ハーバート
(Pembroke, William Herbert, 3rd Earl of) 245-47, 287, 292, 407
ペンブルック伯爵（第4代），フィリップ・ハーバート
(Pembroke, Philip Herbert, 4th Earl of) 292-94, 313-14, 319, 322, 352-53, 365
ペンブルック伯爵（第8代），トマス・ハーバート
(Pembroke, Thomas Herbert, 8th Earl of) 299
ペンブルック伯爵夫人，メアリー・シドニー（Pembroke, Mary Sidney, Countess of） 292
ペンブルック伯爵夫人，メアリー・タルボット（Pembroke, Mary Talbot, Countess of） 246
ペンブルック伯爵夫人，スーザン・ド・ヴェア（Pembroke, Susan de Vere, Countess of） 293
ペンブルック伯爵夫人，アン・クリフォード
(Pembroke, Anne Clifford, Countess of) 239, 313

ベンボ，枢機卿ピエトロ（Bembo, Cardinal Pietro） 331
ヘンリー，皇太子（Henry, Prince of Wales） 16, 20, 150-51, 153, 172, 178, 184, 191-93, 197, 200, 202, 220, 231, 251, 257, 261, 280, 293-94, 325, 333, 364
ヘンリーⅦ世，イングランド国王（Henry VII, King of England） 44, 83, 193
ヘンリーⅧ世，イングランド国王（Henry VIII, King of England） 10, 15-16, 22, 44, 46-48, 50, 57-58, 60-62, 65, 67, 69, 73-78, 82, 85, 88, 111, 129, 133, 148, 273, 358, 363
ヘンリエッタ・マライア，王妃（Henrietta Maraia, Queen） 17, 126, 262, 314, 318, 325, 350, 354, 362-64, 368-71, 373,378, 380, 383, 387, 389-90, 393

ホイヘンス，ローデウェイク（Huygens, Lodewijk） 10, 295, 303
ボウルズオーヴァー城の庭園，ダービーシア（Bolsover Castle, Derbyshire, garden） 383, 385-86, 393
ホーキンズ，ヘンリー（Hawkins Henry） 398, 401-04, 421
ホーズ，スティーヴン（Hawes, Stephen） 83
ボッカッチョ，ジョヴァンニ（Boccaccio, Giovanni） 165
ポートランド伯爵，リチャード・ウェストン（Portland, Richard Weston, Earl of） 391
ポネット，ジョン（Ponet, John） 69, 73
ボボリ［パラッツォ・ピッティの］庭園（Boboli [Palazzo Pitti], giardino） 38, 159, 283, 314, 421
ボマルツォの庭園（Bomarzo, giardino） 41, 165
ホメロス（Homeros） 333
ホラー，ウェンセスラウス（Hollar, Wenceslaus） 292, 338, 341
ホリス，サー・ジョン（Holles, Sir John） 261
ホリンシェッド，ラルフ（Holinshed, Ralph） 141
ボル，コルネリウス（Bol, Cornelius） 335, 337, 340
ホール，エドワード（Hall, Edward） 48
ホルトゥス・コンクルスス［閉ざされし庭］（Hortus Conclusus） 22, 45, 61, 98-99, 273, 275, 314, 391, 397-98, 401-02, 406, 419
ホルトゥス・パラティヌス［ハイデルベルク城の］（Hortus Palatinus [Heidelberg Schloß]） 151, 213, 218-20, 282, 289-90, 296, 304-05, 340
ホルバイン，ハンス（Holbein, Hans） 240
ホワイトホール宮殿の庭園（Whitehall Palace, garden） 15, 43-44, 49, 58, 60, 66, 69-70, 72-74, 77, 103, 140, 186, 273, 277-78, 282, 319, 349, 358, 363, 380, 391
ホンセラールスデイク［のオラニエ公フレデリク・ヘンドリク］の宮殿の庭園（Honselaarsdijk, Palais du [Frederik Hendrik, Prins van Oranje], jardin） 317
ホンディウス，ヨドクス（Hondius, Jodocus） 75, 128, 130-31

マ行

マイアーノ，ジョヴァンニ・ダ（Maiano, Giovanni da） 62

マーヴェル，アンドルー（Marvell, Andrew） 248, 393, 404, 407, 411-12
マウンテン，ディディマス（Mountain, Didymus） 79, 81
マーカム，ジャーヴェイズ（Markham, Gervase） 78-79
マッシーズ・コート，デンビーシアのラナーク
(Massey's Court, Llanerch, Denbighshire) 212, 217
マッシンジャー，フィリップ（Massinger, Philip） 246
マリー・ド・オングリー（Marie de Hongrie） 150
マリー・ド・メディシス，フランス王妃（Marie de Medicis, Queen of France）
166, 184, 214, 318, 364
マルクス・アウレリウス帝（Marcus Aurelius, Emperor） 305, 311
マンテーニャ，アンドレア（Mantegna, Andrea） 331
マンデルスロ，シュー・ド（Mandelslo, Sieur de） 178, 187
マントヴァ公爵［ヴィチェンツォ・ゴンザーガ］
(Mantova, [Vicenzo Gonzaga], Duke of) 332, 365

ミケランジェロ，ブオナローティ（Michelangelo, Buonarroti） 220, 283
ミトゥンズ，ダニエル（Mytens, Daniel） 335, 340
ミルトン，ジョン（Milton, John） 414

ムーア・パークの庭園，ハートフォードシア（Moor Park, Hertfordshire, garden）
17, 34, 280, 286-92, 296, 29899, 314, 316, 355, 374

メアリーⅠ世，イングランド女王（Mary I, Queen of England） 126-27
メイ，トマス（May, Thomas） 240
メディチ，コジモ・デ（Medici, Cosimo de） 331
メディチ，フェルディナンド・デ，フィレンツェ枢機卿，のちトスカーナ大公
(Medici, Ferdinand de, Cardinal of Firenze, Grand Duke of Toscana) 184, 194, 222, 327
メディチ，フランチェスコ・デ，トスカーナ大公
(Medici, Francesco de, Grand Duke of Toscana) 41, 148, 163, 167
メディチ，ロレンツォ・デ（Medici, Lorenzo de） 331
メルコリアーノ，パチェッロ・デ（Mercogliano, Pacello de） 56

モア，サー・トマス（More, Sir Thomas） 142
モデーナ，ニコラス（Modena, Nicholas） 73, 75
モリソン，ファインズ（Moryson, Fynes） 23, 158-59, 162-63, 166, 241, 330, 332
モレ，アンドレ（Mollet, André）
17, 126, 315, 317, 325, 342, 354, 362-63, 367, 370-71, 373, 375-77, 379-80, 420, 424
モレ，ガブリエル（Mollet, Gabriel） 424
モレ，クロード（Mollet, Claude） 166-69, 191, 234, 299, 315, 317, 354, 362-63, 420

モレ，小クロード（Mollet, Claude, the Younger） 354, 363, 420
モレ，ジャック（Mollet, Jacques） 354, 363, 420
モレ，ノエル（Mollet, Noël） 354, 363, 420
モレッティ，エジディオ（Moretti, Egidio） 333
モンソー・アン・ブリの庭園（Monceaux-en-Brie, jardin） 363
モンタキュートの庭園，サマセット（Montacute, Somerset, garden） 20
モンテーニュ，ピエール（Montaigne, Pierre） 40, 327

ヤ行
ユリウスⅡ世，教皇（Julius II, Pope） 330
ユルフェ，オノレ・ド（Urfé, Honoré, d'） 294, 370

ヨーク・プレイス（York Place） 44-45, 66

ラ行
ライコートの庭園，オックフォードシア（Rycote, Oxfordshire, garden） 17, 358-60, 362
ライミング，ロバート（Lyming, Robert） 204
ラヴィントンの庭園，ウィルトシア（Lavington, Wiltshire, garden） 296, 343, 352-53
ラノワ，ギルベール・ド（Lannoy, Guillebert de） 61, 65
ラファエッロ・サンツィオ（Raffaello Sanzio） 35, 220
ラメッリ，アゴスティーノ（Ramelli, Agostino） 148, 220
ラムス，ペトルス（Ramus, Petrus） 220
ラムリー卿，ジョン（Lumley, John, Lord） 75-76, 99, 126-31, 133-34, 138-40

リー，サー・ヘンリー（Lee, Sir Henry） 124
リーク，ジョン（Leak, John） 323
リーズホールの庭園，ヨークシア（Wresehall, Yorkshire, garden） 55
リグドン，サー・ウィリアム（Rigdon, Sir William） 236
リゴーリオ，ピッロ（Ligorio, Pirro） 37-38, 157, 164
リシュリュー，枢機卿（Richelieu, Armand Jean du Plessis, Cardinal） 310, 324
リッチモンド宮殿の庭園（Ritchmond Palace, garden） 16, 43-44, 46-47, 55, 58, 83, 151, 184, 191, 193-95, 197-200, 202, 214, 218, 220, 225, 251, 257-58, 261, 282, 328, 381
リプリー，ジョン（Repley, John） 48
リャンクールの庭園（Liancourt, jardin） 380
リュエーユの大庭園（Rueil, grande jardin） 310, 324, 380
リュクサンブール宮殿の庭園（Luxembourg, Palais du, jardin） 314, 316, 318, 342, 380, 420-21
リーランド，ジョン（Leland, John） 55
リリー，サー・ピーター（Lely, Sir Peter） 393

ルイXII世，フランス国王（Louis XII, King of France） 56, 72
ルイXIII世，フランス国王（Louis XIII, King of France） 168, 220, 278, 299
ルドルフII世，神聖ローマ皇帝（Rudolf II, Holy Roman Emperor） 222, 241
ル・ノートル，アンドレ（le Nôtre, André） 17, 166, 314, 376, 379, 424
ルーベンス，ペーテル・パウル（Rubens Peter Paul） 150, 277, 313, 315, 386

レイ，エドワード（Wray, Edward） 359
レオナルド・ダ・ヴィンチ（Leonardo da Vinci） 152-53
レスター伯爵，ロバート・ダドリー（Leicester, Robert Dudley, Earl of） 100, 102-03, 252
レナム，ロバート（Leneham, Robert） 100, 102
レン，クリストファー（Wren, Christopher） 48

ロウ，サー・トマス（Roe, Sir Thomas） 240, 334
ロウス卿，ウィリアム・セシル（Roos, William Cecil, Lord） 333
ロガン，デイヴィッド（Loggan, David） 227, 229
ロジャーズ，ウィリアム（Rogers, William） 92
ロッキー，ローランド（Lockey, Rowland） 142
ロード，ウィリアム（Laud, William） 293
ロビンソン，ウィリアム（Robinson, William） 21
ロマーノ，ジュリオ（Romano, Giulio） 35
ロンサール，ピエール・ド（Ronsard, Pierre de） 256

ワ行

ワトソン，アンソニー（Watson, Anthony） 76-77, 128-31, 137-39

イングランドのルネサンス庭園

二〇〇三年一〇月二五日　第一刷発行

著　者――ロイ・ストロング

訳　者――圓月　勝博（同志社大学文学部英文学科教授）
桑木野幸司（東京大学大学院工学系研究科建築学専攻博士課程）

装　幀――中本　光

発行者――松村　豊

発行所――株式会社　ありな書房
東京都文京区本郷一―五―一七　三洋ビル二一
電話・ＦＡＸ　〇三（三八一五）四六〇四

印　刷――株式会社　厚徳社

製　本――株式会社　小泉製本

ISBN4-7566-0380-7 C0070